大 学 问

始 于 问 而 终 于 明

守望学术的视界

清代银钱比价波动研究

胡岳峰 著

GUANGXI NORMAL UNIVERSITY PRESS

广西师范大学出版社

·桂林·

清代银钱比价波动研究

QINGDAI YIN QIAN BIJIA BODONG YANJIU

图书在版编目（CIP）数据

清代银钱比价波动研究 / 胡岳峰著. -- 桂林 : 广西师范大学出版社, 2025. 7. -- ISBN 978-7-5598-7998-1

Ⅰ. F822.9

中国国家版本馆 CIP 数据核字第 20253G0S93 号

广西师范大学出版社出版发行

（广西桂林市五里店路 9 号　邮政编码：541004）

网址：http://www.bbtpress.com

出版人：黄轩庄

全国新华书店经销

广西广大印务有限责任公司印刷

（桂林市临桂区秧塘工业园西城大道北侧广西师范大学出版社集团有限公司创意产业园内　邮政编码：541199）

开本：700 mm × 960 mm　1/16

印张：48.25　　　字数：700 千

2025 年 7 月第 1 版　　2025 年 7 月第 1 次印刷

定价：139.00 元

如发现印装质量问题，影响阅读，请与出版社发行部门联系调换。

序

作为一名教师，为自己学生的著作写序是一件非常令人高兴和自豪的事。但是，这一次为胡岳峰博士的著作写序，我的心情却非常沉重，因为这是他的一部遗著。另一方面，我又为这部具有高度学术价值的著作的出版感到欣慰，这是他贡献给学术界的一份厚重的成果。

胡岳峰的著作《清代银钱比价波动研究》是在他博士论文的基础上修改而成的，而他的博士论文是在硕士和博士研究生学习期间多年研究的成果，记录了他学术成长的足迹。作为他硕士和博士阶段的指导老师，我对他的学术成长非常了解。岳峰本科就读于浙江大学历史系，在那里，他接受了扎实系统的史学训练。他的本科论文讨论上个世纪五十年代后期自己家乡浙江建德的农田水利建设，在大量查阅档案和报刊资料的基础上写出了十多万字，这充分展现了他的学习潜力。2012 年，他通过浙江大学的推荐免试（免入学书面考试）进入华东师范大学思勉人文高等研究院攻读硕士学位。在入学面试时，他可能是有些紧张，表现得不是很出色，参加面试的老师对是否录取他有些争议。我因为看过他的申请材料，觉得他是一个可造之材，就把他招收到自己名下。入学以后，岳峰很快便脱颖而出，他好学深思，涉猎广泛，读书做学问喜欢穷根究底，有非常高的悟性。在研讨班上，他的发言讨论从不人云亦云，总是有自己独到的心得和见解，并善于从大家习以为常、不加思索的地方发现问题。在研一年级第二学期，他在我的"中国近代经济与社会"研讨班上写了一篇《十八世纪帝制中国》的读书报告，这是对国内外学术界关于十八世纪中国研究的综述，并提出了一些很有价值的想法和观点，完全达到了发表的水平。我读了以后，建议他做些修改，并将台湾学者林满红关于清代货币和经世思想的研究也考虑进去，然后拿去投稿发表。过了一两个月后，他来和我讨论，我发现他竟然已经阅读了大量关于清代货币研究的论著，以及清代经世学者关于经济和货币问题的论争，并且他希望把这个作为硕士论文的选题。这着实让我吃了一惊。清代货币史是一个非常专深的领域，一般学者都不敢轻易涉足，不投入大量的时间和精力，加上持之以恒的努力是难以有所收获的。所以我建议他对这一选题先做进一步了解，不必匆忙做决定。从研二开始，他就扎进了这个领域，阅读了大量一手资料和二手论著，在此基础上于研三完成了硕士论文——《"银钱平行"与"银铜并行"：清前期货币制度的理念与实践（1644—1795）》。论文共 20 多万字，它不仅对既有清代货币史的研究做了非常详细到位的综述，并且对清代前期货币制度的政策设计和货币的实际运行做了细致的梳理和充分的讨论。论文认为，清代货币制度是一种"以银（白银银两）铜（铜钱）并行为代表的向近代白银核心型体系转变而不得的银铜复合本位制度"。除了关于货币本位问题和清代货币思想的精彩讨论外，论文的突出贡献还在于指出了货币制度之实际运行中面临的市场的时空分割。与大多数前人的讨论所假设的不同，他的论文通过对货币在地方市场的流通使用情况和货币的"毛细管作用"的分析，指出至少在十九世纪以前货币发行和流通受到不同地区、不同层级的市场在时间和空间上多重因素的分割，而这种分割加上当时货币供应的内生性和外生性并存，是造成货币政策设计与实际运行脱节的重要乃至主要原因。论文得到学位评议和答辩专家的一致好评。

　　硕士毕业后，岳峰继续在华东师范大学历史系攻读博士学位。他以"清代银钱比价"为博士论文研究的课题，搜集和整理了大量的清代货币资料，从官方档案到民间文书、个人记述，并按照年份和不同的省份重建了整个清代银钱比价的尽可能完整系统的数据系列。在此之前，前辈学者只搜集整理了部分的银钱比价资料，做了清代个别时段、个别省份的银钱比价系列，还没有哪个学者个人或学术机构做过这样的系统完整的工作。这是一件工作量巨大，且繁复琐细的工程。而岳峰仅凭一己之力，毅然挑战这个几乎是不可能的任务。在读博的几年时间里，他整天泡在图书馆，借阅了大量的图书资料。学校图书馆好几年的借阅统计都显示他借阅的图书数量高居榜首，远远高出其他同学的借阅量。校报的记者还专门采访报道了他的学习情况。在这个资料工作的基础上，岳峰对整个清代各省银钱比价的逐年波动情况及其原因，以及这些对清代财政和经济的影响做了深入系统的研究。这些研究是他博士论文的主体，也是这本即将出版的专著的主要内容。

　　岳峰的这部专著共有 70 余万字，除绪论和结语外，全书共八章，可分为两个部分。前面四章是对清代银钱比价的一个数据研究和各省历年比价数据的重建，而后四章则是对清代银钱比价波动的原因、造成的影响及社会各方对波动的应对等方面的质性研究。这两个部分其实分开来各自单独就是一篇博士论文的题目和容量。前面讲过，在此之前，还没有人对清代银钱比价做过完整系统的数据系列，因为这项工作的难度实在太大，而岳峰以一人之力完成了这项艰巨的工作。他重建了有清一代从 1644 年到 1911 年逐年各省（十八行省加京师）的银钱比价数据系列。一开始，岳峰是想以府为地理单位、以月为时间单位来重建清代银钱比价的数据系列的，不过这个工作量实在超出了个人的极限，更主要的是没有充分的史料支持。所以他选择退而求其次，以省为地理单位、以年为时间单位来做这项工作。即便这样，受史料限制，这个数据系列还是有不少年份和省份的空缺，特别是在清前期。但这已是目前为止我们所能有的最为完整和全面的清代银钱比价数据系列了。它把前人所做的工作大大地向前推进了一步。书中"表56　清代银钱比价分省数据（一）"和"表57　清代银钱比价分省数据（二）"就是这个银钱比价系列，它列出了各省逐年的银钱比价。这两张表中每个年均省均比价数据背后都有数个、数十个甚至更多的地方原始数值为支撑。岳峰在第三章中专门讨论和说明了这张表中的每个数据是如何提炼和整合出来的。每个数据都要经过五至十个步骤仔细严谨地从大量原始资料中提炼出来。书中"表55　1846年各省均数据处理示例"以1846年为例，详细说明了各省的银钱比价数据是如何提炼出来的。表中分栏展示了数据的地域、资料来源、资料的原始文本、资料中的银钱比价数值、经过处理的校正数值，最终在表56和表57中采用的录入值等，清晰直观地把整个数据处理过程展现了出来。以有清一代268年计，19个省级单位的逐年数据有5000多个，扣除数据空缺的年份省份，至少也有3000个数据，这3000个数据每个都是从多个甚至十数个原始数值提炼整合出来的，这样表56、57所根据的原始数据数量是惊人的。为了重建这个清代各省银钱比价的历年数据系列，岳峰搜集和建立了一个数百万字的原始数据库。如此庞大的数据库当然是70余万字的著作无法容纳的，但我非常希望它以后能够被整理出来，开放给学界使用。

在第四章中，岳峰根据他重建的清代银钱比价系列对其宏观动态趋势做了分析，得出了非常重要的结论。他把各省历年的银钱比价走势图叠加在一起时，如书中"图36　各省银钱比价（1644—1911）"所示，发现有清一代银钱比价的全国变动态势一致，即便省与省之间存在基数或平均数高低、波幅大小、贵贱转变发生迟速的细小差别，但各省没有出现过与他省长期相反的比价变动趋势，不存在独立的走势，这说明清代存在一个全国性的货币市场。这个全国性的货币市场的线性走势图以1853年（咸丰三年）为界，可以看到两个明显不同的波动形态，此前银钱比价波动总体走势呈底部较宽的U型态势分布，此后则为一向右后方倾斜的W型状态。全部清代268年中共有6次较明显的银贵钱贱阶段、5次较明显的银贱钱贵阶段。从区域上看，华北和江南大地理范围内各省比价变动趋势都较接近，但总体上江南地区诸省的比价变动同步性高于华北诸省，此或可说明江南地区的银钱比价市场整合度高于华北。其他地区则是两湖、两广、陕甘的银钱比价货币市场整合程度较好。福建和四川有一定程度的独立特点，此或与两地所处自然地理单元有一定特殊性有关，但在长期走势上并不与他省相异。虽然云南数据整体偏高，但走势亦不异于全国。

在接下来的五、六、七、八章中，他分别讨论了清代国家对银钱货币的管理，影响银钱比价波动的各种原因，银钱比价波动对国家财政、民众生活及商贸活动的各种影响，以及官方和民间对银钱比价波动的应对。岳峰认为，清代的货币是银钱并用，这个货币体系的形成，有其特定历史背景，是一种国家与市场合作，来应对巨量海外白银输入，货币流通严重依赖白银的状况，以稳定和发展社会经济的自救行为。这个货币体系的建立，并非出于预先的顶层设计，而是一个在应对危机中不断演化的结果。银钱并用自然形成比价，在清代，白银的供给不受国家掌控，而制钱铸币是由国家掌控的。这两种货币并用，必然给清代银钱货币的管理及比价稳定调控带来始终无法摆脱的矛盾。银钱比价形成及波动，本质在于银与钱各自价值变动。而银价与钱价的变动，又与其各自的供需数量、流通速度及国家财税和货币政策等因素相关。所有相关因素，又被嵌入于特定的经济结构、财税体制、货币制度、货币行用结构之中。由于影响比价的因素众多，在不同时间、不同地域，各因素作用大小、影响程度也不一样，造成银钱比价波动频繁而复杂的局面，并对国家财政和民生经济产生多方面的影响。

在本书结语的最后，岳峰指出，若以后见之明做中西比较，可以看到清代货币体系存在先天缺陷，银钱并用而比价无定，导致财政收支具有不稳定性。大量使用金属货币，具有天然的通缩倾向。无论是从稳定银钱比价，还是从对抗通缩而言，信用货币的发行都应是题中应有之义。然而，终清之世，清政府都无法进行这样根本的货币体制改革。在清代前中期，它没有这样的动力；在清代后期，即使它有心改革，也无相应的历史资源凭借，亦无充分的集权能力。岳峰的这个看法或许可以为我们理解中西历史大分流增加一个观察维度。

以上就是岳峰这部专著的主要观点和贡献。这部专著的出版将会是清代货币史和经济史研究的一个里程碑事件，而岳峰在本书中所做出的成果将长久地嘉惠学林。遗憾的是，这一切岳峰本人都看不到了。岳峰2019年博士毕业后，入职上海社会科学院历史研究所，继续从事清代和近代货币史、经济史的研究，并有志于把研究推进到民国时期。只可惜天妒英才，如果他不是在2024年英年早逝，他的学术成就将不可限量。

岳峰在学术上是一个完美主义者，他总是力图把研究做得尽善尽美，去挑战学术的高峰，也挑战自己的极限。正如他在自己的硕士论文后记中所说的：

> 人这一辈子，活着，不就是为了看看自己到底能走到哪一步，自己的极限到底在哪里的吗？——不管路有多长，黑暗试探我，烈火燃烧我，都得去接受。

岳峰这部遗著得以很快出版，要感谢岳峰硕博士求学期间的同门和他工作后的同事、学友等的热心帮助和奉献，他们是：上海社会科学院历史研究所蒋宏达和于广、武汉大学历史学院赵士第、上海大学文学院叶鹏、中山大学国际金融学院王睿、中国社会科学院大学经济学院博士生张国坤、山西大学历史文化学院李善靖，他们共同整理校订了岳峰的书稿。岳峰的同门群策群力，校对了书稿的校样，他们是：王鹏辉、赵思渊、裴丹青、黄亚楠、林胜强、刘源、邹凌凤、侯琳、孟浩、丁嘉晖、焦文卿。而本书的出版，则是岳峰同门师兄、现为广西师范大学出版社社科分社社长刘隆进一手策划和操办的。有这么多、这么好的同门和同事热心帮助、贡献心力，岳峰在天堂里一定会非常欣慰的。

目 录

清代银钱比价波动研究

绪　论

第一节　研究缘起及意义

货币是商品流通的润滑剂，是一个国家经济发展状况的晴雨表。[①] 货币制度是否合理，货币流通是否顺畅，直接关系到政府财政汲取能力，关系到物价及商品流通秩序，关系到个人经济生活的方方面面。因此，货币问题历来是经济史领域的研究重点。

随着"白银时代"降临，加之清代官方大量铸造铜钱，故实现了银钱并用。[②] 银与钱本质上是独立的两种货币，由此两种独立货币在一国内同时充当价值尺度，是一种特殊的历史现象。银两与制钱各有其价值，之间又有相对价值，也即比价，此比价从根本上说会一直浮动。但清代官方又有一种想让银钱相对价值固定的观念。在实践中，官方为此

---

① 韦森称其为市场的魂、经济的镜、价格的体、交换的桥、社会资源配置装置的润滑油。韦森：《货币、货币哲学与货币数量论》，《中国社会科学》2004 年第 4 期。
② 邱永志：《"白银时代"的落地：明代货币白银化与银钱并行格局的形成》，社会科学文献出版社 2018 年版；邱永志、张国坤：《明清铜钱流通体制的式微与重整》，《重庆大学学报（社会科学版）》2021 年第 1 期；张宁：《15—19 世纪中国货币流通变革研究》，中国社会科学出版社 2018 年版，第 50 页。

进行过诸多尝试，结果却依然无法使其固定。为此，官方又以在市面上求银、钱价"平"为目标，在官方直接管理的领域内设定一些一段时期内固定的"例价"以求方便管理。货币制度和比价不断变化，首先影响的是政府财政收支。而在市场上，物价也因双货币表现出双重价格，比价波动自然对商贸往来造成影响。同样，生活在那个时代的个体，也都不免使用货币，两种货币和比价波动一样会对日常经济生活造成影响。凡此种种，件件重要。吴承明先生亦曾言："清代货币方面有两大问题：银钱比价问题和白银的流入流出。"[①] 而当下，这其中的许多问题尚未得到很好解释，甚至基础数据整理也遭遇阻碍。故要对清代货币史做更好研究，对既有研究尝试突破，就必须深入探究银钱比价波动相关问题。从比价波动事实、比价波动产生原理、比价波动影响及应对等方面入手，至少应该关注以下问题。

首先，银钱比价数据整理。在对清代社会经济运行状况的研究中，有一些基础数据是应该被广泛搜集整理和利用的，其类型包括人口数量、土地面积、粮食产量及价格、工资、利率等。对这些基础数据进行收集整理和分析研究，不仅能让我们更清晰地了解清代社会经济运行的实际状况，同时也能给其他相关研究提供必要支持。由于清代实行银钱并用的双货币制度，故存在"银钱比价"这一重要货币相对价格数据。该数据重要性的另一面还体现在它可以间接影响我们对清代物价（以粮价为代表）、工资和利率等相关议题的深入探讨。但对比土地、人口、粮价、工资和利率等数据的已有研究成果来说，[②] 银钱比价数据的完整

---

① 吴承明：《18世纪与19世纪上叶的中国市场》，收入氏著《经济史理论与实证——吴承明文集》，刘兰兮整理，浙江大学出版社2012年版，第180页。

② 相关介绍可见史志宏：《清代农业的发展和不发展（1661—1911年）》，社会科学文献出版社2017年版。罗畅：《两套清代粮价数据资料的比较与使用》，《近代史研究》2012年第5期。陈志武、彭凯翔、袁为鹏：《清初至二十世纪前期中国利率史初探——基于中国利率史数据库（1660—2000）的考察》，《清史研究》2016年第4期。

收集和整理尚显落后。并且，已有银钱比价的相关研究仍多处于数据收集整理与问题分析的"倒挂"状态中——研究者不是优先从数据的来源、性质等角度分析问题，而是直接进入到利用他人数据论述银钱贵贱的形成原因、影响等研究中去，这与人口、粮价等数据的研究理路大相径庭。以清代粮价研究为对比，对于粮价数据的来源、奏报制度、记录方式、可靠性等问题，已有包括全汉昇、王业键、威尔金森、刘巍、陈金陵、王道瑞、陈春声、罗畅、吕长全、王玉茹、余开亮等学者在内所撰写的一系列文章可予以详细说明。但在银钱比价相类似问题上，除王业键、威尔金森在研究粮价奏报时顺带提及地方上对银钱价也有一定的奏报格式外，[①] 至今未见有专门的论著对此进行解释。陈春声更是依乾隆五十一年（1786）户部复准各省"将市换钱价有无增昂，按月查明，按季报部，以凭查核"认为，"尚不清楚这种报部材料存在否，如果存在，对研究当时的银钱比价，无疑有重要作用。"[②]"倒挂"状态的长期存在，使得银钱比价数据收集、整理的科学性大打折扣，且影响到该研究的继续发展和相关研究的深化。因此，科学地收集整理和分析清代银钱比价数据，乃至建立分区域的比价数据库便成为题中之义。要对比价数据进行科学整理，需考虑如下问题：1. 清代官方对银钱比价奏报进行了哪些尝试，奏报过程和记录特点为何，效果如何，与粮价奏报相比有何异同？[③] 2. 回顾已有整理数据，各有哪些，来源资料为何，整理方

---

① 王业键曾在论述粮价陈报格式时，依据《牧令须知》《福建省例》和光绪二十六年江西赣州府定南厅旬报粮价原件展示过其中的银钱比价记录形式，但因文章主题为粮价，故未对钱价记录作进一步分析。详见王业键：《清代的粮价陈报制度及其评价》，《清代经济史论文集（二）》，稻乡出版社 2003 年版，第 10—17 页。威尔金森利用的是 1910—1911 年间陕西省的钱价价细册，详见 E. P. Wilkinson, *Studies in Chinese price history*, New York: Garland Publishing Inc., 1980. 此外，彭凯翔也提及乾隆帝曾要求一并上报粮价、银钱比价，但未有进一步分析（彭凯翔：《从交易到市场：传统中国民间经济脉络试探》，浙江大学出版社 2015 年版，第 114 页）。

② 陈春声：《清代广东银钱比价》，《中山大学学报（社会科学版）》1986 年第 1 期。

③ 对该问题，笔者另有专文分析。在本书第三章史料来源论述中亦会涉及一些。但因本研究主题为比价波动，而不是比价奏报、调查，故不多赘述。

法为何，各学者在处理数据上有何异同，处理数据的差异对数据利用影响大否？3. 在前人基础上，设定合理目标，利用各种资料，用统一的科学的数据整理方法尝试整理出不同地区的比价数据。

其次，银钱比价数据分析。整理数据自然是要分析、使用数据。基于原始数据整理，继而开展的研究需要考虑以下几方面问题：1. 数据性质。从银钱比价概念出发，清人如何理解比价，称呼比价？在清代，所谓"银钱比价"，是否存在属性上的差别，此对整理比价数据有何影响，对我们理解清政府经济管理实践有何影响。2. 长期趋势。总体上的长期趋势是历来数据整理的研究重点，如何表现刻画，如何对其进行分期，尚需细致考察。且以往学者对此的分期有何异同，原因为何，也当被纳入考察范围。3. 区域间异同比较。随着资料出版、电子数据化整理日益繁盛，当下已具备一定分地区整理比价数据的条件。为此，需设法初步整理出各地区的长期比价序列，观测其各自波动特征以及相互间联系。进一步地，可为研究区域间经济往来、市场整合等问题提供支持。

再次，对比价成因的解释。比价因属性不同，成因也各不相同。即便是最为人关注的市场比价，其形成原因为何、受何影响，如何作更好解释，迄今尚少见系统、专门研究。为此，该方面议题需重视如下几个问题：1. 官方早期定立的一两白银兑换一千文钱，其是否有一定依据，依据为何？除此外，还有哪些例价？随着时间变化，官定例价有哪些变更？不同领域的官定例价如何形成？有何变动特点？2. 何以银钱市价必然会波动？其波动原理和动因以及形成机制为何？3. 官定例价和银钱时价是否有关联？在哪些领域会产生交集？4. 影响银钱时价波动的因素有多少？影响范围多大？程度多深？重要性如何？这些因素又是如何传导并作用到具体比价数值上？

最后，比价波动的影响与应对。既然比价波动如此重要，则其影响必然广泛，从官府到社会对此也必有应对。由是，需重视以下几方面研究：1. 比价波动如何影响财政税收、民众生活、商贸往来，其影响原理为何？具体表现为何？金属双货币情况下的影响，与金属单本位币制、信用货币制度下货币价格波动对社会的影响有何区别？2. 比价波动对国家财政汲取能力，对国家经济治理（管理）能力，对近世货币制度变革的长远深刻影响为何？其是否可作为关键因素被纳入"大分流"的中西对比讨论中去？3. 国家和社会对比价波动作出了何种反应，具体表现和应对结果如何？

以上，既是银钱比价议题中需被专门研究的问题，同时，回答这些问题，也对推动清代经济史研究具有重要意义。此外，作为历史借鉴，它对我们思考当今国家经济治理、货币与财政关系、金融稳定等问题，也具启迪功用。但作为值得研究的具体问题，本书在此仅说明其所具价值和意义，并非（也不可能）要对其进行全面研究。接下来，将具体回顾比价数据的整理分析、对比价波动原因的解释、比价波动对财政收支等的影响、对比价波动的应对几方面研究现状，在分析研究现状的基础上再缩小范围，选择若干突破点展开论述。

第二节　学术史与研究现状

一、银钱比价数据的收集、整理、分析

早在清末，就已有时人开始利用搜集到的银钱比价数据分析问题。1910 年，梁启超发表《各省滥铸铜元小史》一文。为说明当时以含铜量和制钱对比计算的铜元名价大于实价，其利用税务司报告数据，展示

了从同治九年到光绪三十年钱价"日见其涨"。①

　　民国时期。1915 年，章宗元在《中国泉币沿革》一书中，利用十余条历史记录数据，展现了清代"每银一两合制钱文数"的大致变化状况。表明自清初以降至咸丰三年（1853），比价由 700 上涨至 2000；往后至光绪三十一年（1905）又降至 1100；至光绪末年再涨至 1700。② 然原书只有简表，未给出分期及比价变动原因、影响的相应分析。1926 年，孟天培、甘博在《二十五年来北京之物价工资及生活程度》一文中，利用账簿数据，以铜元一枚合制钱十文，银元一枚合银七钱二分，编制了晚清时北京的银钱比价表。数据显示，自 1900 年以降，当地银钱比价数值呈总体上升趋势。③ 1932 年，李景汉在《定县社会概况调查》中以类似资料、办法，编制了自咸丰七年（1857）以降，当地的银钱比价表。数据显示，在直接使用银两与制钱的时期，"每两兑换数目虽有增减，但皆在 1500 个制钱上下"。④ 唯在使用铜元后，以制钱衡量的银钱比价数值渐涨。1933 年，汤象龙在研究咸丰朝货币问题时，根据当时故宫文献档案馆十余件档案，编制了《咸丰时各地银钱兑换率》表，其以陕西代表西北，浙江代表东南各省，直隶代表北方，河南代表中部，云南代表西南，得出结论——咸丰三年后，各地平均银钱

---

① 沧江：《各省滥铸铜元小史》，《国风报》第一年第四号，第 43—46 页。整理版见汤志钧、汤仁泽编：《梁启超全集》第七集，论著七，中国人民大学出版社 2018 年版，第 132—133 页。民国时，张家骧在《中华币制史》（1925 年民国大学出版社首版）中论述银钱比价时，同样引用的税务司报告数据。见张家骧：《中华币制史（下）》，知识产权出版社 2013 年版，第 136—137 页。

② 章宗元：《中国泉币沿革》，收入章宗元、徐沧水：《中国货币史研究二种》，知识产权出版社 2013 年版，第 37—38 页。

③ 孟天培、甘博著，李景汉译：《二十五年来北京之物价工资及生活程度》，收入李文海主编：《民国时期社会调查丛编》（二编）《城市（劳工）生活卷（下）》，福建教育出版社 2014 年版，第 284—335 页。

④ 李景汉编著：《定县社会概况调查》，上海人民出版社 2005 年版，第 637—641 页。

比价数值已经超过 2000。① 1935 年，罗玉东《中国厘金史》付梓，② 其利用大量清宫收厘档案整理了同光年间江苏、安徽、江西的银钱比价序列，并从统计学角度说明了比价数据整理的步骤方法。该时期，也有外国学者关注中国银钱比价问题。如 1942 年，小竹文夫以官书记载为据，在零散数据基础上将清代银钱比价波动总体分为六期：顺治初年的低落期，康雍年间的高昂期（其中有两次小下落），乾隆朝的由贵转向平、减、贱期，嘉道年间的持续下落期，咸丰时的回升期，同光年间的渐昂期。③ 总之，民国时期的研究虽处于起步阶段，规范性不强，但从官书、档案、账簿等资料搜集银钱比价数据，根据数据描述比价变化趋势，在长时段上对比价波动进行分期的问题意识已经很明确。后来者大多沿此路径，拓宽资料来源，收集更多材料进行问题分析。

　　1949 年以后至今。更多学者利用各类清史资料对比价数据进行了挖掘。典型如在官方资料方面，彭信威、陈昭南等利用官书数据整理了较为早期的银钱比价序列；④ 郑永昌、王光越、王显国、马国英等逐渐利用清宫档案整理了部分数据。⑤ 在利用方志上，王业键就曾据民国《犍为县志》整理出四川 1869—1890 年的钱价序列，又据民国《鄞县

---

　　① 汤象龙：《咸丰朝的货币》，《中国近代经济史研究集刊》1933 年第 1 卷第 2 期，第 1—26 页。数据依据的档案，文本显示"各件名目不及备载"。

　　② 周育民：《罗玉东和他的〈中国厘金史〉》，罗玉东：《中国厘金史》，商务印书馆 2010 年版，第 734 页。

　　③ ［日］小竹文夫：《近世中国经济研究》，东京弘文堂 1942 年版，第 85—95 页。

　　④ 彭信威：《中国货币史》，上海人民出版社 2007 年版，第 608、614—615、623—624 页。陈昭南：《雍正乾隆年间的银钱比价变动（一七二三—九五）》，中国学术著作奖助委员会 1966 年版，第 6—19 页。

　　⑤ 王光越：《乾隆初年钱价增昂问题初探》，《历史档案》1984 年 7 月。王显国：《浅论乾隆五年（1740）铸"青钱"政策效果》，《中国钱币》2008 年 4 月。马国英：《1736—1911 年间山西粮价变动趋势研究——以货币为中心的考察》，《中国经济史研究》2015 年第 3 期。

通志》整理出 1879—1911 年宁波地区的钱价序列；[1] 郝平、周亚、韩祥等在研究"丁戊奇荒"时期山西状况时，根据诸多方志描绘了该时期山西地区的钱价变动趋势。[2] 滨下武志、杨敬敏等则利用海关报告整理了部分地区数据。[3] 在利用报刊方面，蒋立场曾根据《申报》和《大公报》辑录过上海和山东地区 1901—1911 年的钱价；[4] 梁辰根据《政治官报》辑录过一些晚清的铜元价格数据。[5] 相比之下，最引人瞩目的当是利用各种民间文献整理的资料。如严中平等从直隶宁津县大柳镇"统泰升记"店流水账、买货总账中，辑录并均平计算了嘉庆、道光朝钱价；[6] 汪敬虞从婺源曹氏司祀簿中整理了 1840—1850 年婺源钱价序列；[7] 陈春声从广东中山图书馆及社科院藏租簿、银簿、支用簿稿本中，辑录了零散的广东清代钱价数据；[8] 彭凯翔从《恭庆火祖会账本》《火祖圣会银钱总账》《火神会簿》等中辑录了晚清直隶钱价；[9] 马勇虎据徽商志成号商业账簿，整理了咸丰元年至十一年（1851—1861）屯

① 王业键：《十九世纪前物价下落与太平天国革命》，《清代经济史论文集（二）》，第 251—288 页。

② 郝平、周亚：《"丁戊奇荒"时期的山西粮价》，《中林》2008 年第 5 期。韩祥：《晚清灾荒中的银钱比价变动及其影响——以"丁戊奇荒"中的山西为例》，《史学月刊》2014 年第 5 期。

③ ［日］滨下武志：《中国近代经济史研究：清末海关财政与通商口岸市场圈》，高淑娟、孙彬译，江苏人民出版社 2006 年版，第 217 页。杨敬敏：《中国近代棉纺织进口替代工业的发展及其空间分布研究（1867—1936）》，博士学位论文，复旦大学中国历史地理研究所，2014 年，第 323—324 页。

④ 蒋立场：《清末银钱比价波动与地方官府赋税征解（1901—1911）》，《安徽史学》2007 年第 1 期。

⑤ 梁辰：《铜元问题研究（1900—1935）》，博士学位论文，南开大学经济学院，2010 年。

⑥ 严中平等编：《中国近代经济史统计资料选辑》，中国社会科学出版社 2012 年版，第 33 页。

⑦ 汪敬虞：《关于鸦片战后 10 年间银贵钱贱影响下中国对外贸易问题的商榷》，《中国经济史研究》2006 年第 1 期。

⑧ 陈春声：《清代广东银钱比价》，《中山大学学报（社会科学版）》1986 年第 1 期。

⑨ 彭凯翔：《近代北京价格与工资的变迁：19 世纪初至 20 世纪初》，《河北大学学报（哲学社会科学版）》2013 年第 2 期。

溪地区洋钱与制钱的兑换比例①……凡此种种，可谓遍地开花。然数据一多，矛盾也显露了出来——数据间不一致如何处理？数据相互抵牾如何看待？具体使用时选择谁的数据更可靠？……这些问题需由后续研究者作出回答。而在比价趋势分期上，则有三个典型代表。1956—1957年，杨端六根据从官书、文集等资料收集的长时段散点数据，将清代268 年银钱比价的变动分为三期。② 受制于资料及数据量，该分期只是一个粗略概括。林满红根据其自己拼接的全国序列，将整个清代的银钱比价波动划分为五期。③ 该分期同样有依据资料过少且过于笼统的不足。2015 年，王宏斌《清代价值尺度：货币比价研究》一书出版。其利用大量档案、官书、文集，以银钱比价在全国范围内出现上涨或下跌，及出现反方向变化的时间为起始点，将清代银钱比价变化划分为十一期。④ 从该分期来看，银钱贵贱交替出现，银贵共计六期，钱贵共计

---

① 马勇虎：《咸丰年间货币流通的民间形态——徽商志成号商业账簿研究》，《安徽史学》2011年第 2 期。

② 杨端六：《清代货币金融史稿》，武汉大学出版社 2007 年版，第 179 页（按：原论文为杨端六：《关于清朝银钱比价变动的问题（上篇）》，《武汉大学人文科学学报》，1956 年 11 月；《关于清朝银钱比价变动的问题（下篇）》，《武汉大学人文科学学报》，1957 年 3 月）。第一期是顺治元年到嘉庆十二年（1644—1807），为钱价平稳期；第二期从嘉庆十三年到咸丰六年（1808—1856），为银价激烈上涨期；第三期从咸丰七年到宣统三年（1857—1911），为银钱比价回落期。

③ 林满红：《银线：19 世纪的世界与中国》，詹庆华、林满红等译，江苏人民出版社 2011 年版，第 3 页。第一期是清朝初期（1647—1764）市场价格比官方价格（按 1000 计算）低 100—200文时期；第二期是乾隆末期及嘉庆初年（1765—1797）市价比价接近官定比价；第三期（1798—1807）是市场比价又降低到第一期的水平；第四期（1808—1849）是市场价格处于上升通道（最高达 2355 文/两）直至 1850 年逆转；第五期则是至清末大约维持于 1500 文上下。

④ 王宏斌：《清代价值尺度：货币比价研究》，生活·读书·新知三联书店 2015 年版。具体为：顺治与康熙初年（1644—1674）银贵钱贱；康熙中期（1764—1690）的银贱钱贵；康熙后期（1690—1705）的银贵钱贱；康熙晚期到乾隆中期（1706—1770）的银贱钱贵；乾隆中后期（1771—1797）的银贵钱贱；嘉庆初年（1797—1805）的银贱钱贵；嘉道时期（1805—1853）的银贵钱贱；咸丰同治年间的银价暴跌（1853—1866）；同治中后期的银价增昂（1866—1874）；光绪时期银价下落（1875—1905）；光宣之际银价增昂（1905—1911）。

五期。该分期是迄今为止所用数据量最多、划分最细的长期总趋势分期。[①] 后续研究者想有所超越，只能是利用更大规模数据进行更为精准的划分，或是重视不同地区的比价数据整理及对比分期。

在整理数据的过程中，学者们已经注意到由于各地实体银钱及虚本位货币不同，故比价数据研究需对货币属性加以重视。2010年，彭凯翔利用宁津数据、直隶燃料铺数据、河北定县数据、北平数据构建了北京地区京钱与铜钱1830—1925年价值序列。基于对京钱本位记账的研究，他特别强调了需对记录比价的货币的性质加以分析，否则有碍于各数据段衔接成可比序列。[②] 任玉雪、武洋在2014年对奉天地区市钱（小数钱）与白银兑换率的研究文章中也同样指出，在史料未言明为制钱时，需注意给出货币的单位属性。[③] 赵士第、邱永志（2019年）则借助一些比价数据，进一步分析了"东钱"的多重表现形式。[④] 此亦表明比价数据整理需以对货币属性的了解为前提。另一方面，即便是同一类货币，但由此构成的比价也有属性区别，是为比价的属性。傅汉思即曾强调需区分银钱官价与市价。[⑤] 王德泰在论述银钱贵贱的评判标准时也指出，不能简单以官定例价1∶1000作起点，而应前后皆参考时价。[⑥] 胡岳峰在研究清前期官定例价1∶1000由来时，则强调了比价的

---

① 仅以分期数量论，则近来还有陈锋等人的十六期划分法。见陈锋、范卫红等：《清代银钱比价波动及其对社会生活的影响》，《中国钱币》2020年第4期。

② 彭凯翔：《近代北京货币行用与价格变化管窥——兼读火神会账本（1835—1926）》，《中国经济史研究》2010年第3期。

③ 任玉雪、武洋：《论清代奉天地区的市钱》，《清史研究》2014年第4期。

④ 赵士第、邱永志：《清代"东钱"问题再探》，《中国经济史研究》2019年第6期。

⑤ Hans Ulrich Vogel, "Chinese Central Monetary Policy, 1644–1800", *Late Imperial China*, Dec 1, 1987; 8, 2, p.5.

⑥ 王德泰：《关于鸦片战争前银贵钱贱变化的探索》，《西北师大学报（社会科学版）》1995年第4期。

官定例价与时价既有区别，又有联系。① 张林峰在对升平署档案的介绍中还提及，官方在某些领域会有自定的银钱折算率。② 陈锋教授在研究明清"统计银两化"时曾指出，"石毓符、杨端六等人认为的银、钱之间'没有固定的价值联系'是错误的。清代前期固定在银 1 两兑换制钱 1000 文"③。陈锋教授该观点尚可讨论的原因便是，石毓符、杨端六等认为银钱间没有固定价值联系，是针对银钱市价所言，而陈锋教授在此强调的却是官定例价，这是不同类别属性的比价。因此，后续研究者在整理银钱比价数据时，需同时注意不同货币的属性和不同比价的属性。只有数据属性一致，数据才具连续、可比性。

除最为常见的利用比价数据构建序列、进行银钱贵贱分期外，也有部分学者关注、探讨了比价的短期波动特征及地区差异乃至货币市场整合问题。在地区差异方面，如郑永昌在研究乾隆朝私铸及各省银钱比价时指出，私钱流通对各省钱贱有不同程度影响，故深入分析乾隆年间各省比价变动原因，尚待今后努力。④ 林满红也认为，嘉道银贵钱贱现象在中国各地区的发展有迟速之别。⑤ 刘朝辉在研究嘉道时期制钱问题时曾发现，嘉庆末年到道光年的银贵钱贱并非遍布全国的现象，甚至部分地区部分时段出现了钱贵现象。⑥ 倪玉平通过对比直隶宁津县序列与道光朝张家口税关档案中的比价后认为，两组数据趋势一致但存在组间差

① 胡岳峰：《"银钱平行"与"银铜并行"：清前货币制度的理念与实践（1644—1795）》，硕士学位论文，华东师范大学思勉人文高等研究院，2015 年，第 81—86 页。

② 张林峰：《清代升平署档案的经济史料价值》，《历史档案》2018 年第 4 期。

③ 陈锋：《明清时代的"统计银两化"与"银钱兼权"》，《中国经济史研究》2019 年第 6 期。更早出自陈锋：《明清变革：国家财政的三大转型》，《江汉论坛》2018 年第 2 期。

④ 郑永昌：《清代乾隆年间的私钱流通与官方因应政策之分析——以私钱收买政策为中心》，《台湾师范大学历史学报》第 25 期，1997 年。

⑤ 林满红：《银与鸦片的流通及银贵钱贱现象的区域分布（1808—1854）——世界经济对近代中国空间方面之一影响》，《"中央研究院"近代史研究所集刊》第 22 期，1993 年。但是该文认为由局部到全国的银贱钱贵趋势形成，反而可以证明当时有一定的全国性市场。

⑥ 刘朝辉：《嘉庆道光年间制钱问题研究》，文物出版社 2012 年版，第 170—174 页。

别——张家口比价波幅小于宁津县。由于各地比价数据不同，故"严表中所称的'白银外流下的中国银钱比价（1798—1850 年度）'即可能是名实不符"。[①] 田牛在研究晚清通货膨胀问题的过程中发现，1850 年代，福建、北京呈现的是银贵钱贱，而江浙、天津则出现钱贵。[②] 蒋勤、曹树基将石仓农家账簿中记录的比价数据，与部分宁津县、杭州府同期数据对比，认为浙南松阳县银洋兑换制钱比价要更高。[③] 在同样基于石仓账簿货币记录的研究中，胡岳峰、蒋勤则明确指出有必要建立清代银钱比价的分地区数据库来系统研究不同地区的比价差异。[④] 在市场整合方面，彭慕兰认为，如果存在一个整个市场，那么各地比价数值应较接近，或者变化较为一致。[⑤] 但其对于山东清末民初县域间比价的研究却发现，县与县之间的兑换率差距很大，而政府阻止货币自由流动恰是造成该现象的重要原因。朱浤源对清末广西省货币流通的研究同样表明，因各地货币使用紊乱，所以货币在不同地方的兑换率也有较大差别。[⑥] 但傅汉思认为，除了云南，以大多数宏观地区数据看，清代存在一个全国性的货币市场。[⑦] 森时彦基于晚清长江流域的比价研究认为，由于长江流域各经济圈间存在紧密联系，故货币投机会使各地比价波动

---

① 倪玉平：《清朝嘉道财政与社会》，商务印书馆 2013 年版，第 348—355 页。

② 田牛：《清末通货膨胀问题研究》，经济管理出版社 2017 年版，第 298—299 页。

③ 蒋勤、曹树基：《清代石仓农家账簿中数字的释读》，《社会科学辑刊》2016 年第 5 期。

④ 胡岳峰、蒋勤：《清代民间账簿中货币记录的释读——以石仓文书为例》，《原生态民族文化学刊》2020 年第 4 期。

⑤ ［美］彭慕兰：《腹地的构建：华北内地的国家、社会和经济（1853—1937）》，马俊亚译，社会科学文献出版社 2005 年版，第 17—26 页。"如果存在着一个统一的全省资金市场，不同县份的银/铜比价本应相互靠拢，或者至少遵循着平行的途径"。

⑥ 朱浤源：《近代广西货币的变革（1662—1937）》，《"中央研究院"近代史研究所集刊》第 19 期，1990 年。

⑦ Hans Ulrich Vogel, "Chinese Central Monetary Policy, 1644–1800", *Late Imperial China*, Dec 1, 1987; 8, 2, p.7.

的同步性程度提高。① 郑友揆在论述账簿提炼出银钱比价指数的代表性问题时，认为由于商人投机贩运，各地比价会有调剂作用，其体现的趋势"理应是全国性的"。② 彭凯翔也认为，由于货币深化和金融组织发展，虽然 18 世纪后各地实货币仍然纷繁，但稳定的虚货币及以此为单位的钱票使用或可使银钱汇兑行市体现出一定的货币市场整合性。③ 由此可见，基于现有比价数据，某些地方的比价波动具有相同趋势，但某些地方则不具相同性；某些地域存在一定的市场整合可能，而某些地域则看不到整合趋势。这背后更本质的原因当是中国地域辽阔，地域间经济发展不均衡，可能存在体现于比价变动上的差异（当然，也与测度对象有关，彭慕兰、朱浒源考察的是省内差异，而傅汉思、森时彦等考察的是省、经济区间差异）。这也更要求我们去尝试整理银钱比价分区数据，以推进该方面研究进展。

综上可知，银钱比价数据研究主要涉及比价数据的收集，比价序列的整理，基于数据的比价波动总体特征、各地差异及市场整合分析三大类。在数据收集、整理上，自清末民初至今，各学者用功不断，史料来源范围愈发拓展，成果丰硕。但在比价数据性质的判别（兼史料分析）上重视不够，有重数字轻性质分析的倾向。④ 在数据整理的方法上，如何提取数据、如何处理原始数据、如何构建整合序列，不同学者各有不

---

① ［日］森时彦：《中国近代棉纺织业史研究》，袁广泉译，社会科学文献出版社 2010 年版，第 25 页。"一地铜钱升值过高就会有铜钱从另一邻近经济圈流入"，"正是这种平衡作用在各经济圈之间连绵不断，才使得长江流域各地银钱比价在较长时间内几乎按一致步调反复涨落"。

② 郑友揆：《十九世纪后期银价、钱价的变动与我国物价及对外贸易的关系》，《中国经济史研究》1986 年第 2 期。

③ 彭凯翔：《"京钱"考》，《江苏钱币》2013 年第 2 期；彭凯翔：《货币化与多元化：白银挑动下的明清货币"复调"》，《中国经济史研究》2019 年第 6 期。

④ 性质分析涉及两方面。一方面是从概念入手，分析什么是银钱价、什么是比价，"比价"一词从何而来，在历史上作何表述。这方面，孟伟教授、曹树基教授等近来皆反对不加分析地直接使用"银钱比价"一词。一方面是就不同比价的性质作区分。明确关注存在官方比价和市场比价的学者有一些，但对此深入挖掘、细致分析的研究至今尚未见及。

同办法，远未达成一致，甚至存在不科学、不合理处。这也间接导致不同学者间（因方法而非因史料差别意义上）的数据存在抵牾，或令非本领域研究者在使用数据时不知该作何取舍。在比价波动的特征分析上，除长期趋势及分期外，对短期波动特征、周期性特征，地区差异等项尚用力不足。当然，这也与基础数据整理遇到困难有关。而市场整合问题研究则更欠缺，虽难度很大，但随数据整理推进，情况当有所改善。此议题下的货币市场整合情况如何，与粮食市场整合有何异同，可否对话施坚雅经济大区的划分等问题，尚待深入探究。

二、银钱比价形成及波动的原因

针对银钱贵贱变动问题，清人在当时就有诸多解释性的讨论，但不属于本文所讲学术史回顾范畴，不予讨论。

时至民国，1924 年，卫挺生发表《清季中国流行之货币及其沿革》一文，论述清季流通银钱各种类、名称、用法、来源。[①] 虽不直涉银钱比价，但也实际表明纷繁多样而不统一的货币形制是形成货币比价的基础。1930 年，汤象龙发表《道光时期的银贵问题》一文，认为鸦片输入是导致白银外流，引起银贵钱贱的重要原因，而国际贸易入超和制钱实质减轻则是另两个原因。此外，私铸和纹银囤积也起到推动作用。[②] 1942 年，张德昌在《近代中国的货币》一文中研究了鸦片战争前后的银贵钱贱问题，认为出现该情况的原因与当时旧有落后币制不无关系。[③] 1945 年，魏建猷在论述外国银元流通中国时，认为套利导致的现

---

① 卫挺生：《清季中国流行之货币及其沿革》，《清华学报》1924 年第 1 卷第 2 期，第 153—220 页。

② 汤象龙：《道光时期的银贵问题》，《社会科学杂志》1930 年第 1 卷第 3 期，第 1—31 页。

③ 张德昌：《近代中国的货币》，《人文科学学报》1942 年 1 月第 1 期，第 73—92 页。

银外流使得银价愈高。[1] 从以上研究可以看出，当时学者对银钱比价形成的原因解释多是单一、零散的，缺乏系统性。但已经涉及货币数量、钱币质量、货币制度等方面。

1949 年后至今，各学者从货币数量、质量本身到货币制度，[2] 国内金融环境，国际贸易等方面对比价形成进行了更为详细的分析。[3]

（一）从偏重白银一方的解释看（按研究时段排序）

如郑永昌认为，清初康熙朝银贵钱贱主要为白银供给减少导致。[4] 王宏斌认为，康熙晚期到乾隆中期的银贱钱贵主要由白银购买力降低引起。[5] 杜家骥认为在乾隆中期以前，没有所谓钱少"钱荒"，银贱钱贵的主要原因是白银贬值。[6] 陈锋等认为，嘉庆四年到十二年（1799—1807）的银贱，除了白银内流，还有政府军事用银支出的原因。[7] 杨端六认为，嘉庆十三年到咸丰六年（1808—1856）的银贵钱贱，主要由鸦片输入导致的白银外流引起。[8] 彭泽益则从供给侧认为，鸦片战争后的银贵，主要由白银供给不足造成，具体原因为战争赔款、

---

① 魏建猷：《清代外国银元之流入及其影响》，《东方杂志》1945 年第 41 卷第 18 号。

② 由于大多数学者在论述完具体问题后，都会加上类似于"归根结底，货币制度不能适应时代需要，是影响该时期比价波动的根本原因"这种论述。此观点无法将学者间论争点区分开，故不作专门提及。

③ 接下去会频繁出现某朝、前期、早中期、晚期、末期等称法，有的是学者本身如此称呼，有的则是原文有明确指明起止年份（因涉及到比价分期起止时间各人划分不同，此无法一致）。为方便论述，在此大多不再写明具体时间，而按总体时间所处时段作简称。

④ 郑永昌：《明末清初的银贵钱贱现象与相关政治经济思想》，台湾师范大学历史研究所 1994年版，第 94—102 页。

⑤ 王宏斌：《清代价值尺度：货币比价研究》，第 110—116 页。

⑥ 杜家骥：《清中期以前的铸钱量问题——兼析所谓清代"钱荒"现象》，《史学集刊》1999年第 1 期。

⑦ 陈锋、范卫红等：《清代银钱比价波动及其对社会生活的影响》，《中国钱币》2020 年第4 期。

⑧ 杨端六：《清代货币金融史稿》，第 195 页。

外贸逆差、国内银源枯竭等。① 林满红亦认为，白银因素对道光朝银贵钱贱发生及"同治中兴"有重要影响，但这个影响更与世界经济的萧条与景气有关。前期总的白银流入减少及后期恢复流入是关键。② 戴建兵、习永凯从全球史视角出发，对嘉道时期的银贵钱贱进行了研究，认为道光朝银贵钱贱主要原因是银贵，而银贵是由白银购买力上升引起。由于钱计物价相对稳定，这更说明没有钱贱一方的影响。③ 杨端六为探寻光绪朝银贱钱贵原因，利用《美国国际汇兑委员会报告》，认为1882—1902年间，银对金下跌比铜对金下跌更多，可以说明"与其说是钱贵，不如说是银贱，更为恰当"。④ 蔡金殿亦认为光绪朝银贱钱贵，主因在银贱。具体表现为国际银价下跌，外商"以金易银"，白银大量内流。⑤ 陈锋等认为，光绪末年到宣统时，国际银价回升、赔款所致白银外流，导致银贵。⑥ 对比以上解释，各学者观点间分歧较小，几乎都按白银流入——供给增加——银贱、白银购买力下降，白银流出——供给减少——银贵、白银购买力上升的逻辑展开，唯有强调不同阶段白银流入、流出何者更为主要的不同。当然，也有从白银需求出发的分析。如王德泰认为鸦片战争前的银贵，主要是由经济发展对白银需求增加导

① 彭泽益：《十九世纪后半期的中国财政与经济》，中国人民大学出版社 2010 年版，第 17—19 页。

② 林满红：《明清的朝代危机与世界经济萧条——十九世纪的经验》，（台湾）《新史学》1990 年第 1 卷第 4 期；林满红：《中国的白银外流与世界金银减产（1814—1850）》，载吴剑雄主编：《中国海洋发展史论文集》第四辑，"中央研究院"中山人文社会科学研究所 1991 年版，第 1—44 页。

③ 戴建兵、习永凯：《全球视角下嘉道银贵钱贱问题研究》，《近代史研究》2012 年第 6 期。

④ 杨端六：《清代货币金融史稿》，第 211 页。

⑤ 蔡金殿：《银价波动与晚清货币演变》，硕士学位论文，上海师范大学历史系，2009 年，第 47—49 页。

⑥ 陈锋、范卫红等：《清代银钱比价波动及其对社会生活的影响》，《中国钱币》2020 年第 4 期。

致，白银外流只是加剧了银贵现象。[①] 王宏斌亦认为，同治中期的银贵钱贱，非由白银外流导致，而是社会生产恢复，对白银需求增加所致。[②] 由此可见，在确认有银自身价值变动一方因素的前提下，对该银价形成及变动的分析需从白银供需两方入手。至于何者影响白银供给，何者影响白银需求，则不同时段，甚至针对不同地域，会有不同原因。

（二）从偏重制钱的一方解释看

更关注制钱质量者，[③] 如陈昭南认为制钱币材采用贱金属会导致币值先天不稳定，比价自然经常波动。[④] 郑永昌、李隆生等认为，明末清初（康熙以前）的银贵钱贱，主要由私钱和明季废钱掺杂使用导致。[⑤] 王宏斌亦认为彼时银钱比价波动与制钱本身质量变化有密切关系，[⑥] 且康熙晚期到乾隆中期的银贱钱贵与制钱数量变化关系不大，[⑦] 进而直言"金属铸币的价格变化与其数量增减关系不大"。[⑧] 陈锋等认为，康熙二三十年间（1681—1691）钱贵主因为钱重、铜贵，康熙后期钱价下跌与制钱减重、私钱盛行相关。[⑨] 王德泰认为，乾隆早中期钱价增昂，是商品铜价增昂的曲折反映。[⑩] 这都是从金属价值出发看

[①] 王德泰：《试论白银外流与鸦片战争前的银贵钱贱问题》，《中国经济史研究》2000年第4期。

[②] 王宏斌：《略论同治中期银价增昂问题》，《河南大学学报（哲学社会科学版）》1988年第1期。

[③] 该质量包括两方面，一是钱文的轻重好坏，一是其内在金属价值。

[④] 陈昭南：《雍正乾隆年间的银钱比价变动（一七二三—九五）》，第65页。

[⑤] 郑永昌：《明末清初的银贵钱贱现象与相关政治经济思想》，第71页；李隆生：《晚明海外贸易数量研究——兼论江南丝绸产业与白银流入的影响》，秀威资讯科技股份有限公司2006年版，第155页。

[⑥] 王宏斌：《清代价值尺度：货币比价研究》，第43页。

[⑦] 王宏斌：《清代价值尺度：货币比价研究》，第135页。

[⑧] 王宏斌：《清代价值尺度：货币比价研究》，第69页。

[⑨] 陈锋、范卫红等：《清代银钱比价波动及其对社会生活的影响》，《中国钱币》2020年第4期。

[⑩] 王德泰：《乾隆时期的铸钱成本与钱价增昂问题》，《西北民族学院学报（哲学社会科学版）》2003年第2期。

待钱价问题的思路，延续类似思路看嘉道及以降钱贱问题。贾允河、刘朝辉等认为，鸦片战争前的银贵钱贱本质是钱劣、钱贱。[1] 陈锋等认为，同治四年至十二年（1865—1873），钱价短暂下跌的主因是铜价下跌。[2] 但同时，也有更关注制钱数量者。如庄吉发认为，康熙、雍正时期的钱贵是因为私销导致铜钱供给不足。[3] 李强认为，康熙、雍正时钱贵是因为制钱供给数量跟不上白银流入量。[4] 李中清认为，云南长期银贵钱贱，与滇铜大量开采，官方大量铸币有因果联系。[5] 彭凯翔认为，铸钱的增长不会简单带来钱贱，但对铜钱需求的加增反导致钱贵成为18世纪中前期的主旋律。[6] 类似观点，无论是从制钱供给出发，还是从制钱需求出发，都是在侧重论述货币数量。对制钱质量与数量皆关注者，如彭信威认为，顺康时期，私销会使制钱数量减少，钱价上涨；同时，制钱减重，也会使钱价下跌。[7] 万志英认为，铜钱价值不仅仅取决于其自身金属价值，18世纪中期的铜钱增值更应从对铜钱的数量需求中寻找原因。[8] 这都是将金属铸币内在价值和市场供需数量结合考察的典型。除在制钱领域中有偏重铸币金属价值和铸钱数量的解释争论外（此中又分是在根本上认为两者对立，还是只是在某时段具体解释中偏重其一），也有从铸钱政策看待问题者。如李红梅即认为制钱铸造政策

① 贾允河：《对鸦片战争前银钱比价问题的一点思考》，《西北民族学院学报（哲学社会科学版）》1998年第1期。

② 陈锋、范卫红等：《清代银钱比价波动及其对社会生活的影响》，《中国钱币》2020年第4期。

③ 庄吉发：《清初钱贵原因管窥》，《故宫文献》1973年第5期。

④ 李强：《论雍正时期的铜禁政策》，《学术界》（双月刊）2004年第1期。

⑤ 李中清：《中国西南边疆的社会经济：1250—1850》，林文勋、秦树才译，人民出版社2012年版，第289页。

⑥ 彭凯翔：《货币化与多元化：白银挑动下的明清货币"复调"》，《中国经济史研究》2019年第6期。

⑦ 彭信威：《中国货币史》，第606页。

⑧ Richard von Glahn. *Fountain of Fortune: Money and Monetary Policy in China (1000 – 1700)*, Berkeley: University of California Press, 1996, pp. 253–254.

在各地有别，此不仅影响制钱铸造量，且影响当地货币使用结构。① 此在论述比价波动的地域差别时，会有解释力。综上可知，对引起钱值变动的原因的争论，分歧要多于白银。根本上，存在铜币供需数量和铜钱内在价值变动的分歧；在供需数量上，又有侧重供给和侧重需求分析的不同，但近些年来，学者们已较为重视供需数量综合对比分析。

（三）从银钱兼及的论述看②

在历史分析上，如陈锋等认为康熙晚期到雍正、乾隆早期的银贱钱贵，既有白银流入导致银贱，也有铜价高、对钱需求多导致的钱贵因素。③ 王光越认为乾隆初年钱价增昂，既有白银跌价的原因，也有制钱供给不足导致制钱升值的原因。④ 在都承认白银跌价的情况下，陈锋更强调对钱需求高昂导致的钱贵，王光越更强调制钱供给不足导致的钱贵。王宏斌认为乾隆中晚期银贵钱贱，既有因对银需求扩大而导致银贵的一面，也有制钱质量下降导致钱贱的一面；⑤ 而道咸时期的银贵钱贱，既有白银供需数量变化的原因，也有铜价下降、小钱泛滥的影响。⑥ 显然，在兼及论的制钱一侧，王宏斌不以制钱供需作根本原因论述，而是转而讨论制钱质量高低的影响。而和文凯则认为，虽然商品货币的特性，即货币所含金属市价变化通常会影响货币兑换率。但乾隆早期银贱钱贵，既有白银流入的原因，也有对钱需求增加的原因，货币供

---

① 李红梅：《从土地文书看清代货币使用的地域差异》，《江苏钱币》2013 年第 2 期；李红梅「清代における福建省の貨幣使用実態——土地売券類を中心として」，『松山大学論集』第 18 巻第 3 号，2006 年 8 月。

② 前述偏向白银的解释、偏向铜钱的解释，指的是研究者将此作为产生现象的主要原因看待，而不是说完全不顾其他因素存在（当然存在有些学者否认某几项因素存在的情况）。此处银钱兼及，则是认为银钱两方解释同样重要，或者说存在联动而只能一并论述。

③ 陈锋、范卫红等：《清代银钱比价波动及其对社会生活的影响》，《中国钱币》2020 年第 4 期。

④ 王光越：《乾隆初年钱价增昂问题初探》，《历史档案》1984 年 02 期。

⑤ 王宏斌：《清代价值尺度：货币比价研究》，第 164—165 页。

⑥ 王宏斌：《清代价值尺度：货币比价研究》，第 256 页。

需数量分析更重要。① 林满红亦认为，乾隆朝前四十年银贱钱贵，既有银贱，也有钱贵，用货币供需表示为银币需求（DS）↑＜银币供给（SS）↑，铜币供给（SC）↑＜铜币需求（DC）↑；而乾隆朝后二十年的银贱钱贵则为银币需求（DS）↑＞银币供给（SS）↑，铜币供给（SC）↑＞铜币需求（DC）↑。② 嘉道之际银贵钱贱，也有银、钱两方联结的作用。但银贵是动力，特别是白银外流导致萧条致使对钱需求减少，此需求减少较之铜钱供给增加率减少更大，故依然使得钱贱。③ 吴承明同样认为，道光朝银贵钱贱，需要从货币供需两方面论述。④ 对比王宏斌、和文凯、林满红、吴承明的论述看，即便是银钱兼及，在论述钱本身贵贱变动原因时，还是存在铜钱供需数量和质量高低分析何种更本质的论争。不过，对于光绪朝的银贱钱贵，王宏斌则认为，其中既有钱少铜贵的原因，也有金贵银贱的原因，且银贱和钱少铜贵又有联系。他还进一步指出，研究比价问题"不要把各种因素简单地相加在一起，而应当把银钱比价的变动，归于各种因素相互联系、相互作用的共同产物"。⑤ 该说法似有调适论争的意味。当然，对光绪朝银贱钱贵的分析，不同学者也还是有不同侧重。如何汉威即认为，十九世纪八十年代以降

---

① 和文凯：《乾隆朝铜钱管理的政策讨论及实践——兼与 18 世纪英国小额货币管理的比较》，《中国经济史研究》2016 年第 1 期。

② 林满红：《与岸本教授论清乾隆年间的经济》，《"中央研究院"近代史研究所集刊》第 28 册，1997 年。

③ 林满红：《嘉道钱贱现象产生原因"钱多钱劣论"之商榷——海上发展深入影响近代中国之一事例》，张彬村、刘石吉主编：《中国海洋发展史论文集》第五辑，"中央研究院"中山人文社会科学研究所 1993 年，第 357—426 页。

④ 吴承明：《18 世纪与 19 世纪上叶的中国市场》，收入氏著《经济史理论与实证——吴承明文集》，浙江大学出版社，2012 年，第 148 页。"道光萧条情况比较复杂，它是伴随着早已出现的银贵钱贱而来的。银为什么贵，当时议论大多归之于鸦片进口泛滥、白银外流，实则尚有其他因素，需从整个市场货币需求量和供给量上另作专论"。

⑤ 王宏斌：《论光绪时期银价下落与币制改革》，《史学月刊》1988 年第 5 期。

　　　　　　　　　　　　　　　　　　清代银钱比价波动研究

的银贱钱贵原因为：制钱币材供应短缺，国际上金贵银贱，各省滥铸银币。① 黄永豪认为除白银跌价外，市场扩张和贸易增长使得人们对铜钱的需求加大，更值得关注。② 从更抽象的经济原理入手，如胡寄窗认为，银钱"二者的比价会随二者或其中一种本身价值的变动而变动"。③ 石毓符认为，"两者之间的比价各以其金属本身的价值和供给及需求的变化而发生上下波动"。④ 陈昭南认为，银铜货币间的不完全可替代性导致比价更易波动。⑤ 何平亦认为，假定白银供给不变，则铜钱数量与质量同时影响比价。从白银方面看，则流通中的白银数量主要影响比价。⑥ 何平教授该提法可谓一精辟总结。即，在银钱兼及的情况下，由于白银非铸币，故其市面流通数量和金属价值紧密关联，流通中的供需量即可主导国内银价。而铜钱为铸币，内在金属价值（主要为铜价）可直接影响钱价，货币数量供需也可直接影响钱价，需兼而论之。从兼及论述的学者讨论看，其间分歧主要在于论述制钱时，是认为制钱供需数量对钱价影响更大，还是制钱内在金属价值变动对钱价影响更大。该分歧也是偏重铜钱一方论点分歧在银钱兼及论述中的再体现。

（四）从外部环境看

以货币制度、货币体系结构切入。许立新曾认为，鸦片战争前后银贵钱贱，既有钱劣原因，也有白银外流原因，但除这些外，还应考虑国

---

① 何汉威：《从银贱钱荒到铜元泛滥——清末新货币的发行及其影响》，《"中央研究院"历史语言研究所集刊》第 62 本第 3 分，1993 年。

② 黄永豪：《米谷贸易与货币体制：20 世纪初年湖南的经济衰颓》，广西师范大学出版社 2012 年版，第 46 页。

③ 胡寄窗：《中国经济思想史》（下），上海财经大学出版社 1998 年版，第 605 页。

④ 石毓符：《中国货币金融史略》，南开大学出版社 2019 年版，第 108 页。

⑤ Chen, C.N., "Flexible Bimetallic Exchange Rates In China, 1650–1850: A Historical Example of Optimum Currency Areas", *Journal of Money, Credit and Banking*, Vol.7, No.3, Aug., 1975. "两种金属货币之间不完全的可替代性导致了灵活的双金属汇率，这反过来又通过产生双重价格体系降低了一种货币对另一种货币的可替代性。"

⑥ 何平：《清代前期多元复合货币结构下的困惑与对策》，《清史研究》2016 年第 8 期。

家货币政策重银轻钱、清代固有货币制度落后等各种因素。① 谢杭生认为，嘉道时期银贵钱贱，不是简单的数量问题，其本质涉及清代货币体系。货币流通的地方性、铜钱信用化及贮藏职能丧失等都是重要原因。② 王业键亦认为，清代银钱货币不能完全相互替代是存在比价的基础，而流通中的银钱货币量是决定比价的直接因素。清廷只能通过对铜钱的控制来调节比价，所以比价波动也不能被官方完全控制。③ 以特殊背景下的银钱货币流通形式切入。王宏斌认为在社会动荡初期，一般会出现银贵钱贱，随时间推移，反会出现银贱钱贵。这是动乱"急剧改变社会对贵金属及其辅币的不同需求"所致。④ 韩祥对"丁戊奇荒"中华北地区银钱比价变动的研究，孙建国对道光二十一年（1841）汴梁水灾时货币比价的研究，胡岳峰对清代灾疫发生时银钱比价变动的研究也都支持该论断。⑤ 以与货币相关的其他因素切入。陈昭南认为，农业生产、财政收支和小额交易的季节性会使得银钱比价出现季节性波动。⑥ 韦庆远亦持类似观点。⑦ 霍晓荣则认为，人口因素对银贵钱贱也

① 许立新：《略论鸦片战争前后银贵钱贱的原因》，《故宫博物院院刊》2003 年第 5 期。
② 谢杭生：《鸦片战争前银钱比价的波动及其原因》，《中国经济史研究》1993 年第 2 期。
③ 王业键：《中国近代货币与银行的演进（1664—1937）》，《清代经济史论文集（一）》，稻乡出版社 2003 年版，第 165—175 页。
④ 王宏斌：《清代社会动荡时期银钱比价变化规律之探析》，《河北师范大学学报（哲学社会科学版）》2014 年第 1 期；王宏斌：《清代价值尺度：货币比价研究》，第 23、57 页。
⑤ 韩祥：《晚清灾荒中的银钱比价变动及其影响——以"丁戊奇荒"中的山西为例》，《史学月刊》2014 年第 5 期；韩祥：《被遮蔽的"钱贱"：清代灾赈中的货币流通初探》，《清史研究》2017 年第 1 期；孙建国：《道光二十一年黄河水灾开封城"银贱钱贵"研究》，《中国经济史研究》2017 年第 5 期；胡岳峰：《灾疫与钱价——货币史视角下的清代灾疫救助》，《历史教学问题》2021 年第 1 期。
⑥ 陈昭南：《雍正乾隆年间的银钱比价变动（一七二三—九五）》，第 59—63 页。
⑦ 韦庆远：《顺治朝铸钱及其存在的问题》，《明清史新析》，中国社会科学出版社 1995 年版，第 343 页。"由于全国各地在不同时期对钱文的需求经常有变动，经常有余缺赢缩，此与农业年成的丰歉、工商业生产贸易的旺淡、季节的不同均有直接的关系，由于运销手段落后，调剂效率缓慢，总是难以赶上市场的需要。"

具有重要影响。① 彭凯翔还特别以乾隆末年徽州山中僧人不清楚番银与铜钱兑价为例，强调了分散交易中知识与信息传递对货币兑换率认知的影响。② 何平更是综合认为，银钱比价不是银钱间简单的数量对比关系，比价变动与"两种货币的使用边界和性质、政策导向与市场层次、财富分配的不公和非货币化都有着密切关联"。③ 可见，货币制度、金融环境、时代特征等是从总体上的历史背景影响比价形成的。而货币使用结构、市场性质、货币政策、突发事件等是直接作为外部因素对银钱各自供需起作用的。具体物资交易时间、数额，政府年内财税收支等，则对比价产生短期周期性影响。以上这些，在论述比价的具体形成时，显然不能被忽略。

在此期间，一些外国学者也对银钱比价形成原因提出看法。如Frank H. H. King 认为，嘉道时银贵钱贱，主要是钱贱的原因。且钱质低劣和钱票行用导致的钱供给量过多，共同导致钱贱。④ 费正清等则认为，嘉道时期银贵钱贱的原因主要为钱劣钱贱。⑤ 市古尚三认为，嘉道时期银贱钱贵，既有国家重银轻钱、钱票排挤制钱的外部原因，也有纹银外流的白银一方原因，还有私钱增加的原因。⑥ 郝延平认为，银钱相对价值由市场力量决定。从长期看，受国家稳定状况、铸币黄铜价格、世界市场上的银铜价格波动影响；从短期看，受银钱相对需求的季节变化影响。⑦ 诸如此类，在论述问题根本原因和存在的分歧方面，与国内

① 霍晓荣：《嘉庆道光年间的银贵钱贱与政府的货币政策》，《北京社会科学》2014年第1期。

② 彭凯翔：《货币化与多元化：白银挑动下的明清货币"复调"》，《中国经济史研究》2019年第6期。

③ 何平：《清代前期多元复合货币结构下的困惑与对策》，《清史研究》2016年第8期。

④ Frank H.H. King, *Money and Monetary Policy in China, 1845–1895*, Harvard University Press, 1965, p.154.

⑤ ［美］费正清、刘广京编：《剑桥中国晚清史》，中国社会科学出版社2006年版，第762页。

⑥ ［日］市古尚三：《清代货币史考》，凤书房2004年版，第157—170页。

⑦ 郝延平：《中国近代商业革命》，上海人民出版社1991年版，第328—329页。

情况并无本质区别。

此外，更多著作虽不具体讨论银钱比价形成原因，但也会就此表达看法。如张宁在《中国近代货币史论》结语中说到"货币之间的兑换率都不固定，因币材价值、信用程度、供求关系的变化而不断变化"。[①] 如此，足见该问题在清代乃至近代货币史研究中占据重要地位，对其进行研究也很容易陷入各种争论中。

这样一个重要且烦难的问题，以现有涉及于此的研究看：（1）或有因烦难而直言复杂，不再条分缕析论述者；或有仅就其中某些因素详细论述，而忽略其他者；或有偏重原理乃至囿于理论解释而缺少例证者；或有举例诸多而未总结归纳、提炼当中经济原理者……总之，尚缺乏更多系统、全面的，理论结合实例的，能深入清代经济社会运行肌理以展现当时货币流通复杂性的论述。（2）以学者间观点分歧言。以备受瞩目的嘉道时期"银贵钱贱"论为例，首先分歧即有承认银贵同时否认钱贱、承认钱贱同时否认银贵、既承认银贵也承认钱贱之别。[②] 其次是以承认银贵者论，至于银贵是白银外流引起，是国内供给绝对量（白银流出+流入）减少引起，是国际白银购买力提高引起，还是国内对银需求过剩（相对供给不足）引起，又存在分歧。同样，以承认钱贱者论，钱贵是由钱劣、钱质量差引起，还是由钱多引起，抑或由铜价降低引起，也存在分歧。然而这些分歧到底是因研究视角不同导致，还是因征引史料、所采数据不同导致，抑或因所据理论存在根本上的对立导致，尚需对比分析。此外，影响比价的因素是否仅有这些，各因素间

---

① 张宁：《中国近代货币史论》，湖北人民出版社 2007 年版，第 251 页。

② 林满红则认为，以白银外流解释，是"外在论"观点；以钱劣、钱多、钱贱解释，是"内在论"观点。而持内在论观点者，又有从铜钱供给出发和从铜钱品质价值出发分析问题的区别，其本人增加了从铜钱需求角度的分析。参见林满红：《嘉道钱贱现象产生原因"钱多钱劣论"之商榷——海上发展深入影响近代中国之一事例》，张彬村、刘石吉主编：《中国海洋发展史论文集》第五辑，第 357 页。

有无联系，如有联系则是否产生叠加作用，也需予以关注。（3）就实证分析言。相应银钱比价原始数据，多是点数据。即便是整合序列，也往往具有区域特征。总体上的白银进出口数量、铜铸币总量、铜材价格变动等宏观数据，如何与学者最初依据的微观的银钱比价具体史料点数据建立联系，现研究少有能详言者。[①] 试图详细解释不同区域间比价波动不同原因者，更是少见。总之，以上诸问题的解决绝非能毕其功于一役，甚至因缺少必要的量化数据，某些计量方法也因之受限。故基于银钱各自价值和铜铸币供需数量对比，结合比价属性、清代社会市场性质分析、比价形成过程的综合网络图法讨论，是否能更好解释比价波动？应值得尝试。

三、银钱比价波动的影响

由于清代使用银钱双货币且货币化程度大为加深，故银钱比价波动对社会经济的影响也无远弗届。要之，前人对此的研究主要集中于政府财政、金融及商贸活动、物价、民众生活几方面。

（一）对财政的影响

银钱比价变动对政府财政的影响主要体现在两方面。（1）总体财政收支及核算。汤象龙在研究道光朝银贵问题时，梳理了银贵与政府收入减少、禁鸦片、中英冲突之间的关系。提出银贵钱贱的影响为"银贵的问题不但是当时的内政问题，而且是对外问题"。[②] 其在研究咸丰朝

---

① 如黄永豪在研究湘潭地区的白银流动时便提及，鸦片贸易固然是白银外流的重要原因，但在解释湘潭当地的白银流动时，显然又缺乏两者间显著的因果联系证据。（黄永豪：《米谷贸易与货币体制：20世纪初年湖南的经济衰颓》，第41页）

② 汤象龙：《道光时期的银贵问题》，《社会科学杂志》1930年第1卷第3期，第1—31页。

货币问题时更是直言"此时货币问题吾人视为财政的问题亦无不可"。[1] 同时代的太平山人在研究道光朝银荒问题时亦指出,当时社会广泛用银,而银价又高涨,如此"外则激起鸦片战争,内则促成太平天国动乱"。[2] 李芳认为币制不统一,货币间存在比价,会导致于国家税收、预算有损害。[3] 来新夏在研究鸦片战争前后银贵钱贱情况时,认为该问题会"造成封建政权财政金融的困难"。[4] 周育民在研究晚清财政问题时也认为,银钱比价如发生重大波动,便会对财政收支造成大影响"。[5] 林满红在研究道光朝白银外流所造成的社会秩序紊乱时亦认为,"银贵钱贱危机是税收不足的关键因素",[6] 且财政支出还因银贵而增加。[7] 何平在研究赋税收入时认为,如果货币"币值升高、物价下降,赋税征收额不变",就会加重赋税承担者负担;若"币值下降、物价升高,仍按原额征收赋税",则形成虚假性财政收入。[8] 史志宏对清代户部银库的研究表明,咸丰朝银库库存是铜铁制钱、大钱、京钱票的混合体,在货币兑换价格不断变动的情况下,其库存数字只具有记账价值符号的意义,而不具备与其本身显示数量相同的真实价值。[9] 陈春声、刘志伟另认为清廷维系银钱比价相对稳定的目的,是保证以银为中心的财

---

[1] 汤象龙:《咸丰朝的货币》,《中国近代经济史研究集刊》1933 年第 1 卷第 2 期,第 1—26 页。

[2] 太平山人:《道光朝银荒问题》,《中和月刊》1940 年第 1 卷第 8 期,第 61—75 页。

[3] 李芳:《中国币制统一论》,商务印书馆 1908 年版,第 52—65 页。

[4] 来新夏:《鸦片战争前后银贵钱贱的情况和影响》,《历史教学》1956 年九月号,第 34 页。

[5] 周育民:《晚清财政与社会变迁》,上海人民出版社 2000 年版,第 54 页。

[6] 林满红:《银线:19 世纪的世界与中国》,第 125—127 页。以农民缴纳赋税论,银贵钱贱造成田赋短收约 10%—30%,盐税短收 33%。

[7] 林满红:《明清的朝代危机与世界经济萧条——十九世纪的经验》,(台湾)《新史学》1990 年第 1 卷第 4 期。

[8] 何平:《清代赋税政策研究:1644—1840 年》,故宫出版社 2012 年版,第 79 页。

[9] 史志宏:《清代户部银库收支和库存研究》,社会科学文献出版社 2014 年版,第 90 页。

税征收。① （2）"地方财政"及财政中的中央与地方关系。岩井茂树在研究清代正额外财政和地方经费问题时曾认为，"铜钱的相对价值的下跌，虽说不是全部但对财政产生了巨大的影响"②，地方政府在定额不变的情况下，为了弥补财政缺口，往往会在规定银钱缴纳的兑换上做文章。周育民认为，州县在银贵钱贱时，会以 1 : 1000（即 1 两等于 1000 文，后续论述皆默认并省略此单位）例价发放役食等项，是将节省银两作填补亏挪用。但由于钱价持续下跌，故地方拖欠过多，造成地方财政与中央财政脱节。③ 丘凡真则认为，由于银钱折价和火耗的存在，地方政府会抵触中央的币制改革。其阐发了有利于银钱比价问题解决的币制统一改革和"货币发行的地方化"这种无益于比价问题解决但有利地方获取财源之间的矛盾。④ 这可促使人们进一步思考比价控制中的货币政策独立性问题。

（二）对金融及工商业的影响

（1）在货币金融方面。滨下武志从亚洲白银货币圈的研究视角出发，认为中国以银钱关系作为内部币制形式，使得金银关系变化难以对其产生直接影响，银钱关系的变化有时甚至起到了缓和金银关系的作用。⑤ 其还特别研究了 19 世纪 20—50 年代的银贵钱贱，指出白银不足而又作为贸易结算工具，所导致的是发生在英国棉制品和中国茶叶间的

---

① 陈春声、刘志伟：《贡赋、市场与物质生活——试论十八世纪美洲白银输入与中国社会变迁之关系》，《清华大学学报（哲学社会科学版）》2010 年第 5 期。

② ［日］岩井茂树：《中国近代财政史研究》，付勇译，社会科学文献出版社 2011 年版，第 39—40 页。

③ 周育民：《1840—1849 年的清朝财政》，《山西财经学院学报》1982 年第 2 期。

④ 丘凡真：《精琪的币制改革方案与晚清币制问题》，《近代史研究》2005 年第 3 期。当然，对货币发行的地方化与精琪货币改革方案失败间关系论述，另有不同意见（参见崔志海：《精琪访华与清末币制改革》，《历史研究》2017 年第 6 期），但这与比价问题关系不大。

⑤ ［日］滨下武志：《近代亚洲贸易圈中的白银流通——亚洲经济史面貌的一个构想》，收入王玉茹、吴柏均、刘兰兮编：《经济发展与市场变迁——吴承明先生百年诞辰纪念文集》，南开大学出版社 2016 年版，第 59—88 页。

现货贸易，将中国市场整合到了英国—美国—中国三角贸易结构中，也将中国的金融市场整合进以伦敦为中心的国际金融体系中。① 王文成以清末云南货币流通为例认为，铜价高涨与铜钱名实价值背离加剧了比价波动，客观上促使铜钱名义价值与银币挂钩，铜钱因之向银辅币方向发展。② 邓绍辉则认为甲午后比价混乱与铸币权不统一等原因，极大干扰了清廷金融管理职能的正常发挥，引起金融市场混乱。③ 陈新余更直接指出，银钱比价不断波动是造成传统制钱制度溃败的一个深层次原因。④ 王德泰亦认为，嘉道之际"钱贱"造成了货币制度危机，钱局因钱贱不能出售钱文增加铸币利润，导致了真正亏损。⑤（2）在商贸活动方面。从传统手工业切入，彭泽益认为鸦片战争后的银贵钱贱，引起了农产品和手工业品以银价表示的价格不断降低，通过打击"农夫织妇"的简单再生产模式促使农业和手工业生产日益萎缩，另外，广大城镇的小商贩和手工业个体经济也受到了沉重打击。⑥ 汪敬虞则在与彭泽益商榷的论文中认为，彼时"银贵钱贱现象的存在，实际上有阻止而不是便利了外国商品在中国倾销的作用，它在一定程度上反加强了中国工农结合的小农经济对机制洋货的抵抗力"。⑦ 但其实，周育民教授更早就综

---

① ［日］滨下武志：《近代中国的国际契机：朝贡贸易体系与近代亚洲经济圈》，朱荫贵、欧阳菲译，中国社会科学出版社 1999 年版，第 123—153 页。［日］滨下武志：《中国的外贸金融——白银、鸦片与世界市场整合：19 世纪 20—50 年代》，收入氏著：《中国、东亚与全球经济——区域和历史的视角》，王玉茹等译，社会科学出版社 2009 年版，第 138—182 页。是文最初以《近代中国贸易金融考察——19 世纪前半期银价腾贵和外国贸易结构变化》为题发表于东洋文库和文纪要《东洋学报》第 57 卷（上）第 3、4 号，1976 年 3 月，第 116—177 页。

② 王文成：《法元、卢比的流入与清末云南币制变迁》，《云南社会科学》2007 年第 4 期。

③ 邓绍辉：《论甲午战后清政府币制改革及失败原因》，《四川师范大学学报（社会科学版）》1999 年第 2 期。

④ 陈新余：《晚清机铸制钱的问世与消亡》，《中国钱币》2013 年第 6 期。

⑤ 王德泰：《清代前期钱币制度形态研究》，中国社会科学出版社 2013 年版，第 296—297 页。

⑥ 彭泽益：《鸦片战后十年间银贵钱贱波动下的中国经济与阶级关系》，《历史研究》1961 年第 6 期。

⑦ 汪敬虞：《关于鸦片战后 10 年间银贵钱贱影响下中国对外贸易问题的商榷》，《中国经济史研究》2006 年第 1 期。1985 年 4 月成稿。

合联系认为，鸦片战争后的银贵钱贱固然使得外国商品的倾销受阻，但银贵对中国土布业的打击也很大，小农户因承受不住银价高涨造成的实际收入减少而破产，这给洋布进入中国市场创造了有利条件。[1] 从机器工业切入，丁冠淇以清末金贵银贱、银贱钱贵时期为例，利用向量自回归模型论证了双重汇率变动有利于新式纺织业发展。[2] 其计量分析与森时彦的晚清汇率变动对棉纺织业影响研究结论一致。[3] 从盐业切入。徐泓在对清中叶后两淮盐商消乏的研究中认为，银钱比价波动是影响盐商成本和利润的重要因素。在嘉道时期，盐商的利润已经趋近于零，再加上银贵钱贱，盐商售卖盐斤收入钱文，而完课需易银，这就造成了经营盐业的余利尽为银钱比价所侵蚀。故银钱贵贱变化成为盐商盛衰之关键。[4] 陈锋在同意此观点基础上进一步说明，长芦、山东、河东盐区，嘉道时期部分官定兑银缴课比价随银钱时价上浮，有利减轻盐商亏折。[5] 从商号经营为切入。陈春声认为银号、钱庄经营银钱兑换业务，故银钱比价的存在使得银号、钱庄发展。[6] 彭泽益则从另一面认为鸦片战争后银贵钱贱的状态引起了市场的剧烈波动，促使商人从事商品货币买卖的投机活动加剧，而商人投机失败又造成了信用不足，并最终产生商业和信用危机。[7] 从对外贸易切入。周育民认为鸦片战争后的"银贵

① 周育民：《银贵钱贱对中国外贸的影响》，《上海师范大学学报（哲学社会科学版）》1980年第2期。

② 丁冠淇：《论清末双重汇率变动对中国纺织业投资的影响》，《财经问题研究》2018年1月第1期。

③ ［日］森时彦：《中国近代棉纺织业史研究》，第30—31页。

④ 徐泓：《盐价与银钱比价：清代两淮盐商的成本、利润及其消乏的原因》，收入陈永发主编：《明清帝国及其近现代转型》，允晨文化实业股份有限公司2011年版，第365—366页。

⑤ 陈锋：《清代食盐运销的成本、利润及相关问题》，《中山大学学报（社会科学版）》2020年第5期。

⑥ 韦庆远、叶显恩主编：《清代全史（第五卷）》，方志出版社2007年版，第145—146页。

⑦ 彭泽益：《鸦片战后十年间银贵钱贱波动下的中国经济与阶级关系》，《历史研究》1961年第6期。

钱贱"，使得外国输入商品银计价格下跌、钱计价格上涨，此阻碍了外国商品的倾销。① 反之，以清末银贱钱贵为例，郑友揆认为，19 世纪70—90 年代银价下跌但进口反而有所增加，"原因之一是国内制钱对白银比价上涨，这抵消了一部分银价下跌对银计物价的影响，使得进口商品在向内地销售时以钱计的价格仍较当地土货物价为低"②。管汉晖在其基础上进一步证明，白银对外汇率贬值、对内汇率升值，双重汇率会导致汇率贬值一倍时，对外贸易由顺差变为逆差。③ 林满红等关于清末银价贬值与中国国际贸易收支的研究亦表明，虽然进出口过程中在国际贸易上使用的是白银，但在出口原料和进口销售终端则使用铜钱，故而对外汇率中银对金贬值可能造成的出口增加，还会因银铜之间的汇率变动而改变。④

（三）对物价的影响

一般意义上言货币对物价水平的影响，指的是总货币存量或流量对物价的影响。相关研究往往会结合人口、生产力发展等因素分析问题。但在此需指明，银钱比价一定程度上仅指银钱间的相对价值，故单纯的

① 周育民：《银贵钱贱对中国外贸的影响》，《上海师范大学学报（哲学社会科学版）》1980年第 2 期。

② 郑友揆：《十九世纪后期银价、钱价的变动与我国物价及对外贸易的关系》，《中国经济史研究》1986 年第 2 期。

③ 管汉晖：《浮动本位兑换、双重汇率与中国经济：1870—1900》，《经济研究》2008 年第8 期。

④ 林满红、梁启源、郑睿合：《银价贬值与清末中国的国际贸易收支（1874—1911）》，收入复旦大学历史地理研究中心、哈佛大学哈佛燕京学社编：《国家视野下的地方》，上海人民出版社2014 年版，第 117—121 页。

银、钱自身升值、贬值对物价影响与银钱相对价格变动对物价影响尚有区别。[①] 从银钱货币相对量变动与物价关系看。彭信威认为更应关注物价以何种货币衡量。[②] 邓云乡亦持此观点。[③] 王业键则通过研究指出，在十九世纪上半叶"银贵钱贱"时，白银外流导致南方以银表示的物价水平显著低落，而北方多用钱且铜钱供给增加与国民生产增加相适应，故物价水平大致平稳。[④] 更为复杂精细者，如许晨和燕红忠研究了近代中国银钱二元货币与二元经济的关系，依协整分析认为，国际银价变动经过一定的传递时间，以商品价格为媒介，再对国内银钱比价产生影响。双重缓冲不仅使钱计物价保持相对稳定，也使得近代中国的二元货币体系能够在二元经济结构中保持正常运转。[⑤] 赵红军对白银流入、银钱比价波动与松江粮价关系做了研究，认为银铜比价这一相对市场化的内部汇率体制，能够显著降低松江的米价平均水平，但显著推动米价波幅。这说明，中国的银铜双本位体制在一定程度上缓冲了美洲白银对中国物价抬升的负面影响，但由于这一比价关系同时也是外国白银输

---

① 比如货币供给量增加意义上的白银贬值导致银计物价上涨，铜钱贬值导致钱计物价增长，银铜货币总量增加导致物价总水平上涨，但此时，银钱相对贵贱并不一定。反之，如是因银贵导致银计物价下跌，钱贵导致钱计物价下跌，则在对比两方下跌幅度前，也无法断言银钱相对贵贱情况。且需要注意，由于清代缺乏严谨的价格指数统计，所以具体史料中也可能出现银、钱货币自身升值，但银计、钱计物价未实际向下调整的情况。个别依据的史料，和理论推演上的总体上的货币贬值、物价下跌可能存在不一致。不过，在货物自身价值稳定的前提下，如果银、钱计物价比较稳定，则至少能证明货币本身价值稳定。

② 彭信威：《中国货币史》，第615页。"银钱比价的变动，对于物价自然会发生影响，但影响的性质，要看物价是根据什么计算、用什么来支付；如果是用银支付，物价应当有下跌的倾向，至少不会上涨；如果是用铜钱支付，则应当有上涨的趋势。有些物价是以银为标准，而用铜钱支付，这种物价一定会上涨。"

③ 邓云乡：《清代三百年物价述略》，《价格理论与实践》1982年第4期。"银和钱互相兑换，比例数并不固定，时涨时落，也就直接影响到物价的高低。有时同一东西，以钱计之，是涨了，以银计之，是落了。反之亦如是。"

④ 王业键：《中国近代货币与银行的演进（1664—1937）》，《清代经济史论文集（一）》，第199—200页。

⑤ 许晨、燕红忠：《近代中国的二元货币与二元经济研究》，《浙江社会科学》2018年第8期。

入、国内政策干预与市场力量作用的综合结果，因而在一定程度上助推了国内物价的波动幅度，可谓正负效应兼具。[①]

（四）对民众生活的影响

因制钱是民间日用货币，与民众生活密切相关，故有论者因之直言"钱价问题也就成为清代货币制度的最主要问题"。[②] 从赋税负担切入。萧公权就曾举例说明在银贵钱贱时，地方私自提高银钱缴纳兑换率，会导致乡民反抗。[③] 彭泽益也认为，银贵钱贱导致的是占有土地的地主直接赋税负担加重，租佃土地的小农的转移性赋税负担加重。[④] 周育民认为在银钱比价上升时期，农民的赋税负担会加重，此与社会矛盾爆发、农民起义增加有所关联。[⑤] 王业键在其对清代田赋的著名研究中认为，白银—铜钱的兑换值和物价变动与实征税率密切相关，当物价下跌，但银钱比价上升时，实征税率也呈上升趋势；当晚清物价呈总体上涨趋势时，其他条件不变下的田赋负担则会减轻。[⑥] 白凯亦认为，"中国国家近代化过程引起的货币波动和变本加厉的苛捐杂税，抵消了改革的大部分有利成果"[⑦] 其以诸多例子说明，在清末以前，由于银钱比价波动导致赋税折价不断加增，并进而导致江南的赋税负担加重，"民众的集体抗税也愈加激烈"[⑧]。郑起东对晚清华北田赋征收中银钱折价与抗粮

---

① 赵红军、陆佳杭、汪竹：《美洲白银输入是否抬升了江南的米价？——来自清代松江府的经验证据》，《中国经济史研究》2017 年第 4 期。

② 刘佛丁主编：《中国近代经济发展史》，高等教育出版社 1999 年版，第 43 页。

③ 萧公权：《中国乡村——论 19 世纪的帝国控制》，联经出版公司 2014 年版，第 147 页。

④ 彭泽益：《鸦片战后十年间银贵钱贱波动下的中国经济与阶级关系》，《历史研究》1961 年第 6 期。

⑤ 周育民：《晚清财政与社会变迁》，第 448—449 页。

⑥ ［美］王业键：《清代田赋刍论（1750—1911）》，高风等译，人民出版社 2008 年版，第 78—79、157—159 页。

⑦ ［美］白凯：《长江下游地区的地租、赋税与农民的反抗斗争：1840—1950》，林枫译，上海书店出版社 2005 年版，第 15 页。

⑧ ［美］白凯：《长江下游地区的地租、赋税与农民的反抗斗争：1840—1950》，第 212—222 页。

关系的研究，亦得出与白凯一致的结论。[①] 林满红在此问题上还注意到，在地理层面上，边陲地区的钱贱比核心区可能更严重，故而暴动多倾向于发生在边陲地区。[②] 张景瑞还从农作物种植结构方面认为，银贵钱贱导致农民收入减少、负担加重，为此存在诸多改种价值更高的经济作物的现象。[③] 除田赋外，吴琦对漕粮折征的研究也表明，当银贵钱贱之时，民户负担大增，并出现宁纳本色而不愿纳折色的情况。[④] 从工资角度切入。罗尔纲在对绿营兵政奉饷支出的研究中表明，银贱钱贵之时，兵饷计银而放钱可使兵丁沾得额外恩惠，但在银贵钱贱时则有亏兵丁生计。[⑤] 邓云乡认为，钱价日低导致劳动人民以钱计算的日常收入降低，而豪门大户则用银兑钱，可以相同工资雇佣更多工人。[⑥] 李明珠亦认为，一般而言，铜钱和银的兑换比率的波动可能还会影响那些收入固定在一种正在贬值的通货上的人。[⑦] 贺水金则将清末贬值通货锁定在铜钱、铜元，认为百姓收入因此承受双重通胀之害。[⑧]

（五）其他方面影响

从思想文化角度切入。林满红专门论述了嘉道银贵钱贱危机期间王鎏、包世臣、陈鳣、魏源、许楣、胡调元、王茂荫等人提出的货币应对策略观念。在与西方货币思想学说比较后认为许楣、许楫等今文派的放任观点更接近于哈耶克学派，王鎏等桐城古文派的干预观点更接近于凯

---

① 郑起东：《转型期的华北农村社会》，上海书店出版社 2004 年版，第 245—250 页。

② 林满红：《银线：19 世纪的世界与中国》，第 110—111 页。

③ 张景瑞：《清代银钱比价波动对社会生活的影响》，未刊稿。

④ 吴琦等著：《清代漕粮征派与地方社会秩序》，中国社会科学出版社 2017 年版，第 98、134 页。

⑤ 罗尔纲：《绿营兵志》，商务印书馆 2011 年版，第 389 页。

⑥ 邓云乡：《清代三百年物价述略》，《价格理论与实践》1982 年第 4 期。

⑦ ［美］李明珠：《华北的饥荒：国家、市场与环境退化（1690—1949）》，石涛、李军、马国英译，人民出版社 2016 年版，第 183 页。

⑧ 贺水金：《不和谐音：货币紊乱与近代中国经济、社会民生》，《社会科学》2008 年第 5 期。

恩斯学派。① 然而能否在忽略具体学者所处地区、具体官员所处位置及办事要求等更为实际因素的条件下，直接将今古文派别之争与经济干预、放任思想直接联系，恐怕还要谨慎对待。其学生郑永昌在研究明末清初银贵钱贱相关政治经济思想时，虽仅作了国家统制论、自由经济论和折衷论的划分，但同样认为在清早期就存在相信国家力量和重视民间力量的两种理念。② 胡岳峰则避开从干预与放任思想划分角度切入，而是通过对清前期货币制度背后理念的研究认为：在时人眼中，稳定银钱兑换比例即是稳定钱值，稳定钱值即是稳定物价，物价定则人心宁，人心宁则天下太平。银钱比价、物价、人心、天下，在清前期通过一定的逻辑被关联起来，清前期的货币管理思想需在中国历史文化语境中理解。③ 近来，岸本美绪亦指出，近年来欧美学界对 16—18 世纪欧洲经济思想的研究已经摆脱单纯的"从重商主义到自由放任主义"框架，而关注经济思想和民族主义复杂关系，其期待明清中国经济思想在宏观比较视野中呈现新气象。④ 从吏治角度切入。王宏斌研究了银贵钱贱和银贱钱贵两种情况下官吏聚敛财富的手段问题，认为银钱比价的不断波动给官吏贪污中饱留下了可乘之机。⑤ 林满红也认为，银贵导致社会风气进一步腐化，对幕友、师爷的贿赂会加剧，而官员和学者也将注意力转移到追求金钱上。⑥ 类似研究都拓展了传统银钱比价影响研究范围。

综上，现有对银钱比价波动导致的影响的研究，在研究论域上，已

---

① 林满红：《嘉道年间货币危机争议中的社会理论》，《"中央研究院"近代史研究所集刊》第 23 期，1994 年。林满红：《银线：19 世纪的世界与中国》，第 135—237 页。

② 郑永昌：《明末清初的银贵钱贱现象与相关政治经济思想》，第 117—174 页。

③ 胡岳峰：《"银钱平行"与"银铜并行"：清前期货币制度的理念与实践（1644—1795）》，第 64—72 页。

④ ［日］岸本美绪：《晚明的白银北流问题》，《中国经济史研究》2020 年第 1 期。

⑤ 王宏斌：《清代银钱比价波动与官吏贪污手段》，《清代价值尺度：货币比价研究》，第 388—399 页。

⑥ 林满红：《银线：19 世纪的世界与中国》，第 128—130 页。

经涉及各大方面；在研究方法上，基于案例的归纳研究和基于数据的经济模型研究也都取得很大进展。但是，（1）在某些研究领域内，尚有薄弱点需要补足。如财政收支领域，在存在官定例价与市场时价情况下，使用银钱货币的具体事项的奏销会有何问题、对政府收支核算有何影响，还需利用档案、结合收支过程做进一步讨论。以往研究，多以银贵钱贱为例，探寻比价波动对财政收支影响，但在银贱钱贵时会如何，这也当被纳入考察范围。此外，随量化研究拓展，比价变动对财政收支影响的具体数据分析，亦待深入。（2）在不同研究领域间，尚有忽视处需加以重视。如以往研究多重财税而轻物价、民生，在研究视角下探基层、研究材料超出官方史料的情况下，更应对比价波动于民生日用、商贸往来、商事法律习惯、簿记会计核算等方面的影响加以重视。（3）在影响程度的时空分析上，有待深入。既然比价有区域性，货币使用结构有区域性，则同样银钱贵贱下，对不同地方的影响自然有差别。同样，清代银贵钱贱、银贱钱贵交替发生，发生时间长短不一，发生时间长短、发生的特定时间段与比价波动的影响程度有何关系，也尚待比较。（4）在宏观视野上，比价波动对中国近代货币体系发展有何深远影响，对不同区域金融市场发展有何影响，对财政国家的建立有何影响，对政府经济治理能力有何挑战也都值得探讨。另外，银钱比价作为国际"银线"与国内"钱线"的纠缠交织点，其在"大分流"讨论中也有理由作为货币金融影响要素而占据一席之地。

四、对银钱比价波动的应对

（一）官方应对

咸丰以前的情况。王显国认为，顺治、康熙时制钱曾六次改重，都为政府意图通过钱文重量增减，使银钱市价符合官定例价。① 秦慧颖通过对康熙朝制钱生产和流通的研究认为，为应对钱贵银贱，官方采用了改铸轻钱、延长小钱流通时限、改变办铜手段以增加铜料供给的措施，且取得良好成效。② 王德泰、强文学在对雍正朝货币政策的研究中认为，为应对钱贵银贱，官方加大了对滇铜开采的控制，减少了铸币铜含量，并配以铜禁政策，起到一定效果。③ 但李强则认为铜禁政策不仅没有解决钱贵，反使毁钱作器加剧。④ 王光越对乾隆初年钱价增昂状况进行了研究，认为政府可以通过添加鼓铸、严禁私销、禁止囤积、加大制钱投放、严禁贩运等措施来平抑钱价。⑤ 王显国认为乾隆五年（1740）改铸的"青钱"在一定程度上减少了私销，进而有助于缓解钱贵。⑥ 李强通过对康乾朝制钱流通的研究认为，政府可以通过设立钱牙，防止投机来稳定银钱比价；还可通过禁止囤积、鼓励用钱缴税、加快钱银兑换等措施调节制钱流通速度。⑦ 陈锋另认为，政府倡导用银代钱，也是乾隆早期应对钱贵的办法。⑧ 郑永昌对乾隆朝私钱问题的研究表明，在乾隆早期，为应对钱贵，官方暂时放任私钱流通。但在乾隆晚期，为应对钱贱，官方对私钱采取了收买、禁用等管控手段。⑨ 邓亦兵以京师为中

---

① 王显国：《清前期（1644—1734）制钱重量波动原因初探》，《首都博物馆论丛》2007 年总第 21 期。

② 秦慧颖：《康熙时的制钱生产与流通》，《中国钱币》2015 年第 5 期。

③ 王德泰、强文学：《雍正朝货币制度改革的背景、内容和意义》，《中国钱币》2006 年第 4 期。

④ 李强：《论雍正时期的铜禁政策》，《学术界》2004 年第 1 期。

⑤ 王光越：《乾隆初年钱价增昂问题初探》，《历史档案》1984 年第 2 期。

⑥ 王显国：《乾隆五年改铸"青钱"原因初探》，《中国钱币》2006 年 4 月；《浅论乾隆五年（1740）铸"青钱"政策效果》，《中国钱币》2008 年第 4 期。

⑦ 李强：《金融视角下的"康乾盛世"——以制钱体系为核心》，黄山书社 2008 年版，第 207、217—222 页。

⑧ 陈锋：《清代财政政策与货币政策研究》（第二版），武汉大学出版社 2013 年版，第 595 页。

⑨ 郑永昌：《清代乾隆年间的私钱流通与官方因应政策之分析——以私钱收买政策为中心》，《台湾师范大学历史学报》第 25 期，1997 年。

心研究了清前期政府的货币政策，认为政府因时制宜的诸多措施是行之有效的，但干预能力在长期上呈下降趋势。[①] 李强、胡岳峰、和文凯分别通过对乾隆朝货币管理政策的研究发现，为应对货币价格波动，官方采取了诸多措施应对，且取得不错成效，但终不能彻底解决问题，其根本原因在于清代固有的银钱并用货币制度存在不可调和的内部矛盾。[②] 总之，嘉道以前，清廷所面临的比价波动问题，基本都在中国内部场域展开（且主要集中在可由政府管控的"铜—制钱"一方），虽然在乾隆中晚期已有反思银钱比价波动的应对政策与固有制度矛盾的苗头，但终究没有成长为完整的思想学说。嘉道时期，以银贵钱贱为典型。汤象龙认为，为应对银贵银荒，变通钱法和变更币制被并为一谈，引出咸丰朝大钱铸发。[③] 杨端六则认为解释此时银贵钱贱的理由有多种，故而应对手段也有多种。[④] 陈锋另认为，该时期银贵钱贱局势下，人们考虑银少钱多导致银贵钱贱，也采用了减铸铜钱的办法。[⑤] 由于不同于清前期问题主要出在可由政府把控的铜与钱的一方，这时候的问题主要出在了不由政府把控的白银一方，而白银问题在一定程度上又是与国内银钱比价无直接关联的世界经济、人口滋生等问题结合的，故而该时期的政策措施成效甚微。

---

① 邓亦兵：《清代前期政府的货币政策——以京师为中心》，《北京社会科学》2001 年第 2 期。

② 郑永昌：《清代乾隆年间铜钱之区域流通——货币政策与时空环境之变化分析》，收入陈捷先、成崇德、李纪祥主编：《清史论集》（下），人民出版社 2006 年版，第 709—713 页。李强：《清政府制钱管制政策透视》，《社会科学辑刊》2007 年第 4 期。胡岳峰：《"银钱平行"与"银铜并行"：清前期货币制度的理念与实践（1644—1795）》，第 113—128 页。和文凯：《乾隆朝铜钱管理的政策讨论及实践——兼与 18 世纪英国小额货币管理的比较》，《中国经济史研究》2016 年第 1 期。

③ 汤象龙：《咸丰朝的货币》，《中国近代经济史研究集刊》1933 年第 1 卷第 2 期，第 1—26 页。

④ 杨端六：《清代货币金融史稿》，第 186—205 页。应对手段分禁银出口、禁烟入口、议行大钱、禁银行钞、重视制钱、自铸银元等。

⑤ 陈锋、蔡国斌：《中国财政通史（第七卷）清代财政史（下）》，湖南人民出版社 2013 年版，第 634 页。

咸丰及以降的情况。咸丰年间，白银流入增加，"银贱"问题重新出现；又由于滇铜减产，战乱阻断铜运导致铸币减少，故"钱贵"（钱荒）与"银贱"结合成为"银贱钱贵"。此后直至宣统年间，期间又有多次银钱贵贱交替。这段时期的比价问题，已不单纯是乾隆朝及以前的钱方面的主要问题和嘉道时期的银方面的主要问题，而是两者兼有，且由于大钱、铁钱、铅钱铸发，钱票行用，私票及国外钱币流行，政府连对铜钱的控制力都减弱。所以这时期虽有一些过往采用过的措施，但效果更不明显。如申学锋对晚清财政支出政策的研究显示，为了应对银钱比价波动，政府采用了折支办法，此在咸同年间最为突出。在银贵钱贱时，政府会将支放银两折成制钱发放。[1] 邓绍辉研究了甲午战争后清政府币制改革的问题，认为政府已经试图从根底上消除比价存在。其方法为限制纸币发行，铸造银元主币和铜元辅币。[2] 但由于币制改革指导思想有误、理论准备不足、操作失误等诸多原因，不仅币制改革没成功，反而使得银元、银两、制钱、铜元并行，比价问题更加混乱。王宏斌研究了光绪时期银价下落的政府行为，认为金贵、银贱、铜贵，这使得政府更关注财政危机，其设立银行、铸造银币、建立银本位都是应对财政问题的，而规复制钱、改铸铜元则有挽救铜荒，应对银贱钱贵的用意。[3] 但规复制钱失败，而铜元铸造很快又被用于各省财政补充，这等于说是政府意图发生转向，放弃了用铜元应对钱贵，反而因铸造铜元追求财政利益加剧了比价波动。此外，王宏斌还认为，银贵钱贱时，官方提高折钱数或勒征白银，银贱钱贵时，官方按银贵时的固定折价收钱，

---

① 申学锋：《晚清财政支出政策研究》，中国人民大学出版社 2006 年版，第 338 页。

② 邓绍辉：《论甲午战后清政府币制改革及失败原因》，《四川师范大学学报（社会科学版）》1999 年第 4 期。

③ 王宏斌：《论光绪时期银价下落与币制改革》，《史学月刊》1988 年第 5 期。

都为官吏贪污手段。① 但这似乎有将官方正常应对措施与官吏借比价波动牟利完全等同的简单化倾向。与之类似，蒋立场、岁有生也认为地方政府为应对清末的银贵钱贱，在赋税征收中采用了征银解银的办法，此为地方增加办公经费收入、胥吏勒折再次打开口子。② 总之，以官方应对看，咸丰以前主要是在旧制度中利用货币政策调节比价波动。而咸丰及以降，则同时在变更货币制度和利用各种政策调节比价波动。在新的制度建立且发挥作用前，这是清代银钱比价波动最为混乱的一段时期，清王朝国祚恰恰终了于这段时期内。

（二）民间应对

从货币使用习惯方面看。岸本美绪曾对清代的七折钱惯例进行过研究，认为"七折串钱二两"这样的表述其实是表示银一两 = 700 文钱的固定换算比率。其中的两和实银无关，仅仅是铜钱若干文的别名。该做法很可能是民间交易为了避免受到银钱比价行情变动而做出的反应。③ 张景瑞对七折钱的由来、分布做了更深入研究，认为此惯例可减少因比价波动造成的纠纷，在特定情况下也可减轻以银折钱的民众赋税负担。④ 彭凯翔则注意到，在华北市场上的银钱贵贱问题是和虚货币、虚本位联系在一起的，故认为需要将比价的市场化问题放置到民间交易习惯、虚实货币互动中去理解。⑤

从地方货币使用结构看。黄永豪在研究清末湖南米谷贸易与货币体

---

① 王宏斌：《清代银钱比价波动与官吏贪污手段》，《清代价值尺度：货币比价研究》，第388—399 页。

② 蒋立场：《清末银钱比价波动与地方官府赋税征解（1901—1911）》，《安徽史学》2007 年第 1 期；岁有生：《清末的银贵钱贱与州县财政》，《平顶山学院学报》2016 年第 6 期。

③ ［日］岸本美绪：《关于清代的"七折钱"惯例》，《清代中国的物价与经济波动》，刘迪瑞译，社会科学文献出版社 2010 年版，第 295—318 页。

④ 张景瑞：《清代"七折钱"惯例新探》，《浙江学刊》2022 年第 1 期。

⑤ 彭凯翔：《虚实相参的货币行用》，《从交易到市场：传统中国民间经济脉络试探》，第178—195 页。

制的关系时认为，光绪中期以后，银贱钱贵、铜钱不足且小钱盛行，这导致了票钱制度逐渐盛行，此商人的货币制度将逐渐侵蚀官方的货币制度。①

从商贸行为变化看。林满红认为在持续钱贱时，人们倾向于避免持有铜钱，在这个意义上，不会有自发的以钱代银使用出现。②郑起东在研究19世纪华北物价与银钱比价关系时认为，银钱比价变动会导致商人和农民根据比价调整物价，"在银钱比价上涨时，则提高物价，以避免损失；在银钱比价下跌时，则减低物价，以求销售"。③此是否为一普遍规律，还待更多史实检验。

综上可知，既有对比价波动影响应对的研究大体从官、民两方展开。官方应对既有以货币政策为主的对比价波动本身的调控应对，也有以财政政策为主的对比价波动对政府影响的应对。较之前者，后一方面研究的数量和深度尚显不足，需加以重视。而比价波动既对民众日用、商贸往来造成影响，则民间对此自不可能一味承受。对地方的、民间的货币流通，比价管理"自律性""自组织"形态进行研究同样重要，而既往研究对此似有所忽视。随着历史研究视角深入民众日常生活，经济史研究资料极大拓展至民间文书，比价波动的民间应对研究当有更大突破。利用地方、民间资料研究时人对比价波动的应对，进而思考清代货币流通、金融市场运作实际状况，与从宏观上关照货币与财政国家建立、中西"大分流"问题至少同等重要，且能相互助力。

---

① 黄永豪：《米谷贸易与货币体制：20世纪初年湖南的经济衰颓》，第50—58、74—76页。
② 林满红：《嘉道钱贱现象产生原因"钱多钱劣论"之商榷——海上发展深入影响近代中国之一事例》，张彬村、刘石吉主编：《中国海洋发展史论文集》第五辑，第367页。
③ 郑起东：《转型期的华北农村社会》，第387页。

第三节　框架与结构

基于学术史回顾及研究现状分析（研究议题脉络图见下图1，虚线框内为现有研究薄弱点，本书将选择其中几点进行深入研究）①，本书将以比价数据整理、比价波动原因、比价波动影响与应对为逻辑顺序依次展开论述。

第一章将从银价、钱价、银钱比价概念入手阐述比价研究的基础问题。清代人如何理解银钱价格、比价，如何表述相关价格，是我们回归历史文献认识比价的基础。本章将指出，以往研究比价数据者，多缺少必要的货币种类、比价属性、交易背景标识，给深入研究比价波动和货币流通造成阻碍，此种重"量（数字）"轻"质（属性）"的做法需被纠正。银钱比价有其自然产生过程，更有记录意义上的文本数字"生成"过程，研究者需对文本记录数据作性质分析。在对比价的属性分析中，本章将提出清代银钱比价的政府—市场领域"双轨—多轨"概念。强调在往后研究中，需重视不同性质比价的区别和联系，并用之分析具体问题。

第二章将对前人已经整理的一些典型比价数据做回顾分析，侧重分析其资料来源，提取数据的方法，构建长时段序列的办法。不同学者在

---

① 具体为：1. 银钱比价的语词概念、历史表达及作为"价格体系"的比价。2. 前人收集、整理、分析数据的方法异同、资料取舍对比。3. 基于前人成果，再较为系统利用清宫档案的本书的银钱比价分省数据研究。4. 银钱比价形成及波动成因的系谱图解释，路径积分计算概念。5. 时价变动与例价相对固定纠缠下的政府财政收支问题，基于使用不同货币、"比价"及参考物价情况下的人民负担分析。6. 民间对于比价波动的应对办法。

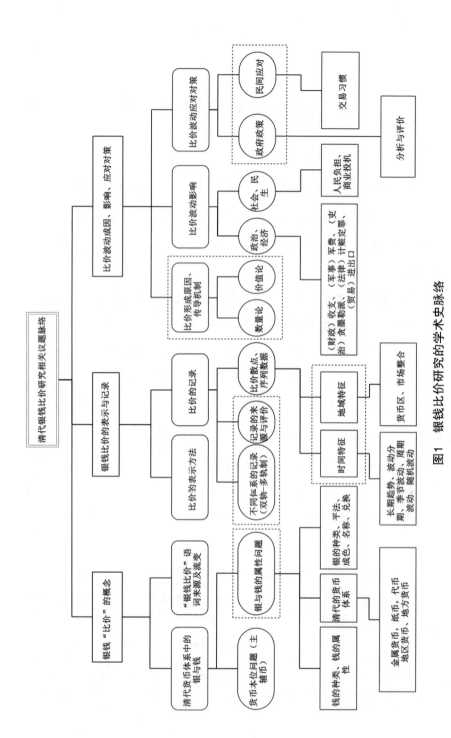

图1 银钱比价研究的学术史脉络

清代银钱比价波动研究

处理数据时既有共性，又有不同。对比异同后，可择优选取更为合理的办法，此亦可为以后科学整理数据厘清思路。

第三章论述本书构建十八省省均年均比价数据的办法，分资料介绍和数据处理两部分。在资料介绍中，侧重强调了官方（中央）档案在提取比价数据时有其重要意义，且官方档案中还存在大量以往未被重视或未经整理的钱价奏报。另一方面，账簿类数据也有其意义，更为详细，但也更具地域色彩。官方相对统一的奏报记录与地方账簿详细的本地数据记载对比，恰是黑田明伸所言中国货币史"应是各种各样地区性本地通货的出现与王朝自上而下试图在疆域内统一币制的努力，两种力量相互抗衡博弈的过程"[1] 在银钱比价数据记录上的体现。总之，本部分将指出，如何更多收集清代比价数据已经不是当前银钱比价数据研究的难点，大数据条件下，各类来源数据叠加，如何识别和处理数据才是难点。借此亦可反思大数据方法对历史学研究的意义和难点所在。在数据处理部分，本章给出了数据处理流程图和示例，并解释了一些整理数据时可能存在的疑问。最后给出本书处理得出的十八省年均银钱比价数据表，虽无法做到精准且补足所有年份数据，但这却是在学界首次将全时段银钱比价数据整理推进到省一级层面。该表可为相关经济史研究提供一定的数据支撑，同时也为研究比价波动的区域特点、从货币价格看清代的市场整合等问题打开局面。

第四章根据整理后的十八省数据进行分析研究。首先利用总体数据观测比价波动的长期特征，对总体上的全国比价波动进行分期，并将分期结果与杨端六、林满红、王宏斌、陈锋等前辈学者的分期进行比较。其次是分析各省总体趋势上的比价变动异同，分析各省银钱贵贱的时间

---

[1] ［日］黑田明伸：《货币制度的世界史：解读"非对称性"》，何平译，中国人民大学出版社2007年版，第87页。

段特点。通过比价波动对比，分析省际区别与联系。由于数据来源及精度不同于粮价，故在研究市场整合问题时，只比较省一级宏观层面情况，暂不对省内分区做比价价差相关系数矩阵量化分析。

第五章侧重解释清政府的货币管理对比价波动的影响。本章将论述清早期官定1（两）：1000（文）比价的由来，清前中期国家对银钱比价管理的观念设想、制度构成、政策落实如何形成一体框架。此框架的特殊性和内在矛盾如何使银钱市价必然波动，以及在官方体系内形成的银钱例价何以与市价产生偏离。而咸丰朝的货币制度转变及规复制钱失败后的货币制度变化，又何以是清前期累积矛盾的放大、是制度内根本缺陷的集中爆发。本章将指出，国家货币管理存在问题，必然导致银钱货币流通遭遇阻碍，进而反映至比价波动。研究清代银钱比价波动，不应直接进入到货币供需数量比较中去，历史制度、政治经济文化、经济管理观念才是需要被首先考虑的。

第六章具体解释银钱比价形成的机制。通过数量论与价值论结合，论述影响比价波动的主要因素有哪些。将各种因素通盘考虑，提出比价形成的"市场过程"和计算上的"路径积分"概念，强调价格传导过程以及各影响因素的联动。以网络图形式表现比价形成，较之以往学者相关论述，要更为系统、全面，且对具体比价数据形成有更强解释力。在此过程中，本章还将思考银钱比价形成的"市场"为何物，其背后是在关注传统中国经济运行中的"市场"性质，以及反思形式经济学逻辑先入为主分析清代社会经济运行实际状况的问题。

第七章论述银钱比价波动造成的几个方面的重要影响。本章提出，在财政收支领域，需重视"时价"与"例价"纠缠下，银钱比价的"双轨—多轨"体系对财政收支的影响。在民众负担领域，认为货币缴纳赋税方式、比例以及发放工资的货币种类、方式都将影响具体负担计算。在商贸往来领域，认为比价波动对物价乃至对外贸易的影响亦是传导行进的，需重视过程分析。总之，研究比价变动对社会造成的影响，不应简单以给出结果、结论为目的，而要重视过程展现、传导机制分析。

第八章论述官民两方对比价波动的应对。官方应对分为对比价波动的直接调控和对波动影响的应对。本章着重阐述了官方对比价调节的政策有哪些，起何作用，缘何不能彻底解决问题。在论述民间应对时，本章将强调民间对比价波动的负面影响也非一味承受，其能动性有着诸多体现。当时的情况不是"乱"并"失序"，而是"乱"中有"序（货币兑换、流通，商贸交易有一定秩序）"。最终，官民双方对比价波动其实都存在诸多应对办法，也由此部分抵消了波动带来的负面影响。从长远看，社会经济体的自组织行为对解决其内在矛盾有重要作用。但单纯由地方自律形成货币流通秩序，会造成区域经济交流不便；而单纯由国家推进币制改革，也会被社会、地方势力抵触。故彻底解决矛盾，尚需国家和社会各方力量合力而为，国家权威有其存在的必要，但同时需以认清现实、尊重市场为前提。

结语部分总结前述各章结论并对"格雷欣法则"的实际运行等理论问题进行探讨。站在中西"大分流"和财政国家建立角度思考银钱比价相关问题，阐明强化国家治理能力、拥有稳定合理的货币制度的重要性。银钱比价问题自白银成为货币以来便存在，至清代而成为一个显著问题。但该问题本身并未随清朝灭亡而消失，遗留的问题甚至在民国前期有更复杂表现。为此，该研究还需继续进行。对金属货币时代双货币相对价格变动进行研究，亦可为我们今天理解维持人民币币值稳定、维系汇率稳定、金属纪念币发行、金银贵金属价格波动、数字货币使用等提供历史借鉴。

在上述框架结构中，本书有三个问题意识贯穿研究始终。1. 以往研究者或言各地银钱比价各有不同，或言某些时段又共同出现一致的贵贱情形，那么实际情况如何？本书将通过第一、二、三、四章的论述予以解答。2. 对于各阶段银钱贵贱趋势的形成，该如何解释？以往研究者或从银钱货币供给出发，或从银钱货币需求出发，或否定数量论而以金属铸币内在价值变动出发解释问题。是否存在更完善、全面的解释方法。本书将通过第五、六章相关论述予以解答。3. 对比价波动的影响，以往研究多关注银贵钱贱时的状况。那么银贱钱贵、银贵钱贱各自对财政、民生日用等方面造成什么影响？尚需全面分析，提炼规律。而以往论述比价波动影响，又似总论负面影响，且多认为社会在被动承受这些影响。那么事实是否如此，官民双方是否对比价波动造成的负面影响有应对之策，对比价波动形成的有利于己的情况加以利用？本书将通过第七、八章论述予以说明。

第四节　方法与资料

一、方法

（一）大数据统计方法

就前人数据整理的思路、方法、过程、结果做回顾。根据自己接触的数据和材料情况运用合适的统计方法（算数平均值求省均年均数据，简单线性插值或三次样条插值补全存在明显趋势的缺失数据，移动平均值法描绘比价波动长期趋势）进行大数据整理。并在整理数据基础上，作相应数据分析。[①]

（二）货币经济学分析方法

就银钱比价波动的原理和影响做经济学分析，选择适用于当时历史条件的分析方法、理论做指导，进行历史实践分析。就金属货币而言，在货币本质上有金属论、名目论（主要为货币国定说、货币职能说）、马克思主义生产关系论的论争。在货币流通方面，有早期数量论和需求论的分歧。[②] 这些论争涉及具体如何解释银钱价值、比价形成和波动的原因，在解释章节中，会部分涉及理论问题。

（三）制度分析法

制度分析有三大流派。制度学派（旧制度经济学、制度主义）以凡勃仑、康芒斯等为代表，强调整体分析、行为分析；新制度主义以科斯、威廉姆森、诺斯等为代表，强调交易成本、路径依赖等分析方法；历史制度主义（比较制度分析）以格雷夫、青木昌彦等为代表，强调历史和文化背景在制度选择与演进中的作用。[③] 继"白银时代"降临，明末清初银钱并行格局的形成，有其历史选择必然性。银钱比价，特别是官定例价的产生，有其政治文化依据。从银钱并用，到咸丰币改，再到清末确立银本位、定主辅币行用方案，此货币制度变化与比价形成和波动密切相关。要分析银钱比价问题，就必须关注政府对银钱货币及比价的管理，而要论述政府的管理，就必须参考制度分析理论。为此，本书将在论述中，强调交易成本、路径依赖、历史文化背景因素分析方法。

---

① 大数据会使得我们在分析问题时发生新的转变——不再依赖于随机采样、不再热衷于追求精确度、不再热衷于寻找因果关系。［英］维克托·迈尔-舍恩伯格、肯尼思·库克耶：《大数据时代：生活、工作与思维的大变革》，盛杨燕、周涛译，浙江人民出版社 2012 年版，第 17—18 页。

② 具体介绍见燕红忠：《中国的货币金融体系（1600—1949）——基于经济运行与经济近代化的研究》，中国人民大学出版社 2012 年版，第 46—50 页。

③ 具体介绍见燕红忠：《中国的货币金融体系（1600—1949）——基于经济运行与经济近代化的研究》，第 13 页。［美］W. 理查德·斯科特：《制度与组织：思想观念、利益偏好与身份认同》（第 4 版），姚伟等译，中国人民大学出版社 2020 年版，第 1—20 页。

二、资料

（一）前人数据

在整理数据时，对前人数据进行分析（详见本书第二章），选择合适的数据直接引用（详见本书第三章、第四章相关内容）。

（二）综合性史料

无论是数据还是案例解释，皆来自各类资料（因本书末尾附录有原始资料表，故不在此详细说明），总体可分为官方资料（档案、官书），方志资料，日记笔记文集类资料，报刊资料，账簿文书资料等。账簿中的银钱出入账、报刊中的钱业行市记录最为详细、具体，但极具地方性，且只有部分时段，在对比分析上有局限。官方档案数据是本书主要依赖的数据。因大一统王朝有对货币价格信息了解的需求，诸多奏报均以库平库色银和足制钱兑换为标准论述，在对比分析上有其优势。本书特别注意从粮价奏折单、铸局奏销题本记录、囚粮奏销记录、厘金收支奏报中提取数据。这些资料，在以往研究中未引起学者足够重视，本书将说明并利用之。其余各类资料则为核验数据或补足缺失数据提供助益。利用这几种资料，选择合适方法和目标进行研究，有助于推进研究进展。具体数据所用资料还将在本书第三章内详细说明。

第五节　补充说明

一、度量衡

文章涉及的度量衡单位如下：

1 斤（Catyy）= 16 两（Tael）≈595 克

1 两 = 10 钱（Mace）= 583.37 格令（Grains）= $1\frac{1}{3}$ 盎司 ≈37.2 克

1 钱 = 10 分（Candareen）≈3.72 克

1 分 = 10 厘①

1 库平两 = 575.80 英厘或 37.301 克（1908 年统一度量衡规定）

1 漕平两 = 565.65 英厘或 36.65 克

1 关平两 = 581.55 英厘或 37.7994 克（《中英天津条约》规定）

1 海关两 = 1.114 上海规元两

1 库平两 = 1.069 规元两 = 1.0344 湘平两

1 墨元 = 0.715 规元两

二、覆盖面与时间跨度

数据整理虽然以十八省全时段为目标，但毕竟是初步整理。目标不为整理出所有资料——既不现实、也无必要，只是要在分区对比的问题意识指引下，整合出迄今相较前人更全面的分区数据。并在大数据基础上，对比价变动整体趋势和在各地区的差异做初步分析。

同样，后续比价波动原理、影响的具体研究，也是以案例为主要形式，侧重论述当中原理。虽然案例涉及时间有清前期的，也有清末的，但相关银钱贵贱波动下的经济运行原理一样。而如有特殊情形，则会随案例作具体说明。另由于文章结构、篇幅问题，部分章节中会出现详见其他章节相关论述的注释，为的是减少重复。

---

① 厘以下单位为：毫、丝、忽、微、尘、渺、漠、埃、纤、沙。"微"以下的单位在各省有所不同，其有时只是一种会计核算"算位"（郭永钦：《明清赋税核算技术变革与赋税折亩数字的制造》，《清华大学学报（哲学社会科学版）》2019 年第 4 期；《明清以来赋税史料中"算位"问题研究》，《中国经济史研究》2020 年第 4 期）。

第一章　钱价、银价与银钱比价

第一节　何为钱价

一、钱的种类、名称、用法

清人所称的"钱",大体①都为贱金属②铸币,主要金属成分为铜、铁、铅、锡等,③ 其中又以铜最为重要,故常称"铜钱"。以铜为主要

---

① 另存在一些不是金属铸造,但称为"钱(币)"的东西,比如贝币、盐币、茶币、鸦片币、竹木币、布币、纸钱等。其中,贝、盐、茶、鸦片等,虽用"钱(币)"名,但其实是一种实物货币,其作为等价物被接受的程度远不如金、银、铜金属,多为区域性、行业性"钱(币)";竹、布等为材料的"钱",在一定程度上已失去其内在价值,而多依托信用行使,或称"代币",使用范围或较贝、盐、茶等币更小。纸钱更为特殊,其本质应属于银、钱之外的领域,或称"钞""票",纸钱可以是由官方发行的铜钱票(大清宝钞及户部银行的制钱票和地方官钱局铜元票)、银两票(户部官票及大清银行银两票)、银元票等;也可由民间发行,称私票,名目繁多,有凭贴、兑贴、市票、街贴、凭票等各种称谓。纸币或以金、银、铜钱为储备(保证)发行,有信用货币特征;反之则为"国家纸币"或空票。

② 贵金属铸币较之贱金属铸币铸量极少,比如金币,其只在少数地方(如新疆阿古柏铁刺金币)的上层昂贵交易或特殊领域(如新疆饷金)中使用,既不属于银货币体系,也不属于贱金属铸币体系,本文对此不作讨论。另有以银铸造的"钱",这应该归为银币。

③ 这些钱可以是由某种金属为主要成分构成,如红铜铸造的"红钱";也可以是合金,明中叶后铜锌合金钱称黄铜钱,此前的铜铅锡合金钱称青铜钱(参见周卫荣:《中国古代钱币合金成分研究》,中华书局2004年版)。另在晚清时还有镍币存在,但或为外国发行(如"大德国宝"),或仅存在于制度条文中,本文不予讨论。

原材料铸造并在市面流通的钱，[①] 按来源可分为外国铜钱（来自日本、安南、朝鲜等地）[②] 和中国铜钱。中国铜钱按铸造年代又可分为古钱（明及之前朝代铸造）和“今钱”（清代铸造）[③]。在清代铸造的铜钱中，又属圆形方孔合金[④]通宝钱[⑤]铸造量最多、沿用时间最长、流通范

---

① 不流通的钱虽然也是“钱”，但不在本文银钱比价的讨论范围内。比如花钱（厌胜钱）、镇库钱、祖钱、母钱、大小样钱、宫钱等。银钱比价是在货币的流通中形成的，属于货币史的研究范围，静态的非流通专用货币则是钱币学的研究范围（参见白秦川：《中国钱币学》，河南大学出版社 2018 年版，第 17—18 页）。

② 著名的比如来自日本的宽永通宝，安南的兴通宝、光中通宝、明命通宝等。此类钱在清代东南沿海地区使用广泛（《“漳州军饷”与流入福建的外国钱币》，福建省钱币学会编著：《福建货币史略》，中华书局 2001 年版，第 172—173 页；《清史稿》，卷一百二十四，《志九十九·食货五》）。朝鲜的有如“常平通宝”（参见韩国银行：《韩国货币史》，李思萌、马达译，中国金融出版社 2018 年版）。另有一些他国铜币，如西班牙阿方索十二世铜币、英国东印度公司海峡殖民地铜币、沙捞越詹姆斯·布鲁克铜币、英属北婆罗洲铜币、荷兰东印度公司铜币、法属交趾支那当二铜币等，参见林南中：《漳州外来货币概述》，福建人民出版社 2015 年版，第 21、76、79、82、89、100 页。

③ 在明代，时人称当代钱为制钱，之前朝代的为古钱。清代亦是。“古今钱”称法见于《清史稿》，卷一百二十四，《志九十九·食货五》，“（康熙）二十四年，巡抚金鋐以为言，学士徐乾学疏称：自古皆古今钱相兼行使，听从民便”。论述亦见杨端六：《清代货币金融史稿》，第 10 页。传统铜钱铸造至民国尚存，如福建通宝背省造二文，民国通宝背东川、民国通宝当十等。

④ 新疆新普尔红钱系净铜炼铸，含纯铜量在 90% 以上，本书不予讨论。同样，新疆地区铜钱行用与内地有很大差别，本书不将疆、藏、满、蒙地区出现的铜钱纳入研究范围。另外，咸丰大钱中也有以红铜制造的，大钱体系内具体比价本书不予讨论。

⑤ 光绪二十六年开始铸造的铜元（含光绪通宝、大清铜币一文，宣统一厘大清铜币）不属本文主要讨论范围。铜元开始是作为制钱辅助用币存在的，后又变为银元的辅币，因民用理解不便，在币面标明当制钱，在实际上变为和制钱类似的货币，但在制度上又往往以银辅币视之。典型的“当十”铜元（如大清铜币、光绪元宝）在名义上 1 铜元兑换 10 个制钱，但在初期市价往往升水 5%—15%，后因铜元滥铸贬值，至宣统朝往往贴水 10%—40%，其实际兑率往往在浮动。铜元与制钱皆是铜钱，但本质上已有不同。在制钱向铜元的过渡中，有一些机制穿孔钱出现过，其只是一种特殊形态。详见彭信威：《中国货币史》，第 571 页；周沁园、李平文编著：《中国机制铜元目录》，上海科学技术出版社 2012 年版，第 243—244 页；段洪刚编：《中国铜元谱》（修订本），中华书局 2017 年版，第 6—7 页；何汉威：《从银贱钱荒到铜元泛滥——清末新货币的发行及其影响》，《“中央研究院”历史语言研究所集刊》第六十二本，第三分，1993 年；梁辰：《铜元问题研究（1900—1935）》，博士学位论文，南开大学经济学院，2010 年；梁辰：《铜元研究状况述评》，《天津商业大学学报》2012 年第 1 期；王显国：《清末铜元研究》，博士学位论文，北京科技大学科技史与文化遗产研究院，2019 年。另如福建铸局有名为通宝的咸丰大钱，也不作一般通宝钱讨论。根据章宗元划分，通宝钱时代（泉币史之第三期）为唐武德四年至清光绪三十四年。参见章宗元：《中国泉币沿革》，收入知识产权出版社 2013 年版《中国货币史研究二种》，第 8 页。

围最广。此种铜钱中，由官方（中央或地方铸局）① 按"卯数"② 规定铸造的一枚为一文的合格小平钱称制钱（本文称"制钱"者皆为清代制钱）③，余皆私钱。所谓私钱，顾名思义便是在官方规定外私自铸造的钱，分为三种：一种是官局内部匠工于正额规定外私自偷铸的钱，称

① 此中又有中央铸局和地方铸局铸出钱文称法有别的情况。比如"户部所铸者谓之京钱，各省所铸者谓之官钱"。见民国《邕宁县志》"货币"一节。

② 如单炉一期铸量称每炉每卯。正铸称正卯，淘洗余铜加铸称尾卯，另可临时加卯、减卯。宝浙局不用卯，用秤，二万文为一秤。

③ 按《明史》卷八十一《食货志·食货五·钱钞》，"制钱者，国朝钱也"。清代也将国朝官钱称制钱，此前皆古钱。清代制钱一般以重七分到一钱四分为主（康熙时，重七分小钱称轻钱，每千作银七钱；一钱四分者称重钱，每千作银一两。参见彭信威：《中国货币史》，第559页），一枚称一文。与之有区别的不足值"钱"称为"大钱"，典型的是"咸丰重宝"——当五、当十、当二十、当三十、当四十、当五十，"咸丰元宝"——当百、当二百、当三百、当四百、当五百、当千，相关图版见齐宗佑编著：《咸丰钱的版式系列》（增订本），中华书局2013年版。当然，小钱与大钱的区分并不绝对，还是要看具体地点的具体材料，比如云南就将咸丰七年（1857）后至光绪十年（1884）间的钱专称"小钱"，而将之前的清代钱及古钱称"大钱"。"在道光末叶及咸丰初年，云南钱法即有改变，重量上每文改为一钱，是每一吊钱只重六斤四两。不久，云南即有乱事发生，三迤骚然，各处矿厂停业，铜之来源顿告缺乏。省中大吏们乃将钱法大为改变，每文钱订为八分重，每吊钱只重五斤。而且铜只用50%，余则为他种金属，而含沙渣重。此则自咸丰七年后至光绪十年前，都作如是办法，制出之钱，咸称为小钱。若乾隆、嘉庆、道光三朝，与康、雍两朝之钱及唐、宋、元、明时代之一切古钱，则称为大钱（罗养儒：《纪我所知集——云南掌故全本》，李春龙整理，云南人民出版社2015年版，第156—158页）"。北京则将咸丰大钱称为"大钱"，其他私钱及虚值京钱称"小钱"。"太平军兴，威胁了清朝的统治，咸丰时，清朝经济困难，通货膨胀，铸了当十钱，说是'当十'，但后来流通中，只当两枚制钱用，这就是'大钱'，另有小铁钱、鹅眼等小钱，两枚抵一枚制钱用，都叫'小钱'，这样制钱之外，又有大钱、小钱了（邓云乡：《燕京乡土记》，中华书局2015年版，第591—592页）"。当然，北京也有将大制钱称大钱的，如"会馆公产。北馆铺二间，月收大钱千二百。南馆铺六间，月收大钱二千五百，长春寺后旧屋及菜圃，月收大钱二千，月共为钱五千七百"（《经理会馆条规序》，道光九年，王汝丰点校：《北京会馆碑刻文录》，北京燕山出版社2017年版，第225页）。甘肃河州有专门的河州小钱，参见武沐：《清代河州度量衡制钱地亩计算单位及方法》，《西北民族大学学报（哲学社会科学版）》2004年第3期。另外，为区别于南疆旧准噶尔普尔，清代也将红钱（新普尔）称为制钱，但红钱与制钱又有比价，初为1：10，后为1：5（穆渊：《清代新疆货币的特点、发展阶段及有关问题》，《新疆大学学报（哲学社会科学版）》1993年第1期）。

"局私"①；一种是民间将官铸小平钱再翻砂盗铸的钱②，因质量通常较规制官钱低下③，故有橹钱、时钱④、鱼眼、青黄砂、泡粑⑤、死疿⑥等各式称谓；最后一类较特殊，乃是由不被清廷所承认的政权所造，又称"伪钱"。清前期较著名者有如孙可望的"兴朝通宝"、耿精忠的"裕民通宝"、吴三桂的"利用通宝"和"昭武通宝"⑦；清中晚期较著名者有如太平天国的"圣宝"⑧、天地会的"平靖胜宝"和库车农民起义时铸的热西丁汗"红钱"⑨。

以上名称，多是据来源及铸造情况划分。但在铜钱实际行用中，还会出现更多名称。

先说制钱的行用名。一般情况下，制钱一个谓之一文（一枚一文者

---

① 《通政使司通政使于凌辰奏为查出宝源局炉头孙凤起夹带私铸冒领去钱请交刑部严讯事》，同治八年十月初二日，中国第一历史档案馆藏，录副奏折，档号：03-9526-045。钟大焜曾言"局私者，铸钱局吏役就局私铸，原与制钱相等，惟较小耳。此种之钱谓之大钱不能，谓之小钱亦不可"（《拟请改铸轻钱议》，盛康辑：《皇朝经世文续编》，卷五十九，《户政三十一·钱币中》）。私钱图版另见齐宗佑：《清代的薄小型制钱》，齐宗佑编著：《咸丰钱的版式系列》（增订本），第669—672页。

② 事实上也存在民间盗铸古钱的情况，借古钱名目行私铸在法律上同于私铸。由于此种情况出现的很少，本书将之忽略。

③ 特殊情况下也会存在私钱质量和官钱一样好，又或者是（不合制）官钱质量比私钱差的情况，这时的"劣币""良币"需要根据市场接受程度来区分，而不可一概绳之以私钱即是劣币的成见。

④ "苏杭有净钱、时钱之分，时钱即小钱也。湖广有局钱、砂板钱之分，砂板钱即小钱也。"《掌浙江道监察御史喻士藩奏请平钱价以杜弊源以便民用事》，嘉庆二十四年二月二十四日，录副奏折，档号：03-1859-055。

⑤ 四川大学历史系、四川省档案馆主编：《清代乾嘉道巴县档案选编》（下），《道光五年五月廿四日城乡绅耆约客雷弟华等二十一人禀状》，四川大学出版社1996年版，第257页。

⑥ 王雷鸣编注：《历代食货志注释》第5册，农业出版社1991版年，第307页

⑦ 刘征主编：《大明泉谱》，中国商业出版社2009年版，第293—298、336—337、301—329页。此类钱，按铸造时间划分，皆在1644年以后。但在泉谱中，多被归类于明（南明）钱。

⑧ 马定祥、马传德：《太平天国钱币》，上海人民出版社1983年版，第3页。

⑨ 昭明、利清编著：《中国古代货币》，西北大学出版社1993版，第398—403页。

又称"长钱""老钱")①，类推为十个十文，百个百文，千个千文——又谓一串②、一贯、一吊、一缗③；特殊者也有"卯"④"秤""泡"⑤"两"之类计数法。⑥纯用制钱又称"大钱""清钱""足钱（通足）""净钱"。但实际上，由于制钱的供给量不足以将其他钱文尽数驱逐，一地市场上，古今中外钱混用，各种铜钱品质又有差异，故在行用时，有钱数不足百但当成百的用法，统称"短陌（百）"⑦，又叫"虚头"。其在不同地方的具体名称可见下表（表1）：

①　与此长钱相对者为中钱（如京钱、津钱）。长钱可以足用，可以有虚头；中钱亦可有足钱、虚头——中钱足钱以五百枚为一吊，中钱虚头九九钱以四五九枚为一吊……参见卫挺生：《清季中国流行之货币及其沿革》，《清华学报》1924年第1卷第2期，第184—185页。

②　这里只是说一般情况下的"一串"为1000文，在具体地方，如京钱、东钱区，一串实际对应的钱文个数有所不同。这一定程度上是由记账单位的"文"和实际枚数不对等导致。

③　缗也有特殊情况。如在芜湖，铜钱好坏混杂，麻线串为1串称1吊文，等同5缗。由于通用"九八"钱，加扣底6文，实则974枚——第一缗196枚，第二缗196枚，第三缗194枚，第四缗196枚，第五缗192枚。[日]根岸佶、片山精一、大原信：《清国商业综览》（第四卷），冯天瑜、刘柏林、李少军编：《东亚同文书院中国调查资料选译》（上册），李少军等译，社会科学文献出版社2012年版，第404页。

④　常用于铸局计数，一卯自8000串至12880串不等。参见李强：《浅谈清代铸钱体系中的"卯"》，《中国钱币》2007年第3期。

⑤　卫挺生：《清季中国流行之货币及其沿革》，《清华学报》1924年第1卷第2期，第189页。"一泡"为大元宝一锭50两所能买到的钱数，通行北京市场。

⑥　在官方体系内，制钱也有各种称法。如"惟钱款有计串、计吊、计千、计文、计小数、计洋元之分。通计以串计者，除去收款不符钱一万五千七百五十串二百九十二文零，实入共一百四十一万八千五百六十一串九十三文零，实出共八十八万三千二百七串二百八十一文，实存共五十五万一千一百四串一百五文零。以吊计者……实存共五十四万五千二百三十串九百五十三文。以千计者……实存共五万三千九百二十六千五百九十七文零。以每文计者……并无存款。以小数计者……实存共一千八百五十一吊八百六十七文"。《进呈改办年例汇奏出入会计黄册疏》，光绪十年，盛康辑：《皇朝经世文续编》，卷三十，《户政二·理财中》。

⑦　短陌一般是有固定折算规则的，也存在不清楚折算规则而全凭约定俗成的，本书暂不予讨论。比如营口奉天"东钱"，名100文实为16文，名90文实为14文，名80文实为13文，名70文实为11文，名60文实为10文，名50文实为8文，名40文实为6文，名30文实为5文，名20文实为3文，名10文实为2文（卫挺生：《清季中国流行之货币及其沿革》，第187—188页）。另，短陌存在的根本原因是不同铜钱流通手段间存在购买力差异（何平、林琳：《中国古代铜铸币流通领域"短陌"现象的起源及其性质研究》，《中国经济史研究》2013年第1期）。

表 1　全国各地铜钱每吊枚数及名称

一吊所含制钱数目	名称	行用区域
998	九九八钱	南边①
997	九九七钱	安徽屯溪
996	九九六钱	长沙、岳州
995	九九五钱	江西清江
994 990	九九四钱 九九钱	山西
986	九八六钱	
984	九八四钱	
980	九八钱	
974	九七四钱	九江、芜湖
970	九七钱	湖北
960	九六钱	丰镇
950	九五钱	南昌
900	九扣钱	宜春
880	八八钱	丰镇之西北地方
820	八二钱	太原
720	七二钱	龙驹寨
700	七扣钱	陕西
500	中钱	直隶、山东、吉林
494 480		长春
330		直隶怀来
320		张家口
160	小钱	东三省
100	小钱	京兆、直隶
1000	满钱	

---

① 原文如此，不知具体何指。

　　　　　　　　　　　　　　　　　清代银钱比价波动研究

资料来源：张家骧：《中华币制史（上）》，第二编第五章第三节，知识产权出版社 2013 年版，第 120 页；唐智燕：《近代民间契约文书词汇研究》，中国社会科学出版社 2019 年版，第 59—60、351—353 页。

再说私钱的行用名。纯用私钱的情况并不多见，实际市场交易中，私钱多与制钱混同使用，混杂私钱少的称"高钱"，混杂私钱多的称"毛钱""疲钱"。[①] 比如，一千个钱中有制钱九百、私钱一百则称"一九钱"。[②] 此外还有如每串两头夹小钱两三个叫"当头炮"，每百中夹杂私钱五六个叫"冲头"等。此类串钱按其形状，又有"橄榄钱""青菓钱"等名称。[③] 在使用时，通常是在已经不足数（足数为 1000 文）的串钱基础上，再夹杂进私钱。以芜湖为例，当地便有"毛钱串钱"之称。[④]

此外还有按照使用对象进行的分类。如"卡钱"是缴纳厘金时的称法，在典当质押业使用的称"典钱"，绸缎布匹业用称"衣牌"，酱园槽坊业用称"酱钱"等。[⑤]

下面来看铜钱实际行用的几种例子，第一种是苏州地区乾隆年间的

---

① 卫挺生：《清季中国流行之货币及其沿革》，第 178 页。

② 同理有"二八钱""三七钱""四六钱""对开钱""倒四六钱"等。武汉市汉阳地方志办公室编：《新辑汉阳识略校注》卷二《经济》，武汉出版社 2012 年版，第 141—144 页。"咸丰兵燹后，地方残破，制钱缺乏，遂以新钞鹅眼、私钱搀用，四大六小名曰'倒四六'，三大七小名曰'倒三七'，混行市面，而钱法坏矣。"

③ 卫挺生：《清季中国流行之货币及其沿革》，第 178—179 页。

④ "Wuhu Decennial Report 1882-1891"，见中国第二历史档案馆、中国海关总署办公厅等编：《中国旧海关史料（1859—1948）》第 152 册，京华出版社 2001 年版，第 246—247 页。毛钱即私钱，在云南其又叫"毛毛钱"，见汤国彦主编：《云南历史货币》，云南人民出版社 1989 年版，第 20 页。

⑤ 日本东亚同文书院编：《中国经济全书》（第一册），线装书局 2016 年版，第 246 页；《中国经济全书》（第十二册），第 82—84 页。这是以上海为例的。在不同地方，同种称谓实际所指有不一致。比如在长沙，十足"满钱"用于缴纳厘金称"典钱"。[日] 根岸佶、片山精一、大原信：《清国商业综览》（第四卷），冯天瑜、刘柏林、李少军编：《东亚同文书院中国调查资料选译》（上册），第 432 页。

借票和梨园捐献碑刻：

乾隆十五年苏州李宾王借票

立借票李宾王，今有侄故不幸，缺欠丧费，情愿央中借到屈府本银五两足。其银当日立契之事（时），一并交足。约至到冬一并送还，不致迟延拖欠。今恐无凭，立此借票为证。

计开：钱七折足。[①]

乾隆十五年五月　日立借票李宾王

见借陆青士[②]

此中“钱七折足”，指的是七折净钱。银五两计五串七折足钱，等同于七折钱五两。[③] 类似用法还有如“七二串钱42两”[④]、“七二串钱24千文”[⑤]、“七六串钱520两”[⑥]、“七折足串钱34两”[⑦]。只是此中货币有的称“钱”，有的称“银”，但交易时都用铜钱，“两”不过是铜钱计

---

① 本书接下来有众多类似在史料关键字词句下加着重号或下划线的情况，为的是凸显重点，相关符号如无特别说明，均为笔者另加，后不赘述。

② 洪焕椿编.《明清苏州农村经济资料》，江苏古籍出版社1988年版，第649页。

③ 铜钱称两的情况较有名的是“七折钱”，根据岸本美绪的解释，七折钱一两实则只是铜钱七百个的别称（［日］岸本美绪：《关于清代的“七折钱”惯例》，《清代中国的物价与经济波动》，第295—328页）。但岸本的解释可能并不确切，与短陌有别，“七折”更应该是一种兑换关系，指的是用700文制钱代银1两使用。这是一种结合了制钱计数的货币兑换使用方法，此种情况下的一两钱可能是计数700文，也可能是别的数值，非该数值名“一两”，而是一两银应该兑钱的比例，其银在早期有具体成色实物对应。

④ 洪焕椿编：《明清苏州农村经济资料》，第104页。顺治十五年至道光三年苏州府沈氏家族置产记录（据苏州博物馆藏《世楷置地簿》原抄本编制），乾隆二十二年二月。

⑤ 洪焕椿编：《明清苏州农村经济资料》，第104页。顺治十五年至道光三年苏州府沈氏家族置产记录，乾隆二十四年闰六月。

⑥ 洪焕椿编：《明清苏州农村经济资料》，第110页。顺治十五年至道光三年苏州府沈氏家族置产记录，乾隆三十二年三月。

⑦ 《道光四年二月张三官等卖粪坑地契》，上海市档案馆编：《清代上海房地契档案汇编》，上海古籍出版社1999年版，第21页。

数的一种单位。^① 其时无短陌者称"通足",如"通足钱38千5百文"。^② 此外,由于串钱用绳及人工费用等也会被计算进钱数,故有"扣底"之说。比如"六底"即是每串扣去六文,又叫"九四扣底"。其可在足钱基础上扣底,如"六底足钱5千5百文"。^③ 也可以在折钱基础上再扣,如"七五串四底钱90两"。^④ 再看:

乾隆四十五年分(份)四十六年分(份)各姓捐银花名碑

四十六年分(份)　维扬小洪班捐银十两零四钱七分

四十七年分(份)　维扬小洪班捐银廿两

四十七年分(份)　维扬小洪班捐钱八千文

四十八年分(份)　维扬小洪班捐足钱七千七百七十七文……

五十二年分(份)　维扬老江班公<u>七十串钱九十两</u>零三钱四分……

石廷碧迎福班捐<u>足钱十二千三百文</u>

京局余玉昆捐<u>七折钱一两二钱</u>……周新如捐<u>六三钱五两</u>……

朱耀章小班济南局捐<u>六折钱六两</u>……^⑤

由于同一地区的铜钱使用习惯具有相似性,故此中"足钱"就是

---

① 当然,这种单位的形成基础也包含了银钱折算关系。或为当地有较长时间700—800文/两的比价,因故铜钱计数通过比价与两挂钩。

② 洪焕椿编:《明清苏州农村经济资料》,第112页。顺治十五年至道光三年苏州府沈氏家族置产记录,乾隆五十二年二月。

③ 洪焕椿编:《明清苏州农村经济资料》,第114页。顺治十五年至道光三年苏州府沈氏家族置产记录,乾隆五十四年五月。

④ 洪焕椿编:《明清苏州农村经济资料》,第116页。顺治十五年至道光三年苏州府沈氏家族置产记录,乾隆五十五年三月。

⑤ 傅谨主编:《京剧历史文献汇编·清代卷》(八),凤凰出版社2011年版,第322—323页。因整段引用易产生重复率问题,故只能被迫尽可能删去除货币外的其他背景资料。

"通足"，"七十串钱"等同"七折钱"。同理，"六三钱""六折钱"也是具体的基于特定银钱固定折算关系的铜钱计数名称。

第二种是福建土地山林交易契约文书三则：

嘉庆十四年侯官县林思升典田契

立缴面租契林思升，自己手置有民田数号，坐产侯邑二十都安章地方，土名大坡下，应半载田式亩零，年载租谷壹百捌拾斤正，载粮玖分叁厘，色米壹升叁合式勺正，立在廿三都六甲林禄祥户下。今因乏用，自愿托中向到池口处为业。本日三面言议，卖出面租价银陆两正文广。其银即日交足，其租听从银主自佃收租，了纳粮色。其田自卖之后，面约肆年为限，侯至限满之日，听林家备价照契面银两依期取赎，<u>每两的钱捌百文算</u>。如未取赎，照旧管业完粮。其田系手置物业，与房伯叔兄弟侄无干。亦未曾重张典当他人财物。倘有来历不明，系林出头承当，不涉银主之事。两家允愿，各无反悔。今欲有凭，立缴面契乙纸统付为照。又面原契乙纸，共成式纸统付为照。

嘉庆拾肆年拾壹月　日①

嘉庆二十四年闽清县许尔琼典田契

立典契许尔琼，自己手置阄分下有民田根面全乙号，坐址本乡洪厝里地方，土名堂下后门，大丘乙丘，并丘仔里半丘，共受种捌升伍合，载租乙石柒斗伍升，合受苗米伍升陆合陆勺零，立在黄圣进户下。今因要用，托中典与黄立修处为业。三面言议，本日得讫田价银式拾陆两，<u>每两折实制钱乙仟文算</u>。其钱交足，其田即付钱

① 福建师范大学历史系编：《明清福建经济契约文书选辑》，人民出版社 1997 年版，第 122 页。花押省略。

主离佃耕作管业，理纳粮差。此田系琼自己手置阄分物业，与房内伯叔兄弟侄无干。并未曾重张典当他人财物，以及来历不明等情。如有此情，系琼出头抵当，不涉黄事。其年限面约陆年为限。俟限满之日，听许备价照典契面银两钱文对期取赎，黄不得执留。今欲有凭，立典契乙纸，并黄贤俊原契乙纸，撮字乙纸，共成叁纸，统付为照。原主取赎不拘年限，为照。

嘉庆式拾肆年十一月　　日[1]

同治五年林国庄山场卖契（大田）

立批山字人白石坑乡林国庄国祯等，今因要钱应用，甘将承祖遗下有得山场二所，土名坐落洪溪灰庐对面西空山，其山上至王景山顶为界，下至溪江界，左至寨岭直上陈家山界，右至打笞坑前溪口直上王景山松柏树墓界；又山一所，土名坐落灰庐其山，上至大路界，下至溪江界，左至洪溪圩界，右至灰窑界；又大路上任许巫家再开三坪，二面山相连，具出四至分明。托中前来送出批与汀州巫进淮、佳淮、光清兄边出首承批，当日三面言议，批过山价银一十八两正，其银每两折清钱八百文。其银即日交收清讫，其山至丙寅年秋批过，任许巫家前去开荒栽种百物生理，永远为业。其山言约任许巫家阴坟架厂，林家不敢霸占等情。其山内或有坟墓，巫家不得掘害。其山并无兄弟房亲共分，亦无来历不明等情，如有此□，系是林家出头抵当，不干巫家之事。今来二比甘心意允，各不反悔，恐口无凭，立批山字为照。

同治五年丙寅七月　　日[2]

---

① 福建师范大学历史系编：《明清福建经济契约文书选辑》，第132页。花押省略。
② 张忠发主编：《福建省少数民族古籍丛书·畲族卷·文书契约》，海风出版社2012年版，第474页。花押省略。

对比以上三份契约文书中货币行用记录可知，在当地田地山林交易中，铜钱往往按串文与两对应使用，每两折实钱 1000 文，或更接近时价；① 而每两按 800 文算，即"八折钱""八扣钱"，只是在福建诸多地方对此有专门称法——"清钱"。此"清钱"非满钱"清钱"，更非乾隆时加锡铸造的多元黄铜合金"青钱"，其含义乃是"用 800 文铜钱代替一两银"这样一种包含了折算关系的铜钱行用习惯。当然，这个折算比例并非一成不变，自嘉庆以降开始转变为 830、850、900 不等，② 但始终与银钱市价波动不同步。

第三种是直隶地区相关行钱记录六例：

［光绪二十四年正月二十六日］京师内外城通行当十大钱……今只兑十一二千文。③ ［光绪二十四年七月十三日］……买刻核朝珠一串，十七串七百，作一两七钱。④ ［光绪二十四年十一月十八日］查本年银价异常低落，每库平银一两仅易东钱七吊零。⑤ ［光绪二十四年十一月二十八日］京城制钱短少，钱价昂贵……每银一两止换当十大钱五百二十五文。⑥

［光绪二十八年壬寅（1902）二十一日（7 月 25 日）］自入

① 当年时价为 1340—1350 文/两。《闽浙总督董教增奏报闽省银价未平应仍缓搭饷钱事》，嘉庆二十四年六月初一日，中国第一历史档案馆藏，朱批奏折，档号：04-01-35-1359-023。

② 详见福建师范大学历史系：《明清福建经济契约文书选辑》，第 147 页，《道光十五年候官县宗珠典田契》等。具体到不同区域还有差别，有的兑换比例有变更，有的则没有，尚待深入对比研究。

③ 《巡视中城吏科掌印给事中国秀奏为现钱缺乏银价日落请饬铸小银元事》，光绪二十四年正月二十六日，录副奏折，档号：03-9534-007。

④ 中国国家博物馆编，劳祖德整理：《郑孝胥日记》第 2 册，中华书局 1993 年版，七月十三日。

⑤ 《毓崐、载迁奏为本年银价过微车价增昂请加添兵役运米脚费事》，光绪二十四年十一月十八日，朱批奏折，档号：04-01-01-1026-038。

⑥ 《河南道监察御史秦夔扬奏为整顿钱法请将官钱与银圆并铸事》，光绪二十四年十一月二十八日，录副奏折，档号：03-9534-097。这里面的当十钱按贬值后乘以 2 计算即合制钱数。

正定境，其用钱即以实数计，盖直隶，惟顺天、天津、保定、河间、深、冀、易有京钱之名，以一当二，东安、武清等处以百七十有五为一千，曰东钱，而制钱、京钱又于每百文往往损其一二，递减至三四不止，而以九九、九八、九六、九四等为言。交河等处奸民又多盗铸小钱、沙钱，羼杂钱中。京都又有当十钱，其值参差百变，而仅行于都中，中国圜法之乱，极矣。[1]

［（光绪二十八年）］正定府属 行唐县：教案赔大钱一千四百吊（就地筹）。晋州：教案赔银三千两（就地筹）。无极县：教案赔大钱三万吊（就地筹）。新乐县：教案赔大钱五千吊（就地筹）。统计：现银共三百六十万一千五百一十九两。京钱共二百一十九万四千二百八十九吊。津钱共二十七万四千三百六十三吊。大制钱共二十万吊。制钱共二万二千一百九十四吊。大钱共二十万吊。东钱共三十六万四千吊。积谷共一千三百石。[2]

［（民国）《顺义县志》卷十一］清初通用者曰京制钱，以五百文为一吊，别有九八钱之数，即四百九十文折九成八作一百，[3] 故名。雍、乾后，使用东制钱，以九百七十五文作六吊，每吊实合一百六十二文半，通常以十六文作一百，以三十二文或三十三文作二百，总以六十五文作四百（俗称一瞥）。咸丰三年，东南军兴，滇铜不至，议铸当十大钱，增铸当五十、当百、当五百、当千数种。四年铸当五钱，又铸铁当十钱，铁制钱、铅制钱救济币制。迨军事停顿，各种钱币概行停废，仅余当十大钱流行西南隅，每个折制钱

---

① 贺葆真著，徐雁平整理：《贺葆真日记》，凤凰出版社 2014 年版，第 79 页。因无法于正文整段引用，故在正文中只保留货币及使用时的称呼。

② 王振声：《庚子畿疆教案赔款记》，光绪二十八年通州王氏铅印本。引自中国社会科学院近代史研究所编：《近代史资料专刊——义和团史料》（上），知识产权出版社 2013 年版，第 483 页。因无法于正文整段引用，故在正文中只保留货币及使用时的称呼。

③ 此处"作一百"疑有误，当为"作一吊"。

二文，一时私铸鹅眼、薄砂层出挽使，时禁时开。白河东岸村镇遂演出一种<u>二八东市钱</u>，以东钱八百四十三文作一吊，实合一百三十七文，通常以十四文为一百，多用麻绳贯穿，以两吊为一串。①

[（民国）《沧县志》] 清代流行铜钱……是曰<u>满钱</u>。② 又有所谓扣底钱者③……其名曰<u>九八钱</u>，盖四十九以二倍之适成九十八之数。邑治中则用九六钱，即以四十八文为百也。④

[（民国）《蓟县志》]（民国以前）⑤ 行使<u>九八四钱</u>，名曰<u>东钱</u>。⑥ ……铜当十钱取消，即以一百四十七文为一吊，是为<u>市钱</u>。⑦

直隶货币，有制钱、京钱、津钱、东钱、满钱、市钱、宣钱、滦钱、保钱、延钱等各种称法。⑧ 其中，京钱、津钱、东钱等在经广泛使用后已然成为当地的本位虚币，其作为记账单位存在，与实体货币有所

---

① 杨得馨：民国《顺义县志》卷十一《金融志》，第 547—548 页。

② 前有注释——"时沧境计钱之法以一为二，如五文为十，五十为百，五百为千（俗又呼千为吊）"。张凤瑞等修，张坪纂：民国《沧县志》卷十一，引自戴鞍钢、黄苇主编：《中国地方志经济资料汇编》，汉语大词典出版社 1999 年版，第 1053 页。

③ "即五十文中扣去一文，以四十九文为百也。"张凤瑞等修，张坪纂·民国《沧县志》卷十一，引自戴鞍钢、黄苇主编：《中国地方志经济资料汇编》，第 1053 页。

④ 张凤瑞等修，张坪纂：民国《沧县志》卷十一，引自戴鞍钢、黄苇主编：《中国地方志经济资料汇编》，第 1053 页。

⑤ "蓟县币制在民元前向以制钱为单位。"仇锡廷：民国《蓟县志》卷三《乡镇·民生状况》，成文出版社 1968 年版，第 316—317 页。

⑥ "即以制钱一百六十四文为一吊。至逊清季世，受平市大钱影响，每吊须使用当十钱二枚。"仇锡廷：民国《蓟县志》卷三《乡镇·民生状况》，第 316—317 页。

⑦ 仇锡廷：民国《蓟县志》卷三《乡镇·民生状况》，第 316—317 页。后有注明："然在县境南部如下仓、侯家营等处即仍行使东钱，境内各商所出凭帖、土票，亦均印明市钱或东钱，以为区别。在一县境内，钱法不同有如此。"

⑧ 参见张宁：《中国近代货币史论》，第 79—81 页。宣钱问题尚待研究，见《直隶总督颜检奏为审明龙门县革生王恭辰呈控官役挟嫌诬拿并侵期浮收案修理工定拟事》，道光二年七月十三日，朱批奏折，档号：04-01-01-0633-001。"滦钱"参见赵士第、康健：《清代滦州地价变动因素及"滦钱"性质探讨——以新见滦州孟氏契约文书为中心》，《西华师范大学学报（哲学社会科学版）》2019 年第 1 期。"延钱"见《直隶总督裕禄呈顺直各属实存积谷麦石银钱数目清单》，光绪二十六年二月十五日，录副奏折，档号：03-6680-002。

分离。当地的扣底也不是在百文的基础上扣，而是要除二折为记账虚币京钱再扣。[①] 但京钱、东钱虚币折算制钱实币又不仅仅按除二、除六换算，而是有所浮动，甚至在不同时期有着剧烈变动——如彭凯翔即认为剧烈变动时的折价已然不是短陌，特别是咸丰时期的京钱经历的是"减值"而非"贬值"。[②] 以此管窥亦可知晓，各地钱文所称、所指、所用多有不同，对其正确释读才是理解钱价的基础。

总之，由于清代钱法实际运行的不完善及各地虚实货币使用习惯不同，当时流通在市场上的钱文种类、名称、用法都颇为复杂。[③] 甚至将之系统整理清楚的难度并不低于对各处白银平、色、兑的研究——可能需回溯至各地自宋明以来地区内部的通货结构、货币价值分层、自律性的非正式货币制度建立等诸多方面。在上述举例中，某些田地交易中的银钱比价其实是一固定折价，或者说是"称为银的铜钱串钱"的特定折算、计量方式。在当地大量类似契约中，多数时候并不在契面言明此种关系，而是直接将银钱数目给出。如有研究者不熟悉这类钱的称法及特定价格表示方法，而简单认为这是契约中展现的比价时价，乃至引以

---

① 京钱由实到虚的过程尚不清楚，但来源于康熙小钱——京墩。详见刘锦藻纂：《皇朝续文献通考》，卷二十一，《钱币考三》。

② 彭凯翔：《近代北京货币行用与价格变化管窥——兼读火神会账本（1835—1926）》，《中国经济史研究》2010 年第 3 期。另可参考《附录：清朝京师"京钱"考》，邵义：《过去的钱值多少钱——细读 19 世纪北京人、巴黎人、伦敦人的经济生活》，上海人民出版社 2011 年版，第 175 页。在当十钱通行时，京钱一吊等于 50 个当十钱，反之，一吊等于 500 文。

③ 比如从《清代至民国时期归化城土默特土地契约》中发现的铜钱称法有：大钱、满钱、清钱、铜钱、制钱、九十钱、九八钱、八五钱、六八钱、城市钱、街市钱、市钱、兑钱、拨兑钱、城兑钱、外兑钱；从《湖北天门熊氏契约文书》中发现的铜钱称法有：大钱、典钱、青钱、清钱、通钱、祁钱、九九钱、九九青钱、九大钱、九九到底钱、九九到底青钱、九九七青钱、九八青钱、九九通钱、九九通钱、九九通大钱、九八通钱、九四二钱……参见唐智燕：《近代民间契约文书词汇研究》，中国社会科学出版社 2019 年版，第 60 页。弄清各地钱文的名称及使用方法不是本书研究目的，在此仅是列举一些与银钱比价有关的钱文称谓、用法。

为据，便可能对研究产生误导。① 显然，了解铜钱基本行用原理当是我们研究钱价、银钱比价的基础——只有钱文种类统一、用法统一时，才能比较各地钱价。而最佳的统一，便是都使用足钱制钱小平钱。

二、钱的价格

承上所言，清代铜钱种类繁多，自然也有各类价格。为论述方便，本书在此将研究对象限定为官铸合制圆形方孔小平钱。②

铜钱的价格简称"钱价"。为便于理解，我们可从另一相关词汇"价钱"说起。比如"（康熙）十七、八年，田禾丰收，糜谷每斗价钱三十三文，米麦每斗价钱七十文"③。此中粮价用钱文表示便是"钱计粮价"（单位为文/斗），也称粮食"价钱"——"价钱"便是以钱作为标准货币去衡量某物的价格。如此，则"钱价"反之，是将钱作物，而用另一标准货币去衡量钱。④ 如"制钱每千文价银一两一钱六分至一两三钱"⑤，即将一千文（通常为一串）钱作为一般货物，用白银衡量其价值，表现其价格，价格区间为［1.16，1.3］（两/千文）。

---

① 李红梅「清代における福建省の貨幣使用実態土地壳券類を中心として」，『松山大学論集』第 18 卷第 3 号，2006 年 8 月，表 9。自乾隆晚期开始，大量"比价"记录还保持 800，830，850，900……这就不是实际变动的市价（同期市价可部分见于本文数据库其他对比材料），但同时也是一类特殊的土地市场交易折价。该钱价表包含了以"清钱"计算的不变价，在使用时需注意甄别。当然，李红梅在正文中也有相应说明，研究者需结合正文论述甄别引用，不能只按钱价表抄录。

② 但这个限定本身是无法绝对的。散用钱文，可以言明为纯粹制钱，但作串钱使用，其中往往会混入一些杂钱，在少量混入的情况下，我们还是称此为正常兑换价，而不是纯粹私钱的兑换价。

③ 汪嗣圣等修，萧泰芳、吕晓庄、王晓枫点校：《朔州志（附马邑县志）》第 1 册，雍正《朔州志》卷二《星野志·祥异》，三晋出版社 2017 年版，第 68 页。

④ "在单一的货币流通制度下，货币是没有价格的，只有在多种货币并行时，一种货币才会被另一种货币表现出价格。"叶世昌：《近代中国经济思想史》，上海财经大学出版社 2017 年版，第 199 页。

⑤ 《湖北巡抚晏斯盛呈湖北省武昌等府乾隆本年四月份粮价单》，乾隆八年闰四月，朱批奏折，档号：04-01-39-0214-006。

将何物作为标准货币，可视情况而定，或为称量金银，或为计数银元，甚至可以是铜元、其他铜钱等。[①] 但本文关注的是称量银，故以生银计之，称"银计钱价"，省称"钱价"，意同制钱价银几何。[②] 这也是彭信威所说"所谓钱价，乃是对白银而言，不是对物价而言"[③]。将铜钱视为货物，则"钱价"一词与"粮价"便可作类比理解，[④] 粮食容积以合、升、斗、石计，粮价（钱计）单位便为文/斗、串/石等，钱数以个（对小平钱而言一个即一文）、串计，钱价（银计）单位便为厘/文、两/串。[⑤] 如铜钱"每串易银一两三分五厘五毫"即铜钱一串（1000 文）的银计价格为 1.355 两。[⑥]

所以，钱价就是一定单位的钱的银计价格，常用计价单位为两/串、厘/文。当然，也存在两或元/文这样不常见的表达。比如在道光二十九年（1849）某徽州布商盘单中曾出现"存现钱二十八千八百二十五文，六八，折洋钱十九元六角"。[⑦] 这当中的"六八"其实是钱价表达，即 0.00068 元/文，所以计算为 28825×0.00068 = 19.60，即"折洋钱十九元六角"。同理，"现钱三十八千三百八十文，五四扣文，二十两七钱

---

① 如"［宽永钱］其钱质薄而轻，每官钱九百可易宽永钱一千"。中国人民银行总行参事室金融史料组编：《中国近代货币史资料》第一辑（上），《为江浙两省钱贱银昂商民交困宜清积弊而裕财源》，户部给事中孙兰枝折，道光十二年闰九月十一日，中华书局1964年版，第13页。

② 比如"钱价七钱七一［中国人民银行山西省分行、山西财经学院《山西票号史料》编写组、黄鉴晖编：《山西票号史料（增订本）》（下），第一编《日升昌票号资料》，《汉口分号来信》，山西经济出版社2002年版，第1077页］"。就指的是 1000 文钱价银七钱七分一厘。

③ 彭信威：《中国货币史》，第 609 页。

④ 作"类比"理解，指的是此处暂将铜钱先当作一般商品理解。但实际上，其又具有通货功能。后一功能在理解制钱供需，理解钱价形成等方面具有重要作用。

⑤ 两/文这个单位理论上也是存在的，只是数额太小，不方便表示，一般不用。两/卯（按：12280串为1卯）这个单位更少出现，主要用于铸局铸钱工本、余利核算。

⑥ 《湖北巡抚张映汉题销宝武局嘉庆十八年鼓铸钱文用过铜铅正价及铸出钱文各数事》，嘉庆二十一年三月十二日，中国第一历史档案馆藏，户科题本，档号：02-01-04-19638-028。这里面的"易"可以当成"需""卖"来理解。

⑦ 马勇虎：《近代徽州布商研究——以商业账簿为中心》，安徽师范大学出版社2017年版，第143页。

二分半"①，"五四"即 0.00054 两/文，计算 38380×0.00054 = 20.725，两相符合。

三、钱的定位及属性

以往有学者依西方货币金融学所论货币制度定清代铜钱"本位"，此套用颇为牵强。清代银、钱并用，在晚清讨论货币本位问题前，② 清人自身并无本位、主辅、法偿、自由铸造与销毁等概念。对此，以一典型金银复本位币制的要素对比表（表2）参看便可明晰：

表 2　金银复本位币制要素比较

类别＼形式	可否无限法偿		可否自由铸造及销毁		比价法定
	金	银	金	银	
平行本位	○	○	○	○	×
双本位	○	○	○	○	○
跛行本位	○	○	○	×	○

说明：○表示可以，×表示不可以。

如以银铜货币对比，③ 则可发现：第一，铜钱不可自由铸造与销

---

① 马勇虎：《近代徽州布商研究——以商业账簿为中心》，第 154 页。

② "伏查币制有本位，货有补助货，本位货币其中所含之数必须与其币之价值相符，而铸造授受不厌其多，不必加以限制，至补助货币所以补本位之不足，即依本位之价值为其价值，故内含之数不妨略减，而铸造授受必以限制之法行之，此其大较也。"《户部奏酌拟铸造银币分两成色并行用章程折并章程》，光绪三十一年十月二十三日奉旨，上海商务印书馆编译所编纂：《大清新法令1901—1911》第四卷，华东政法大学法律史研究中心点校本，商务印书馆 2011 年版，第 81 页。

③ 在表中没有显示的是货币金属自由进出口与否一项，但这是对主权国家间的要求，清代国家层面往往不希望铜出口，但无法制止。铜材是否可以自由进出的问题在清代更多体现在各省政策有区别。

毁，^① 否则便是触犯"私铸""私削"禁例，如是则不可能是平行本位或双本位；第二，银钱兑换虽有所谓"银一钱千"等各种定例，但实际市场兑换并不按此，甚至有些官方比价也跟随市场比价作浮动，是有"比价法定"之名而无"比价法定"之实。第三，"铜钱以文数计，实银以分两计"^②，时人本无主辅币概念，也就谈不上可否无限法偿一说。^③ 所以，就清代绝大多数时间的币制而言，其并无西方货币金融学意义上的"本位"（当然，如果不以严格意义上的金融学概念界定清代货币本位，而只将"本位"作为交易和会计核算的主体货币理解，那么可称为"银钱复合本位"^④），该种情况只能称为清代（大多数时间）有货币制度，但无本位制度。^⑤

既无"本位"，则其定位便不再是主辅币意义上的，而是作为一般日用通货存在——铜钱可买百货，故称"通货"。又由于其面额较小，标准小平钱一个仅为一文，值银一厘上下，故又称"小额通货"，这也是清人常言的"数小则用钱"。^⑥

钱的属性其实就是钱的性质，可分为动态与静态两类。

动态属性主要是钱用于交易的属性，核心即钱作为货币的流通属

---

① 在此仅谈应然层面。若以实然论，铜钱私铸、私销事实上也形成了自由铸造，加之不要求国家掌控铸币权的广义本位理解，则也可称为"近似平行本位制"。参见燕红忠主编：《中国金融史》，上海财经大学出版社2020年版，第23页。

② 《主张仿旧式龙元铸造银币反对另铸一两重银元》，商部右丞王清穆折，光绪三十二年四月初二日，《中国近代货币史资料》第一辑（下），第734页。

③ 在赋税缴纳上，实际操作或有用银用钱限制，但并非法偿意义上的。何况辅币不能无限法偿是因其本不足值，然制钱并非如此，其足值与否和铜价波动关系密切。

④ 在此，笔者反对"银本位"或者"以白银为基准"的提法，这多是基于官方财政记录推导出的结论。在民间交易中，以银为核心、为基础并没有得到强烈体现。甚至在乾隆中期，一度出现"货币铜钱化"倾向。

⑤ 参见杨端六：《货币制度》，《社会科学季刊》1921年第3期；叶世昌：《中国近代货币本位制度的建立和崩溃》，中国钱币学会：《中国钱币论文集》第4辑，中国金融出版社2002年版。赵兰坪言"吾国历来，仅有货币，而无币制"（赵兰坪编著：《货币学》，正中书局1936年版，第500页）中的"币制"仅指本位制。

⑥ 《清朝文献通考》，卷十六《钱币考四》，考五○○二，浙江古籍出版社1988年版。

性。前文就钱作为一般商品意义上的价格概念做过阐述，下面将论述清人对钱的货币流通属性的理解。《清朝文献通考》有言："钱价无准，而物价亦失其平。"① 顾炎武亦曾言："市价有恒，钱不乱，民称便焉。此钱法之善也。"② 由此可知，钱作为货币用于交易的属性，事关百物贵贱乃至市场秩序，国家自是要对其有一规定并想方设法维系其稳定。将钱的购买力（钱值）与物价联系，从通货数量角度理解，必然要求我们关注流通中的铜币数量。此商品交易中的铸币流通量，既直接影响铸币币值，也间接影响物价。

静态属性指的是直接体现于铜铸币实物上的属性，而和本文所关注的比价相关的便是面额属性、重量属性、含铜量属性。③ 由于本文限定研究对象为官制小平钱，所以其面额皆为一文，不再专作说明。惟是，小平钱一文往往计一枚，所以有时，文也作为计数单位，和个、枚一样。④ 重量属性即钱重。制钱虽为计数铸币，但由于是铜合金铸造，故并未完全脱离"称重"，维持一定重量是其能按面值流通的保障——否则需折价。为此，可先看几则材料：

> 宁郡屡奉宪谕禁用小钱，各店铺皆贴禁条，恪遵宪谕。无如日久弊生，不法之徒每以制钱一串重在七斤左右者暗售诸铜铺，计可换钱一千六百余文。⑤
>
> 兹据藩司魏光焘详称，遵查新疆北路向用制钱，南路向用红

---

① 《清朝文献通考》，卷十三《钱币考一》，考四九六七。

② 顾炎武：《钱法论》，《顾炎武全集》第 21 册，上海古籍出版社 2011 年版，第 190 页。

③ 也即一般金属铸币的三大核心要素：面值、重量、纯度（成色）。

④ 但在此须知，"当一国的钱币发生变化时，铸币单位、记账货币单位以及价值单位很可能会分道扬镳"（［英］威廉·斯坦利·杰文斯：《货币与交换机制》，佟宪国译，商务印书馆 2020 年版，第 75 页）。

⑤ "私毁制钱" 1882 年 1 月 5 日，宁波市档案馆编：《〈申报〉宁波史料集》（二），宁波出版社 2013 年版，第 521 页。

钱。……其钱沿缠俗普尔式样，枚重一钱三分。以一文当制钱之四，以五百文为一挂，合银一两。……光绪六年，前陕甘督臣左宗棠奏请改铸银钱每圆一钱。制造新式铜模较准，一律交前帮办军务升任山东抚臣张曜设局试办，以防作伪。因工多费巨，旋复停止。北路制钱亦为入关商民携带略尽，市肆遂通用天罡，南路仍天罡、红钱并用。……臣维规复制钱，必广筹鼓铸，欲筹鼓铸，必先办铜斤。如福建等省鼓铸之铜，或取资邻省，或转购外洋。新疆僻在西陲，水道不通，碍难照办。而红钱五百文计重四斤，<u>一两制钱一千文计重六斤四两</u>，以钱合银，红钱五百文易银一两，制钱二千文易银一两，两相比较，制钱费铜多至两倍有奇。改铸制钱，势必益形竭蹶。[①]

<u>制钱一十五万串，秤重一百万一千七百斤</u>，合计库平银九万九千一百六十七两零。[②]

康熙十九年，圣祖仁皇帝谕令一文重一钱，诚以轻重适中，名实相称，此制最为经久。今拟即铸此式，每一文重库平一钱，并拟于钱文背面上下铸库平一钱四字，以杜私铸，合计<u>每千重库平六斤四两</u>。粤省钱价一千五百文，值银一两。[③]

闻标准之铜钱，每"吊"溶〔熔〕化为上等铜，约有七斤之重，每斤最低之价，可值铜钱三百文至四百文之谱，其利益至少为百分之一一零，又若大钱一千文之铜，如任意掺杂，可制成劣钱六千文至一万文之谱，此种劣钱常置于标准钱之串中，其数之多少，必须贸易时当面言明，或视出钱者与收钱者两方较量之能力孰大为

① 杨云辉校点：《刘锦棠奏稿 李续宾奏疏》，《刘锦棠奏稿》卷十三，《光绪十三年八月十四日新疆暂难规复制钱折》，岳麓书社2013年版，第445—446页。
② 台北故宫博物院编：《宫中档光绪朝奏折》第4辑，台北故宫博物院1982年版，第89页。
③ 宣统《番禺县续志》卷四，民国二十年重印本。

断也。此种将铜币作不合法之使用，大有影响于流通之中准物。①

当日言定典价钱一千五百文整，其钱典钱<u>每千重六斤整</u>。②

　　在以上几则材料中，不约而同出现制钱一千文重 6—7 斤的记录，这是因为材料中涉及的制钱一文枚重一钱或一钱二分。当然，我们平时所见更多材料并不注明钱重，这是因其默认使用铜币为官铸小平钱，而此钱重量又较稳定。而如若出现它种铜钱，则多会加以说明，比如"（小钱）每千兑银不过三钱有奇，而钱之所重每千不过三斤有零"③；"江省历来民间行使俱系相沿小钱，每千仅换纹银五六钱，亦并无私钱掺杂。迨后行用日广，钱文未裕，钱价渐昂，射利奸铺每将私钱掺搭，日积月累，钱价日贵，钱愈不堪"。④ 由此可知，钱的重量属性非常重要，维系一定重量，是制钱可按面额行使的前提，此即时人言"用钱当以斤两权之"⑤，"一个钱有多重就应该值多少"⑥。否则，在面额不变时不断减轻钱重，就会使制钱向虚值大钱方向发展（正常大钱也需一定重量作保障，见下图 2）⑦，是为贬值，市场对此自是要做出减价使用的反应。

---

① 沈世培校注：《〈芜湖关华洋贸易情形论略〉校注》，安徽师范大学出版社 2015 年版，第 123 页。

② 《光绪二十八年六月四日潘仕华典油树契》，贵州大学等合编：《天柱文书》（第一辑），第 5 册，江苏人民出版社 2014 年版，第 231 页。

③ 叶梦珠撰，来新夏点校：《阅世编》，卷七，《钱法》，中华书局 2007 年版，第 194 页。

④ 《户部尚书海望题为遵议前署赣抚包括奏酌筹办铜鼓铸钱文事》，乾隆六年十一月十九日，朱批奏折，档号：04-01-35-1232-009。后注明，"向买五六钱一千者，今则每千需银一两二钱以外，且半系砂铅、风鹅眼、剪边、锤扁以及无字铜片等项，每百长不及三寸，每千重不过三斤"。

⑤ 吴嘉宾：《拟上银钱并用议》，盛康辑：《皇朝经世文续编》，卷五十八，《户政三十·钱币上》。

⑥ "一个钱有多重就应该值多少，但这钱却在后面写明'当百'，可见他们实在穷了。"《太平儿》，由 W. A. Cornaby 原著第十至十四章改作。简又文：《太平天国杂记》，《民国丛书》编辑委员会编：《民国丛书》第 3 编，上海书店 1989 年版，第 157 页。

⑦ 分别为宝福局咸丰重宝边计重当五（重二钱五分），宝福局咸丰重宝肉计重当十（重五钱）。

图 2 咸丰重宝宝福局计重钱

资料来源：余榴梁、朱勇坤编：《中国珍稀钱币图典·古钱卷》，第 194 页，何文青藏、中国嘉德 2010 秋季拍卖会拍品。

说明：此时如按小平钱换算，则当一仅为五分重，较之一钱重钱已经减半。若按宝福局此法，当五、当十至当百、千一律按重量递进，则咸丰币制不至如此混乱。实际情况恰是各地铸局随意增减重量，甚至有同面额私铸重于官钱者。当然，宝福局铜大钱十分特殊，按工本计算，当五钱（计重二钱五分）净利为-1 文，当十钱（计重五钱）净利为-4 文，当二十钱（计重一两）净利为-8 文，当五十钱（计重二两五钱）净利为-94 文，当百钱（计重五两）净利为-200 文（林枫：《福建永丰官钱局官票的性质》，《中国经济史研究》1998 年第 2期）。

清代历次制钱改重及钱重长期趋势可见下图 3：

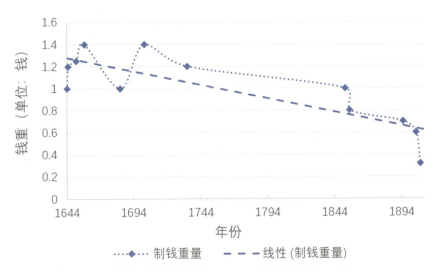

图 3 制钱重量变动趋势（1644—1911）

资料来源：《清朝文献通考》；《皇朝政典类纂》；章宗元：《中国泉币沿革》，第8—9页。

说明：计重单位一钱为 3.72 克。期间有地方铸局曾出现八分（《湖广总督塞楞额等奏报敬筹湖北改铸钱文事》，乾隆十二年二月二十日，朱批奏折，档号：04-01-35-1238-003）、一钱一分（《贵州巡抚额勒春奏陈黔省钱法情形事》，乾隆五十五年四月二十四日，朱批奏折，档号：04-01-35-1326-029）重钱，属不合定制，不予记录；康熙七年宝泉局试铸二钱八分重钱因未成功，也不记录（见王德泰：《康熙初户部宝泉局试铸二钱八分重铜钱考》）。宝广局三分二厘重钱为机制新钱（梅斌林编：《广东钱局史略》，中国科学院历史研究所第三所：《近代史资料》（第 17 册），科学出版社 1957 年版，第 92 页），因脱离传统形制，在此只作对比参考用。以上钱重为政府规定重量，实际铸出钱文多有减重，平均为规定重量的 86%（习永凯：《白银陷阱：近代中国白银核心型货币体系脆弱性根源及影响》，中国社会科学出版社2020 年版，第 44 页）。

由于制钱一般为黄铜合金铸造，币材金属配比会有变动，故即便是同等重量的制钱，还需考虑其内在含铜量高低。铜作为制钱的主要币材，其在钱文中的实际含量会影响钱文价值。清代历次制钱含铜量改变及长期变动趋势可见下图（图 4）：

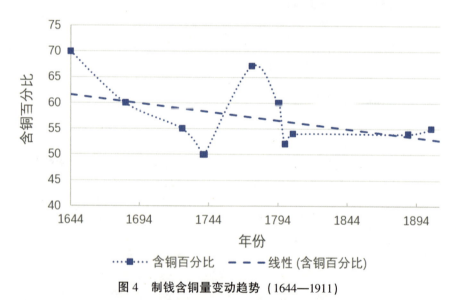

图 4　制钱含铜量变动趋势（1644—1911）

资料来源：杨端六：《清代货币金融史稿》；张家骧：《中华币制史》；《清朝文献通考》。

说明：以上数据仅为制度规定，由于技术原因，各含量不可能绝对精准，但大致不会偏离很多（成分测试见周卫荣：《中国古代钱币合金成分研究》，第96—100页）。铜含量很少低于50%是因为低于此含量的铜钱（或言含锌量高于50%的铜钱）容易破碎（Hailian Chen, George Bryan Souza, "China's emerging demand and development of a key base metal: Zinc in the Ming and early Qing, c. 1400-1680s", *Journal of Material Culture*, 2017, Vol. 22(2)：173-193）。

　　对比制钱重量（晚清新式机制钱除外）和含铜量变化趋势图可知，有清一代制钱虽在重量和含铜量上有一定下降，但总体幅度并非很大，这也印证了黑田明伸所认为的，中国货币最大特征在于"最致力于保持在空间上的统一性、在时间上的一贯性"①。制钱重量、含铜量变动，综合体现于制钱内在价值变动。所谓内在价值（实值），指的是一枚制钱本身所含有的金属的市场价值（此金属市场价值，最初由生产金属的费用，即生产所必需的劳动时间决定）。在钱重、含铜量、小平钱面额相对稳定的情况下，制钱的价值便主要受铜的市场价格影响。

　　结合钱作为货币用于交易的动态属性，和钱作为金属铸币所固有的静态属性，也可知晓，铜钱市场价值必然受钱的供需数量和铜价影响，此影响也必然体现于银钱比价中。相关问题，留待本文后续货币比价形成章节再做详析，此处仅先提及。

　　综上，要理解清代铜钱，首先需要对其种类、名称、用法有基本了解。其次是就处于核心地位的小平钱的流通数量加以重视，对制钱重量、含铜量变动趋势有所把握。最后，钱的供需数量、自身重量、含铜量、内在金属铜价值、商用习惯等各因素，都会在交易过程中集中作用

---

　　① ［日］黑田明伸：《货币制度的世界史：解读"非对称性"》，第91页。

至钱值，直接表现为钱价。① 如此，自然也影响银钱比价。

第二节　何为银价

一、银的种类与平砝、成色、兑换

清代被用作货币的银可分为生银（称量计重）和银币（计数）② 两大类。生银大小形制各异，需称重并确定成色才能估值；成熟的银币由于重量和成色较为稳定③，久之便与纹银（或者别的虚银）形成一定折

---

① 比如清末民初的杭州，"铜钱有崇祯、康熙、乾隆、嘉庆、道光、咸丰、同治、光绪、宽永9种。在不同的地方，不同的行当内，银币与铜钱的比价不同，计算复杂之极。目下银币与铜钱的比价，按平准价格，是鹰洋1元对铜钱1000文，但因铜钱的品质大小不一，实际是在九百四五十文至一千一百二三十文之间浮动。随着白银价格的起伏，也会发生比价的变化。市场上的标准行情，在药铺要加60文，在米行要加20文"（［日］根岸佶、片山精一、大原信：《清国商业综览》（第四卷），冯天瑜、刘柏林、李少军编：《东亚同文书院中国调查资料选译》（上册），第414页）。在理解实际钱价时，需要足够重视其内在复杂性。但在整理数据时，除必要标注（大体种类、数额）外，无需极为详细——否则无法构建序列、无法作比较使用。

② 银币计数也不是绝对的。在流通初期，由于市场接受程度低，其或被化为生银，或据银币重量、成色计价。如果银币的重量、成色都不稳定，其就失去了计数的基础，计价方法与生银无异。比如"中面言明时价值四十六大元，重司马戥三十三两一钱二分"（《道光十九年宝安社清贤典田契》，罗忠玫、李龙潜主编：《清代广东土地契约文书汇编》，齐鲁书社2014年版，第13页）。这就是计数与计重并用。在福建地区，大致到乾隆中期以后，银元才从传统银两制度下摆脱出来（公一兵：《试论清代福建的白银货币结构》，刘秋根、［英］马德斌主编：《中国工商业、金融史的传统与变迁：十至二十世纪中国工商业、金融史国际学术研讨会论文》，河北大学出版社2009年版，第91—116页）。

③ 胡岳峰、蒋勤：《清代民间账簿中货币记录的释读——以石仓文书为例》，《原生态民族文化学刊》2020年第4期。

算比例①, 故最后只需按元（圆、员）② 计数使用。

图 5　检验银元

资料来源：［英］约翰·汤姆逊：《中国与中国人影像——约翰·汤姆逊记录的晚清帝国》(增订版)，徐家宁译，广西师范大学出版社 2015 年版，第 157 页。

---

①　这个比例也会上下浮动，但浮动范围不会很大。浮动原因是银币在流通过程中会有损耗而贴水，又或者是因受欢迎程度高而升水。但在洋银侵入初期，各种条件还不稳定，甚至会有纹银给洋银贴水的情况出现。见《宣宗成皇帝实录》（五），卷二八八，《清实录》，中华书局 1986 年版，第 442 页，"并著该督等即行文移知沿海行使洋钱各省督抚，务须严饬所属，晓谕商民人等：嗣后行使洋钱，必以成色分两为凭，不得计枚定价。其以洋钱易换纹银，或以纹银易换洋钱，无论烂板镜面，每百两止准洋钱补纹银之水，不准纹银转补洋钱之水。"

②　林满红：《两千年间的"佛"与"国"：传统中国对西方货币领袖头像的认知》，《中国经济史研究》2018 年第 2 期。外币流入，百姓以其成色固定易认，按其形圆称"圆"，"圆""元""员"音同。

说明：原标题为"识银"。识银，即检验银钱的成色，是一项由买办的手下操作的程序，在交付货款的时候进行，以确保没有伪币被收进来。这一检验过程进行得十分快捷。在将银币从一个袋子转入另一个袋子的时候，两块银币被同时取出，用指尖轻轻地捏住，相互敲击，如果银币中混入了贱金属，就可以通过碰撞的声音快速地识别出来。银币边缘的光滑与否也是一个检验项目，因为中国人在伪造银钱上显示了相当惊人的才智，他们把银币锯开，掏空，灌上便宜的金属后再焊到一起，敲击的时候也能发出真银币的清脆声音。这种做假的手法极其高超，只有很专业的人士才能发现两半之间的接合点。银币经过检验后，就进行称重以支付货款。

（一）生银

生银如按形状划分，有锭银、条银、碎银等称谓。如按接收机构、面向对象划分，可有关平银、漕平银、库平银、市平银等称谓。[①] 如按重量划分，大致有四：（1）元宝（大元宝、大翅宝、大方宝、龟宝），大元宝一个可重至五十两；[②]（2）中锭（中元宝），一个重约十两；（3）小锞子（小锭、小元宝），一般重一到五两；（4）散碎银（滴珠、福珠），重一两以下。[③] 如按制作手法分，有摇丝、画丝、吹丝、吸丝等。[④] 如按行用地通行叫法称，则浙江、江苏有元丝，广西有北流，湖广、江西有盐撒，山西有西鏪、水丝，云贵有石鏪、茶花，陕甘有元

①　参见卫挺生：《清季中国流行之货币及其沿革》，第154页。
②　参见汤国彦主编：《中国历史银锭》，云南人民出版社1993年版，第46—47页。
③　参见彭信威：《中国货币史》，第575页。该分法并不绝对，视具体实物为准，也有小到一钱重但铸成元宝形式的白银存在。一般情况下，砝码锭、椭圆锭、牌坊锭、圆槽锭、腰锭等皆是中小型银锭，参见周卫荣等著：《中国古代银锭科学研究》，科学出版社2016年版，第32页。
④　张应俞：《江湖奇闻杜骗新书》，山西古籍出版社2003年版，第30页。

錯，四川有土錯、柳錯、茴香等。①

然以上稱法，又往往不會單獨使用，一個民國初年對各地銀兩名稱的整理記錄可見下表（表3）：

表3　各省寶銀名稱重量考

省名	地名	銀名	備考②
京兆	北京	十足銀	公估局估定十兩重銀錠，最為通用，十足行使，實際化驗不足純銀九九
		松江銀	通用九七六，實則九七二
直隸	天津	化寶銀	成色九九二，同治後周行③
		白寶銀	足色現寶。五十兩，上交租稅用
		老鹽課銀	成色約九九七
	保定	新化銀	府漕寶銀，五十兩重銀錠

① 山西票號通行銀色歌有云：天津化寶松江京，紋（番）銀出在廣朝（潮）城，上洋豆規誠別致，公估紋銀西安行，票色重貴是紋銀，雲南票錠莫忘情，川百錠出成都省，荊沙老銀沙市行（傾），二四估寶屬漢武，桂梧化銀記分明，常紋通在湘潭縣，長沙用項銀出名，常德市紋銀為主，金陵項（頃）化是足色，粗俗不堪目視，誠恐難記隨口誦。類似辨銀識色的歌詞及教程還有很多，如無名氏：《居家必用事類全集》，北京圖書館古籍珍本叢刊本，介紹見周衛榮等著：《中國古代銀錠科學研究》，第49—50頁，馮琢珩：《辨銀譜》，康熙間刊，乾隆五十四年馬心恭刻本，《四庫未收書輯刊》第10輯第12冊，介紹見張海英：《走向大眾的"計然之術"——明清時期的商書研究》，中華書局2019年版；寧壽堂：《銀譜》，乾隆六年，中國社會科學院歷史研究所清史研究室編：《清史資料》第3輯，中華書局1982年版，第224—234頁；山西晉商文化基金會：《商人要錄　貿易須知》，中華書局、三晉出版社2014年版；吳中孚：《商賈便覽》卷五《銀譜便覽》，清乾隆十七年刻本；王錫三記抄本《治鋪格言買花規式銀各路成色平砝》，藍田郭記書丁丑年抄本《各處周行銀色平式》，張兆熙記丁亥年《各路元寶銀色目錄》，介紹見戴建兵：《中國明清社會生活的白銀時代》，李小萍主編：《金銀貨幣與社會生活學術研討會論文集》，中國書店2017年版，第97頁等。各種生銀圖版另見中國錢幣學會陝西分會編：《元寶圖錄》，三秦出版社1991年版，第45—381頁；張惠信：《中國銀錠》，齊格飛出版社1988年版。

② 已在張家驤原表備考基礎上精簡，只保留要點。部分句號點斷後為戴建兵在《中國近代銀兩史》中對各地銀兩的補充解釋。部分用平據侯厚培《中國貨幣沿革史》補。

③ 化寶與行化有別。化寶銀為頭白錠與二白錠混合改鑄，行化則是以行平之平、化寶之色為標準的虛銀。

省名	地名	银名	备考
直隶	张家口	蔚州宝	五十两重银锭，本地最通用之高色银
		滴珠银	成色比蔚州宝低
	榆关	松江银	
	祁县	蔚州白宝	成色九九五
	石家庄	山西宝	通行山西运来之大宝
	邢台	周行银	一两三钱重锭，名九九色，实则九八二
山东	济南	高白宝	市面通用，成色纯银之九九
	烟台	曹估银	市面通用，公估局估定宝银，足银曹平升色为曹估银
	青岛	公估足银	市面通用，公估局估定五十两重锭银
	周村	单戳高边足银	市面通用
	潍县	高宝银	通用单戳，三戳者需较单戳退色
	济宁	山东高边二七宝	当地通用作为足色，运津申亦可批到二七
	胶县	胶平足银	通行单戳，双戳不用
	惠民	白宝	又名高边宝，五十两，市面通用作十足银
		盐课锭	亦作十足银用，不如白宝易使
	临清	十足银	
	掖县	山东高边银	市面通用，运至上海可批水二七
		十两锭老盐课	市面通用，运至上海可批水二七
	滕县	公议十足白宝	市面通用之日有钱盘行市
	临沂	山东高边	每锭五十两，当足银行使，实际成色为纯银之九九
		钱粮小宝	十两小锭，与大宝搭用
	龙口	高边银	市面通用，每锭五十三四两，市上作纯银使用
河南	开封	元宝银	市面通用，每锭五十两，成色与北京公议十足同
		净面银	即腰锭，每锭五两，成色与元宝银同
	周口	二八宝足银	成色纯足，本地通行

省名	地名	银名	备考
河南	洛阳	库宝	解库官宝，十两、五十两，十足色
		街市周行银	本地商号通用银，较库宝每百两差色八钱
	信阳	足银	各地足色银均通用
	禹县	足银	大小足色元宝及块银均通用
	南阳	府平足银	名为足色宝，稍次亦可行
	许县	现银	河南宝、上海宝及碎银均可行
	漯河	足色银	本地通用足银
山西	太原	库宝	镜宝银，兑库专用，是山西最高成色
		周行足银	市面通用，原名足宝，较库宝每千低色五两
	榆次	宝银	通行平砝比库平每百两短二两，比太谷平长七钱八分
	运城	足银	十足五十两宝银
		公估银	市上通用，成色低于足银
	新绛	库宝银	
	大同	足色银	五十两大同宝，实为纯银之九九八
江苏	上海	二七宝银	漕平五十两，批升水二两七钱五分为名
	南京	公议足纹银	通用二七陵平、藩库二四平、道库二六平、关平
	镇江	公议足纹银	二七宝，名金炉心。商业往来常用二七镇平，绸缎业用二四镇平。
	苏州	苏它锭	苏州税关铸造，每只重洋例平五两左右
	扬州	扬漕平银	名扬州新，后成过账银
浙江	杭州	元宝银	本地钱庄铸，五十两
		小锭子	一两至五两不等
	湖州	十足宝银	同上海二七宝
	绍兴	绍宝纹	
安徽	芜湖	二七宝银	
湖北	汉口	公估二四宝银	五十两。在申升水二两八钱，本地升水四钱。名公估收宝银。碎银小锭至汉需重化

省名	地名	银名	备考
湖北	武昌	武昌官锭	武昌关铸造，重洋例平约五两
		昌关子	武昌关铸造，重洋例平一钱、三钱、五钱不等
	襄阳	老宝银	
	沙市	荆沙锭	沙平九九，五两，实为九六、九七成色
	宜昌	汉潮	五两重
		川锭	蜀运，十两
湖南	长沙	用项银（省平银）	公议十足，十两，实为纯银九九八
		十足大宝银	十足大宝，五十两
	湘潭	市纹银	又称圆丝、铅丝、螺头壳
	常德	市纹银	
江西	南昌	镜面	布政司造，六至十两不等
		盐封库平银	
		二七东宝	
		江西方宝	重洋例平五十两
	九江	二四漕纹	公估局批定，成色高低以二四为标准
福建	福州	闽锭	重约十两
广东	广州	藩纹	
		盐纹	
		关纹	
广西	桂林	足银	
		花银	
	梧州	花银	
云南	云南	公估银	又称解锭银
	思茅	市银	
	元江	元江银	
	——	猛撒银	
贵州	贵阳	票银	十两，市上通行。成色名为与川锭同，实则与北京公议十足成色等。

省名	地名	银名	备考
贵州	贵阳	巧水银	色高下不一，九五六至九四五
		罗罗银	色九八至九九五，作为辅助用
四川	重庆	足色票银	九七平十两重足色锭银，旧称老票银，新倾者称新票银
	成都	川票色银	十两圆锭，成色九九七八为普通周行成色
	泸州	川白锭	十足，五十两，成色不一，分新票、老票
		新票银	新铸，成色纯足
		老票银	旧倾之槽，成色较次，千两贴色二两
	万县	十两锭票色银	公估局估定则作十足
	自流井	银两	十两，成色不一
陕西	西安	十足银	公估定十足，重五两，成色不一
	三原	足色银	完纳地丁钱粮用，重五两
		街市周行银	九五六色，九二三色
甘肃	兰州	足纹银	
	凉州	饥安银	
新疆	迪化	足纹银	
奉天	营口	现宝银	重五十三两，成色九九二，市面通用
	沈阳	锦宝银	
	安东	镇宝银	重五十三两五钱，市面通用，但银色极低
	辽源	现银	营口现宝、吉林大翅、宽城大翅通用
吉林	吉林	大翅宝银	五十三两五钱，化验成色纯银九九二
	长春	大翅宝银	五十三两五钱，成色原作九九二，化验实则九八
黑龙江	黑龙江	大翅宝银	五十三两五钱，公议九九二色
察哈尔	丰镇	蔚州宝足银	张家口镕化，成色当十足

资料来源：张家骧：《中华币制史（上）》，第81—85页；戴建兵：《中国近代银两史》，第五至十一章；日本东亚同文书院编：《中国经济全书》（第五册），第三辑第五编第三章第一节第一款，第587—621页；《东亚同文书院中国调查资料选译》（上），第272—274页；汤国彦主编：《中国历史银锭》，第121—124页；张惠信：《中国银锭》，第191—220页。

说明：本地通用又称周行，需银色和造型皆符合当地标准才能通行。为避免重复，现已将完整版原表删除部分，需要者可自行参看相关文献。

　　以上简略收集整理的名称，有带重量、大小、形状的，有带地点的，有带平名的，有带成色的，此外还有虚银（以一定秤砝成色作标准的记账单位）、实银（实体白银）之分，足见各地银两称谓及对应内容之繁杂。下面就其中最重要的平、色、兑作一介绍。

　　1. 平

　　"平"是权衡重量的。计量普通货物用"秤"，计量金银则用"平"。在清末农工商部试图统一订立度量衡制度前，[①] 各地以及各行业所用砝码皆不一致（砝码实物见下图6），因故产生各种各样的"平"。简便起见，在此按公私行用将平分为官平和私平（市平）两大类。

　　所谓官平，就是在官方机构中使用的平，有库平、关平等。库平又分中央库平和各省库平，省库平又分藩库平、道库平、盐库平、茶厘平、厘金局平等，其重量各有差异。[②] 据1902年美国造币局检验，地方官府库平以广东库平最大，宁波库平最小。[③] 同理，各海关关平也不一致，但总体又较库平为大。不独各地各部门所用平砝有差别，同地同部门在收支出入用平上也可有不同，此情况出现多与地方欲借进出平差牟利有关。

　　所谓私平，多产生或广泛应用于民间。同时期内，各地、各行甚至各商家用平皆有不同，同地同行在不同时期用平亦有差别。按戴建兵的整理，可归为八类:[④]

　　（1）公砝平（公议平）。这是由同行或一地市场公议决定的用平。

---

　　① 刘增强：《清代度量衡知识形态研究》，博士学位论文，内蒙古师范大学科学技术史研究院，2017年，第262页。

　　② 《马关条约》曾规定库平一两为37.31克，光绪三十四年时农工商部规定为37.30克。

　　③ 戴建兵：《中国近代银两史》，中国社会科学出版社2007年版，第69—70页。

　　④ 戴建兵：《中国近代银两史》，第70—71页。

图 6 某地市平砝码

图版来源：https://pai.chcoin.com/show-1305340.html, 2020-06-21，铜砝码一组。

有京公砝平（北京）、津公砝平（天津）、申公砝平（上海）；陕汉平（西安）、省汉平（三原）、城新议平（福州）、台新议平（福州）等。

（2）公估平（估平）。公估局使用的平。有申公估平（上海）、汉估平（汉口）、九江估平（九江）、行平（天津）等。

（3）钱平。[①] 钱业通用的平。有沙钱平（长沙）、渝钱平（重庆）、口钱平（张家口）等。

（4）漕平（曹平）。初为政府征收漕粮折色用平，后为民间习用。有申漕平（上海）、苏漕平（苏州）等。

（5）市平。一般市面用平，与公议平相似，但名称不同。典型如沙市平（沙市）、夏市平（厦门）等。

（6）地名平。冠以地名的平，有与市平、钱平、漕平一样者，只是称呼有别。如营平（营口）、宽平（长春）、厂平（吉林）、保平（保定）、口南平（张家口）、宜平（宜昌）、渝平（重庆）、沙平（沙市）等。

（7）数值平。将数字置于名称中，以某平为基准，将表示大小关系的数值作为平名。比如在广东、广西广泛使用的以广东司马平为基准，1000两相当于司马平998两的"九九八平"，类似有九九七、九九六、九九五平等。在湖北、湖南广泛使用的，以汉漕平为基准，1000两相当于汉漕平986两的"九八六平"，类似有九八、九八五、九九二平等。北京的六厘京平、六厘市平等则以京公砝平为对照基准。

（8）主要由外国人使用的平。如洋例平，又分汉口洋例[②]、福州洋例等。

以下是各地"平"所对应公克数的简要整理（如表4所示）：

---

① 其实应该是行业平。钱平只是诸多行业平中的一种。在上海，有名的豆规平即是从豆业交易中扩散出去的，在那之前，当地还有糖规（见《嘉庆十五年八月伍德兴卖房地契》，上海市档案馆编：《清代上海房地契档案汇编》，第6页）等平。

② 汉口洋例银（汉口两）为虚银，洋例平为九八六平，成色九八兑，称洋例纹或洋例平足纹。来源于当地洋商仿照上海规元办法，定估平二四宝收付以九八折合，估平宝银九百八十两即为洋例一千两。参见侯厚培：《中国货币沿革史》，山西人民出版社2014年版，第58页。

　　　　　　　　　　　　　　清代银钱比价波动研究

表 4　各地通用市平每两公克数比较

省别	地别	平名	每两公克数	省别	地别	平名	每两公克数
直隶	北京	京公秤平	36.05	江苏	南京	陵漕平	36.40
		京平	35.61		上海	申公砝平	36.56
	天津	行平	36.18		扬州	漕平	36.56
		公秤平	36.00		镇江	漕平	36.65
	保定	保平	36.80		苏州	漕平	36.63
	张家口	口钱平	37.43	安徽	安庆	漕平	36.56
山东	济南	济平	37.24	江西	南昌	九三八平	36.27
	烟台	曹平	35.71		九江	漕平	36.56
	青岛	胶平	36.17			估平	36.64
	周村	村钱平	37.50	福建	福州	台新议平	36.32
河南	开封	二六汴平	36.42			城新议平	36.22
	周家口	口南平	36.70			洋平	37.49
	洛阳	洛平	36.34		厦门	市平	37.00
	彰德	彰平	36.84	四川	成都	川平	35.91
山西	太原	红封平	37.30		重庆	渝钱平	35.85
	太谷	谷公平	36.30			沙平	36.05
	归化	城钱平	37.17	云南	云南府	滇平	35.84
	运城	运市平	36.71	吉林	吉林	吉平	35.90
陕西	西安	陕议平	35.88		长春	宽平	35.78
湖北	汉口	估平	35.98	奉天	奉天	沈平	36.00
	宜昌	宜平	35.14		营口	营平	36.06
	沙市	沙市平	36.05		锦州	锦平	36.64
湖南	长沙	长平	35.95		安东	镇平	36.44
	湘潭	湘平	35.84	黑龙江	黑龙江	江市平	36.08
	常德	常德平	36.53	新疆	喀什	湘平	35.84
广东	广州	司马平	37.50	蒙古	库伦	茶平	36.56
	汕头	直平	36.50	贵州	贵阳	公估平	36.34
浙江	杭州	市库平	37.68			贵平	36.09

资料来源：张惠信：《清末货币变革对山西票号的影响》，收录于中国钱币学会编：《中国钱币论文集》第 4 辑，2002 年，第 412 页（亦见张惠信：《中国银锭》，第 177 页）；汤国彦主编：《中国历史银锭》，第 112—113 页。

在清代大多数时间里，虽无公克数比较概念，但以某平为基准换算各地平砝是大量存在的。以某平为基准，对比各地平砝，会有百两或千两基础上的"大""小"差别，该"大""小"有时又叫"长""短"。一个以祁公平为标准对比各地平砝的示例可见下图（图 7）：

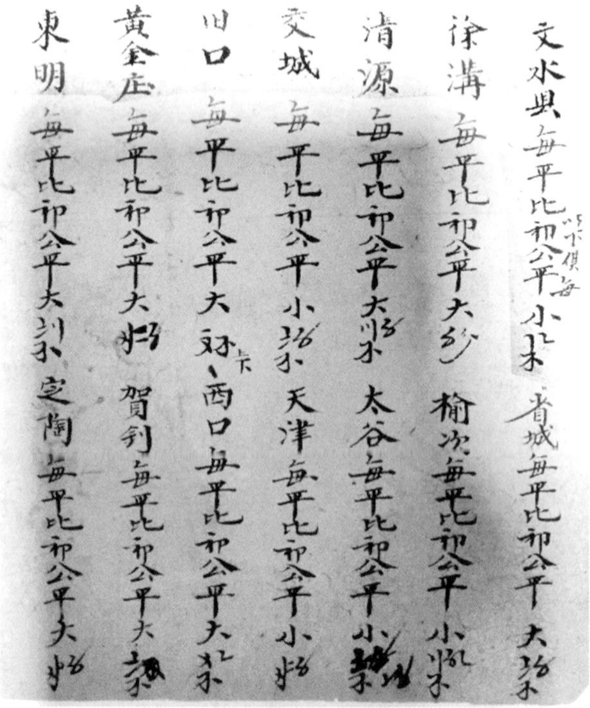

图 7　祁公平与各地平砝比较示例

资料来源：范维令编：《祁县茶商宝典》，北岳文艺出版社 2017 年版，第 177 页，影印《行商纪略》。

又如在北京当地，以京公砝平为基准比较各地平差（如表5所示）[1]：

表5　京公砝平与北京本地及外地平砝的比较

京公砝平	比较数目	等于[2]	其他平砝名称	比较数目
京公砝平	1036.00	等于	三六库平（北京）	1000.00
京公砝平	974.00	等于	二六京平（北京）	1000.00
京公砝平	973.00	等于	二七京平（北京）	1000.00
京公砝平	994.00	等于	六厘京市平（北京）	1000.00
京公砝平	993.00	等于	七厘京市平（北京）	1000.00
京公砝平	953.54	等于	京平松江（北京）	1000.00
......				
京公砝平	1000.00	等于	九八规元（上海）	1057.63
京公砝平	1000.00	等于	997司马平（广州）	965.50
京公砝平	1000.00	等于	陵漕平（苏州）	987.55
京公砝平	1000.00	等于	镇二七平（镇江）	985.21
......				

资料来源：《银行周报》第1卷11号，1917年8月17日。

此外，山西票商还往往用各种"本平"[3]作基准去比较他地平砝。

---

① 表中九八规元需注意。九八规元又称规平银、豆规，最早为上海南市之牛庄豆麦交易所用，后逐渐成为上海各业交易计算之根源。参见侯厚培：《中国货币沿革史》，第56—57页。其由三部分组成，一是以565.65英厘的漕平一两为标准，二是足银的944‰为标准，三是以九八除之而称九八扣。九八规元就是漕纹的九八折，规元含纯银为纹银含纯银的98%。或按上海通用二七宝实银计算，规元一两＝漕平二七宝银53.826两（杨端六：《清代货币金融史稿》，第82页）。

② 有的则用标准1000两京公砝平去比较其他地平砝，按"大""长""短""小"表示。

③ 本平即是票号自己的砝码，但不同票号的本平并不一致，甚至一个联号也有几种本平。本平与他地平的表示可以是直接换算比较，也可以是比较两地差值，比如上海豆规1000两至9000两折合大德恒本平足银歌：9201357，18402714，27604071，36805426，46006785，55208142，64409499，73610856，82812213（黄鉴晖：《山西票号史料》，第120页）；天津老行平自100两起到900两止比大德恒本平的差数歌：248，496，744，992，124，1488，1736，1984，2232（卫聚贤：《山西票号史》，第59页）。

因与本文所论比价关系不大，不再详及。

由于各地各行平砝复杂多样，故在一定程度上提高了异地物资往来交易成本，但对经营汇兑的钱庄票号来说，此又成其利润来源之一。① 随着大区域乃至全国市场发育愈趋成熟，一些不常用或影响范围较小的平砝终究会被淘汰，最终剩下一些标准平，著名如湘平、申漕平、洋例平等，这多是市场竞争的结果。②

2. 色

"色"指的是银两成色，有绝对标准和相对标准之分。

绝对标准即以纯银作为最高衡量指标，当时也叫足银、十足银等。由于白银乃传统土法提炼，故生银实际成色最高只能到九九位。③ 也由于是银炉铸造的关系，若铸造成色普遍降低一些，其依然可被当成足银看待，所以也有实际含银 988‰ 而被称为足色者。④ 一般情况下，就成色论，纯银（1000‰）>大条银（999‰内外）>足银（988—992‰）>纹银。

相对标准即以某固定成色作基准，相对该固定成色比较命名。具体分两种：

---

① 谓之"余平"，但若是因失误发生赔平，则票号也有专门的贴平支出。汇兑所收汇费为汇水，依路途远近、平色差异、银根松紧、关系厚薄等综合确定，余平只是其中一项。其具体情况尚需就钱庄票号相关账簿做细致研究。参见孔祥毅：《山西票号的利润导向》，《孔祥毅文集》（六），经济管理出版社 2016 年版，第 91—92 页；汤国彦主编：《中国历史银锭》，第 116—117 页。

② 当然，此也不绝对。比如在新疆广泛使用湘平，就有军事政治因素影响。又如《甘肃官银钱局章程十九条》规定"甘省银色最杂，有库银、纹银、街市银之别，实为商民同病。拟在本局附设公估局，审定各种银两平色，化验加戳记，不特平商民之争，亦期通省银色，渐归一致"（《开办官银钱局》，《陇右纪实录》，杨涛著：《清末官银钱号史料辑注》，中国社会科学出版社 2019 年版，第 312 页）。公估局的设立对推动平色标准化也有助力。白银货币统一化非本文研究对象，在此仅作提及，不赘述。

③ 据 1862 年印度造币局的分析，足银的成色即是 991.5‰，业内银炉一般认此为九九二色。

④ 比如《马关条约》规定中国对日赔款所用库平银的成色应为 988.89‰，这就是足色库平银而非库平纹银了，这种情况下 1 两银中的纯银为 575 格令 82。参见蒋立文：《甲午战争赔款数额问题再探讨》，《历史研究》2010 年第 3 期。

一种是以纹银作为基准成色（上海为典型）。纹银成色为935.374‰，[①] 成色高于纹银的在兑换纹银时要升水，低于纹银的则要贴水。一个重某种平砝五十两的元宝，相对同重量纹银升水 2.4 两，称"二四宝"；升水到 3 两，便为足宝、足色、十足色。纹银升水与宝银名称比较见下表（表6）：

表6　纹银标准与足银标准的比较

纹银标准成色	每五十两升水（两）	每百两升水（两）	银炉所定	印度造币局分析[②]
纹银			932.00	935.374
二四宝	2.40	4.80	980.00	980.272
二四五宝	2.45	4.90	981.00	981.200
二五宝	2.50	5.00	982.00	982.100
二五五宝	2.55	5.10	983.00	983.080

---

① 细究纹银银色，尚有造币局化验分析平均值和中国算法上的区别。《清国商业综览》（第四卷）有日本人对此的分析：中国人在推定纹银品位上的理想，还是要以其算法为基础。中国人在数量上的观念及其计算方法不如欧美人及我国人准确，内扣、外扣互用不以为怪，例如，若甲地之秤较乙地之秤每 100 两多 5 两，则甲地之 300 两按乙地秤换算，就乘以 105%，而成为 315 两，乙地之 300 两按甲地秤换算，就乘以 95%，而成为 285 两；丙地之二七·五宝 50 两换算为丁地之二四宝，则加 3 两 5 钱，变为 53 两 5 钱，丁地之二四宝 50 两在丙地换算为二七·五宝，要减去 3 两 5 钱，算作 44 两 5 钱。如此看来，在推测纹银的品位时，必须考虑内扣、外扣两个方面。纹银加 6% 的申水才算"足银"，则纹银的品位当在 940 左右，中国人实际上是将纹银算作 940 左右或 943.4 左右，如果认同的话，吾人就难以断定纹银的品位究竟几何了。推究中国人的理想，足银减去五百分之一的纯度就是二九宝，减去五百分之二的纯度就是二八宝，减去五百分之六的纯度就是二四宝，减去五百分之三十的纯度就是纹银。中国人实际上是内扣、外扣互用，吾人要区分纹银品位内扣、外扣，还是以基于二四宝乃至足银来计算为便。冯天瑜、刘柏林、李少军编：《东亚同文书院中国调查资料选译》（上册），第 268 页。

② 这是 1862 年印度造币局的化验分析，而银炉标准是上海银炉基于化验结果修订的惯用表示，这与根据纹银标准成色换算的又有些许不一致。张惠信曾按纹银 935.374‰ 计算，二四宝成色为 935.374‰×（52.4÷50）= 980.272‰，类似二五宝成色为 982.143‰，二六宝成色为 984.013‰，二七宝成色为 985.884‰，二八宝成色为 987.755‰，足色为 935.374‰×（53÷50）= 991.496‰。据该成色，又可将纹银 50 两折合为宝银，比如折合二四宝为（50÷52.4）= 47.71 =（935.374‰÷980.272‰）两，折合二五宝为 47.62 两，折合二六宝为 47.53 两，折合二七宝为 47.44 两，折合二八宝为 47.35 两，折合足色宝为 47.17 两。

纹银标准成色	每五十两升水（两）	每百两升水（两）	银炉所定	印度造币局分析
二六宝	2.60	5.20	984.00	984.010
二六五宝	2.65	5.30	985.00	984.950
二七宝	2.70	5.40	986.00	985.880
二七五宝	2.75	5.50	987.00	986.800
二八宝	2.80	5.60	988.00	987.750
二八五宝	2.85	5.70	989.00	988.690
二九宝	2.90	5.80	990.00	989.600
二九五宝	2.95	5.90	991.00	990.560
足银（十足）	3.00	6.00	992.00	991.500
纯银				1000.000

资料来源：根据戴建兵：《中国近代银两史》，第75页；周卫荣等：《中国古代银锭科学研究》，第56页表2-1编制。

另一种是以某成色宝银作为基准。如汉口二四宝，南京二七宝。相应的，在折算时就需在对纹银升水基础上再升水或耗水。一个在宝银基础上升水、耗水的对比可见下表（表7）：

表7　纹银、二四宝及二七宝的标准对照

纹银标准	二四宝标准的升水（两）	二七宝标准的申水或耗水（两）
二四宝	0.0	-0.6
二四五宝	0.1	-0.5
二五宝	0.2	-0.4
二五五宝	0.3	-0.3
二六宝	0.4	-0.2
二六五宝	0.5	-0.1
二七宝	0.6	±0.0
二七五宝	0.7	+0.1

纹银标准	二四宝标准的升水（两）	二七宝标准的申水或耗水（两）
二八宝	0.8	+0.2
二八五宝	0.9	+0.3
二九宝	1.0	+0.4
二九五宝	1.1	+0.5
足银（十足）	1.2	+0.6

资料来源：根据戴建兵：《中国近代银两史》，第 76 页编制。

3. 兑

"兑"的意涵比"平""色"要复杂。

狭义的"兑"指的是在"平""色"基础上的兑，也称"除数""扣"[①]，指虚实银两间兑换关系。比如汉口公估局用汉漕平二四宝作基础平、色，那么在当地市场，各行业公会即有针对汉漕折算的九八六平、九八五平等"平"，针对于二四宝（当成足兑）折算的九九兑、九八七兑、九八六兑、九八兑等"兑"。将平、兑结合就会出现"九八六平九八兑"这样的称法，一个当地银两与对应平兑的对照可见表 8：

表 8　汉口使用过的平兑

银两名	平兑
公估平足纹	九八六平足兑
洋例平足纹	九八六平九八兑
钱平它纹	九八五平九八七兑
杂粮的银两（往下省称"银两"二字）	九七八平九八兑
五金、砂糖等	九八零平九八兑

---

① ［日］根岸佶、片山精一、大原信：《清国商业综览》（第四卷），冯天瑜、刘柏林、李少军编：《东亚同文书院中国调查资料选译》（上册），第 435—436 页。广州的扣还有单扣、双扣之分。

银两名	平兑
漆木耳、粮食等	九八二平九八五兑
四川匹头等	九八二平九八兑
绸缎、棉布等	九八三平九八兑
瓷器、药材、杂货	九八七平九八兑
木油等	九八七平九八七兑
麻等	九八七平九九七兑
黄州生丝等	九八九平九八兑
棉花	九九零平九九兑
棉花	九九零平九七平
白蜡等	九九零平九九七兑
香油等	九九一平九八七兑
茶油及江西帮等	九九二平九八七兑
油市等	九九三平九八七兑
四川帮	九八七平九九七兑
云贵帮	九七九.五平九八六兑
浙江帮	九八零平九八五兑
江西帮	九九二平九八七兑
银两名	平兑
公估平足纹	九八六平足兑
洋例平足纹	九八六平九八兑
钱平它纹	九八五平九八七兑
杂粮的银两（往下省称"银两"二字）	九七八平九八兑
五金、砂糖等	九八零平九八兑
漆木耳、粮食等	九八二平九八五兑
四川匹头等	九八二平九八兑
绸缎、棉布等	九八三平九八兑
瓷器、药材、杂货	九八七平九八兑
木油等	九八七平九八七兑

银两名	平兑
麻等	九八七平九九七兑

资料来源：戴建兵：《中国近代银两史》，第 189—190 页。原据 ［日］ 大村欣一：《中国政治地理志》（下），大正四年，第 435—436 页；《清国商业综览》（第四卷），第 217—219 页；《中国省别全志》（第九卷），大正七年，第 1015—1016 页；《清国商业惯例及金融情况》，第 164—167、290—291、293—295 页整理。

又如下面一则材料所示：

> 具呈新安书院许捧日，为赐批执照，以便管业事。切有原任工部尚书黄，在汉口循礼坊二总正街下岸，买有魏嗣文等楼房并基地一所、铺楼一进、内楼房五进、披厦厢房与铺面、门窗、户扇俱全，奉部变价还项。今照原契纹银九兑一千六百两，市平扣实纹银库平一千三百六十八两，转卖到新安书院，开火道码头，以利居民、行商、客旅往来湾泊之津梁。①

这当中的"九兑"，即是在纹银成色基础上的九成"兑"。纹银和九兑乃是银的"色"和"兑"。"市平"乃计算用"平"，实缴则用"库平"。

广义的也是通常所说的"兑"是指不同虚实银两（元）之间的换算——"兑换"②，其建立于知晓具体平、色的基础上。③ 比如图 8：

---

① 《汉口紫阳书院志略·执照·承买缴价呈》（雍正十二年七月），李琳琦、梁仁志整理：《徽商会馆公所征信录汇编》（上），人民出版社 2016 年版，第 70 页。

② "不同平色银两之间的换算关系称为兑。" 参见姚朔民主编：《中国货币通史》（第三卷），湖南人民出版社 2018 年版，第 48 页。

③ 又如汕头"七兑银"即以七钱银代表一圆洋。

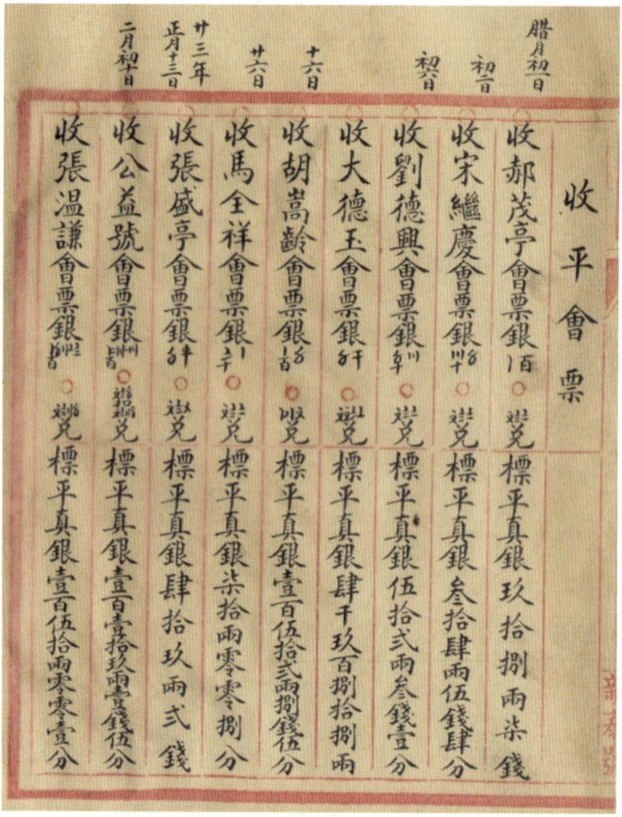
收平會票
收郝茂亭會票银 兑標平真银玖拾捌两柒錢
收宋繼慶會票银 兑標平真银叁拾肆两伍錢肆分
收劉德興會票银 兑標平真银伍拾弍两叁錢壹分
收大德玉會票银 兑標平真银肆千玖百捌拾捌两
收胡嵩齡會票银 兑標平真银壹百伍拾弍两捌錢伍分
收馬全祥會票银 兑標平真银柒拾两零零捌分
收張盛亭會票银 兑標平真银肆拾玖两弍錢
收公益號會票银 兑標平真银壹百壹拾玖两壹錢伍分
收張温謙會票银 兑標平真银壹百伍拾两零零壹分

图 8　会票银兑标平真银示例

图片资料来源：山西大学历史系孟伟教授提供某晋商账本资料。

泰丰官银号汇银，以洋二千乙百四十八元合京公砝足纹乙千五百两正。①

祠中出入洋银均以本县市平六钱八分为一元。②

① 温州市图书馆编，陈光熙点校：《符璋日记》（上），第 297 页，宣统元年己酉三月初四日癸丑，中华书局 2018 年版。

② 《闽省安徽会馆全录·唐俊侯军门建造台湾凤山县淮军昭忠祠义冢、置买祭田数目、议定出额款一切章程》（光绪六年四月二十一日），李琳琦、梁仁志整理：《徽商会馆公所征信录汇编》（上），第 357 页。当地称此兑换为“六八番银”“六八佛银”。

支款项下：一光绪甲辰十月初八日，动土升地基及砌墙脚，并另造小披屋三间，共动用曹平银贰百捌拾陆两柒分玖厘、龙洋壹千柒百玖拾捌元叁分壹厘折合银壹千贰百叁拾壹两陆钱伍分。①

文字材料中的"合""为""折合"即是广义的不同银之间的兑换。图片材料中会票银两数则统一以"九八七"兑折为"标平真银"数。

总之，在论述生银时，除非有基于当地情况省略或默认具体平色，否则在具体交易中一般都会写明是何种平、何成色以及银的名称。比如：九七平九八色纹银、② 九七平局漂银、③ 丝银九七平、④ 佛银拾元平六九六⑤等。而即便是银票，也不能例外。比如清末甘肃官银钱局在其章程中即规定"银票注明兰平，钱票注明九二，系照省城通例，外府厅州县应各照向用银平钱串核算、照补，即于票背示明，以杜争执而利流通"。⑥

(二) 银币⑦

清代流通的银币，⑧ 按来源可分为本国银币和外国银币两大类。

---

① 《(金陵) 重建新安会馆征信录·收支录》，李琳琦、梁仁志整理：《徽商会馆公所征信录汇编》(下)，第 1035 页。

② 自贡市档案馆、北京经济学院、四川大学合编：《自贡盐业契约档案选辑 (1732—1949)》，中国社会科学出版社 1985 年版，第 497 页，第 179 号，光绪九年，3-5-4020-13。

③ 自贡市档案馆、北京经济学院、四川大学合编：《自贡盐业契约档案选辑 (1732—1949)》，第 151 页。

④ 自贡市档案馆、北京经济学院、四川大学合编：《自贡盐业契约档案选辑 (1732—1949)》，第 469 页，第 144 号，嘉庆二十五年四月初一日，5-4-53-128。

⑤ 《同治十三年台寄懋愿嫂信》，蔡书剑等编：《东石源利族人徙台货殖书契》，厦门大学出版社 2010 年版，第 45 页。早期银元被当成生银使用，也需要标注平砝、成色，在银币质量稳定时，成色标注可以略去。

⑥ 《开办官银钱局》，《陇右纪实录》，杨涛编著：《清末官银钱号史料辑注》，第 313 页。

⑦ 本节不涉及银辅币。

⑧ 香港银币情况特殊，本文不将之纳入讨论范围。具体可参见武为群编著：《香港货币 (1841—1997)》，北京：中国金融出版社 2006 年版；何汉威：《香港领土型币制的演进——以清末民初港、粤的银辅币角力为中心》，《"中央研究院"历史语言所集刊》第 86 本第 1 分，2015 年。

本国银币现所知较早的有如清前期"通宝"类银钱，① 西藏地区在乾隆时已流通的银章噶、乾隆宝藏，② 同治年间在新疆流通的天罡银币。③ 自乾隆朝始，④ 东南沿海地区就有仿洋钱铸造的本国银币，⑤ 至道光时，各地仿铸的本洋已有广板、福板、杭板、苏板、锡板、吴庄、土板、行庄等称谓；⑥ 而本国银饼也有寿星银饼（老公饼）、如意银饼（花篮银饼）、笔宝银饼（剑秤银饼）、上海银饼、黔宝银饼、七二银饼等。⑦ 但以上银元皆为打制币，⑧ 规范程度及比较成本优势不如机制币。

---

① 比如顺治通宝银钱，见彭信威：《中国货币史》，图版一百零一。其在市面流通的可能性不大。清末也有光绪元宝银钱，同样不流通市面。详见余榴梁：《中国珍稀钱币图典·机制币卷》，上海科学技术出版社 2013 年版，第 247 页，图 1099—1101。

② 参见肖怀远：《西藏地方货币的发行与流通》，《西藏研究》1983 年第 2 期；张武一、王家凤：《论银钱贸易与宝藏币的诞生》，《中国钱币》2003 年第 3 期；［法］布尔努瓦：《西藏的黄金和银币：历史、传说与演变》，耿昇译，中国藏学出版社 2015 年版，第 140—214 页。

③ 参见郝宏展：《近代新疆金融变迁研究（1884—1949）》，博士学位论文，中央财经大学金融学院，2013 年，第 35—36 页；施嘉干编：《中国近代铸币汇考》，上海书店出版社 1989 年版，第 26—42 页；《新疆钱币》图册编辑委员会编：《新疆钱币》，新疆美术摄影出版社、香港文化教育出版社 1991 年版，第 70—75 页。

④ 另有论者以 1645 年郑成功仿西班牙本洋铸"漳州军饷"作为本国仿洋钱铸币起始，参见李侠、丁进军编：《中国银元通史》，第 22—23 页。然"漳州军饷"问题尚有争议，本文不直接采纳进正文。

⑤ 外国银元进入中国且对本国银币产生影响是一个历史过程。可分为熔铸时期、烂板时期、民间仿铸和自铸时期、官方铸造时期。参见戴建兵：《中国货币文化史》，山东画报出版社 2011 年版，第 200 页。

⑥ 胡岳峰、蒋勤：《清代民间账簿中货币记录的释读——以石仓文书为例》，《原生态民族文化学刊》2020 年第 4 期。广板为广东铸造，福板为福建铸造，杭板为杭州铸造，苏板、吴庄、锡板为江苏铸造，土板、行庄为江西铸造。详见《民间私铸银元已非一日纹银银元应并禁出洋》，御史黄爵滋折，道光十三年七月二十一日，中国人民银行总行参事室金融史料组编：《中国近代货币史资料》第一辑（上），第 43 页。

⑦ 银饼并不都是圆形，也有方形、锭式等形制。参见余榴梁：《中国珍稀钱币图典·机制币卷》，第 26 页，图 114、115；李侠、丁进军编：《中国银元通史》，万卷出版公司 2016 年版，第 55—256 页。

⑧ 打制币指的是用钢模加重力锻打或者使用简单的设备锻打制造的硬币。四川"炉关"银币也是打制币，但系仿印度卢比打造，可见中国仿制外国钱币也不独只有欧美型制。

用机器铸币以吉林为最早，吉林厂平于光绪十年（1884）铸造；[①] 但正式的机制新银元出现当由光绪十五年（1889）广东铸造龙洋始算，[②] 龙洋得名于其背有蟠龙纹，[③] 按铸造年代又分光绪元宝[④]、宣统元宝，与大清银币[⑤]一样成套发行，[⑥] 设主辅币。机制新银元在铸造初期由各省独自发行，故形式虽相去不远，[⑦] 但重量和成色却各有差别，直到宣统二年（1910）《币制则例》颁布，定银本位，以圆为货币单位，主币重量定库平七钱二分，成色千分之九百，名"大清银币"，[⑧] 清廷统一银币规制的意图才凸显出来。[⑨]

外国银币在康熙以前即已流入中国，[⑩] 按来源地区分，如有来自威尼斯的杜卡通，来自法国的埃居，来自德国的塔勒，来自奥地利的马丽

---

① 吉林厂平一套五枚，面额一钱、三钱、半两、七钱、一两。有论者认为这是打制币走向机制币转折期的货币。参见余榴梁：《中国珍稀钱币图典·机制币卷》，第3页；李侠、丁进军编：《中国银元通史》，第128页。

② 此币初铸时重库平七钱三分，比当时通行鹰洋重一分，意图以此抵制鹰洋（实则会因鹰洋较之为劣而为鹰洋所驱逐），称"七三番板"。但实际流通的广东龙洋则是"七二番板"及第三版普版"光绪通宝"。

③ 但有蟠龙纹的不一定都是龙洋，日本银币背面也有蟠龙纹，故有称"日本龙洋"。

④ 其中特例是宣统二年五月后，铸造银钱总厂的武昌、云南、成都、广州四地改铸宣统元宝，但户部造币总厂仍铸光绪元宝，但在背面写明"宣统年造"。

⑤ 大清银币有光绪和宣统年造之分。光绪丙午天津造币总厂造大清银币面额为一两、五钱、二钱、一钱；光绪丁未天津造币总厂造大清银币面额分一圆、五角、二角、一角四种，但因本位重量以库平一两还是七钱二分定问题分歧而停止发行。宣统二年天津造币总厂造大清银币面额为一圆、五角、二角五分、一角，分别重库平七钱二分、三钱六分、一钱八分、八分六厘四毫。

⑥ 成套一元以下的辅币有五角、二角、一角、半角（五分）。但并不是每套都齐全，有些缺五分，有些缺一元，甚至有些只有半圆一种样式。详见彭信威：《中国货币史》，第590页。

⑦ 特例有如四川卢比，这是仿卢比制造，用于川康藏区域，又称"四川藏洋"。

⑧ 沈鸣镝：《浅述"龙洋"》，《中国钱币》1988年第3期。

⑨ 在会计意义上，则为其要求"出入向例用银者一律照各该处收原支平色数目折合库平足银，再合国币，改换计数之名称"。《币制则例》，第16—18条。

⑩ 如果按西藏使用尼泊尔"丹启"银币算，则可上推至1550年。参见李侠、丁进军主编：《中国银元通史》，第8页。

娅·特蕾莎银币等。在乾隆时，已在东南沿海地区大范围存在，[①] 一般称"洋钱""番钱""番银""番饼"等，按币面花色，其中比较著名的有马钱[②]、花边、十字钱[③]等。道光年间，洋钱已经深入内地，时之称谓更为复杂，如大髻、小髻、蓬头、蝙蝠、双柱、马剑等。[④] 由于银元在实际使用中会被人加戳验证真伪[⑤]，故戳多者又称"烂板洋"，戳记不多者称"常洋"，无戳称"光洋"[⑥]"净光"[⑦]"完板""清水"等，使用时仍有折色。[⑧] 在中国流通的外国银元，总计有数十种之多，[⑨] 但

---

① 现有一般论著多关注东南沿海流入的洋钱，实际上，从内陆流进的也有之。比如乾隆时，西藏地区使用的即是尼泊尔银币；鸦片战争后西藏地区又流入印度卢比。仅就东南沿海论，乾隆朝晚期即有按枚计数的银元，嘉庆时已用外币主辅币。参见林南中：《漳州外来货币概述》，第6页。

② 荷兰马剑，铸造时间为1659—1798，初铸为光边，后改斜纹边。有壹圆型（杜卡通Ducaton）、半圆型、二角型之分。壹圆型折合库平0.867两，为良币，多被用于储存或熔铸。陈国林：《厦门货币图录》，厦门大学出版社2012年版，第115—123页。

③ 即西班牙块币（COB），手工打制，始铸于1535年，至1737年停铸，民间称"锄头钱仔"。与葡萄牙机制十字图案雷斯银币不是一种。参见林南中：《漳州外来货币概述》，第14、16页。

④ 《宣宗成皇帝实录》（三），卷一六三，道光九年十二月己丑，第527—528页。大髻、小髻为西班牙查理银元，蓬头为美国自由女神头像银元，蝙蝠为墨西哥鹰洋。

⑤ 有些是银色不足而内含铜的，称"句厢"；作伪铁铜镶银者称"铜洋"。凡（长白）桂林、（鹤江）御幡雅文合著：《生意集话》，光绪十八年刊本。引自张海英：《走向大众的"计然之术"——明清时期的商书研究》，中华书局2019年版，第67页。

⑥ 曾赛丰、曹友鹏编：《湖南民国经济史料选刊》（一），《湖南之金融》，湖南人民出版社2009年版，第345页。

⑦ 周腾虎：《铸银钱说》，盛康辑：《皇朝经世文续编》，卷五十八。《户政三十·钱币上》。

⑧ 比如在浙江省秀水县，"新塍、屠甸市各乡官又开公估行，每洋以光、糙定其高下，分足折、九折、八折、七折、九五、八五、七五等折。以公估印为凭，非公估则市不用。每洋用印给估洋费十文"。沈梓：《避寇日记》，同治元年九月，太平天国历史博物馆编：《太平天国史料丛编简辑》第4册，中华书局1962年版，第191页。

⑨ 比如英属印度卢比，英占香港维多利亚银元，朝鲜开国纪念银元，波斯狮徽第纳尔银元，英属海峡殖民地银元，美属菲律宾比索银元，奥地利特蕾莎银元，法兰西帝国拿破仑银元，沙俄尼古拉一世银元，比利时波德一世银元，荷兰2 1/2盾银币，法兰西共和国银元，法兰西拿破仑三世银元，意大利国王头像银元，德意志帝国汉堡银元，智利鹰徽比索银元，秘鲁自由女神像银元，玻利维亚诺银元等。参见李侠、丁进军编：《中国银元通史》，第476—543页。

其中有一些更为著名且用量极大。[①] 比如在鸦片战争前后数十年，当时最为流通的是西班牙本洋，包含双柱、[②] 查理银元、[③] 费迪南七世银元等。[④] 本洋后来逐渐为鹰洋/英洋（1823 年开始铸造）[⑤] 取代，[⑥] 但在某些地区（比如安徽）的影响力一直维持至 19 世纪末。又如英国于 1895 年开始在远东地区发行贸易银元，因其正面有不列颠尼亚女神持杖像，故也称"站人洋""杖洋""扣银"。[⑦] 日本龙洋因其背也有蟠龙纹，故在当时也受清人喜爱，流通甚广。一个有山东大翅宝、河南腰锭、站洋、双柱、铜钱对比的图片（图 9）可见下[⑧]：

---

① 比本洋及鹰洋使用量稍小的有坐洋（法属印度支那银元，又称"西光""刺头"）——云南、广西边境流通；美国贸易银元（"拿花""倭婆"）——1973 年开铸专供远东贸易使用等。有时候民间称法并不绝对，比如美国银元也被称为"鹰洋"。参见卫挺生：《清季中国流行之货币及其沿革》，第 193 页；中国人民银行云南省分行金融研究所编印：《云南近代货币史》，第 82—92 页；Richard von Glahn, "Foreign Silver Coins in the Market Culture of Nineteenth Century China", *International Journal of Asian Studies*, Vol.4, No.1, 2007, pp.51-78. 各地更为具体细致的货币组成及行用，可参考日本东亚同文书会编纂《中国省别全志》各辑相关内容。

② 主要是双柱地球，时称"花边银""双烛银""宋银"（吕宋）等。

③ 查理三世又称三工，查理四世又称四工、工半。参见林满红：《两千年间的"佛"与"国"：传统中国对西方货币领袖头像的认知》，《中国经济史研究》2018 年第 2 期。

④ 人像银元广东人称为"佛头"；闽南有"鬼仔脸""蓬头""佛银""伏番"等称法。也有一般称"鬼面""番面"的。

⑤ 具体称谓极多，如福建地区就有莺银、英银、莺仔银、莺龙银、龙英银、白英银等称法。见唐智燕：《清至民国年间福建民间文书货币名称解读》，《中国农史》2014 年第 6 期。

⑥ 参见张宁：《墨西哥银元在中国的流通》，《中国钱币》2003 年第 4 期；邹晓昇：《银元主币流通与上海洋厘行市的更替》，《史学月刊》2006 年第 8 期；郭卫东：《"本洋"与"鹰洋"：近代流通中国主要外币的替换》，《福建论坛（人文社会科学版）》2019 年第 7 期。

⑦ 亦有"香洋"的称法。按张家骧所说，当时流通的人洋还有一种是 1866—1868 年期间由香港造币局所铸。参见张家骧：《中华币制史（上）》，第 54 页。

⑧ Frank H. H. King, Catherine E. King, David J. S. King, *The History of the Hongkong and Shanghai Banking Corporation. Vol. i: The Hongkong Bank in Late Imperial China, 1864-1902*, New York: Cambridge University Press, 1987, p.281.

图 9　清代的银两、银元、铜钱

二、银的价格

银的价格简称"银价",乃是先将银当作一种货物理解。[①] 如"银为货物之一种,自有其价格,而可与其他货物相交换。通常所称之银价,如每标准盎司若干便士(英金),或每纯银盎司若干分(美金),仅为银与各该货币交换之比例,为诸种交换比例中之一"[②];"一两之银当制钱若干文,则此若干文者即银一两之价。是犹米每石之价,布每尺

---

　① 按照马克思主义货币价值论观点,"价值尺度的二重化是同价值尺度的职能相矛盾的","凡有两种商品依法充当价值尺度的地方,事实上总是只有一种商品保持着这种地位"。所以要论述银的价格,就必须将银当成商品,而使用另一种通货作为标准货币。参见陈其人:《货币理论与物价理论研究》(第二版),上海人民出版社 2013 年版,第 15 页。

　② 谷春帆:《银价变迁与中国》,山西人民出版社 2014 年版,第 3 页。又如"视金如货物,故有金价……金价与银价相反,银贵则金贱,银贱则金贵"。马寅初:《通货新论》,商务印书馆 2010年版,第 3 页。

之价也"①；"京畿大钱壅滞，银价、食物昂贵，商贩、牲畜稀少"②；"中国钱币向只用铜，虽实银与铜钱并用，而铜钱以文数计，实银以分两计，是以铜为本位而银直与货物等量而已"③。在大清律例中，"其民间金银、米麦、布帛诸物价钱，并依时值，听从民便使用"，④ 也有将金银当作物理解的一面。

将金作为标准货币，则银价称"金计银价"（晚清时常与"镑亏"问题相关）；将制钱作为标准货币，则银价称"钱计银价"，即"银不自为值，因钱之贵贱以为值"⑤，表达如"制钱日缺，银价日落"⑥。在清代，所谓"银价"，可指购买一定量的白银需要制钱几何，常见单位为串/两、文/两，如"［道光］十五年后，每银一两值铜钱一千六百文"⑦；"就市面论，每银一两定价一千三百九十文"⑧。

但在实际使用时，"银价"与"钱价"在表达上往往都使用"银价"的表达方法。⑨ 试看：

近日**银价**日形减落，<u>每银一两不过易钱一千五六百文</u>，附近军

---

① 李芳：《中国币制统一论》，第 116 页。

② 《右翼税务监督熙拉布奏报右翼征收税课一年期满正额无亏盈余短绌情形事》，咸丰七年二月十八日，录副奏折，档号：03-4396-021。

③ 《主张仿旧式龙元铸造银币反对另铸一两重银元》，商部右丞王清穆折，光绪三十二年四月初二日，《中国近代货币史资料》第一辑（下），第 734 页。

④ 沈之奇撰，怀效锋、李俊点校：《大清律例辑注》（上），法律出版社 2000 年版，第 294 页。

⑤ 《纪银钱价直》，王庆云：《石渠馀纪》，北京出版社 2015 年版，第 213 页。

⑥ 《山西巡抚岑春煊奏请暂停鼓铸制钱及设立官银钱局事》，光绪二十八年五月十九日，朱批奏折，档号：04-01-35-1376-037。

⑦ 姚莹著，欧阳跃峰整理：《康輶纪行》，卷十一"银贵钱贱"条，中华书局 2014 年版，第 297 页。

⑧ 《河南财政说明书》，陈锋主编：《晚清财政说明书》第 3 卷，湖北人民出版社 2015 年版，第 625 页。

⑨ 比如银价指购买一两白银需要多少制钱，钱价指购买一串制钱需要多少白银，但通常都被表示成银一两换钱多少。

营之处银价更低，每银一两仅能易钱一千三四百文。①

省城四月分〔份〕银价据承德县具报，库平银一两易小数钱十千三百文，市平银一两易小数钱九千九百八十文。②

钱价转昂，白金一两仅易钱七百五六十文，民甚为苦。③

今日民间所不便者，莫过于钱价甚贵。定制每钱一千直（值）银一两，今则每银一两，仅得钱八九百文，其故由于制钱之少。④

将陕西省嘉庆四年二月分（份）各属钱价粮价开具清单恭呈御览……西安府属价中，库平每纹银一两换钱自一千五十文至一千一百二十文。⑤

以上所列"银价""钱价"在实际使用时，都是用白银一两换钱多少而非钱一文或一串换银多少来表示。⑥ 基于此，我们可以将钱价、银价的概念作一比对（如表9所示）：

---

① 《河南巡抚英桂奏为豫省银价日形平减官兵应支盐粮马干拟请仍照定例改发实银事》，咸丰七年九月十八日，中国第一历史档案馆藏，朱批奏折，档号：04-01-01-0861-092。

② 《奉天府府尹恩福奏报奉省本年各属闰三月份银粮价值暨四月省城银价并得雨情形事》，光绪五年五月十二日，朱批奏折，档号：04-01-25-0522-011。

③ 《大学士鄂尔泰奏议陶正靖等陈请革除钱行经纪等事》，乾隆三年六月十七日，朱批奏折，档号：04-01-35-1228-011。

④ 陈廷敬：《杜制钱销毁之弊疏》，贺长龄辑：《清经世文编》，卷五十三，《户政二十八》。"每钱一千值银一两"说的是钱价，但"每银一两，仅得钱八九百文"说的是银价。

⑤ 《护理陕西巡抚马慧裕呈陕西省嘉庆四年二月份各属钱价粮价清单》，嘉庆四年，朱批奏折，档号：04-01-25-0344-009。

⑥ 但当然，不是所有的钱价都用的是银价的表达方式。比如"武昌府属价中，查米价较上月稍减，钱价相同，余俱较上月稍增……制钱每千文价银一两一钱六分至一两三钱"。《湖北巡抚晏斯盛呈湖北省武昌等府乾隆本年四月份粮价单》，乾隆八年闰四月，朱批奏折，档号：04-01-39-0214-006。用的就是钱价本来应该的表达方式。

表 9　钱价、银价概念比对

名称	全称	含义	常见表达	常用单位	实际使用（惯用）
钱价	（银计）钱价	钱的价格	买钱一串需银	两/串①	每银一两需钱
银价	（钱计）银价	银的价格	买银一两需钱	文/两	

三、银的定位及属性

先看《清朝文献通考》中的一段话：

> 大抵自宋迄明，于铜钱之外皆兼以钞为币，本朝始专以银为币。夫因谷帛而权之以钱。复因钱之艰于赍运，而权之以币。钞与银皆为权钱而起，然钞虚而银实，钞易昏烂而银可久使，钞难零析而银可分用，其得失固自判然。前代恐钞法之阻滞，并银与铜钱而禁之，至于用银者，以奸恶论，以钱交易者，掠治其罪，亦为不揣其本末矣。然则钱与币之各得其宜，固无有逾于我朝者也。②

材料中的"始以银为币"，指的是将白银作为货币，但不是铸币。因其非由国家铸造，无法定承认及法偿规定，故更非法币。③ 清代的金属货币、铸币、法币间关系可用下图（图 10）表示：

---

① 一文钱用银来表示，数额非常小，所以在实际使用上常用串表示。

② 《清朝文献通考》，卷十三《钱币考一》，考四九六六。

③ 按民国时张家骧所说"中国昔时国家制币，仅有铜钱一种，其余金银，皆未曾范铸成币，仅按重量品质流通，无所谓本位单位问题"（《中华币制史（上）》，第 287 页）。此"制币"即是法币制钱。

图 10　清代的金属货币、铸币、法币关系

说明：银两、银元、铜钱等皆为清代货币，多种铜钱铸币中只有制钱是国家法定铸币。银两不是铸币更非法币，外国银元为铸币但非法币，晚清时期清廷自铸银元则是法定银铸币。由于本国自铸银元出现较晚，本文又不作专门讨论，故在图中不专门标示银元一项。铜元亦类似。①

　　"钱与币各得其宜"指的是制钱和银两各有所用，对"各有所用"则另有一句话解释为"数少则用钱，数多则用银。"②　如是可知，银两与制钱一样，都作为一般通货存在，只是制钱多用于日常小额交易，银两多用于大额商贸及会计核算。所谓"表里""权辅"，只是形容"不容畸重"，并无现代货币金融学主辅币意义。这便是清朝官方对白银的定位。

　　另外，明清时期白银的使用一直是学术界的热点议题，在研究中，不断出现"银本位"提法。对此，本文认为：第一，如银两成其"本位"，则法币制钱也势必不能不称"本位"，如是便绝不是单本位而是

---

　　①　外国银元也被当成货币。外国银币被当成货币的明证如"俾银、番、钱三项，与官票相辅而行，如有赴局兑易银钱及持票向局支取现银、现钱、现番及兑换官票者，均照市价公平兑发"（《署理闽浙总督王懿德呈闽省开设官银钱局筹议章程清单》，咸丰三年七月二十四日，录副奏折，档号：03-9507-030）。

　　②　《清朝文献通考》，卷十六《钱币考四》，考五〇〇二。"银与钱相为表里，以钱辅银，亦以银权钱，二者不容畸重。凡一切行使，大抵数少则用钱，数多则用银。"当然，数多、数少只是一般说法，并非有严格界定。也有学者质疑此说，见张宁：《15—19世纪中国货币流通变革研究》，第161—163页。

　　　　　　　　　　　　　　　　　　　　　　　　　　　　清代银钱比价波动研究

复本位。既为复本位，按本章第一节第三部分"金银复本位币制的比较"，其又不符合任一标准意义上的复本位。则此提法会在逻辑推演上陷入死循环。清末讨论"本位"问题时，乃是以后见之明强行将以往的货币制度套入"本位"论，其间亦有"银本位""铜本位""制钱本位"等不同意见论争。故，不称"本位"，而称"银钱并行"①，不仅无碍于我们理解清代大多数时候的货币制度及行用，反还有助于厘清一些基本概念。第二，之所以出现"银本位"提法，乃是因为白银在明清时代被广泛使用。白银内流化②、货币白银化③、赋役货币化④、统计银两化⑤相互促进，使得该时期的货币结构变为一种以白银为核算中心的多通货并存体系。在该意义上，白银相对于制钱等一般通货，可称得上是"通货之通货"，故其实用地位大有提高。但仅仅如此，而无近代货币金融学观念的引进，无一国家"银法"法定其使用，无法偿和自由铸造概念界定，其尚不得称本位。如基于其广泛的市场及财政应用基础而强言之，这也只是一种在向"近代白银核心型货币体系"⑥转变的

---

① 胡岳峰：《"银钱平行"与"银铜并行"：清前期货币制度的理念与实践（1644—1795）》，第 59 页；燕红忠主编：《中国金融史》，第 23 页。

② 参见全汉昇：《再论明清间美洲白银的输入中国》，全汉昇：《中国近代经济史论丛》，中华书局 2011 年版，第 11—18 页；严中平：《丝绸流向菲律宾白银流向中国》，《近代史研究》1981 年第 1 期；晁中辰：《明后期白银的大量内流及其影响》，《史学月刊》1993 年第 1 期。

③ 参见万明：《明代白银货币化研究 20 年——学术历程的梳理》，《中国经济史研究》2019 年第 6 期；黄阿明：《明代货币白银化与国家制度变革研究》，广陵书社 2016 年版；邱永志：《"白银时代"的落地：明代货币白银化与银钱并行格局的形成》。在该点上，有"白银货币化"和"货币白银化"两种提法。笔者认为，从长时段看，货币白银化在宋元时期表现为"白银的初次货币化"，明前期有过"白银的非货币化"，明中后期开始的是"白银的再货币化"，清代则是"货币（及会计核算）体系的白银化"。

④ 参见刘志伟：《从"纳粮当差"到"完纳钱粮"——明清王朝国家转型之一大关键》，《史学月刊》2014 年第 7 期；陈春声、刘志伟：《贡赋、市场与物质生活——试论十八世纪美洲白银输入与中国社会变迁之关系》，《清华大学学报（哲学社会科学版）》2010 年第 5 期。

⑤ 陈锋：《明清时代的"统计银两化"与"银钱兼权"》，《中国经济史研究》2019 年第 6 期。

⑥ 戴建兵：《中国近代的白银核心型货币体系（1890—1935）》，《中国社会科学》2012 年第 9 期。

状态。

就属性论，白银亦有静态和动态两类属性。静态属性是白银的形状、重量、成色等，这在本节第一部分已有阐述。动态属性是就交易言的，一方面是广义上的"兑"换及买卖交易，一方面是会计核算。在此着重强调白银的会计核算属性，因为这在一定程度上是其成为"通货之通货"的核心所在。试看一例：

> 今将作霖经手皖赈收放数目开陈清折，计开：
> 收款：
> 一、收苏局规元银二万五千两；
> 一、收苏局镇平川二（二七）宝银五千两；
> 一、收沪局规元银二万五千两；
> 一、收扬镇足钱二千五百九十五千二百文；
> 一、收扬镇本洋二千四百元；
> 一、收扬镇曹宝四百四十两；
> 一、收扬镇英洋二百零三元；
> 一、收李军门本洋一千三百另八元九角（九角系作钱一千一百七十文）；
> 一、收马太守松圃本洋一百元；
> 一、收皖南继德堂库平银三百两、曹银一百两；
> 一、收春和庄手修德老人曹〔漕〕平银一百两；
> 一、收春和庄大文处足纹二十六两；
> 一、收春和庄无名氏本洋二十元；
> 一、收春和庄无名氏足纹一百两；
> 一、收万新庄陈福溪英洋十元；
> ……

以上共收漕平银一千八百九十八两九钱四分；库平银五千四百一十一两三钱五分，申见漕平银五千五百一十五两一钱另三厘；宝银六千一百四十四两九钱五分二厘九毫，折见漕平银六千一百另四两九钱八分三厘；湘平银一百两，折见平银九十七两八钱六分；规银二百九十二两五钱二分，折见平银二百七十两零九钱二分五厘；钱一千七百九十千另一百四十八文，换见漕平银一千另七十九两六钱二分四厘；洋六万一千另十三元五角六分二厘，换见漕平银四万一千二百三十一两八钱三分四厘五毫；对开六十个，四开六十八个，八开十个，十二开一个，换见漕平银二十五两六钱六分六厘；棉衣八千五百五十件，约核平银四千二百七十五两。统计漕平银六万另四百九十九两九钱三分五厘五毫。①

在材料中，各项银钱货币（规元银、库平银、湘平银、镇平宝银、曹宝、本洋、英洋、足钱）乃至实物，最后都被核算为单种白银。此绝非孤例，而是一种越来越普遍的现象。② 这种转变，为"银本位"的最终确立奠定了历史基础。

综上，要理解清代的白银，首先就需对生银的种类，平、色、兑（建立在前两者基础上，并非各地都有），银元的种类及具体使用（计重加计数）有基本了解。其次是对银价的概念、表达及实际用法有所掌握。最后，上述各项最终都会综合体现在银的市场价格中。除和铜钱一样作为通货，且"大数用银"外，白银还具有越来越普遍的会计核算

---

① 《镇江苏州电报局桃坞同人收解皖赈征信录》，光绪年间刻本，"协助皖赈局镇江府学廪生严作霖谨禀"（光绪壬午年事），李文海、夏明方、朱浒主编：《中国荒政书集成》（第九册），天津古籍出版社 2010 年，第 5956 页。

② 当然，这种普遍也是就财政核算和商业往来上说的。在一般日用场合，还是存在着很多用钱作最终核算的情况。例子可参考《请中花销账单》，陈金全、杜万华：《贵州文斗寨苗族契约法律文书汇编——姜元泽家藏契约文书》，人民出版社 2008 年版，第 579 页。

x

功能，这使得整个货币体系在实际运作上越来越倾向于白银，并最终形成以白银为核心的近代货币体系。

第三节　何为银钱比价

一、概念

银钱比价与具体钱价、银价稍有区别，其本质是一种特定计量标准下的银—钱货币间兑换比率，即白银一两合制钱的个数。[①] 如商品价格的比率（相对价格）叫商品比价，[②] 那么货币比价就是货币价格的比率（货币相对价格）。[③] 这个比率，也可以用"兑换率""交换比率""兑值""汇率"等词表达。[④] 所以银钱货币比价，就可以理解为银钱货币的相互兑换值、银钱货币的兑换率等。[⑤] 但和金银比、银铜比有别，白银称量，制钱计数，该比率需有计量单位跟随方可表示。一般研究中的银钱比价，多指银两（处理部分数据时会用到银元）与制钱小平钱（处理部分数据时会用到大钱、地区性虚本位铜钱乃全铜元）的兑换

---

① 前述钱价、银价，是按一般商品价格来理解的，但是银钱比价是将银钱同时作为货币来理解的。金属货币首先是一般商品，但又不仅仅是一般商品。故如制钱，在比价意义上，铸币量和铜材价格都会影响钱值。

② 杨继瑞主编：《价格理论与实践》，四川大学出版社 2006 年版，第 153 页。

③ 王玉茹：《近代中国价格结构研究》，陕西人民出版社 1997 年版，第 6 页。

④ "交换比率"即"copper cash/silver taelexchange rate"，见 Ma D, "Chinese Money and Monetary System, 1800–2000", Overview, *Handbook of Key Global Financial Markets, Institutions, and Infrastructure*, Vol. 1, 59. Oxford, UK: Elsevier Inc. "汇率"指两种货币相互兑换时的比率，比如直接标价法下美元/人民币汇率 6.9250，即 1 美元兑 6.9250 元人民币。那么银钱比价银两/钱文比率为 X 也是类似的。

⑤ 作不同理解时，可用更为具体的词汇。比如强调市场交易兑换率则用兑价，强调官方核算额则用比率等。一般情况下，比价就作 relative price 理解。感谢彭凯翔教授提供参考意见。

率。故规定特定计量标准：称量生银以两计算，制钱用文（个）计数。① 则银钱交换比例为 1（两）：X（文），兑换率为 X（文/两）。在规定特定兑换计量标准后，本文依兑换率数值直接将之简写作银钱比价 X。

但在此还需明确一点，在清人传统表达中，并无"比价"一词。② 而哪怕是"金银比价"，时人也常用"换"一词表示，"换"就是"兑换"的意思。下面试看一些时人对银钱兑换关系的表达用词：

> 甲申、乙酉之际，（棉花布）值钱二三百文，准银不及一钱矣。③
>
> 兴、泉、漳只用万历金钱，每三文扣一分，此钱甚少。兼用官板康熙钱，每八文当一分扣。④
>
> 每银一两连扣耗银一钱五分，共折交制钱一千一百五十文。⑤
>
> 每钱一串二百文扣收银一两。⑥

---

① 这里的文、个或者枚等，都是基于实钱小平钱计算的。有时候会有虚本位，如京钱的"文"，需加以转换。

② 至光绪晚期，才开始在官方文书中有"比价"一词出现。如《度支部议复汪大燮奏案中所拟虚定金本位制办法之建议》，参见张家骧：《中华币制史（上）》，第 304—305 页。又如《申报》记载，"使银钱有一定之价值，按此说系指画定银钱比价而言。价有贵贱，钱之比价贱则民间物价必因以日贵，有碍生计。比价贵则外来铜元必灌输本省，宜兼治标之说，行之免生他弊"（《申报》1909 年 10 月 31 日，第 13198 号，宣统元年九月十八日，第 18 版）。再如，"推各属办法所以至于如此者，大都起于银钱比价之间"（《河南财政说明书》，陈锋主编：《晚清财政说明书》第 3 卷，第 603 页）。这应该是受"金银比价"概念影响而来。银钱比价与金银比价虽可类比，但确切含义不一，故也有诸多学者反对直接用该词。本文则仅在遵从学界习惯，且表示兑换率的一般定义上使用之。

③ 叶梦珠撰，来新夏点校：《阅世编》，卷七，《食货五》，第 157 页。

④ 陈鸿：《熙朝莆靖小纪》，《清史资料》第 1 辑，中华书局 1980 年版。万历通宝有金背、火漆、镟边三种，万历金钱当为金背。

⑤ 《高宗纯皇帝实录》（一），卷二九，乾隆元年丙辰十月，《清实录》，中华书局 1985 年版，第 610 页。

⑥ 戴瑞征纂修：《云南铜志》卷五《局铸上》，西南交通大学出版社 2018 年版。

小民零买食盐不过一斤、半斤，只可用钱，难以用银，自应照钱价之低昂准钱文之多寡，今仍以银一分收钱十文，是名为每斤定价一分，实系一分二三厘，近虽因闹减去一文，当合银一分一厘有零。银钱准价不平，商则赔享其利，民已阴受其亏，以致屡控哄闹。①

所有同治元、二两年安徽各州县收述抵征项下银、米、钱三款，自应专案作正报销，计银一两，作钱一千四百文核算。②

或又谓一两银币当明言值制钱若干，以昭划一。不知各省银钱兑换之价，到处不同，断非湖北一省之所能独定。③

考东西各国币制，银钱两替，有一定价格，故不能以意为重轻。④

从中可以看出，清代所称银钱兑换关系，多用"准""当""折""扣""合""作""兑换""替"等词，其中又以用"兑"尤多，唯独不出现"比"。所以，有时候我们又将"银钱比价"精准表述成"银钱兑价"，用"兑"字强调兑换关系（本书在此依学界习惯还是称"比价"，仅就其历史表达作简单说明），兑换即同时强调"市场"和兑换过程。

那么该定义下的比价与钱价、银价是何关系？比如在"每串纹银八

① 《山西巡抚阿里衮奏报河南灵宝县盐价昂贵民人聚众哄闹情由事》，乾隆八年六月二十九日，朱批奏折，档号：04-01-35-0448-017。

② 曾国藩：《报销皖省抵征折》（同治三年九月二十七日），《曾国藩全集》第7册，岳麓书社2011年版，第491—492页。

③ 《两广总督张之洞为请湖北铸造大清银币试行事片》，光绪三十一年正月十一日，中国第一历史档案馆丁进军编：《晚清各省铸造银元史料续编（下）》，《历史档案》2004年第1期。

④ 《安徽财政沿革利弊说明书》，陈锋主编：《晚清财政说明书》，第79页。

钱六七分不等"中。① 材料本身是钱价的表达方式，即此钱价格为 8.65 钱/串。如果用银价表达，则可以是 0.1156 串/钱。而如果用银钱比价表示，在不说明计量银和钱的具体单位时，则比价数值本身会随计量单位（比如会组合出现分/文，厘/串，文/厘，串/两等各种单位）变化而变化。但当我们规定银钱比价特指用两计算的银与用文计数的钱的兑换率时，则 1156 文/两便可直接简写为数值 1156。相比银价、钱价必须说明计量单位，本书在用银钱比价表示时，一律都指白银称量，制钱计文，将文/两的计算单位省略表达。我们通常说银钱比价，将银放在前面，是因为以此表达一两银可以兑换的铜钱个数较方便；反之，也可以有一种钱银比价的提法，但这个比价（两/文）数值太小，不方便表达，故很少被使用。特定计量标准下的银钱比价直写数值，是为了方便对比。如"约计纹银一两可换制钱一千文，间或钱价昂则一千不足，银价昂则一千有余"。② 此中，"一千不足"即是比价<1000，"一千有余"即是比价>1000，以 1000 为衡量标准，钱贵（"钱价昂"）则比价小于 1000，银贵（"银价昂"）则比价大于 1000。

二、表示方法

（一）银钱兑值表示法

本文所关注的"银钱比价"特指称量验色银两与计个数制钱间的兑换值。既然是数值，就有高低比较，如此才可形成"贵贱"。故，有比价之高低变动，便有"银贱钱贵""银贵钱贱"。而言贵贱，又与钱价、银价的表示有关，钱价、银价、银钱比价、银贱钱贵、银贵钱贱之

① 《广东道监察御史钟衡奏请于湖北设炉鼓铸钱文以平钱价事》，乾隆四年十月十六日，朱批奏折，档号：04-01-35-1230-001。
② 嘉庆《临武县志》卷二十七，嘉庆二十二年刻本。

间的联系可试看以下几则材料：

康熙年间，银每两兑大制钱九百八九十文，钱贱而一切应用等物亦贱……自康熙五十八、九年来钱价渐贵……至今银每两兑大制钱八百文，因钱贵而所用等物亦贵……今京中银每两兑大制钱八百文，乡中银每两兑大制钱八百五十文。[1]

乾隆八年，钱贵之时，部议饷银一两折钱八百八十文……加恩以钱一千作银一两。……粤西钱贱银贵……惟钱价较贱，每银一两易钱一千三四百文不等。[2]

闽省银贵于钱……闽省山海交错，道路崎岖，制钱笨重，难以携带。各省商贩置货来闽售卖，钱文率皆易银带回，以致银价恒贵，钱价恒贱。[3]

银贵钱贱……兵饷搭放钱文每钱一千扣银一两……道光十五年市换钱价每银七钱有零易钱一千文，今则每钱一千文止能易银六钱一二分不等。[4]

现据各属具报市价每库平纹银一两易钱一千三百六七十文不等，仍属银贵钱贱，无需出易平价……搭放兵饷核计市价以银易钱之数，每两少得钱二百数十文，穷苦兵丁仰食惟此。[5]

近日以来京师钱价日贵，银价日贱，咸归咎于私铸之充斥，银

---

① 《正蓝旗汉军都统伊勒慎奏请禁乱使戥头搅乱银色而平钱价事》，乾隆七年五月初八日，录副奏折，档号：03-0769-045。

② 《署理广西巡抚台布奏为粤西钱贱银贵请将兵饷减搭钱文并酌减炉座以疏钱法事》，嘉庆二年十二月十四日，朱批奏折，档号：04-01-30-0483-002。

③ 《闽浙总督赵慎畛奏为闽省银贵于钱及局铸钱成本亏折请暂停鼓铸事》，道光四年正月二十八日，朱批奏折，档号：04-01-35-1360-066。

④ 《湖广总督裕泰湖北巡抚赵炳言奏为查明湖北省银价未平请准宝武局仍暂缓鼓铸钱文事》，道光二十二年二月二十五日，录副奏折，档号：03-9501-027。

⑤ 《山西巡抚申启贤奏请宝晋局缓开炉鼓铸钱文事》，道光十六年六月二十九日，朱批奏折，档号：04-01-35-1365-049。

号之把持，而不知皆非也。迩来东南各省纹银每两仅易制钱千二百文，洋钱每圆仅换制钱八百余文，<u>银贱钱贵</u>有甚于京师者，盖其间有大漏卮焉，不可不亟思补救也。[①]

在上述材料中，银钱比价多以具体兑换值形式给出，而要表示兑换值高低，就需用钱价、银价的贵贱来论述，故"银贵钱贱"指的就是"银价贵钱价贱"；"银贱钱贵"指的就是"银价贱钱价贵"。银贵必然与钱贱匹配构成"银贵钱贱"，钱贵必然与银贱匹配构成"银贱钱贵"，银钱贵贱乃是就银与钱的兑换关系而论的。故需明确，贵贱乃是一种相对价格描述，在原因上，到底是单纯由银贵引起，还是单纯由钱贱引起，抑或两者兼有，这当视具体情况而定。

至此，银钱比价的第一种也是最常用、最直接的表示关系就显现出来，即银钱兑换值表示法。[②] 比如在 t−1 时间点上一两白银假使可买1200 文钱，在 t 时间点上可买 1500 文钱，这就叫 t 时间相对于 t−1 时间的"银贵钱贱"，亦即银价升高，白银升值，白银购买力提高，钱价下跌，制钱贬值，制钱购买力降低，银钱兑换率（比价）升高。反之亦然。在清代，由于比价 1000 为初始官定价，很常用，故也以比价大于1000 叫"银贵钱贱"，比价小于 1000 叫"银贱钱贵"。史料中出现的"贵""贱"表述，是以比价 1000 作标准，还是以某时间点上的比价作标准，需结合具体材料分析。有些论著简单通言银钱贵贱以比价

---

① 王鹏运：《请通饬开办矿务鼓铸银圆折》，陈忠倚辑：《清经世文三编》，卷六十八，《工政八》，光绪石印本。

② 该方法本质是将某一金属货币当成商品货物，用另一标准货币表示。如都以货币或资本价格表示，则需知银钱货币的利率，利率方面的资料较直接比价资料更少，暂无法采用。已有整理可参见吴秉坤：《清至民国徽州民间借贷利率资料汇编及研究》，上海交通大学出版社 2015 年版，"清至民国徽州民间借贷利率表"。如假设白银货币一两的年借贷利率是 20%，铜钱货币一串的年借贷利率是 12.5%，则 1 两银当等于 1.6（20%/12.5%）串钱，银钱比价为 1600。

1：1000为标准，是不符合历史实际的表述。[①] 如无特别说明，本书正文论述的银钱贵贱，都是以一段时期内银钱比价前后变动对比而定义的"贵贱"。如果是以同一时间点上的官定例价与时价对比，也会特别说明是官定例价。

（二）物价涨跌表示法

我们知道，清代的金属货币体系实际上是一种银钱二货体系。对于任何商品而言，都存在用铜钱衡量的价格以及用白银衡量的价格，我们称之为"钱计物价""银计物价"，那么将此两种价格做比对，便可以间接表示出银钱比价。[②]

我们现利用费雪方程式 $MV \equiv PT$ 来推导。用 C（Copper）表示铜钱部门，用 S（Silver）表示白银部门，则 Mc、Ms 是铜、银货币存量，Vc、Vs 是铜、银货币流通速度，Tc、Ts 是用铜钱、白银进行的货物交易量，Pc、Ps 为钱计物价、银计物价。如此，则银钱比价 $E = \dfrac{Pc}{Ps} = \dfrac{\frac{McVc}{Tc}}{\frac{MsVs}{Ts}} = \dfrac{McVc}{MsVs} \cdot \dfrac{Ts}{Tc} = \dfrac{McVc}{Tc} \cdot \dfrac{Ts}{MsVs}$。[③] 在实际使用时，V、T 甚至 M 都难以测算，但 P 易知。以粮食价格为例，在粮食自身供需没有发生大变化

---

① "比价发生变动……如果在一千文以上，那就叫做银贵钱贱。如果在一千文以下，那就叫做银贱钱贵"（杨端六：《清代货币金融史稿》，第 169 页）。对简单以 1：1000 作银钱贵贱评价标准的批判，亦见于王德泰：《关于鸦片战争前银贵钱贱变化的探索》，《西北师大学报（社会科学版）》1995 年第 4 期。

② 燕红忠在研究中就未直接使用官方记录，而是据白银和制钱对米的购买力折算出比价。参见燕红忠：《从货币流通量看清代前期的经济增长与波动》，《清史研究》2008 年第 3 期。

③ M 为货币存量，V 为货币的流通速度，P 为以该货币衡量的物价，T 为货物交易量。类似分析还可见于彭凯翔：《清代以来的粮价：历史学的解释与再解释》，上海人民出版社 2006 年版，第 88 页。

的前提下，在钱计粮价和银计粮价都存在的情况下[1]：钱计粮价的涨幅小于银计粮价的涨幅，那就是银贱钱贵，此时银钱比价在下降；钱计粮价的涨幅大于银计粮价的涨幅，那就是银贵钱贱，此时银钱比价在上涨。[2]

（三）对内汇率表示法

我们还知道，银价可以用钱计，也可以用金计。在国际市场上，用金计价，便会出现金银比价。同理，在国内市场，用钱计价，就会产生银钱比价。我们将铜钱视为本币（或标价货币），银为外币（或基准货币），则视银钱比价为"对内汇率"。[3] 银贵钱贱，本币铜钱贬值，对内汇率下降。银贱钱贵，本币铜钱升值，对内汇率上升。[4]

出现这种理解是因为有诸多学者在研究清末民初对外贸易时发现，在国际市场上，银为本币，金为外币，金银比价上升，银（相对金）贬值；但同时，在国内市场上，铜钱为本币，银为外币，银钱比价上升，银（相对铜钱）升值。汇率升降对进出口会产生影响，但在银钱二元货币体系双汇率（对外为金银汇率，对内为银钱汇率）市场条件

---

[1] 现有粮价研究多是以银计粮价数据为基础展开的，对此，李中清曾指出"在18世纪晚期，白银所表示的平稳米价掩盖了铜钱所表示的米价急剧上涨的事实"（李中清：《中国西南边疆的社会经济：1250—1850》，第120页）。可见，整理银钱比价数据及钱计粮价数据，对粮价研究再深入也有重要作用。

[2] 另可参见朱嘉明：《从自由到垄断：中国货币经济两千年》（上），远流出版事业股份有限公司2012年版，第183页。利用该表示法，也可与汇率问题衔接。如在晚清时，铜钱对金的贬值幅度不及白银对金的贬值幅度，即可知此为"银贱钱贵"。

[3] 我们也可以根据物价涨跌表示法的公式，将钱计物价视为区域内物价，将银计物价视为区域外物价，在"一价定律"（绝对购买力平价理论）下理解这种"对内汇率"。另外，陈昭南将银钱比价视为国内用银地区和用钱地区间的汇率，也是一种理解（Chen, C. N., "Flexible Bimetallic Exchange Rates In China, 1650-1850: A Historical Example of Optimum Currency Areas", *Journal of Money, Credit and Banking*, Vol.7, No.3, Aug., 1975, pp.359-376）。

[4] 在理解上可参考汇率相关论述。"本国货币币值的提高称为升值（Revaluation），反映为外币直接标价法下汇率数值的下降；本国货币币值的降低称为贬值（Devaluation），反映为外币直接标价法下汇率数值的上升。"姜波克编著：《国际金融新编》（第六版），复旦大学出版社2018年版，第52页。

下，银对金贬值和银对铜钱升值会产生相互抵消的作用，其对进出口贸易的最终影响需以具体数据作讨论。[①]

最后，我们将银钱比价的三种表示方法合并货币购买力变动对比表示如下（如表10所示）：

表 10 　银钱贵贱的对比表达

兑换关系	银钱兑换率（比价）	银价（文/两）	单位白银兑钱（白银对钱的购买力）	钱价（两/文）	单位制钱兑银（制钱对银的购买力）	钱计物价涨幅/银计物价涨幅	对内汇率（钱为区域标价本币，银为基准外币）
银贱钱贵	下降	下跌	减少（降低）	上涨	增多（升高）	<1	上升
银贵钱贱	上升	上涨	增多（升高）	下跌	减少（降低）	>1	下降

说明：我们以 1：1000 作为价格平稳的标准，假设白银贬值，以 1：800 作示例，此时，兑换关系为"银贱钱贵"，兑换率 800 相较于 1000 即是"下降"，钱价上涨，制钱购买力提高，银价下跌，白银购买力降低。白银贬值幅度更大，钱计物价变动幅度小，则钱计物价变动幅度÷银计物价变动幅度<1。钱为本币时，作为外币的白银贬值，则本币升值，对内汇率上升。反之，假设白银升值，以 1：1200 作示例，也容易得出相反结论，不另赘述。

三、银钱比价的"双轨—多轨"体系

不同的银与不同的钱之间，当然存在不同比价，但本部分要论述的，乃是即便我们将银限定为库平纹银，将钱限定为制钱，其间依然存在多种比价关系。在此先看一则材料：

---

① 详见林满红、梁启源、郑睿合：《银价贬值与清末中国的国际贸易收支（1874—1911）》，复旦大学历史地理研究中心、哈佛大学哈佛燕京学社编：《国家视野下的地方》，上海人民出版社 2014 年版，第 117—121 页；管汉晖：《浮动本位兑换、双重汇率与中国经济：1870—1900》，《经济研究》2008 年第 8 期。

一册称开除搭放太原驻防抚标等营兵饷，自嘉庆七年三月初一日起至年底止，三分俸饷钱一万六千八百三十三串六百八十三文。又放给防御武谦保等补支俸钱七串一百九文，内除各营长支俸薪等项钱十五串四十八文，实搭放钱一万六千八百二十五串七百四十四文。又上年正月分造报钱三千三百二十一串四百二十四文，每钱一串易银一两，共易回银二万一百四十七两一钱六分八厘。又设厂平卖钱一万六千串，每钱九百八十四文易库平纹银一两，共易回银一万六千二百六十两一钱六分三厘。二共放钱三万六千一百四十七串一百六十八文，易存司库银三万六千四百七两三钱三分一厘。又存库节省物料并渣铜搭铸共钱四千九十八串一百六文，按照市价以每钱九百四十三文易库平纹银一两，共易回银四千三百四十五两八钱一分八厘。内除配铸渣铜白铅脚价三百三十八两九钱六分三厘造入季册报销外，收入鼓铸盈余项下银四千一十六两八钱五分五厘。①

该材料中出现的银钱比价有四种，一种是俸饷搭放比价 1000，一种是造报核销比价 1000，一种是设厂平卖比价 984，一种是市兑比价 943。显然，第一种是俸饷搭放价，第二种是核销例价，第三种是官方参考市场比价设定的官卖比价。此三者都属于官方比价体系。最后一种是市场比价，若细分之，自然也会存在批发、零售、兑入兑出比价等。由是，官方价格与市场价格并列形成所谓"双轨"，而在各价格体系内

---

① 《户部尚书朱珪题为遵察晋省宝晋局嘉庆七年份鼓铸钱文用过铜铅搭放兵饷回银两及支过工料等项钱文事》，嘉庆八年十月初三日，户科题本，档号：02-01-04-18473-014。

部，又有诸多不同的细分价项，是为"多轨"。① 下面将详细论述这种"双轨—多轨"比价体系的表现形式。

（一）官方比价

要理解官方比价就得先知晓制钱在进入市场流通、形成市价之前，到底以何状态、以何形式存在、流转。先看一则材料：

> 铸获本息钱九万八千五百四十一串五百三十三文。内除正额、带铸，外耗所需碳罐串麻并炉匠工食需用工本钱一万四千三百六十一串三百一十四文。又除……共需外耗息钱一千八百五十四串七百八十文。查照黔省每年额支官兵俸饷，通省文职俸工养廉，民壮捕役及书吏廪给等项，原系一一六搭钱。……尚余钱二万三千四百八十六串一百五十三文，应照例易银归款……钱价日减，存局钱文不能照原定部价出易，故钱文日见其多，价减积滞又如此。②

从中可知，官局在投入原料和人工等各项费用基础上铸造出来的钱，并不直接发售到市场。其要先支付铸局日常工食开销，然后再搭放给兵丁俸工，有时还需添补入其他用项。在此基础上剩有余钱，则部分经核销折算存入府库，部分发售市场。如此，则官价指的就是钱文在正

---

① 价格双轨的提出较晚，据说是以张纯音在 1979 年《学术月刊》第 5 期发表的《关于缩小工农业产品交换价差问题》为最早（邓亦兵：《清代前期政府与北京粮食市场研究》，社会科学文献出版社 2019 年版，第 16 页）。但其事实在历史上早已存在——这是两种不同资源分配制度并存导致的结果。以明代为例，也有学者提及存在银钱官价和市价两个价格市场，只是受限于材料，未作深入探讨（黄阿明：《明代货币比价变动与套利经济》，《苏州科技学院学报（社会科学版）》2010 年第 3 期）。具体到清代，情况更为复杂。以价差套利为基础，利用供求调节，存在诸多竞争体的市场机制是一种制度，而国家管控又是另一种制度，但在国家管控内，又有不同区分，所以本文在此基础上提出"双轨"内的"多轨"概念。在此，国家分配和市场分配不是简单二元对立的，以具体银钱比价形成来看，是你中有我、我中有你相互影响的。具体表现、影响，详见本书相关章节论述。

② 《户部尚书于敏中题为遵旨议奏贵州宝黔局减炉尽铜配铸及官役俸工分别停减搭放钱文事》，乾隆三十七年十月二十九日，户科题本，档号：02-01-04-16343-010。

式进入民间市场交易前，从铸造到各项搭放乃至官方售卖中所体现的与银的折价。为此，我们先从铸造成本价和例价、官卖价说起。

1. 成本比价

在涉及官方比价的文献里，经常会出现"核计成本"①"不敷成本"②"成本亏折"③等词，这当中的"成本"就是成本价。试看：

> 自乾隆二十六年正月二十七日起，至乾隆二十七年二月初二日止，共鼓铸一十二个月，计一十二卯，共用过铜铅点锡一十八万斤。内应配红铜九万斤，将建铜、乐铜均算，每百斤价银九两八钱，共银八千八百二十两。白铅七万四千七百斤，每百斤价银三两六钱五分零，共银二千七百三十一两一钱七分零。黑铅一万一千七百斤，每百斤价银五两五钱，共银六百四十三两五钱。点锡三千六百斤，每百斤价银十七两一钱，共银六百一十五两六钱。铜铅点锡共一十八万斤，每百斤合该运脚杂费等项银二两五钱二分四毫零，共该银四千五百三十六两八钱八分零。以上铜铅点锡价脚等项共该成本银一万七千三百四十七两一钱六分零。每铜铅点锡一百斤除折耗九斤，共除折耗一万六千二百斤，该净铜铅点锡一十六万三千八百斤。每文重一钱二分，共造钱二万一千八百四十串。内除给炉头匠役工食并杂色物料共钱三千二百一十七串八百二十四文，实解交司库钱一万八千六百二十二串一百七十六文。④

---

① 乾隆《杭州府志》卷三十六，乾隆刻本。

② 《户部尚书朱珪题为遵旨察核嘉庆四年份宝晋局鼓铸钱文用过各项银两事》，嘉庆五年九月十五日，户科题本，02-01-04-18268-007。

③ 《闽浙总督赵慎畛福建巡抚孙尔准奏为宝福局成本亏折请暂停鼓铸等事》，道光四年正月二十八，录副奏折，档号：03-9496-033。

④ 《山西巡抚明德题报晋省上年二月至本年二月添炉铸钱用过工料数目及卖存钱文数目事》，乾隆二十八年五月二十一日，户科题本，档号：02-01-04-15550-013。

在该材料中，总计使用币材是 180000 斤，其中铜 90000 斤，白铅 74700 斤，黑铅 11700 斤，锡 3600 斤，铜价每百斤 9.8 两，白铅（锌）价每百斤 3.65 两，黑铅每百斤 5.5 两，锡每百斤 17.1 两，每百斤币材综合价脚 2.5204 两，共铸钱 21840 串，其中炉头工匠杂费用去 3218.824 串。依据这些，我们可以计算出该年铸币的总成本（币材+脚价+炉局杂支）为 20564.984（17347.16+3217.824）两。按照 1 串值银 1 两算，则铸造 1 串钱的成本为 0.94（20564.984÷21840）两，或者说 1 两银可以铸出 1064 文钱。成本比价为 1064（文/两），铸息率（息银利润÷工本）为 6.2%（1275.016÷20564.984）。这种情况下的成本比价是高于搭放例价的，也即足敷成本。

2. 例价比价

所谓"例价"，就是官方规定的银钱兑换划一通行之价，最明显如一两白银值钱 1000 文。清初，官方曾规定"钱七枚准银一分，旧钱倍之"。然因民间嫌钱贵而不用，遂不得已"更定十枚准一分"。到顺治十年（1653），廷议疏通钱法，以一钱二分五厘重钱为定式，"钱千准银一两，定为画一通行之制"。[①] 这就是 1∶1000 比例的由来。其在顺治三式通宝钱上的体现就是标明了"一厘"字样，一文值银一厘，有"权银钱"的意思。[②]

有论者以为，这是一种官方臆想的比价，并无科学根据。[③] 这显然是从 1000 文重 1250 钱的制钱内在金属价值达不到值银 1000 厘而说的（换算为每百斤铜价 12.8 两）。[④] 但我们若以一经济价值之外的角度来

---

① 《清史稿》，卷一百二十四，《志九十九·食货五》，第 3642 页。

② 即"折银钱"，解释可参考刘舜强：《明末清初的折银钱体系》，《明清论丛》2015 年第 1 期。

③ 王宏斌：《清代价值尺度：货币比价研究》，第 15 页。

④ 银 1 两 = 1000 文钱，1000 文钱（一钱二分五厘）重 125 两，合 7.81 斤。如此则百斤铜价为 12.8 两，明显高于当时的铜价，且制钱尚不是纯铜铸造。

看待问题，或许就能理解。

从理论上说，顾炎武曾谓："价有恒，钱不乱，民称便焉。此钱法之善也。"[1]《清朝文献通考》亦言："钱与银相权而行。欲求钱法之流通，必先定钱直值之高下……钱价无准而物价亦失其平。"[2] 以权银钱的形式，将计数钱 1000 文定价 1000 厘和称量银 1 两挂钩，即是求钱值恒定，"钱价准而物价平"，这也是"银钱相权"的具体体现。

从实践中看，该例价的存在，在很大程度上是为了满足政府管理社会的需要。比如在计赃定罪时，如无特别说明，便是按照"每钱一千，作银一两"计价；[3] 在早期奏销时，如无特别说明，也按"每钱一串值银一两"核销；在早期赋税折征中，用的是"照例每银一分完大制钱十文，一厘完大制钱一文"。[4] 可以说，例价的存在使得官方在早期收支银钱时有例可循，是有助于国家经济管理的便捷化的。只有在例价与市价相去甚远时，才会引发各种矛盾（相关论述详见本书第七章）。

最后需强调，本文在此说的仅是一种宏观上、普遍上的例价，严格来说，各部院则例、各地区省例规定的价格会有差别。[5] 比如乾隆二年（1737）奉上谕"朕闻云南兵饷有搭放钱文之处每制钱一千作饷银一

---

① 顾炎武：《明钱法论》，《皇朝经世文编》卷五十三。

② 《清朝文献通考》卷十三。

③ 《大清律例通考校注》卷三十一《刑律·受赃》。《钦定大清会典事例》卷九百九十《刑部》。在例价与时价相差较多时，会影响判案公平，故清后期多有要求据实改变折价者。如《法部为金银钱价今昔不同拟请嗣后京内外计科罪之案无论金银洋元元概以市价为凭估值事》，光绪三十三年十一月十七日，宗人府，档号：06-01-001-000732-0122；《法部为金银钱价今昔不同嗣后计赃科罪之案奉旨按照市价估值以期平允事致宗人府》，光绪三十三年十二月十五日，宗人府，档号：06-01-001-000732-0123。该问题笔者另有专文详述，此处不展开。

④ 《灾蠲杂款征收解支》，李文海、夏明方主编：《中国荒政全书》第二辑第四卷，北京古籍出版社 2004 年版，第 784 页。

⑤ 从法律对银钱兑换折算的规定来看，相关法律来源有律（大清律），例（条例、则例、事例、省例），通行（章程、奏定成例、定例）等。法律史相关解释见胡震：《清代省级地方立法——以〈省例〉为中心》，社会科学出版社 2019 年版，第 111—139 页；柏桦编纂：《清代律例汇编通考》，人民出版社 2018 年版，《前言》第 1—5 页。

两，而兵丁领钱千文实不敷银一两之数，未免用度拮据"，寻议定，"自乾隆二年为始，每钱一千二百文作银一两配给"。① 如此，则在云南兵饷搭放上，该项例价变为1200。咸丰四年，奏准江西兵饷搭放二成大钱，以银一两给钱二千，以钱一千或给当十大钱百枚或给当五十大钱二十枚。② 咸丰九年，惠远城工捐修，上谕"此次捐输，准其援照筹饷事例及现行常例。于准减三成外，再减一成，并照乌噜木齐章程，每银一两折制钱一千二百文，俾商民踊跃输将，易于集事"。③ 此城工捐输按筹饷事例折算，比价为1200。例价不仅在不同省份不一样，在同一省份不同部门也不一样，比如"查前项搭放兵饷钱四万六千四百八十四串六百五十文，每钱一千文易银一两。又搭放驻省各官役养廉工食钱一万二千二百五十七串四百八十八文，每钱九百文易银一两"④。此中兵饷发放比价为1000，而一般俸工养廉搭放比价为900。并且即便是同一省份同一部门内，搭放比价也还有变动，比如"搭放太原驻防抚标等营三分兵饷钱一万五千一百五十八串七文，每钱一串易扣银一两……又遵照奏明之例，将每年解司钱文内提出钱二万串易换太原驻防抚标等营兵丁夏冬二季及春季之三月、秋季之九月，八个月七分饷银……每钱九百九十五文易库平银一两"⑤。其三分搭放兵饷的比价为1000，而七分搭放则变为900。例价改变，受具体事件（体现于"成例"）、地域差异、

---

① 李春龙、牛鸿斌等点校：《新纂云南通志》第7册，卷一百五十八《币制考》，云南人民出版社2009年版，第431页。

② 《大清会典事例》（三），卷二百二十《户部六三·钱法》，中华书局2012年版，第578页a。

③ 《文宗显皇帝实录》（五），卷二九六，咸丰九年己未十月上，《清实录》，中华书局1987年版，第323页。

④ 《兼署户部尚书素尔讷题为遵旨议奏浙江省宝浙局乾隆三十五年份鼓铸钱文用过铜铅锡斤并支给炉匠工料等银事》，乾隆三十七年四月二十一日，户科题本，档号：本02-01-04-16339-007。

⑤ 《户部尚书素尔讷题为遵旨查核山西宝晋局乾隆三十五年份铸钱用过铜铅工料等项银两事》，乾隆三十六年九月二十三日，户科题本，档号：02-01-04-16254-006。

部门差异等各种因素影响，在此不再展开。[①]

3. 官卖比价

除搭放俸工各项支出外，钱局往往会贮存部分钱文以备不时之需。一旦钱文贮存过多，便会提至市场发卖，由此形成官卖价。官卖价与市价相比，时高时低，需视具体情况而定。

比如官价高于市价。"发卖民用，每钱一千，照例易银一两三分有零。……外来商贩收银便于携带，局铸钱文不出楚北一省，因而银贵钱贱，核计市价每银七钱有零即可易钱一千。比较局钱例价，贵贱悬殊，民间不愿承买局钱，势难官为相强。"[②] 此中官价为970（亦是一种例价），但市价为1429。而此时的兵饷搭放例价为1000，[③] 介乎两者中间。

比如官价约等于市价。"历年发卖钱……每钱八百文至八百九十五文不等易库平银一两。……现在发卖钱……以本年时估折中价值，每钱八百九十五文至九百二十三文不等易银一两。"[④] 此中的895—923是一个浮动的比价区间，时估即是按市价估算的。

也有官价低于市价者。"（炉役工料）每串易库平银一两一钱一分一厘五毫……减价出售之例每串易库平纹银一两三分五厘五毫……兵饷……每串合库平纹银一两。"[⑤] 此中，成本比价为900，但官卖966（也是按某种例价出售），实际是亏本减价发卖，而此时的兵饷搭放按

---

① 由于不是本文研究重点所在，故接下去仅在论述货币比价管理和例价与时价出现差异时影响等处论及，其本身由来、变迁、影响，笔者另有专文论述。

② 《湖广总督讷尔经额奏报暂停湖北钱局鼓铸钱文事》，道光十五年五月二十九日，朱批奏折，档号：04-01-35-1365-010。

③ 《湖广总督裕泰湖北巡抚赵炳言奏为查明湖北省银价未平请准宝武局仍暂缓鼓铸钱文事》，道光二十二年二月二十五日，录副奏折，档号：03-9501-027。

④ 《大学士兼管户部事务傅恒题为遵旨察核山西宝晋局乾隆二十三年五月至二十八年十一月铸钱用过铅铜盈余银两各数事》，乾隆二十九年四月十三日，户科题本，档号：02-01-04-15656-002。

⑤ 《湖北巡抚梁国治题请核销宝武局乾隆三十一年五月起一年期内加铸钱文用过铜铅锡斤价值及铸出钱文数目事》，乾隆三十五年正月二十五日，户科题本，档号：02-01-04-16161-001。

1000 折算，说明在当时当兵吃饷较划算。再进一步看，"正铸余钱俱照乾隆十五年咨部所定每串易市平纹银一两一钱七分折库平纹银一两一钱一分一厘五毫之价发交江夏、汉阳二县出售，遵循日久。迄年因各省铸钱日广，遍布流通，市价日贱，每串仅值市平纹银一两九分，而官钱必照定价出卖，每串反贵八分，以致无人易换，存积甚多……暂照时价每串易换市平纹银一两九分，折库平纹银一两三分五厘五毫。"① 可以发现，当时的市价比原定官价要贱，故官局要想顺利发卖钱文，就必须减价，在已经亏本的情况下，甚至要比市价更便宜才能快速卖完。当然，减价出售情况下的官府角色并不简单等同于商人，其也有社会管理职责，即在钱贵之时要按比市价更低的价格卖钱，以遏制钱贵。如"现在陕省钱少价昂，若仍搭放兵饷不足以平市价而利民用，应俟铸有成数，照江西湖广奏准事例，照依市价酌减出售易银……现行市价每银一两易制钱八百文，出易官钱系用库戥，每银一两出钱八百五十文，照依时价市平合算，多换钱二十六文"② 。此即是白银官价低于市价 20 文。

（二）市场比价

市价即是市场价格，是最常见，也是我们最为关心的一类价格。如"自道光七年起……每年扣银二百六十四两，随市价每年扣钱三百余贯不等"③ 。当然，在当时，市价有很多称法，有如叫"时价"的，"租银一十八两二钱四分，照各月份时价每两易钱自九百六十文至一千一百三十文不等，共易钱一十九千七十五文"④ 。亦有干脆不指明而直接折合

---

① 《大学士兼管户部事务傅恒题为遵察湖北宝武局乾隆三十一年份加铸钱文用过工料价脚等项银数事》，乾隆三十五年五月初一日，户科题本，档号：02-01-04-16162-003。

② 《户部尚书海望题为遵旨查核陕省乾隆拾伍年份鼓铸钱文用过铜铅点锡价脚并支给官役薪水等项银两事》，乾隆十六年八月初八日，户科题本，档号：02-01-04-14531-012。

③ 《道光朝恩赏日记档》，朱家溍、丁汝芹：《清代内廷演剧始末考》，故宫出版社 2014 年版，第 219 页。

④ 《户部尚书戴衢亨题为遵察江苏省奏销嘉庆八年份各属给过囚递各犯口粮盐菜银米钱文数目事》，嘉庆十年四月十八日，户科题本，档号：02-01-04-18573-004。

的，需要研究者自行判别，以区别于官价。另外，就市场交易属性来说，市价还可分为批发价和零售价，如"省会各钱店总兑，准照牌价减收三厘，其零星兑用，仍照牌价"。[1] 因涉及批发价的资料极少，本书便多将市价简化等同于零售价。[2]

小结

以上已就钱、银基本概念，钱、银价格含义，两者间兑换关系的种类和表示做了分析，现做一简要总结。

一、钱。（一）种类。清代的金属钱有多种，但只有制钱是法定铸币，我们通常研究的银钱比价，是就银两兑换制钱小平钱而言的。所以要表述银钱比价，就必须先言明使用的是何种钱。（二）用法。银钱比价是在货币具体行用过程中形成的，要规范地表示它，就得言明是在何种情况下使用的钱。是散用计枚，还是整用计串；是虚是实；有无短折……这些都会对比价计算的精确性产生影响。（三）属性。对于静态的制钱铸币本身，最重要的属性就是重量和含铜量（纯度）。重量、含铜量，以及作为币材的未铸币金属价值发生变化，钱的价值就有变化，表现出的价格也会变动。清代制钱含铜量一般不低于50%，政府想要获得额外收益（铸币税）便不能无限降低含铜量，[3] 只能在钱重和面值上

---

① 冯煦主修，陈师礼纂：《皖政辑要》，黄山书社2005年版，第382页。此为安徽省内行用的官钱局发计存钱条兑银数目规定。虽为官设钱柜兑换，实则按市场价买卖。钱店总兑即大数额批发，兑价较之零兑更有优惠。

② 固定折算价也属于（特殊）市（场）价，比如福建地区的"清钱"。但因不属于本书重点研究范围，所以仅在此提及。

③ 此处暂不考虑制钱辅币化情况。且即便国家币制将之辅币化，还需考虑实际市场接受度。

做文章，而这也是理解咸丰以降圜法混乱、钱价频繁波动的关键点。对处于流通中的制钱通货来说，最重要的属性就是铸币量。其在市面上的供需有变动，钱的价格也会有变化。故，从金属铜铸币本身属性出发，必然要求后续银钱比价波动研究需同时注意铸币数量和铜价变动的影响。

二、银。（一）种类。总体上分生银和银币，银币可按其自身的重量、成色折算成生银，但这个比例（洋银比）并不是简单固定的 0.72，和银钱比一样，其也在浮动。[①] 由于时人对银币的认识和接受是一个渐进过程，所以将银币折算生银时，价格可能会被高估或低估。本文"银钱比价"主要研究的是生银兑换小平钱。（二）计量。银币一般计数，生银一般称量。由于没有统一的度量衡体系，各地的称量标准不一样，需相互换算，此即各种"平"，中央库平一两一般为 37.3 克。色，即成色，纹银多按 935 足色计。狭义的兑是以某种固定平、色进行兑换。生银计算本质是平、色的结合。在银钱比价研究中，为使用方便，一般统一标准为库平纹银。

三、价格。（一）钱价与银价。钱价是针对银而言的，银价是针对钱而言的。但在清人实际使用中，钱价、银价均可用银　两易、卖钱 X 文表示。（二）比价表达。比价即银钱货币相对价、兑换率，为便于表示，本书规定比价中的银一律用两称量，钱一律用文计数，在省略单位文/两后将银钱比价简写为一数值。此时的"银钱比价"就是特定的以两为白银单位、以文为制钱单位的银价的数值。一般所讲的"比价"实际都指"银钱比价"，表示一两白银可以兑换的铜钱个数。原始文献中出现的带各种计量单位的"钱价""银价""兑价"等，都可转换为

---

① 趋势为早期被高估且数值高低不一，后期逐渐收敛至 0.72 上下。对其进行细致研究，也可反映货币市场的整合。该方面数据在民国时期尤为系统，研究有如赵留彦：《银点套利与清末民国的货币市场整合——沪津洋厘市场的证据》，《经济学（季刊）》2015 年 7 月。

统一的银钱比价数值。史料中出现的"银贱钱贵""银贵钱贱",有时以 1：1000 绝对标准进行衡量,有时是将当下市场比价与前期市场比价数值进行比较,有的则是将官定价与时价相比较,需注意区分,万不能简单绳之以 1：1000 标准。(三)比价体系。比价为一价格体系,内有不同种类,大体可分为官方比价和市场比价。不同材料中出现的货币兑换价格必须先言明是何种比价。我们一般关注市场兑换,故在严谨研究市场比价时,须说明是以何种钱、在什么情况下去兑换何种平、色、兑(并非都具备)的生银。脱离具体银、钱及交易环境则无法精准表示比价(除非因材料所限迫不得已或对数据精度要求不高)。下文对比价数据已有研究的回顾分析,对比价数据的重新整理,对比价波动的产生原因及影响探求,都建立在此基础上。中国近代货币改革目标之一也是要最终解决混乱的货币种类及相互间兑换价格问题,该问题与政府财政收支、产业经济发展、物价及工资、民生日用等领域均有密切联系。

第二章　既有银钱比价研究数据的分析与评价

银钱比价作为一个传统研究议题，以往围绕于此的研究成果已经很多，相应的，前人发现并整理的数据也不少。要重建银钱比价分区序列，就必须先对前人已整理的典型数据作一番考察——看其从哪些资料中提取数据、如何提取数据（思路）、如何构建序列（方法）、优缺点为何。[①] 为方便论述，本书在此将相关数据按其所依据的主要材料来源——官方数据（官书、档案、海关报告）；民间数据（契约文书、笔记文集、报刊杂志）——分类讨论，[②] 相应数据按"责任人+所涉地区+所属时间段+主要资料来源+形式性状"重新命名。最后总结从中能得到哪些启发和需要注意的问题。

第一节　官方数据

一、官书数据

官书数据主要来源于官方刊印文书，包括各朝实录、会典、谕旨、

---

① 相类似的次要数据将以脚注形式注明。
② 另附拼接整合数据和其他地区数据。这两节中的数据来源是此前各方来源的综合。

律例等——早期研究者多从此中提取数据，后来研究者所用的材料逐渐扩充到各种（出版）奏议、（刊刻）方志、省例等。

（一）彭信威全国清代官书序列①

作为钱币学及中国货币史研究大家，彭信威自是广为人知。他在著名的《中国货币史》一书中曾专门开列货币购买力问题章节，并将清代银钱比价问题置于其下讨论。由此设置也可以看出，银与钱间的兑换率，其实就是货币各自购买力比较，即所谓"钱价"，是相对白银而言的。②"钱价"体现铜钱（主要是制钱）对白银的购买力——钱价高，说明铜钱对白银的购买力高，表现在银钱比价上就是比价数值低（银贱）；钱价低，说明铜钱对白银的购买力低，表现在银钱比价上就是比价数值高（银贵）。

为便于分析比照，现先将彭信威整理的"清代制钱市价表（一）""清代银钱市价表（二）""清代银钱市价表（三）"③合并整理如下（如表11所示）：

表 11　彭信威清代制钱市价

年份	白银一两合制钱数
顺治元④年（1644）	700⑤
康熙九年（1670）	1250（北京）
二十三年	800—900（北京）

---

① 序列指的是原研究者将各种数据整合，并以时间（多以年为单位）先后排序所形成的数据段。特点为有一定的时间连续性（至少是数年连续），但在地域上往往不要求都属于同一区域。彭信威序列是较为著名的一种，虽然同治九年之后的数据整合了梁启超辑录的税务司报告数据（此亦可算是一种拼接），但总体上仍属于其本人构建的序列。

② 相关论述参见彭信威：《中国货币史》，第609页。

③ 彭信威：《中国货币史》，第608、614—615、623—624页。

④ 空格格式为原书所有，为的是方便将年份对齐。

⑤ 唯此为官定价，见彭信威：《中国货币史》，第612页，注释17。

年份	白银一两合制钱数
六十一年	780（北京）
雍正四年（1726）	845
乾隆二年（1737）	900
	800（京师）
四年	830（北京）
五年	800（各省）
	700（江苏）
六年	800（恶钱）
	800（江苏青钱）
八年	700—815（广东）
十年	720—740（陕西）
十三年	750（山东）
十四年	800（直隶）
十六年	781（山西）
	820（京师）
十八年	830—870
二十四年	885（甘肃）
二十五年	880
三十一年	1100（云南）
三十五年	1150（云南）
四十年	955（京师）
四十一年四月	955（京师大钱）
五月	885（京师大钱）
四十三年	890（陕西）
	1200（云南）
四十四年	880（京师）
四十五年	910（直隶及近省）

年份	白银一两合制钱数
五十六年	1550（四川）
五十九年	2450（云南）
	1400（闽浙）
六十年	1000（山西）
嘉庆四年（1799）	1450（江苏）
七年	1450—1650（山东）
二十三年	1300 余（闽浙）
道光二年（1822）	2000 以上（直隶京钱）
	3000 以上（同）
八年	2600（山东京钱）
	1300（苏松）
	2550（京钱）
九年	1400（河南）
十年	2700（山东京钱）
十二年	1250（湖州）
十八年	1650
二十二年	1650（浙江）
二十六年	1500（江南）
	1500（河东）
二十七年	2000（湖广）
咸丰元年（1851）	2000
二年	1500（京师）
三年	1600
	1850
四年	2000
五年	1600
七年	1190（上海）

年份	白银一两合制钱数
十一年	1650
同治元年（1862）	1550—1650
六年	1500—1600（各省）
九年	1856
十年	1856
十一年	1856
十二年	1782
十三年	1787
光绪元年（1875）	1760
光绪二年	1705
三年	1660
四年	1582
五年	1604
六年	1636
七年	1673
八年	1668
九年	1668
十年	1634
十一年	1633
十二年	1631
十三年	1530
十四年	1564
十五年	1569
十六年	1473
十七年	1481
十八年	1536
十九年	1536

年份	白银一两合制钱数
二十年	1493
二十一年	1648
二十二年	1364
二十三年	1364
二十四年	1292
二十五年	1312
二十六年	1315
二十七年	1336
二十八年	1331
二十九年	1265
三十年	1213
三十一年	1089
三十二年	1386
三十三年	1485—1683

从彭信威制表可以看出，其本人有想以比价的年时间序列变动形式考察货币购买力变动情况，但受所获资料限制，当时还无法做到逐年连续不间断。[1] 就制钱市价来说，其价格有以具体数值表示者，有以模糊估计表示者（比如 1300 余），还有以区间表示者（比如 [1500, 1600][2]），这是文献原始记录如此使然。就货币种类来说，虽都为铜钱，但也有青钱、恶钱、京师大钱、直隶京钱、山东京钱的区别，恶钱作为劣钱可以排除，各类京钱按 2：1 换算作制钱，[3] 则大体标准可以统一。由于全国各地区的比价有绝对值差异，所以其在比价后还特别注明

---

[1] 因空缺年份太多，绘图意义不大，故本处不放置比价序列图。

[2] 这种记录不需要考虑开区间、闭区间的问题，为求方便，本文一律用闭区间表示。

[3] 彭信威：《中国货币史》，第 621 页，注释 9。

了地点，比如乾隆四十三年（1778），陕西和云南的价格就差了35%（1200/890-1）；而乾隆五十九年（1794），闽浙和云南更是相差75%（2450/1400-1）——如不作分省而直接引用，就会出现如杜恂诚教授《白银进出口与明清货币制度演变》一文图2所示在1794年处有异常凸起。[1] 从资料来源看，同治九年（1870）以前的数据出自《清实录》《清朝文献通考》《大清会典事例》《皇朝经世文编》《皇朝政典类纂》等，[2] 以官书为主；同治九年及之后数据引自梁启超《各省滥铸铜元小史》（《饮冰室文集》二一）中的海关统计——为方便比较，按库平一两等于关平九钱九分换算。[3]

从上述列表形式分析可以看出，彭氏制钱市价表的贡献不仅在于给出了一套我们至今仍在广泛使用的清代银钱比价数据，而且还指出了今后进一步完善该表的方向：按年，分区（从分大区逐渐细化到分省乃至部分府），以库平银兑制钱为标准（其他形式的比价换算成此），必要时进行拼接（比如将光绪朝的海关数据拼接到此前的官书序列上）。后人银钱比价数据的再整理，乃至今后试图建立银钱比价数据库，其实都是在彭信威形式的基础上展开的。但当然，此中也有一些问题是彭信威没有来得及细化分析的，比如一个省的年均数据是如何得出的？在我们不可能用省内各地逐日逐月数据平均的情况下，其取值不仅具有时间和地域上的不平衡性，同时还受到资料来源不同的影响。这是彭信威没有给出解决方案的，也是后人扩充整理比价数据所要面对的难点。相应的，其所导致的问题也是我们在直接使用彭信威序列时需注意的——数

---

① 原图对比林满红及本文研究数据的另两个异常凸起点为1822、1830年前后（杜恂诚、李晋：《白银进出口与明清货币制度演变》，《中国经济史研究》2017年第3期，第13页），原因为未将直隶、山东京钱数值转化为制钱数值。

② 彭信威：《中国货币史》，第612页，注释17；第621页，注释8。

③ 彭信威：《中国货币史》，第628页，注释2。但他没有说明的是梁启超原数据是有最大最小值的，而彭信威只取了最大值，并将之乘以0.99换算成库平银折钱。

据有没有代表性，适不适用于研究当地的情况？总之，彭信威序列在今天看来，直接引用的意义已不大，但其构建数据序列的意图及数据基本处理方法值得借鉴。

（二）陈昭南南北方雍乾官书序列①

陈昭南意识到，中国幅员辽阔，即便是要讨论比价的长期波动趋势也不能不分地域而论。②故其在构建雍乾朝银钱比价序列的时候，特地选取了北京一带（直隶）和江浙地方作为代表性区域。北京一带比价数据的主要来源是《清实录》，陈书在讨论比价波动原因时引用了大量清宫档案，这在1960年代（相比大陆而言）是一大亮点，虽然北京数据没有直接来源于档案，但据本文核对数据的观察来看，档案中的数据与实录颇为一致，甚至诸多档案中的论述都能在实录里再现。与彭信威、杨端六等同时期研究者也引用过实录相比，陈昭南的收集显然更为细致，数据量更多。江浙地区的数据，由于其认为正史记载缺乏，故从《履园丛话》、《病榻梦痕录》、《梦痕余录》、《一斑录》，《清实录》、《上谕条例》，《常昭合志》、《松江府志》等多类材料中提取。再用萧山和苏州地区数据合并代表江浙。笔者现将其再整理如下（如表12所示)：③

---

①　陈昭南数据的北京一带可以称为序列，江浙为散点，本文在此统称为陈昭南南北方雍乾官书序列。陈昭南另一段宁波数据，详参本章第七节彭凯翔南北方数据所引南方数据说明部分。

②　陈昭南：《雍正乾隆年间的银钱比价变动（一七二三—九五）》，第4页。

③　陈昭南：《雍正乾隆年间的银钱比价变动（一七二三—九五）》，第6—19页。原书北京一带的分时段表一、二、三、四、五最后被陈氏合并为表六，江浙表七、八合并为表九。表十为除此以外的地区。第20页相应的绘图原图为将北京一带和江浙地区数据用直线连接，本文在此以内插值用平滑曲线连接。

表 12 陈昭南南北方雍乾官书序列

时间	北京一带比价	江浙比价	其他地区 1（鲁晋陕豫）	其他地区 2（鄂湘闽粤）	其他地区 3（云）	其他地区 4（川贵甘）
1723	800					
1724	820					
1725	845					
1726	900		750①	950	1400	
1727	925		900			
1728	950		930			
1729	980				1450	
1730	950	850				
1731	925					
1732	900					
1733	880					
1734	860					
1735	840					
1736	820					
1737	800					
1738	755					
1739	830					
1740	830	700				
1741	830		825	800		
1742	815					
1743	800			800		
1744	825		810	800		
1745	850		735			

---

① 陈昭南：《雍正乾隆年间的银钱比价变动（一七二三—九五）》，第 20 页，附图图例显示其将其他省份数据分为了 4 组，本文在表格中则按此分为 4 组。原表中是直接标注省份的。比如雍正四年，陕西 750，湖南 950，云南 1400。

　　　　　　　　　　　　　　　　　　　清代银钱比价波动研究

时间	北京一带比价	江浙比价	其他地区1（鲁晋陕豫）	其他地区2（鄂湘闽粤）	其他地区3（云）	其他地区4（川贵甘）
1746	825					825
1747	850					
1748	775		750			
1749	790					
1750	805			850		
1751	820		780	815		
1752	840					
1753	850					
1754	850					
1755	850					
1756	850					
1757	850					
1758	850					
1759	850	750		835		960
1760	850					
1761	825	785				890
1762	800					925
1763	850					
1764	870					
1765	890					
1766	910					
1767	930					
1768	950					
1769	950					
1770	950				1150	
1771	950	860				
1772	950		900			

时间	北京一带比价	江浙比价	其他地区 1（鲁晋陕豫）	其他地区 2（鄂湘闽粤）	其他地区 3（云）	其他地区 4（川贵甘）
1773	950					
1774	955					
1775	960	875				
1776	910					
1777	890					
1778	870		900			
1779	850					
1780	910					
1781	925	900				
1782	940					
1783	955					
1784	970					
1785	985					
1786	1000	980				
1787	1020					
1788	1040					
1789	1060					
1790	1080					
1791	1100					
1792	1120	1300				
1793	1140					
1794	1150				1550	1550
1795	1150	1450	1000			
1796		1300	1250			
1797		1025				

清代银钱比价波动研究

时间	北京一带比价	江浙比价	其他地区 1（鲁晋陕豫）	其他地区 2（鄂湘闽粤）	其他地区 3（云）	其他地区 4（川贵甘）
1798	1090①	1050				
1799	1033	1080				
1800	1070	1000				
1801	1041	900				
1802	997					
1803	967					
1804	920					
1805	936					
1806	963					

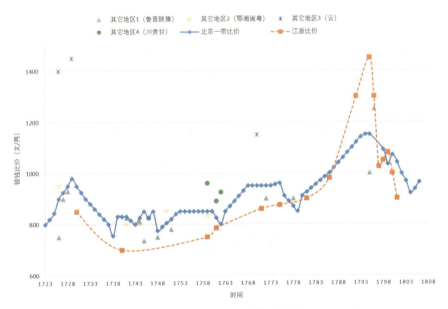

图 11　陈昭南南北方雍乾官书序列

---

① 北京一带数据的 1798—1806 为严中平宁津序列。

由上图（图11）可以看出，不同区域间比价确有差别。由于北京一带的数据较为密集，故曲线图可以很好地反映原貌；而江浙地区数据过少，用平滑曲线内插值连接是可取的，好过只显示点数据的方法。但无论如何，这样的数据情况并不影响陈昭南用之分析证明江浙地区比价波动幅度高于北京地区。[①] 另外，全国其他地区的数据也有不少，但陈昭南只是就其当时所能搜寻到的做了一些填补。其在处理他省数据上，有一思路亦值得借鉴——当单省数据不足时，可将自己认为的比价波动更相关的数省数据合于一组，如此则出现了鲁、晋、陕、豫，鄂、湘、闽、粤，云、川、贵、甘这样的分组。不过与我们一般认知不同的是，鲁和陕，鄂和粤，贵和甘的差别应当较大，不知缘何放于一起——陈昭南在此没有解释原因。当然，由于他省数据量实在太少，少到不能说明问题，故如此放置也不影响行文。另外，对比同为官书记录的彭信威、杨端六数据，我们已知官方的记录并不全为具体数值型，对于以区间和模糊估计形式记录的数据如何处理，陈昭南也没有说明。从其表中规整的具体数值型数据表现，我们大致可以推断，其或是用取中值和近似值的办法整理数据的。

再细看北京一带的逐年数据。由于几乎是一年不漏，该情况与他省相比甚是奇特。雍正七年（1729），表中数值为980（单位文/两省略，下同不赘）。但在对应的分析中则是"雍正七年，钱价更跌，'马兰峪地方、奉天、直隶数府，钱价过贱'，所以上谕：每银一两换制钱不得过一千文。钱价过一千文的地方虽然只限于奉天、直隶数府，但京师近在咫尺，其钱价也一定逼近一千了"。[②] 如此看来，则有据可查的记录

---

① 陈昭南：《雍正乾隆年间的银钱比价变动（一七二三—九五）》，第20页。但是否真是如此，笔者持怀疑态度。因为两组数据都是经整理而成，又非来源于同一统计部门，故需谨慎对待用以直接比较波幅。

② 陈昭南：《雍正乾隆年间的银钱比价变动（一七二三—九五）》，第6页。

仅仅是上谕中的 1020 （雍正七年二月二十日户部奉上谕：近闻马兰峪地方，每银一两换大制钱一千零二十余文)①，京师的 980 并无相应记载，这完全是陈昭南根据史料估计出来的。同理，雍正九年（1731），按其注释 13，"……发粜，所得钱文，发五城钱铺，照定价九百五十文兑换"，其认为 950 是官定价，此时市价一定要高于此，故取值 925，如此则"大概不会有太大错误"。② 由于该年只有这一条记录，而陈氏又未说明需按何标准、依何尺度取值，故自圆其说便可认为是"无误"。由此，一方面，我们后人在看待前人整理数据时，对于特别完整的数据需有所警惕，要多问一问其是怎么得出来的；另外，当然，这种考证加推测的方法也可学习借鉴。

以上两条是在只有孤证的情况下分析的，我们不免想到，如果同一年份，有多个数据，而陈氏又恰恰只看到其中一条便将之取为年数值，那会有偏误吗？我们先拿陈昭南乾隆六年（1741）的 830 取值分析。③ 按其原文，在乾隆四年（1739）的分析之后，便到了"乾隆五、六年的比价似乎依旧徘徊在 830 上下，其后，钱价又继续上涨"④。则事实上，陈氏列表中乾隆五、六年的数据均系沿用自乾隆四年。那么，乾隆六年真的缺少资料吗？按笔者查阅，《清实录》中确无记载，但档案有。乾隆六年二月十五日，广东粮驿道朱叔权奏"惟京师之钱稍贱，然每两亦不过换钱八百三四十文"。⑤ 乾隆六年九月初七日，贵州道监

① 倪模：《古今钱略》（上），卷首《国朝钱制》，上海古籍出版社 1992 年版，第 65 页。
② 陈昭南：《雍正乾隆年间的银钱比价变动（一七二三—九五）》，第 25 页。
③ 银 1 两＝钱 830 文，直接写为（银钱）比价 830，下同，不赘。这个 830 其实是银价的数值，如果说钱价，则应该是 1.2 厘/文或 1.2 两/串。
④ 陈昭南：《雍正乾隆年间的银钱比价变动（一七二三—九五）》，第 7 页。
⑤ 《广东粮驿道朱叔权奏陈平抑钱价事宜事》，乾隆六年二月十五日，朱批奏折，档号：04-01-35-1231-023。

察御史孙灏奏"惟是民间贸易每银一两仅换钱八百三四十文不等"。[①] 如此则该年的记录区间为 [830, 840]，可以取中值 835。两个数值只相差 0.6%，在实际使用上是无甚区别的。但从此中我们可以知道，在今天可以利用大数据资料的情况下，对于前人所不确定的数据，我们可以用更多资料补充修正。至于差值 0.6%，则是属于计算精度要求的问题，并非史料真实性问题。一般情况下，我们对于比价数据的量化恐不会有如此要求（按：即便有，现也提供不了 1% 误差内的数据）[②]，所以不予讨论。唯有在以后整理数据时，需要考虑更大百分比差值下的两种数据，该作何选择？据笔者经验，如果以 1000 为界限，那么在 1000 以内，推测值、估算值和实际值相差在 10% 以内，都无甚关碍。我们在此基础上再检测陈昭南乾隆三年（1738）的比价 755 数据（如表 13 所示）：

表 13　陈昭南序列乾隆三年北京一带数据的比对

资料来源	资料内容	比价	备注
陈昭南（1966）	原书第 26 页注释 17。	755	原始来源为经世文编，核对高宗实录。
《中国荒政全书》（2004）第二辑第一卷，第 511 页，《赈纪》卷二，《院题秋禾被旱情形疏》	以制钱一百三十文合银一钱五分。	867	
录副奏折，03-0768-017，《乾隆三年五月二十九日正白旗内蒙参领四十七奏报铜价日昂请禁囤积事》	钱价至今未平，每银一两只换制钱七百五六十文。	[750, 760]	5 月

① 《贵州道监察御史孙灏奏请钱局匠役工资仍发钱文事》，乾隆六年九月初七日，录副奏折，档号：03-0769-030。

② 因为都是统计值，比价自身年内的波动就完全会超过 1%。

资料来源	资料内容	比价	备注
朱批奏折，04-01-35-1228-011，《乾隆三年六月十七日大学士鄂尔泰奏议陶正靖等陈请革除钱行经纪等事》	钱价转昂，白金一两仅易钱七百五六十文，民甚为苦。	[750, 760]	引陶正靖奏。
朱批奏折，04-01-35-1227-024，《乾隆三年二月初六日直隶按察使多纶奏请改铸钱文以缓钱价事》	闻京中之钱市平一两只兑制钱八百文。	800	京市平①，为35.61g。
录副奏折，03-0768-010，《乾隆三年三月初一日河南道监察御史明德奏陈京师平市钱价五条事》	延至本年二月二十日以来，又忽每银一两仅换钱七百八十五文。	785	2月
《晚闻存稿》，卷一，奏议，清乾隆贻清堂刻本，《乾隆三年五月十八日进请除巨蠹绌谬谋以裕泉源事》	至近日，钱价转昂，白金一两仅易钱七百五六十文，民既甚以为苦。	[750, 760]	5月

说明：比价单位均为文/两，单位省略，下同不赘。[ ] 为变动区间表示。

在上表中，主要还是论京师比价，故直隶灾赈且还是米价换算值867，已属间接之间接，且非正常年景市值，可不论。陈昭南于贺长龄编《皇朝经世文编》中查得陶正靖《陈明钱贵之由疏》此番记载，因为原书无时间记录，其又核对《高宗纯皇帝实录》"乾隆三年六月戊戌"条的记载，推定755数值应该是五六月间的比价。笔者查陶正靖《晚闻存稿》，则明确了这是五月。鄂尔泰六月奏议曾引陶正靖上奏，则进一步佐证该点。② 如此，则755为该年5月比价，2月比价为785，在只有这两月记录的情况下，取均值770可代表全年。当然，这也是我们在大数据资料比对并人工考证判定下的计算值，和京师全年每日的平均值一定不一样（那是不可取得的绝对理想值）。其实，不论是755，

---

① 另外，由此可知，我们最后求得的均值也还是市平银的兑钱值，但京市平和康熙库平37.301g相差也不大，在实际比价统计中，我们一般忽略原始白银与库平纹银差别不大的情况下的平、色、兑问题。

② 以上相互佐证。陶正靖的原始奏折现已无法查得。

还是 770，差值已在 10% 内，在不做细致量化统计时并无影响。本文在此做该比对是为了说明：1. 对前人太完整的数据需要谨慎，其有可能是推断而来。但我们今天可以用更多的资料去核对、补充、校正之。2. 前人取值受制于史料检索的历史条件，即便经过考证（由于数据太多，有可能有未经考证者），也与实际比价有区别，但若差别不大，还可直接引用。若差别较大，就需我们再行比对。但如果每一数据都如此做，则所耗精力不知几何。折中来看，我们当优先引用高质量研究数据，同时可抽检其中一些看偏差是否过大。3. 即便是大数据情况下，也还需人工判定哪些资料中的数值更为可用，此只能靠经验解决。

总之，陈昭南序列的北京地区数值可以直接引用。虽然有推断成分在内，有一些也与更多数据下的校正值有偏差，但不影响使用。其分区讨论比价波动的思路以及合并数省并分组构建比价序列的方法，也是我们后人继续整理比价序列所可以学习的。

（三）杨端六全国清代官书散点数据①

与彭信威相比，杨端六在《清代货币金融史稿》第三篇中的数据虽未整合成序列，②但资料来源广于彭信威（另有《皇朝文献通考》《东华录》《币制汇编》《清代外交史料》等），数量也较之更多。从研究目的看，其只为了解清代银钱比价（按：原书用词）变动趋势，对各地区别和数据是否连续并不关注。故杨端六数据多为逐条史料摘录，未做数据提取工作，且因未考虑史料内载比价数据的性质问题，其所摘资料也非全为市价。此类数据对于补充不成序列的空缺有一定意义——后成为林满红四段拼接数据中的一部分，这提示我们可从各种途径去找寻资料以补充空缺。但对于如何提取比价数值、统一格式，如何辨析考

---

① 没有按序列表制作，又或者是数据量过少（一般少于 10 年）的，本处不称之为序列，而只叫作比价散点数据，有时将"散点"两字省略。

② 杨端六：《清代货币金融史稿》，第 170—212 页。

证数据类型，则有待后续研究者进一步努力。

总之，由于研究目不同，杨端六数据在更大程度上只是为便利做总体波动分期和波动因果论述，数据统计非其关注要点。由此，我们也可知晓，清代银钱比价研究一直存在两个方向，一个是专门研究比价的总体波动趋势及波动原因，一个是专门研究具体数据——包括构建序列、研究地区差异等，两者虽非完全割裂，但依然有明显区别——前者对数据整理要求的严格程度要低于后者。而将来，要使银钱比价问题能得到更深入研究，势必要求我们融合两者。那么，分区数据的科学收集、整理自成为深化研究的基础。

二、档案数据

顾名思义，档案数据所依赖的材料主要为档案。清代档案（分中央档案①和地方档案②）数量庞大，而银钱比价数据又为政府进行经济管理所依赖，故档案中多会留下相关记录。③

（一）罗玉东苏皖赣光绪朝厘金比价序列

清代的货币体制是银钱二货制，厘金缴纳可用钱（制钱、东钱、市

---

① 主要是指藏于中国第一历史档案馆和台北故宫博物院的档案。

② 各地清代档案。有的已经出版，有的还待挖掘整理。各海关档案由于藏地性质，也属于地方档案。

③ 除本节所列举典型外，相关还有"汤象龙咸丰朝各地档案数据"，见汤象龙：《咸丰朝的货币》，《中国近代经济史研究集刊》1933 年第 1 卷第 2 期，第 1—26 页。"王德泰乾隆朝全国档案数据"，见王德泰：《清代前期钱币制度形态研究》，第 190—191 页，表 3—28。"倪玉平道光朝张家口税关档案数据"，见倪玉平：《清朝嘉道财政与社会》，第 353—354 页，资料来源于中国社会科学院经济研究所抄档和中国第一历史档案馆朱批奏折财政类关税项。"马国英山西乾嘉道户科题本档案数据"，见马国英：《1736—1911 年间山西粮价变动趋势研究——以货币为中心的考察》，《中国经济史研究》2015 年第 3 期，表 1、表 2。

钱等），可用银两（库平银、湘平银、市平荆沙银等），亦可用银元，[①] 但在核算时往往需要统一为一种货币，故厘金收支记录中会有银钱兑换率（按：原书用词）记录。罗玉东就是在研究清代厘金收支时，根据内阁大库档案统计出光绪朝江苏、安徽、江西三省的银钱兑换率，此后也被人广为引用。但人们在引用数据的同时，却少有关注罗玉东序列是如何统计出来的，方法为何，可否重复（模仿、验证）。本节现分析之。

罗玉东本人曾明确表述，按其遍查各省厘金报告，从中能求出库平银与钱的兑换率的只有江苏、安徽、江西三省，而有银元与库平银浮动兑换率的只有江苏。[②] 那我们现按此三省数据做逐一分析。

1. 江苏序列

先看江苏序列表（表14）[③]：

表14　江苏省历年银钱及银元兑换率（同治十三年—光绪三十四年）

年次	库平银每两合洋（元）	库平银每两合钱（文）	
		上半年	下半年
同治十三年	1.443	1775	1775
光绪元年	1.481	1795	1795
二	1.506	1761	1761
三	1.495	1722	1716
四	1.509	1627	1624
五	1.502	1616	1618

---

① 参见罗玉东：《中国厘金史》，第154页，第二十五表《各省厘金收支所用货币种类表》。其中的东钱可能只是记账使用。

② 罗玉东：《中国厘金史》，第154页。

③ 参见罗玉东：《中国厘金史》，第528页，第三十一表《江苏省历年银钱及银元兑换率（同治十三年—光绪三十四年）》。

年次	库平银每两合洋（元）	库平银每两合钱（文）	
		上半年	下半年
六	1.494	1661	1659
七	1.491	1694	1680
八	1.499	1666	1655
九	1.497	1711	1704
十	1.485	1694	1685
十一	1.481	1700	1703
十二	1.497	1655	1654
十三	1.514	1593	1560
十四	1.500	1589	1578
十五	1.492	1559	1554
十六	1.510	1540	1540
十七	1.503	1526	1523
十八	1.503	1548	1540
十九	1.498	1599	1597
二十	1.493	1547	1533
二十一	1.460	1500	1500
二十二	1.498	1481	1485
二十三	1.488	1330	1333
二十四	1.462	1341	1345
二十五	1.475	1362	1364
二十六	1.475	1362	1362
二十七	1.491	1375	1359
二十八	1.482	1356	1353
二十九	1.472	1323	1312
三十	1.496	1329	1340
三十一	1.515	1413	1425

年次	库平银每两合洋（元）	库平银每两合钱（文）	
		上半年	下半年
三十二	1.488	1503	1507
三十三	1.494	1534	1538
三十四	1.476	1601	1617

从上表可以看出，当时不独是白银银两与制钱的兑换率随行就市，就连洋银银元与银两间也是。① 依罗玉东数据分析，单位洋银合库平银均值为 0.67②，不同于我们一般认为的 0.72。江苏奏报采用的是两淮盐厘格式，③ 半年一报，④ 据此可均平算出年均数值，并构建江苏银钱比价序列（见图 12）⑤：

罗玉东该原始数据的问题在于，其未给出援引档案记录（当然，这也受制于历史条件），我们无法直接核对其所引材料。现知，江苏在当时分区设置厘务总局，共分金陵、苏州、淞沪三区，⑥ 金陵厘捐总局即原江北厘捐总局（同治四年改），苏州牙厘总局总理苏、常、镇三属厘务，淞沪捐厘总局即原江南捐厘总局（同治二年改）。⑦ 此三个厘金局都应有上下半年的厘金收解数目清单，则每年当有三组上下半年数据，但江苏原表中只出现了一组。故我们不清楚这是其中某一处的，还是三

---

① 广义上使用洋银比一词，洋厘是银洋比的一种特例。在银元与规元的兑换中，洋厘表示的是一元银元能兑换到的规元的重量。参见孙善根、周晓昇编：《秦润卿史料集》，天津古籍出版社 2009 年版，第 57—58 页，"公定洋厘日拆之钱业市场"。

② 这 35 年的库平千两合洋均值为 1490.43，用 1000 除以该数，洋合银为 0.67。

③ 罗玉东：《中国厘金史》，第 147 页。

④ 参见罗玉东：《中国厘金史》，第 151 页，第二十四表《各省厘金报告期限格式及奏报人》。

⑤ 本文重制图表坐标轴标题一般称"银钱比价"，除非原始文献特地注明。比如罗玉东常用的词汇为"银钱兑换率"。

⑥ 罗玉东：《中国厘金史》，第 74 页。

⑦ 参见罗玉东：《中国厘金史》，第 238—239 页。

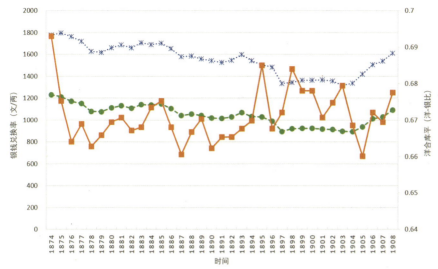

图12　（罗玉东）江苏省历年银钱及银元兑换率（同治十三年—光绪三十四年）

处的平均值，对库平银合洋数据来说，也存在相同问题。现以光绪五年（1879）厘金清单为例，复查光绪六年（1880）八月初十日两江总督刘坤一《呈光绪五年下半年金陵厘捐局厘金收解数目清单》，其载：

> 银钱收款：
>
> 一收各卡货厘库平银二十八万九千七十两七钱二分六厘五毫。
>
> 一收各卡货厘钱三千一百八十六千二百五十八文。
>
> 银钱出款：
>
> 一解甘肃协饷库平银十四万两。
>
> ……

一解金陵军需局拨济军饷钱三千一百八十六千二百五十八文。①

从中可知，金陵局未银钱兼收，但并不统一核算，其所收钱文就地解送军需局作为军饷。该局是年上半年的奏报亦是如此。② 故金陵局清单无需再重复核验。③ 再看苏州牙厘总局：

> ……
>
> 一收各局货厘洋六万八千八百八十元四分七毫五丝，兑换库平银四万五千九百七十三两四钱五厘三毫八丝。
>
> 一收各局货厘钱三十七万五千四百九千六百一十七文，兑换库平银二十三万一千六百四十三两七钱二分一厘六毫四丝。
>
> ……
>
> 查上届四年十二月底止截存钱三万四千一百三十三千一百九十四文，本届兑换库平银二万一千六十一两六钱三分四厘三毫九丝……④

此中库平银合洋为 1.498，而非表中的 1.502。比价为 1620.6，⑤ 亦非表中的 1616。有关光绪五年下半年的厘金奏报载：

① 《两江总督刘坤一呈光绪五年下半年金陵厘捐局厘金收解数目清单》，光绪六年八月初十日，中国第一历史档案馆藏，录副清单，档号：03-6489-050。

② 《署理两江总督吴元炳呈光绪五年上半年金陵厘捐局厘金收解数目清单》，光绪六年五月二十五日，录副清单，档号：03-6489-030。

③ 这里只是就抽样意义上来说的。清代地方厘局奏报纷繁复杂，不同地点、不同时间皆可能有变。但本文只关注银钱比价问题，而不是研究厘金的，故不可能细查所有厘金档案。

④ 《江苏巡抚吴元炳呈苏省牙厘总局光绪五年上半年收解银钱数目清单》，光绪六年十一月二十八日，录副清单，档号：03-6489-073。

⑤ 375409617/231643.72164 = 1620.63，34133194/21061.63439 = 1620.63。取两位小数，四舍五入，下同。

......

一收各局货厘洋三万五千六百四十六元一角四分二厘，兑换库平银二万三千七百一十二两一钱三分六厘八毫六丝。

一收各局货厘钱三十四万四百一十六千八百四十二文兑换库平银二十万六千五百九两三钱四分八厘七丝六忽。……①

当中库平银合洋为 1.503，较接近表中的 1.502。比价为 1648.4，② 又非表中的 1616。我们最后看淞沪捐厘总局的上半年清单：

......

一收上海丝栈商捐洋六万元，兑换库平银三万九千七百九十九两二钱七分一毫。

......

一收丝栈分设震泽镇商捐洋三万二千九百二十七元四分五厘五毫四丝，兑换库平银二万二千二百六两二钱一分四厘九毫。

......

一收各局货厘钱三十三万六千五百六十八千七百四十六文，兑换库平银二十万四千二百五十五两二钱二厘六毫。

......

……钱八千四十五千六百二十五文，本属兑换库平银四十九百七十八两七钱二分八厘三毫。……③

① 《江苏巡抚吴元炳呈苏省牙厘总局光绪五年下半年收解银钱数目清单》，光绪七年四月二十八日，录副清单，档号：03-6490-028。

② 340416842/206509.348076＝1648.43。

③ 《江苏巡抚吴元炳呈松沪捐厘总局光绪五年上半年收解银钱数目清单》，光绪六年十一月二十八日，录副清单，档号：03-6489-074。

此中库平银合洋为 1.508①、1.483②，并非表中的 1.502。比价数值为 1647.8、1616.0，只有 1616.0 一值和罗玉东表中一致。淞沪捐厘总局下半年清单载：

……

一收上海丝栈商捐洋四万七千元，兑换库平银三万一千五百六十二两四分三厘八毫。

……

一收各局货厘钱二十七万八千八百九十七千九百五文，兑换库平银一十六万六千九百五十九两六钱一分四厘八毫。

……

……本届以洋六万二千一百四十四元六角八厘八毫九丝五忽六微二纤五沙③，兑换库平银四万一千四百七十六两七钱一分四厘四毫。……④

当中库平银合洋为 1.489⑤、1.498⑥，非原表 1.502。比价为 1670.5，非原表 1616。即便是计算两局上下半年的平均值，则库平银合洋也为 1.497，比价为 1640.6，依然与原表不一致。同样，按两局最大值和最小值的中间值计算也不符。⑦ 但我们将均值与表中数值相比，银

---

① 6000/39799.2701=1.508。

② 32927.04554/22206.2149=1.483。

③ 十进制单位，从大到小为元、角、分、厘、毫、丝、忽、微、纤、沙、尘、埃、渺等。厘后基本无实际交易用的意义，但在会计数位计算上有存在的必要。

④ 《江苏巡抚吴元炳呈松沪捐厘总局光绪五年下半年收解银钱数目事》，光绪七年四月二十八日，录副清单，档号：03-6490-029。

⑤ 47000/31562.0438=1.489。

⑥ 62144.608895625/41476.7144=1.498。

⑦ 不一致的具体原因为何，尚待专门研究。但因与本研究无直接干涉，故暂提出在此。

洋比差了 0.33%，银钱比差了 1.5%，在实际上都不影响省级年均数据的使用。在省级（空间）层面上，政府不可能备有全省各县全年市价记录，罗玉东评论此求全设想为"惟此不特现时，即在当时，亦不可得"①。在年均（时间）层面上，从数据计算来看，也不能求出每日市价再加总平均。上面计算出的银洋比和银钱比有多个数值，很有可能反映的是厘金所收钱文是集中于某几天兑换成银的，而这几天的市价就被当作年均价格看待。既然省数据是据三个厘金局的数据平均出来的，年均数据是按其中某些集中兑换日的兑换值平均出来的，那么对此数据的精度要求自然也就不能很高，甚至我们可以认为，其精度能大致固定在百位数上（如该年为 1600），就已可用。此种"平均又平均"的办法，在罗玉东看来是"吾人目前所采用之办法，亦可说是唯一可采的办法，虽稍有缺陷，但亦较全无办法者为佳"②。在此意义上，则罗玉东比价省均年均数据的处理方法是较为科学且实际可行的。

另外，罗玉东还提及，官报市价往往会略高于实际市价，以期有利可图也。③ 那么官价和市价是否会相差许多？此须具体问题具体分析。我们在此仅以光绪五年为例验证。按罗玉东计算的上下年数据平均，其比价均值为 1616，则如若其他材料验证的市价在 1600 上下，以及根据当时银洋比算出的银洋价格在 1076 上下（可放宽至 1050），那都可说明该年厘金数据较为可靠。

现查得《齐豫晋直赈捐征信录·苏州桃花坞收解豫赈征信录》记

---

① 罗玉东：《中国厘金史》，第 152 页。

② 罗玉东：《中国厘金史》，第 153 页。

③ 罗玉东：《中国厘金史》，第 152 页。

载当时苏州的银钱比价数值——1600 上下。[①] 我们还查到《订顽日程》中记录上海的洋价"（正月初十）收兑钱一千六十……（正月二十四）收兑钱一千六十五……（二月初七）收兑钱一千七十……（三月十七）收兑钱一千八十……（闰三月初八）收兑钱一千八十……（四月初八）收兑钱一千一百……（五月十九）收兑钱一千零九十……（六月二十）收兑钱一千九十五……（七月十七）收兑钱一千一百……（八月十四）收兑钱一千百廿……（九月二十）收兑钱一千九十……（十月初八）收兑钱千百十……（十一月十一）收兑钱千百一十……（十二月十九）收兑钱一千八十……"[②]。则当时洋钱市价也与 1076 接近。如此，我们可以确定，罗玉东江苏银钱比价数据可信、可用。

2. 安徽序列

我们现看安徽序列表（表 15）[③]：

表 15　安徽省历年银钱兑换率（同治八年—光绪三十四年）

年次	半年	省局	淮北
		库平每两合钱（文）	
同治八—十三年		1775[④]	
光绪元年		1795	
二		1761	

---

① 李文海、夏明方、朱浒主编：《中国荒政书集成》（第八册），第 5568 页。"五年二月分（份）：初四日宝源换，廿千文，十二两四钱九分。十二日履康换，四千三百七十五文，二两七钱四分。原换，四千文，二两五钱一分六厘。三月分（份）：初二日宝源换，廿一千文，十三两二钱〇五厘。原换，一千二百卅九文，七钱七分九厘。二十六日宝源换，五百九十文，三钱七分六厘。原换，六百文，三钱七分八厘。共换出钱一万二千四百八十五千九百一十二文，实换入补水槽平银七千八百五十九两八钱。"

② 杨葆光著，严文儒等校点：《订顽日程》（二），上海古籍出版社 2010 年版，第 941—1035 页。

③ 参见罗玉东：《中国厘金史》，第 563 页，第五十二表《安徽省历年银钱兑换率（同治八年—光绪三十四年）》。

④ 罗玉东：《中国厘金史》，第 563 页，同治八—十三年、光绪一—七年采用江苏数据。

年次	半年	省局	淮北
		库平每两合钱（文）	
三		1722	
四		1627	
五		1616	
六		1661	
七		1694	
八	上年	—	1720
八	下年	1748	1748
九	上年	—	1730
九	下年	1729	1729
十	上年	—	1722
十	下年	1729	1729
十一	上年	—	1733
十一	下年	1733	1733
十二	上年	—	1728
十二	下年	1725	1725
十三	上年	1590	1662
十三	下年	—	—
十四	上年	1650	1611
十四	下年	1633	1606
十五	上年	1674	1578
十五	下年	1640	1576
十六	上年	1667	1572
十六	下年	1665	1587
十七	上年	1665	1602
十七	下年	1665	1628
十八	上年	1665	1752
十八	下年	1665	1758

年次	半年	省局	淮北
		库平每两合钱（文）	
十九	上年	1665	1725
	下年	1665	1728
二十	上年	1665	1723
	下年	1665	1719
二十一	上年	1665	1710
	下年	1665	1683
二十二	上年	1665 .	1667
	下年	—	—
二十三		1560①	
二十四		1560	
二十五		1560	
二十六		1560②	
二十七		1560	
二十八		1560	
二十九		1560	
三十		1560	
三十一		1560	
三十二		1560	
三十三		1560	
三十四		1560	

在该表中，原始注释为同治八—十三年采用江苏数据，但对查江苏数据其实是自同治十三年开始，不知道其同治八—十二年的数据从何而

---

① 罗玉东：《中国厘金史》，第563页，光绪二十三—三十四年的1560为定率。

② 核查《呈安徽省城淮北两厘局光绪二十六年上半年厘金收解数目清单》，光绪二十七年正月十七日，录副清单，档号：03-6474-002。确实是按固定值折算的。

来？而从光绪元年（1875）到光绪七年（1881）引用江苏数据看，该数值又与江苏上下半年的平均值不符，虽然相差无几，但如此简单的计算会出现不符，还是令人费解。光绪二十三年（1897）后，其采用固定折算，虽然折算比可能最初是据时价定制的，但随时间推移，已不能反映比价波动的市场情况。类似于江苏，安徽在当时也有三个收厘总局，分设省城、皖南、淮北，但罗玉东该表中并不出现皖南局。我们以光绪十九年上半年（1893）报告为例分析，光绪十九年十一月二十八日安徽巡抚沈秉成《呈安徽省城淮北皖南厘捐各局光绪十九年上半年厘金收解数目清单》载：

> ……
>
> 一皖南局宣城卡收湘平银一万一千九百一十四两一钱，折合库平银一万一千四百八十五两一钱九分二厘四毫。
>
> ……
>
> 一省局解光绪十九年分（份）东北边防经费库平银五千两合钱八千三百二十五千文。
>
> ……
>
> 一淮北局解光绪十九年分（份）上半年老湘营月饷库平银七千二百两合钱一万二千四百一十六千七百九十三文。[①]

显然，就报告本身而言，皖南局并不收钱，故无比价，无需列入。而省局和淮北局的数据比江苏情况要简单明了，完全可以对上。且就省内差异来说，淮北的波动比省城要大（见下图13）：

---

① 《安徽巡抚沈秉成呈安徽省城淮北皖南厘捐各局光绪十九年上半年厘金收解数目清单》，光绪十九年十一月二十八日，录副清单，档号：03-6389-069。

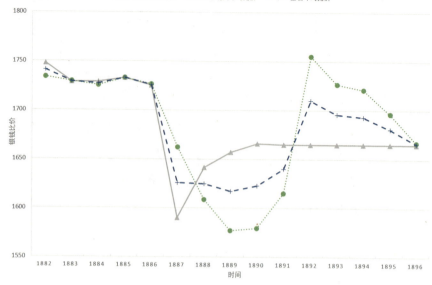

图例: —▲— 省局年均比价 ······●······ 淮北局年均比价 —+— 全省年均比价

图 13 (罗玉东)安徽省历年银钱兑换率(同治八年—光绪三十四年)

由于该皖省序列并不包含皖南数据,故在实际使用上我们还需有所注意。根据笔者经验及相关研究,皖南数据比皖北数据要整体偏低。

3. 江西序列

我们最后看江西序列表(表 16)①、图(图 14)②:

表 16 江西省历年银钱兑换率(光绪六—三十三年)

年次	库平银每两合钱(文)		年次	库平银每两合钱(文)	
	上半年	下半年		上半年	下半年
光绪六年	1694.14	1705.29	八	1634.38	1649.24
七	1684.69	1675.51	九	1659.11	1696.32

① 参见罗玉东:《中国厘金史》,第574页,第六十表《江西省历年银钱兑换率(光绪六—三十三年)》。

② 图中年均比价为上下半年取均值。

清代银钱比价波动研究

年次	库平银每两合钱（文）		年次	库平银每两合钱（文）	
	上半年	下半年		上半年	下半年
十	1699.33	1732.68	二十二	1355.46	1355.01
十一	1723.74	1712.46	二十三	1352.98	1354.1
十二	1635.75	1616.07	二十四	1354.65	1355.01
十三	1598.87	1610.97	二十五	1421.06	1428.57
十四	1612.02	1599.43	二十六	1428.57	1428.57
十五	1567.49	1541.6	二十七	1428.57	1408.45
十六	1529.25	1546.43	二十八	1388.89	1388.89
十七	1533.23	1548.84	二十九	1333.33	1333.33
十八	1576.48	1584.13	三十	1369.86	1369.86
十九	1527.55	1557.86	三十一	1562.5	1691.93
二十	1559.45	1549.86	三十二	1724.14	1721.38
二十一	1550.16	1448.54	三十三	1724.14	1754.39

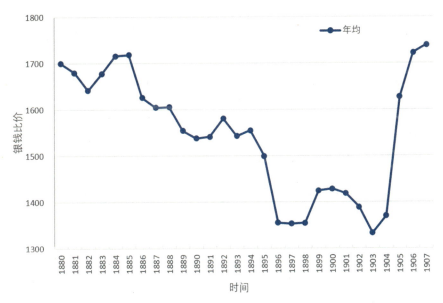

图14 （罗玉东）江西历年银钱兑换率（光绪六—三十三年）

表中钱文带两位小数点，表示这是经过计算得出的。现以光绪十年（1884）下半年为例核对数据来源，该年厘金清单记载：

> ……钱四十九万一百九十四串六百八十三文，随时按照市价易换库平银二十八万二千九百一十两七钱七厘六毫。[①]

按此推断，当年下半年比价为 1732.68，与罗玉东计算完全一致。其他年份亦是如此。但不知为何，罗玉东此序列自光绪六年（1880）始，而据笔者所查档案，实际早在同治八年（1869）就已经有格式一致的记录，为此，本文在之后分省数据整理时会补上这段缺少的数据。

最后，总结来说，罗玉东对比价数据整理的贡献在于：1. 提示可从官方奏销记录中找寻间接比价数据。2. 给出了省级年均比价数据统计的"平均再平均"方法。但对于出现更多资料，数据更杂乱时，该如何比对并选取数据，当是后来研究者需要思考的。3. 给出了小段缺失数值的替代办法。即用邻省数据补充到需要的序列上，虽有弊端，但好过无办法。由于时代原因，其未给出数据对应原文材料，而清代档案又在保存上历经变迁，所以在今日核对部分数据时，已经不能准确还原出罗玉东原始记录。此也提示后人在整理数据时，当尽量给出可被查核的材料。

（二）王光越全国乾隆早中期档案数据

王光越在研究乾隆早年的钱价增昂问题时，曾依据朱批奏折财政类档案整理了部分年份、部分地区的钱价。兹录于下[②]：

---

① 《江西巡抚德馨呈江西光绪十年七月至十二月收解厘金银钱数目清单》，光绪十二年二月二十八日，录副清单，档号：03-6101-022。
② 参见王光越：《乾隆初年钱价增昂问题初探》，《历史档案》1984 年第 2 期，第 96—97 页。带 * 号的为实录补充数据。

表 17　王光越全国乾隆早中期档案数据

朝年（乾隆）	每银一两合钱文数目（文）	钱文的类型	地区
二年	730		苏州
	750—760		江苏
三年	800		京师
	830		保定（山东、河南、山西等省大概相同）
	940		四川
四年	720		江苏
	710		浙江
	760	杂钱	湖广
五年	800	杂钱	湖北
	810	杂钱	福建
六年	830		京师
	750—770		广东、江西、江南、山东各省
七年	830	康熙小钱	江西
	770—820		福州
八年	750—820		闽浙省城
	780—820		陕西、山东
九年	700		
	800		福建
	780		京师
	780—820	杂钱	两广
十年	833		广东
十一年	730		陕西
	830	杂钱	湖广
十三年	700		浙东（京师及各省略与浙东、山东相同）
	710		山东
	600		西安
十四年	710—750		陕西

朝年（乾隆）	每银一两合钱文数目（文）	钱文的类型	地区
十四年	800		直隶
十五年	800		湖南
十六年	780		保定
	810		福建
	781		山西 *
	820		京师 *
十八年	830—870		*
二十三年	730		陕西
二十四年	600—700		甘肃
二十五年	880		
二六年	790—860		河东、宁夏
	860		湖南
	850		直隶
四十年	955		京师 *
四十三年	890		陕西 *
四十四年	880		京师 *
四十五年	910		直隶及近省
五十九年	1400		闽浙 *
	2450		云南 *
六十年	1000		山西 *

可以看出，相较于彭信威、杨端六，后来学者在能方便利用档案的情况下，已开始主要利用档案研究问题。由于王光越只是用之证明钱价增昂的普遍状态，故无需对原始数据再做处理，亦不必求全。但如果我们要比较各省差异，就需另行构建多省序列；如要研究波幅大小等，则需要将数据统一为单数值格式……可见，研究目的不同，处理数据的方

法和思路也不同。另外，从该表的地区一栏中我们也可以发现，由于奏报本身各有不同，故不可能均是以省为单位，小的地点可以是城市——比如苏州、保定，中等者可为省内某区域——如浙东、河东，大的是省，更大的则是数省——如湖广、闽浙、两广。因此，在我们做区域比较时也需要注意如何将地理上大小不同尺度的区域统一至一合适尺度。再者，既然在奏报中往往将邻省合并奏报，那就说明当时相邻地域的钱价是接近的，则我们在整理某省数据遇到空缺时也可以参考邻省数据。类似，用省城数据替代省数据则说明当时政府的采样点在省城，官方依据的数值也是省城数值，如此，我们也可以用之代表一省数据。

（三）王显国全国乾隆朝青钱研究档案数据①

王显国聚焦了乾隆五年（1740）为防止私铸（进而平减钱价）而铸造"青钱"的问题，在研究中，其整理了改铸青钱后十年的银钱比价表（表18）②，见下：

表18　王显国全国乾隆朝青钱研究档案数据

年份	省份	一两白银兑换铜钱（文）	资料来源③	备注
乾隆五年	广东	900（黑小钱）	1	两广总督马尔泰等奏折
	湖北	800（杂钱）	3	
	福建	约810（杂钱）	1	闽浙总督德沛、福建巡抚王士任奏折

① 类似数据还有"王德泰乾隆朝全国档案数据"，参见王德泰：《清代前期钱币制度形态研究》，第190—191页，表3-28。

② 王显国：《浅论乾隆五年（1740）铸"青钱"政策效果》，《中国钱币》2008年第4期，第4页。

③ 资料来源中，1类为朱批奏折财政类档案，2类为转引的彭信威全国清代官书序列，3类为王光越全国乾隆早中期档案数据。

年份	省份	一两白银兑换铜钱（文）	资料来源	备注
	江苏	约 710	1	吏部尚书属理江南总督郝玉麟奏折
	浙江	770	1	闽浙总督德沛奏折
	湖南	800（大半黑小钱）	1	湖南巡抚张渠奏折
乾隆六年	京城	830	1	广东粮驿道按察使签事朱叔权奏折
	江苏	800（青钱）	2	
	江西、山东、广东、江南等	730—740	1	广东粮驿道按察使签事朱叔权奏折
乾隆七年	江西	800（小钱）	1	江西巡抚陈宏谋奏折
	福建（福州）	770 余	1	闽浙总督那苏图奏折
乾隆八年	广东	700—815	2	
	河南	780	1	河南道监察御史兼佐领周祖荣奏折
	福建、浙江	750—800	1	闽浙总督那苏图奏折
	江西	800	1	江西巡抚陈宏谋奏折
乾隆九年	广东	780—820（多薄小钱）	1	广东按察司按察使张嗣昌奏折
	京师	780	3	
	福建	800	3	
	甘肃	820—930	1	川陕总督庆复、甘肃巡抚黄廷桂奏折
乾隆十年	湖南	800 余	1	湖广总督鄂弥达、湖南巡抚蒋溥奏折
	湖北	770（多杂钱）	1	湖广总督鄂弥达、湖北巡抚晏斯盛奏折
	江西	860	1	江南江西总督尹继善、江西巡抚塞楞额奏折
	安徽	760—770	1	属理安徽按察使都隆鄂奏折

年份	省份	一两白银兑换铜钱（文）	资料来源	备注
	广东	833	3	
	贵州（贵阳）	900	1	贵州总督兼巡抚张广泗奏折
	陕西	720—740	2	
乾隆十一年	陕西	720—740	1	陕西巡抚陈宏谋奏折
	湖广	830（杂钱）	3	
乾隆十三年	京城	700 余	1	刘统勋、阿里衮奏折
	山东	700 余	1	山东按察使李滑奏折
	陕西	720 余	1	陕西巡抚陈宏谋奏折
	西安	600	3	
	浙江	760—770	1	浙江巡抚方观承奏折
乾隆十四年	直求	800	1	直隶总督方观承奏折
	湖北	800	1	兵部尚书属湖广总督奏折
	陕西	710	1	陕西巡抚陈宏谋奏折
	山东	800	1	山东巡抚兼提督准泰奏折

从中可以看出，王光越整理比价数据的基本地域单位是省（京师除外），而省数据有些是据省城数据而来，有些则未作明确说明。一两白银兑换的是"铜钱"数，而非标准制钱，这提示我们需要注意银钱兑换的具体货币种类。对于仅有杂钱、黑小钱的记录，我们需要审慎取值。而对以区间形式记录的比价数值，或可取中位数转为单数值。对于某某余类似，与约数一样，可只取数值本身。总之，要将现有的类似表格再整理成统合性的比价数据，我们还要在统一标准和数据转换上下一定功夫。

三、海关报告数据

海关报告是研究清代社会经济问题的重要数据来源史料。其本属档案性质，但为论述方便，在此特别将之单列叙述。

（一）梁启超辑录晚清税务司报告序列

梁启超在 1910 年 3 月 21 日、31 日的《国风报》第 4、5 期发表有《各省滥铸铜元小史》一文，其中有其据税务司报告辑录的自同治九年至光绪三十年（1870—1904）的银钱比价序列。这里需要注意的是，梁启超当时已经在使用"比价"一词，原始表述为"银与制钱之比价"[1]。梁启超辑录的税务司报告数据只有海关银和上海银，其余信息未作说明。现重整如下（表 19）：

表 19 梁启超辑录晚清税务司报告序列

时间	（A）海关银	（B）上海银	（C）AVG 或 M	（D）库平合钱
1870	1683	1875	1779.00	1761.21
1871	1683	1875	1779.00	1761.21
1872	1683	1875	1779.00	1761.21
1873	1616	1800	1708.00	1690.92
1874	1620	1805	1712.50	1695.38
1875	1598	1778	1688.00	1671.12
1876	1545	1722	1633.50	1617.17
1877	1485	1655	1570.00	1554.30
1878	1434	1598	1516.00	1500.84
1879	1454	1620	1537.00	1521.63

---

[1]　沧江：《各省滥铸铜元小史》，《国风报》第一年第四号，第 43—46 页。

清代银钱比价波动研究

时间	（A）海关银	（B）上海银	（C）AVG 或 M	（D）库平合钱
1880	1483	1653	1568. 00	1552. 32
1881	1517	1690	1603. 50	1587. 47
1882	1513	1685	1599. 00	1583. 01
1883	1513	1685	1599. 00	1583. 01
1884	1482	1651	1566. 50	1550. 84
1885	1481	1650	1565. 50	1549. 85
1886	1479	1648	1563. 50	1547. 87
1887	1397	1557	1477. 00	1462. 23
1888	1418	1580	1499. 00	1484. 01
1889	1423	1585	1504. 00	1488. 96
1890	1336	1488	1412. 00	1397. 88
1891	1343	1496	1419. 50	1405. 31
1892	1393	1552	1472. 50	1457. 78
1893	1393	1552	1472. 50	1457. 78
1894	1354	1508	1431. 00	1416. 69
1895	1315	1465	1390. 00	1376. 10
1896	1236	1378	1307. 00	1293. 93
1897	1236	1378	1307. 00	1293. 93
1898	1171	1305	1238. 00	1225. 62
1899	1189	1325	1257. 00	1244. 43
1900	1192	1328	1260. 00	1247. 40
1901	1212	1350	1281. 00	1268. 19
1902	1207	1345	1276. 00	1263. 24
1903	1147	1278	1212. 50	1200. 38
1904	1100	1225	1162. 50	1150. 88

说明：AVG 为均值，M 为中值，此处相同。C、D 列为彭信威取值，C 直接将 A、B 平均，再转化为 D。

由于原文没有说明具体依据的是税务司何种性质报告，故我们无法得知调查的过程和地点（亦无法核对原始文献），该序列也就只能在一般意义上被当成全国序列——彭信威数据的后半段就是据此而来（但彭信威只取了最大值，再乘以 0.99 转化为库平银合钱）。这也提示我们，在使用前人数据时，需关注其原始来源为何，是否已经过处理，经处理后有多大变化等信息。

（二）滨下武志辑录湖北沙市 1892—1921 海关报告序列

滨下武志认为，中国历史上作为币材使用的金、银、铜三种货币可以相互构成金银比价、银银（银两与银元）比价、银钱比价。而海关报告中则有诸多相关记录。其特地举例了湖北沙市的银钱比价（表 20）[①]：

表 20　滨下武志辑录湖北沙市 1892—1921 海关报告序列

时间	银钱比价	时间	银钱比价	时间	银钱比价
1892	1630	1902	1200	1912	1890
1893	1600	1903	1170	1913	2060
1894	1645	1904	1200	1914	2010
1895	1274	1905	1420	1915	2080
1896	1292	1906	1620	1916	2250
1897	1288	1907	1620	1917	2350
1898	1370	1908	1790	1918	2400
1899	1274	1909	1950	1919	2440
1900	1333	1910	1935	1920	2500
1901	1313	1911	1900	1921	2760

---

① ［日］滨下武志：《中国近代经济史研究：清末海关财政与通商口岸市场圈》，第 217 页，表 3-6。

该表注释为引自 CIMC①，即《中华帝国海关·十年报告》，平为沙市关平。但需要注意，海关常用关平银，而我们一般所说银钱比价，多为库平银，规元、银元为原始形式的记录也往往在比较时被转化为库平，故有必要考察关平和库平的区别。杨端六曾按照马士在《中朝制度考》中给出的标准平来记录关平和库平换算：关平 1 两 = 581. 55 英厘（grain），关平 100 两 = 库平 100. 9986 两。② 但其也说，马士自己记录尚存矛盾，马士在他处又记录关平 100 两 = 库平 101. 642335 两，其他人的不同说法更多。更复杂的是，该衡量也只是理论上的，具体到各地，不同地方的关平同样不一致。为此，现将主要海关的关平兑库平表（表21）、关平兑市平表（表 22）给出：

表 21　关平与库平换算表

海关	关平 100 两合库平	库平 100 两合关平	1 库平合关平
粤海关	100. 8400	99. 1670	0. 9917
潮海关	100. 8400	99. 1670	0. 9917
琼海关	100. 8400	99. 1670	0. 9917
江海关	101. 6430	98. 3836	0. 9838
苏州关	101. 6430	98. 3836	0. 9838
镇江关	101. 6430	98. 3836	0. 9838
金陵关	101. 6430	98. 3836	0. 9838
岳州关	101. 6430	98. 3836	0. 9838
长沙关	102. 4015	97. 6548	0. 9765
梧州关	101. 6430	98. 3836	0. 9838
镇南关	112. 3220	89. 0298	0. 8903
南宁关	101. 6430	98. 3836	0. 9838

---

① China, Imperial Maritime Customs, Decennial Report。
② 杨端六：《清代货币金融史稿》，第 76 页。

海关	关平 100 两合库平	库平 100 两合关平	1 库平合关平
芜湖关	101.7350	98.2946	0.9829
浙海关	101.6423	98.3842	0.9838
杭州关	101.6423	98.3842	0.9838
瓯海关	101.6430	98.3836	0.9838
蒙自关	101.8880	98.1470	0.9815
思茅关	101.6000	98.4252	0.9843
腾越关	101.9420	98.0950	0.9809
江汉关	102.2054	97.8422	0.9784
宜昌关	102.2053	97.8423	0.9784
沙市关	102.2050	97.8426	0.9784
九江关	101.3000	98.7167	0.9872
闽海关	101.1000	98.9120	0.9891
厦门关	101.1000	98.9120	0.9891
重庆关	101.6430	98.3836	0.9838
东海关	101.6400	98.3865	0.9839
津海关	101.6430	98.3836	0.9838
山海关	104.7803	95.4378	0.9544
安东关	105.5700	94.7239	0.9472
哈尔滨关	101.6400	98.3865	0.9839
珲春关	101.6430	98.3836	0.9838

资料来源：杨端六：《清代货币金融史稿》，第 79 页。这是度支部在晚清时的调查。原表小数点后最多为 5 位，最少为 3 位，在此统一格式成 4 位。

表 22 关平与各开放口岸通用银换算

省名	开放口岸	平名	宝名	关平 100 两可兑通用银
广东	汕头	库平		115.987
广东	汕头	市平		111.450

清代银钱比价波动研究

省名	开放口岸	平名	宝名	关平 100 两可兑通用银
广东	汕头			墨西哥元 152.7
......				
福建	福州	洋例平	二四宝九八兑	108.750
......				
广西	龙州			墨西哥元 161.2
江苏	上海	申漕平	九八规银	111.400
......				
安徽	芜湖	估平	二五宝	104.170
安徽	芜湖	估平	二七宝	103.770

资料来源：[日] 滨下武志：《中国近代经济史研究：清末海关财政与通商口岸市场圈》，第 352—353 页，表 4-18。① 本文在制表时改变地名顺序，将同省资料放在一起。

据此，我们可以将海关报告中相应的银钱比价转换为标准可比的库平银与制钱比价（如图 15 所示）：

图 15 滨下武志辑录湖北沙市 1892—1911（截取）海关报告序列

---

① 原始来源（详见原书注释）为 SIMC（Reports on The Haikwan Banking System and Local Currency at the Treaty Ports, 1879），张家骧：《中华币制史》，[日] 宫下忠雄：《中国币制的特殊研究》。

在此基础上，我们还可以用它去衔接其他数据段，或者与同时间的其他数据做比较。总之，一地的海关比价数据在统计的时间和空间尺度上较为统一，在利用时，需要关注的只是将关平换算成库平。如果是比较城市之间的银钱比价差别，则海关报告应该是质量较好的数据来源。

（三）杨敬敏辑录各地海关 1882—1921 十年报告序列

银钱比价变动对于外贸的影响一直以来也为人所关注，故在相关研究中会有研究者专门整理该方面数据。杨敬敏博士就在《中国近代棉纺织进口替代工业的发展及其空间分布研究（1867—1936）》中附录了海关十年报告所载的各地银钱比价资料。[①] 其录入时间最早自 1882 年始，截止到 1921 年。[②] 地点涉及牛庄、芝罘、宜昌、汉口、九江、芜湖、宁波、广州、福州、厦门、汕头、琼州、胶州、重庆、沙市、南京、镇江、龙州、秦皇岛。除牛庄以吊为单位，宜昌用宜平银外，其余均是海关两兑制钱。但在记录上，胶州和龙州按最大、最小值记录。本文为分析研究方便，现将牛庄数据除去，最值记录者取中值表示，时间截至 1911 年，然后按相近地区分组——华北：芝罘、胶州、秦皇岛；长江上游：重庆；长江中游（华中）：宜昌、汉口、沙市、九江；长江下游（江南）：芜湖、南京、镇江、宁波；闽粤：福州、厦门、广州、汕头、琼州、龙州，重整如下（详见表 23、24，图 16）[③]：

---

① 杨敬敏：《中国近代棉纺织进口替代工业的发展及其空间分布研究（1867—1936）》，博士学位论文，复旦大学中国历史地理研究所，2014 年，第 323—324 页。亦见杨敬敏：《中国近代棉纺织进口替代工业研究（1867—1936）》，齐鲁书社 2020 年版，附录二。

② 该数据为沙市数值，也只有沙市的数据有到 1911 年以后，所以滨下武志才以沙市举例说明有代表性。

③ 分组均值为笔者另加，分组也为笔者自己设置。

表 23　各海关 1882—1911 十年报告序列华北、长江上游、长江中游段

时间 \ 区域	华北				长江上游	长江中游				
	芝罘	胶州	秦皇岛	均值	重庆	宜昌	汉口	沙市	九江	均值
1882	1690			1690.0		1730	1689		1800	1739.7
1883	1690			1690.0			1721			1721.0
1884	1630			1630.0			1724			1724.0
1885	1590			1590.0			1724			1724.0
1886	1550			1550.0			1650			1650.0
1887	1490			1490.0			1644			1644.0
1888	1430			1430.0			1626			1626.0
1889	1390			1390.0			1610			1610.0
1890	1390			1390.0			1562			1562.0
1891	1540			1540.0		1500	1560		1510	1523.3
1892	1617	1591.0		1604.0	1704	1575	1573	1630	1660	1609.5
1893	1553	1557.5		1555.3	1690	1600	1527	1600	1628	1588.8
1894	1521	1501.5		1511.3	1613	1575	1605	1645	1595	1605.0
1895	1404	1387.5		1395.8	1510	1526	1500	1274	1524	1456.0
1896	1362	1340.0		1351.0	1342	1316	1331	1292	1399	1334.5
1897	1330	1237.0		1283.5	1263	1250	1299	1288	1320	1289.3
1898	1217	1217.5		1217.3	1342	1275	1362	1370	1354	1340.3
1899	1235	1233.5		1234.3	1326	1368	1387	1274	1409	1359.5
1900	1270	1348.0		1309.0	1316	1330	1370	1333	1387	1355.0
1901	1221	1231.0		1226.0	1277	1250	1326	1313	1367	1314.0
1902			1120	1120.0			1050	1200		1125.0
1903			1130	1130.0			1050	1170		1110.0
1904			1300	1300.0			1057	1200		1128.5
1905			1500	1500.0			1257	1420		1338.5
1906			1560	1560.0				1620		1620.0
1907			1750	1750.0				1620		1620.0
1908			1750	1750.0				1790		1790.0
1909			1800	1800.0				1950		1950.0
1910			1850	1850.0				1935		1935.0
1911			1808	1808.0			1800	1900		1850.0

表24 各海关 1882—1901 十年报告序列江南、闽粤段

时间\区域	长江下游（江南）					闽粤						
	芜湖	南京	镇江	宁波①	均值	福州	厦门	广州	汕头	琼州	龙州	均值
1882	1722			1622	1672.0	1665	1620	1700	1451	1710		1629.2
1883	1733			1622	1677.5	1673	1608	1700		1710		1672.8
1884	1702			1607	1654.5	1651	1608	1700		1710		1667.3
1885	1733			1607	1670.0	1655	1597	1650		1710		1653.0
1886	1722			1591	1656.5	1654	1597	1650		1710		1652.8
1887	1619			1576	1597.5	1663	1575	1600	1612	1680		1626.0
1888	1650			1576	1613.0	1660	1564	1600	1413	1650		1577.4
1889	1634			1561	1597.5	1643	1552	1595		1590		1595.0
1890	1587			1561	1574.0	1623	1552	1550	1589	1485		1559.8
1891	1593			1530	1561.5	1618	1537	1540	1574	1530		1559.8
1892	1522	1550	1648	1520	1560.0	1700	1537	1560	1534	1550	1636.0	1586.2
1893	1577		1565	1520	1554.0	1800	1525	1540	1528	1530	1635.5	1593.1
1894	1567		1540	1528	1545.0	1500	1525	1520	1528	1610	1606.0	1548.5
1895	1520		1500	1528	1516.0	1600	1515	1500	1497	1710	1594.0	1569.3
1896	1364		1419	1294	1359.0	1800	1505	1480	1467	1680	1582.0	1585.7
1897	1395		1378	1400	1391.0	1700	1505	1460	1436	1620	1594.0	1552.5
1898	1351		1370	1478	1399.7	1500	1496	1440	1329	1565	1573.0	1483.8
1899	1385		1389	1437	1403.7	1600	1484	1420	1344	1512	1548.0	1484.7
1900	1351		1376	1430	1385.7	1600	1469	1390	1375	1374	1528.5	1456.1
1901	1437	1250	1405	1400	1373.0	1600	1460	1410	1375	1330	1502.5	1446.3

---

① 宁波按水系不属于长江流域，按传统地理观念也不属于江南，在此仅是将其归于浙江区域，再放入江南。

清代银钱比价波动研究

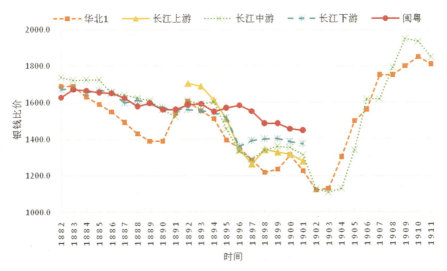

图16　杨敬敏辑录海关数据的分区表现

　　海关数据主要是各开放口岸的数据，以之直接代表省数据乃是不得已而为之的办法。① 在此，本文先按大区（华北、长江上游、长江中游、长江下游、闽粤）观测其所辑录数据的基本情况。可以发现，闽粤地区的波动幅度不如长江流域及华北的大，而在同步性方面，也不及华北和长江流域联系的紧密。就长江流域而言，上游、中游、下游之间虽有局部不一致，但总体趋势一致，可从侧面反映出沿着水路的市场存在整合性。

---

① 但就港口辐射地而言，用海关数据表示一省数据也有道理。

第二节　民间数据

一、契约文书类数据

契约文书（民间文书）相对于官书及官方档案来说，属于民间文献，包括各式契约、账簿等。其特点是数据多直接来源于当地市场，可信度较高，但代表性或较局限，且在释读、整理数据上较其他资料更耗费时间。[①]

（一）严中平直隶宁津县 1798—1850 统泰升账簿序列

严中平收录于《中国近代经济史统计资料选辑》中的宁津序列是至今最为典型、最广为人知、质量最好的一种账簿序列。现将其中的银钱比（含指数）摘录并绘图如下（详见表 25、图 17）[②]：

[①] 其他数据还有很多，不一一列举。如"汪敬虞安徽婺源 1840—1850 司祀簿序列"，详见汪敬虞：《关于鸦片战后 10 年间银贵钱贱影响下中国对外贸易问题的商榷》，《中国经济史研究》2006 年第 1 期，第 22 页表 2。"吴秉坤、郑雪巍徽州道咸同光徽州文书数据"，详见吴秉坤：《清代徽州银洋价格问题》，《黄山学院学报》2010 年第 1 期；郑雪巍：《明以来徽州土地买卖价格研究——以〈徽州文书〉为中心》，硕士学位论文，安徽大学历史系，2018 年。"李真真直隶东安县小惠庄咸同朝杨氏文书数据"，详见李真真：《也谈晚清直隶地区东钱性质问题——以河北小惠庄经济文书为中心》，《中国钱币》2017 年第 4 期，第 3—12 页。"章文钦嘉定康熙朝吴渔山账簿数据"，详见章文钦：《吴渔山嘉定账簿初探》，复旦大学历史地理研究所编：《跨越空间的文化——16—19 世纪中西文化的相遇与调适》，东方出版中心 2010 年版，第 551—579 页。"龙泽江贵州清水江清中后期契约文书数据"，参见龙泽江：《清代贵州清水江苗族土地契约的计量分析》，《农业考古》2014 年第 3 期，第 181—185 页。"张强贵州贵阳府 1772—1773 万寿宫账簿数据"，参见张强：《1772—1773 贵阳府物价考——基于万寿宫账簿》，《贵州社会科学》2013 年第 9 期。"张宏杰《曾国藩经济账数据》"，参见张宏杰：《给曾国藩算账：一个清代高官的收与支（京官时期）》，中华书局 2015 年版，第 24、46 页。

[②] 严中平等编：《中国近代经济史统计资料选辑》，第 37 页。

表 25　严中平直隶宁津县 1798—1850 统泰升账簿序列①

年份	银一两合铜钱数②	指数（1821=100）	年份	银一两合铜钱数	指数（1821=100）
1798	1090	86.1	1821	1266.5	100
1799	1033.4	81.6	1822	1252	98.9
1800	1070.4	84.5	1823	1249.2	98.6
1801	1040.7	82.2	1824	1269	100.2
1802	997.3	78.7	1825	1253.4	99
1803	966.9	76.3	1826	1271.3	100.4
1804	919.9	72.6	1827	1340.8	105.9
1805	935.6	·73.9	1828	1339.3	105.7
1806	963.2	76.1	1829	1379.9	109
1807	969.9	76.6	1830	1364.6	107.7
1808	1040.4	82.1	1831	1388.4	109.6
1809	1065.4	84.1	1832	1387.2	109.5
1810	1132.8	89.4	1833	1362.8	107.6
1811	1085.3	85.7	1834	1356.4	107.1
1812	1093.5	86.3	1835	1420	112.1
1813	1090.2	86.1	1836	1487.3	117.4
1814	1101.9	87	1837	1559.2	123.1
1815			1838	1637.8	129.3
1816	1177.3	93	1839	1678.9	132.6
1817	1216.6	96.1	1840	1643.8	129.8
1818	1245.4	98.3	1841	1546.6	122.1
1819			1842	1572.2	124.1
1820	1226.4	96.8	1843	1656.2	130.8

---

① 原文 1815、1819 两年没有数值，但未说明原因，且没有空出一行。为避免以为是连续性数据而抄错，笔者在此特地将空缺年份数值空缺出来。

② 据袁为鹏介绍，该账簿有 5 册现存于中国社会科学院经济研究所，432 册存于北京国家图书馆。原账本数字为京钱，严中平整理时已经除以 2 换算成制钱。

年份	银一两合铜钱数	指数（1821=100）	年份	银一两合铜钱数	指数（1821=100）
1844	1724.1	136.1	1848	2299.3	181.5
1845	2024.7	159.9	1849	2355	185.9
1846	2208.4	174.4	1850	2230.3	176.1
1847	2167.4	171.1			

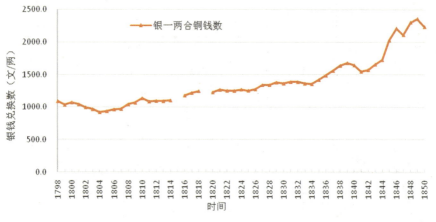

图 17　严中平直隶宁津县 1798—1850 统泰升账簿序列

　　按其所述，这是从直隶宁津县大柳镇的统泰升记商店账簿中统计而得的数据。计算方法为按天平均出各年数据，对于与当时一般情况不一致的数据剔除不用。账簿数据相比于官书及档案数据，更直接地来源于市场，故价值很高。但严中平除了直接给出相关数据外，并未对原始数据及具体整理过程给出必要揭示，这无疑会影响该序列的可靠性和权威性——对此，袁为鹏等学者已着手重新建立数据库分析统泰升数据。[1] 故，严中平序列在构建华北（特别是直隶、山东、河南）地区全序列时具有重要意义。其也提示我们可以从账簿中深挖比价数据资料。

当然，就我们今天来看，账簿数据的完全整理、分析，因其数据量庞大，可能并不方便（统泰升账簿原始数据即有数万笔）。但是以案例形式将具体处理方法和过程揭示出来还是有必要的，这有利于推动银钱比价数据的科学整理。

（二）甘博北京 1900—1925 账簿铜元序列

在《*Prices，wages，and the standard of living in Peking，1900—1924*》中，孟天培（Meng，T. P.）和甘博（Gamble，S. D.）研究了北京的物价和工资水平问题。[2] 由于北京的货币行用情状相当复杂，显然，不经货币换算，此类研究无法展开。

按其所述，是时铜元价格涨落，由前门外珠宝市每天所定的行市价决定，但北京各处行市也有区别，差别为一两枚不等。文中 1900—1908 年的数据取自一家帽店的老账，1908—1911 年的数据取自一家珠宝店。为求统一，全文一律以制钱 10 文当铜元一枚[3]，当十大钱一个为

<hr>

① 袁为鹏、马德斌：《商业账簿与经济史研究——以统泰升号商业账簿为中心（1798—1850）》，《中国经济史研究》2010 年第 2 期，第 52 页。比如论文第 58 页表 4 展示了嘉庆八年七月十二日，白银收支同时有两个不同的比价（原文用词），而其中一个数值偏高是因为与信用借贷有关，在整理时被剔除了。但这些在严中平原文中都没有相应例子。另据袁为鹏教授所说，严中平序列在制作时并未考虑实收各种银两的平色和兑进兑出方向不同导致的兑价差别问题，而是一概将之平均，但其认为该做法对我们利用其研究比价波动年均趋势是无甚影响的。

② T. P. Meng and S.D. Gamble, *Prices, wages, and the standard of living in Peking, 1900—1924*, Peking Express Press, 1926.中译（部分）可参见孟天培、甘博著，李景汉译：《二十五年来北京之物价工资及生活程度》，李文海主编：《民国时期社会调查丛编》（二编）《城市（劳动）生活卷（下）》，第 284—335 页。

③ 当然，实际上，铜元和制钱之间的比价也会发生变化，特别是光绪三十一年以后，铜元贬值常易引发动乱。参见梁辰：《铜元问题研究（1900—1935）》，博士学位论文，南开大学经济学院，2010 年，第 133 页。

制钱 2 文①，银元一元为 0.72 两银换算。账本涉及的行市价仅为月、年，没有每日，又由于原账本用阴历，故以阴历腊月为阳历 1 月转换，但实际上两者差别并不大。按其举例 "在 1900 年每银元换铜元的平均数是 76.4，每两换制钱 1060"②，则我们据此规则可以将银元兑铜元的元数据转成银两兑制钱数据，见下表（表 26）：

表 26　甘博北京 1900—1925 账簿铜元序列

时间	银元换铜元	银两换制钱	时间	银元换铜元	银两换制钱
1900	76.4	1061.1	1913	134.7	1870.8
1901	83.2	1155.6	1914	132.0	1833.3
1902	87.6	1216.7	1915	135.4	1880.6
1903	91.9	1276.4	1916	133.9	1859.7
1904	96.1	1334.7	1917	123.5	1715.3
1905	97.5	1354.2	1918	134.2	1863.9
1906	97.9	1359.7	1919	138.0	1916.7
1907	108.2	1502.8	1920	141.0	1958.3
1908	109.6	1522.2	1921	152.8	2122.2
1909	128.5	1784.7	1922	170.7	2370.8
1910	131.3	1823.6	1923	193.2	2683.3
1911	130.0	1805.6	1924	232.9	3234.7
1912	135.2	1877.8	1925	285.5	3965.3

因为时间跨越 1911 年，故最后每年平均值按阳历计算，这两种历书的平均差别仅有一个月零几天，不影响实际使用，故后人在引用时一般不会再将之转化为阴历。比起公农历换算，货币间的转换更值得关

① 当时账本中用吊计算很常见。1 吊为铜元 10 枚，等于当十大钱五十个。孟天培、甘博著，李景汉译：《二十五年来北京之物价工资及生活程度》，李文海主编：《民国时期社会调查丛编》（二编）《城市（劳工）生活卷（下）》，第 285 页。

② 孟天培、甘博著，李景汉译：《二十五年来北京之物价工资及生活程度》，李文海主编：《民国时期社会调查丛编》（二编）《城市（劳工）生活卷（下）》，第 318 页。

注。我们知道，严格来说，银元、银两、铜元、制钱相互间都有市价，但往往又没有精细的各项货币转化数据可供查询，所以我们多数时候还是简用1银元=0.72两白银，1铜元=10文制钱的做法。甘博此项整理，一方面提示了我们各货币数据转换的重要性（但铜元通按1：10转为制钱，则可能在元钱比价较低时，高估银钱比数值），另一方面也给出了在达不到理想状况时"退而求其次"的操作办法。

（三）李景汉直隶定县咸同光宣账簿铜元序列

李景汉在民国时期的定县调查中专门整理过当地的钱币兑换资料，注明资料原始来源为县政府收支处和店铺老账。其在整理时充分考虑到了各种换算因素。比如时间统一采用阴历，银两皆系市平，当地九六钱折算时除去虚数等。由于当地在民国二年（1913）之前皆通用银两兑换制钱，而调查时又统一折算为银元兑铜元，故按0.72两白银=1银元，1铜元=10文又可折算回原值——虽然我们知道洋厘和铜元折铜钱的比例也会轻微变动。其在计算平均数时采用的是以12个月的平均数代表年均，而月均又根据每月5、15、25三个兑换日的数字进行平均——有三个用三个，有两个用两个，只有一个就用单个。现截取1857（咸丰七年）—1911（宣统三年）数据制图（图18）呈现于下[①]：

图18　李景汉直隶定县咸同光宣折算铜元序列

---

① 原记录为银两兑换铜元数目，现按1：10换算回银两兑换铜钱。李景汉：《定县社会概况调查》，第637—641页。

对该波动情况，李景汉并未给出原因解释，只是说在该时期虽有波动，但大约在 1500 兑换值上下。但我们可以想见，总体性的制钱贬值应该是大趋势（见图中趋势线），这可以从制钱状况的变化（包括大钱铸造）去解释，但在当地市场上的短期波动则可能受投机因素影响，在没有更多资料的情况下我们尚无法深入研究。

从李景汉完整的数据整理过程来看，我们可从中发现其整理数据的科学性——特别是在处理缺损数据、统一单位方面，在无法做到理论最优解的情况下，其采用了实际可供操作的最佳办法。另外，既然是经过整理的数据，那么和原始数据相比就一定会存在偏差。同样，如果以另一县的数据（比如完县）与之对比，也一定会有偏差。之所以造成这样的偏差，可以是采用资料的不同（比如政府和民间资料的差异，按日记录资料和按年、月记录资料的差异）、计算方法的不同（比如按均值、按中值）等整理者主观方面的因素，也可以是两地市场情况本来就有不同的客观方面因素。但总之，如果在趋势一致的情况下，我们就可以沿用平均取值的办法，将多地数据变为一个区域数据，进而研究大区域间的变动异同。

（四）刘秋根苏皖道光朝江西商人信范数据

刘秋根从江西布商的 68 封信件中整理出过布商们主要几个经营地点的洋兑钱（"洋易钱""洋易足大钱"）数据[1]，现整理抄录并作对比如下（表27）[2]：

---

① 相对于白银银两兑钱称"钱价"，银元兑钱则称"洋价"。对于原史料和原作者的表述如"洋易钱""洋兑钱"等，本文不做更改。

② 刘秋根：《江西商人长途贩运研究——〈江西商人经营信范〉解读》，河北大学出版社 2017 年版，第 73—74 页。

清代银钱比价波动研究

表 27　刘秋根苏皖道光朝江西商人信范数据及对比

时间（年.月.日）	地点	洋易钱	比对数据	数值
1847. 6. 1 道光二十七年 丁未	安徽—芜湖	1450	（安徽—徽州府） 郑友揆（1986）：（屯溪）1660 （规元兑钱）	
1847. 6. 12	安徽—芜湖	1450	余康（2018）：（岩寺）1450 （洋兑钱） 汪敬虞（2006）：（婺源）1760 （银兑钱）	1450 （洋价）
1847	安徽—芜湖	1450		
1848. 4. 27 道光二十八年 戊申	江苏—无锡—锡山	1504	（江苏） 林满红（2011）：2000（《李文恭公遗集》，卷17，页39，道光28，页4107） （江苏—苏松太） 《漏网喁鱼集》（1959）p11：（苏州府—常熟）洋合制钱一千五百二三十 《中国近代对外贸易史资料（1840—1895）》第二册（1962）p1089：西班牙银圆在九年的时间里，从每圆兑换铜钱1150文上升到1500文 （江苏—扬州府）	2000； ［1500，1530］ （洋价）； ［1970，2000］
1848. 6. 6	江苏—无锡—锡山	1500	《中国荒政书集成》第六册 p3765：（仪征）《真州救荒录·戊申十一月二十五日禀委员候补道汪根恕并呈办灾清折》：每库纹一两易足大钱一千九百七十文	

时间（年.月.日）	地点	洋易钱	比对数据	数值
1849.4.15 道光二十九年 己酉	江苏—无锡—锡山	1540	（江苏—苏松太） 《中国荒政书集成》第六册 p3951：（苏州府）（道光己酉灾案禀报赈灾口数）：省城市价，每库平纹银一两，换钱二千八十文 （光绪）《青浦县志》卷八，光绪四年刊本：（青浦县）：二十九年夏五月，大水……自上年十一月廿三起，今年四月初三日止，局中共领赈项钱三万五千三百十五千文，洋钱四万七千六百十四元，以洋换钱统合前后时价当换钱七万二千六百三十八千二百八十文	2080； 1525.6 （洋价）
1849.4.26	江苏—无锡—锡山	1540		
1849.5.21	江苏—无锡—锡山	1530		
1848.4.7 道光二十八年 戊申	江苏—常州—溧阳	1480	（江苏） 林满红（2011）：2000（《李文恭公遗集》，卷17，页39，道光28，页4107） （江苏—苏松太） 《漏网喁鱼集》（1959）p11：（苏州府—常熟）洋合制钱一千五百二三十 （江苏—扬州府） 《中国荒政书集成》第六册 p3765：（仪征）《真州救荒录·戊申十一月二十五日禀委员候补道汪根恕并呈办灾清折》：每库纹一两易足大钱一千九百七十文	2000； [1500，1530] （洋价）； [1970，2000]
1848.4	江苏—常州—溧阳	1490		
1848.4	江苏—常州—溧阳	1490		
1848.4.23	江苏—常州—溧阳	1500		
1848.4	江苏—常州—溧阳	1500		
1848.5.17	江苏—常州—溧阳	1510		
1848.5.25	江苏—常州—溧阳	1500		
1848.6.13	江苏—常州—溧阳	1500		
1848.6.16	江苏—常州—溧阳	1500		
1848.6.23	江苏—常州—溧阳	1500		
1848.7.10	江苏—常州—溧阳	1500		

时间（年.月.日）	地点	洋易钱	比对数据	数值
1849.4.11 道光二十九年 己酉	江苏—常州—溧阳	1530	（江苏—苏松太） 《漏网喁鱼集》（1959）p11： （苏州府—常熟）洋合制钱一千五百二三十 《中国近代对外贸易史资料（1840—1895）》第二册（1962）p1089：从每圆兑换铜钱1150文上升到1500文	[1500，1530]（洋价）
1849.4.18	江苏—常州—溧阳	1530		
1849.4.21	江苏—常州—溧阳	1530		
1849.4.21	江苏—常州—溧阳	1530		
1849.5.16	江苏—常州—溧阳	1530		
1849.5.24	江苏—常州—溧阳	1530		
1849.6.7	江苏—常州—溧阳	1470		
1849.7.12	江苏—常州—溧阳	1530		
1849.7.25	江苏—常州—溧阳	1530		
1851.6.16 咸丰元年 辛亥	江苏—常州—溧阳	1480	（江苏—苏松太） 《漏网喁鱼集》（1959）p13： （苏州府—常熟）洋合制钱一千五百	1500（洋价）
1851.6.29	江苏—常州—溧阳	1490		

这里首要确定的是芜湖、锡山、溧阳的价格是合理可信的，然后我们可以在综合比对的基础上估算这几年安徽、江苏的年均比价。由于原数据是洋价，故在比对时优先使用洋价数据。1847年芜湖的1450文/元，与徽州岩寺数据完全一致。1848年的锡山、溧阳区间为［1480，1510］，由于《漏网喁鱼集》是连续几年的估计数，故［1500，1530］与之相差很少，也可据此认为商业信件数据可信，且（在仅考虑此因素的情况下）比笔记数据更应优先采用。1849年的锡山、溧阳区间为［1530，1540］（其中有一个1470，本文认为是奇异值，直接排除掉），同理优先采用。1851年的锡山、溧阳亦是。

如此，则我们不仅测试了江西商人信范数据的可靠性，同时也比对了其他数据并剔除奇异值。在这样的对比验证基础上，可以利用求平均数的办法将几个年份的比价均值算出。而从数地比价数值变动本身看，也可在一定程度上说明苏、皖在当时有着较为紧密的货币市场联系。

（五）陈春声广东清代账簿志书数据

陈春声在研究广东物价的过程中，从各种官私文书里收集了一些清代广东地区的银钱比价资料，兹录于下（详见表28）：

表 28　陈春声广东清代账簿志书数据

时间	地点	比价资料	数据来源
顺治五年	南海县	2286	乾隆《南海县志》卷三，道光《南海县志》卷五
康熙十一年	普宁县	2000	乾隆《普宁县志》卷十一
三十四年	大埔县	2000	民国《大埔县志》卷三十八
乾隆八年	广东	700—815	彭信威《中国货币史》下册，页529
八年	广东	850	《清代的矿业》1983年版，页262
九年	广东	780—790	同上书，页46
五十五年	开平县	1400	《道光开平县志》卷八
嘉庆十九年	广东	1000	梁廷枏《粤海关志》卷十七
道光七年	顺德县	1194—1276	《善善堂租簿》
二十四年	广东	1552	《家用收支簿》
二十六年	广东	1500	《中国近代货币史资料》第一辑，页119
二十八年	广东	1774	《家用收支簿》
咸丰元年	潮阳县	2286	光绪《潮阳县志》卷十三
同治六年	顺德县	1321	《善善堂租簿》
九年	南海县	418—1818	《朱九江家用册》
光绪十四年	广东	1500	《皇朝政典类》钱币一
十八年	顺德县	1667	《善善堂租簿》

时间	地点	比价资料	数据来源
二十一年	顺德县	1389	同上
二十二年	广东	1375—1503	《进支银簿》
二十四年	广东	1390	《戊戌年娶媳妇支用簿》
二十九年	南海县	1264—1389	《癸卯年娶媳妇支用簿》
三十二年	汕头	1414	民国《潮州志》实业志·金融
三十三年	汕头	1407	同上
三十四年	汕头	1407	同上

结合上表，其认为，这当中的数据尚不全面，来源不一，分布不均，从严格的统计学角度来说，不是很好的统计资料。但在有更好材料发现之前，我们还得利用它们来讨论问题。[①] 显然，作为有统计学知识的经济史专业研究者，陈春声教授看到了比价数据整理的困难所在。即便是将范围缩减到广东一省，数据也还是不全面，囿于此，以致他在原文接下去的分析中只能按朝代而不是按年来算全省均值。又由于数据来源不一，故记录形式不一，体例不一，数字分布形态不一。还由于数据来源地不平衡，所以很难说这就是广东的均值。如此，最为关键的不足点，陈春声都有考虑到。但受制于史料留存的客观条件，在其之后，哪怕是今天，我们也不能完全解决这些问题。我们能做的或只是要予以说明，该如何将不足降到比原先更低的程度。

另外，陈春声原表很好地给出了一个整理比价原始数据的范例。即，以年为主单位；省以下地域尚需细分并标注；比价按原始记录，同时采用区间和具体数值记录；并注明史料来源以便核查。此后整理广东省原始数据，当在陈春声的基础上继续推进。

---

① 陈春声：《清代广东银钱比价》，《中山大学学报（社会科学版）》1986 年第 1 期，第 99—100 页。

（六）马勇虎江西咸丰年志成商号账簿序列

马勇虎据在安徽屯溪购得的徽商志成号于江西乐平的经营账簿
（《银钱总录》）分析，曾列出过咸丰时期的银钱兑换价格。[①] 按其研究，账簿原始数据有最高、最低价格，但实际使用时是取中间价处理。原文说明，所谓中间价是在去除最低值和最高值之后的平均数。显然，在此，该方法比直接平均或者直接取中值似更可靠（对比见下表29）。但由于各种资料记录的方式不一样，此方法也无法直接套用至其他账簿上。且由于最原始数据的分布情况各不相同，我们暂难确定取中值、取平均值和去除最值后取均值之间到底何者最合适。

表29　马勇虎江西咸丰年志成号账簿数据的中值与中间价取值对比

项目 时间	洋钱					银钱				
	洋钱比 max	洋钱比 min	中值	中间价	中值与中间价差异（绝对值）	银钱比 max	银钱比 min	中值	中间价	中值与中间价差异（绝对值）
1851	2330	1372	1851.00	1498	0.19	2179	2006	2092.50	2086	0.00
1852	2000	930	1465.00	1537	0.05	2080	1990	2035.00	2029	0.00
1853	1790	1548	1669.00	1638	0.02	3228	1969	2598.50	2084	0.20
1854	1843	1700	1771.50	1759	0.01	2040	1904	1972.00	1986	0.01
1855	1851	1745	1798.00	1800	0.00	2077	2000	2038.50	2044	0.00
1856	1910	1850	1880.00	1878	0.00	2135	2000	2067.50	2013	0.03
1857	1300	860	1080.00	929	0.14	1212	1175	1193.50	1210	0.01
1858	1155	1080	1117.50	1137	0.02	1478	1440	1459.00	1459	0.00
1859	1379	1170	1274.50	1302	0.02	1520	1045	1282.50	1444	0.13
1860	1600	1375	1487.50	1435	0.04	1620	1620	1620.00	1620	0.00

---

① 马勇虎：《乱世中的商业经营——咸丰年间徽商志成号商业账簿研究》，《近代史研究》2010
年第5期，第122—124页。

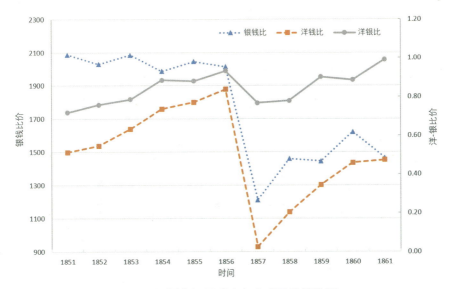

图 19　马勇虎江西咸丰年志成号账簿数据

由于原始数据记录了银钱比价和洋（西班牙本洋）钱比价，故而我们据此还可以换算出洋厘（洋银比），如图 19 所示。显然，和一般认识不同，这里的洋元并不能按 0.72 换算回银两。这也提示我们，在出现银元兑钱数据时，其趋势和银钱比价往往一致，但在具体数值上，我们要谨慎对待按 0.72 统一换算这种做法。在清代早中期，洋银比波动较大，银元有被高估的可能（高估也受具体时间影响，比如本段时间内本洋紧缺）。[①] 在特殊时期内，尽量采用银两—制钱原始比价数值，而不直接采用换算的银元—制钱数据。

（七）熊昌锟（辑录）浙江宁波 1819—1909 董家旧计簿序列

民国《鄞县通志》中《食货志·己编·金融》部分，录有嘉庆二

---

①　郭卫东：《"本洋"与"鹰洋"：近代流通中国主要外币的替换》，《福建论坛（人文社科学版）》2019 年第 7 期。

十四年至民国十四年（1819—1925）的董开纶提供的董家旧计簿比价数据①，其原始记录（影印）如下（图20）：

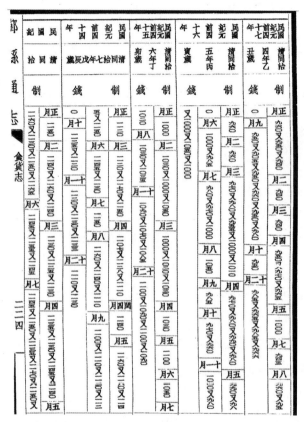

图20 宁波董家旧计簿记录比价月数据示例

此数据后经熊昌锟整理如下（表30)②：

---

① 银元兑制钱，但未说明是本洋还是鹰洋。王业键所采用的数据也是源于此，按1.4银元换1两银，即0.714比率换算成银钱比价。参见［美］王业键：《清代田赋刍论（1750—1911）》，第153—155页，表6.3。

② 熊昌锟：《近代宁波的洋银流入与货币结构》，《中国经济史研究》2017年第6期，第81—82页。

表 30 熊昌锟辑录浙江宁波 1819—1909 董家旧计簿序列

时间	1月	2月	3月	4月	5月	6月	7月	8月	9月	10月	11月	12月
1819			920	940	940	935	950	955	965	915	920	925
1820	925	936	940	945	960	950	960	955	960	950	960	975
1821			925	948	940	940	915	890	908	910	928	925
1822		893	885	825	777	730	773	854	850	878		894
1823		872	870	890	882			871	890	893	875	873
1824			882	880	868	870	850	836	833	841	828	820
1825		824	808	824	828	813	813	815	832	826	838	830
1826		837	844	851	855	848	835		847		857	852
1827		849		851	855			874	890			906
1828	898	905			901	912		906			952	943
1829			947					935				961
1830			965	969			950		956			962
1831				963		977				950		
1832												1000
1834										1015		
1836						1052						
1838				1060							1100	
1842					1340							
1862					1040				1100	1130	1075	1115
1863	1135	1150	1160					1155	1170	1060		
1864	1100	1100		1100	1025	1010	950	925	900	930	970	960
1865	950	940	940	965	1000		945	960	950	950		966
1866	960	960	970	980	980	985	980	1050	985	960	1000	
1867	1000	1030	1020	1030	1100	1050	1020	1035			1085	1090
1868	1120		1150	1110	1150	1130	1150	1140	1130	1120	1130	1110
1869	1150	1140	1125	1135	1150	1145	1150	1135	1135	1150	1130	1130
1870		1145	1150			1190	1190	1150		1215	1200	1230
1871		1230	1250	1260	1260	1245		1240	1215	1210	1220	1215

时间	1月	2月	3月	4月	5月	6月	7月	8月	9月	10月	11月	12月
1872		1230	1250	1245	1250	1230	1215	1250	1230	1230	1220	1245
1873	1230	1270	1240	1240	1240	1348	1240	1250	1240	1225	1250	1250
1874		1250	1250		1250	1255		1225		1209	1140	1175
1875		1170	1160	1160	1160	1170	1170	1190	1160	1160	1160	1170
1876	1170	1170	1175	1180	1180	1200	1170	1180	1190	1170	1170	1190
1877	1200	1190	1175	1180	1180	1170	1170	1175	1170	1120	1100	1100
1878	1100	1085	1095	1100	1100	1120	1120	1095	1100	1085	1090	1095
1879	1100	1110	1130	1130	1130	1140	1160	1130	1135	1140	1135	1140
1880	1150	1140	1150	1160	1155	1160	1165	1150	1150	1145	1140	1140
1881	1150	1135	1150		1145	1150	1150	1140	1140	1140	1140	1140
1882	1140	1140	1140	1180	1150	1160		1145	1155	1140	1135	1140
1883	1140	1140	1140	1150	1150	1150	1155	1160	1150	1150	1145	1145
1884	1145	1145	1160	1170	1160	1160	1160	1160	1160	1160	1153	1145
1885	1145	1150	1150	1150	1145	1145	1145	1145	1145	1140	1135	1140
1886	1130	1135	1130	1130	1130	1135	1135	1135	1090	1080	1090	
1887	1060	1050	1050	1060	1075	1075	1080	1090	1090	1100	1060	1080
1888	1075	1075	1075	1080	1080	1075	1080	1080	1085	1090	1080	1090
1889	1090	1090	1090	1080	1080	1075	1085	1090	1080	1080	1085	1090
1890	1090	1090	1080	1085	1085	1090	1100	1090	1095	1100	1100	
1891	1080	1090	1085	1090	1100	1100	1100	1085	1095	1090		1100
1892	1100	1070	1080	1070	1070	1090	1085	1100	1090	1095	1100	1090
1893	1095	1080	1095	1085	1100	1100	1100	1100	1100	1100	1095	
1894	1085	1100	1100	1085	1100	1080	1090	1080	1085	1095	1100	1080
1895	1085	1060	1100	1110	1065	1100	1085	1100	1108	1060	1045	1045
1896	1040	1040	980	955	970	950	940	930	930	905	858	835
1897	825	905	915	910	915	935	940	935	935	930	855	890
1898	910	920	930	945	960	970	910	925	930	915	925	915
1899	920	925	935	950	950	955	965	960	960	960	945	930

时间	1月	2月	3月	4月	5月	6月	7月	8月	9月	10月	11月	12月
1900	925	920	930	930	930	935	935	945	955	930	925	920
1901	915	920	920	920	920	920	920			920	920	920
1902					960	940	940	910	900			
1903								870			840	
1904					850							
1905	810				830	830	880	900	950	940	950	950
1906	960	960	970	970	970	970	980	980	980	980	890	980
1907		970		970	980	980	980	980	980		960	
1908	900		900	900	900	900	900	900	900	950	930	
1909			900	900	900	900	950	950	950		950	950

如果对比原始数据和熊昌锟整理的数据则可发现，原始记录应该是按交易笔数记录的（当然也可以转换为区间），而熊昌锟数据则是单数值显示。显然，这里已经过了数据处理。至于是何种处理方式，熊昌锟原文并未言明。故本文在此拿同治四年、五年的数据作一比对（详见表31）：

表31 熊昌锟整理数据与原始数据的比对

同治四年(1865)	原始数据	1月：960、950、940；2月：940；3月：940；4月：950、970、965；5月：1000；7月：945；8月：960、950；9月：950、905、950、960、950、980；10月：950；12月：985、965、985、966	均值：957.2
	熊昌锟数据	1月：950；2月：940；3月：940；4月：965；5月：1000；7月：945；8月：960；9月：950；10月：950；12月：966	均值：956.6

同治五年（1866）	原始数据	1 月：960；2 月：960；3 月：970、980、955、1000、1010；4 月：970、980、990、980；5 月：990、980；6 月：1000、985；7 月：980、970、1000；8 月：1050；9 月：985；10 月：970、960；11 月：1000、980、1000、1050、1000	均值：987.2
	熊昌锟数据	1 月：960；2 月：960；3 月：970；4 月：980；5 月：980；6 月：985；7 月：980；8 月：1050；9 月：985；10 月：960；11 月：1000	均值：982.7

显然，熊昌锟整理的月数据并不是据该月全部数据取均值，也不是取众数，更不是根据最值区间取中值得来，似乎是随机抓取除最值外的数（如果仅有 2 个数值，则为随机取一个）。不过由于各月最值相差不大，所以无论是何种取法，最后的数据并不会偏差太多。同理，我们再在其基础上取年均值，由于数据最大、最小值相差不大，故无论是取各月均值，还是取最值区间的中间值，其结果也都所差无几（对比见下图 21）：

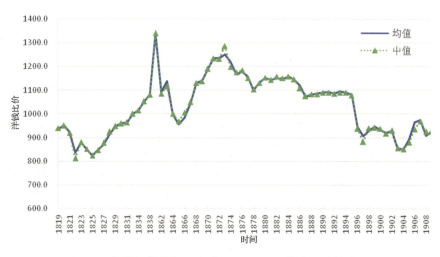

图 21　熊昌锟辑录浙江宁波 1819—1909 董家旧计簿序列

从熊昌锟数据的整理情况来看，我们确实有必要考虑，在数据量很多的情况下，到底该如何便捷有效的计算出平均数。在将原始数据和熊昌锟数据的均值对比后可以发现，由于原始数据最值相差不大，故实际上对结果的影响很小。而此均值结果与取中间值的差别又不大。由此，或可认为，在不得已而只能按部分数据求均值时，我们可以在确认原始数据最值差别不大的情况下，直接取中值以替代平均数。[1] 本文在处理某些年度内数值较多数据时，会适当采用此方法。

（八）马文静山西文水晚清昌玉公账册数据

马文静在研究山西大学社会史研究中心藏昌玉公商号账册时，专门写有《货币使用状况》一章。在民国以前，该地使用的货币有钱、真银、宝银等，但以钱为主（就账册反映情况来看），商号记账亦以钱为本位。比如光绪二十一年（1895）的银钱兑换为——真银：1395 文，1392.1 文，1395 文；宝银：1430 文，1415 文，1392 文，1379 文，1401 文。

由于账册研究很少把原账本及相应格式完全抄录出来，大多比价数据已经经过研究者整理，而有些整理方法和计算过程又失之简略，故我们也只能通过研究者提供的数据本身来做一些分析。其提供的原始数据如下（表 32)[2]：

表 32　马文静山西文水晚清昌玉公账册数据

时间	真银兑钱（文）							
1895	1395.00	1392.10	1395.00					
1897	1663.99	1200.00	1350.00	1390.95	1346.00	1034.95	1361.77	

---

① 也可以去掉最大、最小值，按次大、次小值取中值。
② 马文静：《小的却是全面的：一个普通山西商号的账册分析（1893—1935 年）》，硕士学位论文，山西大学经济与工商管理学院，2006 年，第 25—26 页。

时间	真银兑钱（文）							
1898	1170.00	1179.98	1070.00	1100.00	1254.00	1182.00	1070.00	1194.99
	1182.50							
1902	1142.00	1135.00	1140.00	1492.99	1510.00	1515.00	1150.00	1493.00
	1120.00	1110.00						
1908	1436.99	1270.00	1313.01	1292.07	1350.00	1282.99	1296.00	1275.00
	1282.00	1320.00	1220.00	1365.99	1404.80	1405.10	1435.00	1337.00
	1450.00	1373.00						
1910	1220.00	1365.99	1404.80	1405.10	1435.00	1377.00	1450.00	1373.00
1911	1483.00	1610.02	1369.97	1840.00				
时间	宝银兑钱（文）							
1895	1430.00	1415.00	1392.00	1379.00	1401.00			
1897	1329.99	1422.80	1350.00	1356.99	1354.99	1365.99		
1898	1196.99	1190.00	1251.90	1271.00	1229.99	1090.00	1090.00	1066.60
1902	1154.99	1152.00	1137.99	1130.00	1502.00	1501.00	1503.00	1477.99
	1145.00	1134.99	1504.00	1502.00				
1908	1449.72	1442.99	1301.99	1286.99	1667.00	1278.00	1300.00	
1910								
1911	1394.19	1490.00	1852.00	1840.00	1844.99			

说明：原文无制表，为方便分析，本文将之做成表格，所有数据统一格式为取小数点后两位。真银、宝银为何以及其具体平、色、兑原文未说明。原文时间最迟到民国十三年，本文只截录到宣统三年。

显然，和严中平源数据以日为单位，甘博源数据以月、年为单位，以及熊昌锟辑录数据以月为单位不同，昌玉公账册上表显示的数据应该是以具体的交易月/日为准的，并不固定为每月均有记录。为此，以日为单位平均出月数据，再以月为单位平均出年数据的最优方法无法使用。为此，原作者说其是按加权平均法计算出已有资料的各年比价均值，列表如下（表33）[①]：

表33　马文静山西文水晚清昌玉公账册比价数据表

时间	真银	宝银
光绪二十一年（1895）	1394	1403.4
二十三年（1897）	1368.77	1363.46
二十四年（1898）	1173.31	1155.94
二十八年（1902）	1280.799	1320.41
三十四年（1908）	1311.81	1389.53
宣统二年（1910）	1378.86	
宣统三年（1911）	1575.75	1684.24

说明：民国时期数据略去，大洋兑钱数据从民国四年才有，也略去。

我们以真银兑钱为例，按照原始数据重新测算算数平均、加权平均和取中值的差异：

表34　马文静数据真银兑钱的计算方法比较

时间	算数平均	加权平均	最小值	最大值	最值相差百分比	中值	中值与加权平均相差百分比
1895	1394.03	1394.00	1392.10	1395.00	0.21	1393.55	0.03
1897	1335.38	1368.77	1034.95	1663.99	60.78	1349.47	1.41
1898	1155.94	1173.31	1070.00	1254.00	17.20	1162.00	0.96
1902	1280.80	1280.80	1110.00	1515.00	36.49	1312.50	2.48
1908	1339.39	1311.81	1220.00	1450.00	18.85	1335.00	1.77
1910	1378.86	1378.86	1220.00	1450.00	18.85	1335.00	3.18
1911	1575.75	1575.75	1369.97	1840.00	34.31	1604.99	1.86

---

① 马文静：《小的却是全面的：一个普通山西商号的账册分析（1893—1935年）》，第26—27页。

从上表（表34）中可以看出，以算数平均和加权平均算出的年均真银兑钱，只有1895、1902、1910、1911年基本相等。在实际测算中，如果我们把每次出现的兑价都录入，而不是相同数值只录入一次，那么求出的均值就是加权平均。以1897年为例，加权平均要略高于算数平均值，则说明在1335以上的某些数值必定不止出现过一次。反映在账册数据中，或是全部数据逐一记录[1]，或是数据太多而取一个区间表示比价波动范围，少有优先使用算数平均者，故我们只比较加权平均和取中值的区别。在上表中，比价最小值和最大值的年内差可以多到61%，显然是较大的波动，但如果我们比较加权平均和取中值之间的差异，则在该例中相差不超过3.5%。那么由此也可以说，在能列出所有数据时，我们优先用所有数据求均值，这就是加权平均值，是最优的年均比价计算方法；在数据量过大而无法列出所有数据（或者为简便起见）时，找出最小值和最大值，取中间值代表年均值，也是可行的办法。

（九）桂强浙江平湖1888—1911老鼎丰酱园账簿序列

桂强曾依据浙江平湖老鼎丰酱园的年盘总目账册整理出了当地晚清时期的银钱比价。其账目中的比价均为年终盘查时的银钱兑换率，以之代替全年比价，原始货币记录为银元（鹰洋）兑制钱。兹录于下（表35）[2]：

---

① 逐一记录数据而不管数值是否一样（即一样的数值不合并记录），这样对于每个数据而言，权重都是一样的，故其直接平均也就是所谓加权平均数。

② 桂强：《社会变迁与经济理性：清末民初平湖社会经济中的鼎丰酱园》，硕士学位论文，华东师范大学历史学系，2018年，第93页，表3-4。原表缺1909之后数据，感谢原作者提供了空缺部分的数据。

表 35　桂强浙江平湖老鼎丰 1888—1911 账簿序列

时间	数据	时间	数据
1888	1060	1900	930
1889	1024	1901	930
1890	1015	1902	910
1891	1030	1903	890
1892	1055	1904	890
1893	1035	1905	1080
1894	1030	1906	1040
1895	970	1907	1120
1896	920	1908	1130
1897	930	1909	1040
1898	940	1910	1050
1899	930	1911	1050

对比之前提及的账簿序列，虽然在最终年数据上都体现为一个数值，但其基础来源有别。平湖老鼎丰的年盘总账序列是据年终市价确定，彼时临近年关，钱价多会更贵；山西文水昌玉公账册则是以一年内数笔交易的平均值代表年数据，由于不知道具体月份，数据分布形态也就不易判断，但其无疑较独取年终数值会更接近均值；严中平和甘博序列则是用每日、每月的数据平均代表全年，这是标准的年均值。以上分别代表了年数据的三种计算方法。在实际操作上，在有连续日、月数据的情况下，我们还是应该优先采用标准的均值计算法；其次采用年内非连续数值平均。

二、笔记文集类资料数据

从资料层次看，官书数据、档案数据、海关报告数据都来源于较高层级的政府资料，而契约文书类数据则多源自底层的民间资料，笔记文集类资料层次居于两者之中，有的记录更偏向于官方，有的记录则完全类似民间账簿。对此，本章单列一节介绍一些此方面的前人整理成果。

（一）余耀华全国价格史散点数据

余耀华在《中国价格史（先秦—清朝）》一书中，将银价、钱价也算成是一种价格（故标题为"银价、钱价及其比例"，"比例"即比价意），且认为其与物价有紧密联系。[①] 故曾列举一些比价数字（由于数据较少且零散，本文在此不做摘录），以证明其对物价、工价有所影响。其数据来源为《阅世编》、《巢林笔谈》、《履园丛话》、四川《乐至县志》、《林则徐日记》、《癸丑纪闻录》等。

该类零散数据可做补遗之用，也可用于校对其他同时间、同地点的比价数据是否可靠。

（二）任吉东（辑录）山西太原晚清《退想斋日记》数据

任吉东在利用刘大鹏《退想斋日记》研究近代太原地区粮价问题时，顺带摘录了1897—1931年间的货币比价资料。不过由于日记记录本来就有随意性，故实际只有1987年12月27日和1907年5月2日的比价数据存在。比如1897年记录的是太谷地区银每两兑换钱一千零数十文，"较秋初减二百余文，较去腊减五百文"[②]；1907年记录的是"吾乡一带，钱法大坏，每百制钱，小钱居其大半，银价遂高。每两银可易一千六百余文，大都由奸商从他处贩来，小钱掺于制钱中行使，致使钱法大坏耳"[③]。

由于文人笔记、日记不似商人账簿会详细记录白银成色、平砝，亦

---

① 余耀华：《中国价格史（先秦—清朝）》，中国物价出版社2000年版，第281—287页。

② 任吉东：《近代太原地区的粮价动向与粮食市场——以〈退想斋日记〉为中心》，《中国农史》2003年第4期，第64—65页。

③ 任吉东：《近代太原地区的粮价动向与粮食市场——以〈退想斋日记〉为中心》，《中国农史》2003年第4期，第64—65页。

没有具体的兑换过程记载，故诸多数据即便存在，也难以被转化为标准数据（库平纹银兑足制钱）使用。但这类记录一方面可用于核对同时期当地的其他契约文书账簿数据，另一方面则可用于描述并解释钱价波动的实际情状——比如该例中1897年冬的钱价比当年秋天要低，更比此前一年低，当中既有彼时长期钱贵原因，也有季节性原因存在；而参照1907年的记录，则钱价渐低更可能是因小钱混入，钱法大坏，而非真的"银贵"或单纯制钱减重贬值。

三、报刊类数据

（一）黄敏全国光绪朝《申报》查禁私钱数据

研究银钱比价，不仅需要考虑交易兑换时使用的是什么银（本书标准为库平纹银），还需考虑是什么钱（本书标准为官方制钱足钱）。黄敏就在整理光绪朝《申报》载查禁私钱资料时，对比了当时私钱与制钱的兑换比例（表36）以及查禁私钱前后的白银—制钱兑换比例（表37）[①]：

表36　私钱与制钱的价格对照表

时间	地点	私钱价格	制钱与私钱的比价
1872	上海	三折	3：10
		对冲	5：10
1873. 7. 17	苏州	售买物件较量亦须二三始能当一	1：3
		五百四十小钱当三百八十大钱	38：54
1876. 3. 13	杭州	官府收购小钱每斤给价制钱一百四十文	14：50

---

① 黄敏：《晚清私钱研究（1875—1900）》，硕士学位论文，苏州大学社会学院，2006年，第17、38页。

时间	地点	私钱价格	制钱与私钱的比价
1877. 5. 10	苏州	断砂折作卡钱只值九成	9∶10
1882. 11. 16		以千前重六斤十两以上者易私钱十四千	1∶14
1884. 12. 24	荆州	净红铜钱十当七八	7∶10
		二板红钱十当六七	6∶10
		三板红钱十当三四	3∶10
		鹅眼砂板十当一二	1∶10
1886. 7. 10	福州	小钱每千只值二百文	2∶10
1895. 2. 1	四川	六百余制钱可易上等小钱一千	6∶10
		四百余制钱可易次等小钱一千	4∶10
1896. 2. 25	宜昌	大钱七八文可买小钱十文之货	7∶10
1896. 7. 5	南昌	有一千文丁仔可售制钱四百文者	4∶10
		有一千文丁仔只售制钱二三百文者	2∶10

表 37 私钱掺用与银价变动关系表

时间	地点	兑换方式	禁私钱前	禁私钱后	减少数目	减少幅度
1874. 7. 17	苏州	洋换钱	1350	1190	160	11%
1877. 7. 18	上海	洋兑钱	1200—1300	1100	150	12%
1877. 11. 3	宁波	洋兑钱	1175	1155	20	1%
1877. 11. 21	杭州	洋兑钱		1000—900	100—200	13%
1878. 1. 5	杭州	洋兑钱	1260—1290	1050—1060	220	17%
1878. 1. 29	苏州	洋兑钱	1200—1300	1100—900	250	20%
1878. 5. 21	上海	洋兑钱				15%
1878. 12. 24	杭州	洋兑钱	1270—1280	1070—1080	200	15%
1882. 3. 24	福州	银兑钱		1400—1500	300.4	19%
1886. 5. 19	杭州	洋兑钱	1200—1600	1060	340	24%
1887. 3. 24	杭州	洋兑钱	1200—1400	1040—1050	255	19%

由上可知，私钱和制钱混合使用①，一般会使得银钱比价数值升高。而因此升高的数值又恰恰是我们需要避免采用的（如果直接写明是因为私钱，则可以不用此数据）。这种情况下该如何确定年均比价？我们以上表中私钱掺用前后银钱兑换率变化最大的 1886 年杭州为例，通过大数据综合比对列表（表 38）如下：

表 38　1886 年杭州洋价数据检验及 1886 年浙省年均比价求算

资料来源	资料内容	银钱比价	校正值
沈力行、董建波（2017）115—135 页，老鼎丰酱园钱总，1886 年，L297-001-0003	（嘉兴府—平湖县）：洋合钱，7 月 1085—1135；8 月 1080—1095；9 月 1040—1080；10 月 1040—1090；11 月 1025—1040；12 月 1025—1030	洋［1025，1135］	洋 1080
沈力行、董建波（2017）270—284 页，老鼎丰酱园各项财务收支，1886 年，L297-001-0004	（嘉兴府—平湖县）：洋合钱 1010—1100	洋［1010，1100］	洋 1055
王业键：《清代田赋刍论》（2008）153 页	（宁波府）：银两与铜钱在宁波的比价（每两—铜钱数）：1603	银 1603	银 1603
《〈申报〉宁波史料集》二（2013）737 页，小钱换米，1886 年 12 月 11 日	（宁波府）：官板制钱，每元只换一千零四十文	洋 1040	洋 1040
《近代浙江通商口岸经济社会概况》（2002）23 页，浙海关十年报告	（宁波府）：（关平银兑换铜制钱的平均价每年如下表）：1591	银 1591	银 1591

---

① 这种情况相当普遍，按照原作者统计，在晚清时期，杭州的平均掺用率为 34.2%，宁波为 27.1%，苏州为 29.1%，上海为 26.6%，松江为 26.9%，天津为 15.5%，南昌为 47.5%，宜昌为 47.5%，福州为 27.4%，嘉兴为 40%，南京为 30%，奉天为 38%，淡水则高达 70%—80%。黄敏：《晚清私钱研究（1875—1900）》，第 10—13 页。而在计算数据时，我们必须先确定兑换中含不含私钱。在这个意义上，使用民间材料也是有风险的。而采用官方档案奏销记录，则因为官方不接受私钱，其数据可靠性要更高。

资料来源	资料内容	银钱比价	校正值
熊昌锟（2017）/《鄞县通志》	1 月：1130；2 月：1135；3 月：1130；4 月：1130；5 月：1130；6 月：1135；7 月：1135；8 月：1135；9 月：1090；10 月：1080；11 月：1090；12 月：—	洋［1080，1135］	洋 1108

对比校正表和杭州 1886 年的禁私钱前 1200—1600 文/元的洋—钱比价数值可知，虽然暂无法寻得该年杭州府其他数据①，但在正常情况下，此数值与嘉兴、宁波应当不会相差太多。既然是洋银兑钱，那便须优先找寻洋银兑钱材料比对，在嘉兴府，相应数值是 1080、1055，在宁波府则为 1040、1108，显然不可能至 1200—1600。如此，则杭州数据定是掺用小钱导致虚高无疑，可排除不用。如果我们取杭州 1060，与嘉兴、宁波平均，则为 1068.6；如果我们用浙江省原始数据最小值 1025 和最大值 1135 取中值则为 1080，则相差仅有 1%，取用哪种算法可以视数据量多少而定。如此，则可确定，大数据综合比对法对于校验单个数据是否可信，以及整理全省年均比价时有一定用处。

（二）蒋立场沪津鲁赣清末报刊序列

蒋立场在研究清末银钱比价变动问题时，以报刊为核心资料，搜集了上海、天津、山东等地的银价（表中省略单位：文/两）。兹录并整理于下（表 39、图 22）：

表 39　蒋立场沪津鲁清末报刊序列

年份	上海银价（银一两合市钱）	上海洋价（衣牌）（银元一元合制钱）	天津银价 2	天津洋价 2	山东银价 2	江苏银价	江西银价
1901	1200	913	1355	1100		1367	1419

---

① 但不代表以后没有，数据库会不断添加。

　　　　　　　　　　　　　　　清代银钱比价波动研究

年份	上海银价 （银一两合市钱）	上海洋价（衣牌） （银元一元合制钱）	天津 银价2	天津 洋价2	山东 银价2	江苏 银价	江西 银价
1902	1190	915	1335	1185	1115	1355	1389
1903	1130	895	1280	1000	1101.5	1318	1333
1904	1120	881	1200		1138	1335	1370
1905	1240	978	1335	930	1275	1419	1627
1906	1330	1098	1390	1100	1445	1505	1723
1907	1380	1090	1765	1190		1536	1739
1908	1450	1202	1810	1110		1750	1875
1909	1520	1312	1885	1095		2000	2040
1910	1520	1326	1835	1095	1995	1805	1805
1911	1510	1287	1825	1135		1750	1700

说明：1. 据原表2-5、2-6、2-7改制。去掉了指数。天津、山东按（津）京钱2：1换算为制钱。2. 上海数字取自《申报》，按月初、月中、月末三个数据平均为月行情，再据月数据算出年均值。3. 天津数字取自《天津商会档案汇编：1903—1911》。4. 江苏、江西数字取自王宏斌《晚清货币比价研究》。5. 山东数字取自《大公报》关于山东银市的记录。

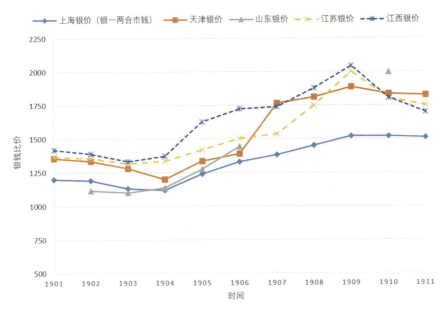

图22 蒋立场沪津鲁清末报刊序列

与契约文书数据往往只着眼于小地方或所涉账簿在地本身不同，也与拼接整合数据注重于构建长时间序列不同，基于报刊资料整理的数据往往需要配合其他数据做对比研究。在蒋立场整理的资料中，除了主要的报刊外，还有天津商会档案资料，以及来自王宏斌的数据。以上海地区为例，《申报》在当时已有每日货币行市数据刊载，但如此一来，十年的数据就有数千条，对其来说实在没有必要逐一抄录并做平均——故他采用月初、月中、月末平均值求月均，用月均求年均的办法来处理问题。对比各项数据，可看出：1. 上海银价高于江苏，江苏又高于江西，反映了由金融中心到一般沿海再到内陆的银价水平逐渐升高的现象。2. 上海、天津为南北方两大沿海商埠及金融中心，但天津银价要高于上海，波动幅度要比上海大。3. 天津、山东间银钱比价互有消长，这既是两地间投机的银贩运的结果，也是原因。①

从中可以看到，构建各地比价序列，我们便可以做更为深入的对比研究。但由于构建序列所用的数字往往是已经过技术手段处理，无论如何都不可能保持、反映原貌，故对其中微小的差别（比如天津最后几年的银价、洋价走势不完全一致；山东和天津的对比只有短短 4 年）是否为原始数据本身的差别所导致，我们需审慎对待，是否能推导出某些结论也当谨慎。

---

① 蒋立场：《清末银价变动研究（1901—1911）》，硕士学位论文，苏州大学社会学院，2004年，第33—41页。

第三节　整合数据

最有代表性的整合数据是拼接整合数据，该类数据往往是研究者在长时段上为求连续、统一，通过衔接手段，将几段数据合并成一段，是一种利用前人资料并经后期加工的数据。另一种混合整合数据则是自己将不同来源的原始（或他人）数据做比较核对，最后给出一段时间内、某一空间上的比价数据。[①]

一、林满红 1684—1911 四段拼接序列

林满红在《银线：19 世纪的世界与中国》一书第二章表 2.6 列有《清朝的银钱比价（1644—1911）》[②]，该表因时段覆盖整个清代，故常为人所优先关注。但林满红在该书该表前后未有相应注释，导致我们既

----

① 另有一些整合数据，在此未将之详细分析。比如"岸本美绪清代江浙整合序列"，整合《阅世编》（1645—1690）、陈昭南（1730—1801）、佐佐木正哉（1819—1866）、小林幸夫（1866—1904）数据，见［日］岸本美绪：《清代中国的物价与经济波动》，第 299 页。如"王玉茹 1798—1911 银钱比价指数拼接整合序列"，整合严中平（1798—1840）、郑友揆（1841—1900）、《天津金融志》（1901—1911）数据，见王玉茹：《近代中国价格结构研究》，第 68 页。如"白凯 1872—1909 苏州整合序列"，整合报刊资料，伊原弘介、村松祐次数据，见［美］白凯：《长江下游地区的地租、赋税与农民的反抗斗争：1840—1950》，第 346—347 页，表 B. 3。如"龚胜生两湖清代整合序列"，根据朱批奏折，曾国藩、林则徐、骆秉章、赵滨彦等人的文集，整理出了部分银钱比值，采用了三十年的滑动平均值法，表示了以 10 年为基准期的清代两湖银钱比值，详见龚胜生：《从米价长期变化看清代两湖农业经济的发展》，《中国经济史研究》1996 年第 2 期。"韩祥山西丁戊奇荒研究数据"，详见韩祥：《晚清灾荒中的银钱比价变动及其影响——以"丁戊奇荒"中的山西为例》，《史学月刊》2014 年第 5 期，第 84—85 页表 1、第 88 页表 2。

② 林满红：《银线：19 世纪的世界与中国》，第 76—77 页。

不知道她如何做出此表，也不知其原始数据来源为何。[①]

为此，笔者找到该表更早期的版本，即她在《嘉道钱贱现象产生原因——"钱多钱少"论之商榷》一文中的数据表。[②] 该表［表一：清代的银钱比价（1684—1911）][③]写明了资料来源——1684 至 1722 年：见杨端六《清代货币金融史稿》（北京：三联书店，1962），页 182—183；1797 至 1823 年：见陈昭南《雍正乾隆年间的银钱比价变动一七二三—九五》（台北：中国学术著作奖助委员会，1966），页 12；1798 至 1850年：见严中平等《中国近代经济史统计资料选辑》（北京：科学出版社，1955），页 37；1853 至 1911 年：见罗绶香《键为县志》卷 28，1937，收录在《新方志丛刊：四川方志》（台北：学生书局，1968），经济，页 28a—b；亦参见张家骧《中华币制史》（北京：民国大学，1936），页 33。不过在笔者继续核对其引用数据的过程中，又发现问题——所引时间段与实际数据时段不一致。为此，笔者先就此作一比对说明（详见表 40）：

表 40　林满红序列数据来源时间段比对

原注释资料来源时间段	实际核对更正时间段	说明	备注
1684—1722	1684—1722	杨端六官书散点	《银线》中在此之前的有 1644/1647/1670 三个年份，经核查也来源于此。但前两个年份是官定价
1797—1823	1723—1795	陈昭南北京序列	代表北京一带

① 后经比对，该表数据来源应对应在是书导论第 3 页"清代银钱比价变化趋势图"下。

② 林满红：《嘉道钱贱现象产生原因——"钱多钱少"论之商榷》，张彬村、刘石吉主编：《中国海洋发展史论文集》第五辑，第 357—426 页。

③ 林满红：《嘉道钱贱现象产生原因——"钱多钱少"论之商榷》，第 359—360 页。

　　　　　　　　　　　　　　　清代银钱比价波动研究

原注释资料 来源时间段	实际核对更 正时间段	说明	备注
1798—1850	1798—1850	严中平序列	代表为北京（直隶）一带。为格式统一，林满红四舍五入到个位数，但1801年数据应为1041而非1040
1853—1911	1853—1911	（民国）《犍为县志》	四川地区

此中援引时间段错标问题当系原作者笔误，无关紧要。我们现看其转引《犍为县志》时的数据错位问题（如图23所示）。该错位有两段，一段是从咸丰九年（1859）开始，由于《犍为县志》本身没有咸丰九年的数据①，林满红在抄录时应该是为前后衔接方便，误将咸丰十年（1860）的数据录到咸丰九年，如此便一路错位至光绪二十五年（1899）：

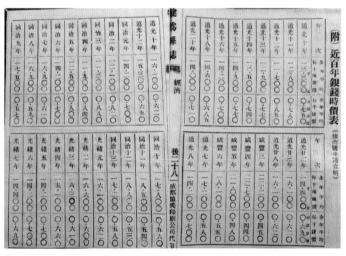

图23　（民国）《犍为县志》载银钱时价

---

① 陈世虞修，罗绶香等纂：《犍为县志》，第十一卷《经济志》，民国二十六年铅印本，华东师范大学图书馆古籍部藏。

说明：表中为全年均价，分银价、钱价两种表示方法。银价单位为千文/十两，钱价单位为两/千钱（文）。实际换算银钱比价数值即从原表银价记录得到。表中咸丰六年后的"道光七年""道光八年""道光十年""道光十二年"文字有误，"道光"皆当作"咸丰"。

另一段错位从光绪三十四年（1908）开始，由于《犍为县志》又缺少光绪三十四年数据，林满红便将宣统元年（1909）的数据错填至光绪三十四年，此错位一直持续到宣统三年（1911）。[①]为便于比较和修正数据，笔者现将林满红数据和分段的杨端六、陈昭南、严中平、《犍为县志》数据制表（表41）对比如下：

表41　林满红1644（或1684）—1911四段拼接序列的数据源对比

时间	银钱比价	杨端六	陈昭南	严中平	《犍为县志》	修正林满红序列
1644	700	700				700
1645						
1646						
1647	1000	1000				1000
1648						
……						
1669						
1670	1250	1250				1250
1671						
……						
1683						
1684	850	850				850
1685						
……						

---

① 《犍为县志》所载数据延续到民国十三年，详见（民国）《犍为县志》第十二卷《财政志》金融部分。

　　　　　　　　　　　　　　　　　　　清代银钱比价波动研究

时间	银钱比价	杨端六	陈昭南	严中平	《犍为县志》	修正林满红序列
1721						
1722	780	780				780
1723	800		800			800
1724	820		820			820
1725	845		845			845
1726	900		900			900
1727	925		925			925
1728	950		950			950
1729	980		980			980
1730	950		950			950
1731	925		925			925
1732	900		900			900
1733	880		880			880
1734	860		860			860
1735	840		840			840
1736	820		820			820
1737	800		800			800
1738	755		755			755
1739	830		830			830
1740	830		830			830
1741	830		830			830
1742	815		815			815
1743	800		800			800
1744	825		825			825
1745	850		850			850
1746	825		825			825
1747	850		850			850
1748	775		775			775

时间	银钱比价	杨端六	陈昭南	严中平	《犍为县志》	修正林满红序列
1749	790		790			790
1750	805		805			805
1751	820		820			820
1752	840		840			840
1753	850		850			850
1754	850		850			850
1755	850		850			850
1756	850		850			850
1757	850		850			850
1758	850		850			850
1759	850		850			850
1760	850		850			850
1761	825		825			825
1762	800		800			800
1763	850		850			850
1764	870		870			870
1765	890		890			890
1766	910		910			910
1767	930		930			930
1768	950		950			950
1769	950		950			950
1770	950		950			950
1771	950		950			950
1772	950		950			950
1773	950		950			950
1774	955		955			955
1775	960		960			960
1776	910		910			910

时间	银钱比价	杨端六	陈昭南	严中平	《犍为县志》	修正林满红序列
1777	890		890			890
1778	870		870			870
1779	850		850			850
1780	910		910			910
1781	925		925			925
1782	940		940			940
1783	955		955			955
1784	970		970			970
1785	985		985			985
1786	1000		1000			1000
1787	1020		1020			1020
1788	1040		1040			1040
1789	1060		1060			1060
1790	1080		1080			1080
1791	1100		1100			1100
1792	1120		1120			1120
1793	1140		1140			1140
1794	1150		1150			1150
1795	1150		1150			1150
1796						
1797						
1798	1090		1090	1090		1090
1799	1033		1033	1033.4		1033.4
1800	1070		1070	1070.4		1070.4
1801	1041		1041	1040.7		1040.7
1802	997		997	997.3		997.3
1803	967		967	966.9		966.9
1804	920		920	919.9		919.9

时间	银钱比价	杨端六	陈昭南	严中平	《犍为县志》	修正林满红序列
1805	936		936	935.6		935.6
1806	963		963	963.2		963.2
1807	970			969.9		969.9
1808	1040			1040.4		1040.4
1809	1065			1065.4		1065.4
1810	1133			1132.8		1132.8
1811	1085			1085.3		1085.3
1812	1094			1093.5		1093.5
1813	1090			1090.2		1090.2
1814	1102			1101.9		1101.9
1815						
1816	1177			1177.3		1177.3
1817	1217			1216.6		1216.6
1818	1245			1245.4		1245.4
1819						
1820	1226			1226.4		1226.4
1821	1267			1266.5		1266.5
1822	1252			1252		1252
1823	1249			1249.2		1249.2
1824	1269			1269		1269
1825	1253			1253.4		1253.4
1826	1271			1271.3		1271.3
1827	1341			1340.8		1340.8
1828	1339			1339.3		1339.3
1829	1380			1379.9		1379.9
1830	1365			1364.6	1330	1364.6
1831	1388			1388.4	1280	1388.4
1832	1387			1387.2	1170	1387.2

清代银钱比价波动研究

时间	银钱比价	杨端六	陈昭南	严中平	《犍为县志》	修正林满红序列
1833	1363			1362.8	1290	1362.8
1834	1356			1356.4	1350	1356.4
1835	1420			1420	1490	1420
1836	1487			1487.3	1420	1487.3
1837	1559			1559.2		1559.2
1838	1638			1637.8	1460	1637.8
1839	1679			1678.9		1678.9
1840	1644			1643.8	1400	1643.8
1841	1547			1546.6		1546.6
1842	1572			1572.2	1440	1572.2
1843	1656			1656.2	1610	1656.2
1844	1724			1724.1		1724.1
1845	2025			2024.7		2024.7
1846	2208			2208.4		2208.4
1847	2167			2167.4		2167.4
1848	2299			2299.3	1610	2299.3
1849	2355			2355		2355
1850	2230			2230.3		2230.3
1851						
1852						
1853	2220				2220	2220
1854	2270				2270	2270
1855	2100				2100	2100
1856	1810				1810	1810
1857	1720				1720	1720
1858	1420				1420	1420
1859	1610					
1860	1530				1610	1610

时间	银钱比价	杨端六	陈昭南	严中平	《犍为县志》	修正林满红序列
1861	1420				1530	1530
1862	1210				1420	1420
1863	1130				1210	1210
1864	1190				1130	1130
1865	1250				1190	1190
1866	1420				1250	1250
1867	1690				1420	1420
1868	1690				1690	1690
1869	1750				1690	1690
1870	1780				1750	1750
1871	1850				1780	1780
1872	1880				1850	1850
1873	1720				1880	1880
1874	1610				1720	1720
1875	1660				1610	1610
1876	1630				1660	1660
1877	1510				1630	1630
1878	1420				1510	1510
1879	1420				1420	1420
1880	1440				1420	1420
1881	1420				1440	1440
1882	1470				1420	1420
1883	1630				1470	1470
1884	1720				1630	1630
1885	1720				1720	1720
1886	1720				1720	1720
1887	1720				1720	1720
1888	1690				1720	1720

时间	银钱比价	杨端六	陈昭南	严中平	《犍为县志》	修正林满红序列
1889	1460				1690	1690
1890	1530				1460	1460
1891	1530				1530	1530
1892	1530				1530	1530
1893	1470				1530	1530
1894	1360				1470	1470
1895	1250				1360	1360
1896	1200				1250	1250
1897	1200				1200	1200
1898	1200				1200	1200
1899	1200				1220	1220
1900	1220				1220	1220
1901	1240				1240	1240
1902	1250				1250	1250
1903	1280				1280	1280
1904	1300				1300	1300
1905	1340				1340	1340
1906	1350				1350	1350
1907	1370				1370	1370
1908	1400					
1909	1520				1400	1400
1910	1660				1520	1520
1911	1730				1660	1660

图 24　林满红 1684—1911 四段拼接序列

如是可以看出，拼接法对于构建一整套完整的银钱比价时间序列甚是有效。但就数据代表性而言，将陈昭南江南序列、严中平直隶序列、《犍为县志》四川序列直接相连，显然忽略了各地区间的差异。如果沿此步骤，应要划分出南方、北方，甚至华北、江南、四川等地区数据，直到部分分省、分府数据。既做分区，也用拼接，当是现有条件下整理、对比、分析银钱比价数据的一种理想办法。

二、郑友揆 1840—1900 三段拼接序列

郑友揆在《十九世纪后期银价、钱价的变动与我国物价及对外贸易的关系》一文中论述过，考察当时中国对外贸易问题需同时考虑金银汇率与银钱兑换率，其认为前者有系统统计，但后者无系统、可靠、全国性的现成统计资料。为此，他以北京经济研究所藏皖南屯溪资料（会堂账册、购货记录）整理出了 1761—1864 年的银钱（银两与制钱）兑换率，又以英国驻华领事馆报告所载上海、天津、宁波等地银两对制钱兑

清代银钱比价波动研究

换率补充了 1865—1869 年资料①, 再以《北华捷报》载上海规元兑制钱统计补充了 1870—1900 的资料。② 但其原文附表（一）只给出了 1840—1900 年的统计, 我们先录入于下（详见表 42）：

表 42　1840—1900 银、钱比价统计及指数（1870—1872＝100.0）

年份＼比价	1（一般比价）	2（1项指数）	3（河北宁津县比价）	4（汉口、芜湖、烟台、广州、厦门五埠平均比价）	5（奏疏中比价）
1840	1245	79.0			
1841	1245	79.0	1459		
1842	1358	86.2	1484		
1843	1377	87.4	1563		
1844	1377	87.4	1627		
1845	1509	95.7	1911		
1846	1604	101.8	2084		
1847	1660	105.3	2045		
1848	1660	105.3	2170		
1849	1651	104.8	2222		
1850	1660	105.3	2105		
1851	1660	105.3			
1852	1660	105.3			1800
1853	1660	105.3			1800
1854	1660	105.3			1800
1855	1660	105.3			
1856	1698	107.8			
1857	1274	80.8			

---

①　郑友揆：《十九世纪后期银价、钱价的变动与我国物价及对外贸易的关系》,《中国经济史研究》1986 年第 2 期。该文第 25 页附表（一）的注释 1 项第二条年份, 1965 应改为 1865。
②　郑友揆：《十九世纪后期银价、钱价的变动与我国物价及对外贸易的关系》,《中国经济史研究》1986 年第 2 期, 第 1—27 页。

比价 年份	1（一般 比价）	2（1项 指数）	3（河北宁 津县比价）	4（汉口、芜湖、烟台、广 州、厦门五埠平均比价）	5（奏疏 中比价）
1858	*1132*	71.8			
1859	*1170*	74.3			
1860	*1226*	77.8			
1861	*1132*	71.8			
1862	*1132*	71.8			
1863	*1132*	71.8			
1864	*1075*	68.2			
1865	1352	85.8			
1866	1295	82.2			
1867	1287	81.7			
1868	1342	85.2			
1869	1609	102.1			
1870	1556	98.7			
1871	1588	100.8			
1872	1583	100.4			
1873	1618	102.7			
1874	1601	101.6			
1875	1505	95.5			
1876	1527	96.9			
1877	1494	94.8			
1878	1435	91.1			
1879	1468	93.1			
1880	1498	95.1			
1881	1514	96.1			
1882	1515	96.1		1512	
1883	1502	95.3		1517	
1884	1497	95.0		1502	

比价 年份	1（一般 比价）	2（1项 指数）	3（河北宁 津县比价）	4（汉口、芜湖、烟台、广 州、厦门五埠平均比价）	5（奏疏 中比价）
1885	<u>1493</u>	94.8		1489	
1886	<u>1463</u>	92.9		1467	
1887	<u>1409</u>	89.4		1423	
1888	<u>1406</u>	89.2		1413	
1889	<u>1383</u>	87.8		1397	
1890	<u>1358</u>	86.2		1372	
1891	<u>1368</u>	86.8		1395	
1892	<u>1397</u>	88.6		1402	
1893	<u>1407</u>	89.3		1387	
1894	<u>1338</u>	84.9		1389	
1895	<u>1303</u>	82.7		1335	
1896	<u>1231</u>	78.1		1264	
1897	<u>1195</u>	75.8		1255	
1898	<u>1179</u>	74.8		1233	
1899	<u>1183</u>	75.1		1241	
1900	1222	77.5		1230	

说明：1.1、3、4、5项为上海规元合制钱数。2.3项原据严中平数据，原文天津银两按1.06∶1折算为规元。3.4项据海关十年报告折算，折算比率1∶1.114。4.5项数据据杨端六，由于未注明地区，故估算各地银两约较规元大10%左右。5.1项斜体数字为屯溪序列，下划线数字为《北华捷报》序列。

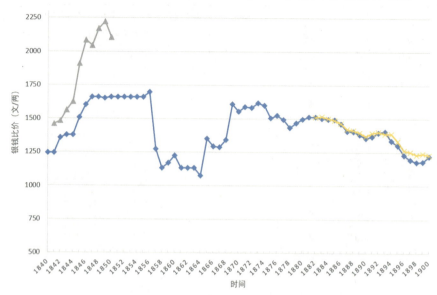

图 25　郑友揆 1840—1900 三段拼接序列

从相应图像（图 25）看，同时期宁津序列和屯溪序列有一定差别，屯溪的比价数值较低，同期钱贵甚于宁津。对 1846—1855 年屯溪数据缘何长期保持不变，现没有很好解释，只能暂认为是依据材料的问题。由此造成图像上宁津曲线与一般比价（拼接）不同，也当不是存在不同变动趋势。[①]《北华捷报》后期序列和海关报告序列几乎一致，说明我们在一定程度上可以利用海关序列来替代其他数据，[②] 但由于汉口、芜湖、烟台、广州、厦门分属南北方不同地域，直接平均各地数据或可能导致原有波动被相互抵消而使得序列变的更平稳，故我们在使用海关

---

① 　但宁津序列只到 1850 年，为此，要跨越 1850 年做比对，也只能另行选择包含此时间点的连续的账簿记录。

② 　不过我们得谨慎考虑海关报告和《北华捷报》的数字是否有相同来源，否则即为伪一致。然惜两者都未说明其调查数据的来源。

　　　　　　　　　　　　　　　　　　　清代银钱比价波动研究

数据时还得注意进行分区基础上的平均。

三、森时彦长江流域晚清整合数据

森时彦在研究晚清长江流域的棉纱土布价格时，注意到银钱比价变动与土布进出口间有相关关系——银贵钱贱，利于出口，不利于进口。[①] 其综合海关报告、张家骧《中华币制史》、罗玉东《中国厘金史》、林举百《近代南通土布史》、《湖北省年鉴》、胡通《湖南之金融》等资料中的银钱比价数据，制定了长江流域各地银钱比价表（表43），现将之录入并制图（图26）于下[②]：

表43　森时彦晚清长江流域整合数据

种类 年份	银两									银元		
	海关两						上海 两	库平两		南通	汉口	上海
	上海	镇江	芜湖	汉口	沙市	重庆		江苏	江西			
1870	1875						1683					
1871	1875						1683					
1872	1875						1683					
1873	1808						1616					
1874	1805						1620	1775				
1875	1778						1598	1795				
1876	1722						1545	1761				
1877	1655						1485	1719				
1878	1598						1434	1625.5				
1879	1620						1454	1617				

---

① ［日］森时彦：《中国近代棉纺织业史研究》，第27页。
② ［日］森时彦：《中国近代棉纺织业史研究》，第22—24页。

种类 年份	银两							银元		
	海关两						上海两	库平两		
	上海	镇江	芜湖	汉口	沙市	重庆		江苏	江西	南通	汉口	上海
1880	1653						1483	1660	1699.7			
1881	1690						1517	1687	1680.1			
1882	1685		1722	1689			1513	1660.5	1641.8			
1883	1685		1733	1721			1513	1707.5	1677.7			
1884	1651		1702	1724			1482	1689.5	1716.0			
1885	1650		1733	1724			1481	1701.5	1718.1			
1886	1648		1722	1650			1479	1654.5	1625.9			
1887	1557		1619	1644			1397	1576.5	1604.9			
1888	1580		1650	1626			1418	1583.5	1605.7			
1889	1585		1634	1610			1423	1556.5	1554.5			
1890	1488		1587	1562			1336	1540	1537.8			
1891	1496		1593	1560			1343	1524.5	1541.0			
1892	1552	1648	1522	1573	1630	1704	1393	1544	1580.3			
1893	1552	1565	1577	1527	1600	1690	1393	1598	1542.7	1033		
1894	1508	1540	1567	1605	1645	1613	1354	1540	1554.7	1050		
1895	1465	1500	1520	1500	1274	1510	1315	1500	1499.4	1030		
1896	1378	1419	1364	1331	1292	1342	1236	1483	1355.2	911		
1897	1378	1378	1395	1299	1288	1263	1236	1331.5	1353.5	903		
1898	1305	1370	1351	1362	1370	1342	1171	1343	1354.8	900		
1899	1325	1389	1385	1387	1274	1326	1189	1363	1424.8	900		
1900	1328	1376	1351	1370	1333	1316	1192	1362	1428.6	901		
1901	1305	1405	1437	1326	1313	1277	1212	1367	1418.5	914		
1902	1345			1200			1207	1354.5	1388.9	900	800	800
1903	1278			1170			1147	1317.5	1333.3	830	840	840
1904	1225			1200			1100	1334.5	1369.9	810	900	900

清代银钱比价波动研究

种类	银两								银元		
	海关两						上海两	库平两		南通	汉口	上海
年份	上海	镇江	芜湖	汉口	沙市	重庆		江苏	江西			
1905					1420			1419	1627.2	914	1070	1070
1906					1620			1505	1722.8	1080	1100	1100
1907					1620			1536	1739.3	1081	1160	1160
1908					1790			1609		1213	1230	1230
1909					1950					1317	1270	1270
1910					1935					1338	1310	1310
1911					1900					1295	1340	1340

说明：1. 海关两的"上海"、上海两和银元的"上海"均来自张家骧。江苏、江西库平均来自罗玉东，森时彦于江苏取上下半年中间值，保留一位小数，但于江西取中值却四舍五入到个位数，本文在录入时将之统一为江西序列格式。银元的"南通"来自林举百。银元的"汉口"来自《湖北省年鉴》第一回。2. 银元部分的汉口和上海1902—1911数字完全一样，不知何故，现先照录。3. 原表数据至1936，现截录至1911。4. 沙市1901年数字原文为1312，根据滨下武志及杨敬敏记录数据校对为1313。

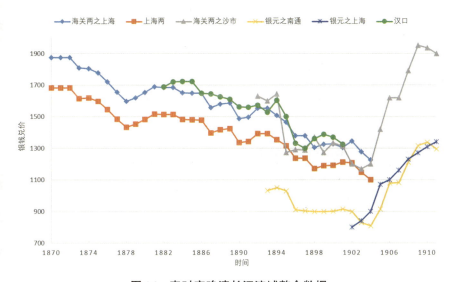

图 26　森时彦晚清长江流域整合数据

我们将其引用张家骧之海关两上海和上海两数据比对，发现两者间已按 1∶0.89 统一折算，故在图中显示出波动的完全一致性。这种情况与银元之上海不同，乃是因为同时存在不断变化的洋厘价格。

另外，森时彦特地以沙市和南通的指数做了比对，认为沙市和南通相隔超过 1500 公里，不可能在两地间实现银钱兑换直接互通。但波动相当一致却说明了经济区之间有着货币的平衡机制——当一地铜钱升值过高时，便有另一地的铜钱流入，直到达到平衡（两地的比率差低于转移成本）[1]。该命题虽未经严格证明，但恰恰是我们做分地区的银钱比价波动比较所须关注的，其实质就是市场整合问题——但如果按照施坚雅的说法，汉口和南通当属于两个不同的经济区，有相当程度的市场割裂。

除此，我们还需关注森时彦的一个提法，其认为除了整体上的铜钱升值倾向外，"仔细审视各地比价，似乎毫无规律可言"。[2] 其以汉口和沙市对比，1898—1899 年汉口铜钱有所贬值，但沙市在升值，认为这是因为 1898 年沙市教案后市场萧条，然后市场逐渐恢复之际又是棉花、生丝收购旺季，收购需用制钱的短缺导致了铜钱升值。对于我们研究各地比价波动来说，如果选择的地域太小，则可能会受地方上的独立事件影响较大。此也从侧面反映了选择一个县、一个府的比价波动可能并不合适于对比研究，而整理出一省或数省数据可能更佳。

四、郑永昌全国分省乾隆朝序列

郑永昌在其博士论文附录中，首次尝试了以档案为基础，配合官方文献、文集、笔记、方志等资料全面整理各省银钱比价，其 3 个附录表

---

[1] ［日］森时彦：《中国近代棉纺织业史研究》，第 25 页。
[2] ［日］森时彦：《中国近代棉纺织业史研究》，第 25 页。

分华北（直隶、山东、河南、山西、陕西、甘肃、其他），东南及华南（江苏、安徽、江西、浙江、福建、台湾、广东），华中及西南（湖北、湖南、四川、贵州、云南、广西）对应整理了各省的银钱比价记录，[1] 本文在此将之重新分析整理如下（表44）：

表44　郑永昌全国分省乾隆朝银钱比价序列

时间＼省份	直隶	山东	山西	陕西	甘肃	江苏	江西	浙江	福建	广东	湖北	湖南	四川	云南
1723														
1724														
1725														
1726					1200									
1727														
1728	900				880									
1729	1020													
1730														
1731														
1732				815										
1733				820	690									
1734				826										
1735	840			845										
1736	835							987						
1737	800					829								
1738	825	800	800							800	1000		945	
1739	830				775			720	810			765		1145
1740	830				715			714	810		800			
1741	835	700	841.5	700	800	700	833	700	760	755	800	650	945	

---

① 郑永昌：《清代乾隆朝钱贵时期之私钱问题及其对策（1736—1775 年）》，博士学位论文，台湾师范大学，2004 年，附录，第178—181 页。

时间＼省份	直隶	山东	山西	陕西	甘肃	江苏	江西	浙江	福建	广东	湖北	湖南	四川	云南
1742				835	840		833		770					
1743	800	800					840		755	850		800		
1744	780	805		715			862		795	780		855		
1745				730			860					833		
1746				730			860					833		
1747			797.5	950			862				854		825	
1748	740	750	800	660			860	769			855			
1749	800	800		750						800	895			1250
1750	800		781	812							900	833		
1751	800		781			700			815	830				
1752	790		800	775		700			855	850			903	
1753	850	840	832	852.5	858.3	805	840		845	880	825	840	872.5	
1754	874	870		905	677.5			800		875	845	889		1185
1755	873				800		835		835		910			
1756	843		833		650		860		875			833		
1757	840													
1758			840.5	730	725									
1759	850		806		635	750			835		909	909	900	
1760			806	700	755									
1761			852		782.5	885			875			862		
1762	806		879				880						925	
1763			909			870	840							
1764	950	915	890	850			880	850				862		
1765			940				900	875						
1766			968								917			
1767	975		960					1070			965			
1768			995						950					1100
1769	979		995			970	960	970			917		900	

时间 \ 省份	直隶	山东	山西	陕西	甘肃	江苏	江西	浙江	福建	广东	湖北	湖南	四川	云南
1770	960		990				957.5				962			1150
1771	964		990		970	985					966			1200
1772	995	900	973				990			925	1000			1300
1773	960													1200
1774						990	960						990	
1775	955		995		920			920					988	1267.5
1776	955		995		944		940							
1777			968	990				875						1250
1778	985	1050		890		1050		875						1100
1779	970		1000					955			966	1000		
1780	910						960							1550
1781	935													
1782	955												1140	
1783	975													
1784	990		968											
1785	990							943			1000			
1786	1000						990	900			1000			
1787	1100		1029		990			920	940					
1788	1000	1050												2400
1789	1000													
1790	900				980					1400				1500
1791						1100							1550	
1792	1000			989.3				1300						
1793						1035		1200						
1794	1100		1000	994.5			1050	1375	1350	1350		1300	1350	2300
1795			1000	1000				1180					1552	

说明：1. 合并原著作附录 1、2、3 制表，在此删去含有数据量小于 30% 的河南、（北方）其他、安徽、台湾、贵州、广西序列。原表时间有包含雍正朝者，但不完全，总以乾隆朝为核心。2. 甘肃数据明显低于北方其他地方，且河东、河西地理区位上差别很大，故不采纳其

做北方序列。北方序列用各省均值表示，只取直隶、山东、河南、山西、陕西。3. 东南及华南各省均值舍去台湾记录。4. 华中及西南各省均值舍去明显过高的云南。5. 原记录带文字说明，带数值区间的均改为单数值记录。方法为舍去小钱、黑钱、市平等数据，只取制钱、库平数据；"数十"用50替代；"余"直接略去，不取具体值；区间表示的取其中值；区域内有多个数值的，先按区域内分区计算各区域数值，再将各计算数值平均。

图 27　郑永昌全国分省乾隆朝银钱比价序列

由于原始数据空缺值还是较多，故无法形成完整的单独的省一级序列，在缺失数值较多的情况下（三年内如果空缺两个数据，就无法复原实际波动情形），我们还是取各省均值看各大区域之间的差别。按郑永昌的分区，我们可以发现，北方地区的比价均值要低于东南及华南，而东南及华南又低于华中及西南——在波动幅度上也是如此。这可能与西南地区产铜铸铜较多且整个南方地区经济活跃程度要高于北方有关。至于更为细致的比较，比如具体某几年内不同地区间波动有何异同，这是大区域均值所无法解释的，而各省数据的相对残缺及不精确，暂也难以有很好的显示效果。为应对这些问题，我们可以试图去填补空缺值，补全部分省的数据使之可以比较；对省内分区加以研究，看省内差异；通过日、月数据看更为精细精度条件下的波动特征……这都是可以继续努力的方向。

五、彭凯翔整合序列

彭凯翔整合的序列有两种，一种是其在《清代以来的粮价》一书中整理的南北方清代衔接序列，另一种是其在《近代北京价格与工资的变迁：19世纪初至20世纪初》一文中展示的北京近代衔接序列。

（一）彭凯翔南北方清代衔接序列

彭凯翔同样利用拼接法，将不同数据段组合，构建出南北方银钱比价长期序列。本文用"衔接"一词命名之，是因为其构建序列的方法有别于直接拼接，对于不同数据段，为使首尾连续，其乘以了衔接系数——比如其江南序列《漏网喁鱼集》常熟比价和引郑友揆皖南屯溪比价之间就用了1.33的系数。

为此，本文先将其衔接的各段数据作一整理比对（表45）[①]，然后再看其南北方序列的呈现（图28）：

表45 彭凯翔南北方清代衔接数据的数据源分析

数据类	分段			
	时间	资料来源	涉及地区	性质
江南数据	1644—1683	《湖州市志》《阅世编》	江浙，湖州、松江	散点
	1684—1689 1750—1765	萧山来氏家谱	江浙，萧山	散点
	1644—1801	陈昭南	江浙	散点

---

① 彭凯翔：《清代以来的粮价：历史学的解释与再解释》，第142、168—175页。

数据类	分段			
	时间	资料来源	涉及地区	性质
江南数据	1749	《钦定南巡盛典》	江浙	散点
	1820—1835	陈昭南①	江浙，宁波	序列
	1836—1855	《漏网喁鱼集》	江浙，常熟	序列
	1850—1855	《北华捷报》	江浙，上海	序列（日数据）
	1856—1864	郑友揆	安徽，屯溪	序列
	1865—	郑友揆	上海等口岸	序列
华北数据	1644—1801	彭信威	北方	散点
	1644—1801	陈昭南	京师	序列
	1801—1850	严中平	宁津	序列
	1850—1858	甘博	直隶	序列
	1862—1900	李景汉	定县	序列

说明：数据由彭凯翔教授提供。

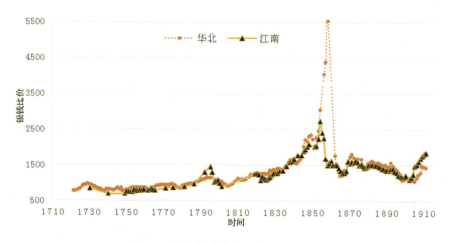

图 28　彭凯翔清代南北方衔接序列

---

① CN. Chen, "Flexible Bimetallic Exchange Rates In China, 1650-1850: A Historical Example of Optimum Currency Areas", *Journal of Money, Credit and Banking*, Vol.7, no.3, (Aug 1975) , pp. 359-376.

从中可以看出，利用衔接法，彭凯翔已经给出了南北方大地理范围内的银钱比价整体趋势。由于事先确定了地理范围只划分到南北方，故而任何南方或北方范围内的数据都可以用来做衔接——此点默认忽略了区域内省际差别，或是默认本区域内货币市场已经整合。[①] 由此得出的数据显示，南北方比价波动趋势基本一致。由是，设定南（江、浙、皖）北（直隶）方为基本区域单位的比价序列已由彭凯翔整理出来，这个序列适用于长时段国内大区域的波动趋势分析，[②] 但无法提供更为细化的省甚至府一级的信息。从各省情况，甚至某些时段的府数据来看，是否存在类似情况，以及整合的程度如何，当还可有讨论空间。

（二）彭凯翔北京近代衔接序列

彭凯翔利用转换过的甘博数据、社调部数据、自己综合统计的拾零数据和火神会账簿数据整理了 1807—1929 年间北京地区的京钱比价。

其中，甘博数据的前半段来自京郊燃料铺账簿[③]，后半段则依赖孟天培的研究；所谓"社调部"乃是北平社会调查部林颂河在《统计数字下的北平》（社会科学杂志，1931，2）一文中的统计数字，与甘博数据差值在 1% 以内；综合拾零数据来自于北京市档案馆藏《江西会馆出入存簿》《吴兴会馆银钱出入总登》《绩溪会馆录》《伙计支使账》《王宅用工料账》及《退想斋日记》《道咸宦海见闻录》《越缦堂日记》等，可以说是一段综合了账簿文书和笔记文集类资料的数据；火神会数据来自于国家图书馆藏《恭庆火祖会账本》《火祖圣会银钱总账》《火

---

① 但是，北方数据均来自于直隶附近，基本不涉及省际差别。南方数据来源于江浙地区和安徽，但安徽和江浙的数据已按 1.33 的系数衔接上了。这提示我们省际区别确实存在，我们可以用乘以衔接系数的办法来处理。

② 经比对，和林满红序列在总体波动上是一致的，只是北方咸丰数据要高于林满红许多，这可能是存在问题的。但林满红和彭凯翔数据波动一致性相当高也有他们都使用了多种一样材料的原因在内。

③ S D. Gamble, "Daily Wages of Unskilled Chinese Laborers 1807-1902", *The Far Eastern Quarterly*, Vol. 3, no. 1(Nov 1943), pp. 41-73.

神会簿》等资料。① 现节录其原始数据至 1911 年（表 46）：

表 46　彭凯翔北京近代衔接序列

时间	甘博京钱衔接	社调部京钱	火神会京钱	拾零京钱	京钱均值②	制钱均值
1807	1950.00				1950.00	975.00
1808	2029.86				2029.86	1014.93
1809						
1810						
1811						
1812	2146.23				2146.23	1073.11
1813	2123.39				2123.39	1061.70
1814						
1815						
1816	2248.32				2248.32	1124.16
1817	2235.89				2235.89	1117.95
1818	2201.61				2201.61	1100.81
1819	2355.39				2355.39	1177.69
1820	2308.30				2308.30	1154.15
1821						
1822	2394.47				2394.47	1197.23
1823						
1824	2404.80				2404.80	1202.40
1825	2373.67				2373.67	1186.84
1826						
1827	2518.53				2518.53	1259.27

① 彭凯翔：《近代北京价格与工资的变迁：19 世纪初至 20 世纪初》，《河北大学学报（哲学社会科学版）》2013 年第 2 期。
② 京钱均值是笔者根据彭凯翔甘博京钱衔接、社调部京钱、火神会京钱平均出来的。后面的制钱均值也是另外换算出来的。

时间	甘博京钱衔接	社调部京钱	火神会京钱	拾零京钱	京钱均值	制钱均值
1828						
1829	2576. 36				2576. 36	1288. 18
1830	2646. 20				2646. 20	1323. 10
1831	2678. 92				2678. 92	1339. 46
1832	2660. 00				2660. 00	1330. 00
1833				2400. 00	2400. 00	1200. 00
1834	2510. 00				2510. 00	1255. 00
1835	2490. 57				2490. 57	1245. 28
1836	2743. 52				2743. 52	1371. 76
1837	2962. 98				2962. 98	1481. 49
1838	3092. 49				3092. 49	1546. 25
1839	3260. 00				3260. 00	1630. 00
1840						
1841	2790. 00				2790. 00	1395. 00
1842	2864. 74				2864. 74	1432. 37
1843				2950. 00	2950. 00	1475. 00
1844				3300. 00	3300. 00	1650. 00
1845	3630. 32				3630. 32	1815. 16
1846	4000. 76			3950. 00	3975. 38	1987. 69
1847	4007. 24				4007. 24	2003. 62
1848	4090. 00				4090. 00	2045. 00
1849	4074. 02				4074. 02	2037. 01
1850	3976. 93				3976. 93	1988. 47
1851						
1852	4017. 16			4000. 00	4008. 58	2004. 29
1853	4390. 53				4390. 53	2195. 27
1854	5490. 00				5490. 00	1098. 00
1855						

时间	甘博京钱衔接	社调部京钱	火神会京钱	拾零京钱	京钱均值	制钱均值
1856	7226. 76				7226. 76	1445. 35
1857	7834. 79				7834. 79	1566. 96
1858	9830. 00				9830. 00	1966. 00
1859				14000. 00	14000. 00	1400. 00
1860	18170. 00				18170. 00	1817. 00
1861	22840. 00		16900. 00		19870. 00	1987. 00
1862	10820. 00	10364. 84		13000. 00	11394. 95	1139. 49
1863		10766. 58			10766. 58	1076. 66
1864		10137. 88			10137. 88	1013. 79
1865	10360. 00	10250. 10			10305. 05	1030. 51
1866		10288. 07			10288. 07	1028. 81
1867		10683. 76			10683. 76	1068. 38
1868		10288. 07		10550. 00	10419. 03	1041. 90
1869		10482. 18		10499. 00	10490. 59	1049. 06
1870	11151. 03	11200. 72		10703. 00	11018. 25	1101. 83
1871	11783. 08	11820. 33		11300. 00	11634. 47	1163. 45
1872	12339. 50	12291. 05			12315. 28	1231. 53
1873	12765. 00	12742. 10		12500. 00	12669. 03	1266. 90
1874	13222. 15	13227. 51			13224. 83	1322. 48
1875	13362. 81	13354. 70			13358. 76	1335. 88
1876	14892. 50	14854. 43		8666. 70	12804. 54	1280. 45
1877	16650. 00	17166. 04			16908. 02	1690. 80
1878	16628. 74	16697. 02			16662. 88	1666. 29
1879	16682. 97	16697. 02			16690. 00	1669. 00
1880	17020. 00	17070. 14			17045. 07	1704. 51
1881	16860. 93	16881. 52			16871. 23	1687. 12
1882		15914. 35			15914. 35	1591. 44
1883	14308. 85	14278. 30			14293. 57	1429. 36

时间	甘博京钱衔接	社调部京钱	火神会京钱	拾零京钱	京钱均值	制钱均值
1884	13444.37	13580.25			13512.31	1351.23
1885	15146.24	14978.21			15062.23	1506.22
1886	13899.67	13826.04			13862.85	1386.29
1887	14048.25	15493.58			14770.92	1477.09
1888	15765.89	15808.49			15787.19	1578.72
1889	14628.76	14675.05			14651.91	1465.19
1890	14508.85	14403.29			14456.07	1445.61
1891	15253.77	15131.86			15192.82	1519.28
1892	15302.39	15432.10			15367.24	1536.72
1893	14423.73	14350.14			14386.94	1438.69
1894	13443.33	13318.11			13380.72	1338.07
1895		13888.89			13888.89	1388.89
1896	13001.39	12962.96			12982.18	1298.22
1897		12267.79			12267.79	1226.78
1898		11304.91		10450.00	10877.45	1087.75
1899		10596.43			10596.43	1059.64
1900	10611.11		13500.00		12055.56	1205.56
1901	11555.56		12209.78		11882.67	1188.27
1902	12166.67		12276.15	12200.00	12214.27	1221.43
1903	12763.89		12800.00	13016.67	12860.19	1286.02
1904	13347.22			13750.00	13548.61	1354.86
1905	13541.67			13512.07	13526.87	1352.69
1906	13597.22		14719.24	15137.04	14484.50	1448.45
1907	15027.78			15302.65	15165.21	1516.52
1908	16611.11			17008.04	16809.58	1680.96
1909	17847.22			18305.08	18076.15	1807.62
1910	18236.11			18466.67	18351.39	1835.14
1911	18055.56			17801.05	17928.30	1792.83

图 29　彭凯翔北京近代衔接序列

说明：数据由彭凯翔教授提供。

　　该数据在衔接时所用标准货币为京钱，是因为在直隶附近，京钱虚币已经成为一种记账本位。但为做对比研究，本文还须将之转化为制钱序列。京钱转为制钱的难处在于，不同时间段，其折算率有变化。而这个时间节点在哪里，也并不一定，需要根据实际资料中的数据试算。一般来说，早期京钱与制钱保持 2∶1 对应关系，故 500 文制钱等于京钱 1 吊。到清晚期，在使用铜元的情况下，1 枚铜元名义上等于 10 文制钱，则京钱 1 吊等于 100 枚铜元。如是按 2∶1，10∶1，我们可以将前后两段京钱转化为制钱。唯是咸丰一段数据，按此比例皆不合适。本文推测，这可能是当时使用了咸丰当十大钱的关系，比如 1854 年的 5490 文，按照当十钱算则应该是 549 枚，又由于当十钱贬值只能当二，所以其实只值制钱 1098，比例换算为 5∶1。则 1854—1858 的数据按此转换回制钱。

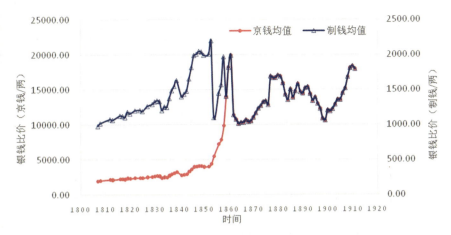

图 30　彭凯翔北京近代衔接序列的京钱值与制钱值

基于此，也可知晓，当非标准银（库平纹银）钱（制钱）比价转化为标准银钱比价时，一方面是常见的银—银转化困难，同时也还有钱—钱转化的困难。对于这些数据，在整理成标准数据时需特别当心。

六、李中清云南 1688—1846 整合序列

李中清教授在研究云南矿业的发展问题时，整理过该省 1688—1846 年间的部分银钱比价数据，本文在此将数据和来源材料合并整理如下（表 47）[①]：

表 47　李中清云南 1688—1846 整合序列及其资料来源

时间	兑换	数据来源	时间	兑换	数据来源
1688	2500	严中平《清代云南铜政考》	1725	1220	《宫中档雍正朝奏折》
1723	1800	倪蜕《滇云历年传》	1726	1400	《雍正朱批谕旨》

---

① 李中清：《中国西南边疆的社会经济：1250—1850》，第 289—290 页。

时间	兑换	数据来源	时间	兑换	数据来源
1735	1150	《张允随奏稿》	1772	1150	吴大勋《滇南见闻录》
1737	1100	（道光）《云南通志》	1773	1200	《清高宗实录》
1741	1200	《张允随奏稿》	1778	1200	彭信威《中国货币史》
1747	1200		1781	1500	吴大勋《滇南见闻录》
1752	1200	《清高宗实录》	1782	1600	吴大勋《滇南见闻录》
1766	1100	《清高宗实录》	1794	2450	《清高宗实录》
1770	1150	《清高宗实录》	1838	1430	《中国近代货币史资料》
1771	1200	《滇中奏议》			

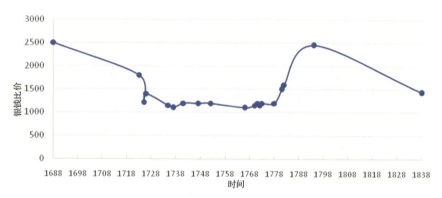

图 31　李中清云南 1688—1846 整合序列

该类型数据在实际绘图中会遭遇一个问题，即有的数据集中且连续，而有的数据之间间隔很大。在间隔很大的数据中插值，一般只能是线性的，如果中间实际存在拐点，但我们又无法事先知晓，则会误导我们对该时段波动情况（甚至趋势）的理解。对此，明确数据的完整性、连续性是必要的。虽然按此最后都能拟合出各省长时段波动情况，但哪些更为真实可靠，还需要我们核对、检验数据才能知晓。

七、王宏斌清代货币比价研究数据

王宏斌教授数十年专注清代银钱比价研究，又在 2015 年将研究成果汇总成《清代价值尺度：货币比价研究》一书出版。是书所涉时段贯穿全清，对比价分期、比价成因、比价与物价关系、比价变动的影响等议题皆有涉及，对比价数据的整理亦极其用力，可谓居功甚伟。特别是其提出，要以大范围内出现比价运动方向逆转为判定分期节点①，对本书接下去的分期判定具有直接指导意义。其书以数十张表格，开列出各阶段市价、比价资料、所涉地区，可以说是在本研究以前，所提取数据最多者。其利用资料，广泛来源于档案、官书、文集等方面，可以说是为大数据整理银钱比价奠定了基础。

但其在整理数据过程中，同样存在一些问题。本文在此仅举例说明一部分。比如该书第 73 页，录副奏折 03-0739-027（按：数字为档号，下同），对应年份查原件为乾隆七年（1742），其将之录入 1729 年（雍正七年）有误。比如该书第 74 页，朱批奏折 04-01-35-0139-027，取值 880—900，原文只为换钱"九百或八百七八十文"，为何在书中大多数地方按较高数值取值，其未言明。比如该书第 74 页，录副奏折 03-0768-010，为河南道监察御史奏报顺天府地方钱价，非是河南省钱价，其地区一栏标注有误。比如该书第 76 页引《清高宗实录》记录，河南钱价，"易银一钱二三分不等"，其同样只按一钱三分取单一比价数值 770。比如该书第 78 页，朱批奏折 04-01-30-0483-002，部议饷银折钱，乃是官价，而非市价。比如该书第 81 页，朱批奏折 04-01-35-1239-018，查无原始资料对应原文。比如该书第 82 页，录副奏折 03-

---

① 王宏斌：《清代价值尺度：货币比价研究》，第 14 页。

0771-033，抄录"七百八九十文"有误，当为"七百九十八"。比如该书第 85 页，录副奏折 03-0862-011，奏报钱粮价单为京师数据，非山西，原始资料栏亦对应不上。比如该书第 187 页，朱批奏折 04-01-35-1359-056，所报为宝晋局鼓铸事宜，非福建地区，原始资料亦对应不上，当是误录。同理该书第 190 页，朱批奏折 04-01-01-0797-037，对应原始资料内容也有误。该书第 192 页，录副 03-3366-005 档号也为误录，实际档案为录副奏折 03-3297-028。比如该书第 192—193 页，录副奏折 03-9497-084 对应两条内容，比价却完全不一致，当是有一则原始资料误录。该书第 194 页，录副奏折 03-9501-027，"每银七钱有零"条，计算银钱比价数值为 1429 而非 1000，是计算有误。该书第 195 页，录副奏折 03-9490-044 查无此件，当是档号有误。第 199 页，录副 03-3260-030，对应为福建钱价，非河南、直隶。第 261 页，省区一栏出现"河道"似有不妥。第 263 页，录副奏折 03-9518-070 两度同样内容对应出不同比价，未作说明缘何如此。第 267 页，朱批奏折 04-01-35-1360-066，原件道光四年（1824）正月奏报，何以对应时间到 1868 年（同治七年），当是时间记录错误……① 以上各种问题，主要集中在未区分官价与市价，未给出提取数据的方法，未辨析史料所涉时间、地点，标引文献有误上。此类问题，在处理大量银钱比价历史数据时，任谁也无法完全避免。笔者在此仅想指出需事先注意并提出相关问题，以期更好地在王宏斌教授研究基础上推进研究。

也可能正是因为存在资料整理上的难处，王宏斌教授未分省进一步构建比价序列，更未做分区域比较，讨论市场整合问题，不无遗憾。而本书接下去将着重研究这些问题。

---

① 王宏斌：《清代价值尺度：货币比价研究》，第 73、74、76、78、81、82、85、187、190、192、193、194、195、199、263、267 页。

小结

下面，综合以上情况，就前人已有数据的收集情况、处理方法优缺点做一总结。

一、数据收集基本情况。（一）时间分布。（1）年数据。显而易见，在清代 300 余年间，银钱比价年数据的分布是前少后多。这种状况可能与早期资料缺失，而晚近时段比价波动增大，引起问题增多，更为人关注，记录且留存资料较多有关。（2）月、日数据。总体而言，详细记录月、日数据者，主要为商业账簿和部分日记。此类资料虽占银钱比价相关文献总数量比例不大，但重要性非常高。从实践层面来说，利用日数据推导月均再推导年均数据的办法非常受限，而既往研究者一般也更关注年（均）数据。（二）地域分布。（1）省以及以上地理单元。从内陆到边疆①，既往研究的数据整理涉及地域几乎遍及全国，但基本

---

① 因研究目标所限，边疆地区比价既有资料不详及。如 "米华健南疆 1759—1861 志书档案数据"，详见米华健：《嘉峪关外——1759—1864 年新疆的经济、民族和清帝国》，贾建飞译，香港中文大学出版社 2017 年版，第 83—95 页，表 2、表 3。"乌仁其其格归化城土默特道咸同档案数据"，详见乌仁其其格：《19—20 世纪初归化城土默特财政研究》，民族出版社 2008 年版，第 199—201 页。"吴超、霍红霞蒙古归化城道咸同光土默特粮价册数据"，详见吴超、霍红霞：《道光至光绪朝归化城土默特地区的粮价探究——以归化城土默特粮价细册为中心》，《社会科学论坛》2018 年第 1 期，第 61—67 页。"程鹏东钱区清代东钱数据"，详见程鹏：《清代东钱考》，硕士学位论文，山西大学历史系，2011 年，第 18—36 页。"任玉雪奉天清代市钱档案序列"，详见任玉雪、武洋：《论清代奉天地区的市钱》，《清史研究》2014 年第 4 期，第 22 页，表 2。台湾地区情况特殊，其数据不与福建合并，也算入边疆地区。如 "谢美娥、王世庆台湾北部 1839—1850 淡水厅账簿序列"，详见王世庆：《十九世纪中叶台湾北部银钱比价动初探》，陈秋坤、洪丽完主编：《契约文书与社会生活（1600—1900）》，"中央研究院"台湾史研究所筹备处，2001 年，第 169 页；王世庆：《十九世纪中后期台湾北中部银钱比价变动续探（1839—1895）》，朱德兰主编：《中国海洋发展史论文集》第八辑，"中央研究院"中山人文社会科学研究所，2002 年，第 242—259 页，表一；谢美娥：《清中期台湾粮价变动及其因素试析（1738—1850）》，博士学位论文，台湾师范大学历史研究所，2006 年，第 250 页；谢美娥：《清代台湾米价研究》，稻乡出版社 2008 年版；第 431 页。

单位还是省。省数据主要集中在江南（核心为苏浙）、华北（核心为直隶）两个地域，这可能与地区经济发达、政治地位重要而留存更多记录有关。（2）省以下地理单元。原始数据的地域记录方式多样，有最大到省，最小到村镇的；有将省内区域划分成各种形式的，比如将山西分成晋北、晋南，将安徽分成皖南及其他等。但总以省内经济发达地区记录更多，核心市镇、省城记录更多，特定情况下甚至可以这部分数据代表全省。（三）数据来源。来源资料十分广泛，大体可分为官方数据（官书数据，中央及地方档案数据，海关报告数据），民间数据（契约文书数据，笔记、日记、文集类数据，报刊数据），整合类数据。其中，尤以档案数据，海关报告数据，契约文书数据质量较佳，使用较方便。笔记、日记、文集以及报刊类材料需视具体情况而定，有的仅能提供十分零散的数据，有的则能形成小段序列。各类数据互有优劣，但以长时间记录和广覆盖论，尚无超过官方档案者，所以系统整理比价数据，当优先从档案入手。（四）数据类型。早期研究多将各地数据以散点形式描绘、呈现，晚近研究则以形成银钱比价时间序列甚至量化分析为目标。形成序列者，或是原材料即能形成序列，或是研究者自行构建序列。

从已有整理数据基本情况分析看，后续研究者的工作目标之一当为：在系统利用官方档案的基础上，综合各种材料，构建以省为基本地理单位，以年为基本时间单位的比价序列。[①] 本书接下去的数据重整即以此为目标。

二、数据处理基本情况。（一）既有研究已注意到存在不同种类的

---

① 另外一种是利用来源于账簿、报刊登载的钱市等极为详细的日数据，做一地的银钱行市研究。关注波动的季节性、周期性，当地货币流通、交易特性。

清代银钱比价波动研究

数据，但格式未能标准化。① 各项整理中，出现的钱，除了制钱，还有小钱、黑钱、小数钱、津钱等。出现的银，有银元，也有银两，银两的平、色也不统一。并且，其比价不完全是市场比价，有的是各种类型的官方比价。为此，接下去的银钱比价数据整理必须要明确目标为收集市价比价，而标准也当尽量统一为库平库色银兑足制钱。在实在无法统一或相差很小而没必要费力统一时，也当予以说明。（二）引用来源广泛，但标注不够规范。比如一些早期资料，受限于历史原因，没有完整引用来源，导致后人无法回溯核对材料，这以罗玉东厘金数据和王光越朱批奏折财政类档案数据为典型。② 又如一些研究在制作数据时，已就原始数据进行筛选处理（多为剔除奇异值），但未言明。此经研究者判断筛选后的数据已与原始数据存在差别，但这仅属于引用源问题，尚不涉及具体统计方法。（三）试图构建序列，但构建序列的规范性欠考虑。典型有如林满红四段拼接数据，其将严中平华北序列直接衔接至犍为县数据，在两列数据有时间段重叠的情况下，未说明该如何处理。在衔接上也是直接衔接，没有考虑地域差异。彭凯翔南北方序列则是尽量利用华北、江南区域内材料做衔接，其有考虑地域差异。（四）数据提取及统计方法欠比较说明。（1）数据提取。原始数据比如出现 900 余，那么到底是舍弃尾数取 900，还是按 950 折算，又或认为两种方法差别不大，任一皆可，大多研究未作说明。又如原始数据为比价区间，那么是保留区间表示还是取中间值替代？虽在实践上是用取中值法给出具体数据更有利于构建序列，但这也需要说明。（2）数据统计。比如出现一系列数据，到底是采用简单平均、加权平均，取众数、取中位数，去

---

① 这里只是描述基本情况，不意味着每项研究都存在这样的问题。比如彭凯翔北京地区数据，就全部统一为京钱且做了衔接点的处理。是为典范。

② 当然，在此不苛求所有人将所有原始材料都呈现出来。一是操作困难，二是很多私藏资料无法像出版物或档案那样好标注引用。

掉最值再平均方法，还是需视数据具体情况而采用不同方法，哪种方法更好，哪种方法更方便，各方法间有无很大差别，从数据整理的科学性上看，尚需做一定说明。现有研究，基本已在用区域内数据计算出区域均值，用日、月数据平均出年数据层面达成共识。（3）数据质量检验。随着数据量增多，研究者会发现同年同地可能出现差异很大的数据，该差异是因产生数据的条件不同所致，还是因某些数据本身不可靠所致，需予以说明（如有可能）。在该意义上，大数据并不万能，"信号"越多，"噪声"也可能越多。这就要求研究者能辨别出适合使用的数据。

从已有的数据处理基本情况分析来看，后续研究者的工作目标之一当为：在尽可能明确标注资料来源的基础上，将银钱比价数据格式标准化。在构建省均年均序列时，就必要的数据提取和统计方法做出说明（解决其中自己能解决的部分），以推进研究。本书收集整理数据的具体情况将在下一章中举例说明。

第三章　银钱比价分区数据的重新整理

第一节　数据来源与评价

承前所言，本书欲在省均、年均层面上重整十八直省的银钱比价数据。所用数据，一部分是经前人整理的，一部分是从各种资料中另行提取的，在综合比对后，通过一定的技术处理流程，最后形成分省年均数据。下面所讲的数据来源，多在有比价数据记录的资料基础上再行划分，与一般清史史料学书籍的史料分类有别。[①]

一、官方资料

官方资料是指由各级政府官吏收集、整理的资料。政府层级包括中央和地方，资料有刊刻出版和内部资料（主要是档案）之分。为方便

[①] 即便是研究史料学的书籍，其划分史料也有不同。具体参见陈恭禄著，陈良栋整理：《中国近代史资料概述》，中华书局 1982 年版；张革非、杨益茂、黄名长编著：《中国近代史料学稿》，中国人民大学出版社 1990 年版；郑剑顺编著：《中国近代史料学概论与史料书籍汇录》，厦门大学出版社 1996 年版；姚佐绶、周新民、岳小玉合编：《中国近代史文献必备书目（1840—1919）》，中华书局 1996 年版；冯尔康：《清史史料学》，沈阳出版社 2004 年版；严昌洪：《中国近代史史料学》，北京大学出版社 2011 年版；陈高华、陈智超等：《中国古代史史料学（第三版）》，中华书局 2016 年版；秦国经：《明清档案学（增订版）》，学苑出版社 2016 年版；曹天忠：《中国近现代史史料学》，高等教育出版社 2016 年版。本书只将比价数据库整理过程中用到的史料作粗略分类、举例。

论述，现主要将之分为官书类资料和档案类资料。

（一）官书资料

此处所述官书资料，大体分两类。一类为常见的以典制为主的官修资料，如《清实录》、历朝圣训、各种谕旨，《筹办夷务始末》，《清会典》及事例、宫中则例，《大清律例》，各省省例，清三通，《皇朝政典类纂》等。此类资料较早就为彭信威、杨端六等货币史研究者所关注，后也经诸多学者再挖掘。一类是政府官员个人奏稿、政书、电稿、公牍等。此类资料因影印、点校出版更晚且还在不断进行中，故利用程度尚不及前者。且可利用者，也存在诸多问题。如刘汝骥《陶甓公牍》中《徽州府申报复选事竣文》载："两次告示皆至千数百张，制备初、复选投票纸六千数百张，以致用款较繁，计自上年十月奉文举办之日起，至本年六月止，撙节动用共支洋银一百十五元一角九分六厘、钱十九千另八十四文，以钱合银，统用洋银一百二十九元零七分。"① 虽有比价数据，但无时间指示，如此便无法提取有效数据。

在本研究中，这些资料只起到辅助作用——或查核直引前人已从这些资料中提取的数据，或补充前人遗漏的数据。唯是其中比价相关记录，有官价、市价区别，需要研究者自行区分。某些缺少完整信息的数据，不能一一考证，也只能舍弃。

（二）档案资料

本处将档案资料大体划分为四类——中央档案，地方档案，海关档案，其他。中央档案最为重要，且体量巨大，是本研究依据的核心资料，具体情况容后详述。地方档案，著名者有如巴县、南部县、盛京将军都统衙门等，互相间差异极大，有的几无比价记录，有的则有详细记载。唯在利用上不及中央档案方便，本书只将之作为中央档案的补充，

---

① 刘汝骥编撰，梁仁志校注：《陶甓公牍》，安徽师范大学出版社 2018 年版，第 182 页。

接下去再一并论述。海关档案算是一类专门的档案，但如滨下武志、杨敬敏等学者已就其中重要比价序列做过整理，本文多是直引。其他档案较复杂，一类是与个人有关的，如吴煦、端方、赵尔巽等，[①] 一类是涉及团体机构的，但诸如商会档案，其在档案学论著中虽归为档案，但本文将之放入商业契约文书类目。

现将主要论述中央档案中的比价（钱价、银价）资料，并兼及部分地方档案资料。类似于粮价呈报[②]，清代官方档案中的比价记录也可分为不定期奏报和定期奏报两大类型。

1. 不定期奏报

不定期奏报散见于各式档案，特点为无特定价格呈报格式，无固定价格奏报时间，无特定具奏人。为论述方便，本书在此进一步将之分为随带奏报及专门议事奏报两类介绍。

随带奏报指的是奏报本身并不针对货币金融、财政奏销类事件，而是在其他不直接相关的事件中顺带提及银钱价格。由该类资料本身的特性可知，此种记录方式较为随意，几乎不具备数据整理所需的完整性（亦称有效性）要求。[③] 比如雍正十年（1732）署理陕西巡抚史贻直在论述粮价的同时顺带提及 "西安向来钱价颇昂"，[④] 至于此 "颇昂" 到底是多少，"向来" 至今又持续多久，则都未作说明。又如乾隆十三年（1748）西安按察使吴士端奏陈 "近闻邸抄知，京师米局存钱发兑民

①　类似盛宣怀档案之类更为特殊，不能归类于官方档案资料。但因本书未涉及引用，不作讨论。

②　粮价呈报系统包含经常报告和不规则报告。参见王业键：《清代经济史论文集（二）》，第4页。

③　完整、有效的银钱比价记录一般应包含记录的地点、时间、比价数值（区间）、所用货币等要素。

④　《署理陕西巡抚史贻直奏报米价钱价平减情形事》，雍正十年十二月二十四日，录副奏折，档号：03-0026-011。

间，每银一两较之市价多易钱二十文"。① 此中仅记官卖价高出市价二十文而未言明官卖价几何，则据此无法推出市价。同样，乾隆十六年（1751）刑部左侍郎钱陈群在奏报江浙两省雨水麦收分数时，除顺带提及"钱价亦平"外，② 也不再详述钱价的具体情况。从以上例子可以看出，由于随带奏报中的银钱比价记录形式相当随意，故其几无严格的数据质量可言。该类资料的价值仅在于能补充说明某地某时段的比价数值或者变动趋势，在缺乏更多资料的清前期为我们系统整理分区比价序列提供一定的参考。

专门议事的奏报往往是官员就某类货币问题提出自己的看法，又或是皇帝要求在京大学士、九卿、诸王及地方督抚就涉及钱的相关问题发表意见并汇报各地情状。我们现知时间较早的一份市价记录是顺治八年（1651）正月户部尚书巴哈纳的上报，其在当时称"奸民开铺市钱，多以前朝废钱插入，又每千短少六文，作为绳底，以致街市使钱，每银一钱至一百四十文以外"。③ 该题本虽未详载交易时白银的平砝、成色及铜钱种类，但较随带奏报已然更为详尽。又如乾隆十年（1745）江西道监察御史李慎修回忆"康熙三十八、九年间，银一两换小钱一千二百有奇，合于今之大制钱止六百有奇……至康熙四十二、三年间，银价骤昂，每一两可换小钱二千二百文，合于今之大制钱至一千一百文"。④ 此中康熙小平钱折合乾隆钱一半，说明数据来源地可能为京畿。由此，专门议事的档案由于记录更为详细，给我们提供了从中进一步提

---

① 《西安按察使吴士端奏请平钱价以利民用事》，乾隆十三年八月二十四日，朱批奏折，档号：04-01-35-1239-012。

② 《刑部左侍郎钱陈群奏报江浙两省地方雨水麦收分数并粮价情形事》，乾隆十六年，朱批奏折，档号：04-01-25-0326-016。

③ 《顺治八年正月二十七日户部尚书巴哈纳题疏通钱法事本》，中国第一历史档案馆编：《清代档案史料丛编》第七辑，中华书局1981年版，第169页。

④ 《江西道监察御史李慎修奏陈免除诸大臣所议京师钱法八款事》，乾隆十年，朱批奏折，档号：04-01-35-1236-023。

取有效比价信息的可能。再如乾隆二年（1737）秋，京师钱价顿涨，乾隆三年（1738）三月河南道监察御史明德奏陈"上年九月内因钱价骤长……恩准开立官钱局后，即钱价每银一两换得制钱八百一十五文，延至本年二月二十日以来，又忽每银一两仅换钱七百八十五文"；[1] 而乾隆四年（1739）三月内阁侍读学士祖尚志则称"数年以来，京师钱价每纹银一两买得制钱八百文或七百五六十文不等"。[2] 两相对比可知，不同奏报或会记录同时段、同地域比价数据。当中不一致处，可能与奏报者侧重的具体事件或选择的具体时间等主观因素有关，也可能与比价的短时波动或在不同层级市场和市场圈中心—边缘区域取样等客观因素相关。因此，对同年份同区域的不同银钱比价记录，我们在现有条件下可尽量采用大数据对比法，在弄清比价记录来源、调查时间、所涉事件的前提下，依所需统计口径（时间频率上为年，空间尺度上为省），或采用波动区间记录，或采用简单均值法等手段进行数据整理。而围绕具体事件展开的专门议事类档案则给我们提供了对比分析、按需择取合适数据的可能，在此意义上，其相应数据质量也要高于随带奏报。

在不定期的专门议事类档案中，载有比价记录较多的一般为户科题本及朱批、录副奏折中的货币金融类项。

其中，户科题本中较多涉及比价的是灾赈和铸局奏销记录。[3]

比如乾隆十七年（1752）九月，户部尚书海望题报其查核京师五城[4]各厂领粜米石并卖出钱文一万八千九百四十串一百八十二文五毫，

---

① 《河南道监察御史明德奏陈京师平市钱价五条事》，乾隆三年三月初一日，录副奏折，档号：04-01-01-0018-058。

② 《内阁侍读学士祖尚志奏陈平准钱价办法三款事》，乾隆四年三月初九日，朱批奏折，档号：04-01-35-1229-012。

③ 铸局奏销题本虽按年提请审核，但并非每年都记录钱价。而即便是有钱价记录，其记录的时间也不固定。在这个意义上，笔者将之归为不定期比价奏报。

④ 京师五城，是明清时期首都北京地区以方位划分的五个行政区划单元，兼具治安、户籍、税收等职能，其本质是中央集权对城市的精细化管控。

该项钱文"共易换市平银二万四千八百二十三两三钱六厘零",照例扣平后,"实应交库平银二万三千九百二十九两六钱六分七厘零"。① 我们据此计算可知京师当时库平银一两易钱为 736 文。又如乾隆二十四年(1759)山西巡抚塔永宁题请核销宝晋局鼓铸钱文用过工料一事,当中记录了乾隆二十三年(1758)七、八两月"时价每钱一串易库平银一两一钱七分五厘,计每库平银一两应易钱八百五十一文"。② 可见当时货币价格的记录单位一般为钱一串或银一两,钱价用易银表示,银价用易钱表示,为同一事物的两种表示方法。还如乾隆二十五年(1760)八月,在大学士兼管户部尚书事务蒋溥提请察核晋省宝晋局乾隆二十四年鼓铸钱文一事中,记录有乾隆二十三年十二月至二十四年二月"时价每钱一串易银一两二钱六厘,计库平银一两应易钱八百三十文"。③ 据此计算可知山西省城乾隆二十三年十二月银钱比价为830,比七、八月间略低。

朱批及录副奏折中涉及银钱比价较多的是货币、物价、军需、钱粮赋役类记录。

比如雍正四年(1726)甘肃巡抚石文焯奏陈该省"固有专用大钱者,其钱乃康熙大制钱,皆系旧时宝源、宝泉及各省所铸,目下时价每钱一千二十文值银一两"。④ 该件所能提供的有效比价信息——时间:雍正四年九月;地点(省):甘肃;货币:康熙大制钱;比价:1020。

---

① 《户部尚书海望题为查核京师五城各厂领粜米石并卖过钱文各数目事》,乾隆十七年九月二十七日,户科题本,档号:02-01-04-14643-014。

② 《山西巡抚塔永宁题请核销宝晋局乾隆二十三年正月至乾隆二十四年正月鼓铸钱文用过工料银两铸出钱文数目事》,乾隆二十四年六月十七日,户科题本,档号:02-01-04-15203-002。

③ 《大学士兼管户部尚书事务蒋溥题为遵旨察核晋省宝晋局乾隆二十四年份鼓铸钱文余银奉旨加增隰州等营路兵丁粮银事》,乾隆二十五年八月二十四日,户科题本,档号:02-01-04-15286-016。

④ 《甘肃巡抚石文焯奏请暂开鼓铸以清钱法事》,雍正四年九月二十日,朱批奏折,档号:04-01-35-1226-008。

又如乾隆三年十月，总兵谭行义由福建漳州调任湖南镇篁，途经江西临江、袁州等府，见当地因官钱昂贵，"所用尽属小钱，每钱一千约价九钱四五分不等"。① 因此，该件所载乾隆三年江西比价实为小钱、杂钱之价，断不能和库平纹银与足制钱比价混谈；其所忆前见广东官钱价，因无具体时间，亦不该简单归为乾隆三年广东银钱比价。② 如不详考档案所载比价的记录方式而仅关注比价数字，则我们很可能会提取出错误的比价信息并将之放入比价序列，进而"层垒的叠加的"对后续研究造成影响。再如雍正十三年（1735）云南巡抚张允随在搭放兵饷问题上奏陈"每银一两换钱一千一百五十六十文不等，虽钱价长落不常，总无以钱一千文易银一两之数"。③ 则雍正十三年云南的银钱市价兑值已达1150—1160，该数值已绝对高于他省同期均值。

总之，不定期奏报中的比价记录特点为零散、随意但又广泛。其中，专门议事的档案，由于聚焦于货币金融相关问题，故能比随带奏报提供更多有效比价信息，相应数据质量也更高。不定期奏报的优点在于不受固定体例限制，可提供类型多样、详细具体的比价信息；缺点却在于无法形成时间序列，甚至会因空缺数据过多，而导致插补法等数据处理的技术手段难以使用。

2. 定期奏报

定期的银钱比价奏报可分为粮价直接附录比价和奏销间接援引比价

---

① 《湖广镇篁镇总兵谭行义奏请广开鼓铸钱文以平钱价事》，乾隆三年十月十八日，朱批奏折，档号：04-01-35-1229-002。其钱"每百之中有小京钱四五十文，其次则比小京钱稍薄而字迹明白、铜色黄亮者一二十文，其次则更小更薄、字迹模糊、铜质粗脆者一二十文，更有穿破不堪或有钱之形［而］毫无字迹者约十余文"。为此，他还联想到以前在广东所见"广、肇、惠、高、雷、廉等府所用之钱亦分大小二种，大者则系官钱，每银一两仅换八百余文。其小者则谓之黑钱，每银一两可换一千余文"。

② 有论者（参见王宏斌：《清代价值尺度：货币比价研究》，第75页）在整理该数据时将江西小钱价格与各省大钱价格放于一栏，又将广东的比价记录归为乾隆三年，这是值得商榷的。

③ 邹建达、唐丽娟主编：《清前期云南督抚边疆事务奏疏汇编》（卷二），社会科学文献出版社2015年版，第657—658页。

两大类型。

粮价奏报直接附录比价指的是在粮价奏折、粮价单、粮价细册中另加钱价记录①，可分为省级层面各府的汇总奏报和单独的府一级奏报。就省级层面的汇总奏报来说，笔者现见时间最早的一段定期奏报是从乾隆八年（1743）四月开始的晏斯盛任湖北巡抚时呈报的粮价单，② 该记录持续至乾隆十一年（1746）十月，此时已是开泰任湖北巡抚。以乾隆八年四月份粮价单为例，其中详细记载了湖北各府的钱价情况：

> 武昌府属价中，查米价较上月稍减，钱价相同，余俱较上月稍增。大米每仓石价银一两四分至一两七钱八分，大麦每仓石价银四钱九分五厘至七钱，小麦每仓石价银九钱三分五厘至一两六钱五分，黄豆每仓石价银八钱九分五厘至一两六钱，制钱每千文价银一两一钱六分至一两三钱。

> 汉阳府属价中，查黄豆较上月稍减，余俱较上月稍增。……制钱每千文价银一两一钱五分至一两二钱五分。

> 黄州府属……③

在单独的府一级直接奏报中，附录的钱价又呈现出另一形式。以京师顺天府乾隆二十五年（1760）二月份钱粮价奏报为例，其由府尹程盛修上报，折、单并存，奏报的是京城每半月的钱粮价格，写明调查来

---

① 原始细册一般存留于地方，经布政使递交户部的细册又称"清册"，但清册在中央档案中几乎没有存留，故在此不作举例。下文在用细册数据与中央留存的粮价折、单数据作对比时，所举细册也属地方档案系统。

② 就粮价奏报来说，督抚按月奏报府一级粮价在乾隆元年已开始，至乾隆三年，全国格式基本划一（参见王玉茹、罗畅：《清代粮价数据质量研究——以长江流域为中心》，《清史研究》2013年第1期，第55页）。但对粮价折、单中是否需要列入钱价，清廷在当时未作说明。

③ 《湖北巡抚晏斯盛呈湖北省武昌等府乾隆本年四月份粮价单》，乾隆八年闰四月，朱批奏折，档号：04-01-39-0214-006。

源地为大兴、宛平两县。在奏报形式上，会将本半月数据与上半月数据核对，分元宝银兑钱与俸禄银兑钱分列记录，上报时间一般为每月中旬和月末（或下月初）。该年该月下半月的记录为：

粮价：京米每仓石价银三两八钱，较上半月价同……

钱价：元宝银一两合制钱八百十三文，较上半月价同。俸禄银一两合制钱八百零六文，较上半月价同。[①]

不知是否为档案在移存过程中有所散轶，该旬报记录留存至今的为数不多，已无法形成完整时间序列。以乾隆二十六年（1761）为例，有确切时间记录的仅为二月上半月和九月全月，[②] 其中，二月上半月又仅由奏折记录为钱价较此前半月稍增，[③] 附单并未见及。另外，在乾隆二十七年（1762）程盛修奏呈的钱粮价清单中，我们还能发现"粟米现在市价每仓石一两五钱六分，合大制钱一千三百七十三文"这样的钱计仓石粮价记录。[④] 换言之，由于银钱比价的存在，银计粮价和钱计粮价的波动幅度会不一致，也由此，粮价研究在借助银钱比价数据重整的基础上还可继续拓展。[⑤] 同样，盛京奉天府也有单独的银钱价奏报。现

---

① 《顺天府府尹程盛修奏明粮价钱价事》，乾隆二十五年二月二十九日，录副奏折，档号：03-0862-011。

② 《署理兵部右侍郎熊学鹏顺天府府尹程盛修奏呈粮价钱价清单》，乾隆二十六年九月初六日，录副奏折，档号：03-0998-005。

③ 《署理兵部右侍郎熊学鹏奏报乾隆二十六年二月份上半月大宛两县粮价钱价及涿州等处得雨情形事》，乾隆二十六年二月十三日，朱批奏折，档号：04-01-25-0093-001。

④ 《顺天府府尹程盛修奏陈粮价钱价及直隶所属得雨清单》，乾隆二十七年，录副奏折，档号：03-0862-086。

⑤ 相关研究可参见马国英：《1736—1911 年间山西粮价变动趋势研究——以货币为中心的考察》，《中国经济史研究》2015 年第 3 期，第 122—124 页。

可查得的最早记录时间为光绪二年（1876）二月，^① 数据来源地是承德县，报告形式是月报，在时间上一般为本月下旬奏报上月银价，由盛京将军及奉天府府尹具奏。该种月报形式持续至光绪二十六年（1900）末，后改为三月一报，相应体例变为：

> 省城正月分银价据承德县具报，库平银一两易小数钱八千二百五十文，市平银一两易小数钱八千文。二月分银价与正月相同。三月分库平银一两易小数钱九千三百八十文，市平银一两易小数钱九千零九十文。^②

依折内说明，该件将三个月记录合并奏报的原因是"拳乱"期间交通不便，无法做到按月呈报，但该记录方式从此便一直保留至宣统朝。从该记录形式中我们还可看出，其银分库平、市平两种平砝表示，比价则用当地通行之小数钱记录，此银钱比价记录所用记账货币具有在地化特点。^③

从以上三种粮价直接附录银钱比价的例子中可以看出，清代银钱比价的中央官方档案记录并不像粮价记录那样具有长期连续性和统计口径一致性。在时间上，仅部分时段的粮价记录中附有银、钱价，记录的时间间隔多为半月、一月乃至一季；在空间上，多以府为单位进行记录；在比价表示上，或采用波动区间记录，或采用具体数值记录，有条件的还会与前期数据作高低比较；在货币使用上，比价记录显现出一定的使

---

① 《盛京将军崇实、奉天府府尹庆裕奏报奉天地方本年正月雨雪情形并上年十二月粮价等事》，光绪二年二月十六日，录副奏折，档号：03-6753-046。
② 《盛京将军增祺、奉天府府尹玉恒奏报盛京并奉天所属本年正二三等三个月雨雪银粮价值事》，光绪二十七年十一月二十八日，朱批奏折，档号：04-01-25-0576-013。
③ 小数钱和白银之间随时间变化而变化的复杂兑换记值关系可参考任玉雪、武洋：《论清代奉天地区的市钱》，《清史研究》2014年第4期，第19—25页。

用货币在地化特征——部分用当地通用平砝、成色的白银与当地通行铜钱做记录。将此多样的记录形式与我们以前使用的银钱比价数据作对比便可得知，以往我们在提取数据时可能忽略了数值之外丰富的制度背景、时间信息、地域信息、货币使用信息……而这也会导致数字本身的统计标准不一致，进而影响比价数据的规范使用（在这个意义上，将现有数据整理基本地理单位推进到省一级是较为合适的）。

除中央档案粮价单中记录钱价外，地方档案的粮价细册也记录钱价。[1] 比如道光十五年（1835）归化城的钱粮价册就记录了"十月上旬钱价每市平纹银一两换钱一千二百五十五文，中旬钱价每市平纹银一两换钱一千二百七十文，下旬钱价每平纹银一两换钱一千二百五十文"。[2] 又如光绪二十六年三月，甘肃布政司米粮时估清册记录"兰州府属皋兰县……纹银每库平一两，换制钱一串一百七十文。查下半月，各色粮草钱价，俱与上半月相同。……（河州）纹银每库平一两，换制钱一千一百三十四文。……（狄道州）纹银每库平一两，换制钱一

---

① 当然，由于地方档案类型更为复杂，笔者见之有限，不可能在此一一论述。如直隶获鹿县档案中（655-2-477）某年《署内杂收支银账》为流水账目，记载半年多上百笔开支，其中有大量银钱折算。比如生活开支类"送风鉴先生"银7两6钱，合钱6千384文；"省中买海菜用"银19两8钱，合支钱17千820文；"阿胶大名郡"银9两8钱5分，合钱8千765文；"赏戏班"银5两7钱，合支钱5千73文；"找发陈裁缝上年工食"银13两3钱，合支钱11千837文；"先生上馆势"银3两4钱，合支钱2千788文；"找付陈裁缝本年工食"银12两4钱5分，合支钱10千956文；"买青骡马用"银20两，合支钱17千400文；"差役上郑家口运酒"银40两，合支钱35千200文；"差役上省买海菜等物"银39两6钱，合支钱34千848文；"上山西买榆次西瓜"银15两，合支钱13千50文"省城买纱"宅支纹银15两8钱4分，合支钱13千939文；"还省城补买海菜用"银9钱9分，合支钱861文；"大老爷还送谢二爷锦价"银3两8钱，合支钱3千306文；"送先生元卷"银3两1钱6分，合支钱2千528文；"赏戏上"银3两8钱，合支钱3千40文；"托高掌柜买高丽参"银9两4钱，合支钱8千178文；"二相公带京买燕窝"银30两零5分，合支钱24千400文。……引自魏光奇：《有法与无法——清代的州县制度及其运作》，商务印书馆2010年版，第328—329页。

② 《道光十五年十一月归化城同知咨复银钱比价》，土默特左旗档案馆藏：《归化城副都统衙门档案》，档号：80-6-2478。转引自吴超、霍红霞：《道光至光绪朝归化城土默特地区的粮价探究——以归化城土默特粮价细册为中心》，《社会科学论坛》2018年第1期，第71页。

千一百七十文。……巩昌府属陇西县纹银每库平一两，换制钱一千一百六十八文。……（宁远县）纹银每库平一两，换制钱一串二百七十文。……（伏羌县）纹银每库平一两，换制钱一串一十文。……"① 该份记录乃是县丞旬报至布政司的粮价细册。类似细册还有如光绪二十五年（1899）十二月江西赣州府定南厅申报本年十二月下旬粮价晴雨册，其除粮价外尚有盐价、银价记录，银价记为"库平纹银每两换大制钱一千五百文"。② 从地方档案中发现的定期奏报也有按月、按旬报告的区分，这说明可能从府县开始，比价奏报就不是按照类似粮价的统一时间、单位格式行使的。

奏销档案内的银钱比价属于间接记录。由于奏销体制存在，地方经费"散支统报"，在核销时需进行货币换算，故在奏销册中会有一定的比价援引记录。③ 一般来说，比价波动越频繁，涉及银钱换算越多，比价的奏销援引记录就越密集。这部分记录多存在于厘金、囚粮、税关等题本中。在此，我们用囚粮奏销来举例说明问题。在嘉庆三年（1798）以前，该系统内的银钱折价是（按成例）固定的，只在不同省份有所区别。④ 但经乾隆末期到嘉庆初年银钱比价的频繁波动后，该项核销在一些省份逐渐转为按时价计算，此即所谓"嗣后给发此项钱折银两，按照该省现行钱价核算折给"。而陕西作为较早落实该政策的一省，其在嘉庆三年的囚粮开支奏销中就已写明"共支钱一千一百一十千六百一十文，照省会三年十二月分〔份〕市估钱价，每钱一千五十文合银一两，

---

① 《晚清甘肃米粮时估价格史料（节录）》，《档案》1997 年第 S1 期，第 21—25 页。
② 王业键：《清代的粮价呈报制度及其评价》，《清代经济史论文集（二）》，第 13 页。
③ 货币换算不只有银钱换算，同种货币内部也有换算——比如银—银，钱—钱。奏销系统内的货币换算情况较复杂，笔者另有专文论述。另外，此处所言奏销都是内销，有奏销册存在。另有一些外销项目，以奏折附录清单形式存在，也有一些比价记录，在此不作论述。
④ 比如乾隆五十九年，安徽、广西、四川比价定例为 1000。嘉庆元年，山西、陕西为 950。

共合银一千五十七两七钱二分"。① 据此可知，该奏销依据的时价是省城西安每年十二月的市价。② 类似记录又如道光十五年"照省会道光十五年十二月分〔份〕市估钱价，每钱一千三百八十文合银一两"③；咸丰十年"照省会咸丰十年十二月分〔份〕市估钱价，每钱一千八百四十文合银一两"④；光绪二十六年"照依二十六年十二月分〔份〕省会市估钱价每钱一千四百五十六文合银一两"⑤……各年均在变动。在陕西之后，江苏、山西、直隶、安徽等省也开始在囚粮奏销中以时价折算，所援引比价的来源均为辖地各州县月报市价。比如道光二十八年（1848）安徽省囚粮奏销"共钱二千六百七十三千八百十四文，按照各该州县月报钱价核算，共合银一千三百七十两三钱六分"。⑥ 但对于奏销所采用比价数据的选取地点和时间，各省又有不同——陕西是按照省城年末月份钱价通算，安徽则使用各州县月报钱价（无详细附录），直隶更是有一段时期在囚粮奏销册内详细援引了各府、直隶州的月报钱价。以光绪六年为例，永平府（不含七家岭、榆关）为"钱二百三十一千四百零五文，按照各州县各月市价，以钱共合银一百四十二两二钱

---

① 《陕甘总督松筠题为查报陕西省上年份各属狱囚及递解人犯支过口粮盐菜等项银两数目事》，嘉庆四年八月二十一日，户科题本，档号：02-01-04-18202-017。

② 文中日期如无特别说明，均为农历。严格来说，在利用比价日、月数据进行研究时，还应按需考虑公农历的转换。

③ 《陕西巡抚杨名飏题为报销道光十五年份各属支给囚递各犯口粮盐菜银两事》，道光十六年五月二十二日，户科题本，档号：02-01-04-20820-015。

④ 《陕西巡抚瑛棨题为陕西省咸丰十年份支过监囚并寄监各犯口粮盐菜银文请销事》，咸丰十一年六月初三日，户科题本，档号：02-01-04-21696-022。

⑤ 《陕西巡抚升允奏销陕西省支发上年囚递各犯口粮事》，光绪二十七年七月二十九日，朱批奏折，档号：04-01-35-1057-040。

⑥ 《大学士管理户部事务祁寯藻题为遵旨察核安徽省道光二十八年份各属支给狱囚递解人犯口粮等项银米动存数目事》，咸丰二年十二月十三日，户科题本，档号：02-01-04-21502-015。由于没有更详细的内容，故现尚不知"据各州县月报钱价"是如何算出最后的核销数据的。一种可能是依据各县钱价记录算出平均数再折银，但各县数据如何传达上报还需专门研究；另一种可能是所涉州县各自核算折银，最后加总。

五分四厘二毫"；保定府为"钱二百八十五千七百四十五文，按照各州县各月市价，以钱共合银一百七十三两六钱零八厘七毫"……易州为"钱三十六千四百五十文，按照各州县各月市价，以钱共合银二十一两五钱一分六厘二毫"……①直隶囚粮奏销所据年均比价即以各府、直隶州的月报钱价均平"牵算"而得。从以上囚粮奏销例子可知，奏销系统中间接援引的钱价记录，其记载方式与具体奏销内容密切相关。在囚粮奏销上：比价记录的时间单位一般是年，但年数据可用固定某月数据替代，也可用各月数据均平"牵算"；比价记录的地域单位一般是省，省数据可以用省城数据替代，也可用各府、直隶州厅数据均平"牵算"；在比价表示上，因奏销明细需要，故一般用具体数值而非波动区间表示；在使用货币记录上，为核算方便，一般采用库平纹银与制钱表示。

3. 数据质量

银钱比价既作为一类数据，则在直接使用前就有必要考虑该数据的质量问题。银钱比价数据的质量可以从完整性（有效）、可比性（统计口径一致）、可靠性（真实可信）三方面考察。由于数据质量与其记录形式相关，而前文也兼有论及完整性和可比性问题，故在此仅做一总结：1. 完整有效信息需包括银钱比价记录的时间、地点、数值、使用货币等要素。以此而言，不定期奏报中的比价数据质量要低于定期奏报，定期奏报内随带奏报的数据质量要低于专门议事奏报。2. 可比性需视可比条件而定。现所见档案中的不定期记录尚不具备不同记录方式下的直接可比性，定期记录内的数据仅具有相同记录形式下的有限可比性。从主观方面看，这与银钱比价的奏报—记录形式各有不同有关；从

---

① 《署理直隶总督张树声题为奏销光绪六年份顺天等府州县用过囚粮等项银两事》，光绪八年八月二十一日，户科题本，档号：02-01-04-22209-003。

　　　　　　　　　　　　　　　　　　清代银钱比价波动研究

客观方面看，这与当时没有统一的现代货币制度及各地复杂的货币使用习惯有关。但因各地白银的平、色及制钱使用习惯尚有诸多材料可供查询，故在统一的空间（如省均）、时间（如年均）和货币兑换（如库平纹银兑足制钱）标准下，将原始记录转换成相对可比记录应该可行，而这也是重整分区比价数据所必须考虑的问题。

我们现着重讨论比价数据的可靠性问题。受制于历史条件，前人在做相关研究时能用各种数据拼接出一段序列已属不易，遑论对各数据作专门比对。但时至今日，我们已经具备了一定的大数据综合比对、校验比价记录的条件。由此，比价记录的可靠性问题讨论当被提上议程。

在此先举一简单例子。乾隆八年（1743），户部右侍郎阿里衮奉命赴湖南办差，其于二月二十七日由京师启程，向南途经直隶各地，记"钱价每两换制钱八百四五十文不等"，并于"三月初入河南境内"。[1] 据此可知乾隆八年直隶地区二月的银钱比价数值区间为 [840, 850]，可取中值845。那该数据是否可靠？我们在方观承的《赈纪》里查得，直隶地区乾隆八年七月初五日"米五合，折银七厘五毫，合制钱六文半"。[2] 据此米钱折银换算出的七月银钱比价是867。由于比价波动具有季节性，一般在农历年末及上、下农忙时较高，如此则在正常状态下，二月和七月的比价应相差不大。实际上，比价数值845与867之间3%的差值确实大不。故基于不同材料的比对，可以认为阿里衮的记录真实可信。

但对于同时同地存在多条官方记录，该如何判定其可靠程度？首先，我们需划定对比类别。比如要检验的是银钱市价记录，那就需要排

---

① 《户部右侍郎阿里衮奏报途次直隶湖广田粮雨水钱价各情事》，乾隆八年四月十二日，朱批奏折，档号：04-01-22-0015-004。

② 方观承：《赈纪》，卷二，"会议办赈十四条"，李文海、夏明方、朱浒主编：《中国荒政书集成》（第三册），第1924页。

除掉各种非市场比价。其次，要统一对比标准。比如需比较的是省均、年均比价，那就不可能要求省内不同地点、年内不同时间的数据完全一致。再次，要将原始数据转化为标准可比数据。在各数据离散度较高时，当以官方最为详细的市价记录为准；在各数据离散程度较低时，则可取官方详细记录值，也可取各数据均值。在转换时，有年均记录的优先使用年均值，没有的则用部分月份的均值替代；有省均记录的优先使用省均值，没有的则用部分区域的均值取代。照此逻辑，我们便可校验某些官方记录的可靠性并重整某省某年的比价数据。现以光绪四年（1878）江苏地区的官方比价记录为例（详见表48）进行可靠性检验：

表48　光绪四年江苏官方比价记录校验

地域	资料	资料中的银钱兑换值	校正值	均值
江苏	光绪四年上忙钱粮仍每两折收钱二千二百文[1]	（赋税）1600	1600	1600
江苏	收各局货厘钱三十万一千一百一十八千五百六十八文，兑换库平银一十九万六百三两一钱七厘四丝	（厘金）（上半年）1579.8	1580	1605
江苏	收各局货厘钱三十万三千八百三十六十六白一十一叉，兑换库平银一十八万八千九百四十二两一分九厘一毫八丝四忽	（厘金）（下半年）1608.1	1608	1605
江苏—苏、松、太	收各局货厘钱钱二十九万五千六百一十四千一百八十五文，兑换库平银一十八万一千八百三十两三钱四分八厘二毫	（厘金）（下半年）1625.8	1626	
江苏	库平银每两合洋1509元；库平银每两合钱：上半年1627文，下半年1624文[2]	（厘金）（上、下半年）[1624，1627]	1626	

　　　　　　　　　　　　　　　　　　　　清代银钱比价波动研究

地域	资料	资料中的银钱兑换值	校正值	均值
江 苏—镇江府	钱一十五万八千八百零五千六百七十七文，｜Ⅹ δ 二爻合银十万零九千三百零三两三钱三分三厘	（市价）1452.9 （1616.0）	1616	1614
江 苏—苏、松、太—上海	支钱九百一千一百二十三文，｜Ⅹ δ 合规银六百二十一两四钱六分四厘[3]	（市价）1450.0 （1612.4）	1612	1614
江 苏—苏、松、太—苏州	正月：（二十四日）收兑钱千三十文……二月：（初七日）收兑钱二千一百……六月：……（二十九日）收兑钱一千八十五……十二月：……（二十七日）收兑钱一千零七十[4]	（市价）［1030，1085］ （［1430.6，1506.9］）	1469	1614

资料来源：《两江总督沈葆桢奏报光绪四年苏省各州厅县征收钱粮银价事》，光绪四年二月二十八日，录副奏折，档号：03-6598-044；录副奏折，档号：03-6488-030；《江苏巡抚吴元炳呈苏省牙厘总局光绪四年下半年收解钱银数目清单》，光绪五年十月二十八日，录副奏折，档号：03-6488-048；《江苏巡抚吴元炳呈松沪捐厘总局光绪四年下半年收解银钱数目清单》，光绪五年十月二十八日，录副奏折，档号：03-6488-049；罗玉东：《中国厘金史》，第528页；李文海、夏明方、朱浒主编：《中国荒政书集成》（第八册），第5605、5286页；杨葆光著，严文儒等校点：《订顽日程》（二），第846—938页。

说明：地域一栏，按地理层级大小，排列顺序为省—省内分区（如有）—府；银钱兑换值一栏，数值前用（）标出由何种性质材料中的比价，随后记录的时间，原始数值后（）内的是转换为标准库平纹银兑换制钱的数据；校正值是在转换后数据基础上四舍五入到个位数或取区间中值；均值是将同类型材料的可信校正值取平均得到的。

注：1. 折收2200文，但其中600文为办公经费。

2. 此条为罗玉东数据，但因其并未抄录档案原件内容，而笔者在逐条校对罗玉东序列的过程中发现，其中有一些数据并不是按苏省牙厘总局记录核算而来，另一些数据则存在计算错误。故在有原始厘金档案存留的情况下，当优先从原始档案中提取比价数据。

3. 库平按1：1.111981转换为规平。

4. 洋银暂按1：0.72转换为纹银，但因实际洋厘在浮动，故不优先取用该数据。

在上表官方记录中，厘金数据最为精确，且是据时价换算而来，其代表全省比价年均值的 1605 与地丁折征值 1600 近乎一致，故可优先取用。[①] 但此数据是否可靠呢？我们现用赈捐征信录中记载的银钱时价作比对。[②] 可以发现，经规平折库平后的比价均值 1614 与官方记录十分接近，相差仅为 0.6%，故可据此认为，江苏官方该年厘金奏销中的间接比价数据可靠可信。[③] 但该结论能否推广到苏省其他年份乃至他省，这就需要谨慎对待。财政奏销事涉多方利益，而利用银钱比价波动进行勒索、浮收又是当时常见的官吏贪污手段，故涉及奏销的间接比价记录，其数据可靠性究竟如何尚需具体问题具体分析。[④]

以上两例中的可靠性检验方法主要是针对非定期奏报和定期奏报中的奏销类间接援引数据的。由于这些数据并非逐月记录，故无论是省一级还是省内地域，无论是年均还是某月数据，我们都可以用同时同地的不同材料来做对比检验。但对定期奏报中粮价直接附录比价这种连续月份数据，则其检验手段就要参考粮价研究的处理方法——对连续记录本身做遗漏率和重复率检测。在此，以前文提及的乾隆早期湖北各府月报粮价单附录钱价（将以两/串为单位的钱价转换成比价）为例，择取其中一段记录（如表 49 所示）作分析：

---

① 地丁折征中的银钱比价一般是固定的，并不随时价变动而变动，本应被当作非市场比价材料排除掉。但江苏自同治六、七年始，地丁征价已开始随银价变动而有所调整（参见周健：《第二次耗羡归公：同治年间江苏的钱漕改章》，《近代史研究》2019 年第 1 期，第 52—53 页），故此处赋税折征比价也具参考价值。但因材料详细程度不及厘金，我们在此还是取厘金数据。

② 在标准可比前提下，我们将镇江、上海的征信录平均数据作为江苏全省省均年均数据处理，如此则可与官方数据作比较。

③ 在此要特别强调数据比对的意义。即，如果有些研究仅以镇江府条代表全年，且不知这是规银记录，则会有 11% 的银两换算偏差。比对苏松太—上海记录，则可在调整后消除该影响。

④ 王宏斌：《晚清银钱比价波动与官吏贪污手段》，《中州学刊》1989 年第 4 期，第 111—115 页。

表49　乾隆八—十一年武昌、汉阳、黄州府银钱比价月记录

时间	武昌府 最低值	武昌府 最高值	汉阳府 最低值	汉阳府 最高值	黄州府 最低值	黄州府 最高值
八年四月	769	862	800	870	833	909
八年五月	769	862	800	870	833	909
八年六月	769	862	820	870	833	909
八年七月	769	855	820	862	833	870
八年八月	800	855	820	870	833	870
八年九月	800	855	820	870	833	870
八年十月	800	855	820	870	833	870
八年十一月	800	862	820	870	833	870
八年十二月	800	862	820	870	833	870
……	……	……	……	……	……	……
十一年一月	800	862	800	855	800	952
十一年二月	800	870	800	855	833	952
十一年三月	787	870	800	855	833	952
十一年闰三月	787	870	800	855	833	952
十一年四月	787	870	800	855	833	952
十一年五月	800	870	800	855	833	952
十一年六月	787	870	800	862	833	952
十一年七月	787	870	800	862	833	952
十一年八月	787	870	800	862	833	952
十一年九月	787	870	800	862	833	952
十一年十月	787	870	800	862	833	952

资料来源：朱批奏折，档号：04-01-39-0214-006、04-01-24-0029-039、04-01-39-0214-005、04-01-39-0214-003、04-01-39-0214-002、04-01-24-0028-019、04-01-24-0030-017、04-01-24-0030-016、04-01-24-0031-034 等。

在粮价检验中，高质量的月报粮价数据必须满足低遗漏率和低重复率两个条件，其中，遗漏率指的是缺失月数占总月数的比例，重复率指

的是数据连续不变在 3 个月（含）以下的月数占总月数的比例（用 Wc 表示），当 Wc 值达到 0.7 且数据遗漏率较低时，我们便可认为该数据相当可靠。[1] 在上表中，从乾隆八年四月开始到乾隆十一年十月，含闰总计有 44 个月。据此，武昌府、汉阳府、黄州府的钱价数据遗漏率皆为 9.09%，该三府钱价数据的 Wc 值分别为 40.90%、38.64%、36.36%。如是则可认为湖北省该段粮价直接附录银钱比价的月报数据可靠性较低。[2] 但如果我们不选取月数据，而是以该期湖北各府年均数据再平均作为湖北省均数据，则对比阿里衮于乾隆八年三月入湖广境记录"现在州县分别缓征平粜，民情亦各帖然，钱价每两换制钱八百文"[3]；乾隆九年（1744）闰四月江西南赣镇总兵章隆记录江西"制钱六百九十六文折银八钱七分"[4]；乾隆十年（1745）三月署理湖广总督鄂弥达奏报湖南"现在钱价每千需银一两二钱有零"[5] 等同省、邻省相近时间资料，则其省均年均数据又是较为可靠的。[6]

现再以嘉庆四年（1799）陕西省比价（选取延安府）为例（表50）来看其按月奏报的可靠性是否与不同地点不同时段取样有关：

---

① 土业键等：《清代粮价资料之可靠性检定》，王业键：《清代经济史论文集（二）》，第 289—315 页。

② 但湖北汉阳府同期的粮价数据并没有出现大量连续多月相同的情况，其粮价数据质量相当好（参见王玉茹、罗畅：《清代粮价数据质量研究——以长江流域为中心》，《清史研究》2013 年第 1 期，第 61—62 页）。对于缘何出现该种情况，尚需做进一步的对比研究。

③ 《户部右侍郎阿里衮奏报途次直隶湖广田粮雨水钱价各情事》，乾隆八年四月十二日，朱批奏折，档号：04-01-22-0015-004。

④ 《江西巡抚塞楞额奏为支给兵饷一例搭放钱文事》，乾隆九年十二月初三日，录副奏折，档号：03-0492-054。比价为 800。

⑤ 《署理湖广总督鄂弥达奏报商办湖南钱法事宜事》，乾隆十年三月十三日，朱批奏折，档号：04-01-35-1235-019。比价为 833.3。

⑥ 可靠与否的判定是与检验手段紧密联系的。当用遗漏率和重复率检验连续月数据时，其不那么可靠；但当我们重新划定标准，用年均省均数据对比检验时，则由于标准放宽，其在与其他资料显示的数值差距在一定范围内（比如 10%）时，又可认为是较为可靠的。

表 50　嘉庆四年陕西延安府月报比价

资料	银钱比价	比价中值	比价年均值
（2 月）库平每纹银一两换钱自一千文至一千一百五十文	1000—1150	1075	
（3 月）库平每纹银一两换钱自一千文至一千一百五十文	1000—1150	1075	
（4 月）库平每纹银一两换钱自一千文至一千一百五十文	1000—1150	1075	
（5 月）库平每纹银一两换钱自一千文至一千一百五十文	1000—1150	1075	
（6 月）库平每纹银一两换钱自一千文至一千一百五十文	1000—1150	1075	
（7 月）库平每纹银一两换钱自一千文至一千一百五十文	1000—1150	1075	1070
（8 月）库平每纹银一两换钱自一千文至一千一百五十文	1000—1150	1075	
（9 月）库平每纹银一两换钱自一千文至一千一百二十文	1000—1120	1060	
（10 月）库平每纹银一两换钱自一千文至一千一百二十文	1000—1120	1060	
（11 月）库平每纹银一两换钱自一千文至一千一百二十文	1000—1120	1060	
（12 月）库平每纹银一两换钱自一千文至一千一百二十文	1000—1120	1060	

资料来源：朱批奏折，档号：04-01-25-0344-009、04-01-25-0340-023、04-01-39-0242-029、04-01-25-0348-018、04-01-39-0242-028、04-01-25-0344-010、04-01-39-0242-018、04-01-25-0347-018、04-01-25-0340-022、04-01-25-0352-026、04-01-39-0242-019。

同理可发现，延安府该年连续重复小于 3 个月的钱价记录不存在。如此，则该年陕西粮价单附录的月报钱价数据可靠性依然不高。但同样，以年均数值衡量，参考陕省囚粮奏销"每钱一千五十文合银一两"则此两者又很相近。[1] 如此，可初步认为定期奏报中粮价单系统内附录的月报银钱比价虽数值较为精确，但以遗漏率和重复率检验而言，可靠性并不高。相对来说，地方档案中的粮价细册旬报数据可靠性要更好。

但因为本文已经言明，目标是在省一级，年均层面上构建比价序列。所以月连续数据的可靠性不高并不影响将其转换为年均数据的质

---

① 《户部尚书朱珪题为遵旨察核嘉庆四年陕省各属支过囚递各犯口粮等项银两事》，嘉庆五年十月二十三日，户科题本，档号：02-01-04-18279-012。两数值相差 1.9%（1070/1050-1）。

量。而在此将连续月数据质量也作一检验，目的是提醒相关研究者，需警惕直引月数据做量化分析可能带来的偏误。

总之，清史资料浩如烟海，有银钱比价记录的资料也数不胜数，但至今没有一种资料，在广泛性、长期性（不是陈昭南所说到 18 世纪中叶，比价数据奏报就停止了)[①]、相对可比性上能超越官方资料（特别是档案)。[②] 所以纵使官方资料有诸多问题，但在没有替代物的情况下，本文还是将之作为核心材料。

二、志书类资料

志书类资料包括基本的地方志，以及某些专志、专书。这类资料中涉及赋役、钱法、盐法、灾疫的部分，会相应记录货币比价。

比如《长芦盐法志》记录"康熙二十七年间……盐价每斤价银一分三四厘不等。彼时每银一两，只换小制钱一千四五百文，是以每盐一斤定为十六文之价"。[③] 此中小制钱是减重后的官钱。又如（光绪）《长汀县志》记载"康熙二十七年间，部定每斤〔盐〕卖银八厘三毫，照当时钱价每斤应卖钱十一文"。[④] 此中从盐价折算出的比价为 1325。再

[①] C.N. Chen, "Flexible Bimetallic Exchange Rates In China, 1650–1850: A Historical Example of Optimum Currency Areas", *Journal of Money, Credit and Banking*, Vol.7, no.3(Aug 1975), p.364.

[②] 官方资料现最大问题是，政府有相关要求，但很多找不到对应奏报记录。比如光绪三十年六月初二日户部奉上谕"著各省督抚将各属经征钱粮，限三个月内开列简明表册，该州县钱粮正额若干，现在实征若干，向系收银者，注明每赋一两正耗各收银若干，或系收钱折银，或系收银元作银，均注明每银一两折收若干；每漕粮一石收本色者正耗各收米若干，收折色者每石收银钱若干；此外有无陋规杂费，逐一登明，据实声叙"（中国科学院历史研究所第三所主编：《锡良遗稿·奏稿》（第一册），卷五，第 487 页。转自鲁子键：《清代四川财政史料》（上），四川省社会科学院出版社 1984 年版，第 252 页）。但实际上并未见到各地呈报的数据。此或有执行力度不强原因，也可能是地方档案的散失所致。

[③] 黄掌纶等撰，刘洪升点校：《长芦盐法志》，卷一《谕旨一》，科学出版社 2009 年版，第 9 页。

[④] （光绪）《长汀县志》，卷十七。

如一些晚清民国时期的方志，已设专节记录比价，直隶《完县新志》著成于民国二十一年，印行于民国二十三年，① 其中的"食货第五"下便有"金融"一节，载有同治以后的银两易京钱数，现将之截断于1911年，并重整如下（表51）：

表 51　直隶完县晚清方志序列

时间	银每两易京钱数	银每两易制钱数	银元每元易京钱数	银元每元易制钱数	银元合银
1862	2600	1300			
1863	2650	1325			
1864	2700	1350			
1865	2700	1350			
1866	2750	1375			
1867	2700	1350			
1868	2700	1350			
1869	2650	1325			
1870	2700	1350			
1871	2650	1325			
1872	2680	1340			
1873	2700	1350			
1874	2650	1325			
1875	2600	1300			
1876	2680	1340			
1877	2800	1400			
1878	2750	1375			
1879	2700	1350			
1880	2680	1340			

---

① （民国）《完县新志》，序一。

时间	银每两易京钱数	银每两易制钱数	银元每元易京钱数	银元每元易制钱数	银元合银
1881	2650	1325			
1882	2600	1300			
1883	2600	1300			
1884	2650	1325			
1885	2650	1325			
1886	2650	1325			
1887	2680	1340			
1888	2680	1340			
1889	2680	1340			
1890	2700	1350			
1891	2700	1350			
1892	2680	1340			
1893	2650	1325			
1894	2670	1335			
1895	2680	1340			
1896	2650	1325			
1897	2650	1325			
1898	2660	1330			
1899	2680	1340			
1900	2900	1450	1500	750	0.52
1901	2800	1400	1470	735	0.53
1902	2700	1350	1520	760	0.56
1903	2650	1325	1400	700	0.53
1904	2600	1300	1500	750	0.58
1905	2600	1300	1530	765	0.59
1906	2550	1275	1630	815	0.64
1907	2700	1350	1720	860	0.64

时间	银每两易京钱数	银每两易制钱数	银元每元易京钱数	银元每元易制钱数	银元合银
1908	2730	1365	1860	930	0.68
1909	3140	1570	2100	1050	0.67
1910	3120	1560	2100	1050	0.67
1911	2930	1465	2170	1085	0.74

说明：原文只有兑京钱的记录，现按 2∶1 折算成制钱。

从上可以看出，不同地方不同时间的洋折银确实不能简单以 0.72 通约换算，在有记录的大多数时间内，完县还是使用 0.5—0.6 的折算率。这可能是该地实际认可银元较晚，银元在早期还被当成是某种成色的生银看待所致。在清末银元广泛流通后，因使用便利，故相对生银升值（银洋比上升）。另外，由于原文没有说明数据最初源自何处，故我们在引用时还需审慎。有条件时可将之与直隶他地数据作对比，又或者只将完县序列当成一组数据，去和其他数据平均从而得出直隶省均数值（按：该数据经对比后被本书认为存在问题，论述详见第四章）。但囿于体例，传统方志中可能记录比价的多在"钱法"部分，而多数县志往往不专设此部分，其有此部分且连续（甚至列表）记录的就更少。

志书类材料在利用上的困难点除资料零散且分布不均匀外，便是多有因袭，数据完整度不够。比如有些省志中的比价记录，是直接援引省内某县的，但当然，在没有更多资料的情况下，我们还得如此使用。又如一些方志在记录中不明确说明年份，则我们只能根据方志刊刻年份或其他相应记载推断可能的年份。

三、日记、笔记、文集、谱牒类资料

（一）日记、书信资料

日记、书信资料中的比价数据因贴近生活实际，故可靠性较高。[1] 以道光初年内城旗人满文日记手稿《闲窗录梦》中的经济生活记录为例，如"（道光八年二月初一日）将俸银卅两送至'小六合'卖得七十六千二百文"[2]，便能从中推出比价 76200/30 = 2540，但该数值为京钱计值，所以制钱比价还要变为 2540/2 = 1270 才行。同理，《许瀚日记》记录道光十五年"（腊月二十六日）换雨山贺金四两一钱，合钱十四千四百九十六文，（二十七日）借杨霭亭银二十两三钱七分，合钱五十三千六百零；（四月初四日）换银四两，钱二十七合九八，钱十千一百七十，（二十二日）换银一两四钱，合三千七百五十；（五月初二日）借庄二兄银一锭，京平九两四钱，合钱二十五千二百八十文；（六月十

---

    ① 本书无意于就某类资料做详尽阐述，只是以此举例，并在力所能及的范围内提取数据。清代日记到底有多少，至今没有很好的统计，其中有多少有货币价格数据更是不知。本书在此所用日记索引资料为《历代日记丛钞提要》《中国日记史略》《历代日记谈丛》《二十世纪日记知见录》。以数据库和人工检阅结合查找的资料集有中华书局的《中国近代人物日记丛书》（《谭献日记》《汪荣宝日记》《管庭芬日记》《曾纪泽日记》《林一厂日记》《翁心存日记》《姚锡光江鄂日记》《翁同龢日记》《王文韶日记》《李兴锐日记》《李星沅日记》《王韬日记》《唐景崧日记》《林传甲日记》《张荫桓日记》《孙宝瑄日记》《赵钧日记》《符璋日记》《刘绍宽日记》等）、凤凰出版社的《中国近现代稀见史料丛刊》（《莫友芝日记》《汪荣宝日记》《江瀚日记》《英轺日记两种》《黄秉义日记》《潘德舆家书与日记》《邓华熙日记》《贺葆真日记》等）、河北教育出版社的《近世学人日记丛书》，以及单独出版的《鲁迅日记》《周作人日记》《荆花馆日记》《郭嵩焘日记》《李文清公日记》《严修日记》《慎宜轩日记》《徐兆玮日记》《退想斋日记》《张棡日记》等。个人全集中的日记也兼有查阅（如林则徐、祁寯藻等）。唯影印、稿抄本方面因时间及难度所限使用极少。将来更为系统完整的数据库利用，可期待张剑教授"中国近代日记文献叙录、整理与研究"项目成果。而言其可靠性较高，则是从无造假必要来说的。类似于彭凯翔对该类资料中粮食价格记录的可靠性判断——"既无关乎声誉、又非文体所必备，应该是没有必要造假的"（彭凯翔：《清代以来的粮价：历史学的解释与再解释》，第20页），比价数据也是如此。

    ② 松筠（穆齐贤）记，赵令志、关康译：《闲窗梦录译编》，中央民族大学出版社 2011 年版，第 13 页。

八日）换银十两零一分，钱二十六千八百零二十文；（七月十九日）甄甫先生送二十金，换钱五三千四百九十文"。① 我们也可以根据这些记录平均出京师比价，最终数值依然要除 2 转换为制钱数值。除了用京钱、津钱、东钱等特殊计值货币的区域外，一般日记中的钱多为制钱。比如《退想斋日记》记录光绪二十三年十二月初四日"近闻银数太少。太谷每两银换一千零数十文钱，较秋初减二百余文，较去腊减五百文左右，大不利于民"。② 此中银数少代表银贱。太谷当地银钱比价年波动区间为［1050，1550］，此 48% 的波幅较大，是为当时缺少制钱的特殊局面所致，但在数值提取时，我们还是可以据此取中值以代表太原比价。

日记、书信资料中的比价数据一般较零散，且不同日记、书信个体间差异较大。有的几乎不涉及货币价格，有的则零散涉及，更甚者也有如账簿一样记录每日进出流水的。比如下面一段示例：

> 光绪四年正月二十四　天时：晴。人事：……函牍：……出纳：……收兑钱千三十文。　正月二十五　天时：……人事：……函牍：……出纳：收兑钱千零三十……　……　二月初七　天时：……人事：……函牍：……出纳：……收黄分洋四元。支付匠工洋三元，钱八百。收兑钱二千一百……　……　十二月十八　天时：……人事：……函牍：……出纳：……收兑钱一千八十……　十二月十九　天时：……人事：……函牍：……出纳：收吴分洋一元。收兑钱一千六十。支马牌套洋一元。支于信钱四十。……③

---

① 许瀚著，崔巍整理：《许瀚日记》，河北教育出版社 2001 年版，第 56—78 页。
② 刘大鹏遗著，乔志强标注：《退想斋日记》，北京师范大学出版社 2020 年版，第 74 页。
③ 杨葆光著，严文儒等校点：《订顽日程》（二），第 846—938 页。

此为现藏于上海市松江区博物馆的杨葆光《订顽日程》日记、自同治六年至光绪二十七年（1867—1901），逐日分类记录天时、人事、自修、酬酢、著作、函牍、出纳项。出纳项涉及每日各种银钱支取事项，事无巨细。这其中，虽非每日皆有货币兑换，但每周几乎必有记录，在多数时期有"收兑钱……"固定记录。根据行文格式及"收兑钱"前后记录数据可以推断，此即货币兑换价，且多数时期为洋一元的兑价（偶有不指名数额的需自行尝试用整数除出比价，并核定是否与洋一元的兑价记录相近）。如此，我们再根据同年《上海经募直豫秦晋振捐征信录》之类材料对比，更可确信其兑价记录为真，[①] 且可以利用多种材料互证并平均出当地当年银钱比价数值。同样，商人书信也十分关注货币问题，故较一般书信会有更多钱价信息。山西票号书信甚至有固定的正报、复报、附报、叙事、行情固定格式。[②] 如咸丰七年五月十二日《日升昌成都分号致总号信札》记录："又统去余鸿泰等四名复开履历一纸，重寄京两信。王茂修会银底信一封，大丰隆、何锡寿、袁春畬各一信，至日一并收阅转致是安……再报，目下成号仍不存银两，钱价（每两银值钱）一千七百五十（文）九八（钱），黄货（价）十二两五钱，红花白蜡与前相似，专此。"[③] 通过票号信件传递的货币信息，我们可也略知当时成都的银钱比价情况。

总之，日记、信稿中的银钱比价资料因其可靠性高，故可用来补充、校对其他钱价数据；但也因其零散、不同文本个体差异大，银钱事

---

① 李文海、夏明方、朱浒主编：《中国荒政书集成》（第八册），第5556—5568 页。
② 正报即汇兑后，两个直接收、交汇款分号的营业报告；复报即报告前次直接对某分号的营业事项；附报是把各号每天的营业收支数字和码头全盘通告积分号，以便相互了解；叙事为总号或分号对某分号业务的指令、评论及意见，这一部分大都要由经理和掌柜们写；行市是各分号报告当地汇水、利率、市场变化的信息交流，平稳时由普通信分报连号，如遇行情暴涨暴落，在电报未通之前，用加紧专信，报告有直接关系的分号，无直接关系的各分号，则用普通信报告。参见李锦彰：《晋商老账》，中华书局2012年版，第92页。
③ 李锦彰：《晋商老账》，第96页。

项所涉时间、地点需有考证，较为繁琐，故作用多局限于零星使用。

（二）笔记、文集类资料

笔记、文集类资料中的比价记录也与具体资料有关，有的几无，有的较多，各不相同。如果作者本人留心经济事务，则一般会有更多记录。

利用这类资料的难点，除却零散，便是误记——或记错时间，或记错地点，或遗漏信息，甚至数值错漏。如《阅世编》载"〔康熙〕十二年壬子秋，新米七百，计银六钱三分，嗣后以此为常"。[①] 然康熙十二年为癸丑年，壬子年当为十一年。由于无法证明是年份还是干支记错了，所以本文在处理数据时，只能将此数值连用两次代表连续两年。

该类资料因为各有特点，无法一一例举处理办法，具体可直接参见附录原始资料。

另外，还有一些游记也属于此类资料。特别是晚清时期的外国人游记，其为我们提供了更为详细的比价相关事件及对比描述。比如贝思福在其 1898 年的考察游记中专门记录了中国的货币问题。其坦言"中国的财务与货币问题，不仅对我是一个难题，对普通大众也是一个难题"，因而他在论述相关问题时又请教了当时中国和英国各港口的银行经理。其对北京地区大铜钱（1 吊 = 50 枚）的价格逐年变化即有一定记录。[②] 根据历史背景可知，光绪时，北京大钱为当十钱，又以京钱计数，所以 50 枚当十大钱为总面值 500 文，等于京钱 1 吊。逐年记录中，如 1892 年的 710 枚即可据此算为 14.2 吊。又由于当时在京当十钱为减重物，一般只能抵制钱 2 文，所以 1892 年的 710 枚实际只为制钱小

---

① 叶梦珠撰，来新夏点校：《阅世编》，卷七，《食货一》。
② ［英］查尔斯·贝思福：《贝思福考察记》，韩成才译，中国文史出版社 2018 年版，第 317 页。"1892 年——14.2 吊 = 710 枚；1893 年——14 吊 = 700 枚；1894 年——13.5 吊 = 675 枚；1895 年——13.6 吊 = 680 枚；1896 年——12.8 吊 = 640 枚；1897 年——12 吊 = 600 枚；1898 年——11.5 吊 = 550 枚。"

平钱 1420 文。同理，1893 年的 14 吊京钱即 700 枚当十大钱，也即 1400 文制钱。对比其他资料，如《光绪十九年十月带戏津贴当》"共享钱四千零三十二吊，按（每两）十三点七（吊折算），合银二百九十四两三钱"。[①] 每两兑京钱数相近，便可知贝思福记录不虚。又如日人曾根俊虎曾于 1874—1876 年游历上海、江苏、浙江以及中国北方沿海各省市，其也关注到当时的银钱比价，并有一些年份的各地钱价记录。[②] 在一定条件下，我们也可以用其他类别资料进行比较核对，取出当年当地适合自己做研究用的数值。

（三）谱牒类资料

清代某些家谱、族谱类资料，因涉家族收支、族产，甚至有记录灾异、岁时等情，故也存在货币价格信息。但这类资料的代表性有限，往往只涉及一村一地，且不为了专门记录比价。此类资料在本研究中所涉不多，但仍可零散提供一些信息，以作补充。比如清代四川重庆府涪州的《夏氏宗谱》中"岁年记"部分有载：

> 嘉庆元年丙辰，白莲教起衅……丁巳入川东……戊午，贼匪竟至涪陵……己未四周滋扰……辛酉年五六月，米价每斗钱一千四五百文，制银一两伍钱。[③]

---

① 傅谨主编：《京剧历史文献汇编·清代卷·续编》，凤凰出版社 2013 年版，第 5—6 页。
② ［日］曾根俊虎：《北中国纪行 清国漫游志》，范建明译，中华书局 2007 年版，第 168 页。如 "各地方钱之时价。北京（大钱称当十钱），五个一百文，五十个一吊，一美元凡九吊五百文。天津（小钱称京钱），五十个一百文，五百个一吊，一美元凡二吊四百文。通州（小钱称京钱），五十个一百文，五百个一吊，一两凡三吊四百文。上海（小钱称老钱），一百个一百文，一千个一吊，一美元凡一吊二百五十文。烟台（小钱称老钱），一百个一百文，一千个一吊，一两凡一吊七百三十文……"。
③ 李竹溪、曾德久、黄为虎编：《近代四川物价史料》，四川科学技术出版社 1987 年版，第 348 页。原载《涪陵史志》一九八五年第三期。

根据这部分记录，我们可以得知，嘉庆六年（1801）五、六月份，当地的米价折钱一千四五百文，折银一两五钱。这里出现"制银"一词，如果按"制钱"是官方标准钱的意思，则"制银"很可能是库平纹银。换算银钱比价为967。由于未能寻得该年重庆府其他比价资料，我们参看湖北情况。此时宝武局有发卖制钱记录，"按照每串减价易库平纹银一两三分五厘五毫"①，算出比价为966。据此在一定程度上可认为《夏氏宗谱》中的这条记录可信。

又如一些个人年谱，类似于文集资料，会收入货币、物价情况论述。陈钟珂所撰记录陈宏谋经历的《先文恭公年谱》，记录乾隆七年陈宏谋疏："江西钱少价昂，钱法日敝，先经奏请截留滇铜鼓铸，所铸制钱应行定价出易。今请就现费工本核计定价，每银一两易钱八百四十文，以此数掺铜销毁，其价贵于买铜，可无销钱之弊。其出易之法，奉部议令搭放兵饷，但概行搭饷散之十三府，在赣南九广等府原用大钱则不见有益，而在南昌瑞临等府亟需大钱，则为数无多仍无大钱可用，势必仍用小钱。请于省城抚镇两标兵饷每银百两搭钱十两，其余各营毋庸将钱搭放，所余铸钱酌发省城及原未行使大钱地方按照工本定价，分局设官稽查，源源出易则大钱渐可流通，小钱不得昂价。其现用之小广钱仍暂准作八折行使，俟大钱充裕再照通例减至每二小钱作一大钱而止。私铸之钱定价勒限收买，限外拿获从重治罪。"② 这样详细的资料在现有的奏折中已经找寻不到。陈宏谋在此疏中不仅写明了暂允小广钱减价使用的原因，而且说明了官定出易比价的定价依据——"就现费工本核计定价"。这类资料能够给我们提供更多的比价数据背景信息，有助于

---

① 《户部尚书朱珪题为遵察川省嘉庆六年份支过递解军流等犯口粮钱文银两各数目事》，嘉庆七年九月三十日，户科题本，档号：02-01-04-18423-017。

② 《先文恭公年谱》，卷四，十一月疏陈酌定新钱出易之法，清刻本。亦收录于潘琦主编：《陈宏谋集》，广西师范大学出版社2015年版。

研究比价形成原因、影响，以及官民应对措施等。

再如某些传记、回忆录，广义上也可算入该类资料。比如传教士丁韪良回忆过其 1850 年在宁波的见闻："西班牙银元兑换铜钱的交易，其牌价是从两百英里之外的苏州用信鸽带过来的。"[①] 此中虽无具体比价数值，但我们可以借此知道一条重要信息，即宁波的牌价与苏州挂钩（在当时还非上海），时人利用信鸽传递市场交易信息。

四、报刊类资料

作为清后期的新式媒体，面向大众的报刊也有各种货币金融信息记录，涉及银钱兑换率、洋厘、拆息等。

有影响力的综合性报刊、商业专刊或重要城市的本地报刊，往往设专门版面刊载货币比价行情。比如《北华捷报》自 1850 年创刊后，便关注货币信息。后人也得以从中辑录出一些货币兑换数据，如表 52 所示：

表 52 西班牙银元与制钱比价表（每元兑换制钱数）

日期		兑价（文）
道光三十年（1850）	八月初八日（1850 年 9 月 13 日）	1530
	九月十九日（11 月 22 日）	1460
	十一月九日（12 月 12 日）	1460

① ［美］丁韪良：《花甲记忆——一位美国传教士眼中的晚清帝国》，沈弘等译，广西师范大学出版社 2004 年版，第 61 页。"刚到宁波不久的时候，有一次我偶尔来到浮桥附近的一条街上。那儿挤满了一群情绪激动的人，他们发疯似的大叫大喊并且打着手势。我以为是遇上了骚乱，便转身问别人这儿的吵闹究竟是为了什么，此时我才意识到自己来到了期货交易所。交易都是口头完成的，一旦交易完成，双方便握一下手，然后退到旁边去完成交易的细节。当时正在进行的是西班牙银元兑换铜钱的交易，其牌价是从两百英里之外的苏州用信鸽带过来的。眼前那熙熙攘攘的场面使我清晰地回想起巴黎证券交易所那震耳欲聋的嘈杂声。"

清代银钱比价波动研究

日期		兑价（文）
道光三十年	十二月三日（1851 年 1 月 4 日）	1320
	十二月十日（1 月 11 日）	1280
	十二月二十三日（1 月 24 日）	1300
咸丰元年 （1851）	正月初一日（1851 年 2 月 1 日）	1330
	正月二十一日（2 月 21 日）	1350
	二月六日（3 月 8 日）	1420
	三月三日（4 月 4 日）	1450
	三月二十五日（4 月 26 日）	1470
	四月九日（5 月 9 日）	1470
	五月二十二日（6 月 21 日）	1500
	八月二十日（9 月 19 日）	1500
咸丰二年 （1852）	二月六日（1852 年 3 月 26 日）	1520
	二月十三日（4 月 2 日）	1500
	三月二十六日（5 月 14 日）	1500
	八月三日（9 月 16 日）	1460
咸丰五年 （1855）	二月二十一日（1855 年 4 月 7 日）	1800
	三月十七日（5 月 2 日）	1800
	四月十七日（6 月 1 日）	1850
	五月十四日（6 月 27 日）	1900

资料来源：潘连贵：《上海货币史》（第二版），上海人民出版社 2015 年版，第 46 页。

但在使用报刊数据时需注意，除非是专列货币行市，否则新闻材料中出现的货币数据往往与特殊时情联系，存在诸多异常。上表所列本洋兑钱数，自咸丰元年便一直升高，其背后原因是本洋停铸后，在上海严重短缺。① 这时，就不能简单按 0.72 比值将洋元换算为银两，进而推算银钱比价数值。后来，《申报》自 1876 年开始，也列专栏刊载当地通行货币的每日行情（原先与诸物价放于一栏，后逐渐改为货币行市单列），如图 32 所示：

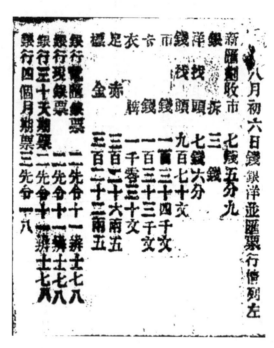

图 32　《申报》刊载的银钱价格行情

上图为《申报》光绪二十年八月初七日第 8 版所载"八月初六日钱银洋并汇票行情"。② 涉及银钱比价的有三种。市钱，是市上小商贩

---

① 张宁：《墨西哥银元在中国的流通》，《中国钱币》2003 年第 4 期；邹晓昇：《银元主币流通与上海洋厘行市的更替》，《史学月刊》2006 年第 8 期；郭卫东：《"本洋"与"鹰洋"：近代流通中国主要外币的替换》，《福建论坛（人文社会科学版）》2019 年第 7 期。
② 《申报》1894 年 9 月 6 日（光绪二十年八月初七日），第 7679 号，第 8 版。银拆为借贷市场规元一千两的日利率。

在交易中授受的铜钱，形状大小不一，混杂劣钱，当日百两银计价市钱一百三十四千文，即与市钱比价为1340。卡钱，是各关卡（常关、厘卡）以银两计算而收取的铜钱，形状一致，品质良好，当日比价1330。衣牌，据时人调查，该钱从实物看与市钱无异，而衣庄、布店等商家以此作为墨西哥银元的代用币，故称"衣牌"，定价由衣庄公所每四五日更订一次，[①] 是日比价为1030。该行情资料连续且翔实，但晚清时期涉及上海银钱比价的资料众多，采用何种，可视需要而定。又如汉口《公论新报》也记载行情：光绪三十三年（1907），2月20日1银元=1070文，2月28日1银元=1080文，3月10日1银元=1080文，3月20日1银元=1085文，3月31日1银元=1085文，4月10日1银元=1075文，4月20日1银元=1080文，8月10日1银元=1095文，12月29日1银元=1140文。[②] 根据一系列数据，我们可以直接均平出该年该地的洋钱均价。如情况稳定，数据合适，也可以再推算银钱比价数值。

五、契约文书及碑刻类资料

（一）契约资料

契约（特别是山林田地契约）中包含货币信息很是正常，以往研究多从货币词汇解释、货币种类识别、货币交易方式等方面予以展开，近来也有一些学者（可参考第二章第四节页下注龙泽江数据）关注到银钱比价。但在契约中直接收集银钱比价资料尚存困难。就笔者所见，大量契约中的交易，都以单一货币为中心展开，或为银，或为钱，极少

---

① ［日］根岸佶、片山精一、大原信：《清国商业综览》（第四卷），冯天瑜、刘柏林、李少军编：《东亚同文书院中国调查资料选译》（上册），第303—304页。

② 武汉金融志编写委员会办公室、中国人民银行武汉市分行金融研究室编：《武汉近代货币史料》，武汉地方志编纂委员会办公室1982年版，第39页。

有混用且标注折算时价者。故，契约中出现的比价，基本是辅助提供一些零散数据。

比如杨国桢在《江浙土地契约关系初探》一文中，在研究日本国立国会图书馆藏江苏宝应县土地契约时，偶然记录了道光十九年（1839）万步青立卖契中"60千文（化银40两）"，[①] 则据此推断该年江苏扬州府出现过1500的比价。该年江苏他地数据现所见只有常熟的"洋合一千一百八、九十"[②]，按0.72换算成生银，比价为1646。但前面说过，银洋比价其实也非固定，在江南多存在高估嫌疑。我们对照道光十九年浙江的记录"浙省近年银价每两易钱一千四五百文不等。上年（道光十九年）冬间商贾用银较多，骤长至一千六百文。幸而为日不久，旋即减落"。[③] 此时浙江比价最低为1600，则可见相对还是契约中直接记录的数据比从洋兑钱换算的数据更具合理性。[④]

在利用契约文书中的比价资料时，同样需注意，其较官方记录，更多使用的是当地的银两及交易习惯，甚至连钱也会出现特殊情况。彼时田地交易中的"市场价格"，受具体时空和交易习惯限制，与人们一般认为的（以及本文需整理的）银钱比价市价存在差异。比如：

---

① 杨国桢：《明清土地契约文书研究（修订版）》，中国人民大学出版社2009年版，第196页。

② 柯悟迟撰，祁龙威校注：《漏网喁鱼集》，中华书局1959年版，第4页。

③ 《浙江巡抚乌尔恭额奏为钱贱银贵请暂停鼓铸钱文并发换钱本存银事》，道光二十年五月初四日，朱批奏折，档号：04-01-35-1366-046。

④ 但在最终选择数据时，需视综合情况决定。本书即因《漏网喁鱼集》数据有一定连续性，而在相同时间段一律采用《漏网喁鱼集》中的数据。

清代银钱比价波动研究

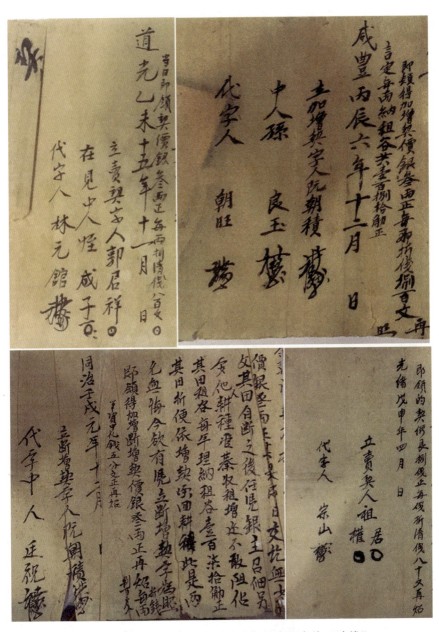

图33　道、咸、同、光时期福建契约中不变价"清钱"

从上面（图33）几份清代福建尤溪县土地交易契约中可以发现，历经各朝，当地的银钱比价始终为800，[①] 这是当地土地交易中的"市价"，但不是我们所要收集的银钱"时价"，在利用契约文书提取货币比价数字时，需警惕此类现象。

总之，契约文书中的比价数据，更贴近实际市场交易，但也由于此，越具象，对提取数据的要求也越高。在了解契约属性、当地交易习惯、货币使用状况以前，或不当贸然直接取用其中的数据。而即便是经研究提取出的数据，也尚需与其他材料比对。

（二）商业文书资料

这里的商业文书主要指账簿、会馆公所征信录等。

先说账簿。账簿资料对于研究银钱比价来说，重要性不言自明。由于涉及切身利益，账簿对银钱货币的记录多具体、详细，银的成色、平砝，具体兑换；钱的种类、用法……都可能被全数记录。又由于商号开办时间一般不会很短，所以资料具有相当程度连续性，从日到月，由月至年，以至逐年都有记录。但当然，极佳的账簿资料可遇不可求，即便在今天，依然有诸多账簿未被发现，而业已发现者又多未经整理，在释读上存在各种困难。账簿类资料中银钱比价信息的使用，典型如严中平从直隶河间府宁津县统泰升商号账簿中整理出的银合铜钱序列。但即便是该序列，由于原始数据按日记录，且进出项上银钱比稍有区别，故详细研究还可继续。[②] 职是之故，本书所用账簿主要分为二类：第一，前人已经有研究，研究成果公开出版，本书在对比考证后认为可以使用的。第二，其他公开出版物中，未经详细研究，本书在对比考证后认为

---

① 图片所示为华东师范大学民间记忆与地方文献研究中心藏福建尤溪县土地交易契约资料。类似契约中的"比价"还可详见福建师范大学历史系编《明清福建经济契约文书选辑》相关录文。此货币使用情况可能类似于"七折钱"，但如何保障交易双方公平，其运行机制为何，尚待深入研究。

② 详见袁为鹏教授对此的研究成果。

适合引用的。第一类在本书第二章第四节中已有说明，不再重复。这里举例说明第二类情况。比如四川成都府郫县犀浦镇的一份米价月计账簿，经原辑录者整理和笔者再换算后如下（表53）：

表 53　光绪十八年—宣统三年成都府郫县犀浦镇米价月计表中的银钱比价

年	月	制钱（个）	银子（两）	比价
光绪十八年	冬	3600		
十九年	六	6000		
二十年	八	4800		
二十三年	四	6000		
	六		7	
	九	6000	5	1200
二十四年	四		5.5	
	六		5.7	
	九	6000	5	1200
二十五年	六	10000	8	1250
	八		6	
	冬		6.2	
二十六年	正		6.4	
	五		5	
	八		5.2	
	腊		5.6	
二十七年	十	4100	4	1025
二十八年	四		8.2	
	六		11	
	八		7	
	十		6	
二十九年	一		7.1	
三十年	十		7	

年	月	制钱（个）	银子（两）	比价
三十一年		8000		
三十二年			5.45	
三十三年	二	7500	5.45	1376
三十四年	十一	7500	5.02	1494
宣统元年	五		4.8	
	十二	7400	4.5	1644
二年	二	8250		
	七		5	
	十	7500		
	十二	8800		
三年	二	8100		
	七		5.6	
	八	7800		

资料来源：原载《郫县志通讯》1982 年 3 月 13 日第 26 期。

说明：米价以石为单位。原由该县合同乡老斗户兰同盛提供，减租退押时期工作队进行过整理和换算。

　　表中出现年内不同月份的货币比价，因记录本身问题，无法简单去除季节差异影响，暂只能将有数据者全部平均成年均价格。以宣统元年为例，四川成都府郫县银钱比价数值为 1644，重庆府南川县为 1600,[1] 叙州府长宁县为 1550（生银），[2] 差距在 10% 以内（将生银换算为纹银比价定高于 1550）。简单对比后，可认为此条数据可作参考。

　　再如光绪三十四年天津商会的钱盘行情，其原始来源也当为行市账簿。在此择录其六月逐日行情作示例（表54）：

---

① 《中国地方志经济资料汇编》，第 840 页。
② （民国）《长宁县志》，卷十，《食货·物价》。

表54 天津商务总会呈直隶总督光绪三十四年六月逐日钱盘比较

日期	比价（津钱）	制钱
初一	3715	1858
初二	3655	1828
初三	3565	1783
初四	3615	1808
初五	3595	1798
初六	3600	1800
初七	3605	1803
初八	3615	1808
初九	3620	1810
初十	3625	1813
十一	3630	1815
十二	3635	1818
十三	3640	1820
十四	3640	1820
十五	3645	1823
十六	3645	1823
十七	3650	1825
十八	3655	1828
十九	3675	1838
二十	3655	1828
二十一	3655	1828
二十二	3660	1830
二十三	3670	1835
二十四	3675	1838
二十五	3685	1843
二十六	3695	1848
二十七	3690	1845
二十八	3695	1848
二十九	3700	1850

资料来源：《天津商会档案汇编（1903—1911）》，第489—521页。

此为逐日钱盘，据日数据，我们可以平均出月数据，再根据月数据，又可平均出年数据。不过在月内各数据间相差不大的情况下，也可以按中间值取值。比如该月的平均值为 1824.5，而中值为（1858+1783）/2 = 1820.5，基本相同。同年报刊数据（见第二章第二节蒋立场数据）为 3620/2 = 1810，近乎一致。这也可以从侧面反映出，在不研究年内短时波动的情况下，可以直接采用某些年数据。

对比以上两个例子可以发现，由于地区不一，经营种类、方式不一，记账方式（不同种类的账目）不一，故账本中的货币记录种类、时间也不一样。各种账本之间差别较大，严格来说，需一对一作专门研究。在此用浙江平湖老鼎丰酱园光绪十五年的年盘总目账作一举例：

光绪十五年份盘查总目（接立大吉）

计开

旧管新收

收旧管钱 891658 文，收酱酒生钱 3475923 文，收酱批钱 4994515 文，收乳批钱 2477391 文，收酒批钱 257475 文，收豆渣钱 341391 文，收糠糟钱 411904 文，收酱渣钱 409553 文，收酒回厘钱 56898 文，收东园酱酒钱 10915899 文，收东园油饼钱 5225900 文，收蒋正记租钱 108800 文，收余记丝行租钱 11140 文，收坑厕租钱 24002 文，收售郑工捐票面（三折）钱 89609 文，收善存本年 3700 元（1024 文）钱 3792500 文，收通济庄洋 300 元（1024 文）钱 307500 文，收张少记还洋 100 元（1024 文）钱 102500 文。

共计旧管新收钱 33924558 文。

计开

…………

存生财装修房屋地场项首借项

存东园房屋地场顶首钱 538945 文，存城园原置生财钱 930647 文，存两园原改造装修 1935611 趸钱不存，存张少畦借洋 1000 元（1024）钱 1025000 文，存蒋正记房租钱 20000 文，存现柜洋 542 元（1024）钱 531136 文合钱 1086686 文。

共计存钱 3601278 文。

统共计存现柜货物、生财项首、装修借项钱 22683187 文。

计开

该款

该善存堂正本钱 12000000 文该善存常存洋 4000 元（1025 文）钱 4100000 文，该善存暂存洋 6000 元（1025 文）钱 6150000 文，该通济庄洋 300 元（1025 文）钱 307500 文，该蒋正记顶首钱 117600 文，该莫毛第坑厕顶首钱 8000 文。

共计该还钱 22683100 文。……①

此中记账货币有制钱和洋折钱两种。在年盘总账中，由于最终统合方式为钱，故在涉及洋钱处皆标注其与制钱间的兑换率——如 1024、1025。但既是同一时间的年盘账，洋兑钱数目为何不一致？这涉及企业会计核算及经营利润问题。有的洋是往年存洋，由于银钱比价一直变动，同样一批洋银，在上年（比如光绪十四年的比价记录为 1030、1060）和今年的购买力不同。②且就洋而言，有的是存项，有的是借项，不一样的兑换率直接关系到利润，企业会通过不同比价记录以示区别并从中牟利。但就本研究来说，进出项间细小差别尚不及货币年内自身价格波幅，故没必要做细致区分，在使用时直接取各数值的均值即可。

① 沈力行、董建波主编，桂强整理：《年盘总目（1888—1915）》，上海辞书出版社 2017 年版，第 3—5 页。原账簿档案号为 L297-001-0005 至 L297-001-0007。

② 沈力行、董建波主编，桂强整理：《年盘总目（1888—1915）》，第 1—2 页。

以上所举三例算是比较完整连续的资料，也有很多账簿的数据可能是零散的，在有其他类别连续记录资料的前提下，本文不对之做详细数据挖掘。原始簿记一例可见下图 34：

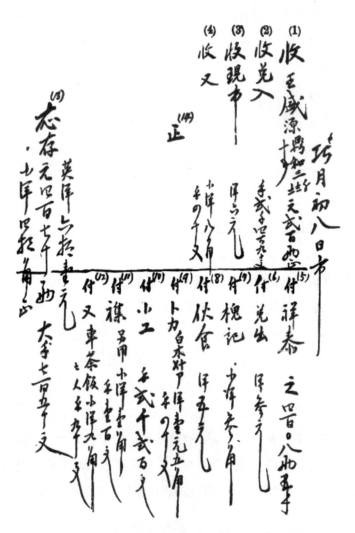

图 34　商业簿记中的货币比价记录示例

清代银钱比价波动研究

此为清末日本东亚同文书院对清国商业簿记法的介绍示例。① 此中（2）项"收兑入钱二千四百九十文"与（6）项"付兑出洋三元"对应，据此可算出洋钱比价为830。但该示例未言明是何时间何地调查所得，所以数据也就不便直接引用。但从此可以看出，对诸如钱庄、银号的银钱老账，当商当账等有诸多银钱比价记录的商业账簿进行释读、数据提取，耗时费力，只能待将来有更成熟条件时再广泛运用。②

账簿资料可以说是民间涉及银钱交易比价记录最直接、最原始的资料，虽利用困难，但价值很大。而征信录资料稍显间接，但也多是建立在账簿基础上的，一样有重要价值。如《青泽堂征信录》记录上海县南货公所光绪三十年至宣统元年各号月捐及糖厘捐：

光绪三十年　158 千 400 文（合元 128.812 两）

　　　　　　420 千 183 文（合元 350.039 两）

光绪三十一年　151 千 200 文（合元 103.383 两）

　　　　　　377 千 530 文（合元 233.585 两）

光绪三十二年　353 千（合元 237.583 两）

　　　　　　953 千 500 文（合元 660.265 两）

光绪三十三年　352 千（合元 209.856 两）

　　　　　　953 千 500 文（合元 628.814 两）

光绪三十四年　360 千（合元 213.789 两）

　　　　　　974 千 500 文（合元 571.071 两）

宣统元年　390 千（合元 215.501 两）

---

① 日本东亚同文书院编：《中国经济全书》（第八册），第 456 页。

② 商业账簿数量庞大，又多非出版品，加之释读、核对存在各种难点，故提取其中的银钱比价等货币信息资料绝非一人、一团体可以全数完成。究竟该如何处理、利用此中的货币比价资料，还待进一步实践。本书暂无法广泛运用该项资料中的银钱比价数据。

974 千 500 文（合元 553.518 两）①

根据钱合规元，规元合库平纹银，我们也可以算出年均比价。但因涉及晚清的各种资料非常多，具体使用时除考虑真实可靠外，还有代表性、方便性、连续性等因素要纳入考量，故最终选取哪种数值，只能因时因地具体确定。

（三）碑刻资料

相当部分碑刻资料涉及捐修记录，如此便事关银钱核算。当然，有些资料只记录单独银钱数目，有的则有折价、合价，但各种折合又非全为时价，使用时需注意甄别。如"金一千九百二十两有奇，折制钱一千五百五十千有奇"一则材料②，"金"即"金钱"或"白金"意，实为银，按此折算比价即为807。如道光二十二年（1842），广西桂林府捐献碑刻记录"以上捐钱百八十五千七百文、银二两换钱二千九百文，合共钱一百八十八千六百文"③，平乐府"实收银二十二两二钱二分五厘，换得钱三十二千六百一十五文"④。道光十八年（1838），开封《山陕会馆重修牌坊碑记》载"……捐钱五十千文，……捐钱壹佰千文，……捐钱五十千文，……捐钱五十千文……以上捐布施钱连银共作钱一千三百零六千八百五十八文"。⑤ 在没有其他资料的情况下，本文即得用此类资料计算加以补全数据。再如道光二十五年（1845）山西省灵石县《静升镇集广村补修望岭堡碑记》记录"除出净剩银一百二十九两零九分，共换钱一百八十二千三百三十文"，这里算出比价1412，但对比晋

---

① 《光绪三十年至宣统元年各号月捐及糖厘捐》，《青泽堂征信录》，宣统元年南市华兴印书局代刊。引自彭泽益主编：《中国工商行会史料集》（下册），中华书局1995年版，第820页。

② 张正明、科大卫、王勇红主编：《明清山西碑刻资料选（续一）》，山西古籍出版社2007年版，第58页。

③ 杜海军辑校：《桂林石刻总集辑校》（下），中华书局2013年版，第1073页。

④ 杜海军辑校：《广西石刻总集辑校》（中），社会科学文献出版社2014年版，第895页。

⑤ 许檀编：《清代河南、山东等省商人会馆碑刻资料选辑》，天津古籍出版社2013年版，第8—9页。

北归化城奏销记录"每制钱一千八百一十文以至二千一百九十七文各钱价不等易银一两"核算出的 2004，差值达到 42%，这种情况仅用地域差别恐不能很好地解释。但究竟如何解释是另一方面的问题，对本书来说，只需知道灵石的这个数据可能存在问题，不直接采用便可。

墓志资料中或也有一些比价资料，如《王和圆墓志铭》载"辛丑河决，张湾汴城不没者数版，谷腾贵，银一两易钱七八百"。[1] 但从资料本身性质看，这时候出现的比价往往是因为发生了异常事件，否则一般价格资料不会进入墓志系统。

六、其他资料

另有一些资料，形式灵活，不便简单置于以上分类中，故在此另列。

比如荒政类资料。其既有官书的一些特点，又有日记、笔记的形式，另还有类似账簿的《征信录》存在，所以该类资料可以单独论述。[2] 但因荒政类资料内部差异也大，故下述说明只能以举例形式进行。

《晋饥编》一书记载赈济光绪十九年晋北饥荒事，上卷为灾赈批禀，下卷为捐经细数。比如当中有记：

> 晋省之灾，以边七厅为最苦。……困苦情形，大略相同。……此处银价，大钱一千四百八十文。[3]

---

① 《柽华馆文集》，卷六，墓志铭二，《王和圆墓志铭》，清光绪七年解梁刻本。

② 荒政类资料的定位和文献属性讨论可参见李文海、夏明方、朱浒主编：《中国荒政书集成》（第一册），序言，第 3—9 页。

③ 李文海、夏明方、朱浒主编：《中国荒政书集成》（第十册），《节录义绅潘君民表函》，第 6638 页。"晋省之灾，以边七厅为最苦。七厅之中，又以丰镇、萨拉齐之西堡头一带山后各村为最重，归化左近一带灾情稍轻。后山亦甚重，惟路途遥远，不知其详。宁远之东半县与丰镇接壤，困苦情形，大略相同。如果款项有余，即当接办。赐信时祈分誊两函，一排寄宣化，托宣化县陈立斋大令专马驰送，一排寄丰镇厅，嘱其转交。此处银价，大钱一千四百八十文。口外粮价昂贵，然有钱亦尚有买处。丰镇尚未能到，想必大略相同。"

此中出现银价"大钱一千四百八十文",但未言明"此处"为何处,从材料中按行进路线仅能推断其非晋北归化城六厅范围内的比价。那这个数据该如何使用? 首先,如非来自灾区的异常价格,则此数据反具代表性。其次,如有他地价格作比较则更好。笔者在《灵石碑刻全集》中发现,《静升村观音阁布施碑记》载有"光绪十九年澍霖代交银二十四两,合钱三十六吊"。① 据此计算比价为1500,说明1480的价格更可能在晋南、晋中,是正常状态下的银钱比价。在上引段落后,又有晋北比价记录:

> 萨拉齐厅……该处银价只一千一百文。归化厅官……该处银价一千四百文……托克托厅……该处银价一千二百文。和林格尔厅……该处银价一千三百八十文……②

在归化城六厅范围内,比价均值为(1100+1200+1380+1400)/4 = 1270,较之此前1480、1500正常值更低,这也符合灾疫时钱价上涨,(银钱)比价数值下降的规律。如是,则此灾疫数据,我们可作参考,

---

① 景茂礼、刘秋根编著:《灵石碑刻全集》(下册),河北大学出版社2014年版,第1494—1495页。

② 李文海、夏明方、朱浒主编:《中国荒政书集成》(第十册),《赈友来函》,第6652—6653页。"萨拉齐厅以堡头镇为最重,官赈灾民二十二万九千余口,已放两次。义赈由北绅李嗣翁办,每口放六百文。津委刘观察现派秦君于五月初补放,每口四百文。该处银价只一千一百文。归化厅官赈灾民十九万三千余口,以后山为最重。义赈由北绅李幼翁、南绅褚敦翁合办。褚带银四万两,查放两次,每口共给六百文。李又加给四百文。雨水亦透,已种之田,禾苗已高数寸。前山灾稍轻,未得透雨。义赈现由李幼翁承办两厂,津委刘观察承办四厂,计十万口,每口四百文,五月初可以放毕。该处银价一千四百文,面每斤大钱一百五十六文,油每两二三十文。清水河厅官赈四万五千余口。义赈由津委刘观察派成君查放。因本地无钱可换,买米二千四百石运往查放。托克托厅官赈八万八千余口,现尚苦旱。义赈由津委刘观察派李君查放。该处银价一千二百文。和林格尔厅官赈六万七千余口,内有物阜民丰,四里灾状与宁远相同。官赈放过二次。义赈由津委刘现观察派王君查放。该处银价一千三百八十文。"

清代银钱比价波动研究

但不直接取用，在省均层面上，只用（1480＋1500）/2＝1490 这个数值。又由于事涉江苏方面筹钱赈灾，该文献也记录了筹款情形，当中便有江苏的比价记录。比如：

苏州马大箓巷赈捐分局经收细数

宋培之治基、张莼溪良棣经理

一、三月下旬收洋五元，汇合规银三两六钱七分五厘。

一、四月上旬收洋二百五十三元，汇合规银一百八十五两四钱八分五厘。

一、四月中旬收洋二百零五元，汇合规银一百五十两零九钱三分三厘。

一、四月下旬收洋七百六十九元五角，又钱一千零四十文，汇合规银五百六十七两七钱五分五厘。

一、五月上旬收洋七百三十元，又铜洋十一元，又宝银六两二钱，又钱十三千五百七十三文，汇合规银五百五十三两六钱八分六厘。

一、五月中旬收洋一千三百八十三元五角五分，又铜洋一元，又钱三千五百零一文，汇合规银一千零十二两七分零四厘。

一、五月下旬共收规银一万两，又洋小洋二百三十五元一角，又铜洋四元五角，又钱一千一百三十文，汇合规银一万零一百七十三两三钱九分三厘。

一、六月上旬共收漕平五钱，又洋五百零四元五角，又铜洋一元，又钱七千二百九十文，汇合规银三百七十四两四钱六分八厘。

一、六月中旬共收洋二百十二元、又铜洋七元、又钱六百文，

汇合规银一百五十七两八钱零四厘。……①

如据此中大小洋、钱、铜洋、宝银、规银相互合计，当可算出各类比价。在此，还是优先关注银与钱间折算。比如据"钱八千七百二十九文，合规银六两一钱三分二厘"②，推算出规银兑钱比价为1424，倒推漕纹兑钱比价1453。但当然，这只是该材料提供的数据，同年江苏还有其他数据。至于最后数据如何给出，将在下节数据计算中论述。

还有如调查类资料。晚清时期，中国货币使用状况复杂，外国人出于贸易、军事等目的，也有一些调查资料留存。现有该方面资料的利用还不系统，本书仅在零散补充层面上引用一些。比如日本驻华领事馆《1911年清国事变对经济界之影响（十七）》中专门有《沙市之货币情况》一节，记录"革命变乱发生后，此种银元大幅升值……因携带方便，而多为富家购……铜元1串文纸币，在革命军占领沙市之前全然不流通……湖北官钱局发行之1元纸币，在革命军占领沙市之前全然不流通……实际上不能与现银及铜元兑换"。③ 该详细报告，不仅记录了具体货币兑换数值，而且给出了产生该数值的背景。易代之际，虽为乱世，但银价反贵，这是因为初始时，银元因"携带方便"，"多为富家

---

① 李文海、夏明方、朱浒主编：《中国荒政书集成》（第十册），《赈友来函》，第6681—6682页。
② 李文海、夏明方、朱浒主编：《中国荒政书集成》（第十册），《苏州西大营门五亩园内电报公寓经收细数》，第6665页。
③ 李少军编：《晚清日本驻华领事报告编译》（第六卷），李少军等译，社会科学文献出版社2016年版，第7页。"湖北大银元1元：革命变乱发生后，此种银元大幅升值，通常是1元兑铜元1串300文，而现在因携带方便，而多为富家购，其行情上涨为1元兑1串400文至1串600文，而市场上仍缺乏此种银元。鹰洋1元：此种银元与湖北大银元一样，在市场上少见，其价格略低于湖北大银元，目下1元兑铜元1串400文至1串500文。官票1串文：此乃湖北官钱局发行之1串文纸币，在革命军占领沙市之前全然不流通，现在虽尚不能与铜元换，但在市场上还能流通。湖北银元票1元：乃湖北官钱局发行之1元纸币，在革命军占领沙市之前全然不流通，在革命军出示之后，得以通用于场，其价格为1元兑铜元1串100文，但实际上不能与现银及铜元兑换。铜元1串文：武昌事变后各种纸币停止流通，市场上之实际交易几乎都由此种铜元维持，目下合沙平银5钱6分5厘。"

购"。但对于更多还在当地的人来说，接下去会发生的应该是因银贱及小额日用刚需增长所致的钱贵。从材料中我们还能知道，清末沙市，官方银钱票已不能流通，此中或有信誉丧失及人们对政府垮台预期原因在起作用。又如其对苏州该年12月27日的货币兑换记载"鹰洋1元兑银7钱1分7厘；库平银1元兑银7钱1分5厘；小洋钱1元兑银6钱2分7厘；银1两兑铜币180枚；鹰洋1元兑铜钱1290文；日元1元兑小洋钱11角30文"。[①] 根据此中鹰洋兑银（约0.72）及鹰洋兑铜钱数值，可以换算银两兑钱为1799.2，结合"银1两兑铜币180枚"可知铜元基本还是按面额（10文）兑钱。对该数值，再比对《徐兆玮日记》中的记载"银漕缴柜向以抑勒洋价为大宗进项。今岁陆方伯定为折中办法，每元一千二百四十文，照市价已短六十文"（《棣秋馆日记》，宣统三年五月二十六日）。[②] 1300/0.72＝1806，则数据间非常接近，可互证可靠，进而也可将偏离太大（即便不知道具体原因）的数据剔除不用。

第二节　数据的收集与整理

本文将银钱比价分区（省级）数据的整理分为四个步骤——数据采集，数据格式化，数据验证，数据整合。[③] 对应整理表中，资料来源、资料文本即是采集源；资料中的兑换值为数据的初步格式化，校正

①　李少军编：《晚清日本驻华领事报告编译》（第六卷），第270页。
②　徐兆玮著，李向东等标点：《徐兆玮日记》（二），黄山书社2013年版，第1167页。
③　李伯重：《大数据与中国历史研究》，付海晏、徐剑主编：《大数据与中国历史研究》第1辑，社会科学文献出版社2017年版，第170—171页。一般数据库的处理办法是数据采集、数据处理、数据验证、数据格式化。本书在此基础上稍作改变。

值为数据验证和再格式化的结果；最终以库平纹银兑足制钱（如有可能则尽量）为标准格式的录入值就是省均年均数据整合结果。

一、数据采集与格式化

（一）地域问题

本书虽然言明是要在十八直省省一级层面上整理比价序列，但各资料中的记录并不可能恰好描述至省这一层面，其最大者或以全国论，次以数省论，最小者有到村镇级别，这些描述最后都要被转化为省一级。且就行政区划而言，有清一代变动甚多，本书无法逐一说明。以下便结合实例将要点言明。

1. 固定行政区划

为避免某地因区划变动在一则材料中被划归为某省，而在另一则材料中被划归为另一省，现按时间折中以（嘉庆）《重修大清一统志》中的省、府、县区划为标准格式。[①] 如有特殊情况，则在附表内另加说明。

在使用上，本文将（嘉庆）《重修大清一统志》中的"统部"直接对应为省，比如江苏统部对应江苏省。[②] 唯于京师、直隶统部中单列出

---

① 《大清一统志》本身的相关研究及具体政区地理变化不赘述，详参穆彰阿、潘锡恩等纂修：《大清一统志》，上海古籍出版社 2008 年版；牛润珍、张慧：《〈大清一统志〉纂修考述》，《清史研究》2008 年第 1 期；王大文：《文献编纂与"大一统"观念：〈大清一统志〉研究》，方志出版社 2016 年版；姜涛：《清代江南省分治问题——立足于〈清实录〉的考察》，《清史研究》2019 年第 2 期。侯杨方：《清代十八省的形成》，《中国历史地理论丛》2010 年第 3 期；傅林祥、林涓等著：《中国行政区划通史（清代卷）》，复旦大学出版社 2017 年版；华林甫：《中国省制演进与未来》，东南大学出版社 2016 年版，第 48—58 页。准确地说，《重修大清一统志》的编纂也是过程性的，时间从嘉庆十六年到道光二十二年，也可称为（嘉道重修）《大清一统志》。

② 统部概念本身不等于省，其既指统治辖区，也具地理志书文献编纂功能。当时统部涉及督抚管辖区、盛京将军管辖区、蒙古王公管辖区。本书只涉及督抚辖区，并将之简化对应为省。参见王大文：《文献编纂与"大一统"观念：〈大清一统志〉研究》，第 197—204 页。清代的"省"仅仅是一种区域通称。

京师，这是因为有众多材料是专就京师记录的，且宝泉、宝源局制钱多专供京师。在特定情况下，可用京师数据替补缺失的同期直隶数据。[1] 又如关外盛京统部包括奉天、吉林、黑龙江，将奉天参照直隶，盛京参照京师对待——但这只录于附表，不属正文研究范围。

2. 统合地理单元到省

现所见资料中，以省（其中有以省城代省者）、府、县为地理单元记录比价的，较易处理，只需根据省行政区划，逐级细分即可。但对一些省以上和省内不按府州县行政区划分的，需要说明，先看几例：

> 查目下钱价虽长落不同而以贵贱相衡，大率每银一两易钱七百八九十文以及八百二三十文不等，较诸现在鼓铸之*江浙*等省钱价犹属相仿。[2]
>
> 川省现在钱价每纹银市平一两易钱八百六七十文不等，较之往昔，钱价虽觉增长，但比之京师以及*江楚*等省尚属稍减。[3]
>
> 臣在*浙东*见市上钱桌每银一两仅换钱七百文内外不等。[4]
>
> 以一千二百文作银一两搭放兵饷及一切工食廪给之用……市价与官价不甚相悬，其大理、*迤西*（按：属云南）一带，每银一两

① 严格来说，京师不属于顺天府，顺天府管辖范围也与京师不同。但考虑到历史时期地域变动和编制数据库方便，本书暂将京师置于顺天府下，用顺天府及京师比价代表京城比价，而保定府省城比价作直隶比价代表，在缺失保定府数据情况下，再以京城数据替代直隶。有关京师的地理区划可参见邓亦兵：《清代前期政府与北京粮食市场研究》，第10—11页。

② 《山东巡抚喀尔吉善奏报洋滇铜不能买供鼓铸钱文事》，乾隆九年九月十七日，朱批奏折，档号：04-01-35-1235-004。

③ 《川陕总督庆复奏报遵旨商办四川可否仿照京师钱法六款事》，乾隆十年四月初七日，朱批奏折，档号：04-01-35-1235-027。

④ 《西安按察使吴士端奏请平钱价以利民事》，乾隆十三年八月二十四日，朱批奏折，档号：04-01-35-1239-012。

可换钱一千二三百文不等。①

曲靖、开化、广罗、广南（按：属云南）镇标协营兵饷，照银七钱三之例，每正钱一千文外，加息钱二百文，作银一两，按季搭放。每年除工本外，约获余息七千余两。②

开、归、陈、许（按：属河南）四周府县所属每银一两换钱八百三十文至八百六七十文不等。③

通省（按：指福建）钱价，下游每两可易钱八百三十文、四十文不等。④

现在河东（按：属甘肃）各属每银一两换钱八百四五十文至九百三四十文。⑤

外州县（按：指太原周边）有每两易钱一千四十文者。⑥

通衢市镇（按：指湖南）每两易钱一千五六百文不等。偏僻州县民间自严挑剔，每银一两尚不过易钱一千余文。⑦

从中可以看出，在记录比价的地理单位上，有诸省并录，有按行政上"道"（河南开归陈许道）一级记录，有按省内山川地形划分，有按经

---

① 《云贵总督张允随奏报滇省钱价平减并无剪边弊端事》，乾隆十四年六月二十六日，朱批奏折，档号：04-01-35-1240-009。
② 《高宗纯皇帝实录》（五），卷三六七，乾隆十五年六月庚午，第1054页。
③ 《河南巡抚蒋炳奏复钱价大势平减事》，乾隆十八年五月初十日，录副奏折，档号：03-0771-037。
④ 《闽浙总督喀尔吉善福建巡抚陈弘谋奏陈查办钱价并无藏积事》，乾隆十八年六月，录副奏折，档号：03-0771-048。
⑤ 《甘肃巡抚鄂乐舜奏复查办通省钱价大势平减事》，乾隆十八年八月初七日，录副奏折，档号：03-0771-059。
⑥ 《护理山西巡抚朱珪奏为钱价平贱酌减鼓铸事》，乾隆三十六年十月二十四日，朱批奏折，档号：04-01-30-0481-009。
⑦ 《湖南巡抚姜晟奏报筹议调剂钱价事宜事》，乾隆五十九年七月二十四日，朱批奏折，档号：04-01-35-1344-015。

济地理（如省城和外州县，通衢和偏僻地方）意义划分，甚至有按绿营营制划分。如此则给比价的具体分区标识带来困难（特别是如想要研究府、县一级的比价）。但于本研究而言，"诸省"可将所涉省份皆标注一遍，而省内具体作何，则无法再析分。只是在记录上，在省以下、府以上，本文按需加入某些省内分区，对不易分区的"通衢"等则原样记录。最后在省均层面统计比价时，只需要将省及省内各地数据均平即可。另外，从时人以"江楚""江浙""浙东""河西""晋南""迤西"等词汇描述比价的地理范围可知，比价易受自然地理环境影响，同一地理单元内的比价当相近。

将数据空间地理单元统合至省一级，除有历史记录依据外，更多是出于既有研究基础和使用方便的考量。在本书第二章相关比价数据整理回顾中，业已说明前辈学者中除利用账簿、县志、通商口岸报告、城市报刊者将数据划分至县、城市外，几乎都将数据统合至省层面。由于各地实体银铜货币及交易习惯差异，将跨省数据直接拼接有更大风险。为此，尽可能在一省范围内进行平均、拼接，是更为稳妥的办法。此外，有大量数据缺少必要的兑换背景标识（如白银平色、制钱用法等），对这些无法转换为标准数据的数据，将其限定在本省范围内处理，也易控制风险。

（二）记录时间问题

类似于地域问题，各种资料中比价的记录时间也是不统一的。有按日、月记录，有按季记录，有按上、下半年记录（除有说明外，皆为农历）[1]，最长可为数年甚至一朝一代。此可认为是采样频率不一所致。

---

① 公农历换算问题对于银钱比价省均年均数据整理的影响不大，对基于日、月比价数据进行的研究的影响可能更大。一个在粮价研究中涉及此问题的思考可参见胡鹏、李军：《农历抑或公历？数据形式对数理分析结果的影响——以清代中后期直隶小麦市场整合分析为例》，《中国经济史研究》2016年第4期。

年内记录转换为年均较简单，遵循从日到月、由月至年即可。当中固有数值缺失或不能消除季节影响等问题存在，但随着以后资料越来越多，情况当有所改善。比如《新安惟善堂征信全录》载《壬午年（光绪八年）收支结存》："正月分，过一万零零零八引，收洋拾陆元每一千一百五十、又钱一千六百十六文；二月分，过二万二千六百三十二引，收洋叁拾捌元每一千一百五十、又钱一千五百六十四文；三月分，过二万零一百五十五引，收洋叁拾肆元每一千一百四十、又钱一千五百五十文；四月分，过一万六千六百十八引，收洋贰拾捌元每一千一百六十、又钱七百五十六文；五月分，过一万三千七百二十零半引，收洋贰拾叁元每一千一百六十、又钱七百六十一文；六月分，过一万五千五百四十五引半，收洋贰拾陆元每一千六十、又钱九百三十一文；七月分，过九千零三十三引半，收洋拾伍元每一千一百五十、又钱八百十七文；八月分，过二万一千六百二十九引，收洋叁拾柒元每一千一百五十、又钱七百零八文；九月分，过一万九百三百零一引，收洋拾叁元每一千一百四十、又钱九百八十二文；十月分，过一万七千六百零二引半，收洋叁拾元每一千一百、又钱一千三百零五文；十一月分，过一万七千一百零零半引，收洋贰拾玖元每一千一百廿、又钱一千七百二十一文；十二月分，过四千八百二十三引半，收洋柒元每一千一百四十、又钱一千六百六十七文。"[①] 将各月数值平均便可得出年均值 1146。且就官方记录看，其年内固然部分月份有售卖制钱的价格记录，但往往通以一年的价格区间表示，比如"乾隆二十六年自五月起至八月止，又自十一月起至二十七年正月止……内五月份……每库平银一两易钱八百四十一文……六月份……每库平银一两易钱八百四十一文……七月份……每库平银一

① 《新安惟善堂征信全录》，李琳琦、梁仁志整理：《徽商会馆公所征信录汇编》（上），第502页。

清代银钱比价波动研究

两易钱八百五十一文……八月份……每库平银一两易钱八百六十三文……十一月分……每库平银一两易钱八百七十三文……十二月分……每库平银一两易钱八百六十三文"①，但到最后只记录为"每银一两易钱八百四十一文至八百七十三文"。②故从该点也可以看出，统计年均数据更有价值，且年数据即从月数据而来。

年以上的记录，如有可能，应据史料给出细节还原为年记录。比如《阅世编》记载"至［顺治］八年辛卯，每千值银止值四钱八分，其后渐增，亦不能至五、六钱"。从顺治八年到顺治十八年，钱价渐增，从每串四钱八分银增至五、六钱（按五钱五分算），即对应比价从2083降到1818（小数四舍五入到个位）。我们可以根据这个趋势插值出2045.8，2013.0，1984.0，1957.9，1933.9，1911.3，1889.2，1866.8，1843.3数据，对应到各年份上。③又如《新安惟善堂征信全录》载《光绪七年三月至八年三月分收支大总》："大共连上存总共收洋壹千肆百伍拾伍元陆角捌分（一千一百卅扣钱一千六百四十四千九百十八）、钱七百三十三千二百九十三文……大共出支洋伍百陆拾元零肆角零壹厘（一千一百卅扣钱六百三十三千二百五十三）、钱一千一百四十七千一百八十九文。"④则我们将光绪七年、八年的洋价数值都记录为1130。但如《歙县馆录·收支录·支款项下》记："支起造正厅、河厅、东厅及续起楼房，自［光绪］二年起至十六年止，共动用制钱壹万壹千伍百玖拾贰千贰百贰拾柒文。内本洋陆千伍拾玖元柒角叁分伍，合钱捌千

　　① 《山西巡抚鄂弼奏为晋省宝晋局上年正月至本年二月加炉鼓铸制钱用过成本银两数目请旨核销事》，乾隆二十七年五月二十六日，户科题本，档号：02-01-04-15454-012。
　　② 《山西巡抚明德题报晋省上年二月至本年二月添炉铸钱用过工料数目及卖存钱文数目事》，乾隆二十八年五月二十一日，户科题本，档号：02-01-04-15550-013。
　　③ 比价本质上是随机波动的，但是在年均层面上，我们可以认为其具有趋势，而在间隔较短且趋势未被破坏的前提下，可以用简单线性插值法或三次样条插值得出其中各年均价。
　　④ 《新安惟善堂征信全录》，李琳琦、梁仁志整理：《徽商会馆公所征信录汇编》（下），第500—501页。

肆百捌拾叁千陆百叁拾文；又英洋壹千叁拾壹元，合钱壹千贰百叁拾柒千贰百零壹文；又银贰百柒拾两拾，合钱肆百叁拾贰千文；又钱壹千肆百叁拾玖千叁百玖拾陆文，均银洋兑换。"① 则因时间跨度太长，虽可计算比价平均数，但无法对应至每年，所以不直接引用。

另有一些记录时间不明确的资料，本书仅将之作为辅助材料放置于认为合适的位置，但不直接引为具体某年数值。如"康熙初，纹银每两兑钱七百文。完纳官银每两作八百文"。② 这就是作为康熙初年的背景资料放置在康熙元年（1662）栏，同样，该条资料无具体地点，故也不放置于任何具体省份栏。

（三）兑值问题

1. 具体银钱标识

根据本书第一章相关论述可知，清代的钱和银非常复杂，故在研究其相互兑换时，要尽可能标注出详细信息，而计算最终比价也尽量统一为库平纹银兑换足制钱。

钱。比如"本朝顺治四、五年，崇祯钱百文，止直银一分；每千重一斤，直银二分五厘"。③ 这就要注明是明代钱、崇祯钱，如果有必要，"每千重一斤"的重量属性也要注明，因为这能说明当时钱贱的原因之一是质量低劣。又如《历年记》记录康熙二十年（1681）"其时漕粮贵极，每担要纹银二两，白钱要二千一百。"④ 此中"白钱"为何，至今无人解释，本文暂只能按原样注明。但据《阅世编》记载当时"钱复滥恶，每千所重，至恶者亦不过二、三斤，价犹值银八钱外，其官局厘

---

① 《歙县馆录·收支录》，李琳琦、梁仁志整理：《徽商会馆公所征信录汇编》（下），第 959 页。

② 冯古椿：《客世行年》，清钞本。

③ 王逌：《蚓庵琐语》。转引自瞿宣颖纂辑，戴维校点：《中国社会史料丛钞》，甲编397，湖南教育出版社 2009 年版，第 272 页。

④ 姚廷遴：《历年记》（稿本），上海人民出版社编：《清代日记汇抄》，上海人民出版社 1982年版，第 113 页。

清代银钱比价波动研究

钱，每千价银几及一两，甚有一两另四分者……"① 则可知其时私钱比价 1250，不同重量官钱比价为 1000 和 962，则白钱换算成制钱（按 2：1）最有可能的数值是 1050。以上这些钱，有官私之分，有轻重之分，在处理原始数据时需标明。又如"湖北……低薄轻小……适年来竟值银一两二三钱不等"。② 此中数据当为杂钱价格，但湖北一地，长期如此混用，在这种情况下，此比价就接近正常市价，可以直接采用。还如"其时该县银价每两足钱一千三百一十文完粮一两。连耗银一钱，应足钱一千四百四十一文。以该县乡间通用八折九九底钱扣算，应钱一千八百二十文"③，该材料涉及短陌、扣底问题，其比价 1820 只是钱数计算单位，并不是实际的钱文交纳数，1820×0.8×0.99＝1441 才是带耗实交。如此则我们需注意，材料中出现某些异常值，或许并不意味着材料本身错误，而是其背后有具体的在地钱文使用习惯。再如《归化城副都统衙门钱法章程碑》记录："兑换银两用四底足数……钱数渐短，甚至七六钱算一百者。"④ 此为归化城用钱惯例，但该惯例只影响当地交易的实际钱文给换量，名义银价该是多少就是多少，其数值即银钱兑换率，无须另行计算。在光绪二十六年后，由于铜元被用于市面交易，故所谓"钱价"，也可能是以铜元计价。名义上当十铜元即当制钱十文，但初始时铜元对制钱有升水（元贵钱贱），滥铸后又相对制钱贴水（元

---

① 叶梦珠撰，来新夏点校：《阅世编》，卷七，《钱法》。

② 《湖北巡抚张渠奏请依浙省青钱式样开炉鼓铸事》，乾隆五年十一月初八日，朱批奏折，档号：04-01-35-1231-020。"湖北各处日用钱文贯陌之中大半皆低薄轻小，绝少青黄大钱，由来已久，莫可究诘。向来钱价每钱一千仅值银一两及一两零几分，适年来竟值银一两二三钱不等。"

③ 《护理江西巡抚嵩溥奏为审明吉水县民曾攀贵京控县书毛凌霄等浮收勒折案按律定拟事》，道光四年十月十二日，朱批奏折，档号：04-01-01-0667-028。

④ 转引自吴超、霍红霞：《道光至光绪朝归化城土默特地区的粮价探究——以归化城土默特粮价细册为中心》，《社会科学论坛》2018 年第 1 期。"向来买卖交易及兑换银两用四底足数久已……以致银价日增，钱数渐短，甚至七六钱算一百者，此等恶习，上蠹朝廷之钱法，下病商民之生计……孳据十二社乡乡总郭青山等以整理钱法……谕令钱社与十一社通融，周兑抽拨现钱，不论现钱拨兑，均以四底足钱数。"

贱钱贵），因无明确的铜元—制钱兑换率，故均平扯算，一律将当十铜元作十文制钱计算。惟是在实际使用数据时，需知数据由来及所代表的货币性质。

银。银有银两、银元之分。在缺少直接银两数据的情况下，银元数据除有可据与银比价资料外，勉强通按 0.72 换算。[1] 但在同治以前，如此换算需谨慎。彼时洋元对银两多有不同程度申水，如林则徐记录道光十八年"苏、松一带，洋钱每元概换至漕纹八钱一二分以上"[2]；咸丰七年本洋大幅升水至一个银元贵过一两银。[3] 这种异常情况下的间接换算会使得比价数值偏高。银两可相应记录下具体平色，如"八旗五城现有钱文，并所卖成色米之钱，定价每市平纹银一两换大制钱九百五十文"。[4] 但省均年均比价本就是一统计值，允许存在一些偏差，本文将不同平砝银两间换算的差值忽略不计。再如"钱价每市平市邑银一两可换制钱九百或八百七八十文"[5]。此中只言市平市邑银，但不说具体成色，更无法换算，如此只能照录并标注银色属性。还如"浙省钱文每九七银平一两换钱七百一十余文"，[6] 相应备注"九七银平"，但比价还按 710 记录。

---

① "每洋钱一枚，计江、浙市用漕平七钱三分"，中国人民银行总行参事室金融史料组编：《中国近代货币史资料》第一辑（上），《为江浙两省钱贱银昂商民交困宜清积弊而裕财源》，户部给事中孙兰枝折，道光十二年闰九月十一日，第 11 页。根据 1 漕平两 = 565.65 英厘或 36.65 克，1 库平两 = 575.80 英厘或 37.301 克，则可换算洋钱一圆即库纹 0.717，本书通用 0.72 计算。在前人研究中，如孟天培、甘博的《二十五年来北京之物价工资及生活程度》，也说明"银元折合银两的行市随时变易，本篇均以七钱二分计算"。

② 中国人民银行总行参事室金融史料组编：《中国近代货币史资料》第一辑（上），第 49 页。

③ 潘连贵：《上海货币史》（第二版），第 34 页。

④ 《世宗宪皇帝实录》（二），卷一〇八，雍正九年七月，《清实录》，中华书局 1985 年版，第 426 页。

⑤ 《江苏巡抚张渠奏为各属钱价日昂酌议节减漕费事》，乾隆四年九月十五日，朱批奏折，档号：04-01-35-0139-027。

⑥ 《闽浙总督郝玉麟奏为台湾钱价昂贵请将所收黄铜开局鼓铸钱文事》，乾隆四年八月十二日，朱批奏折，档号：04-01-35-1229-025。

2. 比价属性标识

如同本文第一章论述比价分多种类型，故在采集数据时需标明是何种类型的比价。

在官方价格中，比如《大清会典则例》载"（康熙）四十一年议准改铸新制钱，每千作银一两，旧制钱每千作银七钱"。[①] 此中比价 1000 为官方新钱，比价 1429 为官方旧钱，但都是官价。由其他资料补充，[②] 则我们还可进一步标注这是重一钱四分的康熙大制钱。又如"以钱作银……一钱五分，共折交制钱一千一百五十文"[③]。这里面的比价 1000，就可标注为赋役折征。再如"……兵饷……每库平纹银一两给足钱八百五十文"。[④] 此为浙省兵饷搭放价，与云南的搭放比价不同，但因在资料记录时就以省为地域单位，所以无需再备注"浙省"。

在市场价格中，有一些数据是直接的银、钱价格，如"钱价顿长，价至每千兑银九钱有奇"，[⑤] 这不需要特别注明是市价、时价。但通过物价换算的，如"早米价每石一千三百文，计银一两一钱"，"花价每担值钱三千三百，准银亦不下三两"，"圆麦三百五十文一石，准银三钱一分五厘"，[⑥] 则可注明是经米、棉、麦等折算过来的。

还有一些特殊状态下的比价，需要标明是何种状况背景，这也是为

---

① 《大清会典则例》，卷四十四，《户部·钱价》。

② 《世宗宪皇帝实录》（一），卷四〇，雍正四年正月己未，第 599 页。"迨四十一年，每文仍重一钱四分，而钱价益复昂贵，皆由私毁不绝，制钱日少故也。盖以银一两兑大钱八百四十文，约重七斤有余。"

③ 《高宗纯皇帝实录》（一），卷二九，乾隆元年丙辰十月，第 610 页。"朕闻永平府属州县，凡征收钱粮，率皆以钱作银，每银一两连扣耗银一钱五分，共折交制钱一千一百五十文。"

④ 《户部左侍郎三和题为遵旨核议浙省乾隆六年铸钱用过工料银数核销事》，乾隆八年七月二十日，户科题本，档号：02-01-04-13580-004。"自乾隆六年为始，将铸出钱文按照一成之数搭放通省满汉绿旗营兵饷，留存各款仍照定价每库平纹银一两给足钱八百五十文，于应给兵饷存留银内扣还钱本。"

⑤ 叶梦珠撰，来新夏点校：《阅世编》，卷七，《钱法》。

⑥ 叶梦珠撰，来新夏点校：《阅世编》，卷七，《食货一、四、三》。

研究比价缘何波动打下基础。如"至〔康熙〕十二年甲寅，四月，闻八闽之变，三吴钱价顿减，初犹五、六钱一千，后直递减至三钱"①。这是受"三藩之乱"波及时候的不正常价格，需加说明，其比价1143—3333后可标注"战乱"。又如嘉庆八年（1803）河南巡抚马慧裕奏陈"豫省近来钱价本昂，每银一两不过易钱七百二三十文"，②此价格明显低于同年周边省份及河南本省前后年价格，故需要标注出这是当年水灾后的价格。咸丰三年，太平军刚攻占安庆，但远在北方的京师市面却因此引起恐慌。③数日内，钱价暴涨，银价暴跌，这种恐慌情况下的比价亦需一定标注，以区分于该年京师其他材料中记录的正常价格。

另一些属性不明确的则存疑，不轻易采用。如"亲友过访者皆云此时银一两换钱六千，秋粮一石价不值一钱"④，虽有时间、地点记录，也能计算数值6000，但这个数值的属性是存疑的，当不是制钱的市场比价，但具体为何，本书无法一一考证，只能标注存疑。

3. 兑换数值提取及标准化

在原始记录中，时人往往使用"钱价""银价""兑"等词，相应表述为"每钱一串易银""每银一两换钱""银××两兑钱××文"等。对这些记录，我们可以统一从中提取出比价，且用具体数值表达。有一些数据则须根据实际情况加以计算，如"元丝银一两加水七八分不等加平五六分不等，又加耗羡银一钱镕销火工银五厘，票钱四厘，共加银二钱

---

① 叶梦珠撰，来新夏点校：《阅世编》，卷七，《钱法》。

② 《河南巡抚马慧裕奏查明工次现在钱价并酌定料物土方价值事》，嘉庆八年十一月二十六日，朱批奏折，档号：04-01-05-0094-028。

③ 《条陈钱铺关闭疏》，《箱经堂类稿》，清光绪九年刻本。"贼匪自武昌窜入安庆，京中民心纷纷，日甚一日。又久未奉上谕江南剿贼情事，外间讹言日起，民情更觉惊惶。自二月初间，内外城钱铺关罢者每日有五六号，或十余号不等，及今一日有罢至四五十号。查银价，数日前每两换制钱二千一二百文，继则每两换制钱一千六七百文，日内止换一千余文，甚至有银无处可换而各处典铺多止典听赎。"

④ 《孙征君日谱录存》，卷十七，康熙元年壬寅七十九岁，七月初二日，光绪十一年刻本。又见《孙奇逢集》（下），中州古籍出版社2003年版。

四五分不等，合之钱价约有一千二百三四十文。其将钱完纳者亦照随时增减，总无完银一两收钱一千六百文之事"。① 材料未直接给出银钱换算值，但据文意，则是色银加水加平加耗后，所加部分为二钱四五分，与一两银自身共计钱"一千二百三四十文"。据此我们可以算出比价数值为 1235/1.245＝992。

对某些未明确给出具体数值者，如有可能，也尽量将之单一数值化。比如"记得康熙三十八九年间，银一两换小钱一千二百有奇"，此"有奇"便是"余"的意思，本文只取值 1200。又如"康熙四十五六年间，每银一两仅可兑钱七八百文，"对 [700，800] 这个比价区间，可取值 750。但取中值也有弊端，那就是我们无法再对比该年比价的波动幅度，因为按照这个方法，[700，800] 和 [600，900] 的取值便无所分别。然两害相权取其轻，为能够构建比价序列，且和其他类型的数值作统一，本文依然采用这种办法。再如"每银一两有易制钱一千一百数十文即一千二百文至二百余文者"，② 这里的"数十文"本文取值 50，所以比价区间取 [1150，1200]，比价数值取 1175。陈昭南等诸多学者，在处理具体数据时，也都采用类似办法。

对于给出数值，但是有多条不同记录的，本文一般选取其中最详细的记录。比如乾隆七年（1742）的福建，有来自朱批奏折、录副奏折、户科题本中的多条记录："每库平纹银一两仅换制钱七百七十文……鼓铸青钱……搭放兵饷……现在每银一两可换钱八百二十文。"③ "闽省钱

---

① 《兵部左侍郎吉庆刑部右侍郎王昶奏为遵旨严审湖北应城已革武生李杜控告仓书陈开雨等科派买谷浮收钱米等一案定拟事》，乾隆五十五年十一月初七日，朱批奏折，档号：04-01-11-0005-007。

② 《大学士管户部尚书事张廷玉、户部尚书海望题为遵议云南兵饷搭放钱文事》，乾隆元年九月二十三日，户科题本，档号：02-01-04-12911-005。

③ 《闽浙总督那苏图奏报闽省钱价昂贵设法疏通情形事》，乾隆七年八月二十一日，朱批奏折，档号：04-01-35-1233-002。

价，未鼓铸之前，每纹银一两易钱七百七八十文。自上年十月间，开铸青钱，搭放兵饷之后，今每纹银一两易钱八百二三十文。是民间每银一两多得钱四五十文矣。"① "闽省内地钱文每纹银一两换钱八百余文，较之从前每文库银一两换钱一千文及一千有零。"② 对此，取其中有详细标明月份（五月、八月）的前两条记录，综合为比价数值区间［820，830］，取值 825 处理。

二、数据验证与整合

（一）数据验证

由于银钱比价数据众多，来源各不相同，所以在使用数据前必须先考察其所属类型和可靠程度如何。所属类型的标识已在本节第一部分有过论述，这里将讨论如何考察数据是否真实。又由于档案数据的真实性，在本章第一节第一部分也有过涉及，所以这里将简略说明档案数据的真实性考察而较详细地论述其他资料的数据验证。

先看档案数据。比如"现在市价库平纹银一两约计合制钱一千二三百文，而赴县完纳钱粮则库平纹银一两需交制钱二千四五百文之多"③，单看这则材料，库纹市场比价 1250，但交税则要 2450，相去甚远，到底问题出在何处？或是市价多报，或是平余火耗多收，亦或是 2450 并不是一两银的兑换值？为此，我们需要找到更详细的资料。在另一则档案中，对此有作说明："市廛交易洋钱多而纹银少……现在市间库平纹

① 《福建布政使张嗣昌奏陈开仓减价平粜并钱价渐减情形事》，乾隆七年五月初八日，录副奏折，档号：03-0739-027。
② 《闽浙总督那苏图题为台湾钱价昂贵请将福州存贮所收黄铜开局鼓铸事》，乾隆七年十月初六日，户科题本，档号：02-01-04-13453-011。
③ 《浙江巡抚富呢扬阿奏为奉上谕旨通饬严禁浮收地丁钱粮之弊事》，道光十二年十二月初二日，朱批奏折，档号：04-01-35-0068-024。

银每两易制钱一千三百数十文,核计地丁正耗每两须钱一千四百余文,洋钱每圆易制钱九百余文,银色较低者止易钱七百余文,是以课银一两有完至洋银二圆者,以银色短平折算出入不相上下,并无库平纹银每两需交制钱二千五六百文之事。"① 我们权且从其所言,纹银易钱并无多至"二千五六百文",而前一则材料可能是将"课银一两有完至洋银二圆者,以银色短平折算出入不相上下"讹传成了需要二两银,该二两银折算钱才是"二千五六百文"。对此,结合两条材料,我们可认为当地比价区间在 [1250,1350],最后取值 1300;再将此数值对比当年邻省数值、该省前后年数值,如若偏差无多(一般取 ±10%),则认为该年均数据堪用。

再看其他类型数据。《上海碑刻资料选辑》载道光十七年(1837)《重修上海县城隍庙戏台碑》:"以上共结收饼豆业捐洋钱一千一百五十五元八角作足钱一千二百七十一千三百八十文。"② 以 0.72 换算成银钱比价当为 1528。但对比因粮奏销"钱一千四百八十二千一百六十文,按照各厅州县月报钱价,共银一千六十一两一钱四分四厘"③,算出比价为 1397,尚有 9.4% 差距。在有所谓"月报钱价"牵算时,本书还是优先采用此官方档案数据。不用 1528 这个数值,原因是我们不能确定当时洋银比的具体数值。

大数据作为一种实践方法,需要落实至具体研究。但在现有银钱比价问题上,大量数据的出现,在拥有有效"信号"的同时,也产生了诸多"噪声"。这就需要我们根据每年各省数据的实际情况甄别分析出

---

① 《浙江巡抚富呢扬阿奏为奉上谕旨通饬严禁浮收地丁钱粮之弊事》,道光十二年十二月初二日,朱批奏折,档号:04-01-35-0068-024。

② 上海博物馆图书资料室编:《上海碑刻资料选辑》,《重修上海县城隍庙戏台碑》,道光十七年四月,上海人民出版社 1980 年版,第 31 页。

③ 《大学士管理户部事务潘世恩为遵旨察核江苏省报销苏州等属道光十七年份支给狱囚口粮盐菜钱文事》,道光二十年十月初九日,户科题本,档号:02-01-04-21072-009。

合适数据。这里面的"合适"仅是针对本书整理省均长期趋势性钱价序列而言，对于其他研究，如需要更小地域数据或某种特定类别数据，则另需筛选出"合适"数值。

（二）数据整合

数据整合是要将一省一年内各地、各时段记录的数据统合为省均年均值，在数据采集及格式化基础上，平均一省范围内各时间（由日至月，由月至年）、各地域的数值（先县后府，由府及省）。

针对该年该省原始数据都较零散者。以道光二十二年陕西数据为例，数条可信记录为"此刻省城市价每银一两换制钱一千四百八十文，较之道光十一年间其价愈昂"①；"道光二十年及二十一年，每银一两不过换钱一千三百文及一千四百八十余文……今则每两换钱一千六百数十文"②；"照省会道光二十二年十二月分市估钱价每钱一千六百七十九文合银一两"③；"此刻省城市价每银一两换制钱一千四百八十余文，较之道光十一年间银价愈昂，钱价愈贱，遽行开铸，既费成本，又累兵丁"④。其比价自1480至1679，差值13%，但一个是三月数据，一个是十二月数据，根据这时钱贱大环境及邻省数据，我们有理由相信在这一年时间内钱价有较大贬值，所以最终数据按两者中间值四舍五入到个位数取值1580。

针对序列数据和零散数据并存者。以光绪八年（1882）安徽数据为例，《大学士管理户部事务福锟题为奉旨察核安徽各属光绪八年份给

---

① 《陕西巡抚富呢扬阿奏为遵旨查明陕西省银价未平请准宝陕局暂缓开铸钱文事》，道光二十二年三月十四日，录副奏折，档号：03-9501-029。

② 《陕西巡抚李星沅奏为体察情形避免钱法废弛请准宝陕局减卯开铸钱文事》，道光二十三年四月十二日，录副奏折，档号：03-9502-009。

③ 《户部尚书潘世恩题为遵查陕西请销上年份支过囚递各犯口粮银两事》，道光二十三年十一月二十三日，户科题本，档号：02-01-04-21233-027。

④ 《陕西巡抚富呢扬阿奏为银价未平请旨暂缓开铸以恤兵丁而节糜费事》，道光二十二年三月十四日，宫中档奏折—道光朝，档号：405005429。

过囚递人犯口粮盐米等项银两事》记录："在监人犯盐菜钱四百九十二千四百七十六文，按照州县月报时价，共合银二百七十三两一钱三分三厘……盐菜钱三十七千二百八十五文，合银二十两九钱二分五厘。"① 算出比价数值1803。《安徽巡抚裕禄呈省城淮北皖南各局光绪八年上半年厘金收解数目清单》载："淮北局解还藩库借垫边防经费库平银一万二百两合钱一万七千四百六千四百三十五文。"② 算出比价数值1707。同年《新安惟善堂征信全录》载《壬午年（光绪八年）收支结存》各月平均洋价为1146文/元，如按0.72折算成银钱比价则为1591。③ 而罗玉东的安徽厘金序列记录为"省局：上年——，下年1748文；淮北：上年1720文，下年1748文"。④ 按区间中值取值1734。这其中，罗玉东厘金数据和征信录数据差距为9%。但考虑到本书第二章对罗玉东序列的分析，安徽数据不包括皖南，而征信录数据恰好就是皖南，且原始记录为洋价。所以在此，我们说皖南地区数值一般小于安徽其他地方数值是有道理的。但在整合此段数据时，本书不采用简单平均的办法，而是直接以罗玉东序列为准。作出这种选择的原因是：一、罗玉东数据来源于一个系统，来源于同一可信资料的数据应被优先采用。二、他人研究多以该序列为准，直接引用也方便与其他研究做比较。三、除非能另找出一套连续的代表皖南地区的序列，才可将罗玉东序列与之平均，否则没有必要破坏罗玉东厘金序列的原始性、完整性。

---

① 《大学士管理户部事务福锟题为奉旨察核安徽各属光绪八年份给过囚递人犯口粮盐米等项银两事》，光绪十九年九月二十三日，户科题本，档号：02-01-04-22564-028。

② 《安徽巡抚裕禄呈省城淮北皖南各局光绪八年上半年厘金收解数目清单》，光绪八年十月二十八日，录副奏折，档号：03-6492-027。

③ 《新安惟善堂征信全录》，李琳琦、梁仁志整理：《徽商会馆公所征信录汇编》（上），第502页。

④ 罗玉东：《中国厘金史》，第563页。

三、分区银钱比价数据序列的构建

根据整理省均、年均数值的目标，以及在前人数据基础上（可靠的序列直接采用)[1]，主要用中央档案资料，配合其他各类资料，具体年份、具体省份具体对待，以择优的基本原则，现将数据处理流程（如图35 所示）给出：

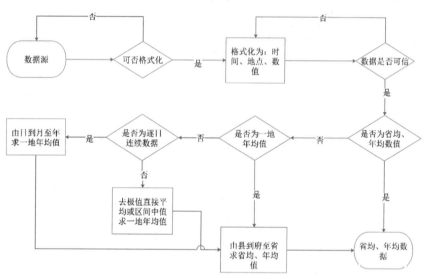

图 35　省均年均银钱比价数据的处理流程

再根据处理流程示例道光二十六年（1846）相关省份银钱比价数据的处理办法（如表55 所示)：

---

[1]　学界通用原始序列，在经零散数据核对后，可靠性高的直接采用；部分序列中存疑的具体数值，具体问题具体分析；纯零散数据以均值取值；存在多个序列的，选择最有代表性的（质量最好或省会及通商口岸城市)，或将多序列取均值处理。

表55 1846年各省均数据处理示例

地域	资料来源	资料文本	资料中数值	校正值	录入值	注释
直隶	《清宣宗实录》；户科题本02-01-04-21483-033；林满红（2011）；《皇清奏议》卷94	（卷432，道光二十六年丙午六月）：解钱三十六万串作银二十四万两，于一月前豫行报部，核示起运。柴薪盐菜钱等项，大制钱三千七十八千五百五十文，遵照部议改作银三千七十八两五钱五分……钱五千九百八十四千四百六十文，按照各属各月市价以钱共合银二千九百五十一两八分八厘二毫。（顺天府—京师）：2000（"议覆档"，道光二十六年二月一日）。（讷尔经额、沈拱辰，遵筹芦纲全局整顿补救章程疏，道光二十六年）：制钱六百十五万余串，易银四百七十余万两……照近年时价，仅敷易银三百三十余万两……额征引课，遵照户部行知，以制钱一千五百文作银一两，酌定解钱数目。	1500（奏销）；1000（奏销），2028；2000，2045，1500（例价）	2028,2037	B 2208；* C 2037	采用宁津县代表性序列
直隶—承德府	户科题本02-01-04-21411-018/户科题本02-01-04-21380-025	（道光二十八年十月二十六日户部尚书潘世恩题为遵察道光二十六年份热河都统题销承德府并各属支过狱囚口粮等项钱文事）：钱一千六百七十九千四百六十文，其钱按照各属市价共合银九百九十六两二钱七分八厘三毫四丝。	1686	1686		
直隶—赵州直隶州	宫中档奏折—道光朝405009822	（高邑县）：钱数最少者，直隶高邑县，每两一千九百八十文。	1980（最小值）	1980		
直隶—天津府	录副03-3191-033	以制钱二千一百文易库平银一两为准。	2100（奏销）	2100		

地域	资料来源	资料文本	资料中数值	校正值	录入值	注释
直隶—河间府	《中国近代经济史统计资料选辑》(2012) p33	（宁津县）：每两银合铜钱数 2208.4。	2208.4	2208		
直隶—口北三厅	《清朝嘉道财政与社会》(2013) p353	（张家口厅）：2100。	2100	2100		
河南	录副 03-9341-027；录副 03-9503-041；习永凯 (2012) p116	（道光二十六年六月三十日东河总督钟祥奏为动用捐输钱文先后银价不同请分别造报以归核实事）：中牟大坝甫经合拢，跟照大工之案，以钱一千六百文作银一两。现在每两换至二千二三百文。2250。	1600（奏销）；2200—2300；2250*	2250	D 2240	未核实原始数据来源，一般不采用
河南—陈州府	宫中档奏折—道光朝405009822	（商水县）：钱数最多者，河南商水县，每两二千二百三十文。	2230（最大值）	2230		
山西	户科题本 02-01-04-21381-004；录副 03-9503-030；习永凯 (2012) p116；马国英 (2015)	（道光二十七年十二月十二日户部尚书潘世恩题为遵察山西省道光二十六年份支过接递新疆遣犯口粮钱米折银事）：每钱一千三百文折银一两。银一两易钱千七八百文或易至二千数十文。1900。1700—2100。	1300（奏销）；1700—2050；1900；1700—2100	（1700+2100）/2=1900	F 1952;*	（1900+2004）/2=1952

地域	资料来源	资料文本	资料中数值	校正值	录入值	注释
山西—归化城六厅	户科题本 02-01-04-21355-006	（归化城）：（道光二十六年四月十三日山西巡抚吴其濬题报归化城税务道二十五年征收支存落地杂税等项银数事）：……三旬下价，每制钱一千八百一十文以至二千一百九十七文各钱价不等易银。	1810—2197	2004		
陕西	录副 03-9503-046；户科题本 02-01-04-21380-029；习永凯（2012）p116；林满红（2011）；户科题本 02-01-04-21407-014	（西安府）：（七月）省城每纹银一两可换制钱一千八百余文，迨至九十月间，每两仅换钱一千二三百文不等。（道光二十七年十二月初四日户部尚书潘世恩题为遵察陕西省道光二十六年份支过囚递各犯口粮盐菜钱文折价银两事）：每钱一千五百六十六文合银一两。1800。1700—2000（"宫中档"，道光二十六年九月九日）。（道光二十八年二月十五日陕西巡抚杨以增题为奏销宝陕局道光二十六年份鼓铸钱文用过铜铅等项银数事）：每钱一串扣银一两。	1200—1800；1566；1800；1700—2000；1000（奏销）	1566*	G 1566	为求连续、统一，在此全部采用囚粮奏销档案时价
湖北	习永凯（2012）p116；录副 03-9503-024	1855。现在市价每银一分兑钱十八九文不等。	1855；1800—1900	1850	H 1850	

地域	资料来源	资料文本	资料中数值	校正值	录入值	注释
湖南	朱批 04－01－35－1368－005；习永凯（2012）p116；林满红（2011）	（道光二十六年六月十三日湖南巡抚陆费瑔奏议银钱并重章程酌放钱文事）：鼓铸工本每钱一千需银八钱二分有奇，而现在市价千钱仅合银五钱二三分不等。2200—2300（"外纪档"，道光二十七年六月二十四日）。	1905；1923；2200—2300	1905	I 1905	
江苏	《清宣宗实录》；朱批 04－01－35－1368－004；录副 03－9503-007；户科题本 02－01－04－21407-028	（卷435，道光二十六年丙午冬十月）：以制钱一千五百文，作银一两。……今且一千八九百文矣。一千八九百文。（题为遵察宝苏局道光二十六年鼓铸钱文配用铜铅等项各数目事）：每钱一串作银一两。	1500（搭放）；1800—1900；1800—1900；1000（奏销）	1850	J 1972	
江苏—苏松太	《漏网喁鱼集》（1959）p9；《中国近代对外贸易史资料（1840—1895）》（1962）p1087	（苏州府—常熟）：（冬）洋合一千四百二十。（松江府—上海县）：（第二册，资料来源：Chinese Repository, Vol. XV. 1846 年 9 月，P. 471.）：目前这种银每两合铜钱1720文，西班牙老板银元每元合铜钱1280文。	1420/0.72；1720	1972*		
浙江—宁波府	王业键（2003）二，p258	1720	1720	1720	K 1720	
安徽	习永凯（2012）p116	2000	2000		L1700*	采用账簿

地域	资料来源	资料文本	资料中数值	校正值	录入值	注释
安徽—徽州府	郑友揆（1986）；余康（2018）；汪敬虞（2006）	（屯溪）：1604；（岩寺）：1340（洋兑钱）。（婺源）：1700。	1604；—；1700	1700		
江西	录副03-9503-015	一千九百余文。	1900+	1950	M 1950	
福建	宫中档奏折—道光朝405009204/宫中档奏折—道光朝405009311	（道光二十六年六月二十八日闽浙总督刘韵珂福建巡抚郑祖琛奏为复议银钱并用章程拟请将留支款项酌筹搭放以平银价事）：搭放制钱三成，每两遵照部议作钱一千五百文。	1500（搭放）		N 2035	
福建—台湾府	谢美娥（2006）	（淡水厅兴直堡广记）：2047；（淡水厅竹堑义民庙）：2023。	2047，2023	2035		
广东	录副03-9503-038	而广东现在每银一两仅易制钱一千五六百文。	1500—1600	1550	O 1550	
广西	习永凯（2012）p116；录副03-9503-020	1550。每两纹银换钱一千六百文有零。	1550；1600+	1575	P 1575	
贵州	录副03-9503-040	近来纹银一两当抵换制钱一千六百余文……（征税）每银一两折钱一千五百文。	1600	1600	Q 1600	
云南	录副03-9503-049	今每两纹银易换制钱一千五百八九十文至一千六百三四十文不等。	1580—1640	1610	R 1610	
四川—重庆府	（道光）《綦江县志》，同治二年刻本	（綦江县）：（卷十）：银一两换钱至二千。	2000	2000	S 2000	

地域	资料来源	资料文本	资料中数值	校正值	录入值	注释
甘肃	习永凯 (2012) p116	2000	2000*			未查明来源

说明：1. 地域按省—省内分区—府、直隶州厅划分，部分特殊情况随表内注释说明。2. 资料来源，相同来源，初次出现时详细标注，其余从略。3. 资料文本格式为地点：标题：时间：内容。4. 表内注释栏。相关资料注释加＊，较早出现的详细标注，余从略。5. 更多具体内容参见附录数据库原表，因正文引用表格无法插入脚注，易造成重复，故尽可能删除除货币数值以外的一切背景信息。

最后，结合数据收集整理办法及示例，给出本文处理数据、构建银钱比价分省年均序列的若干原则：

1. 对已有的广为人知的代表性序列，如宁津县序列、犍为县序列，不作更改，直接以之代表该省相应年份数值。中间某几年缺失数据，插值补入。对其他账簿序列，择优选择，如宁波董家旧记簿序列（原始数据取中值处理），基本照录，某几个年份出现异常值，则用该年该省其他地方数据代替。

2. 连续的官方档案，如苏、皖、赣厘金序列，湖北省乾隆朝早期粮价奏报附录银钱价序列，直隶同光朝因粮口粮奏销序列，晚清海关报告各口岸序列等，也尽量保持序列完整，直接代表该省该年比价数据。

3. 其余零散来源数据，以流程图为参考计算均值。如有特殊情况，不能简单取算数平均值，则随附录数据库示例作说明。

在此基础上，再解释几个可能会被经常问及的问题：

1. 省均年均数据是否精准？

从本质上说，任何经过人为平均处理的数据，都会相对原始数据产生一些偏差（"对数据的估算，本质上就是创造史料"[①]）。而即便是原始数据，由于记录背景、方法、表示不一，也难以完全精准、切实反映当地市场情况。在此意义上，追求绝对精准，既不可能，也无必要。而相对精准，则需视既有史料条件和研究目的"相对"。从前人数据研究学术史回顾及现有史料条件看，省均、年均方法最适合做长期波动趋势分期及省级区域对比研究，但不适合直接用作价格波动周期分析等更为精细的经济计量分析。所谓"省均"，有时以省内零散地区数据平均，有时以某地典型序列替代，也非严格统计意义上的省内各市场"平均"。采用省为基础单位，必然会因省内各地数据直接平均而忽略省内不同地区的差别（部分省的省内不同地区比价差别，在本书第四章会有一些论述）。甚至会因先天采用省行政区划为基本单位，而忽略某些自然地理单位相同但行政单位不同的地方比价反更为接近的事实。在能将数据整理推进到府一级层面以前，现有办法依然是最合适的办法。所谓"年均"，有时以由日到月、由月到年步骤进行严格平均，有时则以年内零散数据直接平均，亦非严格统计学标准上的"平均"。且因为银钱比价和粮价一样，也有年、月、日内波动的最高、最低值，而本书在数据提取时，已统一以取中值或算术平均办法进行过转换，故省内"年均"比价原始数据的方差可能更高。但该做法在现有条件下，依然是最合适的办法。故，两弊相衡取其轻、两利相权取其重，省均年均数据在研究比价波动整体趋势、阶段划分，做省及以上层面区域比价对比时，依然具备一定相对精准性。在有如本书第二章所列举众多前辈学者做出类似研究的基础上，本书不过是扩充史料范围，拉长研究时段，覆盖更广区域，是为沿着前辈学者道路继续推进此项研究。

---

① 黄国信：《清代盐政的市场化倾向——兼论数据史料的文本解读》，《中国经济史研究》2017年第4期。

2. 银钱比价标准是否统一、可比？

由本书第一章论述可知，银钱比价是一个价格体系。在本研究中，研究对象是市价波动，故各种例价（除非有可信证据表明，官定例价是据当时市场价调整得到的）、不变价，均在数据整理时被剔除。

但即便是银钱时价，由于各地白银平、色不一，钱文也有大小官钱、私钱之别，加之各地货币流通使用习惯不同，确实难以做到绝对统一。此问题在数据整理之初，科大卫教授即提醒过笔者需加以注意，何平教授亦直言"不同钱币之间、不同的白银货币之间，以及不同钱币和不同白银货币之间形成无数交换比价"。[①] 正由于确实存在该方面问题，但数据整理又不能不进行，故参考其他学者整理数据的方法及对比现有资料，本文以官方中央档案记录为核心，以库平纹银兑足制钱小平钱为标准，进行数据整理。[②] 在有明确可换算记录时，将当地平色白银及不同用法钱文换算为标准数据。当无法换算时，对比其他数据，如偏离不大（因省均年均数值本身对精度要求便不很高，且年内、区域内最高价、最低价变动大概率会超过因白银平、色等原因产生的差异），则依然采用；如偏离过多，则弃之不用。

又，所谓银钱比价，非一两纹银与一枚制钱对比，而是一两银易换数百到上千文钱。在该情况卜，成百上千文铜钱，是否都为均质官铸小平钱也会影响比价计算（民间在铜钱使用计算上会采用"短陌"解决）。来自民间账簿、方志、笔记文集中的资料，更容易遇到该问题。对此，前辈学者也无更好方法处理，而仅能尽量作换算。本书以官方档案为核心资料，一定程度上可避免大量换算的麻烦。如还需使用民间资

---

① 何平：《传统中国的货币与财政》，人民出版社 2019 年版，第 281 页。

② 韩祥在整理"丁戊奇荒"前后中国部分地区的银钱比价时，也采用相同办法。详见韩祥：《晚清灾荒中的银钱比价变动及其影响——以"丁戊奇荒"中的山西为例》，《史学月刊》2014 年第 5 期，第 89 页注释①。

料，则同样是在对比各种资料基础上，将某些可疑的、不能确定如何换算的数据舍弃不用。

3."大数据"方法与以往研究区别何在？

首先是直观上的数据量更多。原有比价研究，面临的问题是数据不足，所以在一定程度上也只能用不同地区、不同时段的数据拼接出所谓"全国"序列。在数据更多的情况下，可以分区域进一步做比较研究。同时，数据量更多也可以纠正过往研究中的一些偏误，如将官定例价当作时价，或采用孤证（以仅有的数据作代表）等。

其次是数据处理方法、观念的更新。在数据较少的情况下，可能无法识别出异常值，且只能根据已知数据平均出"均值"。但在大数据条件下，我们可以区分出不同情况的比价（不同的官定例价，社会动荡状况下特殊的时价等）。同时，对省均年均数据的处理，也非简单将所有数据平均，而是根据数据库不断扩充、一地一年内不断新增的数据，去调整能代表一省一年比价均值的数据，本质上是在依据贝叶斯统计概率去逼近可能的真实比价。在该意义上，省均年均比价并非绝对不变，甚至随数据增多，原有的诸如"罗玉东苏皖赣光绪朝厘金比价序列"也可能会被修正。[①]

小结

现就以上资料来源、评价，以及数据处理方法和结果做一总结。

一、数据来源与评价。（一）官方资料中的银钱比价数据。除原有

---

① 原因是其中某些年份数据经对比后属于异常值，具体比较说明不是本书任务，在此不展开。

各类官书外，档案资料尤需被重视。清政府尝试过与粮价奏报类似的银钱价格奏报，虽不成功，但依然留下众多记录。从县一级向上至府、直隶州厅，乃至全省各府、直隶州厅均平扯算的银钱比价数据都存在。虽各地货币实际流通状况有别，导致比价呈报格式不一，不同部门系统的报告亦有明显差别，但也由于大一统王朝国家经济管理需要，较之民间、私人资料，官方档案中的银钱价格记录尚有一定统一性（以库平纹银兑换足制钱记录居多）。此也可体现出当时货币流通"他律的统一性"和"自律的个别性"两个看似矛盾向量的奇妙统一。① （二）日记、笔记、文集、谱牒、报刊及其他资料中的银钱比价数据。特点为零散，记录随意性强，需详细考察数据可靠性。除个别资料有连续性外，大多数资料只具零散补充、参考作用。在相应年份官方数据和详细账簿数据缺失的情况下，可用这类数据的平均值代替缺失数据。（三）契约文书及碑刻类资料。特别是民间文书、账簿资料，当中银钱比价记录（如有）最为翔实可靠。在现有条件下，可以之代表一地银钱行市情况。某些情况下，用此类数据直接代表一省银钱比价，可能会好过将各类零散、不同来源的数据直接平均。

二、数据收集与整理。最理想的数据整理当与粮价一样，以府为基本地理单元，以月为时间单位进行整理。② 但现有银钱比价记录资料情况不支持按此方法大规模整理数据。退而求其次，参考前辈学者各比价数据整理方法，可以先尝试以省为地理单位，以年为时间单位整理数据，对具体银钱比价属性进行标注，以区分铸造成本比价、官定搭放价、赋税折征价、官卖价（有时接近市价）、市场价（因以此为整理主

---

① 详见黑田明伸相关论述，[日] 黑田明伸：《货币制度的世界史：解读"非对称性"》，第91 页。

② 这里仅仅指官方粮价奏报。事实上，清代粮价也存在于笔记、方志、账簿、族谱等各种资料中。因价格采样和计算方法都缺乏精确定义，故彭凯翔还是认为"它们仍不是现代意义上的统计数据"（彭凯翔：《清代以来的粮价：历史学的解释与再解释》，第 18 页）。

　　　　　　　　　　　　　　清代银钱比价波动研究

体和目标，如非特殊习俗约定不变价，一般不注明属性）等。对原始数据，如有按日记录情况，则按日—月—年的步骤平均数据至年；如无，则将年内少数数据直接平均。数据较多且离散程度较小时，按比价变动区间取中值；数据较多且离散度较大时，可剔除奇异值后再行算数平均。在地理层面上，原则也是按府再平均至省。但有时有直接的通省概览或省均数值记录，可直接采用。有时是省城记录数据质量更好，也可在说明后以之代表全省情况。对已有的著名序列（如罗玉东、严中平等整理的数据），可直接引用。在成序列数据和零散数据并存时，优先选用来源于同一资料的成序列数据。如此，数据最终处理结果如下（详见表56、57）：

表56　清代银钱比价分省数据（一）

年份 \ 比价 \ 地区	B 直隶	C 京师	D 河南	E 山东	F 山西	G 陕西	H 湖北	I 湖南
1644								
1645								
1646	2439							
1647								
1648								
1649								
1650								
1651	1450	1450						
1652	1600	1600						
1653								
1654								
1655					1450			
1656								
1657								

年份＼地区比价	B 直隶	C 京师	D 河南	E 山东	F 山西	G 陕西	H 湖北	I 湖南
1658								
1659								
1660								
1661								
1662								
1663								
1664								
1665								
1666								
1667								
1668								
1669								
1670	1250	1250						
1671								
1672								
1673	1227	1227						
1674								
1675								
1676								
1677								
1678								
1679	1333	1333						
1680								
1681								
1682								
1683								
1684	850	850						

年份 地区 比价	B 直隶	C 京师	D 河南	E 山东	F 山西	G 陕西	H 湖北	I 湖南
1685	825	825						
1686								
1687								
1688	725							
1689								
1690								
1691								
1692								
1693								
1694								
1695								
1696								
1697								
1698								
1699								
1700								
1701								
1702	845	845						
1703	1100	1100						
1704	1100	1100						
1705								
1706	900	750		850				
1707	900	750						
1708	1000	1000						
1709								
1710								
1711								

年份\地区比价	B 直隶	C 京师	D 河南	E 山东	F 山西	G 陕西	H 湖北	I 湖南
1712								
1713								
1714	920	920						
1715								
1716								
1717								
1718								
1719								
1720								
1721								
1722	780	780						
1723								
1724							909	909
1725								
1726					900			909
1727						1000		
1728	950	950	920					
1729	1020				1000	1000		
1730	1000							
1731	1000	950						
1732						815		
1733						815		
1734						826		
1735	840					845		
1736	900	792						
1737	800	800						
1738	849	775	800	755	800		800	

清代银钱比价波动研究

年份 \ 地区 比价	B 直隶	C 京师	D 河南	E 山东	F 山西	G 陕西	H 湖北	I 湖南
1739	830	830					765	765
1740	830		800		785		800	800
1741	835	835		755	850	750	800	800
1742	810	810			790	835		
1743	867		815	800	860	818	845	800
1744	780	780		805		715	837	
1745	700					765	834	833
1746						730	848	833
1747					798		833	
1748	740	700	835	741	800	680	855	
1749	800			800		730	848	
1750	800				781	824	900	800
1751	780	820			770	765		
1752	800	790	785		800	775	900	
1753	865	833	862	840	832	860	825	840
1754	888		915	870		885	845	889
1755	872		849			875	900	
1756	843				833		900	825
1757	840			850	870	850	900	833
1758	853				841	730	900	
1759	838	816			813	800	909	870
1760	803	803			803	850		
1761	850	806			857	850	900	855
1762	790	816			870			
1763	803	803			909			
1764	800	803		915	921	850		862
1765	810	922			928			

地区比价 年份	B 直隶	C 京师	D 河南	E 山东	F 山西	G 陕西	H 湖北	I 湖南
1766	900	900			968		966	
1767	950	922			995		965	
1768					995			
1769	979	930			998		917	
1770	969	948			991		962	
1771	964				979		966	
1772	998	930	1000	900	964		1000	
1773	960	937			989	1000		
1774	948	948			975	978		
1775	955	955			984	956		978
1776	920	920			971	934		
1777					992	912		
1778	939	939		1050	925	890	966	
1779	838	838	1025		917			1000
1780	928				907			
1781	935				945			
1782	955				958			
1783	1000							
1784	990				968			
1785	990				953		1000	
1786	1000	949			965			1000
1787	1100	995			1007			
1788	1100	995		1050				
1789	1000				1048			
1790	900				1033		992	
1791					1030		996	
1792	1018	1018			1023	989		

地区 年份 比价	B 直隶	C 京师	D 河南	E 山东	F 山西	G 陕西	H 湖北	I 湖南
1793	1250	1035	1250		1045			
1794	1250	1085	1150		1036	985		1275
1795	1250				1156	950		
1796	1250	1150			1311			
1797	1250	1193			1235			
1798	1090	1185	1100		1226	1050		
1799	1033		1100			1047		
1800	1070							
1801	1041				1001	917		
1802	997			1300	943	880	966	
1803	967	909	725		943		966	
1804	920	866			891	886		
1805	936				897	876		
1806	963	900			866	912		
1807	970						966	
1808	1040	1035			994	1020		
1809	1065	1000		1100		1030		
1810	1133	1123			1125	979		
1811	1085	1058			1029	979		
1812	1094	1058		1100	1030	989		
1813	1090	1015	1000		1045	1009	966	
1814	1102	1058				1009	966	1130
1815	1140					1051		
1816	1177			1079	1128	1082		
1817	1217			1300	1168	1154		1042
1818	1245							
1819	1236		1350	1350	1350	1288	1350	1350

年份\比价\地区	B 直隶	C 京师	D 河南	E 山东	F 山西	G 陕西	H 湖北	I 湖南
1820	1226	1174			1173			
1821	1267							1333
1822	1252		1225	1209	1190	1195		1350
1823	1249	1160				1133		1350
1824	1269	1000		1251	1245			1111
1825	1253		1200	1300	1255	1133		
1826	1271		1260		1250			
1827	1341	1136	1310	1224	1253			
1828	1339	1229	1365	1325	1298	1215		
1829	1380	1299	1375		1275			
1830	1365	1330		1350	1275	1383		
1831	1388	1363			1298	1350	1429	
1832	1387	1229			1270			
1833	1363	1318			1250	1370		
1834	1356	1236			1260	1380		
1835	1420	1317			1300	1380	1429	
1836	1487	1250			1340		1450	
1837	1559	1525			1495			
1838	1638	1650	1449	1575	1470	1524		1429
1839	1679	1426			1564	1638		1600
1840	1644	1300			1595	1689		1429
1841	1547	1494	750		1434	1485	1626	1429
1842	1572	1459	1500	1450	1535	1679	1646	1548
1843	1656	1550	1600		1563	1650	1667	1429
1844	1724	1350			1685	1741	1493	1481
1845	2025	2000	2250	2250	1889			1836
1846	2208	2037	2240		1952	1566	1850	1905

年份\地区\比价	B 直隶	C 京师	D 河南	E 山东	F 山西	G 陕西	H 湖北	I 湖南
1847	2167						2000	2000
1848	2299		1900			1844		
1849	2355				2099	1875		
1850	2230		2000		2053			2000
1851	2042	2000			2230	1936	2300	2200
1852	1981	1950		2250	2093	1906		
1853	2103	2000	2257			2287		
1854	2415	2550	2550	2750	2407	2225		2250
1855	2390		2755		2050	2369		2350
1856	2333				2500	2163	1600	
1857	1936	1850	1450	1500	1978		1538	1675
1858	1772	1350	1600		1725	1452		
1859	1827	1450		1482	1470			1350
1860	1726	1433		1410	1495	1840		
1861	1730	1383	1631	1507	1454			1650
1862	1650	1250		1504	1530			
1863	1620	1117		1454	1605			
1864	1552		1600	1367	1625		1500	
1865	1463	1200			1380			1200
1866	1450			1333			1760	1750
1867	1562			1434	1570		1600	1625
1868	1515	1200		1471	1411		1760	1650
1869	1677			1578			1780	
1870	1779			1699	1623		1630	
1871	1880			1772	1830		1619	
1872	1872	1559		1707	1879		1710	
1873	1821	1725		1660	1863		1619	1538

年份 \ 比价 \ 地区	B 直隶	C 京师	D 河南	E 山东	F 山西	G 陕西	H 湖北	I 湖南
1874	1820			1566	1810		1619	
1875	1724	1700		1669	1980	1750	1630	
1876	1816	1551		1660		1750	1710	1722
1877	1635	1650	1510	1601	1329	1750		1713
1878	1578		1244	1531	1238			1622
1879	1547	1625	1514	1531	1471			1663
1880	1663	1625	1850	1611	1561		1790	1622
1881	1707	1625		1644	1696		1790	
1882	1744	1563		1741	1667		1689	1641
1883	1697	1625		1652			1721	
1884	1650	1500	1600	1593	1636	1535	1724	1701
1885	1669	1600		1609		1664	1724	1665
1886	1645	1550		1626		1685	1650	1628
1887	1600			1596		1664	1644	1620
1888	1587	1200		1511		1633	1626	1667
1889	1583	1300		1480	1524	1659	1610	1667
1890	1548	1412	1614	1474	1466	1633	1562	1667
1891	1505			1523	1525	1591	1560	1664
1892	1623	1420	1592	1516	1558	1654	1573	1689
1893	1547	1370		1556	1506	1586	1527	1553
1894	1536	1350	1528	1512	1512	1482	1605	1681
1895	1495	1360		1396	1268	1330	1500	1429
1896	1250	1220	1250	1334	1149	1342	1331	1235
1897	1235	1200		1284	1242	1469	1299	1429
1898	1125	1150	1100	1218	1173		1362	1319
1899	1275	1000		1235	1042		1387	1429
1900	1210	1200		1309	1098	1340	1370	1235

年份 \ 地区比价	B 直隶	C 京师	D 河南	E 山东	F 山西	G 陕西	H 湖北	I 湖南
1901	1355	1155		1221		1487	1326	1189
1902	1335	1217		1183	1281	1596	1050	1332
1903	1280	1276		1100		1633	1050	1332
1904	1200	1335	1050	1138			1057	1332
1905	1335	1354		1275		1664	1257	1429
1906	1390	1345		1445		1669	1620	1429
1907	1765	1781		1750	1600		1620	
1908	1810	1522	1250	1750	1449		1790	1418
1909	1885	1785	1600			1758	1950	1943
1910	1835	1824		1995	1379		1935	1906
1911	1825	1806		1944	1674		1900	

说明：1. 地区前的大写英文为分区标识。京师数据较多，独立列出。2. 比价单位文/两省略。

表 57 清代银钱比价分省数据（二）

年份 \ 地区比价	J 江苏	K 浙江	L 安徽	M 江西	N 福建	O 广东	P 广西	Q 贵州	R 云南	S 四川	T 甘肃
1644	3068										
1645	3367										
1646	2765										
1647											
1648					1600	2286					
1649				3500							
1650											
1651	2083										
1652	2046										
1653	2013										

年份\地区比价	J 江苏	K 浙江	L 安徽	M 江西	N 福建	O 广东	P 广西	Q 贵州	R 云南	S 四川	T 甘肃
1654	1984										
1655	1958	2000									
1656	1934										
1657	1911										
1658	1889										
1659	1867										
1660	1843										
1661	1818										
1662	1111										800
1663	1111										
1664	1111										
1665	1111										
1666	1111										
1667	1111										
1668	1111										
1669	1111										
1670	1111										
1671	1141										
1672	1111				1389	2000					
1673	1111										
1674	1667										
1675	3333	1675									
1676	2603										
1677	1873										
1678	1143										
1679	1081										

年份＼地区比价	J 江苏	K 浙江	L 安徽	M 江西	N 福建	O 广东	P 广西	Q 贵州	R 云南	S 四川	T 甘肃
1680											
1681	981										
1682	1046										
1683											
1684	833										
1685											
1686										3708	
1687	1000			1325							
1688	1125										
1689	1250										
1690	833								3333		
1691	769			800							
1692											
1693											
1694									2800		
1695	1167	1333			2000						
1696	1111										
1697											
1698					3077						
1699											
1700											
1701											
1702		667									
1703		865									
1704											
1705											

地区比价 年份	J 江苏	K 浙江	L 安徽	M 江西	N 福建	O 广东	P 广西	Q 贵州	R 云南	S 四川	T 甘肃
1706	1100	962									
1707											
1708											
1709											
1710											
1711											
1712											
1713											
1714											
1715											
1716											
1717											
1718											
1719											
1720											
1721											
1722				1471					1750		
1723	750								1750		
1724											
1725							500		1220		
1726							400		1375		1020
1727									1450		
1728											
1729											
1730	850										
1731											

年份\比价\地区	J 江苏	K 浙江	L 安徽	M 江西	N 福建	O 广东	P 广西	Q 贵州	R 云南	S 四川	T 甘肃
1732											
1733											
1734											
1735									1155		
1736	885	842							1175		
1737	825								1200		
1738	888				800					945	
1739	730	722		800				935	1145		
1740	714	825	796		810	900	815				
1741	755	700	755	755	755	755	815			945	
1742		737		836	800		800				
1743	800	765		822	828	850					
1744	805	805		842	800	800		965			875
1745		800	765	860		845		900		865	
1746				861						800	
1747				862	840					825	
1748		733		860	790		855				
1749	690	690		861		800			1225		
1750					680		863				
1751	700		800		850	830	876				
1752	750			860	855	850				903	
1753	805		803	840	845	893	930	950		890	863
1754		800	875			875		952	1185		678
1755	830	835		861	835					950	
1756				860	875						
1757			820	861							

年份 \ 地区比价	J 江苏	K 浙江	L 安徽	M 江西	N 福建	O 广东	P 广西	Q 贵州	R 云南	S 四川	T 甘肃
1758					800			975			725
1759	815				863			945		900	652
1760		785						960			755
1761	885	875		861				980			838
1762				861				1000		925	850
1763	873	840						1000			
1764		850		900	900						
1765		875		900							
1766								1000	1100		
1767		1070			950	1000					
1768					950			944	1125		
1769	970	970		960	980		965			900	
1770				985	1000			1070	1150		
1771	915			985				1130	1348		
1772				985		925	900	1031	1374	990	
1773				990			1000	1031	1233	1000	
1774		960		990						990	
1775	872	920							1268		
1776	944	940				892					
1777	960	875							1350	1000	
1778		875		1050					1325	1000	
1779	960	955		990							
1780				960					1550		
1781	960								1750		
1782									1750	1140	
1783											

年份\地区比价	J 江苏	K 浙江	L 安徽	M 江西	N 福建	O 广东	P 广西	Q 贵州	R 云南	S 四川	T 甘肃
1784											
1785	950	943									
1786	943	950	1000	990							
1787	990	920			940						
1788				990					2400		
1789											
1790	980					1400			1500	1515	
1791	1100									1550	
1792		1300								1700	
1793	1035	1200									
1794		1340	1300	1100	1350	1450	1350		2450	1550	
1795	1245	1180							1650	1524	
1796	1350										
1797	1350						1350				
1798	1050										
1799	1077										
1800											
1801										967	
1802											
1803	1062						1070			900	
1804		830	750		830						
1805		1000	750							1000	
1806		1175	809		850					990	
1807											
1808	870										
1809	1053				942						

年份\比价\地区	J 江苏	K 浙江	L 安徽	M 江西	N 福建	O 广东	P 广西	Q 贵州	R 云南	S 四川	T 甘肃
1810					1037					990	965
1811				1000	1000						
1812	1043				1100					987	
1813	1062									900	
1814	1039	1181	1066			1007					
1815	1060		1100								
1816					1355						
1817	1139		1273		1355						
1818	1236	1300			1355					1200	
1819	1287	1301			1345					1348	
1820		1321									
1821	1210	1282	1160							1200	
1822	1098	1161	1141							1200	
1823	1155	1222	1146	1350						1150	
1824	1169	1182	1156	1310	1245					1140	
1825	1169	1143	1147								
1826	1225	1177	1134								
1827	1265	1209	1154			1235				1299	
1828	1255	1273	1187								
1829	1283	1316	1276								
1830	1371	1334	1315		1355					1330	
1831	1276	1338	1289			1351				1280	
1832	1312	1389	1289							1170	
1833	1230	1300	1236							1290	
1834	1349	1410	1237							1350	
1835	1360	1500	1287		1350					1490	

年份\地区比价	J 江苏	K 浙江	L 安徽	M 江西	N 福建	O 广东	P 广西	Q 贵州	R 云南	S 四川	T 甘肃
1836	1344	1461			1400				1550	1420	
1837	1397	1475	1375	1444		1400				1550	
1838	1631	1500	1438					1429		1460	
1839	1646	1513	1375	1635	1567		1429				
1840	1701	1550	1320		1564					1400	
1841		1650	1320	1688	1623	2000		1612		1733	
1842	1565	1861	1440		1648		1459	1587		1440	
1843	1625	1550	1460		1772					1610	
1844	1806	2138	1460	1790	1818	1552				1378	1090
1845	1924		1600		1928						
1846	1972		1700	1950	2035	1550	1575	1600	1610	2000	
1847	2049		1760		2280		2000				
1848	2118		1911	1900	2084	1774				1610	
1849	2080	2000	1750	2000	2105						
1850		2160	1760		2132						
1851	2083	2100	1775	2086	2000	1968		1693			
1852	2027	2021	1775	2029	1700						
1853	2271	2319	1775	2084	1670				1910	2200	
1854	2000	2000	1775	1986	2431				1800	2270	
1855	2451	2000	1775	2044				2222		2100	
1856	2326	1718	1815	2013					1810	2353	
1857	1729	1445	1362	1210	1600					1720	
1858	1640	1407	1210	1459	1550					1420	
1859	1644	1350	1251	1444	1500						2353
1860	1661		1311	1620						1610	2353
1861	1649		1210	1465	2250					1530	

年份	J 江苏	K 浙江	L 安徽	M 江西	N 福建	O 广东	P 广西	Q 贵州	R 云南	S 四川	T 甘肃
1862	1520	1517	1210	1428						1420	
1863	1350	1581	1210	1600	1458					1210	
1864	1253	1385	1149	1561	1172					1130	
1865	1385	1329		1559						1190	1000
1866	1500	1365	1400	1559						1250	
1867	1600	1453		1559		1321				1420	
1868	1651	1571		1667						1690	
1869	1661	1583	1736	1754						1690	
1870	1724	1652	1817	1701		1618				1750	
1871	1730	1715	1885	1932						1780	1600
1872	1752	1717	1897	1763						1850	
1873	1704	1739	1879	1698				1587		1880	1500
1874	1775	1693	1854	1726						1720	1750
1875	1795	1620	1881	1760				1700		1610	1600
1876	1761	1637	1824	1720	1667					1660	1600
1877	1719	1610	1797	1725	1600					1630	
1878	1626	1526	1774	1580						1510	
1879	1617	1572	1780	1667			1600			1420	1700
1880	1660	1598	1805	1700		1461	1600			1420	
1881	1687	1588	1800	1680						1440	
1882	1661	1594	1741	1642	1643	1700				1420	
1883	1708	1593	1729	1678	1641	1700				1470	
1884	1690	1608	1727	1716	1630	1700				1630	
1885	1702	1591	1733	1718	1626	1650		1498		1720	
1886	1655	1553	1726	1626	1626	1650				1720	
1887	1577	1490	1626	1605	1619	1600				1720	1500

清代银钱比价波动研究

年份\地区比价	J 江苏	K 浙江	L 安徽	M 江西	N 福建	O 广东	P 广西	Q 贵州	R 云南	S 四川	T 甘肃
1888	1584	1501	1625	1606	1612	1600		1562		1720	1500
1889	1557	1506	1617	1555	1598	1595				1690	
1890	1540	1515	1623	1538	1588	1550		1435	1667	1460	
1891	1525	1517	1640	1541	1578	1540		1467		1530	
1892	1544	1509	1710	1580	1619	1560	1636	1501	1412	1530	
1893	1598	1521	1696	1543	1663	1540	1636			1530	
1894	1540	1514	1693	1555	1513	1520	1606		1450	1470	1500
1895	1500	1500	1681	1499	1558	1500	1594	1570		1360	
1896	1483	1312	1666	1355	1653	1480	1582			1250	1667
1897	1332	1260	1395	1354	1601	1460	1594			1200	
1898	1343	1291	1351	1355	1498	1440	1573			1200	
1899	1363	1314	1385	1425	1542	1420	1548	1429		1220	
1900	1362	1294	1351	1429	1535	1390	1529	1496		1220	1215
1901	1367	1277	1437	1419	1530	1410	1503			1240	
1902	1355	1292	1233	1389						1250	1219
1903	1318	1188	1147	1333		1327				1280	
1904	1335	1181	1174	1370	1500				1200	1300	
1905	1419	1241	1306	1627						1340	
1906	1505	1341	1640	1723		1414				1350	
1907	1536	1525		1739		1407				1370	
1908	1609	1585	1735	2025		1398					971
1909	1520	1528	1921	2000				1443	1905	1400	
1910	1628	1500	1913						1900	1520	
1911	1803	1841	2014			1833				1660	

说明：1. 地区前的大写英文为分区标识。京师数据较多，独立出来。2. 比价单位文/两省略。3. 光绪二十六年（1900）后部分制钱数据为铜元折算价，与前述数据有一定程度的性质区别，对比解释时需谨慎。4. 因该项工作还在进行，所以将来还会有更多空缺值被填补。

第四章　银钱比价的波动特征

由于本书是利用拼接法整理的分省数据，且该数据与粮价数据性质不同——分省银钱比价并非同一系统来源、统计口径一致的原始时间序列记录，故无法直接以价格差或价格方差相关分析做量化的市场整合测度。类似，由于没有长时期的更小范围的原始记录，波动周期分析也暂难开展。而不规则波动，此前已有陈昭南的研究提及，[①] 本书第六章也会继续分析影响比价的各种因素，故不在此展开。那么，本章的论述重点，便聚焦于银钱比价的全国性长期整体波动态势呈现和阶段分期，以及分省数据异同对比。所谓市场整合[②]，也只是在省级层面上做初步探究。对于省内不同区域的市场整合，省内各地不同的银钱比价波动，只

[①]　陈昭南：《雍正乾隆年间的银钱比价变动（一七二三—九五）》，第59—63页。

[②]　"市场整合"指两地市场通过价格信息传递、商品流动、供需平衡调节而实现关联互动。衡量指标往往为两地商品的价格变动一致性程度。价格变动一致性的检测手段主要为相关性分析（价格差相关分析、价格方差相关分析、离散性相关分析），相关系数回归分析，协整分析。对市场整合的两种代表性定义分别是吴承明认为的物价变动同步性——"市场整合（Market integration）或称一体化，是指一个区域乃至一国的市场由贸易网络连接，形成供求比较平衡的状况。整合状况，一般是用区域内各地价格变动的同步性来检测，同步性强，表示市场组织较佳，保持供求平衡的有效性较大。反之，反是"（吴承明：《利用粮价变动研究清代的市场整合》，《中国经济史研究》1996年第2期），以及罗斯基等认为的"一物一价法则"实现——"市场整合亦即一物一价法则以如下假设为前提：由于买贱卖贵的普遍愿望，买方被最便宜的价格吸引，而卖方被最贵的价格吸引，结果地区间的价格差距应该减少到相当于运输成本的数值。市场整合成立的条件是，便宜的运输工具、有关成本的充分的信息以及效率好的经济制度"（岸本美绪：《清代的经济萧条和市场结构——以康熙年间和道光年间的比较为中心》，王玉茹、吴柏均、刘兰兮编：《经济发展与市场变迁——吴承明先生百年诞辰纪念文集》，第95页）。

能寄希望于将来有更多该方面详细资料支撑时再行细究。[1]

第一节　全国性长期趋势与波动分期

一、已有分期成果的评析

现有对银钱比价长期波动的时间段划分，以杨端六、林满红、王宏斌、陈锋等为代表。[2] 本书整理比较如下（表58）：

---

[1]　现见对省内各府进行过分析的是威尔金森依据清末十年陕西省"粮价细册"所载银钱比价的研究。其研究结论为各州县比价波动不一致（E. P. Wilkinson, *Studies in Chinese price history*, New York: Garland Publishing Inc., 1980），但是这种情况与其说是统一行市尚未形成，不如说是清末货币制度崩溃时的特有事态（评述亦见岸本美绪：《清代中国的物价与经济波动》，第24页）。由于空间尺度不同，所以即便是相同时间段的省与省之间的市场整合观测，与省内各地的市场整合测度结果也可能存在很大不同。详见［瑞士］罗曼·施图德：《大分流重探：欧洲、印度与全球经济强权的兴起》，王文剑译、赖建诚校，格致出版社/上海人民出版社2020年版，第69页。

[2]　详见杨端六：《清代货币金融史稿》，第179页。林满红：《银线：19世纪的世界与中国》，第3页。王宏斌：《清代价值尺度：货币比价研究》，第14—387页。陈锋、范卫红、义小明、范金明、张景瑞：《清代银钱比价波动及其对社会生活的影响》，《中国钱币》2020年第4期。另有一些基于以上数据再整理的划分，因没有对数据本身做出更多拓展，故不详及。比如黄玉玺在陈昭南、罗玉东、彭信威、王宏斌、严中平、郑友揆数据基础上，将各年份数据最高值和最低值取平均绘图，认为自1736年到1908年，清代银钱比价存在两个增长期——1740—1793，1804—1835；三个大幅波动期——1794—1803，1836—1868，1897—1908；一个下跌期——1869—1896（黄玉玺：《清代直隶地区粮价波动及其应对研究》，博士学位论文，中国农业大学经济管理学院，2018年，第136页）。

表58 银钱比价分期的 4 种典型代表

时间轴：1644 —————→ 1911

杨端六

时间段	特征
1644—1807	平稳期
1808—1856	上升期
1857—1911	回落期

林满红

时间段	特征
1647—1764	低于1000
1765—1797	接近1000
1798—1807	小幅回落
1808—1849	加速上升
1850—1911	下降

王宏斌

时间段	特征
1644—1674	银贵钱贱
1674—1690	银价暴跌
1690—1705	银价上涨
1706—1770	银价下跌
1771—1797	银贵钱贱
1798—1805	银价暴跌
1805—1853	银贵钱贱
1853—1866	银价暴跌
1866—1874	银价增昂
1875—1905	银价下落
1905—1911	银价增昂

陈锋

时间段	特征
1644—1679	银贵钱贱
1680—1696	钱价转昂
1697—1714	钱价下落
1714—1723	钱价上涨
1724—1731	钱价渐平
1732—1765	钱价转贵
1766—1786	钱价趋平
1787—1799	钱价下跌
1799—1807	钱价转昂
1808—1855	钱价下降
1856—1864	钱价回升
1865—1873	钱价下跌
1874—1903	钱价增昂
1904—1911	钱价下落

说明：1. 阶段所占单元格长度仅为示意，未严格按照所划分阶段波动总体占总时间分百分比。2. 不同人的阶段划分不同，依据和表达也有所不同。杨端六是按照多段波幅划分的；林满红则多以官定 1：1000 比价作参照；王宏斌则据全国范围内出现的反转趋势划定，且旨在认为主要由白银一方因素引起时，多用银的贵贱表达，不直接用"银贵钱贱"；陈锋教授等在最近《清代银钱比价波动及其对社会生活的影响》一文中的表达则通用"钱价"一词。

经对比，杨端六的 3 阶段划分稍显粗糙，虽然在非常宏观的层面可以体现出清代银钱比价由低到高再回落的变动态势，但在今天看来已不适合更细致地对清代银钱比价长期波动阶段做划分。林满红以官定例价 1：1000 为参照做 5 阶段划分，在不论述官定例价和市价对比使用（特别是涉及财政收支等问题）时，用处不大。且其将 1850 年以后全部划分为下落阶段，如此做法过于笼统，没有体现出晚清该时间段内部的比价变动特点。陈锋等的 14 阶段划分虽更为细致，但多是描述性的归纳，未以各地数据对比说明情况。其与他人分期所不同的是，在银钱贵贱对比之上，加入了平稳期讨论。① 但这种划分，会使得比价波动分期阶段变得过多。故最后，本书还是认为王宏斌"以银钱比价在大部分省区内开始上涨或下跌的市场比价为基点，观察其达到顶端时的上涨或下跌幅度，并按照变化趋势划分时段，以银钱比价在全国范围内出现上涨或下跌年度为起始点，到全国范围内银钱比价发生反方向变化为终点"的分期方法更为适用。② 本书在对比价波动阶段进行划分时，将较平稳的时期与更为接近的贵贱阶段相接续，在具体论述时，再强调阶段内部的相对稳定性。

二、本书的 11 期划分

因王宏斌又言，"关于银钱比价波动问题，过去的研究结论和看法存在很大差异。这些差异的存在，与其说是研究方法的对立，不如说是对'事实'的把握程度不同造成的"。③ 那么，根据本书第三章末尾整

---

① 王宏斌则认为有清一代银钱比价波动不已，"从未有过真正的稳定时期"（王宏斌：《清代价值尺度：货币比价研究》，第 70 页）。

② 王宏斌：《清代价值尺度：货币比价研究》，第 12 页。

③ 王宏斌：《清代价值尺度：货币比价研究》，第 11 页。

理的数据，现就总体趋势进行大数据条件下的分期。经整理的各省年均数据的散点图（图36）如下：

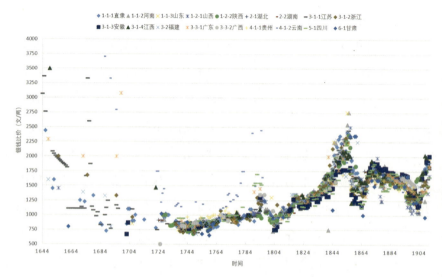

图 36　各省银钱比价（1644—1911）

说明：省份前的×-×-×仅为数据列标记。将6-1甘肃置于最前面仅是为作图方便计。类似情况，下同不赘。

粗略看，以 1853 年为分界。前期比价数值呈现出底部较宽的 U 型态势，后期比价呈 W 型态势。这意味着在 1853 年前，银钱比价有一段较长的稳定期。而 1854—1911 期间，波动频繁，有两次显著"钱贵银贱"发生。现以 1853 年为断点，分前后两部分再行分期。

（一）1644—1853 阶段

在 1644—1853 阶段中（如图 37 所示），以 1727 年为节点，很明显，此前数据量少，此后数据量多。数据量较少的时段，直接显现的趋势并不明显，但参考整理的数据，依然可以做出一定划分。但同时也须知，1727 年前的数据，多集中于华北和江南，这只能在没有更多数据

　　　　　　　　　　　　　　　　　　　　　清代银钱比价波动研究

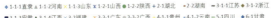

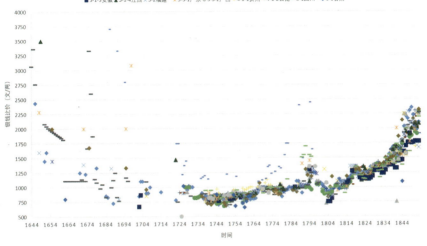

图 37　各省银钱比价（1644—1853）

支持时，简单代表"全国"。（1）1644—1673。顺治元年至康熙十二年，是总体上的银贵钱贱，比价高低波动性大，但波幅有减小趋势。（2）1674—1688。康熙十三年至康熙二十七年阶段，较之此前，趋于银贱钱贵，且江南地区比价有明显的波动平稳化趋势。（3）1689—1726。康熙二十八年至雍正四年阶段，少量数据说明有银贵钱贱的情况。综上而言，1644—1726 阶段的划分，由于数据不直观，需结合史料描述综合判定，故也是以前学者多有分歧处。在此，本章也尚不能很好地解决该矛盾，只能寄希望于将来加强对清早期货币比价及流通的研究。

现从数据量较多的 1727 年开始分阶段详细论述此后出现的变化。

（4）1727—1758

在雍正五年至乾隆二十三年这段时期内（如图 38 所示），各地银钱比价，除云南已超过 1000 外，大多在［700，1000］区间内波动，总体波幅不大，且有比价数值降低倾向。本处的这段分期，被包含在王宏斌第四阶段分期（1706—1770 银价下跌阶段）中，同时跨越陈锋

图 38　各省银钱比价（1727—1758）

1724—1731 钱价渐平、1732—1765 钱价转贵阶段。从现有数据看，该阶段各省钱价波动开始变得稳定一说并不为过，只是稳中有昂，称为钱贵亦无不可。在时人描述中，有以比价低于 1000 论述钱贵的，也有以和此前阶段对比描述钱贵的，所以在总体上，本书将此阶段描绘为一个银贱钱贵的阶段。

（5）1759—1795

在乾隆二十四年至乾隆六十年阶段（如图 39 所示），各地银钱比价呈总体上升趋势，亦即发生银贵钱贱。与林满红认为乾隆四十年（1775）是一个节点不同，[①] 也与王宏斌将乾隆三十六年（1771）定为该期银贵钱贱开端不同，从本书整理数据来看，这个阶段开始得较早。在乾隆朝中期阶段，钱贱尚不明显，因故，在陈锋教授划分的 1766—1786 年段中，用的是钱价趋平的表述。但在乾隆末期，多数省份钱价

---

① 林满红：《与岸本教授论清乾隆年间的经济》，《"中央研究院"近代史研究所集刊》第 28 册，1997 年。

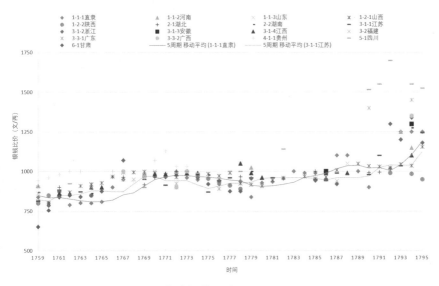

图例：
1-1-1直隶　1-1-2河南　1-1-3山东　1-2-1山西
1-2-2陕西　2-1-2湖北　2-2湖南　3-1-1江苏
3-1-2浙江　3-1-3安徽　3-1-4江西　3-2福建
3-3-1广东　3-3-2广西　4-1-1贵州　5-1四川
6-1甘肃　5周期 移动平均 (1-1-1直隶)　5周期 移动平均 (3-1-1江苏)

图 39　各省银钱比价（1759—1795）

下跌明显，只有陕甘等地无明显表现。此或为数据不足所致，也可能是两省远离铜铅矿材产地，无便利水运通道，以致官铸、私铸钱文对比他省尚不致供给过度所致。

（6）1796—1805

嘉庆元年至嘉庆十年，为一短暂的银贱钱贵期（如图 40 所示）。虽然时间较短，但比价数值跌幅较大，几乎从乾隆晚期的高峰跌回到1759 年比价数值上涨阶段初的模样。

在该阶段，多数省份的银钱比价又回到 1000 以下，考虑到此前阶段银钱比价从 800 上升到 1000 左右用了将近三十年时间，而跌落回 800附近只用了不到十年，林满红认为这只是"小幅回落"，恐是过轻地描述了这一现象。当然，其中，云南、广西等地，数值还在 1000 以上，但依旧处于比价数值下降状态；河南则出现了最低值。

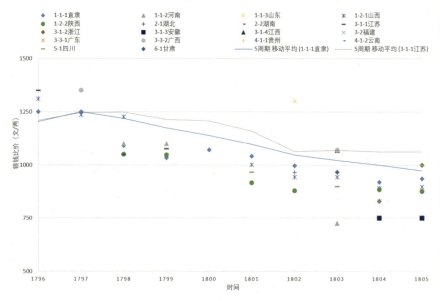

图40 各省银钱比价（1796—1805）

（7）1806—1853

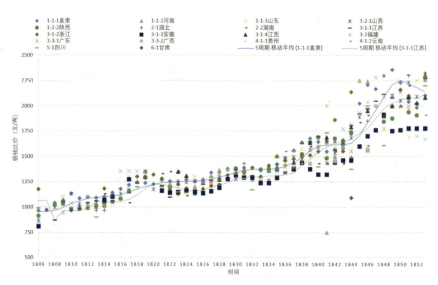

图41 各省银钱比价（1806—1853）

清代银钱比价波动研究

嘉庆十一年至咸丰三年，为一长时期的银贵钱贱阶段（如图41所示）。大致可以1827年为界再划分[①]，前期比价数值上升较缓，后期上升速度较快。在整个阶段内，比价最高涨幅接近250%，年均有2%的涨幅。

（二）1854—1911阶段

再来看1854年以降的情况。

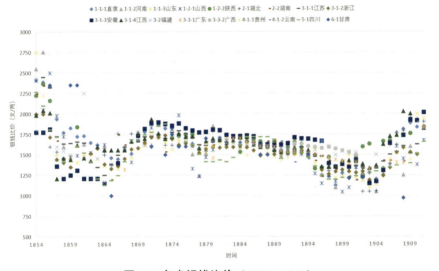

图42　各省银钱比价（1854—1911）

1854—1911年间（如图42所示），除极个别情况外，一省的年均银钱比价数值几乎不可能再低于1000，所以这时期的银钱贵贱就更不能以官定1∶1000作标准去判定。以下还是依照出现转折点分段的方法

---

① 其实整个1820年代都为一小段比价稳定期，此前比价有小幅上升，此后则是连续攀升。之所以选择1827年为界限，是因为在林满红的研究中，1827年被认为是白银持续外流的起始年（林满红：《银线：19世纪的世界与中国》，第75页）。将1827年作为时间点断隔的另一个好处是，可以结合白银外流数据认为此前后两部分的银贵钱贱状态产生原因有不同。此前的银贵钱贱不能从白银外流上得到解释，则必须考虑白银需求和铜钱方面的原因。

处理。

（8）1854—1865

咸丰四年至同治四年，有一为期十二年的短暂银贱钱贵期（如图43所示）。类似于嘉庆早中期的银贱钱贵阶段，本阶段比价下跌也较迅速且幅度颇大，从巅峰时期的 2500 左右下降至［800，900］极低值，几乎回到乾隆中期时数值。

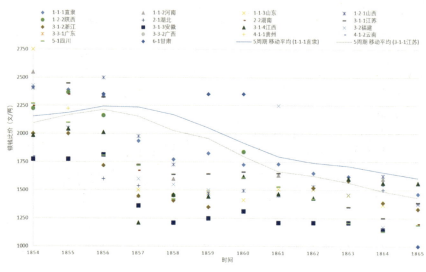

图43 各省银钱比价（1854—1865）

（9）1866—1873

同治五年至同治十二年，银贵钱贱再度出现（如图44所示）。此阶段比价峰值介于 1795 年与 1853 年的比价峰值之间。

清代银钱比价波动研究

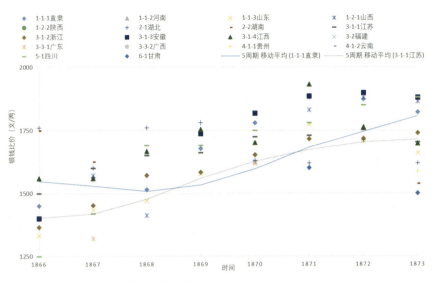

图44 各省银钱比价（1866—1873）

（10）1874—1903

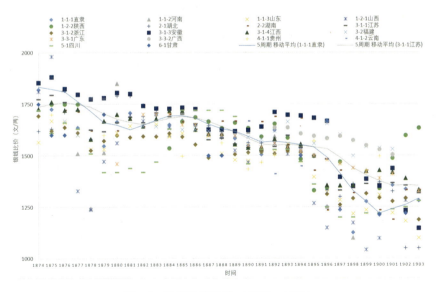

图45 各省银钱比价（1874—1903）

同治十三年至光绪二十九年的银贱钱贵（如图 45 所示），持续时间较长，是清代第二长的银贱钱贵时期，且钱贵现象十分明显，比价跌幅胜过雍正到乾隆早期的银贱钱贵时期。在这段时期内的 1877—1878 年处，又有一明显的钱价增昂点。此后阶段，比价数值稍有回升，但又继续下降，直到 1903 年前后出现拐点。此阶段的银贱钱贵，也是与上一阶段对比而言的，银钱比价即便是落至最低，也还在 1000 以上。

（11）1904—1911

光绪三十年至宣统三年，银钱比价又逆转为银贵钱贱态势（如图 46 所示）。因本书研究时段截至 1911 年，故此后情况暂不纳入考察。和清初情况类似，1911 年也不是本期银贵钱贱的终点。

该时期为期不长，但情况颇为复杂，虽然存在总体上的银贵钱贱趋势，但是有的省份钱贱明显，有的省份则不明显。这既与地域因素有关，也与依据的材料有关。由于传统制钱几乎停铸，各省发行大量铜元，故有些地区的制钱数据，实际上是根据铜元数据按 1∶10 转化过来的。但因为银两与铜元不是主辅币关系，铜元与制钱亦非主辅币关系，故而银贵铜元贱、铜元贱制钱贵现象并存，此可能导致按铜元换算制钱的数据数值偏高。此时银钱比价变化杂乱又多与使用的货币种类、方式相关，这一情况，与清初第一期的银贵钱贱有相似性。

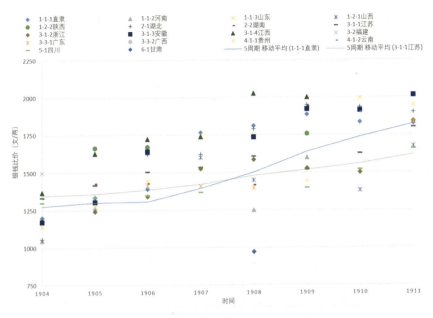

图 46　各省银钱比价（1904—1911）

综上所述，本书将清代银钱比价总体波动分为 11 个阶段，和王宏斌分期数量一致，只是部分时段起止时间存在差别，此当是依据具体资料不同差别导致。随着将来有更多的数据出现，更好的数据处理方法产生，此阶段划分的具体时间可能还会变动。现将本分期列表（表 59）关分析于下：

表 59　清代银钱比价波动的 11 个阶段

银钱相对贵贱状态	开始时间（年）	截止时间（年）	时长（年）	占比（本阶段时长/230）
银贵钱贱	1644	1673	30	
银贱钱贵	1674	1688	15	6.5%
银贵钱贱	1689	1726	38	16.5%
银贱钱贵	1727	1758	32	13.9%

银钱相对贵贱状态	开始时间（年）	截止时间（年）	时长（年）	占比（本阶段时长/230）
银贵钱贱	1759	1795	37	16.1%
银贱钱贵	1796	1805	10	4.3%
银贵钱贱	1806	1853	48	20.9%
银贱钱贵	1854	1865	12	5.2%
银贵钱贱	1866	1873	8	3.5%
银贱钱贵	1874	1903	30	13.0%
银贵钱贱	1904	1911	8	

　　对照上表，清代银贵钱贱、银贱钱贵现象交替发生，总计银贵钱贱6期，银贱钱贵5期，因首尾阶段的1644年和1911年既不是该段时间银钱贵贱状态的起始点，也非终点，故1644—1673阶段和1904—1911阶段不纳入时长占比计算。其中，最长的银贵钱贱时段（1806—1853）（占总时长20.9%）出现在鸦片战争前后，从银贵钱贱到银贱钱贵连续最长的时段（1727—1795）（占总时长30%）出现在雍正、乾隆年间。无怪乎此两段时间，历来是清代银钱比价问题研究的重点关注时段。

　　进一步观察数据图可以发现，自数据量较多的1724年往后直至1911年，各省同一年份具体数据或有高低差别，但总体走势一致。由于各省数据是以来源不一的资料拼接而成，且是省均年均宽泛值，故不能以粮价数据研究市场整合类似方法直接做量化分析。但这并不妨碍我们根据总体走势一致认为存在一个全国性的货币市场。如果说在1796年以前，还有诸如云南等地的银钱比价数值与同年份他省比较差距较大，那么到1796年往后，这种情况已大为减少。在此，本文并不否认针对于云南的特殊情况，可能是受乾隆朝滇铜大量开采，而嘉庆以降办铜量总体呈下降趋势影响。但如果各省同年份数据都越来越接近且总趋势变化一致，那么我们就有理由初步认为，各省区的货币市场此时已经整合得更为紧密了。而这中间，恰恰经历了乾隆朝。由是，基于这部分数据图像，可以得出初步结论：清代银钱比价自始至终在总体上存在一个全国性市场，全国意义上市场的整合不是有与无的问题，而是程度高与低的问题。经历过乾隆朝，各省银钱比价货币市场已整合得更为紧密，若非受政治强行干预（如禁止流通），一般地理意义上的山川阻隔已无法阻碍各地区间的货币贩运、流通。但当然，在论述此种全国性货币市场形成时，除需关注数据数值本身外，还应关注形成数据的历史背景。由于有一定的各地向中央奏报的比价记录，且政府会通过调拨携运方式稳定比价，故此种"整合""相关"，可能不是纯粹基于自由市场价格传导机制展开的。由于政府介入，此种"市场整合"也可能有一定程度的"伪整合"性。

　　对比观察银钱贵贱分阶段表可以发现，在1674—1795这段时间内，银钱贵贱交替凡4次，一个阶段的平均时长为30年上下。而1796—1903年间，银钱贵贱交替凡5次，一个阶段的平均时长为20年上下。如果可以认为这当中包含了某种周期的话，那么显然，银钱比价阶段变动中呈现的周期，与国内外经济联系、国内商品经济发展、国家对货币的调控力度等因素有密切联系。在嘉庆以前，银钱比价的贵贱交替阶段时长较为稳定，但到嘉庆以后，波动异常且频繁。这和国内经济发展而衍生出大量信用货币，白银内外流与国际贸易关系更为紧密，银铜价格受世界金属矿材价格变动影响，以及在此基础上国家对货币的管理调控能力减弱等因素有紧密关联。

第二节　不同省份的波动异同

一、直隶与京师

由于京师地位十分重要，且宝泉、宝源两局设立，很大程度是为供应京师用钱，故有关京师银钱比价的记录留存众多。现根据这些资料，看京师和直隶地区银钱比价的长期差异（如图47所示）：

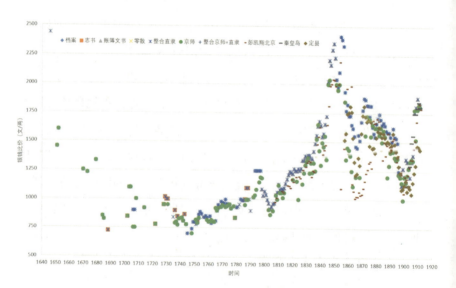

图47　直隶与京师的银钱比价1（兼与彭凯翔数据比较）

说明：当中的整合数据，有的是直接根据档案、志书、账簿数据而来的，故标记会产生重叠，以致不能很好地显示出各类数据标识。但在观察该省银钱比价总体波动态势上，此无关紧要。类似情况在接下去的各省比价图中也会出现，不再重复说明。

首先，直隶和京师数据都由档案、志书、账簿以及其他零散来源资料数据组成。① 直隶数据中档案数据占主要，特别是保定府搭放兵饷奏报中的省城钱价、直隶的囚粮奏销记录。居其次的是账簿数据，一段为严中平整理的宁津县数据，一段为清末天津商会记录数据。京师数据则主要依靠部分月报钱价单、张德昌整理的《越缦堂日记》数据。在总体上，直隶和京师的数据走势一致，说明即便有京钱货币虚本位区存在，各地实际货币使用习惯、方式也有差异，但并不妨碍统一货币市场的形成。

其次，将本书整理的直隶、京师数据与彭凯翔整合的北京地区数据比较，同样可以发现走势一致，特别是京师数据和彭凯翔整理的北京数据非常接近。② 由于笔者掌握的京师数据资料来源与彭凯翔基于账簿的数据资料来源不同，这就更能说明本书整理的数据也是可靠的，以及京师地区的比价长期波动趋势确实如此。至于在使用银钱比价数据进行更为精细的经济计算时，何年何地采用何数据，则尚需使用者自行判定，本书无法代替具体研究者作出决定。另外，（民国）《完县新志》中的京钱数据在被转换成制钱数据后，与上图相比，1862—1911 年间数据波幅相当小。对此，有很大可能是该数据本身存在问题，研究者在直接使用此数据时需谨慎。

最后，来看直隶与京师数据的差别（如图 48 所示）：

---

① "档案资料"为中国第一历史档案馆、台北故宫博物院、"中研院"藏清代档案资料，各地档案馆藏清代档案资料的统一标识。"志书"为官书、方志类资料标识。"账簿文书"主要为账簿、契约文书资料。"零散"为日记、笔记、文集、谱牒、碑刻、报刊类资料，其他资料，以及引用其他学者资料的标识。

② 在彭凯翔《清代以来的粮价：历史学的解释与再解释》一书第 142 页图 A1.1 "1721—1900 年的银钱比价"中，华北数据在 1860 年附近有一个异常凸起，高达 5500，本书认为这不能反映华北的实际情况，可能是依据的数据本身有问题。

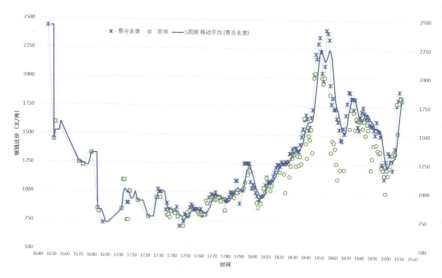

图 48　直隶与京师的银钱比价 2

　　总体上，京师与直隶的银钱比价变动趋势自始至终较为一致。但京师银钱比价数值在大多数时候要低于直隶，在咸丰以后，这种京师钱价更贵的情况更为明显。对咸丰以前这种差异的解释，需要从京师用钱供需两方综合考虑。但对咸丰以降的情况，则需要结合货币制度变革和当地行钱习惯解释。以往研究多认为咸丰朝币制混乱，故尽量避开这段时期的比价数据整理。显然，币制混乱是事实，但市场银钱交易当不是随意进行的，所谓"乱中有序"，其总体上的变动态势，依旧有规律可循。在原始数据中，咸丰朝京师用钱，有铜大钱、铁大钱、铜小平钱、铁小平钱、铅钱、银两、银元等金属货币，也有银钱票据（既包括不兑现国家纸币，也包括信用私票），且会混杂使用，异常复杂。但从中辨别提取出制钱小平钱的比价数据则可发现，以此衡量，京师日用小额铜币缺乏，相应地，以铜制小平钱计算的物价也要低于以其他类型货币计算的物价。由于京师混乱的货币使用情形甚于直隶他地，货币兑换行情变化大、交易风险及成本增加，地区间的货币套利受到阻碍。此时，京师与直隶地区的同一年份银钱比价差距开始拉大。在数据末尾，有一处趋势线猛然拉升处，这种情况也与货币制度本身变化有关。在直隶、京师大量使用铜元的情况下，商品标价和交易也多使用铜元，故该银钱比价数值其实是根据铜元换算成小平钱的。由于铜元实值低于面值较多，具有虚值大钱属性，所以如有直接的更好的银两兑换小平钱数据，则现有数据末端的拉升不会如此明显。这也提示我们，银钱比价数据整理及解释与粮价研究大有不同，除供需数量外，货币制度、交易习惯等各种因素都会对原始数据产生影响。

二、河南、山东、山西、陕西

河南省的数据质量较之直隶、京师要差很多。因其既无长时间的来自同一系统的档案数据记录，也尚未发现有如宁津县统泰升账簿的类似记录，故本书只能在零散的奏折、方志等来源数据基础上，采用 5 年移动平均方法绘图描述概况（如图 49 所示）：

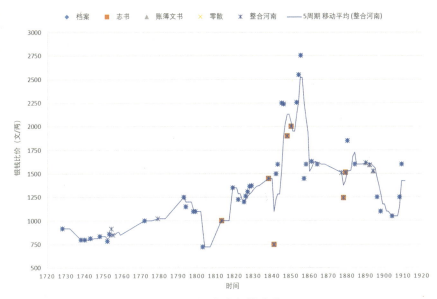

图 49　河南省银钱比价

较之同时期直隶数据，河南省银钱比价变动的总体趋势并无显著差别，唯独最高、最低值差距比直隶要大——极差相较情况或也说明此组数据的离散度更高。对此，可特别注意河南省几个极低值数据。第一个是 1841 年的 750 数值，对比同期全国他地银钱比价来说，这个数值是绝对的银贱钱贵。复查原始资料，此数据主要核算自《汴梁水灾纪略》，且有墓志铭等其他资料佐证。① 这是灾疫状况下的特殊数值，缘何如此，本书第六章还会进一步解释。同样的，第二个极低值是 1878 年的数值，时值"丁戊奇荒"期间。据《齐豫晋直赈捐征信录》中上海助赈局、浙江助赈局等助赈清册记录看，当地确为普遍的银贱钱贵。而当时的笔记如《屺芝随笔记》也记录："（四月）初十，阴。仍大风，至午始停。与李玉书、竹丈以银易钱……随兑银三千五百两，向丰豫庄上换杭平，每两换钱一千二百五十七文，随书折一个，由李玉书保。"② 书信往来如《严作霖四月二十九日致南中书》更是直言"河南银价一千三百余，皆系用票。访问多人，万不能在河南易钱"③。据此可知，在河南地区，需特别注意水旱灾害，乃至与之相关的河工事宜对当地银钱比价的影响。但当然，特殊情况下的异常值往往是一过性的，不对比价波动整体走势产生影响，故而宏观上，河南与直隶的银钱比价波动趋势较为一致。同为华北平原，两省间资本的自由流动可能受限很小。

山东地区咸丰以后的数据情况较好，主要原因是其有按季首时价奏报的囚粮奏销数据，以及晚清时期的海关档案数据存在。而在咸丰以前，在孔府档案中有一些零散账簿记录，有助于补充说明情况。综合以

① 当然，资料也显示，如果是正常情况下，该年银钱比价是可以达到 1600—1700 左右的。

② 《汴游助赈丛钞日记类·屺芝随笔记》，李文海、夏明方、朱浒主编：《中国荒政书集成》（第九册），第 6220 页。

③ 《齐豫晋直赈捐征信录·卷五·南豫放赈录二·严作霖四月二十九日致南中书》，李文海、夏明方、朱浒主编：《中国荒政书集成》（第八册），第 5606 页。

　　　　　　　　　　　　　　清代银钱比价波动研究

上取值，采用5年移动平均方法绘图（如图50所示）：

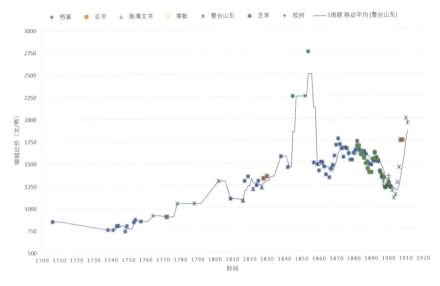

图50　山东省银钱比价

可以看出，官方囚粮奏销档案的记录与海关报告记录较为一致，这从侧面可以说明山东地区囚粮奏报中所谓"按照季首时每两纹银价值"以钱合银较为可靠。山东地区银钱比价绘图时间从1700年往后至1911年，选取时间段原因与河南一致，都是因为1700年以前的数据几乎空缺。但从总体走势上说，山东地区的银钱比价与直隶、河南波动形态颇为一致。

山西地区数据在豫、鲁、晋、陕四省中质量最好。现有数据主要来源于山西的囚粮奏报记录，太原省城铸局的市卖钱文时价记录，归化城地区的税务及米谷银钱月报细册记录。此外，由于晋商还留存有大量账簿，故其中或许有较好的长时段的逐日银钱进出流水及年终盘存记录。只是由于笔者先期依赖官方档案且本身不收藏账簿，故在此无法很好利用之，唯寄希望于其他学者能在山西找寻出类似于直隶宁津县统泰升号账簿的银钱比价记录资料。而归化城的数据，尚有大量原始档案（归化城副都统衙门档案）保存于现呼和浩特市土默特左旗档案馆，其中的月报钱粮价格细册价值很大，亦需有专人对其进行详细研究。在山西，由于有非常好的银钱比价数据存留条件，所以希望在将来，能以晋北、晋中、晋南为省内分区，建立更为细化的比价序列，并以此做对比研究。现将利用拼接法及均值法处理的所谓山西省均年均数据绘图如下（如图51所示）：

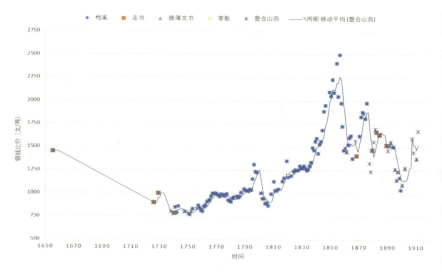

图51　山西省银钱比价

在此同样可以关注1870年代出现的几个银钱比价低值，其出现时间点及来源史料依据均与“丁戊奇荒”有关。因此，就波动性上说，严重的灾情，可以导致当地银钱比价在年数据层面上也出现较强烈的波动。表现在图像上是，即便经过5年移动平均处理，该时段也还是出现尖锐的转折点。

陕西数据主要依赖于宝陕局的奏销题本，陕西囚粮奏销题本。同样需要注意，在陕西现也发现了一些（特别是省城的）月报钱价记录，如果有更多连续数据出现，或可用作更为严格的钱价波动时间序列分析。① 现陕西数据绘图（图52）如下：

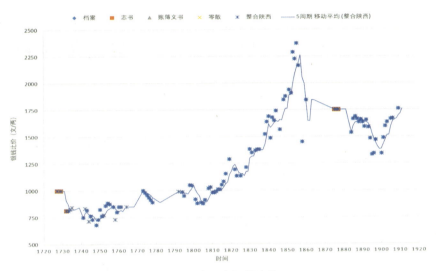

图52　陕西省银钱比价

　　同样可以发现，陕西银钱比价波动的长期情况与山西、直隶、河南、山东有相似性。但是在相似度上，陕西与山西、直隶、河南、山东四省之间的相似度又有一些差距（特别是1860—1910时段）。如果不是依据的资料本身存在问题导致该情况出现，那么这种与晋、直、豫、鲁四省对比所呈现出的差异，或可在银钱比价波动宏观对比层面回答一个问题——传统认为的"华北"，是否包括山西、陕西？以本研究来看，无疑，直隶、河南、山东、山西四省应属华北区域，而陕西尚不足以被

① 《陕西布政使司造报陕省各属市估银粮价值清册》有22个月份的记录，因原件藏于东京大学东洋文化研究所，笔者暂未能亲眼见及。此部分数据的整理有待将来进行。

认为是"华北"。此结论与仲伟民、王正华关于"华北"概念的定性分析结论一致。[①]

三、两湖地区

湖北地区数据,乾隆朝档案数据较多,嘉庆时期数据欠缺,道咸同时期多为零散数据,光绪朝则有通商口岸报告连续数据。因数据分布的时间段非常不均匀,故制图可能出现不符合实际情况的地方。但在有更多资料可以用作分析前,还是暂勉强绘图(图53)观测大概。

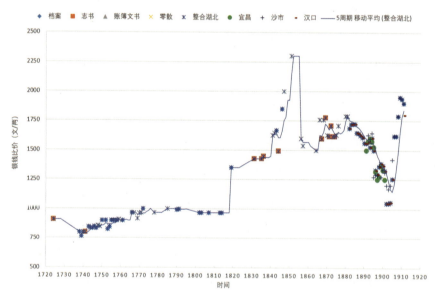

图 53 湖北省银钱比价

受嘉道咸同时段总体数据较少影响,即便是采用了 5 年移动平均,

---

① 仲伟民、王正华:《作为区域的"华北":概念渊源及流变——兼析明清社会经济史视野下的"华北"》,《天津社会科学》2021 年第 1 期。

湖北省在该段时间内的银钱比价变动曲线还是有陡升陡降处，但该情况并不对比价波动的总变化趋势描绘产生很大影响。乾隆朝比价数据较之他省显现不出波动上升态势的原因是在数据处理时，更多采用了官方铸局售卖钱文的市场比价，此价格初期贴近市价，但后期和市价有一定偏离，彼时银钱市价数值当高于官卖价，这也是为什么在 1819 年处（该处采用了一个实际市场比价）比价会猛然增长。在观察较为粗线条的图像时，必须结合所依据数据的性质综合判定，而不可直接简单认为是当地出现了某些特殊情况。

湖南省有连续数据的时段亦不多（如图 54 所示）。乾隆朝主要依赖零散的档案数据，嘉道咸同阶段有一些零散方志及文集数据，光绪朝则有部分连续的川粤盐厘收支清单计算数据。

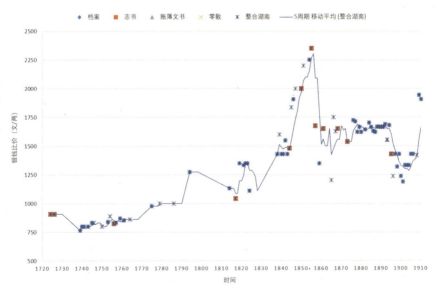

图 54　湖南省银钱比价

对比湖南、湖北银钱比价变动情况，两者间的相似度要高于它们各自与华北地区省份对比的相似程度。此也可在一定程度上说明，纵然当时的银钱比价存在一个全国性市场，但是在"全国"内部，依然存在区域间联系紧密性程度的高低之分。在此，湖南、湖北理应被视为一个区域——"两湖"。

四、江苏、浙江、安徽、江西

江苏是除直隶—京师外数据完整度最好的省份——虽然现在能补充完成的数据只占清代总时长的 66%（178/268）。这得益于顺康时期数据有以《阅世编》为主的文集的支撑，乾嘉时期有部分《一斑录》的数据，道光时期有《漏网喁鱼集》部分数据，嘉道咸同时期另有江苏省全省及江宁府（含高淳县、六合县）的囚粮奏销钱合银数据，同光年间又有罗玉东整理的厘金奏报中的比价数据。

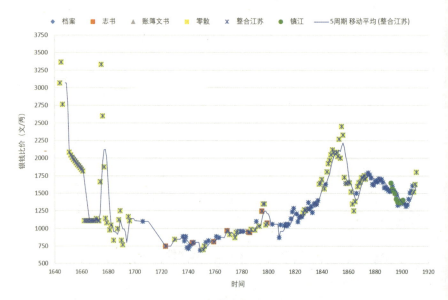

图 55　江苏省银钱比价

从图像（图55）可以看出，在乾隆朝以前，江苏地区的银钱比价波动幅度较大。到乾隆朝往后，数据情况与全国各地走势基本相同。由于前期数据可靠性没有后期高，而数据分布年份也不均衡，所以尚不能以江苏一地的情况去判定清前期的银钱比价阶段划分——即便是清前期的比价波动阶段划分也还需要配合史料做综合考虑。清前期银钱比价数据异常，一是受改朝换代影响，所以当地行用钱未必全为清朝官钱；二是受战乱影响，特别是三藩之乱期间，银贵钱贱现象十分明显。可能是由于政局未稳，这时期因动乱表现出的银钱比价变化与一般灾乱时的银贱钱贵有别，故当注意政治因素叠加在战乱因素上的影响。

浙江省在嘉庆中期以前的数据，主要来自零散的档案和文集资料。1819—1909 年的资料，整理自《鄞县通志》中的董家旧计簿资料。同时，为做比较，还单独列出了 1810 年以后浙南石仓地区的数据，1880年以后浙北嘉兴平湖老鼎丰酱园账簿记录数据。如图 56 所示：

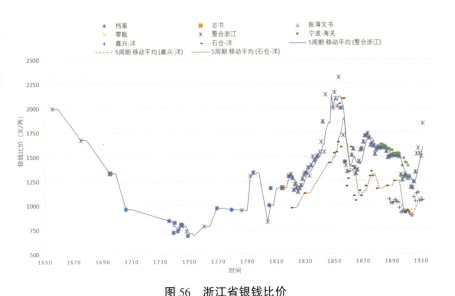

图 56　浙江省银钱比价

说明：石仓地区数据来自《石仓契约》，由上海交通大学蒋勤教授提供；嘉兴平湖数据来自老鼎丰酱园《年盘总目（1888—1915）》，董建波、桂强整理，桂强提供。前者的洋主要是本洋，后者为鹰洋，经 5 年期移动平均处理后，前后洋—钱数据可以较好衔接，且波动趋势与银—钱兑换率较为一致。

由于顺康时期数据极少，故只能勉强做参考，无法直接与直隶、江苏做比较。但此三地在清前期的总体趋势都是比价数值由高到低趋于平稳。在"浙江省银钱比价"图像 1820 年往后部分，石仓、嘉兴以洋元为原始单位的数据大致可以衔接，衔接后的图像与银两—制钱比价图像波动一致。这在一定程度上还是可以说明，即便是浙江南部的小山村，其和杭嘉湖地区、宁绍地区的货币市场依然关联度较高。虽然省内各地，存在同一时间点上比价数值的绝对值差异，但是就长期波动态势而言，浙南山区与浙北平原并无显著差别。

安徽地区数据主要由账簿资料和官方档案资料构成。1821 年以上的数据，零散来自各种奏折。1821—1835 年数据引自习永凯[①]，1840—1850 数据是汪敬虞据原藏在中国社会科学院经济研究所的安徽曹氏清明司祀簿整理出的，1850—1864 年资料为郑友揆整理的皖南屯溪资料（原数据为规元两，已调整）。1869—1881 年数据，在罗玉东厘金序列中，被标记为引用了江苏数据，本书在此用安徽囚粮奏销数据补充。1882—1896 年数据取自罗玉东。1896 年以后罗玉东的厘金序列又显示其中的比价变为固定官价而非变动的时价，故不再采用，转而选取芜湖通商口岸的记录数据。为方便比较，另增加了一段"吴秉坤、郑雪巍徽州道咸同光徽州文书数据"。吴秉坤、郑雪巍利用黄山学院徽州文化资料中心所藏的土地契约文书、《支用账》、《汪公会簿》及刘伯山主编的《徽州文书》等资料整理了道咸同光时期的徽州比价资料。[②] 这些账簿

---

① 习永凯：《白银陷阱：近代中国白银核心型货币体系脆弱性根源及影响》，第 154—155 页。

② 吴秉坤：《清代徽州银洋价格问题》，《黄山学院学报》2010 年第 1 期；郑雪巍：《明以来徽州土地买卖价格研究——以〈徽州文书〉为中心》，硕士学位论文，安徽大学，2018 年。

中显示的徽州银元细分光洋、本洋、鹰洋，铜钱则有典钱、大钱、厘钱、折钱等，非常复杂，同时间的兑换率也不止一种。原处理者在处理数据时未对铜钱、银元体系内的细分货币种类做处理，但这不影响总趋势意义上的数据变化呈现。同样，对同时间出现的不同数据，本书也已取均值处理，且最后只保留了占主体使用地位的洋的数据。

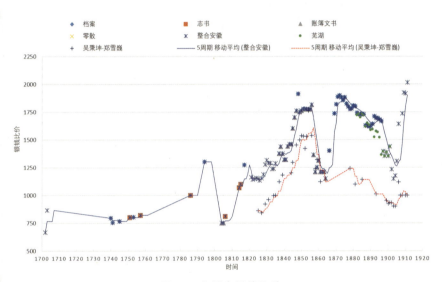

图 57　安徽省银钱比价

在这种情况下拼接构建的安徽数据图（图 57）显示，安徽省银钱比价变动前期宽 U 型、后期 W 型的总体态势未发生变化，唯独不同于此前提及的省份，在 1850 年前后出现单独的峰值。而在 1875 年前后，安徽的数值甚至比 1850 年前后还要高一些。该情况的出现，需要首先从依据的史料查找原因。1850 年前后取用了皖南地区的账簿，可能是皖南地区钱贵甚于他地导致该段银钱比价数值整体偏低。1875 年前后，采用了官方所谓依据各地时价平均的全省囚粮奏报数据，但相比罗玉东厘金数据，其数值整体偏高，并由此导致在图像上 1875 年前后数据可与 1850 年前后数据比肩。如果利用取样地理范围一致的皖南地区的吴秉坤—郑雪巍数据对比，则可发现，以洋—钱比观察，1850 年前后还是出现了峰值。此也提示我们，在将来有条件的情况下，或可利用更好的资料，单独构建皖南地区银钱比价序列。

江西省 1851 年以前的数据，零散来自奏折和文集。1851—1861 年数据取自马勇虎整理的乐平县账簿资料。1862—1868 年数据整理自《刘坤一奏疏》及一些原始档案资料。罗玉东的江西厘金序列始于 1880年，本书则依据档案，将其前推至 1869 年，补充了罗玉东没有查得的档案资料。

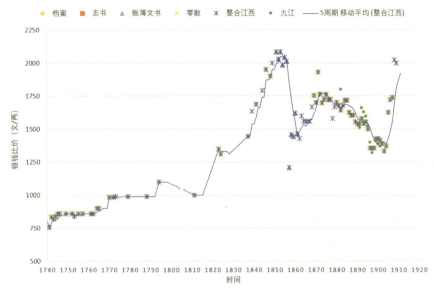

图 58　江西省银钱比价

对照图像（图 58）依然可以看出，这是典型的银钱比价全国性普遍长期波动特征。反过来，也可以用这样的图像去检验某些资料中的数据是否可靠。如果再出现像（民国）《完县新志》记录的晚清数据那样

　　　　　　　　　　　　　　　　　　　清代银钱比价波动研究

的情况，我们便可质疑其数据的可靠性程度。

五、福建、广东、广西

福建、广东、广西数据总体上质量欠佳，尚未发现大规模连续性的官方奏报记录。福建数据主要由零散的档案资料，来自台湾的账簿资料，以及晚清通商口岸海关报告构成。广东数据主要由零散的档案资料，陈春声整理的方志与账簿资料，以及海关报告资料构成。广西数据数量最少，按 5 年移动平均处理也几乎难以显现波动性。基于以上，为方便比较，现对这三个省份数据按 10 年移动平均作图（图 59）比较。

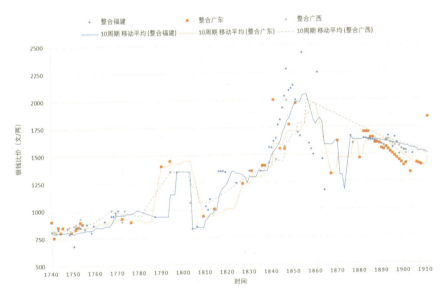

图59　福建、广东、广西省银钱比价

对比图像来看，如非因为广西数据过少，以致在 1810—1850 年、1860—1910 年时段近乎成直线，则此三地银钱比价的波动趋势还是较为一致的。图像在 W 型末尾段没有显示向上拉伸，是因为这几地清末的现有数据数量不足——如专门以单独省做研究，集中搜寻当地资料，当会有较好补充。就波动幅度来说，福建地区波幅较大，容易出现极值。此可能与当地山岭阻隔，与外界沟通不易，钱文不能以较小成本进行跨地区流动有关。但即便如此，我们也只能说福建与邻近浙江、广东的银钱比价市场整合不够紧密，而不能说该地是独立的经济区域，甚至独立于全国性货币市场存在。

六、贵州、云南、四川、甘肃

贵州的数据零散来自官方档案资料及清水江文书资料。云南数据虽在李中清数据基础上有所增加，但因为没有连续的官方奏报记录和账簿资料，依然不能很好地反映出比价的波动阶段。四川数据早期多来自官方档案奏折资料、刑科题本及巴县档案，同光朝有（民国）《犍为县志》辑录坐商账簿资料（与林满红在 1830—1850 年段舍弃犍为县数据，采用直隶宁津县序列不同，本书在专论四川时，还是使用了《犍为县志》数据）。特别需要注意的是，四川地区范围较大，成都平原、川南、重庆府情况可能不同，反映在数据里是同一时间点上，郫县、南溪县、长宁县、井研县、南川县、巴县数据某些时候有较大差距。在不排除方志数据记录有模糊随意性的情况下，少量的差距尚不足以说明四川内部各地区有较大差别。在此，晚清时段还是统一使用《犍为县志》序列替代。而甘肃地区的数据也同样较少。值得注意的是，当地档案馆存有部分光绪时甘肃布政使司奏报的米粮时估清册，清册中有到县到月的比价数据，在有条件的情况下，可再行细究。

清代银钱比价波动研究

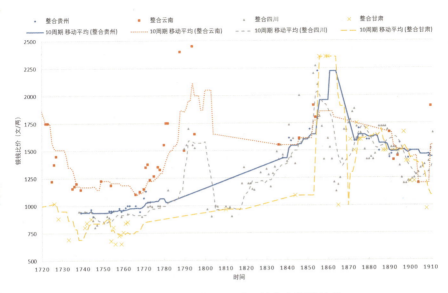

图 60　贵州、云南、四川、甘肃省银钱比价

在图 60 中，贵州和甘肃 1770—1850 年时段的数据极少，故没有体现出乾隆朝中后期的银贵钱贱情况，在有数据的情况下，其形态当与云南、四川情况类似。这几个省份的总体比价波动走势虽然较为一致，但还是存在一些地区性的差别。云南地区从始至终，比价几乎不低于 1000，在这种情况下，用所谓 1∶1000 数值来衡量银钱贵贱，自然没有意义。如果云南地区 1795 年和 1853 年前后确实存在两个峰值，那么对比这两个银贵钱贱阶段，前者显然需要从铜钱数量、质量方面找原因，后者需要从白银方面找原因。在此，由于数据不是来自连续性的账簿资料，故难以判断 1795 年前后银贵是否甚于 1853 年前后的银贵。如若如此，则只能说明邻近铜铅矿藏开采地的地区，确实容易衍生大量私铸，且官铸成本也很低，故银贵钱贱程度要甚于同时期的华北、江南地区。与云南的情况相反，甘肃数据整体偏低，这其中有乾隆时大量用兵西北及同治"回乱"的影响，但更多则是因为甘肃地处西北，偏远地区更

易普遍发生制钱供给不足现象。如果现有数据显示的波幅可信，那么类似于福建，也说明偏远、闭塞地域，银钱比价既会普遍偏低，也容易出现极值。但即便如此，在长时段上，比价的波动形态也并未游离于他省普遍情况之外。

既然甘肃、云南、福建的比价波动情况是在总趋势与全国一致下又有其自身特点。那么邻近地域，如华北、两湖、江南地区，又是否有大区域内的差异，抑或大区域内紧密联系？对此，可对这些区域内的省份再进行对比分析（如图61、62、63所示）。

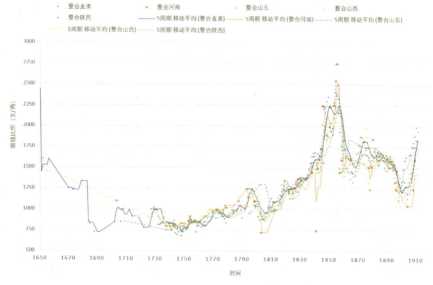

图61　华北地区的银钱比价

说明：这是依本章第二节第一部分、第二部分直隶、河南、山东、山西、陕西数据合并的图。本书事先将陕西与华北另三省并列，但不确定其是否应被归类为华北地区。经研究比对后发现，陕西省比价波动走势与甘肃更为接近，实应归类至陕甘地区。但在此，还是与本章第二节论述保持一致，暂将陕西列入。

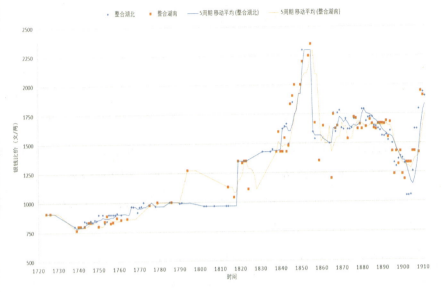

图 62　两湖地区的银钱比价

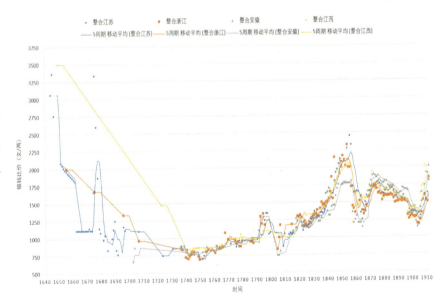

图 63　江南地区的银钱比价

对比华北、两湖、江南地区的情况看，在大的区域范围内，邻近省份的比价波动情况更为相似。以华北为例（在图中，暂将陕西数据也放入华北各省比对），在 5 年移动平均取值绘图情况下，直隶、河南、山东、山西的波动情况几乎一致，陕西在 1860 年前后稍有不同，其情况或与甘肃更为接近。此也可说明，陕、甘作为西北地区，这两省的比价波动更为接近。两湖情况类似，但由于在原始资料中，很多记录将两湖并称，故先天可能导致两地使用同一份资料数据。在这种情况下，只能结合一般认识，初步认为两湖地区较之华北地区、江南地区，在银钱比价波动上，更显得有大区域内的紧密联系。同理，将江西也纳入大的江南地区范围，那么江苏、浙江、安徽、江西银钱比价变动走势也更为接近。以华北、江南比对，特别是在 1877 年前后，华北地区 W 形态内部（1874—1903 第五次银贵钱贱阶段）有一个短暂的凹点（显得钱更贵），而在江南，这个形态并不明显，在两湖地区甚至看不出这种情况。如果对比华北和江南大地理范围内各省比价波动图形，则江南地区的一致性又高于华北，这在一定程度上也可初步说明，乾嘉以后，江南已经成为一个整合程度很好的货币市场。

基于以上，再以直隶代表华北，湖北代表两湖，江苏代表江南，在各省银钱比价数据散点图的基础上，对比福建、云南数据。

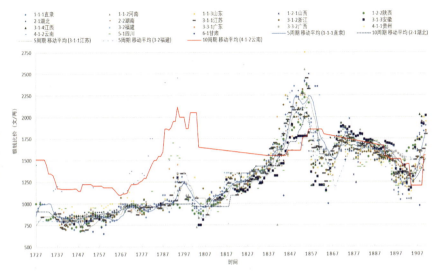

图64　不同区域的银钱比价对比

结合上图（图64）及此前论述可以看出，纵有云南数据整体数值偏高，甘肃数据整体数值偏低，河南数据多极值，福建数据波动幅度大等情况，但自1727年往后，它们的波动形态大致一致。这就说明在事实上不存在独立于他省的某地长时段比价变动趋势。以往某些研究甚至时人论述提及各地比价变动形态存在很大差别，那多是基于小样本或短时段的描述，存在偏误。① 之所以只能从1727年开始论述，是因为此前的数据非常零散，不能很好地从图像上描绘数据。但结合相关历史论述，在1727年以前，总体上各地比价是从零散、高低不一逐渐收敛至[700，850] 区间。可以认为，在经历过乾隆朝后，各地的比价波动形态更为一致，以此去看待市场整合，当时一直存在一个全国性的货币市

---

① 当然，取样对比尺度或时间段不同，会导致不一样的结果出现。燕红忠等对民国时期（1912—1934）完县、醴陵、西昌的对比即认为货币市场存在分割（Hongzhong Yan, Zhijian Qiao, Chen Xu, "A Multi-Layer System and Its Features: Reconceptualizing the Monetary Regime of Late Qing and Modern China", *Front. Econ. China*, 2018, 13（3）：436-457）。这既可能与其选择县、城市作为基本对比单位有关，也可能与晚清民国时期货币种类增加，受政治影响的市场分割加剧有关。

场。在全国性大市场内部，直隶、河南、山东、山西，湖南、湖北，江苏、浙江、安徽、江西，广东、广西，陕西、甘肃邻省间货币流通当更为紧密。贵州由于数据较少，尚不好判定情况。福建、四川在比价波动态势上，与邻省尚有一些细小区别，但这也可能是依据资料数据质量不佳导致的。对该情况下出现的"区别"，当审慎对待，最基本的，还是不应将之视为独立经济区。①

小结

有何材料做何研究，历史研究无法离开所能依据的材料而单独进行。现有银钱比价数据资料，因来源不一，记录方式不一，缺乏直接可比性，故无法像以府为地理单位、以月为时间单位的粮价数据一样做时间序列计量分析。即便存在部分府一级月报比价数据，但其或因时间较短，或因数据质量不佳，尚无法达到精细量化的数据质量要求。职是之故，本章仅讨论银钱比价的全国性长期波动趋势和分期，以及基于拼接而成的各省数据的初步比较两大方面内容。现将研究结论总结如下。

一、比价波动的整体状况。（一）全国性总趋势。以1853年（咸丰三年）为界，此前银钱比价波动总体呈底部较宽的 U 型态势分布，此后为一向右后方倾斜的 W 型状态。（二）阶段划分。1644—1911 年，清代共有 6 次较明显的银贵钱贱阶段，5 次较明显的银贱钱贵阶段。

---

① 有关经济区及"独立"性质的争论，往往将施坚雅树为"靶子"。但施坚雅提出"大区域"概念，似未直接以之论述"大区域"外的广域整合是否存在。在该意义上，本书不直接以施坚雅作为"市场整合"问题的探讨"靶子"。有关此问题的进一步分析，也可见于岸本美绪：《清代中国的物价与经济波动》，第44—45 页。

1644 年（顺治元年）—1673 年（康熙十二年）为第一期银贵钱贱；
1674 年（康熙十三年）—1688 年（康熙二十七年）为第一期银贱钱贵
阶段；1689 年（康熙二十八年）—1726 年（雍正四年）为第二期银贵
钱贱阶段；1727 年（雍正五年）—1758 年（乾隆二十三年）为第二期
银贱钱贵阶段；1759 年（乾隆二十四年）—1795 年（乾隆六十年）为
第三期银贵钱贱阶段；1796 年（嘉庆元年）—1805 年（嘉庆十年）为
第三期银贱钱贵阶段；1806 年（嘉庆十一年）—1853 年（咸丰三年）
为第四期银贵钱贱阶段；1854 年（咸丰四年）—1865 年（同治四年）
为第四期银贱钱贵阶段；1866 年（同治五年）—1873 年（同治十二
年）为第五期银贵钱贱阶段；1874 年（同治十三年）—1903 年（光绪
二十九年）为第五期银贱钱贵阶段；1904 年（光绪三十年）—1911 年
（宣统三年）为第六期银贵钱贱阶段。以上阶段划分，以大部分地区某
时间点前后数据波动趋势发生明显逆转为依据，而非绳之以 1∶1000 固
定标准。如以 1∶1000 为标准，则自嘉庆中期开始，各地比价便几乎未
曾低于 1000。显然，1∶1000 的划分方法对于银钱时价分期而言不具合
理性。（三）分阶段对比。1644—1726 年阶段，因现有数据不够充足，
只能粗略在其内部划分出三个小阶段变动。该时段比价自 [3000,
4000] 高值逐渐收敛至 [700, 800] 区间，既体现出比价波动趋于平
稳，也显示了清廷货币调控、比价干预有所收效。1727—1758 年阶段，
比价数值总体降低幅度不大，所谓银贱钱贵更多体现于时人的观感记录
上。如对比后来的银贱钱贵，则称此阶段比价"较为稳定，稳中有昂"
也无不可。1759—1795 年阶段，是清代第二长时间的银贵钱贱期，银
钱比价数值呈总体上升趋势，末尾段加速上升。1796—1805 年阶段，
短期内银钱比价数值回落幅度较大，一度跌落回到乾隆中期时状态。
1806—1853 年阶段，是清代最长的银贵钱贱时期，跨过 1840 年所谓
"中国近代史开端"的时间点。1854—1865 年阶段，银贱钱贵再现，但

其比价数值低值已与乾隆晚期银贵钱贱阶段比价数值高值相当。1866—1873 年又为一短暂银贵钱贱时段，该阶段内比价数值的高峰介于 1795 年与 1853 年两峰值之间。1874—1903 年为清中后期第一长的银贱钱贵时段，特别是在"丁戊奇荒"前后，又出现一个小的钱更贵高峰。1904—1911 年，为最后的银贵钱贱阶段，由于货币使用状况复杂，类似于清初，故此时期的某些高数值可能受铜元面额数字计算影响而被过度估计。由于制钱制度已到穷途末路，清廷对银两—制钱比价的调节已不甚关心（至少已非当时货币管理的首要问题），对币值稳定的干预也力不从心，故彼时各地银钱比价又因各种货币的使用而变得杂乱，诸多省份银钱比价数据的离散程度较之此前有所增加。

二、分省对比。（一）从数据较多的 1727 年开始，各省没有出现过长期（超过一个银钱贵贱阶段最小值 8 年）相反的比价变动趋势。即便省与省之间存在基数及波幅高低的差异，也不存在独立的走势。诸如李隆生等学者言"中国各地银、钱兑价差异颇大，因此使用某一地方的银、钱兑价变化情形，并非一定能代表全中国的状况"的推论不可信。① 此亦说明清代自始至终存在一个全国性的货币市场，此全国市场不是有和无的问题，只是内部各区域整合程度高与低的问题。② 基于各省银钱比价数值及波动形态比较，亦能说明当时不存在一个独立的经济区域。或正如黄宗智所言"分散的自然经济与整合的市场"并存堪称"悖论"③，那么接下去，银钱比价的宏观市场整合问题研究，就当更为

---

① 李隆生：《清代的国际贸易：白银流入、货币危机与晚清工业化》，秀威资讯科技股份有限公司 2010 年版，第 172 页。Frank H. H. King 也持类似观点，见 Frank H.H. King, *Money and Monetary Policy in China, 1845–1895*, p.241.

② 或者说，虽然有整合，但这是一种不完全整合。而完全整合意味着两地比价差即等于银钱货币在两地市场间进行兑换的交易成本。

③ 黄宗智：《中国经济史中的悖论现象与当前的规范认识危机》，《史学理论研究》1993 年第 1 期（原载 *Modern China* 第 17 卷第 3 期，1991 年 7 月）。

关注这种"全国性"货币市场是如何整合形成的，国家、商团组织、商人以及特殊的财政、赋税结构在当中起到什么作用。（二）华北（直隶、河南、山东、山西）和江南（江苏、浙江、安徽、江西）地区数据质量最好，这其中又以直隶和江苏两省尤佳。华北和江南大地理范围内各省比价变动趋势都较接近，但对比华北和江南而言，总体上江南地区诸省的比价变动同步性高于华北内部诸省，此或可说明江南地区的银钱比价市场整合度高于华北。（三）其他地区则是两湖、两广、陕甘的银钱比价货币市场整合程度较好。贵州因数据最少，尚不好判定。福建和四川有一定程度的独立特点，此或与两地所处自然地理单元有一定特殊性有关，但其依然不能在长期上呈现与他省有异的走势。（四）云南数据整体偏高，从始至终几乎都高于1000。但此偏高是基数意义上的，其总体走势并不异于全国。甘肃数据整体偏低，此或说明当地铸币不易，铜钱铸币流通量较之白银为少。河南数据容易出现极值，此可能与当地更易受水旱灾害影响有关。同理，"丁戊奇荒"期间，华北诸省比价数值较之其他区域同步出现低值，亦说明大范围灾疫同样影响宏观比价数据。彼时江南诸省虽也有钱贵，但钱贵幅度不及华北，而华南诸省则看不出此等情况。这就说明运河、长江水路路线，有利于货币价格波动信息传导及市场整合实现。

第五章　国家对银钱货币的管理

　　若论述银钱比价形成及波动之原因，清廷（以下"国家""政府""清廷"意义等同)[1] 的货币管理（货币管理体系）当被首先阐述。[2] 当

---

　　① 国家一词含义颇多，大体可分为 country（地域国家）、nation（民族国家）、state（暴力机器国家）、government（行政国家）意义上的国家（项飚：《普通人的"国家"理论》，《开放时代》2010 年第 10 期)。本书中"国家"指的就是行政意义上的"清政府"，包含君主及其官僚机构体系，亦称"清廷"。

　　② 这里侧重强调的是货币管理体系而不仅仅是货币（管理）制度。在经济学中，货币制度（Monetary System）简称"币制"，是一个国家以法律形式确定的该国货币流通的结构、体系与组织形式。比如现代币制具体包含：（1）确定本位货币和货币单位；（2）确定本位币和辅币的铸造、发行和流通程序；（3）确定纸币发行和流通程序；（4）规定金准备制度和外汇准备制度。但货币管理体系则还包括管理思想、管理理念，是一个由理念到制度，由制度到政策、措施的综合体。按照诺斯对制度的定义，制度包括一系列被制定出来的规则、守法程序和行为道德伦理规范。则清代的货币管理制度也应该包括基本币制、货币法律法规和货币管理应然观念。只是从诺斯对制度的定义出发推导出的货币制度和现行币制定义有一定差别——后者几乎不涉及思想、观念，所以本书直以"货币管理体系"一词概括。在当时，货币管理观念、制度设计、政策落实也被称为"圜法"。本书在使用时，货币管理体系涵盖范围最广，包括管理思想、理念、学说，管理制度，落实政策；在不涉及货币管理观念、思想，而专论章程、法典、成例时，则多用货币制度、币制；在讲述具体针对某地的措施、临时办法时，多用货币政策、货币管理举措。清代货币政策的定义另可参见霍晓荣：《晚清货币政策思想变迁研究（1840—1911）》，经济科学出版社 2016 年版，第 25 页，"中央政府针对货币的供给和使用实施的、以稳定银钱比价和统一货币、并最终实现宏观经济稳定、满足国家财政需要为目的的各项政策和措施的总和"。

然，有清一代货币管理，在广义上，① 如以货币管理观念、货币管理制度、货币管理政策（制度的具体落实）配合综合论述，绝非本章所能详尽。本章要旨仅在论述与银两、制钱比价波动密切相关之货币管理体系，故晚清银元、铜元问题所涉不多。② 另外，与一般管理制度配合的货币政策，出于行文结构安排考虑，本书将之与具体案例结合，放入影响比价的具体因素及官方应对章节阐述，在此也较少涉及。在时间节点上，清代货币管理以咸丰币制改革③、规复制钱到自铸铜元为界，可分为三段，现着重论述其中的货币管理理念与制度实践，以及相关内在矛盾对银钱比价的影响。

第一节　清前中期的货币管理

咸丰以前的清前中期，中国货币系统变化的四个基本趋势是：白银

---

① 狭义货币制度只包括货币金属和货币单位，通货的铸造、发行与流通程序，金准备制度等。参见胡庆康主编：《现代货币银行学教程》，复旦大学出版社 2014 年版，第 10 页。出于行文考虑，为不显突兀，特别是在第一节，本章将狭义币制与清政府对行钱的观念、配合行钱的措施作体系论述，将狭义币制扩展为货币（特别是银钱比价）管理体系。

② 铜元在一定程度上可被视为制钱与新式本位币铸币体系的过渡产物，故作为制钱延伸，会适当涉及。银元铸造与调节管理银钱比价不直接相关，故不作论述。

③ 按汤象龙的观点，咸丰以前的货币“一向是简单而稳定，二百年中未曾遇到重大的危机。虽在道光中叶因银荒问题而引起了严重的结果，但从制度的本身看，并未破坏，历来银铜并用的双本位的制度继续通行”（汤象龙：《咸丰朝的货币》，《中国近代经济史研究集刊》1933 年第 1 卷第 2 期，第 1—26 页）。故本书以咸丰朝币制变革作一分界，分段论述货币制度。

内流化①，货币白银化②，赋役货币化③，统计银两化④。该趋势使得中国的货币结构在此时期逐渐演变成为一种以白银为核算中心的多通货并存的货币体系。⑤该体系以白银银两和小平钱为货币行用主体，前者是称量货币，后者是计数铸币，这亦是一种"银钱并行"的货币体系（以银钱为核心的清代前中期广义货币体系见图65）。

在该体系内，任一货币在特定时空范围内均可用于市场交易，在相当程度上也可自由兑换为他种货币（故存在各种比价），在整体上存在介乎"国家化"与"非国家化"间的强烈张力。⑥但在实际行用中，最常见者，还是白银银两和黄铜小平钱的单独行使及相互兑换，故国家对该货币体系的管理也由此展开。由于明清易代的复杂社会政治背景和经济复苏、发展过程中地域间不平衡因素的存在，清政府对该时期货币流通体系的管理面临着前所未有的挑战。该时期所形成的国家货币管理观

① 参见全汉昇：《再论明清间美洲白银的输入中国》，收入氏著《中国近代经济史论丛》，第11—18页；严中平：《丝绸流向菲律宾白银流向中国》，《近代史研究》1981年第1期；晁中辰：《明后期白银的大量内流及其影响》，《史学月刊》1993年第1期。虽然道光朝有短暂的白银外流，但其并未改变白银不断流入中国的总趋势。

② 参见万明：《明代白银货币化研究20年——学术历程的梳理》，《中国经济史研究》2019年第6期；黄阿明：《明代货币白铜化与国家制度变革研究》，广陵书社2016年版；邱永志：《"白银时代"的落地：明代货币白银化与银钱并行格局的形成》，社会科学文献出版社2018年版。在这点上，有"白银货币化"和"货币白银化"两种提法。笔者认为，从长时段看，货币白银化在宋元时期表现为"白银的初次货币化"，明前期有过"白银的非货币化"，明中后期开始的是"白银的再货币化"，清代则是"货币体系的白银化"。

③ 参见刘志伟：《从"纳粮当差"到"完纳钱粮"——明清王朝国家转型之一大关键》，《史学月刊》2014年第7期；陈春声、刘志伟：《贡赋、市场与物质生活——试论十八世纪美洲白银输入与中国社会变迁之关系》，《清华大学学报（哲学社会科学版）》2010年第5期。

④ 参见陈锋：《明清时代的"统计银两化"与"银钱兼权"》，《中国经济史研究》2019年第6期。

⑤ 参见戴建兵：《中国近代的白银核心型货币体系（1890—1935）》，《中国社会科学》2012年第9期。

⑥ 白银银两是货币但不是"国家化"的铸币，制钱是"国家化"的铸币但又不是铜钱体系内唯一的"铸币"。在"银钱并行"的货币体系中，我们可以同时观察到货币的国家化和非国家化两种状态。

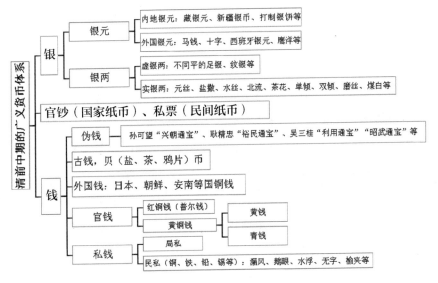

图65 清前中期的广义货币体系

说明：图中，白银的平色兑体系是一个在各地逐渐形成的过程，并非各地各时都有完整的白银平、色、兑。以贵州清水江流域为例，至晚在道光初年已通用色、平、兑，如"历来买木纹银九五折扣，平用九六比兑"（张应强：《木材之流动：清代清水江下游地区的市场、权力与社会》，生活·读书·新知三联书店2006年版，第175页）。一般而言，对纹银有标准的，以百分比方式表达的成色及平砝语言，已经是道光以后的事［姚朔民主编：《中国货币通史》（第二卷），第559页］。黄钱广义指锌铜合金钱，乾隆"青钱"也属于该体系，但在时人文献中，也有将黄钱与青钱并列称呼的。如"（乾隆）五年，改铸青钱……与现在黄钱相兼行"（《清朝通典》，卷十，《食货十》）。另外，对于私票是否为货币这点，可能存在一些争议。如果按照信用机构发行信用凭证的理解，那么私票当为票据，是信用工具。但同时，对清代私票，也存在将其理解为纸币、信用货币者。如石毓符认为，清代通货包括国家纸币和私票，前者从流通手段职能产生，后者从支付手段职能产生（石毓符：《中国货币金融史略》，第120页）；彭迪先认为，"信用货币可分为三种，在商业信用的基础上产生的票据，以及在银行信用的基础上产生的银行券和支票"（彭迪先、何高箸：《货币信用论大纲》，武汉大学出版社2012年版，第121页）；何平教授认为"信用货币，在金属货币流通时代，是指完全可兑现纸币"（何平：《传统中国的货币与财政》，第75页）；王雪农、刘建民、石长友等认为，私钞、票帖是纸质民间信用货币（王雪农、刘建民：《中国山西民间票帖》，中华书局2001年版，导言第1页；石长友编：《清代地方私帖图录》，中华书局2006年版，前言第1页）。本书在此，依照私票代替货币行用，取得与货币类似职能（贮藏除外），将私票归类于纸币货币，算入通货范畴。只是须知，此种特殊货币，并非是对全社会而言，其往往只能在一地小范围内充当货币角色。鸦片作为货币可见郝延平对"苏州制度"的解释（郝延平：《晚清沿海的新货币及其影响》，《"中央研究院"近代史研究所集刊》1978年第7期）。

念及相应制度，奠定了有清一代政府管理货币的基本格局，而其内在矛盾冲突也深切影响了此后中国货币金融体系的演变轨迹。

在清前中期，政府的货币管理体系主要包含基础货币制度和与之配合的多维政策。基础币制，指的是国家在遵循货币管理核心观念基础上，对货币有关要素、流通组织与管理形式等加以规定所形成的规约章程。① 由于该方面的资料在《清会典则例》《皇朝政典类纂》《大清律例》《清通典》《清通志》《皇朝文献通考》等文献中已有记载，故后人研究多以整理、论述相关制度为主。② 随着清宫档案进一步开放，一些学者利用原始档案对清前中期货币的铸造、发行、流通管理做了进一步探讨，涉及铸造过程、发行程序、法律规范等多个专题。③ 但由于只有制钱是铸币，常见典籍也以对制钱的管理为记录核心，故以往研究多侧重在钱，此与明中后期的研究多侧重于银形成鲜明对比。对此，本书接下去的论述，将既不侧重制钱去详论铜政、制钱铸造问题，也不偏重白银使用问题，而是围绕银钱货币比价管理展开。另外，货币政策，指的是基于基本币制所衍生出的具体管理举措，具有灵活、可变、多样的特点，需结合具体运用场景解释。为此，本书将之放入影响比价的因素、政府应对比价波动的措施中再做细论（见第六、七、八章相关论述）。

---

① 胡岳峰：《"银钱平行"与"银铜并行"：清前期货币制度的理念与实践（1644—1795）》，第 37 页。基础币制主要内容包括：规定货币金属材料、规定流通中货币的种类、规定货币单位、规定货币铸造发行的流通程序等。

② 参见张家骧：《中华币制史（上）》，第 35—124 页；彭信威：《中国货币史》，第 557—596 页；杨端六：《清代货币金融史稿》，第 3—84 页；杜家骥：《杜家骥讲清代制度》，天津古籍出版社 2004 年版，第 229—239 页；［日］岸本美绪：《关于清代前期定例集的利用》，顾其莎译，载徐世虹主编：《中国古代法律文献研究》（第八辑），社会科学文献出版社 2014 年版，第 375—397 页。

③ 参见韦庆远：《顺治朝铸钱及其存在的问题》，收入氏著《明清史新析》，第 318—347 页；王德泰：《清代前期钱币制度形态研究》，第 1—62 页；李强：《金融视角下的"康乾盛世"——以制钱体系为核心》，第 26—127 页。

一、管理理念及制度实践

（一）"质"与观念准则

在银钱并用的货币体系中，要有效管理货币流通，首先得保证白银与制钱"相权"而行。对此，《皇朝文献通考》有载：

> 大抵自宋迄明，于铜钱之外皆兼以钞为币，本朝始专以银为币。……钱与币之各得其宜，固无有逾于我朝者也。[1]

此中，"钱"单指制钱，"币"专论银两，两者都是货币（充当一般等价物），但当中只有制钱由国家垄断铸造、发行。[2] "各得其宜"即时人所谓"银与钱相为表里，以钱辅银，亦以银权钱，二者不容畸重。凡一切行使，大抵数少则用钱，数多则用银"。[3] 由此可知，清政府在货币管理上的第一观念准则是：银钱相权，两得其平。

其次，时任顺治朝户部侍郎的孙廷铨曾言，"夫天地自然之利……圣王必为之限制，使其权一出于己……圣人之制法，利不自予，而柄不

---

① 《清朝文献通考》，卷十三《钱币考一》，考四九六六。"大抵自宋迄明，于铜钱之外皆兼以钞为币，本朝始专以银为币。夫因谷帛而权之以钱，复因钱之艰于赍运，而权之以币。钞与银皆为权钱而起，然钞虚而银实，钞易昏烂而银可久使，钞难零析而银可分用，其得失固自判然。前代恐钞法之阻滞，并银与铜钱而禁之，至于用银者，以奸恶论，以钱交易者，掠治其罪，亦为不揣其本末矣。然则钱与币之各得其宜，固无有逾于我朝者也。"

② 银两和铜钱都是货币，但只有铜钱是铸币。在铸币中，又只有制钱是法定铸币。

③ 《清朝文献通考》，卷十六《钱币考四》，考五〇〇二。类似解释还又如："白金之用，本与钱相为重轻。然此盈彼绌，贵在适中。我朝银钱兼权，凡钱之多寡，俱准钱之轻重，上下流通，允为良法。"《清朝通典》，卷十，《食货十·钱币》，王文素等注：《十通财经文献注释》（第一册），中国社会科学出版社 2015 年版，第 455 页。

众操也"。① 世宗宪皇帝亦谕"钱价不能平减者，因兑换之柄操于铺户之手"。② 乾隆时，储麟趾也称，"窃惟王者理天下之财，所以足国用而便民生者，莫急于平钱价"。③ 任源祥更在《制钱议》一文中言，"天下之权货一，曰钱。君实制之。……钱之为物，寒不可衣，饥不可食，但制之上，阳以大一统之名号，阴以操天下之重轻，故曰权也"。④ 以上提及的"与民为便""君实制之"便是清廷货币管理观念的另两个准则，前者对应的其他表述为"利不自予""下收其利"⑤，后者对应的其他表述为"柄不众操""上操其权"。

所以，清政府在货币管理上，先有一"质"的观念准则，内含三条具体标准："银钱相权""与民为便""君实制之"。概言之，当时所认为的最佳货币管理状态，便是在君主掌控下，白银与制钱并用不悖，无所偏倚，利国利民。该观念准则，与君主制国家治理的历史经验、儒学长期教化一同被嵌入既有银钱货币流通状态中。于银钱比价而言，其自会要求比价保持稳定（相权、民便），且政府可随时干预（君实制之）。

（二）"量"与"银一钱千"

在"银钱并行"的货币体系中，银两和制钱均可单独使用，但国家只在两者的单独行用上做少许规定，而将管理重点放在两者的兑换使

---

① 孙廷铨：《文帝除盗铸令论》，见贺长龄、盛康编：《清朝经世文正续编》（第一册），卷五十三，广陵书社 2011 年版，第 543 页。"夫天地自然之利，天子与民共之者也。而圣王必为之限制，使其权一出于己。非渔夺自私，所以均生民之利，而止法外之奸也……故圣人之制法，利不自予，而柄不众操也。"

② 赵之恒等编：《大清十朝圣训》，燕山出版社 1998 年版，第 1009 页。"钱价不能平减者，因兑换之柄操于铺户之手，而官府不得司其事。是以小人图利，得任意多取以便其私耳。"

③ 储麟趾：《敬陈泉布源流得失疏》，《清朝经世文正续编》（第一册），卷五十三，第 549 页。

④ 任源祥：《制钱议》，《清朝经世文正续编》（第一册），卷五十三，第 547 页。

⑤ "转移出入，上握其权，交易流通，下收其利，诚为酌中便民之利也。"《皇朝文献通考》，卷十三。《皇朝掌故汇编》，卷十九，记为"转移出入，上操其权，交易流通，下收其利"。

用（或合用）上。① 我们虽知清代银钱比价的官定理想兑换值是"银一（两）钱千（文）"，但对此"例价"由来，以前研究者却多语焉不详。银两称重，制钱计数，两者如何挂钩，又有何意义？

顺治元年（1644），清廷于京师置宝泉、宝源两京局，各自鼓铸制钱，铸出钱文按年号称"顺治通宝"，"每文重一钱"。② "文"，既是面值也是计数单位，一文即一枚；"钱"，是重量单位，一文者一枚重一钱。《皇朝文献通考》载：

> 唐开元通宝为二铢四累，积十钱重一两，是每文为今之重一钱。后人以为繁而难晓，故十分其两，而代以钱字……钱者，即借钱币之钱以为数名。③

"钱"作为重量单位，乃是借"开钱"钱名而言轻重（"非数家之正名"④），一文一枚者重一钱，贯通计数与计重。但制钱计数以文，轻重以钱，又如何与白银的"两"联系起来？⑤

此时，顺治一厘字钱的存在，对理解该问题起到关键作用。顺治三

---

① 对使用白银进行的规定可称"银法"。"银法"乃是官方基于民间习惯，对官银的平砝、成色、熔铸等进行规定。参见杜家骥：《杜家骥讲清代制度》，第 229—232 页。对使用制钱进行的规定称"钱法"，下文详述。

② 《清朝文献通考》，卷十三《钱币考一》，考四九六六。

③ 《清朝文献通考》，卷十三《钱币考一》，考四九六六。"钱之轻重，古以铢与累黍计，今以钱与分厘计。盖分厘之数，古者但以为度名，而不以为权名。权之为数，则十黍为累，十累为铢，二十四铢为两。自太公圜法轻重以铢，汉以后每以铢之数铸于钱文，唐开元通宝为二铢四累，积十钱重一两，是每文为今之重一钱。后人以为繁而难晓，故十分其两，而代以钱字。盖宋之前已然。……十厘为分，十分为钱之计数，始于宋时。所谓钱者，即借钱币之钱以为数名。所谓分厘者，即借度尺长短之名以为轻重之名也。"

④ "以钱代铢"，《日知录集释》卷十一，顾炎武撰、黄汝成集释、栾保群校点，中华书局 2020 年版，第566页。

⑤ 胡岳峰：《"银钱平行"与"银铜并行"：清前期货币制度的理念与实践（1644—1795）》，第 85 页。

式钱，钱镘有"一厘"字样，然此"一厘"并非权重单位，对此，还按《皇朝文献通考》说法：

> 古半两、五铢等钱，皆纪铜之轻重。<u>本朝之一厘字钱则纪值</u>。银之数，考古者，数名先作氂字，一蚕所吐为忽，十忽为丝，十丝为毫，十毫为厘，说者谓毫断马尾为之氂，为氂牛尾毛，盖取自微至著之义也。《史记》、《汉书》多作氂，后乃通用作氂，其又为厘者，从省文也。①

如此，顺治三式钱钱幕"一厘"便指值银一厘，其千文合银一两，又称"权银钱"。②

结合上述两段文字可知，若值银一厘的钱一文重一钱，则一千文钱重一千钱即值银一两。如此，以个数计算的铜钱便与以重量计算的白银挂钩起来。虽然一钱重钱是顺治元年旧制，后来铸造的制钱有所改重，但在观念上，不同重量的制钱都已被当作顺治定制重一钱值银一厘看待。③ 如在顺治八年，清廷草拟制钱改重时，户部议言"［制钱］始定制每文重一钱，继重一钱二分，犹嫌其轻。应每文改铸重一钱二分五厘，仍照定制以每钱百文准银一钱"。乾隆十一年，陕西巡抚陈宏谋在奏请制钱改轻时，也请求"照顺治元年、康熙年间每文铸重一钱，并照

---

① 《清朝文献通考》，卷十三《钱币考一》，考四九六六。

② 参见彭信威：《中国货币史》，第588页；刘舜强：《明末清初的折银钱体系》，《明清论丛》2015年第1期。至于"权银"的来历，则可能与对明代行钱的继承有关。丘濬在《铜楮之币》（下）中有言"窃以为今日制用之法，莫若以银与钱钞相权而行，每银一分易钱十文"。见《大学衍义补》卷二十七，《古今图书集成》卷三五五，中华书局影印本，1934年，第704册，第38页。

③ 胡岳峰：《"银钱平行"与"银铜并行"：清前期货币制度的理念与实践（1644—1795）》，第86页。

顺治初年之例以一文当银一厘，每千作银一两"。① 据此，可以说，将以一钱为基本重量而有所上下波动的实际钱文等同顺治一厘字钱并与值银一厘挂钩，实现的是从计数到计重再到记值的贯通，"银一钱千"定例其来有自。②

至此，我们尚可继而问之，时人尝谓"始定制每文重一钱"，"是重一钱者历为适中铢两"，③ 政府缘何执着一钱这一重量，是因为重一钱的制钱所含铜的市场价格与白银的金属比价长期稳定吗？然自清初到清末，铜价上涨多达五六倍，显然不能长期稳定。④ 此时，纯粹理性经济的思考方式难免解释不通。⑤ 对此，可参看一时人论述。乾隆四年，进士顾栋高在江西九江青山遇见一事，是时该地有一设税口岸，适值十月河水水位下降，有载客小舟自青山而下，船舶举碇移动时，人们忽觉舟碇异常沉重。待众人合力举起，才见舟碇附着缠绕诸多古钱。附近居民闻讯，则于小舟附近水域争相捞取古钱。顾栋高本人在围观时发现，此批古钱大多属于唐宋时期，且以宋代为主。他将当中历代铜钱"取其轻重一一较之"后感慨：

> 钱之关于民也大，而轻重之际，治乱因之。……自古称得轻重大小之中者，汉五铢而后，莫如唐开通。故宋初因之。今观前所列

---

① 《陕西巡抚陈宏谋奏请再申铜禁并改铸钱文事》，乾隆十一年六月二十八日，朱批奏折，档号：04-01-35-1237-021。

② 胡岳峰：《"银钱平行"与"银铜并行"：清前期货币制度的理念与实践（1644—1795）》，第87页。

③ 陈宏谋：《申铜禁酌鼓铸疏》，《清朝经世文正续编》（第一册），卷五十三，第546页。

④ 杨端六：《清代货币金融史稿》，第44页。

⑤ 对于铜钱为何长期稳定于一定重量、成色，有研究认为是私铸防止了官方为获得高额铸币税而减重（Sheng Qian, Lemin Wu, "Who Defended Monetary Stability in a Specie Regime? Evidence from the Chinese History", *Front. Econ. China*, 2018, 13（3）：397-435），但对于为何有私销时官方也很少大幅减轻铜钱重量，却没有很好解释。

者，**凡系太平有道之世，钱俱不甚相远**。[①]

以汉五铢、唐开元为典型，自汉唐以降，凡太平之世，钱重大抵相近，为一钱。如是，本是钱的质量轻重，或者说是在同时代的西欧表现为货币金属的市场价格的问题，到了清政府及其士人眼中，反变为饱含治乱兴衰之道的货币哲学问题。[②] 类似言论还有如钱文"过于轻小，有关国体"[③]，亦非从钱文内在价值着手分析金属铸币问题。黑田明伸对此曾有总结——"中国铜钱最大的特征在于，最致力于保持在空间上的统一性、在时间上的一贯性"。[④] 可见，"银一钱千"背后亦有钱币文化传承和历史治理经验支撑，则该定例由来，也需从其嵌入的历史文化背景中理解。

那么，国家又如何试图利用"银一钱千"标准进行货币管理？

首先，是要设定一个银钱兑换的官方标准，并在政府体系中按例通行。顺治二年（1645），清廷议定制钱增重二分，定"钱七枚准银一分，旧钱倍之"，然因时人"颇病钱贵"，后更定"每十枚准银一分，永着为令"。[⑤] 顺治十年，廷议疏通钱法，"钱千准银一两，定为画一通

---

① 顾栋高：《汴宋历朝钱文轻重记》，《清朝经世文正续编》（第一册），卷五十三，第 540 页。"钱之关于民也大，而轻重之际，治乱因之。周景王铸大钱，单穆公争之。汉桓帝时，有议改铸大钱者，刘陶言其不便乃止。……自古称得轻重大小之中者，汉五铢而后，莫如唐开通，故宋初因之。今观前所列者，凡系太平有道之世，钱俱不甚相远……余读《文献通考》至《钱币》，名臣论列凿凿，而莫有详其轻重铢两者。今于六百年后，而得悉宋一代钱文之轻重，与马氏之说相表里，而治乱得失，于此可想见。"

② 胡岳峰：《"银钱平行"与"银铜并行"：清前期货币制度的理念与实践（1644—1795）》，第 88 页。

③ 《苏州布政使安宁奏请变通江苏钱法以平市价事》，乾隆二十六年五月二十一日，朱批奏折，档号：04-01-35-1260-037。

④ ［日］黑田明伸：《货币制度的世界史：解读"非对称性"》，第 91 页。

⑤ 《清朝文献通考》，卷十三《钱币考一》，考四九六七。

清代银钱比价波动研究

行之制"。① 至此，清早期官方认定的标准银钱比价就此确定，"银贵钱贱""钱贵银贱"的一般判定标准也由此产生。② 该 1∶1000 官定例价比价，曾被广泛用于政府俸饷搭放、财政奏销、司法审判等领域，为便利国家经济管理作出过重要贡献。③

其次，政府希望民间也按此标准进行交易。顺治八年，户部尚书巴哈纳曾提请"每银一钱止许换钱一百，如有仍增至一百之外者，买者卖者一并治罪"。④ 康熙二十九年（1690），清廷再申"钱值不平禁例"，时户部议言"近因钱市居奇，而价复参差不一"，要求自此及后，市易每银一两须"足千文之数"。⑤ 雍正七年，户部奉上谕"近闻马兰峪地方，每银一两换大制钱一千零二十余文。又闻奉天及直隶数府，钱价过贱。民间贸易，物价必致亏损，且恐奸弊从此而生"，令直隶总督及奉天府尹严饬地方官通行晓谕，要求此后一两白银只许换钱一千，倘有明知故犯者，即当查出治罪。⑥ 从以上条例、奏请、上谕看，政府非常希

---

① 《清史稿》，卷一百二十四，《志九十九·食货五》，第 3642 页。

② 时人在论述银钱贵贱时，有时以 1∶1000 绝对标准衡量，有时以特定时间点前后比较衡量，需结合材料具体分析。

③ 比如（康熙五十八年）"罢收买旧铜之令，停各衙门公费及官俸给钱之例。因宝泉局每年所铸制钱不敷官工之用，止令配给八旗兵饷，其各衙门应支公费与汉官官俸，每钱一串，给银一两，着为例"。《清朝通典》，卷十，《食货十·钱币》。绿营俸饷搭放中，"搭钱成数各省不一律，有搭放半成的，如广东顺德等营是。有搭放一成的，如江南、江西等省是。有搭放二成的，如湖南省是。有搭放三成的，如山西全省及云南东川镇东川、镇雄、寻沽三营是。有搭放五成的，如云南督、抚两标暨城守、武定、奇兵等营是。至于以钱搭饷，对银价的比率，为银一两，给钱千文"。罗尔纲：《绿营兵志》，第 389 页。但该点并不绝对，比如兵饷中云南东川镇东川、镇雄、寻沽是以一千二百文合银搭放。又，《钦定大清会典事例》卷九百九十《刑部》载"各省窃钱之案。有每钱一千作银一两者。亦有按照时价，每钱一千作银一两一二钱者。办理向未画一"。例价不能画一的问题下文会专门论及。又如《乾隆会典》卷十《户部·田赋》载州县催科"亲输之法：置柜署前，听民封银亲投，以部定权衡，准其轻重。若奇零之数，愿以钱纳者，听每十钱当银一分，以禁吏胥侵渔"。（咸丰）《重修梓潼县志》卷一，第 27—30 页，《夫马流差章程》，"每粮银一两，一轮派差钱一千文"。

④ 《巴哈纳题疏通钱法事本》（顺治八年正月二十七日），中国第一历史档案馆编：《清代档案史料丛编》第七辑，第 169 页。

⑤ 《清朝文献通考》，卷十四《钱币考二》，考四九七五。

⑥ 倪模：《古今钱略》（上），第 65 页。

望银钱市价与官定例价一致，因为一致便意味着通过固定银钱兑换比例即可稳定钱值，稳定钱值又有利于稳定物价。物价定则人心宁，人心宁则天下太平。钱价、物价、人心、天下，在当时被认为有此逻辑关联。①

再次，当民间确实无法按例价进行银钱兑换时，官方则退而求其次，希望银钱市价维持稳定。②官方维持市价稳定的基本思路是"钱贱放银，银多放钱"。③该做法既是"银钱相权"本身的要求，也是"银一钱千"等比例量化的延伸。

（三）由"质"到"量"的贯通

基于"银钱相权、与民为便、君实制之"的货币管理理念，和通过稳定银钱比价来保障经济平稳运行，赢得人心、天下的货币政策目标，清廷制定出了成套的货币管理制度和辅助政策。

因白银并非是受国家管控的铸币，所以国家只能在尊重市场使用习惯的前提下，在财政税收等自身能掌控的范围内，对其成色、称量加以规范（"银色之高下与银直〔值〕之重轻，与钱法相比附者，备着于篇"④），而将货币管理重点放于"钱法"上。以铸造论，国家对铜铸币币材采购、运输、查验皆有相应章程；对铸局开停、铸造量、铸币质量查验也有相应规定。以发放言，制钱通过搭放奉饷、平减价售卖、工程建设劳役工资给发等方式流入市场，皆需各相关部门提请核销。从流通及市价监控看，清廷严禁私铸私削，严查倒买倒卖、囤积居奇，通过

---

① 当然，钱价、银钱比价、物价间的关系并非如此简单。钱价是相对于银而言的，钱价稳定确实在一定程度上代表银钱比价稳定。但物价是与货币总量关联的，与银钱相量对比决定的比价尚有区别。清人在该方面过于理想化，或为不懂得相关经济原理所致。

② 官方不再强求民间按1：1000比价执行交易，大致时间是在雍乾年间。参见彭凯翔：《货币化与多元化：白银挑动下的明清货币"复调"》，《中国经济史研究》2019年第6期。

③ 《大学士阿桂奏请拨出库帑银两平易钱价事》，乾隆五十九年六月十七日，录副奏折，档号：03-0805-081。

④ 《清朝通典》，卷十，《食货十·钱币》。

定期和不定期的各层级钱价奏报了解钱价贵贱，并量为调节。① 以上所言，在清前中期的货币管理实践中业已成为经常性制度，而调节银钱比价的具体措施因"可暂不可久"、可行于一地而未必可行于他地，而只能称为具体的货币政策。在具体货币政策中，"钱少价昂"则增加鼓铸，"钱多价贱"则暂停鼓铸，几成官方应对比价波动的最常用手段。此外，还有调用平粜钱；增减奉饷搭放中银钱比例；设立官钱铺售卖库存余钱；截留、调集外地制钱，外销本地钱文；收买（开捐）铜器，征收余（旧、废）铜，限制本地铜金属及钱文流出；暂允使用古旧钱，默许使用私小钱；调整银钱并用的范围——推广用银、强制用钱等更为灵活的措施。②

　　总言之，在清前中期，政府对货币的管理，有一套从理念到执行贯通的"质—量"联结体系（如图66所示）：

　　① 政府了解市场钱价波动主要依靠府县一级的钱价上报和督抚在奏折中的随报，但并未形成诸如粮价单形式的严格奏报体例。清代银钱比价奏报的程序、体例等，可参见赵士第：《清代钱价奏报考论》，《安徽史学》2023年第4期。当然，其中一些细节尚待进一步研究。
　　② 参见和文凯：《乾隆朝铜钱管理的政策讨论及实践——兼与18世纪英国小额货币管理的比较》，《中国经济史研究》2016年第1期。

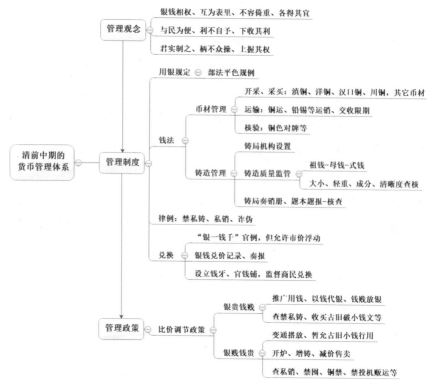

图66　清前中期货币管理的观念—制度—政策体系

　　该体系从"银钱相权""君实制之"出发，将官方例价设定为"银一钱千"，同时以控制货币投放量来维系市场比价平稳求"民便"。控制货币投放量多从制钱入手，依托严格的制钱铸造、发行程序，让京局和各省局铸出制钱通过搭放俸饷、灾赈及城工、河工等工程建设度支，给付铸局炉头匠工伙食物料，开设钱牙，流经钱桌、钱铺、当铺、盐米杂货店等兑换机构的方式注入市场，以制钱的铸造供给间接锁定白银存量，从而达到比价稳定目的。在该体系中，从行钱的核心观念到相应货币制度的构建，从货币制度的构建到货币政策的执行，从君主操其权到官僚行其事，从部定铸造量到各铸局铸造，均可视为清政府国家治理逻辑中君主—官僚体系委托—代理关系的延拓。^① 该由货币管理的核心观念指导，由基本制度搭建框架，由诸多补充政策填充的货币管理体系，在自身构建上具备相当程度的合理性、完整性、融通性。其在传统政治文化背景和市场结构中的管理效力，也为清前中期的货币管理实践所一再证明。^②

最后，我们总结该"质—量"联结管理体系对银钱比价形成和波动的意义。^③ 第一，"相权"内含要求比价最佳状态为保持固定，所以在政府体系内，有诸多例价比价存在（其中又以"银一钱千"最为常见）。而在市场上，比价如不能固定，则至少应保持稳定。^④ 第二，"民便""君实制之"要求政府必须调控市价比价，当时价不稳定时，政府必须承担经济管理责任，而不能仅顾自身财政利益。通过矿政运作，压低铸钱成本，再以各种手段干预钱文流入市场，便是兼顾财政需求和与民方便。

然此货币管理观念—制度—政策体系的运作便真如理论设想般美好吗？对此，我们可看其对银钱比价具体产生了什么影响。

---

① 帝国治理中委托—代理关系的论述参见周雪光：《从"黄宗羲定律"到帝国的逻辑：中国国家治理逻辑的历史线索》，《开放时代》2014 年第 4 期。

② 特别是乾隆朝对铜钱管理的成效，和文凯教授对此有高度评价。详见和文凯：《乾隆朝铜钱管理的政策讨论及实践——兼与 18 世纪英国小额货币管理的比较》，《中国经济史研究》2016 年第 1 期。

③ 一般而言，管理体系由实体管理结构和管理规范体系构成。具体到清代，铸币主要管理机构为各铸局，钱法管理机构为户部，调节各地比价的管理机构为各省督抚衙门。体系图侧重展现了管理的规范体系，该体系由指导制度的观念、落实及维护制度的政策综合构成。

④ "清代货币政策的主要目标是保持货币体系稳定，这意味着波动要被控制在最低限度，市场比价应尽可能接近官定比价。" Hans Ulrich Vogel, "Chinese Central Monetary Policy, 1644–1800", *Late Imperial China*, Dec 1, 1987; 8, 2, p.9.

二、内在矛盾

（一）质性观念的内在矛盾

1. "银钱"实难相权

清代的"银钱相权"，有固定银钱兑换标准，以"钱贱放银，银多放钱"维持市场比价稳定，财政收支银钱兼用、无所偏倚等多重含义。

我们现以财政收支中的银钱兼用为例说明问题。如若银钱兼使，两得其平，则银钱在财政收支上当"中半"行使。由于货币及财政核算体系的白银化趋势，清廷在银钱出入上渐失其平——奉饷搭放以钱，税收上兑以银。这也是陆世仪所称，"今朝廷用钱，每便于发，不便于收，每便于下，不便于上"。[①] 在田赋征缴上，清廷自始就表现出重银轻钱的倾向，此即赋税征输上的"银七钱三"例。但即便是"银七钱三"，在实践上也难以推行。任源祥即曾言"银七钱三……皆纸上空文，未见有实在纳钱者"。[②] 如此，则政府在税收中"重银轻钱"的实践，即是对"银钱相权"观念的背离。其在一定程度上是赋税白银化、统计银两化的结果，但加剧了财政收支领域中银钱并用的"不对称"性，也加剧了市场比价的波动。

2. "民便"各有理解

在此可看乾隆初年的一则上谕，其清楚体现了"便民"与"累民"间的吊诡转换：

---

① 陆世仪：《论钱币》，《清朝经世文正续编》（第一册），卷五十二，第 529 页。

② 任源祥：《制钱议》，《清朝经世文正续编》（第一册），卷五十三，第 547 页。"银七钱三，非不载在编册，以示必行。然皆纸上空文，未见有实在纳钱者，从好不从令也。是故钱之行必自钱粮始，钱粮纳钱必自起运始。窃谓起运钱粮，除金花外，可尽数纳钱。即不然，而或银三钱七，或中半银钱，皆以起运为率。起运纳钱，则有司不得不纳钱，有司纳钱，则民自乐输钱，小民输钱则民间钱价自平。"

　　　　　　　　　　　　　　清代银钱比价波动研究

朕闻永平府属州县，凡征收钱粮，率皆以钱作银。每银一两，连扣耗银一钱五分，共折交制钱一千一百五十文。现今该处钱价昂贵，民间交纳钱文比之完纳银两为费较重。朕思民间完纳钱粮，银数在一钱以下者，向例银钱听其并用，原以便民。若数在一钱以上、又值钱价昂贵之时，亦令交钱，转致多费。是便民而适以累民，殊未妥协。①

针对永平府现状，乾隆帝曾要求直隶总督饬行下属，嗣后民间纳税，凡税额小于一钱者，不必强令交钱；而一钱以上者，则银钱交纳听其自便。从上谕可以看出，乾隆帝本人也认识到银钱时价与按官定例价折钱发生偏离的影响——原为"与民方便"而规定用制钱缴纳赋税，在钱价上涨时反成"累民"之举，故又不得不变更调适原有政策。② 因此，我们可进一步说，"与民为便"与否不仅仅是一理念问题，其更受市场实际左右。在流动的货币领域，很难做到观念、制度、市场实情长久划一。③

又如作为共同理想的"与民为便"，在落实到何者为"民"，何者是"便"上，也会产生问题。雍正十三年，时任工科掌印给事中永泰的一折奏折，给我们提供了一个他所认为的"民"的概念。彼时京城钱价昂贵，究其原因，不外乎私销和制钱外流。然在政府于出入城门处

---

① 《高宗纯皇帝实录》（一），卷二九，乾隆元年丙辰十月，第610页。
② 胡岳峰：《"银钱平行"与"银铜并行"：清前期货币制度的理念与实践（1644—1795）》，第122页。
③ 胡岳峰：《"银钱平行"与"银铜并行"：清前期货币制度的理念与实践（1644—1795）》，第122页。

第五章　国家对银钱货币的管理　　　　　　　　　　　　　　　　　-407-

设立关卡，严查投机贩卖制钱后，钱价仍旧高昂。① 此时，人们便将钱贵缘由归为私销。那该如何禁止私销呢？永泰提出的办法可谓"釜底抽薪"。为降低京师铜价，让"刁民"无利可图而放弃私销，他认为"新设之鼓铸不停，则京师之钱价断不能平"。② 此"新设之鼓铸"意指全国各地新设立的鼓铸。正因当时国内广添铸炉，对铜材需求旺盛，而铜的产出、供给始终有限，故铜价高涨。在他看来，"向来未立鼓铸之省，即分厘皆用白银，小民交易相安，毫无阻碍"，故将全国除京师外各地新设鼓铸一律停止，则国内市场对铜的需求自然下降，京师铜价也当下降。如此，私销可减，钱价亦平。③ 这便是永泰条陈的"关系国计民生"之法。然他省真是用银"交易相安，毫无阻碍"吗？此前，甘肃巡抚石文焯、四川巡抚年羹尧等皆一再上奏，请求"广铸钱以利民用"，原因就是生银兑换和验证真伪于小民而言，复杂难通。④ 永泰在此顾及的，仅是"天子脚下"京师之"民"，这种"民便"只针对一部分人。当然，也非人人如他所想。⑤ 乾隆十年，山东道监察御史杨开鼎就对为防止京师钱贵而禁止京师钱文出境的政策表达了异议。其认为，"京城之钱原不足供外省各处之用，严禁兴贩，固所宜也。但京城内外

---

① 胡岳峰：《"银钱平行"与"银铜并行"：清前货币制度的理念与实践（1644—1795）》，第 127 页。

② 《工科掌印给事中永泰奏请停止各省鼓铸钱文事》，雍正十三年十二月十六日，朱批奏折，档号：04-01-35-1226-026。

③ 《署理湖广总督史贻直奏议永泰请停各省鼓铸钱文案并请弛黄铜禁例事》，乾隆元年三月二十七日，朱批奏折，档号：04-01-35-1226-033。

④ 《甘肃巡抚石文焯奏请暂开鼓铸以清钱法事》，雍正四年九月二十日，朱批奏折，档号：04-01-35-1226-008；《四川巡抚年羹尧奏报筹划川省设炉鼓铸制钱事》，康熙五十四年十一月初六日，朱批奏折，档号：04-01-35-1226-001。

⑤ 胡岳峰：《"银钱平行"与"银铜并行"：清前货币制度的理念与实践（1644—1795）》，第 127 页。

皆系皇上赤子，京城以内固当防钱价之昂贵，而京城以外独可禁民用钱乎？"① 显然，官员个人观念会受其所处地位、所在区域、所受教化等各种因素影响，故"与民为便"一词，一旦落实到具体受益群体和地方时，又会产生理解与实践上的偏误、矛盾。

3. "君实制之"受限

若论"君实制之"，则君主权威想要时时、事事得到体现也无可能，其亦不得不屈从现实——各地货币行用实情及在地官员建议。对旧钱、私钱，顺治时已有议定，应当全数收缴以资充铸新钱。然而，康熙二十四年（1685），徐乾学在对福建禁用古旧钱文一事中却疏称，"自古皆古今钱相兼行使，听从民便……自汉五铢以来，未尝废古而专用今……钱法敝，可资古钱以澄汰，故易代仍听流通。矧闽处岭外，宜听民行使"。② 对此，康熙帝深以为然，随即韪其所言，弛禁福建废旧古钱行使。康熙四十五年（1706），山东请铸大钱。其时恰遇查获常山私铸，"上以私铸不尽，大钱必多私销，宜先收后禁"，要求收回旧铸小钱销毁。③ 对此，户部以新钱不敷为由，请求展至五年后再毁铸。④ 康熙帝亦听取了该建议。乾隆九年（1744），湖北因通行各色杂小私钱及八分、一钱、一钱二分重制钱，市兑混乱不堪。时任湖北巡抚的晏斯盛请求，由官方出面收买杂小钱文并行销毁。但户部却要求宽限，以期等到鼓铸增多时再行收禁。谕旨从户部议。⑤ 如是可知，清前

---

① 《山东道监察御史杨开鼎奏请拨款置办皇差车辆及酌量变通出京钱文事》，乾隆十年二月初四日，朱批奏折，档号：04-01-35-1235-014。

② 徐乾学：《用古钱议》，《清朝经世文正续编》（第一册），卷五十三，第550页。

③ 《清史稿》，卷一百二十四，《志九十九·食货五》，第3643页。大钱即重钱，小钱即轻钱。小钱与大钱并行，同等作价，易使大钱被毁，转而私铸小钱。

④ 《直隶巡抚赵弘燮奏为敬陈征收铜钱办法折》，康熙四十六年二月廿四日，中国第一历史档案馆编：《康熙朝汉文朱批奏折汇编》（第一辑），档案出版社1984年版，第602—607页。

⑤ 《湖北巡抚唐绥祖奏报筹酌办理楚省钱法各款事》，乾隆十四年八月二十四日，朱批奏折，档号：04-01-35-1241-004。

中期货币管理制度的建构和政策执行又并不体现绝对君权，钱文毕竟是在市场上流通的，关乎民生用度，骤铸、骤停都有不利影响。[①] 于此，君主也不得不承认民间已有之货币使用习惯，并酌情参考具体办事官员的意见。理想的"君实制之"实际受到"君主官僚制"政治体制肘制和"与民为便"实际政策操作制约。[②] 该问题再后来则反转为君主主动考虑起不同的实际情形，而要求官员实事求是、灵活办事。乾隆十四年（1749），浙江巡抚方观承曾奏请查禁在江浙地区流通的宽永钱，乾隆帝随即斥责其"只知其一，不知其二"[③]，并言"此在内地鼓铸充裕，市价平减，自应严行查禁，以崇国体。现今钱贵，姑听其参和流通，则现文益多，于民用似为便易，亦属权宜可行"。[④] 该做法，虽在表面上是由君主做最后定夺，但实际是君主不得不尊重市场规律的无奈选择。

"君实制之"受限的另一面还体现在货币发行权上。制钱为官方法定铸币，或铸或停，君主可做决断。但白银不属于铸币，清廷虽可在赋税等项中规定用银标准，但标准不能完全推及市场，甚至标准本身就存在多样性——如库平、漕平等。白银不受管辖，不由官方铸币影响，下文会再详述，在此先不提及，转看私票。咸丰以前，可充当货币的私票（在此多指本票），有国内钱庄票号发行的和外国银行发行的两类。国内钱庄票号发行的私票，数额虽无法统计，但在咸丰前已有一定影响。外国银行在鸦片战争后即进入中国经营，多发行银元、银两票。这部分信用货币流通自也不受君主管辖。如将"君实制之"概念扩展至君主

---

① 胡岳峰：《"银钱平行"与"银铜并行"：清前期货币制度的理念与实践（1644—1795）》，第80页。

② 胡岳峰：《"银钱平行"与"银铜并行"：清前期货币制度的理念与实践（1644—1795）》，第80页。

③ 《浙江巡抚方观承奏为浙江广东一体通禁外洋钱文事》，乾隆十四年七月二十四日，录副奏折，档号：03-0771-022。

④ 《直隶总督方观承奏为请浙江查禁外洋钱文折荷蒙训示谢恩事》，乾隆十四年八月二十九日，朱批奏折，档号：04-01-35-1241-006。

对所有货币的管理权，则王鎏所言"毁钱为器，起于工匠，而利权一失矣；外洋钱币，行于中国，而利权再失矣；银价低昂，操于商贾，而利权三失矣；铅钱私铸，窃于奸民，而利权四失矣；钱票会券，出于富户，而利权五失矣"足以概括君主所受限制。[①] 该情况的存在，使得政府调控比价变得更加困难。

由上可知，虽然"银钱相权""与民为便""君实制之"是看似完美的理念，但一旦落实到货币管理实践上，这些观念本身及相互之间就会产生矛盾。诸矛盾会引发共时与历时的不同货币政策间的对立，进而产生货币管理"质—量"联结体系内部冲突。尚不待外来白银输入量变动、铜材供给不足的"冲击—回应"效应展开，其内源性矛盾便已对政府的货币管理能力产生消极影响，也导致银钱比价不易稳定。

（二）量化管理中的冲突

1. 官定例价无法"经久划一"

就兑换定例言，"银一钱千"虽明文有载，但在实施时终无法"经久划一"。拿兵饷搭放说，在云南这样因产铜而钱贱的地方，若每钱一千作银一两，则"兵丁领钱千文实不敷银一两之数，未免用度拮据"。为惠养滇省弁兵，高宗皇帝曾于乾隆二年将云南兵饷搭放例改为"每钱一千二百文作银一两"。[②] 而在江南钱价较昂处，饷钱搭放曾一度以铸本为据——"江南设局鼓铸，核计成本，用银一两铸出钱八百九十六文"，故在实际搭放时"每银一两止折给饷钱八百八十文"。[③] 以此观之，若想将"银一钱千"设定贯彻到各领域，即便是在政府体系内，

---

① 王鎏：《钱钞议一》，《〈钱币刍言〉整理与研究》，马陵合校注，东华大学出版社 2010 年版，第 6 页。

② 《大清会典则例》，卷四十四《户部·钱法》。

③ 《清朝文献通考》，卷十六《钱币考四》，考五〇〇〇。余钱十六文，充作钱局公费及运送饷钱之水脚。

也很难做到，遑论推及市场。①

2. 官价与市价终有偏离

清廷最初将官定比价设为"银一钱千"，且希望市场也遵循此例，然此是否可能？该问题需要分两部分回答。第一是说明银钱市场比价是否可能固定于"银一钱千"，第二是说明市价与官价是否可以保持一致。

市场上的银钱比价，由白银和制钱各自购买力对比决定。因银与钱同时起到价值尺度作用，所以比价数值1000只是无数情况中极其特殊的一种。在变动的货币市场中，银钱比价不仅不能固定，甚至无法长期稳定在该水平。如果我们反观"银一钱千"由来，更会发现，其虽实现了由计数到计重再到计值的贯通，且有文化和历史经验支撑，但唯独缺少至关重要的银铜金属市场价格关联基础。假如一枚铜钱内含金属的价格不断变动，则这枚铜钱便不可能始终"值银一厘"。即便官方在政府体系内为图方便，强制推行"银一钱千"，市场也无法接受固定比价。此即姚文然言"钱之时值，如米盐之时值。因地制宜，从民之便，不可以法令强定也"。②

那市场比价与官方例价是否可保持一致？既然市价不由官定，且在波动，则波动的市价必不能与官定例价一致。不仅如此，如官价与市价发生偏离，在某些领域产生严重问题，反会迫使官方例价跟随市价做调整。如此，清廷便不得不退而求其次，将管理重点转向通过官方"钱贱

① 在初期，各省铸钱成本比价多高于1000，所以按1000例价折银，官方有铸息。这也是将例价定为1：1000的原因之一。光绪十六年，李瀚章曾言"各省定例一千钱作银一两，其中均有余息"（《两广总督李瀚章为广东钱文遵旨改铸清文变通分数并送抄录稿新铸制钱事致军机处咨呈》，光绪十六年闰二月二十六日，录副咨呈，档号：03-6683-124），即明白表达了此理。

② 《户科给事中姚文然为陈鼓铸事题本》，康熙九年二月二十四日，中国第一历史档案馆藏内阁黄册都察院御史奏章。见方裕谨辑录：《康熙八至十二年有关鼓铸的御史奏章》，《历史档案》1984年第1期。

放银，银多放钱"来维系市场比价稳定。① 清廷放弃强求市价与官价一致固定于 1：1000 且承认市价波动不定的标志，是乾隆五十一年户部核准"各省市换钱价长落随时，行令将市换钱价有无增昂按月查明，按季报部，以凭查核"。②

"银一钱千"之例，因不据银铜金属市价对比得出，市场自始便不可能遵循。将之作为官方例价，在大多领域也仅能勉强维持。后来，随长期钱贱，诸多领域（特别是广泛涉及银钱进出核算的领域）的官定例价也发生变更。在道光十年，该数值达到 1100，道光二十一年达到 1300，道光二十五年达到 1500。③ 官定例价变更，在不同领域、不同地方都有差异，在此不再展开。但变更本身足以说明，无论是当初固定比价"银一钱千"，还是后来因银钱市价变动而调整官定例价，都有出于方便财政管理考虑的原因在内。

3. 市价调控成效不足

既然市价必然波动，且政府也承认该点，那政府是否有办法控制市价波动？

我们知道，在货币行用结构和铸币品质不发生改变的前提下，在非铸币用铜占比及材料价格相对稳定的情况下，白银和制钱的购买力与

---

① 这种做法从康熙朝便开始。参见韦庆远：《顺治朝铸钱及其存在的问题》，《明清史新析》，第 343 页。

② 《清会典事例》（三），卷二百二十《户部六九·钱法》，第 579 页。

③ "各省捐输案内以制钱一千五百文抵银一两之例"，《江南道监察御史刘良驹奏为银价日昂公私交困请饬定画一章程等事》，道光二十五年十一月初七日，录副，档号：03-3385-075。不同地区、不同领域例价不同，此处仅举捐输比价定例。但无疑，随市价波动剧烈，诸多官定例价参考市价做了调整。

银、铜各自供需密切相关。[①] 以供给论，该时期中国国内出产的白银主要来自云贵地区。[②] 国外输入的白银主要经长崎—澳门路线、萨摩藩—琉球群岛—台湾路线来自日本；[③] 经墨西哥—马尼拉—中国路线来自菲律宾；[④] 经塞维尔—东南亚路线来自欧洲；[⑤] 另有来自朝鲜、俄国、缅甸、安南、印度、中亚等地的白银。[⑥] 嘉道之际，由于国际贸易不景

---

① 影响银钱市场比价的当然不是简单的货币数量关系。但在分析时，为凸显核心，不考虑货币使用界限、政策导向、市场层次、财富分配等的影响。提到这些影响的，可参见何平：《清代前期多元复合货币结构下的困惑与对策》，《传统中国的货币与财政》，第257—281页。其余币材，如主要产自贵州的锌，产自湖南的铅，进口于南洋的锡（杨端六：《清代货币金融史稿》，第19—20页）等也假定不变。

② 全汉昇（1967）估计清代白银年均产量约10万—30万两；李隆生（2009）推算1645—1911白银产量约6900万两；张翼、蒋晓宇估算国内1645—1830年间产银约5000万两。参见张翼、蒋晓宇：《1550—1830年中国白银流入及其影响》，《中国人民银行工作论文》No. 2020/11。

③ 吴承明（2002）估计1645—1700年间，日本流入中国白银约5000万两；林满红（2011）认为1648—1708年间约3676万两，1709—1762年间约10万两，1763—1840年间约-729万两，合计流入约2957万两；李隆生（2009）估算1648—1762年间流入约7565万两，1762—1840年间为-4527万两，1648—1840年间合计约3038万两；后智钢估算1645—1672年间流入约1520万两。张翼、蒋晓宇基于以上对比，估算1645—1830年间流入约3000万两。参见张翼、蒋晓宇：《1550—1830年中国白银流入及其影响》，《中国人民银行工作论文》No. 2020/11。

④ 主要为美洲白银。据钱江（1988）估算，1570—1799年间流入约17700万两；李隆生估算，1645—1684年间流入约1809万两，1685—1777年间流入约6902万两，1778—1800年间流入约690万两，1645—1800年间合计9401万两。张翼、蒋晓宇基于以上对比，估算1645—1830年间流入约10000万两。参见张翼、蒋晓宇：《1550—1830年中国白银流入及其影响》，《中国人民银行工作论文》No. 2020/11。

⑤ 钱江（1988）估计1644—1823年间流入约4896万两；后智钢（2009）估算1760—1823年间流入约3312万两；彭信威（1988）估计1681—1833年间流入约7000多万两；李隆生（2009）估计1775—1800年间约4971万两；庄国土（1995）估计1700—1823年间合计从欧洲流入10820万两。张翼、蒋晓宇在此基础上估计1645—1830年间从欧洲流入约为18000万两。参见张翼、蒋晓宇：《1550—1830年中国白银流入及其影响》，《中国人民银行工作论文》No. 2020/11。

⑥ 类似原始数据论述参见钱江：《十六——十八世纪国际间白银流动及其输入中国之考察》，《南洋问题研究》1988年第2期；林满红：《银线：19世纪的世界与中国》，第52—53页；吴承明：《18世纪与19世纪上叶的中国市场》，收入氏著《经济史理论与实证——吴承明文集》，第147—191页；[日]岸本美绪：《清前期的国际贸易与经济变动》，《清代中国的物价与经济变动》，第165—166页；李隆生：《清代的国际贸易——白银流入、货币危机和晚清工业化》，第119—164页；李隆生：《晚明海外贸易数量研究——兼论江南丝绸产业与白银流入的影响》，第167页。

气，鸦片进口导致白银外流等因，进出口白银合计甚至出现负增长。① 国内铜矿开采以云南为主，② 洋铜主要来自日本，③ 长江流域的商铜主要在汉口交易。④ 由于无法逐年定量计算以上各来源总额，更无法将相关需求简单量化，故在此采用银两、铜铸币相对数量的对比，来描述银钱贵贱状态及政府因应措施：

表 60　银铜相对存量对比下的银钱贵贱状态及政府措施

银钱数量对比	贵贱状态	政府措施
银少钱多	银贵钱贱	减铸、停铸；收缴私钱、小钱，查禁私铸等。
银多钱少	银贱钱贵	开铸、增铸；行铜禁，暂允古旧钱文使用，默许小钱、杂钱使用；开铜矿、进口洋铜、加购商铜、收集废铜，截留、调运外地制钱；禁止囤积、禁止投机贩卖；严禁私销；以银济钱、推广用银等。

注：1. 在此假定政府无力主动控制白银供需，只能通过调控铜钱数量来间接影响银钱比价。

2. 只考虑因银钱存量相对变动导致的银钱贵贱状态。制钱减轻及加重、币材搭配比例变更、劣钱掺用、铜价高低涨落、天灾人祸等因素不在考察范围内。

由表 60 可以看出，政府应对比价波动而采取的手段，多以调控铜钱数量为中心展开。由于白银未被铸币，以一般商品形式存在便可流通

① 林满红：《中国的白银外流与世界金银减产（1814—1850）》，吴剑雄主编：《中国海洋发展史论文集》第四辑，第1—44 页。

② 参见严中平：《清代云南铜政考》，中华书局 1957 年版；王德泰：《清代前期钱币制度形态研究》，第 68 页。

③ 参见香坂昌纪「清代前期の関差弁銅制及び商人弁銅制について」，『東北学院大学論集 歴史学 地理学』，1981 年，第 11 号，第 115—153 页；李金明：《清初中日长崎贸易》，《中国社会经济史研究》2005 年第 3 期；刘序枫：《清康熙—乾隆年间洋铜的进口与流通问题》，汤熙勇主编：《中国海洋发展史论文集》第七辑，"中央研究院"中山人文社会科学研究所 1999 年版，第 100—106 页。据刘序枫估算，1684 年以后，日本铜年均输入 300 万—400 万斤，在 1696—1710 期间达到峰值 400 万—700 万斤，至乾隆末年降低到 140 万—150 万斤。

④ 参见杨煜达：《滇铜、汉铜与清代中期的汉口铜市场》，《清史研究》2013 年第 2 期。

市场，故政府自始缺乏对其管控，这也是"君实制之"货币主导权天然缺失在银钱数量调控领域内的表现——如比价波动受铜钱价值变动一方影响大，则从铜钱入手，政府可有效干预；如比价波动受白银价值变动一方影响大，则通过调控铜钱去追逐银价，政府干预能力便大为减弱。由是，政府对市场比价的调节便需倚重其对铜钱价值的掌控能力。那实际上，政府对钱价的掌控力如何呢？

在白银币值不为政府掌控的前提下，要想维系市价比价平稳，就必须掌控铜钱价值。但金属铜钱价值受制钱供需数量和市场铜价影响甚多。彼时市面流通的铜钱绝不仅是制钱，故制钱供给仅为铜钱总供给的一部分。而铜钱需求，因与商品经济发展情况、金融深化程度有关，政府也不能决定其数量。市场铜价，准确地说，是在各地市场中的铜的价格，受当地市场铜材供需状况影响，亦不为政府所决定。职是之故，政府既不能以法令强求市价固定，也无力掌控市场银钱价值。所谓调控，只是通过官方铸币行为，即铜钱供给量增减来影响市面铜钱供需，进而影响钱值。自然，这样的调控存在缺陷，其成效也不足以控制铜钱价值。且对于官方铸币而言，其供给也缺乏弹性。当需要大量铸币时，如资金、币材、技术工人等不到位，便无法持续供给；当需要减少供给时，至多只能减铸、停铸，而难以回笼铸币。[①] 在此基础上，另有私铸、私销现象存在，有可能使得官方在需要增加制钱供给时，铸造的制钱被私销；在需要减少供给时，却有私铸发生。总之，站在政府调控铜钱数量的角度上说，当时的银钱比价是在不完全的市场（不由市场完全决定）和不强有力的政府调控（不由政府完全决定）的夹缝中不断波

---

① 小额通货沉淀在民间很难向上回笼，且君主货币观念也制约回笼政策。乾隆五十八年，毕沅曾奏请将铜色带青的康熙、雍正小制钱与私钱一并销毁改铸。乾隆帝即斥责："康熙、雍正钱文，系皇祖、皇考年号，岂有查禁之理？何得与应毁小钱，一体列诸章奏。毕沅系读书之人，何不检点若此，着传旨严行申饬。"《高宗纯皇帝实录》（一九），卷一四三五，乾隆五十八年八月丁丑，第179页。

清代银钱比价波动研究

动的。该情况也提醒我们在研究清前中期货币管理问题时，不能将之简单抽象为"国家干预"和"自由放任"之间的对立（而须考虑，嵌入既有货币行用习惯和特定政治文化背景中的国家货币管理制度，与当时的市场如何纠缠）。而到嘉道之际，比价变化的主导因素转换到白银一侧，政府对此更是难以有效调节。① 市价调控成效不足，在嘉道以前，主要由于政府对铜钱不能取得完全控制，对小额通货供给机理不完全明了；而在嘉道时期，则是货币主导权天生缺失所致。

最后需要强调。前述量化管理方式，都是将政府视为银钱市场管理者、规范者而言的，故默认市场钱贵，政府会设法增加供给数量；市场钱贱，政府会减少铜钱供给数量。但彼时货币政策并不完全独立于财政政策，货币铸造、发行等没有类似"中央银行"的相对独立机构管理。因铸币有息，可增加财政收入，如果铸息尚存，即便是"银贵钱贱"，政府也不愿停铸；如"不敷成本"，即便是"银贱钱贵"，政府也无法

---

① 以铸局停铸论，道光二十二年便密集出现各地铸局要求缓铸停铸的情况（《贵州巡抚贺长龄奏为查明银价未平请准宝黔局暂缓开铸钱文事》，道光二十二年四月二十二日，录副奏折，档号：03-9501-034；《福建巡抚刘鸿翱奏为闽省鼓铸工本甚巨请准宝福局暂缓开铸钱文事》，道光二十二年二月二十七日，录副奏折，档号：03-9501-030；《陕西巡抚富呢扬阿奏为遵旨查明陕西省银价未平请准宝陕局暂缓开铸钱文事》，道光二十二年三月十四日，录副奏折，档号：03-9501-029；《湖北巡抚赵炳言奏为查明湖北省银价未平请准宝武局仍暂缓鼓铸钱文事》，道光二十二年二月二十五日，录副奏折，档号：03-9501-027；《江苏巡抚程矞采奏为查明苏省银价尚未平减请准宝苏局暂缓开炉鼓铸钱文事》，道光二十二年正月二十二日，录副奏片，档号：03-9501-024；《直隶总督讷尔经额奏为查明银价未平工本甚巨请准宝直局暂缓鼓铸钱文事》，道光二十二年正月初二日，录副奏折，档号：03-9501-022），但实际钱贱顶峰要到道光二十五年左右出现，这就表明当问题出现在白银一方时，通过制钱铸造来调节，效果不大。

持续鼓铸。[①] 此即"议鼓铸者，以其可以得息，则曰宜开，以铜斤之难得，则曰宜停"。[②] 当政府作为银钱市场参与者时，其财政需求又会最终影响银钱市价，且可能与其量化调节市价以求平稳的目标相背离。

综合清前中期货币管理以上论述，清前中期国家的货币管理是在"银钱相权、与民为便、君实制之"的制度理念和"银一钱千"的量化管理基础上展开的。以乾隆朝为典型，国家在面对市场力量时，形成了诸多有一定成效的比价调节政策。但无论是制度理念还是量化管理，其自身都存在难以调和的矛盾。银钱并用但难以"相权"，与民"为便"又各有理解，"君实制之"也不得不遵从市场，使得理念与实践不断产生矛盾。"银一钱千"仅为无数基于市面银铜金属价值对比形成的各比价中极为特殊的一种，官定例价缺乏币材金属市场比价基础，例价与市价自不能固定于一、始终一致。量化管理不仅有先天缺陷，且受制于财政需用。该"质—量"联结的货币管理体系内部充满矛盾冲突。诸矛盾冲突对银钱比价的影响为：第一，清代从无一长期统一、固定的银钱比价。政府有以 1∶1000 为主的各种官方比价，民间则有各地市价，官价与市价发生纠缠，会产生诸多财政问题（论述见本书第七章）。第二，银钱并行货币体系下，银钱市价必然波动。这出银钱同时起价值尺度作用的本性决定。国家无力掌控，又不能不作干预。第三，政府虽可

_____

① 清前期的铸息主要是通过垄断铜矿经营得来，与垄断铸币权关系不大。相关研究可参见彭泽益：《清代采铜铸钱工业的铸息和铜息问题考察》，《中国古代史论丛》第一辑，福建人民出版社 1982 年版，第 35—65 页；韦庆远：《顺治朝铸钱及其存在的问题》，第 335—337 页；王德泰：《清代云南铜矿垄断经营利润的考察》，《清史研究》2012 年第 3 期。在一定程度的垄断铸币权基础上，政府通过售卖钱文（或依某种较高的例价，或依时价），也能获得收入。详见胡岳峰：《"银钱平行"与"银铜并行"：清前期货币制度的理念与实践（1644—1795）》，第 111—118 页。彭泽益先生曾言，在 17 世纪 70 年代以前，清廷铸钱，不仅是维系币制所需，也是增加财政收入所需；在 17 世纪 70 年代后，因鼓铸亏本，故此时铸局铸钱多为维系钱法需要。详见彭泽益：《清代宝泉宝源局与维钱工业》，《中国社会科学院经济研究所集刊》1983 年 2 月，第 187 页。

② 鞠珣：《广铜斤通钱法疏》，《皇朝经世文编》卷五十三《户政二十八·钱币下》。

清代银钱比价波动研究

干预比价，但受限于各客观条件和主观决策，其与市场力量共同作用于银钱比价。政府调控能力有限，其与市场力量的纠缠结果具有不确定性。随鸦片战争后社会性质变化，市场力量愈发强大、复杂，国家干预难度更大。对银钱比价最终形成原因的探求，需同时考虑国家和市场两方因素。

第二节　咸丰朝的转变

如果说清前中期货币管理中的主要问题在铜钱轻重调试、查禁私铸私销、调节银钱比价上，则到咸丰时，铜钱铸造的核心问题——铜材供给不足——便彻底暴露出来。[①] 继此，"本朝二百余年以来，中外概用实银、铜制钱，今改用铜铁大钱、铅铁制钱"[②]，才成一大变数。配以银贵钱贱状况持续，货币管理危机应运而生。在危机中，调节银钱比价已非政府首要目的。因此，应对危机的诸多办法并未优先考虑会对银钱比价造成何种影响，结果则是使银钱比价大为混乱。

一、行钱理念及制度实践

对铸局来说，铸造成本不断上升，最终结果必是停铸。铸造成本一

---

① 刘朝辉：《嘉庆道光年间制钱问题研究》，第 19—60 页。
② 《惠亲王绵愉奏为旗民生计亟宜设法办理钱法事》，咸丰七年二月初二日，录副奏折，档号：03-9517-030。

项，除人工费用、铅锌币材价格上涨外，[①] 重心还在铜材。云南铜矿在经过乾隆朝的扩张性开采后，"硐老山空"[②]，开挖难度越来越大，产量越来越少，铜材供给不足愈发明显，铜价因之愈发高昂。[③] 高昂的铜价又加剧私销，使得既有钱文存量减少。此外，由于国家政治中心与矿材供给中心（滇、黔、川南、湘南）分离，战乱导致"东南道路梗阻，滇铜不至"[④]，从根源上断绝铸币可能。不能铸币，则铸息无所得、财政支绌、民用不便，于官、于民皆有损失。此时，"国用""民需"又找到契合点，即铸大钱，发票钞。[⑤] 这也是王茂荫所言"自汉以来，不得已而为经国之计者有二，一曰铸大钱，一曰行钞币"。[⑥]

关于铸发大钱，最开始的理念并非只有虚值化一种。以往认为清廷财政支绌必然导致铸发虚值大钱、发行不兑现钱票的线性论述或过于简单——清廷并非不知其中危害。而实值化大钱的铸发思想，在当时反成为被遮蔽的潜流话语。[⑦] 对此，先看下面一段论述：

---

① 如贺长龄曾奏"臣查黔厂开采年久，硐深矿微，出铅渐少，半赖购买商铅腋凑，而商价浮于例价，办理实属艰难。"《汉局白铅请暂停办运折》，道光十七年八月二十六日，《耐庵奏议存稿卷三》，贺长龄、贺熙龄撰，雷树德校点：《贺长龄集·贺熙龄集》，岳麓书社2010年版，第85页。

② 马琦、凌永忠、彭洪俊：《东川铜矿开发史》，云南大学出版社2017年版，第188—192页。

③ 嘉庆中期，滇铜生产已现颓势。道光朝铜源则更为紧张。直至咸丰朝滇铜运京受阻，"禁铜""收铜"才成为铜政重心。李丽：《清代道、咸时期铜政探析——以铜源、铜运为中心》，硕士学位论文，河北师范大学2007年，第39页。咸丰初期，京局存铜不足，甚至已将内廷积存铜器镕化铸钱。

④ 缪荃孙：（光绪）《顺天府志》，第五十九卷，《经政志六·钱论》，第2页。滇铜运京主要为从云南陆运到四川泸州，用船走长江经重庆运到仪征，经运河北上到通州大通桥，再路运抵京。回民起义和太平天国运动对此皆有影响。但当然，铜运不只有水路，咸丰三年，为疏通铜运，清帝也要求经樊城、新野陆运接济京局，然终成效不佳。

⑤ 因本书不论述新疆货币，故不涉及道光"八年十"大钱发铸。这种最早铸发的大钱（当红钱二枚）被视为咸丰大钱铸造的先声，其铸发也是为应对"钱贵银贱"。参见王永生：《清代阿克苏局及其铸钱研究——清代新疆铸钱局研究之一》，《中国钱币》2008年第4期。

⑥ 《陕西道监察御史王茂荫奏为敬陈所拟钞法十条以备采择事》，咸丰元年九月十九日，录副奏折，档号：03-9505-022。

⑦ 当时持足值大钱观点的学者还有吴嘉宾、江鸿升、孙鼎臣等。

自银价昂贵，今之制钱盖工本二而铸钱一……今但减制钱，铸大钱……一枚工本与一枚价值相当……其始必收放相权……利权操于上，而民用便于下。[①]

当时，钱贵源于停铸，停铸源于工本亏折，工本亏折又有银计币材价格上涨的原因。对此，如按币材价格重新计算成本，额定钱重，则有违定制，殊不可行。王庆云对此的一个看法是，当铸足额大钱。此法一可避免铸局亏本，且绕开小平钱重量不能不断减轻的矛盾，二可取信于民，使大钱与小平钱并行不悖。其本质是按工本铜价重新铸钱，使新钱面额与实值相等（或进一步说是将铜材直接当钱使用，即"凡用钱者，只以斤两为准。不问官铸私铸，盖直以铜交易耳"[②]）。并以"收放相权"之法，达到"君实制之""与民为便"。但该法所不能解决的仍是铜材不足、饷钱支绌问题——"现铸小钱，铜尚不足，何况大钱乎？"[③] 且如若铜价持续上涨，则已铸大钱势必又会因"铜贵钱贱"而遭私销。但这种铸发大钱且"利权操于上"的观点却可启发政府铸造虚值大钱。铸造虚值大钱是减轻钱重以期多铸钱的另一种表达——同等

---

① 王庆云：《石渠馀纪》，铸大钱说帖，第208—209页。"自银价昂贵，今之制钱盖工本二而铸钱一……诚使以制钱五文工本，铸当五大钱；以十文工本，铸当十大钱，是一而铸一也。虽制钱民间行用固不可废，要不妨以大钱配铸配行，局中减铸制钱一串，明省一串之亏折，此人所共知，至配铸大钱一串，隐留一串之盈余，人或未必知。即知之，又虑其不能行……前此议加铸者，必曰收铜；收之不至，则议禁铜，而铜卒不可禁。其请铸大钱者，又欲以数两之帑，当百当千，名实乖违，公私欺罔，利未一而弊已百。今但减制钱，铸大钱，铜斤取诸卯额，经费不必别筹也。一枚工本与一枚价值相当，私铸无利，又不禁自止矣。且价与工本相当，昔之糜费一倍者，固已节省其半矣……今欲兼行大钱，不患不能搭放，而患不能搭收。官不收而使民用之，其废格不行可立而待，故其始必收放相权，立为规制。及乎铸渐多，用亦渐广，利权操于上，而民用便于下。"

② 吴嘉宾：《求自得之室文抄》卷四《钱法议》。

③ 《文宗显皇帝实录》（一），卷七五，咸丰二年十月下，《清实录》，中华书局1986年版，第977页。

钱重，增加面额，为钱文重量不能无限减轻之下的无奈之举。① 如此，则在官方理念中，足值金属钱文开始向名目化虚值货币转变。在此基础上，既然钱文实值不再重要，则币材又如何不能变更。铁钱、银钱票钞亦依此逻辑衍生。

对于铁钱，我们可从时人议论中观察出货币铸发理念的转变：

> 近来江路不通，运铜不能依限到京，虽有捐铜买铜之举，殊不知官铜既无项可收，则私铜又何由而至？……再四思维，惟有以铁铸钱，或可补偏救弊。经奴才等奏准试办，旋于二月初七日开炉试铸……竟日之力，一炉只能铸得铁钱二十五次。内除去铁斤料本渣煤价本工食钱文外，则所得不敌所出。是开炉鼓铸，不但无余，而转须费本，似难如此照办，且断无因此中止之理。因是而寻思，可将铁钱改铸一当十者，可加十倍而用。则以一每炉二十五次计算，每日可得当十钱七千五百个，可折制钱七十五串。内除铁煤价本及工食一切费用外，约得四成盈余。若以百炉一年而计，可得百万余串。如此一转移间，在民间日用，较诸钞票似有实凭，而于官项尤无窒碍。②

铜运不至，捐、买铜材亦无来源，所导致的不是铸大钱、小钱问题，而是还能否继续铸造铜钱。有迫于此，时人开始思考铸造铁钱。若铸小平铁钱，非但几无铸币税，亦易亏损工本。受铜大钱启发，铸铁大钱的想

---

① 在此之前，铜钱曾一度有康熙七分、乾隆宝武局八分重量。而这造成了诸多负面影响，是以清廷对减重十分谨慎。参见王德泰、强文学：《乾隆朝湖北宝武局试铸八分重铜钱考》，《中国钱币》2013 年第 3 期。

② 《定郡王载铨奏陈须练兵整备器械等管见折》，咸丰四年二月二十四日，中国第一历史档案馆编：《清政府镇压太平天国档案史料》（第十二册），社会科学文献出版社 1994 年版，第 630 页。

法自然萌生。"将铁钱改铸一当十者，可加十倍而用。则以一每炉二十五次计算，每日可得当十钱七千五百个，可折制钱七十五串"，这已是一种十分明显的名目主义货币观——只论面额，不论实值，将一作十，便可十倍而用，以铁作铜，同样可"折制钱七十五串"。但此种名目主义货币观念又是不彻底的，表现在他们还是认为铁钱"较诸钞票似有实凭"。

沿此迫于无奈且有可能"利国利民"（有铸币总好过缺乏货币）的理念，官票、宝钞发行便也在情理之中。以朝廷对发钞提议议复论，嘉庆十九年（1814），侍讲学士蔡之定曾奏请行用楮币，结果落得"妄言乱政，交部议处"下场[1]；咸丰二年（1852），福建巡抚王懿德奏请行钞济军需，结果被回复"应毋庸议"；咸丰三年二月，上谕却要求户部就行钞一事"妥议速行"。[2] 经此对比，可知发钞一事实是最为无奈，不到万不得已，清廷绝不愿开此口（按：在理念上，比发钞让人更不能接受的，是借债）。在此，我们通过何其仁的奏折来看当时的观念：

> 窃惟理财之道，固贵随时变通，而制用之方，尤在因事推广。……近日江南、江西、河南等省请拨兵饷，部臣几至无款可筹。际此攻剿吃紧之时，纵使经费支绌，岂可使统兵大员致形掣肘？因思军营之中所急需者，曰口粮，曰犒赏。口粮稍缺，即不足以固兵心；犒赏无资，又将何以鼓士气？臣日夜思维，二者均关紧要，而其间亦有可通变者。夫口粮为兵丁日用所需，惟银则行使乃便。而犒赏乃军士赢余之项，得票亦携带尤宜。是则口粮仍给现银外，而犒费一切则直可以用官票也。且以官票为犒赏之件，而军士

① 《皇朝掌故汇编·钱法二》，石毓符：《中国货币金融史略》，第 122 页。
② 石毓符：《中国货币金融史略》，第 122—123 页。

更有乐其便者。彼于兵马倥偬之际，杀贼立功，迭邀厚赏，其子然一身，岂能多带？诚使官票发给军营，则蒙赏者必以赏银之重不如赏票之轻，且赏银尚有疏失之虞，不如赏票可免劫夺之虞。是军士之于犒赏，得票尤称便于得银也。<u>顾或以军士素未见闻，给以一纸谓可当银，势难取信。然军士于军营中所得功牌，亦属一纸，则书官职于纸，既可信为有是官，岂书银数于纸遂不信为有是银乎？</u>①

该折虽针对军需事宜，但笔者认为其更能体现发行票钞理念。所谓"理财之道，固贵随时变通，而制用之方，尤在因事推广"，即是迫于时势的理论化表达。具体到军需，无非口粮、犒赏两项。然此两项皆需用银，现银不足，便只能发行官票。② 官票较之现银，轻便易携带；较之私票，有国家作保，从理论上说优点明显。对于以纸当银的质疑，其回应为"军士于军营中所得功牌，亦属一纸，则书官职于纸，既可信为有是官，岂书银数于纸遂不信为有是银乎？"此既是货币名目化的实际表达，也是"君实制之"理想的极端推演。③

由此，为应对铜材供给不足导致的钱荒，白银外流导致的银荒，以及财政支绌，铜、铁大钱，官银票、宝钞便流通起来。④ 在官方理念中，大钱、小平钱、宝钞、银票皆可等值互换。⑤ 在赋税缴纳中，清廷

① 《陕西道监察御史何其仁奏请颁发官票以备犒赏折》，咸丰三年六月二十三日，中国第一历史档案馆编：《清政府镇压太平天国档案史料》（第八册），第171—172页。
② 官票以银两计，面额有一两、三两、五两、十两、五十两。
③ 咸丰大钱铸发、票钞发行的具体过程及表现，本书不再重复。详参汤象龙：《咸丰朝的货币》，《中国近代经济史研究集刊》1933年第1卷第2期，第1—26页；李瑚：《太平天国革命时期清政府滥发通货问题》，《中国经济史丛稿》，湖南人民出版社1986年版，第200—218页；黄亨俊：《清代官银钱号发行史》，历史博物馆出版社2001年版，第43—101页。
④ 宝钞以文计，初始面额有二百五十文、五百文、一千文、一千五百文、二千文，后又增加五千文、十千文、五十千文、百千文四种。随面额加大，对官票的兑换率也在下降。
⑤ "票银一两抵制钱二千，钞二千抵银一两"，"大钱上下通行如票钞，抵银如制钱之数，输官以三成，铁钱通用如大钱"。

亦准许"以实银四成、宝钞三成、当十铜铁大钱三成搭交",各用项亦按成搭放。[1] 部分官定比价亦随时价将例价数值提升到2000。[2] 但在实际使用中,官票、宝钞不能换取实银、实钱,大钱不能全按面额缴税,行钱理想与货币实践再度分离。

二、内在矛盾

前文提及,出于"国用""民需"考虑,皆需铸发大钱、行银钱钞票。但此中矛盾依然存在,该矛盾承接清前中期货币制度的内在冲突而来,且有变化与放大。若处理不当、调试不佳,极易导致"国用""民需"在实践中再度分离。

(一)虚值大钱的内在矛盾

对于铜铁大钱,最主要的矛盾在于足值与否。用当时的话说,即是否"钱本与钱直,名实相符"。[3] 君主权力确可强行定价,但强令按面额行使的行用范围,确多只局限于政府折价核算体系内。清前中期的市场,对于小平钱,依然是据其自身重量、含铜量定价的。当有轻微减重时,铜钱领域内的"劣币驱逐良币"不会即时发生,这是轻微减重不易被立刻察觉的结果。但长此以往,劣币被广为知晓,自被重新定价,按其自身重量、含铜量获得实际应有之价格。此中,市场定价机制虽有延迟,但不会失效。铸发大钱后,"大钱以虚作实,似实而虚"[4],不足

---

① 《清史稿》,卷一百二十四,《志九十九·食货五》,第3647页。
② 比如兵丁粮饷,自咸丰三年十一月起,仿照部议八旗领饷成庵,每银一两折给制钱二千文。《河南巡抚英桂奏为豫省银价日形平减官兵应支盐粮马干拟请仍照定例改发实银事》,咸丰七年九月十八日,朱批奏折,档号:04-01-01-0861-092。
③ 王庆云:《石渠徐纪》,铸大钱说帖,第209页。
④ 《户部右侍郎王茂荫奏陈大钱利弊事》,咸丰三年十一月二十一日,朱批奏折,档号:04-01-35-1369-032。

值现象非常明显①，市场对大钱的重新定价颇为迅速。② 该种金属铸币无法以虚作实，仅依名目化大钱面额使用的情形，用现代货币理论描述，即"当一国使用具有内在价值的金属作为货币的时候，它就无法利用货币创造来达到平衡预算赤字的目的"。③ 如此，大钱铸发中矛盾可归结为两个问题——政府可否强令市场接受按面额行使大钱，大钱铸发对市场原有比价、物价有何扰动。

对于第一个问题，我们可看咸丰四年七月初十日的一条上谕：

> 至当百以下大钱，子母相权，整散互易，通行远近，尤为便民。乃据户部奏称，访闻近日当百大钱，又有奸商折算等弊，请饬严禁等语。钱法损益，朝廷自有权衡，如果于民生稍有不便，不难随时变通，若法本尽善，而廛市小民，妄肆阻挠，任意折算，实属目无法纪……嗣后商民行使当百以下大钱，倘敢不遵钱面数目字样，妄行折减使用，甚至造言煽诱，抗不收使，以致愚民相率猜疑，即行拿交刑部，从重治罪。④

---

① 按部定标准计算。当十钱重四钱四分，铜七铅三配比，以工本合计净利-4 文；当五十钱重一两二钱，铜七铅三配比，净利 18 文；当百钱重一两四钱，铜七铅三配比，净利 50 文；当五百钱重一两六钱，紫铜铸造，净利 410 文；当千钱重二两，紫铜铸造，净利 886 文。详见彭泽益编：《中国近代手工业史资料（1840—1949）》（第一卷），中华书局 1962 年版，第 570 页。不过，对该计算方法，也有人提出质疑，认为工本是浮动的，没法简单固定、相加。详见周育民：《晚清财政与社会变迁》，第 178 页；田牛：《清末通货膨胀问题研究》，第 48 页，表 1-8。

② 是时"价值百文之物，因行使大钱二成，即索价百二十文。今行使大钱三成，即索价加三成"（《陞见恭纪》，咸丰七年，吴廷栋，盛康辑：《皇朝经世文续编》，卷五十九，《户政三十一·钱币中》）；"银市以制钱买银者每两可少数百文，以大钱买银者每两须多数百文"（《掌广西道监察御史伍辅祥奏为钱法新定章程请饬顺天府速为晓谕以期当百大钱通行等事》，咸丰四年七月二十三日，录副奏折，档号：03-9510-030）。

③ ［加］蒙代尔：《蒙代尔经济学文集》（第四卷），《宏观经济学与国际货币史》，向松祚译，中国金融出版社 2003 年版，第 18 页。

④ 光绪《大清会典事例》，卷三百二十《户部·钱法》。

国家铸发大钱，原期以一敌多，以更少的铜材，更多增加铜钱供给。然市场对此反应为"不遵钱面数目字样，妄行折减使用"。对该行为，政府认为是奸民扰乱市场、"任意折算"。但于市场而言，该定价并非任意，而是有基于钱重的实在依据的。可见，政府方面认为"子母相权，整散互易"，"法本尽善"只是一厢情愿。严刑峻法并不能阻止市场规律起作用。如强令按大钱面额行使，必多私铸；如按市价减折，则铸发大钱增加总铜钱供给的目的便无法达成。

对于第二个问题，从原理上更易理解。既然大钱不能按面值行使，市价又无定准，故"商贩患得大钱，皆裹足"。① 即便是肯收大钱，以大钱计算的物价也必致高昂。因钱有大小之别，币材有铜铁之别，故银钱比价亦繁乱不堪。以物价水平论，当时既有小平钱缺乏意义上的"通缩"，也有大钱铸发、钞票发行意义上的"通胀"。②

（二）银钱票钞的内在矛盾

理论上，官票宝钞与某些民间私票一样，当有信用属性。但在咸丰时，此两者却有根本区别。民商发行私票，或以存款人存款货币给发兑换凭证，或以自身各项资产做担保增发兑换券。取信于人，私票方可流通。商号信誉多寡，直接关系私票可有效发行多少、流通范围多广。然咸丰时国家铸发大钱，本就为应对现钱小平钱不足，遑论发行宝钞又有

---

① 《清史稿》，卷一百二十四，《志九十九·食货五》，第 3648 页。

② 小平钱缺乏引起通缩是针对小额通货数量而言的，大钱泛滥导致通胀是针对大钱面额而言的。古代史中类似情况研究参见陈彦良：《币制兴衰四百年——魏晋南北朝的通货膨胀与紧缩》，格致出版社/上海人民出版社 2019 年版，第 315—317 页，以及该书赖建诚《推荐序一》，第 3 页。

何足够钞本。① 同理，发行银票亦是银贵且财用支绌时的无奈之举，或无足够现银储备支撑，或在运行中实银被挪用以致票本空虚。如此，则国家在应对财政危机时发票，与一般民商发行私票的基础存在根本差别。② 以纯粹信用论，假使国家能将银票宝钞与现银现钱同等对待，能随时足值兑换，作有限发行，以"数实辅一虚""行之以渐"③，或"虽虚可实"④。但正是明定收取搭放成数，"以出钞为喜，收钞为忧"⑤，甚至有搭放无搭收⑥，无发行数量控制，致使票钞同样面临贬值命运。前文引何其仁奏折有言"书官职于纸，既可信为有是官，岂书银数于纸遂不信为有是银乎?"⑦ 对此，可举一"不可信"实例作比对：

> 八月初间，营兵齐集鼓噪，欲杀营鞫殿华并口称造反。是鞫殿华出队，见有退葸之兵用刀臂朴〔挡〕之，记名归寨，更打二三十棍以示惩，起居饮食又不与同甘苦，是以兵皆衔恨。今鞫殿华给

① "与商品货币不同，银行货币建立在保险原则基础之上"，Diamond and Dybvig, "Bank Runs, Deposit Insurance, and Liquidity"。南北战争前，美国民间发行的银行券适应了便捷交易和经济扩张的需求。对这些货币进行风险管理才使得美国经济逐渐从商品本位（以贵金属为基础）向信用本位转换（以纸质支付承诺为基础）。参见［美］戴维·莫斯，《别无他法——作为终极风险管理者的政府》，何平译，人民出版社 2014 年版，第 102—137 页。但在咸丰朝，这种纸币的风险管理是失败的，甚至可能政府也并没有认真考虑过纸币风险管理问题，而仅仅是将货币作为财政工具使用。另外，地方官钱局也有钞票发放，其或有一些银两、制钱、大钱做储备，但承兑很不完全（林枫：《福建永丰官钱局官票的性质》，《中国经济史研究》1998 年第 2 期）。

② 当然，这也是有具体过程的。官票宝钞经历了有条件兑现到不可兑现的过程。详见周育民：《晚清财政与社会变迁》，第 197—198 页。

③ 《陕西道监察御史王茂荫奏为敬陈所拟钞法十条以备采择事》，咸丰元年九月十九日，录副奏折，档号：03-9505-022。

④ 《户部右侍郎王茂荫奏陈大钱利弊事》，咸丰三年十一月二十一日，朱批奏折，档号：04-01-35-1369-032。

⑤ 黄亨俊：《清代官银钱号发行史》，2001 年，第 37 页。

⑥ "搭放遂不复肯搭收"，《清史稿》，卷一百二十四，《志九十九·食货五》，第 3647 页。

⑦ 《陕西道监察御史何其仁奏请颁发官票以备犒赏折》，咸丰三年六月二十三日，中国第一历史档案馆编：《清政府镇压太平天国档案史料》（第八册），第 171—172 页。

清代银钱比价波动研究

散兵饷照例参以钞钱，势不可遏，众兵大哗，将生变故。陈金绶急来向大众云：兵变例死。予何如先杀予，后杀鞠！兵乃跪泣。陈问原由，金云："钞钱入市，即持强动武亦无人肯收，不收者以捐厘局不收，捐亩局不收，钱漕局不收，绝无转望人收之处也，当兵忍饿，法律所无，鞠某不代达下情"等词。陈金绶允以不给钞钱，众始散。[①]

类似于银票，此中兵饷以宝钞搭发，但搭放结果是引起哗变。究其缘由，乃是宝钞由官发却不由官收，既不能交税，则市场自不肯接受。[②] 在河工领款中，类似问题同样存在，以致"八成票钞，二成现银，所领票钞难于行使，每遇险工，无以抢护"。[③] 由是，票钞虽多，但不等于现钱加增。不能保证兑现的票钞，其市面收受度甚至不及虚值大钱。[④] 其对物价的影响可于以下这则材料中见知：

> 闽省官钱局，自开设以来，民困日深。向来闽省米价，每石不过三千余文，今则贵至三十千余文。银价不过一千五六百文，今则至九千余文。其余日常用品，无不增昂十倍。富贵转贫，贫者待毙。[⑤]

此中前后物价，好似皆以钱、银计。然先前物价乃是实钱、实银，"增昂十倍"之价，为票钞（虚钱、虚银）。是故，物价也因票钞信用不

---

① 佚名：《咸同广陵史稿》（卷下），广陵书社 2004 年版，第 48—49 页。
② 官方原规定纳税时可半数搭缴，但地方在收款时并不按此执行。
③ 石毓符：《中国货币金融史略》，第 125 页。
④ 钱钞不能兑实银，兑钱也只能兑大钱。
⑤ 《山东道监察御史陈潘奏为闽省官钱局亏空舞弊请旨严饬查办事》，咸丰八年二月十三日，录副奏折，档号：03-9519-018。

足，而发展出金属足值货币一价，票钞虚币一价。若加上虚值大钱、铁钱等，则情况还要复杂。

票钞虚值化的负面影响还反映于政府银库货币核计。在咸丰以前，户部银库存银存钱皆为金属实物。但到咸丰三年后，则是制钱、大钱、票钱、票银合体。纵有一定官定折算比例，但事实上据官定比价折合已不能反映当时的政府财政收入状况。在该意义上，史志宏统计出咸丰朝银库银两收入中，实银占比总体不足10%，并据此认为"咸丰朝三年以后的银库数据，更多的只是一种账面上的数字"。[①]

总之，咸丰朝的币制变革，是一次应对货币危机的失败尝试。在大钱铸发的过程中，钱法混乱，轻重倒置，使得"银钱相权"变为空谈。[②] 铸币不仅加大面额，且不断减重，最终，于"国用"或有补救，但对"民便"一直是损害。加之银钱钞票发行，而官方又拒绝全额收兑，这就使货币本身必须足值的观念在民间更为加固。其长远影响是，使得民众对国家发行纸币更持审慎态度，信用货币的发行、流通及货币体系信用化进程迟缓。[③] 另外，各地铸局及地方官钱局在铸造、发行货币的过程中，也出现中央不能完全掌控的情况，此使"君实制之"倍受威胁。如此，从清前中期定立的货币管理基本要求看，咸丰币制在落实过程中于官于民便都不再有利，失败自是理然。因之，咸丰后的币制，只有两条路可选：或重回旧路，回到银钱相权，国用、民需两利，君实制之框架中；或着手再行改革。该时期混乱的货币变革对银钱比价的影响主要体现在比价更为复杂化，除原有银两与小平钱的比价外，还

---

① 史志宏：《清代户部银库收支和库存研究》，第40页。

② 宝钞、官票在同治元年已停止在外省流通，直隶则延续到同治五年止。

③ 晚清时，日本人认为在华银行发行纸币流通有限，理由即是："究其根源，在于中国人自古就为政府滥发不兑换硬通货的纸币所苦，嫌忌纸币，而喜用现银，而且除了贸易商之外，极少有人与外国银行打交道。"［日］根岸佶、片山精一、大原信：《清国商业综览》（第四卷），冯天瑜、刘柏林、李少军编：《东亚同文书院中国调查资料选译》（上册），第283页。

衍生出银两与大钱，与大钱基础上的虚钱（如大钱京钱），钞票与金属货币间的比价等。纸币发行原可增加金属币制弹性，降低比价波动剧烈程度，① 然不兑现国家纸币并无"信用"，其发行反使比价波动更为剧烈。② 与清前中期货币管理的明确目标之一是"银钱相权"、稳定比价对比，咸丰朝币制改革的首要目的是应对财政危机。与清前中期铸币多想取得铸息不同，咸丰时，解决银钱支绌才是第一任务，稳定比价目的自要居后（甚至可不作考虑）。因故，彼时银钱比价，自然只能随官方突变的货币政策、货币定价市场机制的运行而不断波动。

第三节　规复制钱的尝试与变数

咸丰朝大钱的发行，以失败告终。③ 针对铸量最多的当十大钱，时

① ［美］罗威廉：《言利：包世臣与 19 世纪的改革》，许存健译，社会科学文献出版社 2019 年版，第 161 页。

② 虽然表现形式都为纸币，但作为兑换券的纸币和不兑现的国家纸币有本质区别。咸丰钞法失败，在一定程度上加深了人民对国家发行纸币使用的不信任程度。根据米塞斯的区分，商品货币是那种同时是商品的货币，不兑现纸币为具有特殊法律资格的事物所构成的货币，信用货币是对任何个人或法人具有债权的货币（［奥地利］路德维希·冯·米塞斯：《货币和信用理论》，樊林洲译，商务印书馆 2015 年版，第 55 页）。何平教授将由国家发行的不兑现的纸币称为国家纸币，由国家发行的有准备和保证的法定货币称为国家信用货币（何平：《传统中国的货币与财政》，第 75—80 页）。

③ 各种咸丰大钱的停铸时间参见陈新余：《晚清机铸制钱的问世与消亡》，《中国钱币》2013 年第 6 期。但其中，京师当十大钱（先后减重至三钱六分、二钱六分、二钱）到光绪三十一年才完全停止铸造。另外，同治、光绪年间，云南、江苏也有铸造大钱。对于铁钱是否行使，尚有疑问。《陕西财政说明书》载兴安局厘捐，"收银之法每两折合铜钱一串七百文，又加铁钱三十文，除提个头银二百依例价合银另报外，下余铜钱一串五百文兑足库平银一两为正厘。其盈余之多寡则随市估为转移，近来银价日昂，每两换铜钱一串四百文以上，局员所得不过数十文而已。铁钱一项，报告称系书役分用，并称有查河酒钱及验票钱、出票钱等项。其不敷贴支之款有火食、杂费、安康警察捐及省派摊捐等项"（《陕西财政说明书》，陈锋主编：《晚清财政说明书》第 4 卷，第 135 页），当中尚有"铁钱"出现。

人评论"亟宜停大钱以复制钱也"。① 此情况下，清廷已不敢贸然再行币制改革。由是，规复制钱被首先提上议程，银钱比价的稳定目标也被寄予回到旧制中维护。②

一、规复制钱

咸丰时，银钱比价混乱，除钞、票发行外，主要是由于铸造了大钱。至于白银银两、外国银元流通，在咸丰时皆未发生根本性变化。要规复旧制，就必须先逐渐停铸大钱、铸造足量小平制钱，而后才敢言利用银钱货币数量调控比价。

规复制钱的第一次实践先由京师开始。同治六年（1867），户部提请，因大钱"于国用、民生皆有未便"，故亟宜规复制钱。③ 时穆宗皇帝上谕，"鼓铸当十大钱，原为一时权宜之计……惟欲规复圜法，必须筹备制钱……于盐卡、厘卡收款内，每年酌提制钱三十万串……听候提用"④。此时京中暂无力鼓铸新钱，故只能以"天津练饷"名义，要求

---

① 《皇朝政典类纂》，卷五十九。"行使日久，市廛相率折减。每大钱一枚，不独不能当十文之用，并不敷所糜之工本，欲省铜而转以费铜。且小民零星贸易以钱易银，及以钱购物均受折减之累，于国用民生皆有未便，此亟宜停大钱以复制钱也。"

② 与银钱比价相关的，几乎都是钱法改革问题。而以银为中心的，则是本位币改革问题。此两者在 1908 年以前互不统属（韩祥：《庚子之后制钱铸造体系的规复与解体》，《近代史研究》2020 年第 3 期）。故本节接下去几乎不涉及银元铸造问题。

③ 《请饬各省筹铜规复制钱疏》，同治六年，户部，盛康辑：《皇朝经世文续编》，卷五十九，《户政三十一·钱币中》。

④ 《穆宗毅皇帝实录》（五），卷二一五，同治六年十一月甲寅，《清实录》，中华书局 1987 年版，第 812—813 页。"前因铜斤缺乏，鼓铸当十大钱，原为一时权宜之计，行之日久不无流弊。近来市廛行使暗中折减，于国用民生均有未便。惟欲规复圜法，必须筹备制钱，京师自通行大钱以来，所有制钱大都运往外省，若欲鼓铸新钱，又非一二年所能骤复。户部议令滨临江海各省筹解制钱，实为便捷之法。……于盐卡、厘卡收款内，每年酌提制钱三十万串，由轮船装运至天津，交崇厚择地严密收存，听候提用。酌提钱文，准照银价划抵应解京饷，其制钱一千合银若干，及运脚若干，即着各该督抚迅速议定具奏。所提之钱，务须历年清年款，以两年为止，不准稍有短绌。此项钱文即名为天津练饷，以昭慎密，不可稍有宣露，致令外来商民传播都城，有碍钱法。"

外省以钱代银协济京师。但随后不久，户部又以"库款不敷周转"为由，要求停止天津练饷钱文运送，仍着相关省份将实银解京。① 这段规复制钱的尝试，并未产生全国性影响，且是在旧有钱文调拨采买基础上展开的。因各省停铸已久，铜铅币材来源困难，其自身亦无法鼓铸，遑论供给京师。要真正规复制钱，就必须续铸制钱。但若续铸制钱，首要困难便是：铜材何来，铸息何在？彼时滇铜铜运要恢复至乾隆朝鼎盛时状态，已十分困难（光绪十三年到三十二年的滇铜产量仅为十八世纪峰值的13%左右），故大量铜材只能由国外进口。② 因故铸本增加，成本既增，铸息自减。以实计算，当时铸出钱文折银，甚至不敷工本。

由是，规复制钱提议先天便有诸多约束条件——不能虚值大钱化、③ 不能以票代钱、不能长期亏本导致停铸、需防私铸私销。而能同时解决以上问题者，非机制减重币不可。光绪十二年（1886），清廷令醇亲王奕譞会同军机大臣、户工二部再议钱法，以期"渐复旧制"。众

①《穆宗毅皇帝实录》（六），卷二五八，同治八年五月辛巳，第590页。

② 资本不足、劳力缺乏、技术落后、成本递增、报酬递减、购铜价格机制不合理等因素皆导致滇铜生产无法达到过去水平。何汉威：《从银贱钱荒到铜元泛滥——清末新货币的发行及其影响》，"中央研究院"历史语言研究所集刊第六十二本第三分，1993年，第394—395页。虽然清政府为恢复铜运，在办铜方式、收铜价格、运铜路线等方面做了调整，但办铜成本还是居高不下，商民交困。自同治十三年至宣统三年，办铜量仅三千万斤，不及鼎盛时三年的产量（许可：《浅析晚清滇省铜运问题——以同治至宣统年间为中心》，硕士学位论文，河北师范大学历史系，2007年，第31页）。

③ 对原有大钱，则采取通过搭交收回的办法，重铸为新钱。如光绪十四年三月，户部议复"御史文郁请以大钱抵银，报捐封典等项"一折，认为"该部所请常捐及郑工大捐，均准搭交大钱一成，每银一两，折抵大钱十二千文交纳之处，着依议行。惟此次规复制钱，其紧要关键，总在广购铜斤，多铸制钱。其大钱一项收回之后，亦应改铸制钱，使大钱陆续收尽，制钱日渐增多，中外流通，悉归旧制，方为不失本意。该部所请官员公费，工部匠役工食，仍放大钱，此时制钱未充，暂准照议办理，他项不得加放。如有赢余，仍当发交两局，为添铸制钱之用。其捐生中如有全数交银者，均听其便，不得限定搭交一成，致与捐输有碍。至制钱通行之后，收回大钱，应如何酌定限制，仍着该部悉心筹画，随时察看情形，奏明办理"。《德宗景皇帝实录》（四），卷二五三，光绪十四年三月壬子，《清实录》，中华书局1987年版，第409页。

臣商议的结果是，"请以三年为期，徐图规复"。^①但各地"徐图规复"的实际时长要远多于三年。自光绪十二年到光绪二十六年（1886—1900），清廷在各地尝试"规复"铸造了多种机制减重通宝钱：

表61　光绪朝机制制钱简介

省份	局名	开铸时间	重量	备注
福建	—	1866	8分5厘	试铸、光背
浙江	宝浙	1887	9分	杭州机器局试铸
	宝浙	1896	7分	报国寺银元局铸，旋改土法铸造
直隶	宝津	1896	8分	土洋混铸，旋改土法铸造
广东	宝广	1889	1钱	背库平一钱
	宝广	1890	8分	日铸500缗
吉林	宝吉	1896年后	8分	
湖北	宝武	1898	7分	广东代铸，湖北自铸
江南	宝苏	1895	8分	广东代铸
	宝江	1896	7分	试铸
	宝宁	1897	7分	1898年后改为土法铸造

资料来源：戴建兵主撰：《中国货币通史》（第三卷），第57—58页（按：有删减。另，原表存在笔误，径改）。更多铸造亏损情况分析可见张宁：《中国近代货币史论》，第65—71页。

于表中可见，诸多机制减重钱在铸行一段时间后，便改为土法铸造。当中问题，核心还在实际运作不敷成本。对此，李鸿章曾奏言：

今以西洋机器造中国钱式，须另添打眼挺杆，由钱模正中穿透始能撞出钱孔。地位殊窄，撞力过大，挺杆上下与钱模互相磨触，

---

① 《德宗景皇帝实录》（四），卷二三八，光绪十三年正月辛丑，第201页。当时的具体意见为"先令直隶、江苏各督抚添购机器，制造制钱，并饬例应鼓铸制钱各省一体赶紧开炉铸造"。

最易伤损……又土铸系用生铜溶灌，工料简易，仅用铜五成四，铅四成六，机器则须铜七成方受压力，铅只三成，且必先化成六分厚铜版，再用卷铜片机器烤卷十数次，使其质性纯熟，减至不及半分厚之铜片始能压造成钱，其铜片成钱者只六成，下余四成废边又须加费熔卷再造，仅卷铜片一项工料，每造钱千文应合银四钱一分，零加以他项工料为费甚多。原订此分机器长时每日成钱二百四十串，今因机器时须修理，约计每日成钱二百串……按制钱一千五百文合银一两，每造制钱一千约需工本制钱二千二百三十七文七毫，亏折未免过巨（笔者按：此处计算工本比价数值为 1492）……计每年机器造成之钱直银不足五万两，而工本则需十万七千余两，赔贴银至五六万两之多。……现用土法鼓铸，计每铸制钱一千文不过赔贴三百文左右。①

由于机器铸钱程序与土法翻砂大有不同，故相较理论设想，以实计算的工本反在土法之上。② 无论机制、翻砂，其时铸造小平钱，皆多不敷工本，故各地铸局最终只能停铸或只铸造小量制钱。③ 既然机制新钱

---

① 《机铸制钱亏损工本无法筹补》，直隶总督李鸿章，光绪十四年八月二十日，《中国近代货币史资料》第一辑（下），第 567—568 页。

② 王显国：《清末铜元研究》，第 163—169 页。

③ 宝直局停铸于光绪二十五年（刘果肖：《宝直局初探》，硕士学位论文，河北师范大学历史系，2011 年，第 29 页）。宝晋局在光绪二十五年仅铸两炉（马超：《宝晋局研究》，硕士学位论文，河北师范大学历史系，2012 年，第 43 页）。宝武局土法鼓铸制钱停止于光绪十四年（刘红霞：《清代宝武局研究》，硕士学位论文，河北师范大学历史系，2012 年，第 17 页）。宝桂局于光绪二十年、二十四年两度被中央要求铸钱，但都以不敷成本为由拒绝（李永伟：《清代广西铸钱局研究》，硕士学位论文，广西师范大学历史文化与旅游学院，2012 年，第 14 页）。

不敷工本，而土法鼓铸也依然亏损，[①] 且不能重回铸造大钱旧路，[②] 那么规复旧制，出路何在？

值此一筹莫展之际，光绪二十六年庚子国难的发生更使问题雪上加霜。庚子事变后，京师宝泉、宝源局均被侵华联军攻占，局存银钱散失，铸币器具被毁。此外，铜、铅币材运京也如洪杨兵燹时一度中断。因此，京师在此之后一段时间内，制钱供给严重不足。对此，清廷先后采用调用外省铜元进京，停铸并回收当十钱、改铸更为减重的六分重钱等办法应对。[③] 到光绪三十一年后，京师制钱供给不足局面才有所好转。但也因此，钱制问题再度变得复杂。首先，是新铸制钱减重严重，薄小有如私铸。其次，引入铜元又不能将铜元与制钱兑价固定，以致铜元不能完全取代小平钱，且造成铜元与制钱间另成比价。

由是，引入铜元以济制钱不足，成为规复制钱过程中出现的一大变数。此变数后与银元定位问题结合，拉开晚清币制改革序幕，制钱铸造问题也随之让位于本位币制改革问题。在此情况下，规复制钱宣告失败，通过制钱铸造来调节银钱比价的意图也无法达成。反是银元、铜元、银两、制钱并存，造成了晚清更为复杂的多重货币比价问题。

二、铜元铸造与币制改革

铜元最早于光绪二十六年在广东正式铸造。除粤省地邻港澳，受外

---

① 即便是云南，到光绪三十一年，也出现铜本不能应手，民困钱荒的情况，时总督丁振铎奏言需用机器铸造铜元（此中也有利用铜元渔利的因素），并由矿务公司承办铜斤。《德宗景皇帝实录》（八），卷五四三，光绪三十一年三月，第216页。

② 当然，此中也有例外。如光绪三十一年，江苏在铸造制钱工本亏耗甚多后，便开始铸造当五大钱，且与铜元并行流通。《江苏布政使效曾奏为试铸当五铜钱与铜元交相流通事》，光绪三十一年三月十七日，录副奏片，档号：03-9537-015。

③ 韩祥：《庚子之后制钱铸造体系的规复与解体》，《近代史研究》2020年第3期。

洋当十铜仙铸币形制影响外，铜元大量铸造不外乎以下因素合力：用机器铸造，有一定防伪（防私铸）性；相较足值铜钱，铜元可以减重铸造，足敷成本，甚至铸息丰厚；相较咸丰当十大钱，形制有别，不易引起民众反感、抵制。因此，地方铸局在大多停铸小平制钱基础上，转而大量铸造铜元。光绪二十七年，为解决京师制钱不足，德宗皇帝谕令内阁，要求其令各省推行铜元，且先期将闽、粤、苏三省赶铸的铜元解京救急。① 但由于民间零用对一文小钱（小额通货）有旺盛需求，而当十铜元又不能代替小平钱析分零用，故从光绪二十八年始，便有地方开铸一文小铜币。此种铜币相较此前机制币、土法铸币更为减重——重量已减至三分二厘。但一文小铜币间也有分别，主要是以湖北为代表的从属于铜元序列且与当十铜元相权而行的无孔铜币，和以广东为代表的从属于制钱序列且代替制钱使用的有孔铜币。② 由是，且不论两种铜币在铸造上都还有亏工本，仅仅是在弥补制钱不足而铸造的同时，到底是纳入铜元序列进而与银币挂钩，还是纳入制钱序列以维系传统银两、制钱双

---

① 《德宗景皇帝实录》（七），卷四九二，光绪二十七年十二月丙辰，第506页。"近来各省制钱缺少，不敷周转。前经福建、广东两省铸造铜圆，轮廓精良，通行市肆，民间称便。近日江苏仿照办理，亦极便利，并可杜私铸私销之弊。着沿江、沿海各督抚筹款仿办，既就各该省搭铸通行。至京师制钱亦应照办，即着福建、广东、江苏等省，将所铸铜圆赶紧各解数十万圆，投交户部颁发行使，期于利用便民，以维圜法。"

② 另外，成色也有不同，湖北为铜95%、铅5%，广东为铜60%、铅40%。从用铜比例看，湖北小铜币也属于铜元序列，而广东小铜币则属于制钱序列。

货币体系便已产生分歧。[①] 到光绪三十四年，度支部最终确定，按广东小铜币的重量、成色，湖北小铜币的形制铸造小铜元，且将之纳入铜元序列。[②]

总结起来，为规复制钱，官方首先引入机制减重币。但机制减重币起先和土法铸制钱一样有亏工本。为此，各地铸局转以铸造当十铜元弥补制钱不足。[③] 在铸造当十铜元过程中，为便于析分零使，一文铜币也被铸出。只是一文铜币初铸时，定位不清，或从属于铜元体系，或从属于传统制钱体系。随主辅币观念认知深入，币制改革进程推进，小铜币最终被定义为从属于铜元体系。由是，最初为规复制钱，暂时弥补制钱不足而引入的铜元，最终以大小铜币在币制改革中配合银元作主辅币使用的形式瓦解了传统制钱铸造体系。这便是"此时所铸的一文新钱，已经纳入铜元的体系中，清代的制钱制度实际上已经崩溃"[④]；"清政府接连发布停铸粤式制钱、改铸一文铜元的饬令，将一文新钱纳入铜元序列……标志着钱法改革已从属于本位制改革，二者开始被统筹在同一框架内"。[⑤] 官方对传统制钱规复的失败与土法铸币的持续亏损，最终导致宝泉局于宣统二年被撤，制钱铸造停止。

---

① "当各省鼓铸之始，原期准作十文，与制钱两无轩轾。而钱少圆多，遂至钱贵圆贱，不但物价腾涨，大碍小民生计，抑且铸本日亏，并足损碍饷源。自非铸用一文之钱，令一文本位长存，不足以显铜圆当十之数，保铜圆行销之利。前年湖北、广东等省，曾奏铸一文新钱，当经度支部议奏通行。而各省搭铸一文新钱者，仍不多见。盖由于铸造一文新钱，成本较重，不免稍有亏耗。然以铸当十铜圆余利，酌量补提，亏耗尚不至无着，所失无多，所全甚大。着度支部通行各省厂，凡铸当十铜圆，必须于定额之外加铸三成一文新钱，以资补救。其形式、重量、铜质、铸本，均须预为核算，妥为配合。又必须与当十铜圆，工料成本，大致相准，则兑换价值，铜圆一枚，必当新铸制钱十文，庶利推行而资信用。至此项一文新钱，或宜黄铜，或宜紫铜，或宜有孔，或宜无孔，并着该部详晰考核，悉心厘定，迅速奏闻。务期子母相权，大小相维，以便民生而正圜法。"《德宗景皇帝实录》（八），卷五八六，光绪三十四年正月己亥，第744页。

② 杨端六：《清代货币金融史稿》，第339—340页。

③ 当然，铜元铸造本质还是为取得高额铸息。

④ 戴建兵：《中国近代币制的转折点——机制制钱研究》，《中国钱币》1993年第3期。

⑤ 韩祥：《庚子之后制钱铸造体系的规复与解体》，《近代史研究》2020年第3期。

　　　　　　　　　　　　　　　　　清代银钱比价波动研究

大、小铜币既铸，虽能缓解"钱荒"，"国用""民需"也达到契合，但随之而来的是如何看待银钱比价、理解"银钱相权"？传统制钱不在铜元体系内，自然，其相对铜元、银元乃至银两还得随行就市、浮动作价。而银本位主辅币制度下，理论上：银元一圆＝银角一角者十枚＝一分大铜元百枚＝一厘小铜币千枚。[①] 在限制辅币银角、铜元铸造，作有限法偿时，一厘小铜币、一分大铜元、一角小银币、一圆大银元可作十数位递进换算。原先针对银两与制钱关系的"银钱相权"，此时反更适合形容银元与铜元主辅币关系。只是同一货币体系内的进制换算，不是不同货币体系间的货币兑换，故主币与辅币的折算，在理论上不当称"比价"。对此，宣统二年，上谕有言：

> 中国国币单位，着即定名曰圆，暂就银为本位，以一圆为主币，重库平七钱二分；另以五角、二角、五分、一角三种银币及五分镍币，二分、一分、五厘、一厘四种铜币为辅币。圆、角、分、厘，各以十进，永为定价，不得任意低昂。……所有赋税课厘，必用制币交纳，放款亦然。……将来新币发行地方，所有生银及从前铸造各项银铜圆，准其暂照市价行用，由部饬币厂银行逐渐收换，并酌定限期，停止行用。迨新币通行以后，无论官私各款，均以大清银币收发交易，不得拒不收受，亦不准强行折扣。……使人人知此次改定币制，专为便民便商，划除向来平色纷淆之币，以立清厘财政之基。[②]

可以看出，此中虽有恒定银钱价以十数位的意思，但其已是在系统变更

---

① 除史料引用外，本书有时"圆""元"并用，表意上无实质区别。对此问题予以关注的参见潘连贵：《上海货币史》（第二版），叶世昌《第二版序言》，第 2 页。
② 《宣统政纪》，卷三五，宣统二年四月己丑。

币制的框架中阐释。小银角、铜币虽币材不同，但都不足值，需由政府限制铸造、发行，如此方可于学理上保证"各以十进，永为定价"。然实际是，当时铜元铸币权大多分散于各地督抚手中，① 户部/度支部不能对其严格制约，滥铸铜元导致银本位下铜元辅币限制铸造的条件丧失，而大钱行用又曾更为巩固民众只认金属货币实值的观念；宣统年间更定币制标准后，清政府又无力回收、改铸各类旧币，也无时间逐渐改革币制。② 职是之故，铜元在事实上成为一独立货币。虽有法律规定按银本位币制固定兑换，但市场规则并不如此。既然铜元以其自身含铜价值行使，则不属于本位币制体系的旧有制钱更是如此。因故，银元、银两、旧式制钱、铜元间皆有实际比价。这种复杂情况，自对原有银两—制钱比价产生影响。

此外，在当时，依然有官员、学者提出要清廷规定银钱兑换价，并在政府、市场体系内通用。但类似想法皆属空想，清廷也未在事实层面施行过此类办法。光绪十三年（1887），慈禧皇太后曾下懿旨："每当十大钱，准折抵制钱二文。"③ 将京师当十钱准折制钱二文，④ 乃是承认

① 何汉威：《从银贱钱荒到铜元泛滥——清末新货币的发行及其影响》，《"中央研究院"历史语言研究所集刊》第六十二本第三分，1993年，第438页。

② 当然，当时也有人质疑清政府是否真的懂得现代通货管理原理。1910年7月29日代理港督职务的F. H. May就怀疑"清政府是否了解铸造国币，以及健全稳定，以圆为本位，并限制辅币用数的货币是耗费而非生财之具"（Enclosure 2 in No. 72, SirH. May to the Earl of Crewe, Hong Kong, July 29, 1910, FO405/200, pp. 90a-b. 何汉威：《香港领土型币制的演进——以清末民初港、粤的银辅币角力为中心》，《"中央研究院"历史语言研究所集刊》第八十六本第一分，2015年，第174页）。

③ 《德宗景皇帝实录》（四），卷二四一，光绪十三年四月癸亥，第245—247页。"近日京城银价，易钱易票，任意低昂，而物价不减，兵民受累。据户部奏称'由于民间窃议制钱一出，大钱将废，各铺所开钱票，恐将来亏折，纷纷收回，遂致钱票现钱，价值悬殊'等语。规复制钱，仍准搭用当十大钱……将通行制钱之时，每当十大钱，准折抵制钱二文，官民购买物件及各行商贾，均照此出入，不得稍有参差。其捐项税务，亦照此折抵数目，搭成交收。"

④ 当十大钱贬值的根本原因是自身在不断减重。"当十大钱始而每文重六钱余，继而重四钱余，近而重三钱余，钱质日轻，银价日昂。私钱之重一钱余。"《掌山西道监察御史顺龄奏为银价日昂钱铺关闭请整顿钱法事》，光绪四年五月二十三日，录副奏折，档号：03-9527-064。

当时京师通行的货币折价习惯。而"按市值统归一律",更是说明清廷全无强推固定比价的意图,反是以时价作为市场兑换标准(当然,政府体系内的官定例价还是存在的)。又如光绪十六年(1890),两广总督李瀚章对广东新铸八分重钱与旧有一钱重钱的定价问题发表看法:

> 钱法为国家要政,各省俱患钱荒,不得不多为鼓铸。但能设法永免销毁,则利权操之于国,不操之于私铸之奸民。使商民隐受其利,而国家之利即在其中。此则圜法之大要也。广东新铸钱文,前经奏定每一千文官价抵银一两,旧钱仍照市价行使,以致价有两岐,咸未称便……远稽成法,近察时势,拟量为变通,将新钱铸为八分一文,仍按时价与市上旧钱一律使用,庶流转各省不致参差。①

从"利权操之于国,不操之于私铸之奸民""前经奏定每一千文官价抵银一两""咸未称便"这些表述看,在观念上,时人还未脱离清前中期货币管理"君实制之""银钱相权""与民为便"的基本理念,当中的矛盾也依然影响深远。但在轻重不同的钱文定价上,货币政策该如何引导,主政者思路已较为明晰。由于铜价上涨,所以钱贵银贱,原重一钱的旧钱一千文,兑银数目自要增加。而减重后的八分新钱,核算内在价值,大抵可值银一两。在不能收缴所有旧有钱文改铸的情况下,强令内在价值不同的新旧铜钱均以"银一钱千"比例在市面行用,自要导致"格雷欣法则"下旧钱被大量销毁。为此,实际政策,只能是让新旧钱文各依市价听用。故该时期,清廷对于银钱比价,只有在政府体系内使用合理官定例价和尽可能维系市价平稳两个目的,而后者又是重中之

---

① 《两广总督李瀚章奏报广东拟将改铸钱文分数量为变通以便周转事》,光绪十六年闰二月二十六日,朱批奏折,档号:04-01-35-1373-030。

重。只是在铸造新钱维系市价的过程中，大铜元及新式一文铜币被铸出，结合币制改革需要，清代货币制度反产生重大变革。

三、纸币问题

言晚清货币，自不能不论及纸币。然国家对货币的管理，却在纸币上存在较多漏洞。原因之一即是当时纸币，除由国家银行直接发行或经特许商业银行发行外，尚有外资银行、地方金融机构、民间私商发行的，而国家对后三者很难（甚至可谓不能）有效管理。连对在本国流通的占据当时货币总量近四分之一的纸币都不能有效控制，[①] 则对纸币行用背景下的银钱比价波动也可说是只能听之任之了。

中国国家银行及特许商业银行发行纸币。光绪三十年至三十三年，户部按《试办银行章程》尝试发行银两、银元、制钱票。因颇有成效，度支部于光绪三十四年正月正式成立"大清银行"。国家银行发行的银行券为信用货币，其与咸丰时票、钞（"国家纸币"）的最大区别即在明确规定了可照数兑换金属货币，且实行发行准备金制度。对此，度支部厘定的《兑换币制则例》有明确规定，"大清银行兑换券，可在大清银行照数兑换国币"，"大清银行应照发行纸币数目常时存储五成现款以备兑换"。[②] 商业银行如中国通商银行、浙江兴业银行等，也都发行过信用货币，只是发行量、发行种类、发行地域范围有所区别。由于银两在各地使用时，本身具有平、色，所以各地银行发行的银两兑换券也

---

① 这是按照千家驹的估算取得的，应该被视为高值（千家驹、郭彦刚：《中国货币演变史》，上海人民出版社 2005 年版，第 198 页）。而在郝延平和彭信威的估算中，纸币占比仅为 12%—13%（郝延平：《中国近代商业革命》，第 76 页；彭信威：《中国货币史》，第 661 页）。

② 《度支部奏厘定兑换纸币则例折并单》，上海商务印书馆编译所编纂：《大清新法令 1901—1911》第八卷，第 408 页。研究可参看王红曼：《清末金融立法与金融发展》，《历史教学（高校版）》2008 年第 4 期。

标注平、色。对政府调控银钱比价来说，其影响主要是使货币发行权变得更为分散，中央既不能将兑换券所示货币种类划一，同时也无法对兑换券发行数量进行实际控制。

外国银行发行纸币。如麦加利银行在英国在华势力范围内发行银元票（兑换券）[①]，银两票[②]；汇丰银行发行港币，银元票[③]，银两票[④]；德华银行发行银两票[⑤]，鹰洋票[⑥]；东方汇理银行发行中国银元票[⑦]，法郎兑换券[⑧]；花旗银行发行中国银元票[⑨]；华比银行发行中国银元票[⑩]；华俄道胜银行发行新旧卢布"羌帖""羌钱"，新疆金币券[⑪]，中国银两票[⑫]，中国银元票[⑬]，鹰洋兑换券；横滨正金银行发行金票，日本银元票[⑭]；朝鲜银行发行日本金票[⑮]，日本钱票[⑯]，等等。这些外资银行或发行中国银两、银元票，或发行外国银元票，甚至有外国本币票及小额辅币票。由于外资银行发行这些在当地实际流通的纸币多有信用属性、无须十足准备，不向清政府报备，不受清政府约束，[⑰] 甚至直接参与当地

[①] 有一元、五元、十元、五十元、一百元、五百元等。

[②] 有一两、五两、十两、二十两、五十两、一百两等。

[③] 银元也分中国银元、鹰洋、本洋、站洋诸多种类。面额有一、五元、十元、五十元、一百元、五百元、一千元等。

[④] 有一两、五两、十两、五十两、一百两等。

[⑤] 有一两、五两、十两、二十两等。

[⑥] 有一元、五元、十元、二十五元、五十元等。

[⑦] 有一元、五元、十元、五十元、一百元等。

[⑧] 有五法郎、二十法郎、二十五法郎、一百法郎、五百法郎、一千法郎等。

[⑨] 有一元、五元、十元、五十元、一百元等。

[⑩] 有一元、五元、十元、五十元、一百元等。

[⑪] 有一分、二分、一钱、二钱、一两等。

[⑫] 有一两、五两、十两、二十两、五十两、一百两等。

[⑬] 有一元、五元、十元、五十元、一百元等。

[⑭] 有一角、二角、五角、一元、五元、十元、一百元等。

[⑮] 有一角、二角、五角、一元、五元、十元、五十元等。

[⑯] 有十钱、二十钱、五十钱等。

[⑰] 不经中国政府特许而私自发行银行券。见《美汇报告》1904年第47页，引自杨端六：《清代货币金融史稿》，第218页。又"若今之洋商所用银票，并不由中、外官吏验看虚实，不论多少，惟所欲为"。夏东元编：《郑观应集·盛世危言》（下），银行上，中华书局2013年版，第452页。

货币控制权争夺，① 故无论是从货币发行权掌控、货币种类复杂性增加，还是从货币供给数量盈缩言，都不免对货币比价造成影响。如此，清廷原有对银钱比价的管理办法，无论是从制度约束看，还是从力所能及的供给量调节看，都已不能适应新形势。

地方金融机构及民间私商发行的纸币。地方金融机构在此主要是指各地官银钱局，其所发纸币，有一定信用属性，但难以一概而论称信用货币，② 遑论当中有向不兑现纸币发展者（"逐年增发，漫无限制，底货日空，遂成不换纸币"③ ）。对此，日人在华调查曾言："湖北官钱局……广东银钱局……无限制地滥发、不能应付兑换，甚至将兑换变成不可兑换。"④ 这种地方纸币的泛滥，还会进一步与外国货币产生联系，其相互作价同样对银钱比价、政府财政收支造成影响：

> 其最危险最难整顿者，则惟钱法一事。曩岁虽曾经设银元局鼓铸银元，而所铸本属无多。继设官帖局，逐年增发，漫无限制，底货日空，<u>遂成不换纸币</u>。而官帖又决难通行外省，以致现货几于绝迹，市廛即间有外来者，转瞬旋复输出，市面周全恃官帖。官帖日多，现货日少，现货愈贵，官帖愈贱。近日银锭一两约值官帖五千

---

① 燕红忠、许晨：《日本不同殖民集团对我国东北货币本位政策之争（1906—1933）》，《历史研究》2018 年第 5 期；张晴：《利益集团与奉票发行制度变迁研究》，博士学位论文，辽宁大学，2019 年。

② 具体参见姜宏业主编：《中国地方银行史》，湖南出版社 1991 年版，第二章相关论述。

③ 《吉林滥发官帖请速铸现货并拟设立官银号》，东三省总督徐世昌等折，宣统二年闰二月初八日，中国人民银行总行参事室金融史料组编：《中国近代货币史资料》第一辑（下），第 997 页。

④ ［日］根岸佶、片山精一、大原信：《清国商业综览》（第四卷），冯天瑜、刘柏林、李少军编：《东亚同文书院中国调查资料选译》（上册），第 283 页。"随着外国银行的纸币流通于通商局口岸及其附近地区，中国官吏领悟到发行纸币之利，湖北官钱局发行了 1 元币和当十铜钱 1 吊文纸币，广东银钱局也予以效法。他们发行纸币未必不可，但其发行数额的硬通货准备并没有依照公开透明的规章去做，唯利是图，无限制地滥发、不能应付兑换，甚至将兑换变成不可兑换，想不重蹈元明覆辙，委实难矣。"

有奇，龙银一元约值官帖三千有奇。小民所重在日用，持不换纸币则何所得食。商货必运自外省，照如此银价则所损实多。……且外币势力乘虚而入，哈尔滨以东已成俄币范围，延吉一带将为日币范围，长春等处则成日币、俄币交争之范围。去年以来，日、俄银币一元均约换官帖四串有奇，亏折情形实较英镑尤剧。长此侵蚀，伊于胡底。此诚吉林财政困难之最大原因也。[1]

吉林官帖，名为兑换券，实与不兑现国家纸币无异，不同处唯在官帖仅于本地使用。此情况下，官帖又与大清龙洋、实银、日俄币形成各种兑换关系。因实银贵，官帖贱，将库存官帖兑银，价值便大为缩水，以致徐世昌直呼此亏折情形较金贵银贱下镑亏有过之而无不及。至于民间私商发行纸币，则在清前中期就存在，其信用情况不一，难以一概而论。对银钱比价而言，此两类纸币发行，最大问题就是不受中央控制，极具地方特色。故而，一地的银钱比价，从货币供给角度说，既受国家银行纸币供给影响，也受地方金融机构及私商纸币供给影响。甚至为争夺发行利益，各机构相互间还会进行竞争。[2]

总之，该时期由于中央政府不能掌控纸币供给，[3] 规复制钱又遭遇失败，且各地铸发铜元牟利，[4] 中央更看重币制改革，故银钱比价稳定

---

① 《东三省总督徐世昌奏为沥陈吉林省财政困难情形恳恩饬部筹议事》，宣统元年闰二月初八日，录副奏折，档号：03-9541-003。

② 黄永豪以湖南为例，将这种官府与民间共同发行钱票的行为称为"地方社会的二元货币体制"。详见黄永豪：《米谷贸易与货币体制：20 世纪初年湖南的经济衰颓》，第 74—76 页。

③ 当然，外国银元、银角，铜元等各种金属货币也不在清廷控制范围内。此外，所谓中央政府只是广义上的"国家"的意思。真正掌控货币发行的，尚不应是财政部门，而是中央银行。对此，到清末，已有明确认知。如"发行纸币固属国家特权而政府要不可自为经理，近世东西各国大都委之中央银行独司其事，诚以纸币关系重要，倘发行之机关不一，势必漫无限制充斥市廛，物价因之奇昂，商务遂以不振，贻害于国计民生，何堪设想"。《度支部奏厘定兑换纸币则例折并单》，上海商务印书馆变编译编纂：《大清新法令 1901—1911》第八卷，第 406 页。

④ 王显国、李延祥：《清末铜元余利及其影响》，《中国科技史杂志》2016 年第 37 卷第 3 期。

问题既不能回到旧有货币管理框架中解决，也不在新币制内被加以考虑，最后只能听之任之。官方或欲对其有所调控，但办法穷尽。随着政府干预市场能力减弱，[1] 比价波动便更为市场力量所左右。官方对银钱比价的管理调控，随着制钱制度终结，也最终宣告失败。

小结

现就清代货币管理三个阶段的特点及其对银钱比价的影响作一总结。

一、咸丰朝以前的清前中期。该阶段为清代货币管理体系逐渐形成并发展成熟的时期。官方最初意图以"银钱相权、与民为便、君实制之"制度理念和"银一钱千"量化标准管理银钱货币流通。虽然理念和量化标准都存在诸多实践上的矛盾，但相关观念深入人心，成为引入西方货币制度理论前清政府货币管理的核心理念。"银钱并用"是"白银时代"降临后社会经济发展和国家货币管理的必然选择。既为两种货币并用，则自然形成比价。官方曾尝试在"银钱相权、与民为便、君实制之"观念引导下，官民通依"银一钱千"标准折换货币，但由于不能控制银、铜金属价格，不能控制白银数量，不能完全控制铜铸币数量，故固定比价设想最后只在官方体系内以部分例价形式残存，而民间交易实际依浮动市价进行。金属双货币特性决定银钱时价不可能一成不变，政府社会管理的需要又渴求比价固定，此拉锯最终以折中形式表现

---

① Bo Chen, "Currency Issues and Financial Crises: The Excessive Issuance of Banknotes and Price Fluctuations during the 'New Policies' Period in the Late Qing", *Front. Hist. China*, 2018, 13(4): 558-576.

为：政府通过银钱数量调节市场比价，力求银钱价"平"。然欲达成此数量调节，却有诸多限制，其中最关键者是应由国家掌控货币供给。但白银不以铸币形式存在，国内银矿产量不丰裕，故政府先天面临货币供给掌控权缺失窘境。同样，铜铸币不完全只等同制钱，私钱、古钱甚至外国钱文大量存在，各地所用实钱与行钱习惯不一，导致银钱比价有一定地域特征。制钱币材严重依赖滇铜供给，滇铜铜运不畅，铜价高涨，洋铜、商铜不济，同样给保证制钱充足供给带来阻碍。职是之故，清前中期银钱双货币的使用，以及官方货币管理体系决定银钱市价必然波动，但国家又不能不作干预。政府干预的核心办法是通过控制银钱货币数量调节比价。虽办法众多，但白银终对国际环境变化更敏感，铜钱也依赖滇铜开采、铜运顺畅。此两项根本因素一旦被外力打乱，国家对银钱比价的管理也必然混乱。该阶段末期（嘉道之际），白银供给相对减少情势已非国家所能控制。当时的货币制度虽未发生根本变革，但已预示原有比价管理办法可能遭遇根本性挑战。此时，政府于银钱时价调控不得其法，官定例价标准亦多因市价波动而被迫变更。

二、咸丰时的突变。咸丰时，太平天国运动及"云南回变"导致滇铜运输中断，国家通过控制制钱铸造、投放调节比价的办法也遭到挑战。且彼时通过货币改革以应对财政困难，为政府第一要务，故维系银钱比价稳定目标暂需让位。铜大钱、铁钱铸造，官票、宝钞发行，使原有货币体系发生重大变革。国家纸币不兑现，全无信用，大钱实值脱离面值且各地铸发的大钱互相间差异颇大，此反巩固民间对银钱金属货币依内在价值定价的认同。银钱比价因故既受货币数量影响，也受货币质量影响。多货币并行且配搭混用，使银钱比价波动变得更复杂，调节比价求稳也更困难。

三、规复制钱的尝试与变数。咸丰币改，昙花一现，但所造成的影响，却未就此终结。同治、光绪年间，清廷多次意图规复制钱，但囿于铜运困难、铜价高昂、铸局亏本，即便采用机制，也难续铸足量制钱。制钱供给不足，自影响政府调控比价。在规复制钱的过程中，当十大铜元、一文小铜币又被铸出。随西方本位币制、主辅币制度等货币思想传入，大铜元、一文铜币与银币铸造一同被纳入币制改革框架。因之，规复制钱被忽视，直至宣告失败。但原有各类铜钱和铜元、银元、银两并存，使比价问题更为复杂。以政府控制货币供给论，该时期，纸币具有重要影响，但中央政府对外国银行、各地金融机构、民间私商发行的纸币丧失控制权。故彼时货币制度混乱，中央政府不能实控货币供给，导致银钱比价管理几无实效。

对比三个阶段的国家货币管理情况，其对银钱比价波动的制度性影响可用下表（表62）表示：

表62　清代三个阶段国家银钱货币管理特点

时段	货币管理特点	对银钱比价波动的影响
咸丰以前	1. 建立由理念到实践的完整货币管理体系，将比价调节置于货币管理重要位置。 2. 逐步放弃"银一钱千"永为定例设想。改由官方例价多遵照"银一钱千"（且后期开始据市价作阶段性调整），而对民间市场时价只求其"平"。 3. 多数时候只能通过调控铜铸币数量调节市场比价。无法掌控市场铜价变动，更无法控制白银货币流动。	1. 银钱并行，必然导致比价随银铜金属相对价格变化而波动。 2. 白银不铸币导致调控手段天生受限。铜铸币币材供给可能不足也使调控备受威胁。 3. 金属货币不能全国一律，度量衡不统一，各地用银用钱习惯不同，必致各地实银、实钱比价不同。
咸丰时期	货币政策完全从属于财政政策，失去相对独立性。比价调节不再是当时货币管理的重心。	大钱铸造、钞票发行，导致货币使用混乱，比价因之混乱。
咸丰以降	1. 地方货币、外币发行不为中央掌控。 2. 规复制钱失败后，货币管理重心移向建立新的本位币制。在新币制观念下，对旧有银钱比价问题听之任之。	1. 货币主导权"下"移且"外"移，政府调节比价的能力更为下降。 2. 几乎放任旧有各货币间比价由市场决定。

第六章　银钱价值、供需与比价形成

　　除作为宏观金融环境一部分的货币管理理念、制度和政策外，从根本上影响银钱比价的就是银钱货币自身价值的变化。[1] 因此，研究比价的形成和波动，就必须考察银两和制钱各自的价值变动。但直言价值，难以直观表示，为此，可先简化为考察价值的外在表现——价格。白银价格主要由市场供需决定，由于是未铸币的贵金属，在交易时已称重验色，故可直接论述其供需数量。[2] 不过，制钱情况较复杂，因其为铸

---

　　① 这里需强调一点，各种钱和各种银之间的比价天然不同，本书接下去在论述比价波动时，都是默认在使用同种银（生银）钱（制钱）条件下的波动。

　　② 如果涉及银元，和铜铸币一样，我们需要同时考虑内在金属价值和供需数量对银铸币价值的影响。对此，万志英认为，19世纪江南地区对本洋价值的认定，实际市场供需比本洋内在银金属价值的影响要大得多。Richard Von Glahn, "Foreign Silver Coins in the Market Culture of Nineteenth Century China", *International Journal of Asian Studies*, Vol. 4, no. 1 (January 2007), pp.51-78.

币，故需同时关注数量和质量（轻重、含铜量、内在金属价值）。[1] 本章先论述供需平衡的原理，再论述影响银钱供需的主要因素，最后结合铸币金属价值论解释这些因素如何交织成网络，通过各种路径传导影响终端市场银钱时价。在此过程中，本章亦会涉及对清代银钱比价形成的"市场"性质和"过程"的讨论。脱离独特的货币制度、铜铸币的数量和质量、特殊的"市场"性质和结构，我们便无法很好地理解银钱比价的形成乃至当时的货币流通秩序、经济运行模式。

第一节　影响银钱价值的因素

王业键先生曾引用费雪图解模式解释清代银钱比价形成机制。根据费雪对于金属货币购买力决定因素的解释，复本位币制下，货币比价取

---

[1]　比如"（康熙二十年以后）钱复滥恶，每千所重，至恶者亦不过二三斤，价犹值银八钱外，其官局厘钱，每千价银几及一两，甚有一两另四分者"（《阅世编》卷七《钱法》）。这就是一个影响钱值的铜钱供给方面的数量、质量因素结合的例子。当然，还有用串钱"长度"表示质量好坏的情况。如"湖广行使钱文则康熙、雍正、乾隆大钱居中，两头用各种杂色铜片、碎小轻薄之钱掺杂成串，每百不满四寸"（《广东道监察御史钟衡奏请于湖北设炉鼓铸钱文以平钱价事》，乾隆四年十月十六日，朱批奏折，档号：04-01-35-1230-001）。或用钱的成色表示质量好坏，如"兵丁从藩库领回饷钱铜色低微，每千秤止六斤八两"（《浙江巡抚刘彬士奏报查办钱局铸钱有无弊混并藩司差友有无把持事》，道光九年五月十八日，朱批奏折，档号：04-01-35-1362-031；《浙江巡抚刘彬士奏报局钱轻重参差缘由及议处未查出轻钱之官员事》，道光九年八月初一日，朱批奏折，档号：04-01-35-1362-038）。即便是官方，有时也不得不承认新旧大小钱有质量区别，故需分别定价，如"至小广钱，乃旧铸之钱，铜质原好，行用已久，仍听照常行使。而新钱广行之后，止将小广钱量为减价，不得与大制钱相等，则新旧大小，原可兼用"（《高宗纯皇帝实录》（三），卷一七一，乾隆七年七月丙子，第169页）。只有在铜钱质量一致时，才能直接论数量。1898年，贝思福在中国考察记中写道，"铸造钱币在中国不是一件公开的事。政府机构购买黄铜，混合其他分铸成铜钱；然后用这些钱给士兵和官员发工资，最后，这些铜钱就流通到市场里。因此，不能以发行价的高低来评价这些铜钱，因为，当铜钱的重量和成色有固定标准时，它和白银的比率也不固定。铜钱和白银之间的兑换比值，取决于市场上铜钱的流通量"（［英］查尔斯·贝思福：《贝思福考察记》，第315页）。

清代银钱比价波动研究

决于以下三个因素：可充作货币的金属的产量或流入量，可充作货币的金属的消耗量或流出量，此等金属的存量。[①] 据此，可用 Sb 表示商品银存量，Sm 表示银币存量（清代大多数时间内，国内白银未曾铸币，所以 Sb 就是 Sm）；用 Cm 代表铜钱存量，Cg 代表政府掌握的铜斤数额，Cb 代表政府掌控外的铜斤数额。这样就能用水槽示意图表现出清代复本位的理想均衡状态：

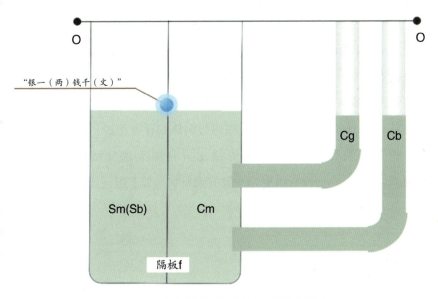

图 67　清代银钱货币行用的理想均衡状态

资料来源：改绘自王业键：《清代经济史论文集（一）》，第 172 页，图四。

说明：原作者明言"可以大致假定，工艺方面所耗白银与所得成固定的比例。此外，除非在社会不安或政府大量减低铜钱成色或重量时，人民保藏贵金属的习惯应该也相当稳定"。其实，不仅对白银应做此假设，对铜钱也应做此假设。否则当非货币用铜数量发生变化时，市场铜价会因之变化，已铸币铜钱的内在价值，可以不经过货币供需数量对比，而直接受铜价影响产生变化。

---

① 王业键：《中国近代货币与银行的演进（1664—1937）》，《清代经济史论文集（一）》，第 168 页。

在图 67 中，为方便表示，白银和铜钱的流入、流出状态未具体画出，水漕中的 Sm 为白银存量，Cm 为制钱存量，它们距顶端 O-O 线的距离即可表示它们各自的购买力——白银存量越少，Sm 液面距离 O-O 线就越远，说明白银购买力越强，反之亦反；铜钱同理。这当中还有一个隔板 f，表示银、钱两种货币同时使用。由于隔板的存在，Sm、Cm 都不可能挤占整个水槽。[①] 在清代，由于白银适合大额、远途交易，制钱适合小额、在地交易，两者在功用上不完全一致，所以即便国家设置法定比价，也不可能让其中一种货币在流通中彻底消失（事实上国家无法规定市场实际比价）。由此，当 Sm、Cm、Cg、Cb 水平面齐平时，清代银钱货币流通就呈现理想的均衡状态。但因白银并非铸币，政府几乎无法管控其流入、流出，加之影响铜钱总存量 Cm 的因素中，政府又仅能控制 Cg，这就从根本上决定了白银与铜钱的存量无法一直保持稳定，各自购买力亦不能一成不变，银钱比价自然无法持续稳定于数值 1000。[②] 实际上，银钱货币更为一般的流通状态如下图（图 68）所示：

---

① 由单种货币挤占整个水槽的状态被称为格雷欣法则作用，指的是如果政府以法律条款形式对自身价值各不相同的两到三种流通中介形式规定相同的名义价值，那么只要有可能，支付将总是以那种生产成本最低的中介进行，而且比较贵重的中介将从流通中消失。

② 1 : 1000 自身也是均衡态下极其特殊的一种，因为即便白银和铜钱存量不变，两者的相对价值也不会恰好停留于 1 : 1000 比例。

清代银钱比价波动研究

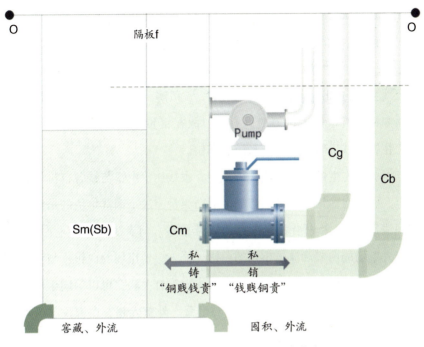

图68　清代银钱货币行用的实际均衡状态

资料来源：改绘自王业键：《清代经济史论文集（一）》，第170页，图三。

说明：如 Cm 液面与 Sm 液面齐平，则处于均衡态；Cm 液面高于 Sm 液面，为银贵钱贱；Sm 液面高于 Cm 液面，为银贱钱贵。如 Cm 液面与 Cb 液面齐平，则不存在私铸私销；Cm 液面高于 Cb 液面，钱贱铜贵，易私销；Cb 液面高于 Cm 液面，铜贱钱贵，易私铸。（原图水槽左右两边都是下端突出，意味着清代货币系统绝不会变成单本位，本图在此省略相应表示。）

在该图中，Cm 液面实际高于 Sm 液面，意味着银贵钱贱。导致这种状态的直接原因是市面白银存量较制钱存量减少。当然，政府重银轻钱（将隔板 f 右推）的态度也起作用。至于到底是哪些因素导致白银量减少，是供给（流入）太少，还是非货币因素需求（流出）太多，以及具体哪些因素导致此供需变化，留待后文详述。从铜钱一方看，Cg 与 Cm 间有一阀门，在 Cm 旁还有一个抽水机（pump），意味着政府可通过货币政策（停铸、回笼钱文等）阻止过多钱文流向市场。因此，

Cg 和 Cm 槽面无须水平一致。但 Cb 和 Cm 间的联系，政府无法直接管控。当铜作为货币的价值大于作为商品的价值时，Cb 部分溶液会流向 Cm，该过程叫"私铸"；当铜作为商品比作为货币来得值钱时，Cm 部分溶液会流向 Cb，该过程叫"私销"。[1] 私铸、私销与否，只与铜作为商品和作为货币何者价值更高有关，故在银贵钱贱时会发生私铸、私销，在银贱钱贵时也会发生私铸、私销。

王业键先生的相关论述告诉我们，银钱比价由银与钱各自价值对比决定。而决定白银价值的是市场上的白银量，决定铜钱价值的是市场上的铜钱量。[2] 笔者先沿着这一思路继续推进。何者决定市场上白银量？是流入市场的白银和流出市场的白银。流入一地市场的白银，与对外贸易出超、地域间商贸往来、政府财政支出等有关联，可以等同于白银供给一项。[3] 流出一地市场的白银，与窖藏、外贸入超、白银税收入库等因素有关联，在一定程度上等同于白银需求一项。何者决定市场上的铜钱量？是流入市场的铜钱和流出市场的铜钱。流入市场的铜钱，与政府铸造、古旧钱文重新流通、外国钱文流入、私铸、钱票使用等相关，集中表现于铜钱总供给。[4] 流出一地市场的铜钱，与贩卖外运、私销、退藏囤积（出于投机或持有一定现钱的预防性需求）等因素相关，在一定程度上就是对铜钱的需求（消耗）。[5] 由此可见，在研究银钱比价形成上，问题是一级级扩散出去的。决定比价的根本因素是银与钱各自价

---

① 王业键：《中国近代货币与银行的演进（1664—1937）》，《清代经济史论文集（一）》，第171 页。

② 这里其实也假定了市面铜钱质量一律，且铜都用于铸币；若不作此假定，则单纯数量论不能解释比价变化。在后续行文中，笔者会在数量论基础上再加入金属价值论方面的解释。

③ 如果我们研究的是作为整体的中国，那么这个市场就是全国市场，对外贸易因素特别需要考虑。如果我们研究一小块地方，那么这个市场就是地区市场，此时"地域间商贸往来"就会起作用。

④ 林满红：《嘉道钱贱现象产生原因"钱多钱劣论"之商榷——海上发展深入影响近代中国之一事例》，张彬村、刘石吉主编：《中国海洋发展论文集》第五辑，第 375 页。

⑤ 日本东亚同文书院编：《中国经济全书》（第一册），第 247—323 页。

　　　　　　　　　　　　　清代银钱比价波动研究

值变动对比，而供需变动又是影响货币价值的重要因素（"商市银钱价格，向视供求盈绌以为涨落"①），影响供需的因素数不胜数且相互交织。该过程连续传导、网罗交织，无法被简单描述。此外，基于本书第一章对制钱属性的分析，我们知道实际影响钱值的不仅是铸币量，还有市场铜价、铜钱品质。另外，钱值还受到政府货币政策干预、在地交易习惯等因素影响。铜钱数量与币值的关系，非简单的前者决定后者。在此意义上，历史现实要比实际均衡状态图所呈现的情况更为复杂。铜铸币数量必与币材金属价格以及各外在因素一起作用于铜钱价值。这就需要我们用新的方法、工具去描绘它。

在具体展开论述前，还要说明，在影响银钱比价的各因素中，有的因素对比价形成及波动起短期作用，有的则起长期作用。因需要先阐释原理，罗列各要素，绘制网络分析图，故不先结合具体历史时段论述哪些因素起长期作用、哪些因素起短期作用。同理，也暂不区分根本因素、关键因素、次要因素等。又由于银钱比价的绝对数值有地域差别，所以有些因素只暂时影响国内某区域的比价，对作为总体的中国不产生直接影响；有的因素则对本地和全国皆有影响，在罗列相关影响因素时也先不作区分。此外，某些因素对银钱双方皆起作用，而另一些只单纯对一方起作用，本节在论述时，将之放在笔者所认为影响更大的一方下论述。最后，银钱比价需对比结合银、钱双方看待，某因素或导致白银存量减少，抬高银价，但并不意味着当时就是银贵钱贱，如制钱存量下降更多、铜价猛涨，则反可形成银贱钱贵。以下为示区别，单由白银方导致的，单称银贵、银贱；单由铜钱方导致的，单称钱贵、钱贱。最后

---

① 《新湖南纪事——纸币兑价之商榷》，《申报》1912 年 2 月 1 日。

综合对比两方，才说银贵钱贱、银贱钱贵。[①]

一、影响白银价值的因素

（一）白银内流

随着日本、美洲等地白银被大量开采，这些白银最后经各种贸易及套汇渠道流入中国。[②] 据估算，中国的白银流通量从 17 世纪中叶到 19 世纪初，已均增 4 倍。[③] 至 1830 年，中国国内白银存量约 7 亿吨（存量较明末约增长了 1 倍），其中海外流入约 3.7 亿两，约 88% 的新增白银

① 时人也有将主因前置的称法。如"泉府充溢，贯朽尘积，而银不加多，是谓钱贱而银贵……漏卮无极，以万以亿，而钱不加多，是谓银贵而钱贱"。许楣：《钞币通论第八》，盛康辑：《皇朝经世文续编》，卷六十。

② 美洲银主要通过贸易渠道流入中国，流入主体为银元。参见全汉昇：《再论明清间美洲白银的输入中国》、《三论明清间美洲白银的输入中国》，《中国近代经济史论丛》，第 11—18、19—33 页；林满红：《中国的白银外流与世界金银减产（1814—1850）》，吴剑雄主编：《中国海洋发展史论文集》第四辑，第 11 页；[德] 弗兰克：《白银资本：重视经济全球化中的东方》，刘北成译，中央编辑出版社 2013 年版；Richard von Glahn, "Foreign Silver Coins in the Market Culture of Nineteenth Century China", *International Journal of Asian Studies*, Vol. 4, No. 1, 2007；[美] 罗纳德·芬得利、凯文·奥罗克：《强权与富足：第二个千年的贸易、战争和世界经济》，华建光译，中信出版社 2012 年版，第 240 页；卡洛斯·马里查尔：《西属美洲银比索：旧时代的出口商品与世界货币（1550—1800）》，左晓园译，《世界近现代史研究》（第十一辑），2014 年。但对于 18 世纪白银流入的年均数量一直没有定论，少的认为有 180 万两，多的则有近 800 万两。国际金银套利导致流入情况为：自明中后期开始，金银比价在中国为 1：5.5—7，在日本为 1：12—13，在欧洲为 1：10.6—15.5，中国金价被低估、银价被高估，导致国际白银通过套利机制流入中国。黄金投机成为 18 世纪上半叶欧洲对中国贸易的大宗项目，中国黄金占据了欧洲市场的三分之一。参见全汉昇：《明代中叶后澳门的海外贸易》，《中国近代经济史论丛》，第 136—159 页；Dennis O. Flynn and Arturo Giráldez, "Born with a 'Silver Spoon': The Origin of World Trade in 1571", *Journal of World History*, Vol. 6, No. 2 (Fall, 1995), pp. 201-221；Dennis O. Flynn and Arturo Giráldez, "Cycles of Silver: Global Economic Unity through the Mid-Eighteenth Century", *Journal of World History*, Vol. 13, No. 2 (Fall, 2002), pp. 391-427；Hermann Kellenbenz ed., *Precious Metals in the Age of Expansion.* p. 313. 转自沈汉：《资本主义史》第 1 卷，人民出版社 2015 年版，第 159 页。

③ 王业键：《中国近代货币与银行的演进（1664—1937）》，《清代经济史论文集（一）》，第 192—193 页。

来自贸易顺差。① 白银持续内流的结果，是增加了国内白银总供给，推动了货币体系白银化，并降低了白银货币购买力，抬升了物价。钱作为物之一种，其价格自然也因此抬升，故会产生该意义上的银贱钱贵。对此，时人分析认为："乾隆一代，钱价平时少而贵时多，或以为由销毁古钱，或以为由私毁重钱，故钱少而贵，然实当时上下银多之故。"② 这便是白银内流，导致银贱且钱相对于银更贵的表达。

白银内流从总体上增加了国内白银供给数量，保证了银金属存量。但究竟是何原因导致了白银的持续内流，何以"休谟机制"③ 不起作用？

对该问题的解答可从多方面入手，其中一个方面便是专论中国对白银货币的需求不断增加，既有货币体系白银化（交易需求、预防需求）

---

① 张翼、蒋晓宇：《1550—1830 年中国白银流入及其影响》，《中国人民银行工作论文》No. 2020/11. 附表：清代前中期（1645—1830 年）中国白银存量及来源结构统计（单位：万两，%）

来源	数量	占比	增量
明末（1644 年）存量	35000	50.0	
当期白银损耗	−7000	−10.0	
中日贸易输入	3000	4.3	7.1
中国—美洲贸易输入	10000	14.3	23.8
中国—欧洲贸易输入	18000	25.7	47.6
中美贸易输入	6000	8.6	9.5
中国国内银矿开采	5000	7.1	11.9

据上统计，清代前中期中国白银存量合为 70000 万两，相较明末存量增加，增加了 35000 万两。清代中叶（1830 年）人口数量为 3.5—4 亿，则其时人均白银数量为 1.75—2 两。

资料来源：1. 白银数据为作者根据前述相关研究综合估计，增量为白银输入和国内银矿产量之和，净增加为增量减去当期损耗；2. 清代中叶人口数据参见：曹树基、陈意新（2002）。

② 王庆云：《石渠馀纪》，纪银钱价直，第 214 页。

③ 所谓"休谟机制"，即物价—现金流动机制（Price Specie-Flow Mechanism），指在国际普遍实行贵金属本位制条件下，一个国家的国际收支可通过物价的涨落和贵金属现金的输出、输入自动恢复平衡。

的原因，也有金融深化的原因，[①] 还有贡赋体制运行的原因。[②] 但在此，笔者要强调非货币的用银需求。[③] 白银作为贵金属，同样具有非货币用途。甚至当国内白银货币供给过多时，剩余部分便可"非货币化"地转入收藏领域，而在白银货币不足时再度"货币化"（见图69）。[④] 如晚清香港银辅币大量北上，其中相当部分被改作纽扣、发簪、饰品及其他类似商品，表明民众于交易媒介功能外，同样看重白银的实用和储藏价值。[⑤] 人口增殖，对货币化的白银有需求，对非货币化的白银同样有需求。这种广泛的用银需求，在一定程度上导致中国成为"白银的坟墓"。持续流入的白银，不会只简单地全数作为货币存在，进而引起物价快速上涨，造成所谓的"价格革命"。

由是，白银持续内流能在长期趋势上解释何以银贱，而这又依赖于贸易顺差、金银套汇、侨汇等条件存在，且与世界白银开采技术、开采

---

① 这可以用剑桥方程式 M=kPY 解释。此中，白银不再是外生货币，其上升由收入（Y）上升所致，经济货币化程度（k）增高，则价格（P）未必上升，"价格革命"亦不出现。［美］罗纳德·芬得利、凯文·奥罗克：《强权与富足：第二个千年的贸易、战争和世界经济》，第 245 页。

② 陈春声、刘志伟：《贡赋、市场与物质生活——试论 18 世纪美洲白银输入与中国社会变迁之关系》，《清华大学学报（哲学社会科学版）》2010 年第 5 期。

③ 伯恩斯坦（Peter L. Bernstein）曾对黄金在东方的价值有过贮藏功能描述："黄金可以用来装扮新娘，制作成小玩意，用来装饰；更为重要的是，黄金可以用来贮藏。确实，在东方，贮藏黄金类似于一种大众消费，这就像我们这个时代对于纯金手表的那种欲壑难填的需求一般。这种对于黄金的迷恋，揭示了为什么亚洲是吸纳贵金属的海绵，而不是像休谟所阐释的那样的国家——'囤积货币并不比积蓄液体更具有可行性，尤其当液体溢出了容器端口的时候。'亚洲人并不玩'金钱游戏'。"［美］彼得·L. 伯恩斯坦：《黄金简史》（第三版），黄磊译，上海财经大学出版社 2013 年版，第 188 页。

④ 该点在张应强对清水江流域木材贸易兴盛与当地苗民服饰银质化的关联性的研究中，也有明显体现。巨量白银通过木材贸易流入清水江上游，但当地物价却没有极大上涨，这一现象除从对白银货币的需求增加解释外，便只能从白银非货币化为银饰品来解释。张应强：《木材之流动：清代清水江下游地区的市场、权力与社会》，第 179—180 页。

⑤ 何汉威：《香港领土型币制的演进——以清末民初港、粤的银辅币角力为中心》，《"中央研究院"历史语言研究所集刊》第八十六本第一分，2015 年，第 116 页。

图 69　"宝通"足纹银头簪

资料来源：https://bbs.chcoin.com/show-14297987.html, 2020-06-03。

说明：头簪本为非货币银饰，但标注"足纹"后，在特定情况下可迅速货币化。

量以及中国对白银的货币、非货币需求有关。[①] 白银流入中国后，更受流通方向、流通渠道、商贸交易规则、国家财税结构等因素影响。白银

---

① 如 Alejandra Irigoin 即强调，拉美独立后银元铸造并未减少，只是银元成色各异，使得中国对其生产的银元需求减少。Alejandra Irigoin, "The End of a Silver Era: The Consequences of the Breakdown of the Spanish Peso Standard in China and the United States, 1780s-1850s", *Journal of World History*, vol. 20, No. 2, 2009, pp. 222-239. 引自［日］村上卫：《海洋史上的近代中国：福建人的活动与英国、清朝的因应》，王诗伦译，社会科学文献出版社 2016 年版，第 45 页。

内流在解释长期的、总趋势上的银贱有意义，但不能作为解释国内区域性的、一时一地的银价变化的直接依据。

（二）白银外流

与白银内流相反，白银外流的直接结果是国内白银存量减少，导致银少银贵。乾隆时期的黄印在《锡金识小录》中写道：

> 观于市，若昔钱少今钱多，然昔少而价平，今多而价贵。[①] 则知昔之多用银者，由银之留于下者多，而非由钱乏；今之专用钱者，由银之留于下者少，而非以钱足也。民生穷困之由，观此亦可悟矣。[②]

往昔钱少而"价平"，现今钱多而"价贵"，如何理解？在只考虑钱的因素时，钱少应当价贵，钱多应当价贱，这是因为我们的参照对象是不变价的白银。但当白银自身价值发生变动时，钱的实际价格就需被重新计量。而该则材料显示的又非如此简单。在黄印看来，往昔钱少"价平"，非由钱乏，乃是使用白银更多的缘故；今者钱多"价贵"，非由钱足，乃是可供使用的白银过少导致。往昔是否真非钱乏、今昔是否真非钱多，暂且不论，黄印真正要表达的是白银过少的现状。白银过少，本应导致银价上涨，而其所论乃是钱价上涨，是何原因？在这里，黄印讲述了一个货币替代的问题。在钱少银多时，如果人们尽量使用白银，则钱价不易高昂；在白银外流、钱多银少时，如果人们更多使用制钱来替代白银，则钱价也会上涨（钱价涨幅不及银价涨幅，最终依然体现为银贵钱贱）。此时，传导过程（如图70所示）：

---

① 钱的"价格"即银计钱价。
② 黄印：《锡金识小录》，卷一《备参上》。

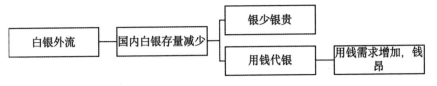

图 70　白银外流时的货币替代

　　可见，白银外流会导致银少银贵、银贵钱贱不假，但如果存在货币需求替代，则银贵会因之缓和，钱贱亦会有所减弱。是时，虽然总体上还为银贵钱贱，但当中却又有铜钱价昂的一面。[①] 可知，影响最终银钱比价的因素繁多，不可简单认为其中某种因素出现，就一定会导致某种结果。这也是本节要强调"过程""路径""网络"的意义所在。

　　导致白银外流的原因众多，在清中后期，主要为战争掠夺、对外赔款和贸易入超。[②] 而道光朝的入超，又有很大原因为鸦片进口。对此，包世臣曾发出著名的"漏卮"论。[③] 段艳在整合严中平、贺力平数据基础上，重新估算了这一时期鸦片进口用银所占白银流通比。其研究结果显示，"因鸦片贸易而引起的货币用银减少量当占当时中国货币用银存

---

　　①　以钱代银，可致使此时钱的自身价值相对早先升高，但若钱自身升值幅度不及白银，则依然是银贵钱贱。
　　②　比如在鸦片战争期间，英军在沿海城市掠夺的白银与《南京条约》赔款合计银两 20378084 两，占当时中国白银流通量的 6.23%。参见段艳：《1830—1949 年中国货币危机与币制改革》，广西民族出版社 2016 年版，第 36 页。
　　③　包世臣：《齐民四术》卷二《庚辰杂著二》，《包世臣全集》，黄山书社 2014 年版。

量比重的 26% 以上"，^① 若无非法鸦片输入，当时中国的正常外贸将仍有出超。当然，彼时白银外流亦受诸多国际因素影响。^② 由于本部分致力于论述白银外流对银贵的影响，故只能简略提及导致白银外流的具体因素。同样，白银外流在解释总体银贵方面具有解释力，但在论证一地具体银钱比价波动时，还需考虑更多影响因素的交织作用。

（三）国内商贸活动

白银相对于铜钱是贵金属，体积小，易携带，适合远距离贸易，所以地（省）区间、地区内的商贸活动会对白银供需产生影响。

乾隆五十九年，浙江巡抚吉庆奏报："查近年来浙省钱价过贱，银价较增。现在市平纹银每两换钱一千四百余文。虽本年蚕丝旺盛，客商带银来浙收买，银价稍平，然亦未能大减。"^③ 此时浙江为银贵钱贱，钱贱是由于小钱行用，但吉庆这里不从钱的方面进行论述，而是从银的供给角度出发，认为外地客商来浙收购蚕丝会携带白银，白银入浙则可缓解银贵。反之，如若商贸不发达，则一地流入的白银当会减少。道光四年，闽浙总督赵慎畛奏称，"闽省山海交错，道路崎岖，制钱笨重，

---

① 段艳、陆吉康：《1830~1856 年中国"银荒"危机成因考辨》，《云南财经大学学报》2012年第 2 期；段艳：《1830—1949 年中国货币危机与币制改革》，第 27—29 页。另，林满红估算，1814—1850 年间，流失的一亿五千万墨元量白银，约占当时中国银钱货币合计总数的 11%（林满红：《明清的朝代危机与世界经济萧条——十九世纪的经验》，（台湾）《新史学》1990 年第 1 卷第 4期）；林满红后来在《银线：19 世纪的世界与中国》中又将数字修正为 16.4%（第 107 页），相较马士认为的 7.4% 要高不少；而贺力平的估计仅为 3.6%—6.7%（贺力平：《鸦片贸易与白银外流关系之再检讨——兼论国内货币供给与对外贸易关系的历史演变》，《社会科学战线》2007 年第 1 期）。鸦片输入导致的白银外流究竟占当时国内总流通货币的多少，此问题或还可再探讨。但无疑，即便占比不大，也不能因此说白银外流的危害就不大，对此，林满红曾有回应外界对其的批评，详见林满红：《银线：19 世纪的世界与中国》，"作者中文简体字版序"，第 2 页。

② 如林满红着重强调世界经济不景气和银产量减少的影响，而万志英则强调美国货币政策对白银输入中国的影响。林满红：《明清的朝代危机与世界经济萧条——十九世纪的经验》，（台湾）《新史学》1990 年第 1 卷第 4 期。Richard von Glahn, "Foreign Silver Coins in the Market Culture of Nineteenth Century China", *International Journal of Asian Studies*, Vol.4, No.2 (January 2007), pp.61-62.

③ 《浙江巡抚吉庆奏报遵旨筹议钱法事宜事》，乾隆五十九年七月二十五日，朱批奏折，档号：04-01-35-1344-016。

清代银钱比价波动研究

难以携带。各省商贩置货来闽售卖钱文率皆易银带回，以致银价恒贵，钱价恒贱"①。赵慎畛同样不着眼于制钱，而是从闽省"环山阻海，挑运维艰"②，客商离开福建皆"易银带回"角度论述福建白银缺少的原因。③道光五年（1825），江苏巡抚陶澍奏称，"近年各省商货未能流通，来［苏］者日少，银价增长，然每银一两，亦不过值钱一千一百六七十文至二百文不等"④。显然，他将银贵归因于商贸活动不发达，进而导致入苏白银日渐减少。⑤对比以上案例，可以发现；在一地有外来商贩进入时，该地的白银供给会增加；但当外来商贩返回时，他们也会携带银两离开，这又加剧了当地白银流出。由于区域内商贸活动多集中于省城及重要市镇，相对而言，在这些地方的偏远处，白银流入也会少。⑥

此外，由于某些大宗商贸活动本身具有周期性，使得白银在各地往来也有周期性，由此造成比价波动的时间特性。光绪二十三年年中，杭州新丝上市，其时"需用洋银，为数较巨，以致钱庄拆息加重。按三月

---

① 《闽浙总督赵慎畛奏为闽省银贵于钱及局铸钱成本亏折请暂停鼓铸事》，道光四年正月二十八日，朱批奏折，档号：04-01-35-1360-066。

② 《高宗纯皇帝实录》（四），卷二三二，乾隆十年正月上，第5页。

③ 但这种因素所导致的白银在地域内流出却不完全被地形局限，交通较福建更为便利的湖北一省同样存在客商易银带回现象——"外来商贩收银便于携带，局铸钱文不出楚北一省，因而银贵钱贱"（《湖广总督讷尔经额奏报暂停湖北钱局鼓铸钱文事》，道光十五年五月二十九日，朱批奏折，档号：04-01-35-1365-010）。

④ 《江苏巡抚陶澍奏报苏城银价昂贵暂借铜铅工本易换钱文以平市价事》，道光八年四月初八日，朱批奏折，档号：04-01-35-1362-008。

⑤ 当然，商贸活动对白银供需的影响也是双重的。如果有人论述商贸发达会导致对白银需求加增，进而抬高银价，则有道理。最终需要综合白银供需两方研判。

⑥ 道光十一年（1831），江西巡抚吴光悦曾就饶州府余干县银贵状况直言："余干县地方僻小，非比省会，民间钱多银少。"这里虽然提到了"钱多"，但结合文意，并非真的指钱文数量多，而是钱相对于白银更多，意在说明银少。"银少"即是因该县地方僻小，无商人携银往来。《江西巡抚吴光悦奏为绅民捐钱请以钱一千作银一两给予议叙事》，道光十一年十一月二十六日，朱批奏折，档号：04-01-35-1363-034。

一期者，每百元需洋银三角或二角五分，钱价亦因此稍贬"①。按当时"每元可易钱一千零十文"计算，较之正月"每元即可换钱九百五六十文"，②已属对银需求增多导致银价上涨。这就是新丝贸易对比价波动的周期性影响。这一点还可见于国内大城市之间的定期商贸往来活动：

> 上海收入的银子主要来自天津。每年开河，即阴历二、三、四月解冻后，天津为输入货物向上海输送的银子增为四五百万两，在七、八、九月，还有银子输出，但不如春季那样多，一年间上海输入的银子有七八百万两……上海输出银子的去向主要是长江一带，次为苏州、杭州。在长江一带，汉口是首要的去向，在二、三、四月，为了收购茶叶，向汉口输送的银子有四五百万两。汉口位于长江中部，是所谓九省通衢、商业枢纽，四川省的贸易货物都要经由此地，因而该省金融也会直接影响汉口，为缓解其银根吃紧，会输送银子。汉口以上海为其根源，通计上海向汉口输送的银子，每年多则七八百万两，少也不下于四五百万两。次于汉口、吸收上海的银子的是镇江，因为镇江的商贾每年要赴山东收购豆米。在杭州、苏州两府中，为了收购生丝，杭州每年要从上海吸收200万两以下、100万两以上的银子，苏州为了补充地丁银，也要从上海吸收银子。总之，上海年年从内地各口岸输入银子3000万两左右，又年年向内地各口岸输出1000万两至2000万两左右。③

在天津、上海、汉口、镇江、苏州、杭州间，豆、茶、丝、米等大

---

① 《武林钱市》，《申报》1897年6月27日，第8690号，第2版。
② 《武林钱市》，《申报》1897年6月27日，第8690号，第2版。
③ ［日］根岸佶、片山精一、大原信：《清国商业综览》（第四卷），冯天瑜、刘柏林、李少军编：《东亚同文书院中国调查资料选译》（上册），第298页。

宗贸易，既需大量白银支持往来，其交易本身又有一定时间性，由此造成一地白银在特定时间内有大幅进出的现象。这种国内区域间商贸往来导致的白银流动，不同于国际间白银流动，必然对地区银钱比价波动产生影响。如长沙府：

> 此地通常是在上半年的二、三、四月及下半年的十、十一、十二月，金融最为吃紧，利率也随之上升。究其原因，是由于在上半年的二、三、四月有茶叶交易，下半年十、十一月汉口、上海等地的分号会要求结清贷款、透支钱款，同时又是湖南全省征收各种税赋之期，就税额而言，盐课有八九十万两，厘课有六七十万两，善后局洋款有七十万两，等等。①

可见，长沙当地每年上半年二、三、四月和下半年十、十一、十二月，对白银需求较其他月份增加，导致白银升值，其直接表现是银根吃紧，利率上升。如从白银价值变动一方解释年内比价变动，则势必要考虑商贸活动影响。

另外，具体商业往来中，如不使用现银，对账目核算进行创新，则又有变化。曾任鄞县县令的段光清在其自撰年谱中记录过宁波的过账问题。② 过账制度一方面便利结算，一方面也减少了现银需求。③ 宁波采

---

① ［日］根岸佶、片山精一、大原信：《清国商业综览》（第四卷），冯天瑜、刘柏林、李少军编：《东亚同文书院中国调查资料选译》（上册），第432—433页。

② "宁波码头向有钱贴之名。钱贴者，因当年宁波殷富室所开钱庄，凡有钱者皆愿存钱于庄上，随庄主略偿息钱。各业商贾向庄上借钱，亦略纳息钱，进出只登帐簿，不必钱银过手也……故宁波商贾，只能有口信，不必实有过钱，向客买货，只到钱庄过帐，无论银洋自一万，以至数万、十余万，钱庄只将银洋登记客人名下，不必银洋过手。"段光清：《镜湖自撰年谱》，中华书局1960年版，第122页。

③ 当然，其更有意义的作用在于创造了信用货币。因使用过账而相对过剩的银钱，还可以放账到上海，增进两地经济互动。相关论述见陈铨亚：《中国本土商业银行的截面：宁波钱庄》，浙江大学出版社2010年版，第36—37页。

用过账制度，本地商贸交易不需使用实银，较之他地或更有利于抚平周期性的银价波动。[①]

综上可见，商贸活动对于一地的白银流入、流出具有很大影响。越是商贸活动活跃的地方，其白银进出就越不易控制，所引起的银价波动也会越大。结合某些行业交易具有年内周期特征，相应的银价变动也具有时间特征。

（四）银票行用

最初流通于民间的银票属于私票，自18世纪中叶以后，其流通便越来越广。到19世纪上半叶，"清代的银铜复本位已由原先的银铜两个金属部门演变成由银、铜、私票三个部门组成的币制"[②]。在此背景下，官、私银票[③]的出现在事实上增加了白银货币的流通量。对于这一增量原理，王业键先生已经作过明确分析，笔者在此只作一简要说明。我们设此时货币总量为M，它由作为货币流通的白银Ms、流通的铜钱Mc和流通的私票额Mn组成。现将Ms和Mc各拿出一部分作发行私票的准备金，即Hs和Hc，将m视为全部私票之于准备金的乘数，则有$Mn = m(Hs+Hc)$。剩下的Ms′和Mc′为继续流通的普通货币，此时货币总量$M = Ms′+Mc′+m(Hs+Hc)$。[④]可见私票发行在一定程度上增加了金属货币币制的弹性，使货币价格不易骤升骤降。[⑤]

---

① 因为过账汇划主要是在本埠进行，对外地区间交易还是需要实银，故某些商业周期导致的银价变动不会被完全抹平。

② 王业键：《中国近代货币与银行的演进（1664—1937）》，《清代经济史论文集（一）》，第182页。

③ 这里的银票仅指超过发行准备的兑换凭证，不包括不兑现的国家纸币。

④ 王业键：《中国近代货币与银行的演进（1664—1937）》，《清代经济史论文集（一）》，第185页。另外，刘成同样对贵金属货币制度下的信用创造过程作了原理阐释和举例表达，参见刘成：《信用创造》，生活·读书·新知三联书店2017年版，第77—94页。

⑤ 当然，这种弹性是相对的。有些学者认为，当时银号、钱铺规模小，发行银钱票数量有限；没有现代银行体系支撑，现代货币乘数效应无法展开等原因使得"弹性"不足。杜恂诚、李晋：《白银进出口与明清货币制度演变》，《中国经济史研究》2017年第3期。

但是，银票发行是否真能增加白银供给并降低银价？对此，我们需要区分形式化理论推演与金属货币为主条件下的历史实情之间的差异。

实银与银票虽都属于广义白银货币①，但在清人眼里，白银毕竟是实体贵金属，而传统银票发行既无现代金融体系下的中央银行作为最终保障，又无一明确固定的发行准备金率②，相对于实银无疑更"虚"。这种虚实之分导致在实际流通中两者并不能完全相互替代。道光八年（1828），江苏巡抚陶澍奏报该年苏州现银缺少：

> 自上年秋冬至今，各省商贾俱系汇票往来，并无现银运到。因此银价顿长，钱价愈贱，竟至每银两易制钱一千二百八九十文至三百馀文不等。且银数稍多，即不能克期换集。现值奏销及上忙吃紧之时，民间以米易钱，又以钱易银完纳新赋，其价值较之往日多寡悬殊。情形拮据，催征更难踊跃。以课赋最多之地，值银两短缺之时，完解殊为棘手。是银价过昂，不但民商俱病，实有关于国计，不得不亟为筹画。③

彼时苏州银票与实银并用，但商贸往来多用银票，银票的使用确实便利了商人且增加了白银货币的总供给。但问题在于，缴纳赋税时，官府只要现银，而民间又多以现钱换现银。此时银票不仅需求无多，甚至有被挤兑的风险。由此可见，货币行用是嵌入在具体社会经济制度下的，即便是所谓"供需理论"，也需要结合具体社会背景应用。同理，

---

① 民间发行的银票也被认为是票据，是信用工具。本书则将之列为广义货币。相关解释参见第五章第一节。

② 叶调元《汉口竹枝词》谓："银号声名众口传，朱提十万簿头悬。个中厉害谁能识，血本纹银仅六千。"沙月编著：《清叶氏汉口竹枝词解读》，崇文书局 2012 年版，第 52 页。

③ 《江苏巡抚陶澍奏报苏城银价昂贵暂借铜铅工本易换钱文以平市价事》，道光八年四月初八日，朱批奏折，档号：04-01-35-1362-008。

《翁同爵家书系年考》载："〔同治九年闰十月十一日〕银价每两换至铜铁各半钱三千五六百文，缘西征粮台各省协饷大半皆从银号汇兑，故本省现银缺少耳。"[①] 使用银号汇兑虽可免去跨省运输白银的困扰，但就汇兑地而言，其现银并不加增，反而可能因兑出现银而使现银存量减少。如是，结合其他因素（如引文提到的铜铁钱的混用），又会导致银贵钱贱。光绪二十五年，京师银钱日绌，时德宗皇帝亦认为"近来各省应解部库各款，多由号商以银票汇兑，京师现银，安得不日形亏短"[②]。行用银票在这一方面的影响终极体现于挤兑。据《申报》记载："鄂省自创设官钱票，远近通行，商民无不称便。迩因北方拳匪滋事，风鹤频惊，银根顿形短绌。遂有匪徒播造谣言，谓官钱局势将倒闭，一时风声所播，市面震惊，商民收存官票者争往兑取。局门以外拥挤不堪，局中所存现钱一时不敷周转。"[③] 庚子事变导致北方"银根顿形短绌"，湖北地方又有谣言称官钱局将倒闭，短时内的挤兑致使官钱局现银不足，不仅加剧恐慌，而且势必进一步推高当地银价。

总之，银票如果作为货币凭证（money certificate）[④]，以票取银、凭票即付，为"代现之准备"作支付性发行，则是从用票方便、加快白银货币周转流通速度这一路径提供增量。此时并未产生通常意义上的信用扩张。如有一定准备金制度，行"运现之预备"[⑤]，作为信用媒介（fiduciary media），则可扩张信用，增加白银货币供给总量。但当必须以实银交易时，票的弊端便显现出来。如果不能兑现，或辗转磨兑，则

---

① 翁同爵著，李红英辑考：《翁同爵家书系年考》，凤凰出版社 2015 年版，第 506 页。
② 《德宗景皇帝实录》（六），卷四三八，光绪二十五年正月乙丑，第 758 页。
③ 《鹤楼笛韵》，《申报》1900 年 7 月 24 日，第 9795 号，第 3 版。
④ ［奥］路德维希·冯·米塞斯：《人的行为》，夏道平译，上海社会科学院出版社 2015 年版，第 403—404 页；何平：《传统中国的货币与财政》，第 19 页。
⑤ "代现之准备"与"运现之预备"区别在于有无信用扩张。山西省地方志办公室编：《民国山西实业志》第三编四八（丙），山西人民出版社 2012 年版。

以票代银之举便全凭发票方信用强弱而定，在当时条件下自不及实银可靠。[①] 票和银两者结合使用或可部分增加白银总供给量，但这种供给内包含了"虚"的成分，在特定情况下反而易于引发货币危机，加剧实银供需矛盾。

此外，由于晚清半殖民地的特殊社会性质，外国银行也得以发行银两、银元乃至以本国货币单位计量的钞票。[②] 这些外国银行发行的钞票虽在总体上增加了当时的货币供给，却也使得货币行用更具地区性，会从货币量和货币使用习惯两个方面对当时当地的白银供需造成影响，进而作用于银钱比价。[③]

（五）财税政策

税收是否用银，是否银钱兼收，是否有银钱货币缴纳比例及数额限制，是否有固定缴纳时间，都会影响白银供需。财政支出是否因战争、灾荒而出现异常波动，也会影响白银供给。这些是清廷能影响市面白银供需的主要方面。[④] 当然，其他政策（如康熙海禁），[⑤] 如能影响进出口贸易，影响市场银钱使用结构，同样也能带来类似效果。

---

① 这里仅为笼统而论。各官私银票相比信用如何，需视其发行管理制度而论。比如湖南官钱局于光绪二十九年开始发行的银票，有藩库现金作保，能随时兑现，有防伪举措，独立营业（"当时制度，官钱局与善后局、督销局等同为独立机关；厘捐局海关之款皆须存官钱局，而善后局则不能强官钱局借款。故得资力雄厚，营业更与财政不发生关系"），故而"市面议值，官票每超过现金，照票面所载多有申水"。《湖南之金融》，曾赛丰、曹友鹏编：《湖南民国经济史料选刊》（一），第155—159页。

② 典型如英国麦加利银行、汇丰银行，德国德华银行，日本横滨正金银行，法国东方汇理银行，俄国华俄道胜银行等发行的各类兑换券。

③ 当然，更明显且直接影响的是外汇价。如晚清外汇牌价即以上海汇丰银行公布的汇价为准，全国各地的汇丰银行又根据上海牌价再参考当地外汇供需从而决定本地汇价。石毓符：《中国货币金融史略》，第176—177、181—182页。

④ 王业键：《中国近代货币与银行的演进（1664—1937）》，《清代经济史论文集（一）》，第173页。

⑤ 参见郑永昌：《明末清初的银贵钱贱现象与相关政治经济思想》，第102页。

在清代早期，官方多银钱兼收。① 此时，银钱价格在税收政策上很难有极贵极贱之分。但当官方开始倾向收银时，银钱对比便会发生变化。雍正六年（1728），贵州提督杨天纵即以贵州案例说明当地不用钱的原因。② 是时，地方官可借税收收银牟利，即便制钱"利民用"，也不愿按市价收取钱文。这自然导致民间不重视制钱使用，官民皆不用钱则钱贱，皆用银则银贵。又如乾隆十三年，直隶总督那苏图称，"省城现在钱价，纹银一两仅易制钱七百四十文，较前实属价昂。但此时正届开征，民间出钱易银完纳钱粮，此一二月内钱价尚可望其平减"。可见，如税收以银为主，则在开征时，人们会集中以钱易银，对银需求加增，推高银价。

从税收一项推广开去，一般性财政收支对银、钱中的一种若有所偏爱，会影响银钱供需。在财税收支整体"白银化"的趋势下，官方重银轻钱，偏爱白银，导致用银需求长期旺盛。道光二十六年，两江总督璧昌即言：

> 以江苏而言，从前每银一两易制钱一千及一千二三百文，今且一千八九百文矣；洋银一元易钱七八百文及千余文，今且一千三四

---

① 比如《阅世编》载："康熙初……价定每千值银一两，令民间完纳钱粮，大约十分之中，银居其七，以解边钱居其三，以备支放。编诸会计由单，当官收纳，于是钱价顿长，价至每千兑银九钱有奇，民间日用文作一厘，谓之厘钱，公私便之。"（《阅世编》卷七《钱法》）另外，该材料给出了"厘钱"的市场理解，即钱价上涨到一文值银一厘，才称厘钱。这从反面说明，当时市场钱价低，甚至可能低于其铸造成本。那么单纯的价值论就不能解释，而解释的原因恰恰落在需求论——对制钱的需求很低上。

② "窃惟制钱系国家通宝，各省皆用，惟贵州一隅，未能通行。臣细察其情，并非民之不用，实由于地方官之不乐行也。每年应收正杂钱粮，每两明则加火耗二钱，其实竟有加至四五钱不等。且布政司衙门，每兑收银一百两，加轻平银五两，若收钱则无羡余，是以不行收纳。从前滇省曾发制钱试用，在民间随手交易，较之用银，毫厘不折，孰不称便。只因粮赋一项，官不收钱，民间因置而不用。"杨天纵：《黔省钱法疏》（雍正六年），《皇朝经世文编》卷五十三《户政二十八·钱币下》。

百文矣。论者或谓停炉减卯可平市价，乃停炉数年而钱贱自若也，减卯数年而银贵自若也。推原其故，良以用银之区非即产银之区，则来路患其少，且以入银之数不敌出银之数，则去路患其多。势不能因流以溯原，即不能自无而之有。他如额解河饷并岁料大汛工需，苏省奉发□□率十数万至二三十万不等，总须年清年款。又新疆兵饷亦每岁发解十数万，类皆有往无来。又漕船津贴本非例有，止可酌给钱文，近日江苏州县亦多银洋给发，甚至逐年增长，漫无限制，银愈重则钱愈轻。①

从璧昌的论述可知，当时银贵钱贱，有来自银一方的原因，也有来自钱一方的原因。但"停炉""减卯"多年，却钱贱如故，说明来自于银一方的问题更大。其从银的出入比较（市场上银的存量）来论述银贵，有一定的数量论解释倾向。对于为何持续银贵，他除了给出白银外流他地的解释外，还强调官方收发对银、洋的偏重，直接导致对银需求持续旺盛，继而刺激银价上涨。

由此，我们知道，清政府更为重视白银的财税政策会对白银供需产生影响。那有什么会直接导致宏观层面的白银供给的增减呢？这就是扩张性财政政策和紧缩性财政政策。先看一则材料：

臣于乾隆十年在银库郎中任内曾详悉查核，每年各省所入地丁、关税、盐课、漕项等银约三千余万两，灾赈蠲缓不在此数。此岁入岁出之大略也。又查康熙六十一年，部库所存八百余万两；雍正年间，渐积至六千余万两。而自西北两路用兵，动支大半。我皇

---

① 《两江总督璧昌奏报江苏银钱轻重不一酌议搭放养廉章程以资补救事》，道光二十六年五月二十五日，朱批奏折，档号：04-01-35-1368-004。

上御极之初，户部库项不过二千四百万两。自四十六年以来，并未加增赋税，而府藏充实，国用富饶，部库增至七千余万两。[1]

在岁入渐多而开销稳定甚至缩减的情况下，政府府库充盈，这事实上是减少了市面流通的白银数量，从而宏观上造成银贵。[2] 反之，在某方面的扩张性财政支出会导致一地白银供给量的增加。以乾隆朝用兵来说，两次金川之役花费 9000 余万两，准噶尔之役 3300 余万两，缅甸之役 900 余万两，廓尔喀之役 1052 万两，台湾之役 800 余万两，数次战役合计支银 1.5 亿两，[3] 显然会造成用兵地区甚至更大区域内白银供给的增加。具体到更小范围，如乾隆十二年（1747）山东大赈，官方拨款达百万两白银，短时间内财政拨银导致银贱，进而使得本年末及次年初"冬春间钱价骤长"。[4] 嘉庆七年（1802），仁宗皇帝亦认为当时银贱钱贵，存在"所发内帑过多，辗转流通，以致银价日贱，钱价日增"[5] 的原因。

综上，影响白银价值的因素是多元的，或为白银内流中国，或为白银外流，或为国内区域间商贸活动，或为银票使用，或为政府财税政策。对解释长期全国性银价变动趋势而言，白银内外流、社会经济发展情况、政府财税政策，具有很强的解释力。

二、影响铜钱价值的因素

铜钱价值由铜铸币供需和铜钱内在金属价值共同主导。只论金属价

---

① 阿桂：《论增兵筹饷疏》（乾隆四十六年），《皇朝经世文编》卷二十六《户政一·理财上》。
② 此可参看岸本美绪《清代中国的物价与经济波动》第 227—230 页的相关论述。
③ 倪玉平：《清朝嘉道财政与社会》，第 81 页。
④ 《高宗纯皇帝实录》（五），卷三二一，乾隆十三年闰七月己巳，第 279 页。
⑤ 《仁宗睿皇帝实录》（二），卷九九，嘉庆七年六月丁卯，第 335 页。

值，尚不足以完全解释钱值。如"近年粤东停铸，他省运至者少，是以大制钱不可多得。而红、黑二钱，充溢市上，质轻价重"。① 此时红、黑二钱相对大制钱是劣币，其"质轻"，内在金属价值低，但因市面铸币需求大，而铸币又极为短缺，故红、黑钱仍然表现为"价重"。此时供需数量对钱值的影响更为直接。在本节中，铜钱内在金属价值，特别是铜价对铜钱价值的影响，及其与银钱比价的关联，将与钱文轻重、私铸、私销关联论述。

（一）铸局开、停，官方售卖、收买

开炉鼓铸，乃至增炉、加卯，都会增加本地乃至全国制钱的供给量。如乾隆三年，四川奏报，"自雍正十年开炉鼓铸以来，钱源流行，价值渐平"②。乾隆七年，福建奏报，"闽省钱价，未鼓铸之前，每纹银一两易钱七百七八十文。自上年十月间，开铸青钱，搭放兵饷之后，今每纹银一两易钱八百二三十文，是民间每银一两多得钱四五十文矣"③。开铸半年，银价已上升40—50文/两，足见增加制钱供给数量有助于降低钱价。

类似于开炉鼓铸，官方售卖钱文会更为直接地增加市面铜钱供给。在钱贵时，官方售卖可以平减市价。比如乾隆十六年，户工二部议定，"宝泉、宝源二局额铸之外，所余铜铅锡应各加铸十卯，为七十一卯。每年添铸之钱，如遇钱价昂贵，即发八旗米局，照市价酌减出易"④。但在钱贱时，如官方依然售卖制钱，钱贱趋势反会加剧。比如乾隆四十

---

① 《高宗纯皇帝实录》（四），卷二三二，乾隆十年正月辛巳，第6页。材料中红钱即康熙小广钱，黑钱即古钱。

② 《四川巡抚硕色奏请增鼓铸钱文以便兵民事》，乾隆三年六月二十五日，朱批奏折，档号：04-01-35-1228-012。

③ 《福建布政使张嗣昌奏陈开仓减价平粜并钱价渐减情形事》，乾隆七年五月初八日，录副奏折，档号：03-0739-027。

④ 《清朝通典》，卷十，《食货十·钱币》。

年湖南巡抚奏称，"乾隆十一年原议每串易市平纹银一两二钱，至乾隆二十六年经前抚臣冯钤请将余钱照依时价，每串易市平纹银一两一钱六分发各属出售……近年以来钱价渐减，每钱一串止易市平纹银一两五分，势难销售。请照民间时价每串易市平纹银一两五分半，合库平一两二分二厘二毫"。[①] 在"钱价渐减"情势下，官方基于鼓铸利润考量，反主动降价参与市场竞争，这就会进一步降低银钱时价。只有到市场价格低到官局不敷成本，不能长期以低于铸钱成本的价格赔本销售时，此种减价售卖行为才会停止。

关停铸局、停炉减铸也会减少制钱供应。乾隆五年江苏奏报，"自乾隆二年停铸以来，钱价日增，每钱一千需银一两四钱有零"，此时银钱比价数值下降到714，是为钱少钱贵。而在制钱供给减少后，铜钱总供给不足，私钱价格也因之提升，当地铅、铁铸小钱，"一充旧钱，一充新钱，掺和使用……此等小钱每千原卖银六七钱，今要一两一钱外"[②]。乾隆六年，刑部尚书署湖广总督那苏图曾将杂钱混用的原因归结为不开鼓铸，不行鼓铸则私小钱文充斥，即便是烂钱千文也能换银一两二三钱，故称楚省"需钱甚亟，鼓铸刻不容迟"。[③] 以上两例是说停铸导致钱价上涨，也有反因钱价下降而求停铸的。如"时价每银一两换钱二串八百文不等，而开炉鼓铸每银一两反止铸二串二文……仰祈再

① 《护理湖南巡抚敦福奏报局钱存积过多请照时价出易事》，乾隆四十年，朱批奏折，档号：04-01-35-1298-019。

② 《江苏巡抚张渠奏报拿获私钱并严查私铸钱文情形事》，乾隆五年闰六月十一日，朱批奏折，档号：04-01-35-1231-008。

③ 《高宗纯皇帝实录》（二），卷一三七，乾隆六年二月乙丑，第979页。"楚省钱少，民间所用不特沙板、漏风、鸳眼、榆荚等钱，公然配搭，甚至将前代废钱并指顶大之小铜片作为钱形，以及铁锡等造作埋藏旧钱搀杂行使，屡禁不止。每千换银一两二三钱。"

停，俟积钱销完另议开炉"①。在时价比价数值为 2800 时，按工本一两反只能铸钱 2002 文，故只能要求停铸。从中也可看出，关停铸局会直接减少钱文供给，但影响铸局关停的主要因素则是工本计算，工本不敷，乃至币材不足，都会导致铸局关停。② 官方铸局长期停铸致使现钱缺乏，最终会造成钱荒，钱荒则意味着制钱供给短缺，并循环导致钱贵。比如《退想斋日记》记载光绪二十四年（1898）二月二十六日京师情形："此间银数甚小，每两京钱十千零四五百文，老钱一千零四五十文，钱项短故也。"③ 银数小即银钱比价数值小，是为银贱钱贵。老钱即一般制钱，此时钱贵，由"钱项短"导致，而制钱短缺，又是由于官局铸造减少。光绪十五年，宝广局以机器铸造制钱，并在钱幕标注重"库平一钱"。然因当时铜价昂贵，机铸方孔钱耗损铜材过多，工本不敷，故在次年即将钱重改为八分，同时去除库平一钱字样。即便如此，工本依旧不敷。④ 到光绪二十年（1894），两广总督李瀚章干脆下令停铸机制制钱。如此，广东地区新铸制钱来源几乎断绝。光绪二十二年（1896），四川总督鹿传霖亦直言，"川省因铜斤不甚畅旺，宝川局鼓铸未能足卯，钱价日昂"⑤。或由铸本不敷，或由铜斤不足，官局停铸皆致钱昂，而钱价高昂又进一步推高钱荒预期，如此循环往复，终致钱少钱贵钱荒的局面。

---

① 倪模：《古今钱略》（上），第 39 页。"［康熙三十三年］今该抚疏称滇省自停炉迄今计算尚存积钱一十四万串零，今若仍前鼓铸，则旧钱已积，新钱复壅，且时价每银一两换钱二串八百文不等，而开炉鼓铸每银一两反止铸二串二文，殊亏工本，仰祈再停，俟积钱销完另议开炉等。因相应行令该抚将炉座暂停，再三年之后照常鼓铸。"

② 总体上，顺治年间有 25 个铸局，康熙时增至 30 个，雍正年间存 18 个，乾隆时又增至 32 个，此后逐年减少，至宣统时仅剩 3 个。姚朔民主编：《中国货币通史》（第二卷），第 553 页。

③ 刘大鹏遗著，乔志强标注：《退想斋日记》，第 77 页。

④ 梅斌林编：《广东钱局史略》，中国科学院历史研究所第三所：《近代史资料》（第 17 册），第 91 页。

⑤ 宫门抄，鹿传霖片，《申报》1896 年 9 月 19 日。

较之停铸，官方回拢钱文会更直接地影响市面铜钱存量。但因制钱此种小额通货一旦发放，流播甚广，容易下沉到乡村社会，故要回收甚是困难。何况基于清廷行钱观念，在没有质量问题时，也无理由收回旧制钱销毁。对于私钱等项，国家则会在其引起钱贱时，试图对其进行回收。对私钱的具体收缴办法有很多，比如在乾隆晚期，山东收缴小钱时，巡抚毕沅便建议直接罚没收缴，无须兑换。他认为"私用小钱本干禁例"，但"蒙皇上恩加格外，仅令自行呈缴，亦属从宽，若再给予价值，转恐不足以使知敬惧"。[①] 但更多时候，各地还是采用严查没收配合收兑方式进行。比如在乾隆晚期，天津关收缴小钱时，凡是查得将小钱成捆装载至天津贩卖者，皆严究；而若为零星携带，则按照每小钱三文给大钱一文的办法收买；如数量稍多，则每斤给予大钱百文。如此，在不到两个月时间内，每天收得小钱自数千文到数十千文不等，共计六千余斤。[②] 如是，收缴小钱，减少劣钱供应，对于稳定乃至提升正常制钱价格都有益处。只是收缴小钱的时机则又受很多因素影响。一般来说，在钱贵时，政府对小钱持默许听任行使态度，但当钱贱且有管控能力时，则会进行查禁、罚没、收兑。

（二）古旧钱文及外国铜钱流通

清人将本朝铸钱称制钱，以往朝代铸钱称古钱。而在制钱中，因铸造时间先后不同，钱文重量、含铜量不同，也有新旧之分。除此外，尚有邻国钱文流入。在钱少钱荒或本朝铸币质量低劣且货币总供给不足时，古钱、邻国钱便会不断流入市场。所以这些钱文对制钱价值的影响在于，当制钱供给不足、价格昂贵时，可起弥补钱文短缺作用，但是否

<hr>

① 《山东巡抚毕沅奏报收缴小钱无庸给价事》，乾隆五十九年十一月二十七日，朱批奏折，档号：04-01-35-1346-024。

② 《长芦盐政徵瑞奏报天津关收缴小钱情形事》，乾隆五十九年十一月二十四日，朱批奏折，档号：04-01-35-1346-021。

可以随时弥补，则又需视官方政策而定。

古钱。古钱在制钱供给不足时，可以填补空缺。如"粤省远处海滨，现在（按：乾隆十一年）行使者，多系古老薄小钱文"。① 广东在乾隆初期，制钱供应不足，市场交易便多掺用"古老薄小钱文"。反之，在制钱供给不足时，若还收缴古钱，就会进一步降低当地铜铸币供给量。这在内陆边疆地区尤为明显。② 显然，收缴古钱的益处在于可统一货币且体现王朝权威，然在新钱不能及时补充时，边远地方钱价便会上涨。故此项措施在不同地区实施，会有不同效果。古钱的另一作用是可助官钱驱逐私铸。清初福建，曾因私铸顺治钱过多而转以行用宋钱。③ 当私钱过多时，古钱被重新使用，可被理解为其协助官钱驱逐劣币。由于私钱质量低下，市场不愿接受，但又不能不用货币交易，故古钱被重新启用，是为"钱法敝，可资古钱以澄汰"④。但因古钱毕竟非本朝铸币，当私钱减少后，古钱又相对官钱减价，以致"康熙三年，宋钱俱不用。富家大贾坐是倾家。是冬十月，宋钱略用，但贱价。盖宋钱四文可铸熙钱八文，今宋钱四文方换熙钱一文"⑤。当时"宋钱四文方

---

① 《乾隆十一年九月初十日两广总督策楞奏》，中国人民大学清史研究所、中国人民大学档案系中国政治制度史教研室编：《清代的矿业》，中华书局1983年版，第273页。又如"粤东需钱甚广，每库纹银一两，换钱七百余文至八百一二十文不等，且薄小破烂，杂以前代古钱。盖因钱少价昂，相沿行用"（《高宗纯皇帝实录》（三），卷二二〇，乾隆九年七月甲申，第834页）。

② "宁郡系边远之区，而甘省又无鼓铸之局，则泉货岂易至此，故兹地用钱最杂，亦势使然也。闻之父老云：昔年钱价尚贱，自收买工字户厘小钱暨古旧钱之后，钱价顿长，至今未落。盖边远之区，道路艰阻，商旅无多。俾国宝与古钱听其兼行则军民受益，不可与内郡较也。"乾隆《西宁府新志》，卷十七《田赋志·钱法》，清乾隆十二年刻本。

③ 陈鸿：《清初莆变小乘》（康熙四年），中国社会科学院历史研究所清史研究室编：《清史资料》（第一辑），中华书局1980年版，第84页。"顺治钱新出，每千文当纹广一两，常用九百当一分，由是银不用而顺治钱通用。间用宋钱，每文抵顺治钱三文。至顺治十八年，因私铸顺治钱甚多，轻薄小恶，人不敢用，多用宋钱。迨康熙钱新出，每千亦扣纹广一两。私铸又多，拣用甚艰，兵民多艰"。

④ 徐乾学：《用古钱议》，《清朝经世文正续编》（第一册），卷五十三，第550页。

⑤ 陈鸿：《清初莆变小乘》（康熙四年），中国社会科学院历史研究所清史研究室编：《清史资料》（第一辑），第84页。

换熙钱一文"，应不是纯粹市场力量导致，或许是因官钱可纳税之类因素，人为抬升了官钱价值。①

旧钱。以康熙通宝为例，康熙通宝有一钱四分、一钱、七分重三种。由于一钱四分重钱对比当时铜价，铜贵钱贱，多被私销，因此官方才改铸一钱乃至七分小钱来应对。到康熙四十一年（1702），上谕又要求重新厘定钱法，改铸大钱，但对是否准许旧有七分小钱继续通行拿捏不定。对此，户部掌印给事中汤右曾言："改轻而不废重……改重而不废轻……并听行使。积久大钱流通，小钱自不行矣。"② 该建议最终得到采纳。出于钱文无多，销毁旧钱有碍民用的考虑，七分小钱并未被收回销毁。仅从铜钱供给量上说，不将旧钱销毁，确可以缓和当时钱昂的形势。但七分钱和一钱四分钱作同等面额并用，市场上就会产生两种价格，所以当时具体行钱中会出现康熙大钱、康熙小钱两种称呼。乾隆九年，廷议湖南钱法问题。彼时"楚省使用钱文大小不等"，然钱少价昂，"若遽为查收，恐于兵民未便"。为此，最后户部议定，"除古钱一项，仍听民便，康熙年间之小制钱，亦照旧行使"，其余更为低劣的小钱才被申禁、收买。③

外国钱。由于邻国货币大多也为金属圆形方孔钱，甚至有仿宋明钱文铸造者，所以对一般百姓而言，外国钱既不能被精准区分，也无必要区分。只要市场认可，外国钱完全可与制钱并行流通。在乾隆朝，日本

---

① 当地古钱具体如何定价，尚待研究。时至康熙二十七年，当地还有用宋钱习惯，且宋钱五十文值银七钱零（按：比价为 1∶71，可能是某种折钱）。参见陈鸿：《熙朝蒲靖小纪》（康熙四年），中国社会科学院历史研究所清史研究室编：《清史资料》（第一辑），第112页。

② "改大钱宜遵圣谕，若毁小钱则民间必惊扰。且户、工二部存钱八十四万串，若议销毁，工料耗折甚多。且二年中铸出新钱不过一百万串，岂能遍及各省？新钱无多，旧钱已毁，恐私铸更繁，钱法愈坏。古者患钱重，则改轻而不废重；患钱轻，则改重而不废轻，使子母相权而行。新铸重钱，每串作银一两；旧铸轻钱，作七钱，并听行使。积久大钱流通，小钱自不行矣。"《清史稿》，卷二百六十六，《列传五十三·汤右曾》，第9957页。

③ 《皇朝文献通考》，卷十七，《钱币考五》。

　　　　　　　　　　　　　　　　　　　清代银钱比价波动研究

宽永通宝曾大量进入中国，以致在江淮以南米盐市场内，每银一两所换钱文，宽永近半。[①] 在钱贵时，浙江巡抚方观承曾上奏要求禁止在江浙地区流通的宽永通宝。然而乾隆帝的回复是，"此在内地鼓铸充裕，市价平减，自应严行查禁，以崇国体。现今钱贵，姑听其参和流通，则现文益多，于民用似为便易，亦属权宜可行"。[②] 可见我们今天所谓的货币主权，在当时并没有那么重要，只要君主能够掌控禁令，外国钱便可以在需要时被准许流通。在此问题上，与对待伪币（伪政权铸币）不同，政府更在意铜钱的实际用处而非背后的主权含义。

杂钱。在地方实际市场交易中，当不直接指明需用何种钱文时，最大可能便是各种皆有，照依实情定价。一串钱在使用时，或有古旧铜钱、私铸钱等夹杂其中。比如乾隆四年，"湖广行使钱文……大钱居中，两头用各种杂色铜片、碎小轻薄之钱掺杂成串，每百不满四寸，纹银一两易杂钱七百六七十文不等"。[③] 在使用杂钱的情况下，比价数值尚且达到 765，足见当地制钱短缺状况严重。这种情况下，纯用制钱的钱价必然更高。也因此，市面才采用在制钱两头加入杂钱的办法计串行钱。在制钱供给不足时，杂钱可起弥补短缺的作用，但若官方一直不增加鼓铸，则会导致市用钱文整体质量降低，[④] 加之私铸猖獗，钱价会因此

① 《闽浙总督喀尔吉善等奏报浙江查禁行使宽永洋钱事》，乾隆十七年九月二十日，朱批奏折，档号：04-01-35-1248-012。当然，宽永钱能大量流入，也说明两地间铜价存在价差，商人可以利用此套利。见《署理闽海关印务曹瑛奏报拿获夹带宽永钱文漏私船犯事》，乾隆二十二年四月初四日，朱批奏折，档号：04-01-35-1249-018；《浙江巡抚方观承奏报查禁外洋钱文事》，乾隆十四年七月初四日，朱批奏折，档号：04-01-35-1240-012。

② 《浙江巡抚方观承奏为浙江广东一体通禁外洋钱文事》，乾隆十四年七月初四日，录副奏折，档号：03-0771-022。

③ 《广东道监察御史钟衡奏请于湖北设炉鼓铸钱文以平钱价事》，乾隆四年十月十六日，录副奏折，档号：03-0768-043。

④ 《署理湖广总督那苏图奏请楚省开局铸钱事》，乾隆六年二月十八日，录副奏折，档号：03-0769-013。"民间所用不特沙板、漏风、鸳眼、榆荚等钱，公然配搭，甚至将前代废钱并指顶大之小铜片作为钱形，以及铁锡等造作埋藏旧钱搀杂行使。"

暴跌。

实际上，古旧钱文及外国铜钱从未退出过清代货币流通领域。2016年出土的陕西咸阳旬邑土桥镇清代窖藏总计钱币约 15 万枚，其中就包括宽永、景盛、开元、利用、皇宋、万历、元丰、崇祯、泰和、顺治、康熙、雍正、乾隆、嘉庆、道光、咸丰、同治、光绪等 18 类铜钱。[①] 清代民间行钱，古今中外皆用，由此可见一斑。

综上，古旧钱文及外国铜钱的流通，最大作用在于弥补制钱不足，增加铜钱总供给。当制钱严重短缺时，杂钱加入使得钱价稍为降低；但当制钱长时间短缺时，杂钱、私钱流通日广，排挤制钱，会使钱价较快下降。在官方制钱供给足量时，古旧钱文及外国钱则可能被政府禁止流通。

（三）私铸、私销

清代钱法，制钱只能由官方铸局按规定数量铸造。官局不经允许的额外铸造也属私铸（局私），民间铸造更是一律算作私铸。私销则是私自销毁制钱，至于销毁之后作何用途，是打造铜器还是再行改铸轻小钱文，都不影响私销罪名认定。

私铸，会增加市面铜钱总供给量，降低钱价。[②] 但此时，数量是一方面，质量问题同样重要。官方认定的私铸，是从钱法上说的，而市场逻辑并非如此——倘若民间铸造的钱文质量和官方等同，甚至好于官

---

② 私铸币和大钱一样，不具备贮藏功能，故进入流通领域后，会加快钱文流通速度且使"良币"被部分窖藏。在这个意义上，其数量增加和跌价程度可能并不成比例。

清代银钱比价波动研究

局，该钱会被市场认定为"私钱"吗？① 反之，如被市场认定为私钱，则该钱质量一定较官局正铸更差，在单独使用时，往往需折价，严格意义上的格雷欣法则不会发生。所以，私铸对于铜钱价值的影响，是从铜钱供给一方传导的。该供给，不仅涉及数量，还涉及质量。② 根据数量论观点，铜钱供给总量增加，在其他条件不变时，钱价会下降。又由于私铸的钱往往劣质，掺和使用会导致行用钱总体质量下降，所以从金属价值论观点看，这也会加速钱价跌落。③ 具体分析，此时钱价下降，首先是纯粹私钱的价格下降，其次是混用钱"价格"下降。如《阅世编》记载："康熙二十三年甲子，上以私钱滥恶，疑钱局匠役私铸射利，特谕中外地方官严禁……既而浙江武举朱士英开炉私铸，被参拿问，私钱顿贱，官钱每千几值纹银一两二钱矣。"④ 私铸被查、私钱被禁，直接导致的是"私钱顿贱"，而官钱反而价贵。那么，私铸和铜钱供需、钱文质量、钱价之间关系为何？乾隆十年，两广总督奏报，"现在广东行使之大制钱落落如晨星，不及小钱十分之一。再大钱最重者不过八斤，每一千文易银一两二钱，小钱最重者不过五斤，每一千文易银一两一

---

① 英国作家萨缪尔·佩皮斯（Samuel Pepys, 1633—1703）曾描述过类似事件：一位铸币厂的工人通过仿制小额面值格罗特（Groat）银币牟利，仿制的伪币甚至比流通中的真币还要好。格罗特是小额铸币，等于4便士；3枚格罗特折合1先令。这位铸币者因东窗事发而锒铛入狱，但是"此君既未被绞死，也没有被判处火刑，（因为）这个骗子手艺高超……这些伪币在流通中和真币一样，很少有人会因这些伪币而蒙受损失"。[美]彼得·L.伯恩斯坦：《黄金简史》（第三版），第196页。咸丰时，大钱不断减重，也曾出现私铸重于官铸的现象。"京城通用当十钱，外省仅能搭用，即如吾苏民间卖买，二成当十，八成制钱。譬如一物本值八十，则非百钱不售，其二成大钱，直同赘瘤耳……惟质库向以制钱典者，今以搭成取赎，大为亏折，后私铸者众，分量转重于官铸。"《借巢笔记·大钱》，上海书店1994年版，转引自刘秋根编：《中国典当史资料集（前475—1911）》，河北大学出版社2016年版，第187页。
② 详细论述参见郑瑾：《中国古代伪币研究》，浙江大学出版社2007年版，第172—175页。
③ 如"钱法大坏，每百制钱，小钱居其大半，银价遂高"（光绪三十三年三月二十日）。刘大鹏遗著，乔志强标注：《退想斋日记》，第160页。
④ 《阅世编》，卷七，《钱法》。

钱"。① 这里，大钱为制钱，小钱为私钱，以重量计，八斤重大钱比价数值为833，五斤重小钱比价数值为909，重量与价格不成等比。考虑到乾隆初年整体性钱贵背景，在铜钱供不应求情况下，私铸小钱增加了货币供给量，使得大小钱文价格均有所下降，但大小钱之间的价格并不会相差太多。反之，在铜钱供给已经足量的情况下，私铸进一步增加总供给，会导致大小钱文皆减价，且私钱跌价幅度更大。② 此情况与古旧钱文及外国钱的流通作用类似，区别仅在私钱质量往往更低下。此外，私铸不仅直接影响钱价，而且间接影响银价。当私铸盛行时，人们为保存购买力，转而贮藏白银，如此则进一步助长银贵钱贱。③ 正如道光年间浙江巡抚富呢扬阿所言，"若以私钱掺和行使，则钱价自然愈贱，钱愈贱则银价自然倍昂。是私铸私贩既坏钱法，又增银价"。④ 就此而言，较之古旧钱文、外国钱文，清廷对私钱的容忍度更低。

私销直接导致市面铜钱总供给减少，以铸币数量影响钱价，所谓"钱价之昂贵，总不外局中短铸及奸商私毁二端"。⑤ 进一步说，这种减少并非数量上无差别的减少，而是优先将质量更好、含铜更多、称重更

---

① 《两广总督那苏图奏报遵旨商办广东可否仿照京师钱法六款事》，乾隆十年四月二十日，朱批奏折，档号：04-01-35-1235-029。

② 此时，纯粹大钱好钱会升值，但一般日用混杂钱（大小钱）会因私铸钱文比例增加而减价，纯粹私钱则减价更甚。只要私铸还有利润，哪怕是市场货币总量供过于求，该行为也不会自动停止。

③ 王业键：《中国近代货币与银行的演进（1664—1937）》，《清代经济史论文集（一）》，第198页。

④ 《复奏白银出洋应定治罪专条》，浙江巡抚富呢扬阿折，道光十三年五月二十日，中国人民银行总行参事室金融史料组编：《中国近代货币史资料》第一辑（上），第18页。

⑤ 《仁宗睿皇帝实录》（二），卷一三七，嘉庆九年十一月己酉，《清实录》，中华书局1986年版，第868页。

重的铜钱销毁。① 雍正帝很早就认识到这一点。② 他认为，康熙大钱存世较少的一个重要原因，在于康熙大制钱重量重、含铜量高，在钱文实值高于面值时，容易被优先销毁（"制钱甚工，费铜甚钜，铜价浮于钱价，因而奸民销毁制钱，造作铜器，获利以倍"③）。陈廷敬在《制钱销毁滋弊疏》中说：

> 夫国家岁岁制钱，宜乎钱日多而贱，今乃日少而贵者，盖因奸宄不法毁钱作铜以牟厚利之所致耳。夫销毁制钱，著之律令，其罪至重，然而不能禁止者，厚利之所在故也。今铜价每斤值银一钱四五分，计银一两仅买铜七斤有余，而毁钱一千得铜八斤十二两。即以今日极贵之钱，用银一两换钱八九百文，毁之为铜，可得七斤七八两，尚浮于买铜之所得，何况钱价贱时，用银一两所换之钱可毁铜至十余斤者乎。铜价既贵，奸人争毁制钱以为射利之捷径。鼓铸之数有限，销毁之途无穷，安得不日少而日贵乎。④

以银买铜，银一两仅可得铜七斤，但若先买钱再毁钱熔铜，却可得铜七斤以上。故铜价越昂、钱质愈佳，反越易被毁。

那私铸、私销与钱价是何关系？私铸，会增加铜钱供给，从铜铸币数量和质量两方面使得钱价下降；私销，会减少铜钱供给，使得钱价上

---

① 在新疆南北疆双轨钱制下，一枚半宝伊局钱可改铸一个南疆新普尔，而普尔红钱与北疆制钱按 1：5 兑换，且北疆宝伊局钱含铜量高于内地制钱，如是便产生大量私销。不仅国内私销，沙俄入侵伊犁时，也同样以低价买入宝伊局钱回国改铸。参见穆渊：《清代前期北疆的制钱与铸局》，《新疆大学学报（哲学社会科学版）》1990 年第 3 期。

② "向年圣祖皇帝时所铸制钱，以铜六铅四搭配，虽钱文字画清楚，而铜多于铅，遂有奸民销毁制钱改造器皿者，因而钱价日昂。"《大义觉迷录》卷二，中国社会科学院历史研究所清史研究室编：《清史资料》（第四辑），第 77 页。

③ 《清朝通志》，卷八十九《食货略九·钱币》，康熙九年。

④ 陈廷敬：《制钱销毁滋弊疏》，《皇朝经世文编》卷五十三。

升。但，银贵钱贱是否一定私销，银贱钱贵是否一定私铸呢？不一定！这从上段陈廷敬的论述中也可看出——"即以今日极贵之钱……毁之为铜……尚浮于买铜之所得，何况钱价贱时"——在银贱钱贵时，可能私销，银贵钱贱时，也能私销。私铸亦然。直接决定私铸、私销的，当是铜价与钱价的对比。为此，需引入"铜贵钱贱"和"钱贵铜贱"的概念，先看历史论述：

> 朕理事年久，洞悉钱法钱价随时不同，铜价贵即毁小钱作铜卖，铜价贱即盗铸小钱。[1]

> 大抵钱文轻重应视铜价为准。一千之钱合铜若干，一斤之铜值银几何，合而计之，千钱之铜须适值银一两，然后千钱之价始得一两之数。或稍有长落之时，不过上下三五十文之间。倘千钱之铜止值银七八钱而欲以钱一千兑银一两，必不能也。铜贱钱贵，利徒必冒法而私铸。如千钱之铜值银一两二三钱，而欲以银一两充钱一千，必不能也。铜贵钱贱，利徒必干禁而私毁，是义理势之所必至者也。近日黄铜器皿并非净好，一斤之值需银三钱内外。铜质一斤约值银二钱五六分不等。而现在所铸之钱每文重一钱，合计一千文共重六斤四两，若镕而为铜，每斤以二钱五分计之，当值银一两五钱六分。以目下钱价论之，制钱一千可兑银一两二钱，以银一两二钱买钱一千镕铜转卖犹可得利银三钱六分。而况兵饷工食俱系以钱一千作银一两支放乎。又况康熙四十五年以后与雍正年间所铸之钱每文有一钱四分、一钱二分之重者乎。[2]

---

① 《圣祖仁皇帝实录》（三），卷二五九，康熙五十三年七月己未，《清实录》，中华书局1985年版，第560页。

② 《直隶按察使多纶奏请改铸钱文以缓钱价事》，乾隆三年二月初六日，朱批奏折，档号：04-01-35-1227-024。

清代银钱比价波动研究

钱文重于铜价则开私铸之端，铜价重于钱文则有销毁之弊。必铜价与钱值不相上下，则奸民无所利益而销毁之弊自必寡矣。①

钱法之弊总缘钱轻铜贱则多私铸，钱重铜贵则多私销。②

铜贵钱重，则有私行销毁之弊，铜贱钱轻，则滋私铸射利之端，是以钱文轻重，必须随铜价之低昂而增减。③

钱之大小厚薄随铜价之低昂而乘除之，必使钱价余于铜，则私销自息。④

对比上面六则材料可以发现，私铸、私销与否，只与铜价高低直接相关。铜贵钱贱，必私销；铜贱钱贵，必私铸。⑤ 铜贱钱贵且钱轻，私铸加剧；铜贵钱贱且钱重，私销加剧。所谓铜与钱比贵贱，实际是说铜作为金属和作为铸币存在，哪个价值更高。⑥ 一个小平钱的面值是一文，而其实际所含铜的价值叫实值。⑦ 面值高于实值，即"钱文重于铜价"，就会私铸；面值低于实值，即"铜价重于钱文"，就会私销。为

①　《漕运总督顾琮奏陈采办铜斤办法五款事》，乾隆元年二月二十五日，朱批奏折，档号：04-01-35-1226-030。

②　《署理湖南巡抚范时绶奏陈变通钱法事》，乾隆十七年九月二十八日，朱批奏折，档号：04-01-35-1248-014。

③　海望：《请弛铜禁疏》，《皇朝经世文全编》卷五十二。

④　《内阁中书委署侍读龙学泰奏为钱法宜整顿河务宜疏通铨选宜列宜表管见事》，光绪三十一年三月二十九日，录副奏折，档号：03-9537-022。还如"大约铜贱钱贵则私铸，铜贵钱贱则私销"（王鸣盛撰，陈文和等校点：《十七史商榷》，凤凰出版社2008年版，第136页）；"自古铜贵钱重，则私销；铜贱钱轻，则私铸。是以钱文轻重，必随铜价低昂而增减之"（王庆云：《石渠余纪》，第128页）……类似说法不再一一补录。

⑤　更严谨的，可以加入铸造、销毁费用考察。即"当制钱内含铜量价格大于制钱面值与熔化费用之和时，私销便发生了。而当制钱面值大于制钱内含材料价格与倾铸费用之和时，私铸便发生"（周育民：《晚清财政与社会变迁》，第170页）。

⑥　或言"铜钱价值二重性"——铜钱介于足值货币和非足值货币之间，同时具有币材价值（实值）和额定价值（面值）。见冯丰：《明代铜钱私铸现象之分析》，硕士学位论文，浙江大学历史系，2019年，第54页。

⑦　当然，面值、实值也可以用银核算。如1两银能买铜A斤铸币B文，或直接买钱C文。则一文钱面值为1/C两，实值1/B两。面值大于实值，B>C，必然私铸；面值小于实值，B<C，必然私销。

便于理解，在此给出私铸、私销的原理示意图（图71），并结合示意图用多纶奏折中的数字予以说明：

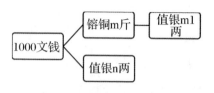

图71 私铸、私销的原理1

显然，"千钱之铜止值银七八钱"，此时 m1 取值 0.75，而若 n=1，则 m1<n，铜贱钱贵，必然私铸。"千钱之铜值银一两二三钱"，此时 m1 取值 1.2，若 n=1，则 m1>n，铜贵钱贱，必然私销。当时的实际情况是 1 斤铜=0.25 两银，1000 文钱重 6.4 斤，这 1000 文钱变为铜理论上应值银 1.6 两（6.4×0.25），又因制钱不是纯铜，所以实际仅值银 1.56 两。而市场上钱价是 1.2 两/串，所以"以银一两二钱买钱一千镕铜转卖犹可得利银三钱六分"（1.56-1.2=0.36）。而如果钱价下降到 1 两/串，则私销会加剧。① 若钱文是更重的康熙大钱文，则私销就更厉害。当然，如果说将一串钱用银定价这种表示不常见的话，我们也可以换成一两银用钱定价表示（如图72所示）：

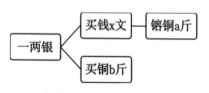

图72 私铸、私销的原理2

---

① 用面值和实值来理解就是，1000 文钱总面值（钱价）1000 文，实际含铜合银 1.56 两（铜价），据比价 1200 合钱 1300 文，实值大于面值，必然私销。如果钱贱持续，比价 1000 合钱 1560 文，则私销加剧。但如果钱贵，贵至 1.4 两/串，此时含铜合银再合钱为 1114 文，依然要私销。除非钱价和铜价一样为 1.56 两/串。但如果钱价下跌到 1.7 两/串，则含铜合银再合钱仅为 918 文，这时候面值大于实值，就会有私铸。

清代银钱比价波动研究

显然，1 两银能买 x 文钱，熔^①毁得铜 a 斤，如果 a>b，便会有私销;^② 如果 b>a，便可能有私铸。此时，x 变大或变小一些，即 t+1 时间相对 t 时间产生银贵钱贱或钱贵银贱，只要未曾改变 a 与 b 的对比格局，就不会影响私铸、私销。私铸或私销，本质只与铜是作为商品更值钱，还是作为铸币存在更值钱有关。此时，官方应对措施是改变钱文轻重（"铜价平则钱应加重，铜价贵则钱应减轻"^③），以及增减铜钱含铜量。但只改铸新钱而不回收旧钱的做法，不仅不能禁绝私铸、私销，反而增加了市面上不同质量钱文的存在，使得钱文更不统一。

最后，总结这部分论述的要点。单论私铸，会增加铜钱供给，然何时私铸（不考虑其他情况时），则由铜价决定。如果银贱钱贵时私铸，这时增加铜钱供给对降低钱价反有助益。但若银贵钱贱时私铸，则会加剧钱价下跌。单论私销，会减少铜钱供给。但何时私销（不考虑其他情况时），由铜价决定。如银贵钱贱时私销，此时减少铜钱供给有利于抬升钱价。但若银贱钱贵时私销，则钱价更涨，对民生日用大有不利。但归根结底，以上所述，全都还是从铜钱一方考虑的，对最终银钱比价起何作用，还需要结合白银一方及其他外部因素综合判断。

（四）钱票及代币行用

制钱（相对白银）因价值低、重量重，本更适合于短途、在地、小额交易，但钱票的出现一定程度上使制钱突破了这种限制。类似于银票，钱票增加了制钱的供给弹性，有利于减少"银钱稀少，兑换早晚不

---

① "熔""镕"互通，笔者不做精细区分，在历史文献中，"镕"字使用较多。

② 这里只是说纯粹基于理性经济人考量会去私销。私销以及私铸还有法律风险，所以实际考虑会更复杂。

③ 《山东巡抚阿里衮奏为遵旨条陈米谷为民生必需而迩年以来日见腾贵等事》，乾隆十三年八月初一日，朱批奏折，档号：04-01-24-0051-114。

同"的情形;① 同时因为不用每次交易皆搬运钱文，也方便了交易达成。② 但钱票的大量使用，却造成了一种钱不多而多的困境。所谓钱不多，指的是现钱无多，一般意义上的"钱荒"即指此。③ 钱多指的是钱票辗转交易，既增加了总货币流通量，也加快了货币流通速度，在一定程度上造成钱多的假象。④ 道光十八年，银贵钱贱成为显著的社会问题，当时的士人、官员就其原因展开讨论，其中有人从制钱角度入手提及钱票行用一项。⑤ 由于钱实票虚，而票又不能在任何情况下皆等同于钱，⑥ 所以钱票行用，一方面造成铜钱供给过多的假象，一方面也易造成现钱钱荒。如咸丰年间，京师"因兵饷不继，部议搭放银票宝钞，及当百当十大钱，以致银价增长十余倍，每银一两换制钱至二三十串之

---

① 《署理闽浙总督王懿德呈闽省开设官银钱局筹议章程清单》，咸丰三年七月二十四日，录副奏折，档号：03-9507-030。

② 从发行目的看，钱票发行可分为财政性、流通性、资本累积性、支付性、消费性发行。支付性发行的票基本等同储蓄凭证，故其可信度要高。而财政发行，则多为弥补政府财政缺口所出，不能兑现，信用自然要低。参见戴建兵：《中国货币文化史》，第254—255页。

③ "大率湖北各府州县城乡市镇，不惟制钱短缺，即粗恶薄小之现钱亦甚不多，惟以一纸空虚钱条互相搪抵，民间深以苦而无如之何，通省情形相同。"《情准在鄂铸造银元》，湖广总督张之洞等折，光绪十九年八月十九日，《中国近代货币史资料》第一辑（下），第680页。

④ 严格来说，钱票私票作为票据存在，与国家中央银行发行的纸币尚有区别。不过在理解银钱比价时，将其作为"准货币"理解并不影响解释效力。《皖政辑要》曾载"部定新章，行用纸币，乃中央银行特有之权，各省不得任意制造。皖省所用计存钱条，只行销本省，并不输出境外。每条一千文，先铸钢板，选用精纸石印，内有水印'裕皖'字样，盖用藩司印信。与铜圆相辅而行，本省钱粮、厘金、关税均准搭收，凡有应解公款，亦准搭解，按照牌价，作成足色银两解库"（冯煦主修，陈师礼纂：《皖政辑要》，《度支科·卷三十六·币制》，第381页）。可见地方官钱票确不能简单等同法币纸币，但就其省内实际行用效力言，与区域内信用货币并无区别。

⑤ "近年银价日昂，纹银两易制钱一串六七百文之多，由于奸商所出钱票，注写外兑字样，辗转磨兑，并无现钱。"林则徐全集编辑委员会编：《林则徐全集》第三册《奏折卷》，《钱票无甚关碍宜重禁吃烟以杜弊源片》（道光十八年八月初二日），海峡文艺出版社2002年版，第76—79页。

⑥ 特别是在纳税时，官方不收私商钱票，而对于官钱局钱票，又有如阜南官钱局"完纳丁漕厘税，议以现钱四成，搭用官票六成"的类似限制。柳岳梅、许全胜整理：《陈宝箴佚文（续）》，上海中山学社编：《近代中国》第13辑，上海社会科学院出版社2003年版，第306页。

多，物价日增，兵民交困"①。银价增长乃是针对兑换大钱而言，物价日增亦是以大钱衡量物价。"兵民交困"源于小平现钱不足，搭配越多大钱、钱票使用，最终兑值便越高。这也导致市场存在针对不同搭配比例混合钱文的比价，物价亦因之混乱。光绪十六年，吉林将军长顺曾奏呈士绅于姓把持行市，扰乱钱法，提到于姓商人所出凭帖虽有"帖到付帖"字样，却要求取钱者到数十、数百里外铺户支取。② 如此刁难，导致基于流动性差异的钱票与现钱兑银价格不一。光绪三十四年，顺天府奏报，"近日京城钱价仍未甚平，固由于铜元之充斥，亦由于私票之繁多。现在业经饬各厂铜元暂行停铸，而私票仍漫无限制，商但知牟利，并无实存铜元，任意开写钱票，片纸架空，为害更甚。若不设法整饬，恐银价终无平减之日"③。可见，虚票开发致使整体钱价跌落。而即便是所谓私人信用货币，时人同样不将两者完全等同，认为"票者，虚数也；铜元，实物也"④，宣统三年，湖南地方既有钱贵又有钱贱，钱贵乃是针对实在制钱而言，钱贱则指钱票。彼时商埠多有钱店倒闭，原因为"钱店及各杂货铺烂出票纸，又类多不备现钱"，以致被挤兑逃匿。⑤ 这也是钱票行用使得铜钱供给变得更为复杂（不能仅以铜钱数量计算）的例证。

相较于流通范围更广的官票和大型商号钱票，各地在当地钱少钱贵时，也会使用代币来暂时弥补铜钱供给不足。与北方多使用各种凭帖、

---

① 清代钞档，同治元年七月十八日，官文奏。见彭泽益编：《中国近代手工业史资料（1840—1949）》（第一卷），生活·读书·新知三联书店 1957 年版，第 582 页。

② 《吉林将军长顺为查明伯都讷厅绅于姓把持行市扰乱钱法凭帖累民抄录原片并凭帖事致军机处咨呈》，光绪十六年四月十九日，录副咨呈，档号：03-6683-126。

③ 《顺天府府尹凌福彭奏为遵旨查禁架空钱票详定章程事》，光绪三十四年三月十一日，录副奏折，档号：03-9540-010。

④ 《论江北财政书》，《东方杂志》1908 年第 5 卷第 8 期。

⑤ 《湘省大吏禁运铜元出口》，《申报》1911 年 9 月 16 日。

兑帖、上帖不同①，南方如苏州，就地取材，行用木、竹制钱筹。② 如据光绪年间《申报》报道：

> 苏州访事友人来函云，苏垣制钱短绌，小民受苦不堪。藩宪饵方伯目击时艰，设法补救，虽经开炉鼓铸，而所出无几，仍不能周转充盈。爰于上月某日，与典业董事潘君济之商，令各典当通用钱筹，似于市面不无小补。潘君唯唯而退，即将宪谕遍传各当铺，概于六月初一日起间用钱筹。现在省城内外大小当铺皆已遵谕通行矣。③

图73 苏州竹筹④

---

① 凭帖为本钱铺开出，见票即付；兑帖为钱铺间彼此认兑；上帖为当铺兑给钱铺。以上都是即期票。本书所讲私票货币即指即期票，只是在理解其使用和流动时，当作广义的货币理解。

② 当然，在北方也并非全然没有竹木代币。相关记录参见孔祥毅：《清末北京城行用竹牌货币》，《孔祥毅文集》（六），第399—400页；《天津商会为请铸五文以下小铜元代替洋铁片竹片事致造币厂函》，天津市档案馆等编：《天津商会档案汇编（1903—1911）》，天津人民出版社1989年版，第440—441页。

③ 《行用钱筹》，《申报》光绪二十三年六月初六日。

④ 资料来源：https://www.997788.com/228380/search_ 173_ 72084536.html，2020-04-23，断代为晚清民国。

清代银钱比价波动研究

该种钱筹（实物如图73），只能在一地小范围内行用。虽为代币，但实际起到的作用毋宁说是减少了对现钱的需求，在钱贵时对遏制钱价持续上涨有一定作用。由于这类钱筹本质近似有价证券，依然不等于现钱，[①] 发筹者或无必要准备金，甚至超发，动辄倒闭逃匿。在时人看来，"夫以钱庄期票、支票尚有不足取信之处，而谓竹筹反足以取信乎！他业之钱筹为钱庄中人所未信，钱庄之钱筹又岂他业所共信乎？"[②] 长此以往，钱筹也容易导致币制混乱。

（五）市场发育及货币化程度

铜钱作为小额通货，其使用往往是在地的、短途的。所以本地市场发育状况及本地交易的货币化程度会影响铜钱需求。

康熙三十七年（1698），广东巡抚萧永藻称，"粤东偏在海隅，用钱无多，开铸将及三年，钱文倍增，钱价益减，现在每千市价三钱二三分不等"。[③] 彼时广东银钱比价数值3077，主要是钱贱。但该论述的重点却在"用钱无多"。按正常鼓铸，钱文不会壅积至此，解释其得从需求不足去说。正是由于本地市场发育不足，日用多自给自足或行物物交换，所以在康熙早中期，该地正常供给的钱文反而供过于求，从而导致钱贱。与之相对，到了乾隆六年，广东银钱比价数值仅700余，广东粮道朱叔祖将此解释为"泉流日远、用钱日广"：

> 销毁埋藏之说臣虽不敢谓尽无，而钱少之故实不尽由于此。然则其故安在？臣以为由于泉流日远、用钱日广。从前用银之地，皆改为用钱之区，是以现在之钱不敷生民之用。此钱文之所以见少，钱价之所以日贵且也。试将臣所目击者为皇上实陈之。臣生长浙

---

① 何平：《传统中国的货币与财政》，第80页。

② 《论禁用钱筹》，《申报》光绪十九年三月初十日。

③ 《八旗通志》，卷二百二，《人物志八十二》。

江，如宁波、温州、台州等府，无论大小交易，往皆但知用银而不知用钱，即厘数之间，亦皆用银。故一切小本经营，每人皆带有小戥一杆。今则宁波、温、台各府，不特分厘务用钱文，即成两成十亦皆用钱而不用银矣。臣筮仕闽广，闽省自二十余年以前，大小交易皆用银两，而今自分厘以至田产各项交易，须银数十两暨百两以外者，皆用钱而不用银矣。广东从前则古钱与银两兼用，今用银者亦多改用钱文，用古钱者亦多改用今钱矣。以臣阅历所至，凡从前用银之地，皆改而用钱。若臣未至之省，其从前用银而今改用钱者，又不知凡几。用钱之处日益广而生齿日繁，用钱之人亦日益众，现在钱文不敷应用，彰彰明甚矣。①

户部同意这一观点，认为"钱贵由于钱少，钱少由于用广。昔年交易，但用银不用钱，且古钱与银兼用。今则用银者多改用钱，用古钱者多改用今钱，即如黄河以南及苗疆各处，俱行用黄钱，流布益远，自觉稀少"。② 同年，江西巡抚亦称，"江省历来民间行使俱系相沿小钱，每千仅换纹银五六钱，亦并无私钱掺杂。迨后行用日广，钱文未裕，钱价渐昂"③。这里"行用日广"亦是货币化程度加深的例证。需求加增，但"钱文未裕"，供不应求，故导致当地"射利奸铺每将私钱掺搭，日积月累，钱价日贵，钱愈不堪"。④

同样是在乾隆早期，由于经济发展，商铺增多，铺户所需制钱储备

---

① 《广东粮驿道朱叔权奏陈平抑钱价事宜事》，乾隆六年二月十五日，朱批奏折，档号：04-01-35-1231-023。

② 《高宗纯皇帝实录》（二），卷一三九，乾隆六年三月癸未，第998页。

③ 《户部尚书海望题为遵议前署赣抚包括奏酌筹办铜鼓铸钱文事》，乾隆六年十一月十九日，户科题本，档号：02-01-04-13363-016。

④ 《户部尚书海望题为遵议前署赣抚包括奏酌筹办铜鼓铸钱文事》，乾隆六年十一月十九日，户科题本，档号：02-01-04-13363-016。

亦因之扩大：

> 至于当铺多则屯钱多，其情势有可明推者。查康熙五十年前一州一邑当铺止一所，或数所，或并无一所；五十年后，以迄于今，旧无当铺之州邑，今皆有数所矣，或十数所矣；其旧有一所者，今或至二三十所矣；其旧有数所者，今或至五六十所七八十所矣。每开一铺，其大者必屯钱数千缗，然后开张，次或五六百缗，又次或二三百缗，极少亦百缗而止。开张之后，又必陆续收钱，必不肯以铺中之钱出卖殆尽，若钱剩十分之二三则止当矣。往者商钱惟盐店为盛，积之既多则载于省会发卖，今则诸家当铺争易之矣；往者集会既毕，客商将返，钱必稍贱。今皆为贩客所易，钱反贵矣；往者试棚既毕，文宗起马，钱必稍贱，今皆为贩客所易，钱反贵矣；至问其贩于何处，则系整收当铺之银，陆续交钱也，钱之贵一由于此，而议者不察，犹以为奸民销钱为器所致。[1]

开设典当，须有一定钱文作储备，当现钱储备不足总钱文资本的20%—30%时，便需停当以规避风险。随着经济发展，商贸繁盛，此类需钱作储备的商铺越来越多，对铜钱的需求自然迅速提升。又如光绪三十三年，湖广总督赵尔巽奏称，他省铸铜币导致钱贱，但湖北却钱贵，一个重要原因在于"自京汉铁路告成之后，商务日见繁盛，昔之后湖书院荒土今已市廛鳞比，货物充物。商业既盛，需费必多"[2]。可见湖北钱贵并非因为铸币绝对数量少于他地，而是货币化程度加深导致用钱需

---

① 《官箴指要·论今剩语·钱贵之由》，河北大学图书馆藏清抄本，转引自刘秋根编：《中国典当史资料集（前475—1911）》，第158页。

② 《湖广总督赵尔巽奏鄂省限铸铜币不敷行使请加倍铸造折》，《政治官报》光绪三十三年十一月十七日，总第54号折奏类。

求增加，进而导致钱文相对短缺，产生钱贵。

当各地市场均在扩张，并配以人口增殖时，铜钱需求会不断加大。正如王庆云所言，"多一人即多一人之用，且昔之食时用礼者，今或踵事增华，流转之数愈多，则钱愈见少"。① 当然，铜如此，白银亦如此。所以，最终银钱比价为何，还当综合各项因素考察。

（六）地理区位

相对于白银和纸币，铜钱虽可"厘用铢使"但不可"负重致远"②，自其铸出后便无法均匀扩散流通到各地。以规律论，仅看供给，在铸局正常铸造条件下，③ 铜矿丰富的地方铜钱供给更充足，④ 有铸局开铸的地方铜钱供给更充足，交通发达的地方铜钱供给更充足，经济活跃的大小市场中心地铜钱供给更充足。⑤

我们先看康熙《云南府志》中的相关记载：

> 先则每千尚值银四钱上下，今则市价不及三钱，而各属远方有每千止值银二钱四五分者矣。查滇省入伍兵丁，大半穷徒，唯藉粮饷以资口食，况其地诸物仰给他处，价俱高贵，计支给银钱月米尚不供一人衣食费用，间有父母妻子数口嗷嗷，将何养济？今支一两

① 王庆云：《石渠馀纪》，纪户部局铸，第 207 页。
② 夏骃：《鼓铸议》，《皇朝经世文全编》卷五十三。
③ 在铸局不能正常铸造钱文时，商贸繁盛地的现钱会供不应求，反而出现钱昂甚于外地的状况。这在光绪朝京师表现尤甚。如"京城为万方辐辏之区，有无交易，用钱最广，市肆现钱周转不敷，官商兵民遂至交受其困"。《拟令广东代铸银元并订行使章程》，户部尚书麟书折，光绪廿三年十二月廿六日，《中国近代货币史资料》第一辑（下），第 845 页。
④ 但细究铜矿开采量和铸钱量并不一定同比波动。制钱铸造还受其他币材、外国铜材、铸造技术等各种因素影响。严中平根据铜材销售及铸钱量推算的消耗铜量，与李中清整理的政府办获铜量对比，出入非常大，即也可说明此点。参见李中清：《中国西南边疆的社会经济：1250—1850》，第 275 页图 9.2。
⑤ 此处仅就供给对比言。当然，商贸往来多的地方，对钱的需求也可能多。最终钱价要结合供需来看。

之钱不能当三四钱之用，而欲其有恒产而有恒心不可得也。又兵丁
应支之钱俱赴四局自领，先须盘费，滇地山路崎仄，钱乃<u>巁〔粗〕</u>
<u>重之物，又必多费驼运，营兵与各局近者无几，远者艰于雇费，势</u>
<u>不得不易银轻卖，急欲求售，其价更贱</u>，折耗愈多，到手无几，是
有支钱之名而无其实也。①

由当时钱千市价自二钱四五分到三钱可知，云南此时的比价数值区
间〔3333，4082〕已经远远高于同期全国其他地方。这是因为滇地富
有铜矿，铸钱成本低，官局可以多铸，而民间也易私铸。② 在发放兵饷
时，当地并非全支银两，而是将其中一部分按俸饷搭放比价折合成铜
钱，命兵丁赴钱局自领。这时候，距离钱局远近和交通便利与否就成为
影响钱价的重要因素。离钱局近者，可直接领钱且节省运费，而距离远
者，往往"易银轻卖"。如此，大量钱文反而留在铸造地，此种局部地
区相对供给过剩会进一步导致当地钱价跌落。总体而言，云南银钱比价
长期处于高位，亦即长期钱贱，但此种钱贱仅是相对他省而言。③ 云南
本省由于铜价更贱，反需防止私铸。此即爱必达所言，"滇省出产铜铅，
价本平贱……因铜铅便易，潜行私铸……实与他省情形不同"。④ 乾隆

---

① 范承勋：《请给全银停鼓铸疏》，康熙《云南府志》卷十八《艺文志一》。
② 王继文《请给驿堡银七钱三疏》："〔滇地〕因系产铜之地，钱多价贱。"康熙《云南府志》
卷十八《艺文志二》。
③ "闽、广、江、浙等省皆苦钱贵，云南又苦钱贱。"蓝鼎元：《鹿洲初集》卷十四《钱币考》。
④ 《云南巡抚爱必达奏报滇省钱裕价平情形折》，乾隆十九年九月初三日，邹建达、唐丽娟主
编：《清前期云南督抚边疆事务奏疏汇编》（卷三），第982—983页。"查滇省出产铜铅，价本平贱。
现在（按：乾隆十九年）省城、临安、东川、广西、大理五局鼓铸，搭放兵饷，厂价辗转流通，极
为充裕。通查各属，每库平纹银一两，可易钱一千一百八十文至一千二百文不等，并无囤积居奇
之徒，亦无私销剪边之弊，民间行用称便。间有一二嗜利玩法之徒，因铜铅便易，潜行私铸，经臣
严饬查拿，按法惩治，近亦群知敛迹，实与他省情形不同。"

帝在将京师钱价与云南作对比时，也同样感慨过各地差值悬殊。①

有铸局开铸的地方钱文较多，无铸局开铸的地方钱文较少，自不待言。无铸局开铸之地，其钱虽可从他地运往，但耗费颇多，甚至钱值不抵运货，故距离铸局远近直接影响铜钱供需。时人谓，"近局之地，或壅塞而不流；遥远之处，或流通而不足"。②

交通因素对铜钱供需的影响主要体现在铜钱运入的便利性上。比如安徽省钱价，一般皖南徽州地区更昂，原因是"该郡重山叠嶂，转运维艰，［钱价］向较他处稍贵"。③ 又如四川，由于在地理上具有相对封闭性，即便是南接云南，其钱文依然不充足。据嘉庆《什邡县志》记载，"邑无铜铅山厂，并无报充商人，历代未设炉局，民间所用之钱惟于宝川局买运。城乡场市俱以制钱交易，地方官不时示禁，私贩无从搀杂。现时纹银壹两换制钱玖百零，历年随时增减，要以玖百文至壹千文为率"④。在嘉庆中期，全国各地比价数值大多超过 1000 时，该地却只有900。由于钱文需要从宝川局购入，这也进一步证明距离铸局远近和交通通达性会结合起作用。交通因素还影响着地区间钱业市场整合，比如山西、陕西虽为邻省，在部分时段比价波动也有一致性，但这并不意味着两地货币市场高度整合。市场整合以套利为手段进行，若比价价差不及铜钱运输成本，则套利无法自发形成。道光二十六年，林则徐初到陕西，即发现：

---

① "即以京城钱价而论，从前银一两，换钱八百文内外，自属价昂。近年以来，每两可得钱九百数十文，即为最平减之价，然亦未有多至千文者。滇省虽系产铜之区，其钱价岂能相悬过甚？今每两易钱多至一千二百文，尚称价昂，则其贱价，又当得钱几何始为平价？"《高宗纯皇帝实录》（一二），卷九四四，乾隆三十八年十月，第 776 页。

② 蓝鼎元：《鹿洲初集》，卷十四《钱币考》。

③ 《安徽巡抚张师载奏陈查办各处钱价并无囤积情事》，乾隆十八年七月十九日，录副奏折，档号：03-0771-052。

④ 嘉庆《什邡县志》，卷三十《钱法志》，嘉庆十八年刻本。

陕省银钱市价涨落无常，有时竟与别省迥异。如本年七月内臣甫到西安省城，每纹银一两可换制钱一千八百余文，迨至九十月间，每两仅换钱一千二三百文不等，较前两月顿减钱五百余文之多，众人皆以为诧异。访询其故，则佥称岁歉粮贵之时，银价必然跌落，其理亦不可解。如果此后银皆落价，似亦相宜，然又忽低忽昂，不能预料。<u>且当陕省银贱之际，邻省银价仍昂，而未闻有市侩贩钱来陕买银以图获利者。可见陆路运费太大，不能取赢。</u>[①]

彼时陕西钱贵、山西钱贱，山西商人可将钱文运往陕西套利，而陕西官方也希望借助市场力量平抑钱价。但结果是"未闻有市侩贩钱来陕买银以图获利者"。出现这种情况的原因，林则徐认为是运费过昂，获利不抵成本。那么这个成本至少是多少呢？七月西安比价数值 1800，九、十月间为 1250，这 550 文的差值便是一两银的利润（不算扣平费用、人工费用等），以比价 1250 计算，44%的利润尚不足以让山西方面运钱入陕，可见陆运成本[②]一项对货币市场整合至关重要。

另外，交通的通达性也会与其他因素结合起作用。比如私铸一项，由于其成本较低，加之交通便利，就可以在一定程度上突破铜钱多适用于本地、短途交易的限制。道光十六年（1836），浙江道监察御史董宗远上奏，当时私铸以"湖南、湖北其弊尤甚"，私钱价格便宜，以致"大钱二百可换小钱一千"。在私钱成本低且两湖近长江处交通便利的情况下，奸商"转相射利"，"各处贩卖由粮船携带至京者尤多，京中

---

① 林则徐：《银钱出纳陕省碍难改易折》（道光二十六年十一月十五日），《林则徐全集》第四册《奏折卷》，第 79—80 页。

② 据林满红研究，陆运成本约为水运的 16 倍。林满红：《银线：19 世纪的世界与中国》，第 33 页。

经纪铺户于各省粮船到通之日，暗买进城掺和勒用"。① 如此，沿长江及运河一线，一方面因交通便利可以获得更多的制钱供给，另一方面受私铸小钱的影响也深。

再看大小中心市场辐射对铜钱供需的影响。雍正六年，河南巡抚田文镜称，省城银价 930 文/两，而外州府县村庄只有 910—920 文/两，② 造成这一差别的原因就在于省城经济更发达，货币供给更多、流通更快（暂不论需求因素）。又如道光十一年（1831），林则徐奏称"其赈银易钱，价值原系随地随时，低昂不一，即如该县先在本境易银五百两，每两仅换钱一千一百八十文，迨运赴通商价昂之地，每两即换钱一千二百五十文，俱各计多寡，核实给发"③。一地比价为 1180，至"通商价昂之地"变为 1250，此"价昂"显指银价昂，亦即钱价贱，说明"通商"之地铜钱流通相对更多。反之，商贸不发达之地，钱价往往高昂。据乾隆《西宁府新志》所载，"按宁郡系边远之区，而甘省又无鼓铸之局，则泉货岂易至此。故兹地用钱最杂，亦势使然也。闻之父老云：昔年钱价尚贱，自收买工字户厘小钱暨古旧钱之后，钱价顿长，至今未落。盖边远之区，道路艰阻，商旅无多"。④ 西宁府地处偏远，当地又无铸局，商贸不通，自然钱文流通就少。但材料中提及"昔年钱价尚贱"，这是在杂用小钱、古旧钱文情况下的非纯粹制钱价格，独以制钱论，钱价自然更高昂。

（七）时节周期

钱文流通，不单在地理上不均匀，在时间上也不平衡。凡遇到重要

---

① 《浙江道监察御史董宗远奏为近来湖南湖北等地私铸小钱搀和行使为害实深请饬严禁以重钱法事》，道光十六年九月初八日，录副奏折，档号：03-9498-051。

② 《河南巡抚田文镜奏》，雍正六年正月二十六，中国第一历史档案馆编：《雍正朝汉文朱批奏折汇编》第 11 册，江苏古籍出版社 1991 年版，第 487 页。

③ 《林则徐全集》第一册《奏折卷》，《唐瞻淇京控书役侵吞赈银案审明定拟折》（道光十二年十二月初八日），第 238 页。

④ 乾隆《西宁府新志》，卷十七《田赋志·钱法》，清乾隆十二年刻本。

时节，地方对制钱的需求便会变化，进而出现周期性贵贱交替。

田赋、漕粮开征。《古今钱略》记载，"江苏等府每至九月以后，城市乡村钱价骤昂，每年必多贵七八分、一钱不等"。[①] 何以每年九月城乡钱价皆昂？乾隆五年，通政使归宣光解释，江苏征收漕粮，冬兑春运，民间卖米换钱缴纳，致使钱贵。[②] 由此可知，漕粮征收有固定时限，短期内，如小户以制钱零星缴纳，必致市面制钱紧缺。光绪二十二年，浙省自开设官钱局发兑新钱后，银价"因之有起色，每元可易钱一千零三十文"。然到十一月间，旬日即减去一百文，原因为"下忙开征，转瞬又届收漕，市侩居奇，预将制钱留存市中，钱文顿形缺乏"。[③] 民间需求加增合并"市侩居奇"，钱价短时顿昂，是为田赋、漕粮开征导致的年内周期性钱贵。

节庆、年关。乾隆八年，护理陕西巡抚帅念祖奏称，"现在陕省白银一两，但得易钱七百八九十文至八百一二十文。若遇冬月物成之候，百货充积，交易纷纭，则其数更缩"。[④] 此中即言，年关将至时，集中的市场交易会使铜钱供不应求，白银兑钱"其数更缩"。乾隆四十五年（1780），江西巡抚郝硕称，年底市面需钱甚多，奸商趁机囤积钱文，"临时涨价"。[⑤] 可见年关将至，百物聚集，不仅对制钱需求旺盛，而且有奸商借此机会囤积居奇，此"临时涨价"也是时节所致。同理，在

---

① 倪模：《古今钱略》（上），第 105 页。

② "若届十月开仓，民间争换钱输纳，价必更贵。苏州一府，并太仓州，漕白米九十七万余石。松江一府，漕白米四十一万余石。计征钱七万余串。合一省计之，更多一二万串。将八九万串钱，积聚官署，不得流通，钱价安得不贵？"《高宗纯皇帝实录》（二），卷一一八，乾隆五年六月辛未，第 720 页。

③ 《浙省官场纪事》，《申报》1896 年 11 月 27 日。

④ 《护理陕西巡抚印务帅念祖奏请变通钱法以平钱价事》，乾隆八年十二月初七日，朱批奏折，档号：04-01-35-1234-002。

⑤ "江省帮船，在本省例支折色银两，均须换钱，买备篷缆等物。时值岁底，奸商市侩，先将市钱囤积，临时长价，旗丁深以为苦。且一月中，遽换钱数万余千，势难接济，未免稽迟。"《高宗纯皇帝实录》（一四），卷一〇九九，乾隆四十五年正月下，第 724 页。

19世纪的北京，当时英国领事梅辉立（M. F. Mayers）和但尼士（Dennys）观察到，农历新年前夕的一月、二月，银钱兑换率较低，因为当地农民还债和交税集中于此阶段，对铜钱需求增加。①

俸饷发放。同样根据梅辉立和但尼士的观察，农历每月初四和初十日，北京会出现银贱钱贵。这是因为政府每月初四、初五或初六给满洲旗人发放白银俸禄。②当旗人拿到白银后，会直接购买生活物资，或将之兑钱存备。此时，一方面是市面白银供给增加，一方面是制钱需求增长，从而导致每月周期性的"银贱钱贵"。类似地，《清通典》也载，"［雍正元年］户部给发兵饷，惟二月、八月银钱各半搭放，每逢放饷时，钱价渐平，过此仍贵"。③另据《新疆图志》载，阿克苏地方"每逢放饷，钱价尤昂"，一般商业往来为避免受此影响，遂形成"先一月交订银换钱"的习惯。④

科考。乾隆十五年（1750），广西巡抚论省城钱价高昂时即说，"向来凡遇科年，每银一两约止易钱八百二三十文"⑤。乾隆二十五年（1760）陕西巡抚钟音奏称，"本年八月恭遇恩科乡试之期，士子云集省城，俱须易钱用度，若不预筹平价，必致市值倍昂"⑥。科考之时，士子云集，对铜钱的短期需求加增，抬高钱价。

商业周期。乾隆二年（1738）二月，京师钱价上涨。据御史明德调查，涨价原因是"钱少"，而钱少的原因则在于当铺大量屯钱。但为

---

① Nicholas Belfield Dennys, ed. *The Treaty Ports of China and Japan*. London：Trubner，1876，p492. 转引自［美］李明珠：《华北的饥荒：国家、市场与环境退化（1690—1949）》，第 171 页。

② ［美］李明珠：《华北的饥荒：国家、市场与环境退化（1690—1949）》，第 171 页。

③ 《清朝通典》，卷十，《食货十·钱币》。参见《清朝通志》，卷八十九《食货略九·钱币》；《清会典事例》（三），卷二百二十《户部六三·钱法》，第 501 页。

④ 《新疆图志》卷三十五《食货四》，转引自杨涛编著：《清末官银钱号史料辑注》，第 346 页。

⑤ 《广西巡抚舒辂奏报设局发换官钱钱价稍平事》，乾隆十五年十一月初八日，朱批奏折，档号：04-01-35-1245-020。

⑥ 《陕西巡抚钟音奏请加铸钱文以资平价事》，乾隆二十五年七月十五日，朱批奏折，档号：04-01-35-1259-002。

清代银钱比价波动研究

何当铺在三月间会突然有屯钱的需求？户部尚书海望认为，在冬季寒冷时，民众拿钱取赎绵衣，当铺存钱甚多；当春季气温回升，棉衣不再被需要，人们又将棉衣重新典当，当铺须以钱支付。为防缺乏现钱，当铺会预先于市面购买制钱存备。[1] 这就是自然节气和北方环境在棉衣典当业上形成的商业周期。

（八）天灾人祸

当天灾人祸发生时，正常的社会生产生活秩序被打乱，正常的货币流通状态也被打乱，铜钱供需大受影响，此直接影响银钱比价。但因各种天灾人祸都有具体事件上的区别，无法抽象论述，故笔者在此仅以灾疫、饥荒、兵乱举例说明。

乾隆乙亥如皋饥疫。乾隆二十年（1755），江苏如皋自入夏后便接连大雨，"每月见日不过四五次"。直至入秋后仍昼夜有雨，以致"田禾皆腐"，田亩减产、绝收，加之入冬后天又渐寒，当地灾民饥寒交加，便多有冻毙饿死者。据《亥子饥疫纪略》记载，是年十二月十二日"大雪尺余，饥民死者尸相枕藉矣"。[2] 在此过程中，官方虽有设厂赈济之举，但依然不能满足灾民需要。[3] 由于死者渐多，掩埋不及，至次年二月，"每天晴日暖，臭秽薰蒸，殆不可闻，触其气者必病"，由是瘟疫大行。虽然死于饥饿的多为贫贱者，但由饥致疫而染疫死亡者却不分

---

① "冬季民间取赎绵衣，当铺存钱固多，及至春暖绵衣渐次典当，当铺钱文渐至缺乏，势必予为买贮。京城当铺甚多，需钱不少，一时争买，市价自然增长。"《内大臣户部尚书兼管三库事务内府总管海望等奏》（乾隆三年三月初六日），转引自刘秋根编：《中国典当史资料集（前475—1911）》，第 156 页。

② 冒国柱：《亥子饥疫纪略》，李文海、夏明方、朱浒主编：《中国荒政书集成》（第四册），第 2005 页。

③ 当时"各粥厂天初明即扬旗鸣锣，饥民闻锣奔赴。若旗落，则庙门闭，虽来者亦不得与，多涕泣去。或行急气喘，须臾而毙。近厂多有河桥，锣声急，皆争渡桥，或堕桥死"，故其时饥民名其锣为"催命锣"，旗为"摄魂旗"，桥为"奈何桥"。冒国柱：《亥子饥疫纪略》，《中国荒政书集成》（第四册），第 2006 页。

贵贱。所谓"村庄病疫，多以渐而至。一家病，则合村皆病，次及他村"。[1] 一场由雨致荒，由荒致饥，饥死成疫的灾疫便蔓延开来，持续至次年八月。在灾疫发生的这一年多时间里，钱价、物价不断上涨，银价下跌。乾隆二十一年（1756）元宵后，当地白米一石价钱三千八九百文，极糙米价钱三千二百文，甚至在丁堰镇，米一石至价银十三两。[2] 如果不管米的具体品种，直以三千八百五十文兑银十三两计算，则极端情况下的银价达到了银一两只能买钱296文，而在当时，江苏正常银钱比价数值当为800多。[3] 在钱价大涨的情况下，存有钱文者虽可致富，但同时也面临更多的治安甚至人身安全问题。比如当时有在丁家所为人看守车篷者，下午携带千钱归家，当夜即有"七八人入其家，劫杀之"。[4] 又如积存钱文的铺户，也多被盗。[5] 可见当时能救人性命的，除了米粮就是钱文。由于钱贵，且方便日用，灾疫中的日用物价皆以钱计[6]，更有人借此获利。[7] 他们获利的方式，一方面是抬高物价，另一

---

① 冒国柱：《亥子饥疫纪略》，《中国荒政书集成》（第四册），第2008页。

② 冒国柱：《亥子饥疫纪略》，《中国荒政书集成》（第四册），第2006页。

③ 《署理两江总督鄂容安江苏巡抚庄有恭奏复查办钱价不甚昂贵事》，乾隆十八年七月，录副奏折，档号：03-0771-051；《户部尚书李元亮题为遵议江苏核销宝苏局乾隆二十年鼓铸钱文用过工料等项银两事》，乾隆二十四年九月十六日，户科题本，档号：02-01-04-15204-008。

④ 冒国柱：《亥子饥疫纪略》，《中国荒政书集成》（第四册），第2006页。

⑤ "正月廿八夜，贼自东门城上系于月城内，从屋而下，于钱铺前后挖洞。不得入，遂将城锁扭脱，开城门而去。二月初九夜，贼于西门城限下掘地窖钻入，洞开城门，偷一米铺。失去白米十石，钱十余千。"冒国柱：《亥子饥疫纪略》，《中国荒政书集成》（第四册），第2007页。

⑥ 如卖炊饼，"饼重五钱，如酒杯大，价二文"，又有"荞面三十文一升，切面二十四文一斤，油豆饼一百二十文一片，甚至以一片锯分为四零卖。豆腐渣作团，如茶杯大，价一文。麸皮十二文一升，米皮十六文一升，水磨粞子二十四文一升，榆树皮饼二文一枚"。冒国柱：《亥子饥疫纪略》，《中国荒政书集成》（第四册），第2006页。

⑦ 时人记为："因饥疫而获厚利者甚多，米铺也，饼肆也，医生也，医生之舆夫也，药店也，师巫也，棺店也，木工也，脚夫也，木行也，布肆也，僧道也。"

方面便是利用"银贱钱贵"的特殊局面而以钱作物的计价和交易标准。[1] 对于商人来说，收入不断升值的制钱要远好过收进不断贬值的白银。可见，灾疫发生时，钱价往往要上涨，物价也要上涨，且物的计价标准普遍倾向以钱。在这里，物价上涨主要是因物资短缺。而物价本可用银计，也可用钱计，但银在贬值，如用白银交易，则要随时上调银计物价，而改用制钱计算并交易，则可不用因货币因素随时调价。

道光辛丑开封水灾。道光二十一年六月十六日，黄河决口，水淹开封，"城外黄水弥望无际，四顾不见村落"。[2] 至决口被堵，前后长达八个月。此间，开封一直处于大水围城状态，水灾、饥荒、疫病交织存在。此时的中国正处于一个"银贵钱贱"时期，同年全国他省银钱比价有自 1300 至 1700 不等，如表 63 所示：

表 63　道光二十一年全国各省银钱比价

地域	银钱比价
直隶（承德府）	1629
直隶（河间府）	1547
山西（省城）	1365
山西（归化城六厅）	1503
陕西	1480
湖南	1429
浙江	1650
安徽（徽州府）	1320
江西	1688

---

① "凡病者多系热症，药店内黄栢、知母、大黄、石膏等药，价增十倍。市肆中，蒲荠一枚值五文，雪梨一枚百文，藕一枝七八十文。"冒ী柱：《亥子饥疫纪略》，《中国荒政书集成》（第四册），第 2007 页。

② 李景文、王守忠、李湍波点校：《汴梁水灾纪略》，河南大学出版社 2006 年版，第 2 页。

地域	银钱比价
福建（台湾府）	1655
贵州	1308

资料来源：《热河都统桂轮题报道光二十一年份承德府并各属递解军流人犯及新疆遣犯并监犯支过口粮盐菜等项银数事》，道光二十二年十二月初七日，户科题本，档号：02-01-04-21185-019；严中平等编：《中国近代经济史统计资料选辑》，第37页；《署理山西巡抚乔用迁题报归化城税务道光二十一年份收支落地杂税银两数目事》，道光二十二年四月三十日，户科题本，档号：02-01-04-21176-009；《陕西巡抚李星沅奏为体察情形避免钱法废驰请准宝陕局减卯开铸钱文事》，道光二十三年四月十二日，录副奏折，档号：03-9502-009；《湖南巡抚吴其濬奏为查明钱价尚贱请准宝南局暂缓开铸钱文事》，道光二十二年二月二十日，录副奏折，档号：03-9501-028；《江西巡抚吴文镕奏为查明钱价有减无增请准宝昌局仍暂缓开炉鼓铸事》，道光二十一年十一月二十九日，录副奏折，档号：03-9501-020等。

然在灾疫发生后，开封城反而"银价骤减"。[①] 至六月二十一日，才过数日，即有铺户高抬钱价。[②] 在国内普遍"银贵钱贱"的情况下，灾疫后的开封城却出现了"银贱钱贵"，较之平时，钱价已然翻倍。除钱价上涨外，物价也在上涨。时"粮价腾贵，米面俱价增一倍，蔬菜全无，城内几于罢市"。[③] 恐慌之下的人们更是开始哄抢生活物资。[④] 如此状况将进一步推高人们对物资短缺状况的预期，而该种预期也会进一步推高物价。结合钱价上涨，物价上涨，人们发现，"是银贱钱赏，较平时相去倍而又倍，以极难得之钱，买倍贵之物。假如口食所急者米面，平时每百斤需钱二千数百文，约需银一两五六钱，今银贱粮贵，每百斤

---

① "每两易钱一千文，复减至八九百文，较平时几减至大半。"李景文、王守忠、李湍波点校：《汴梁水灾纪略》，第5页。

② 先是铺户"乘危急之际，于市场一切高抬价值，倍于平时"；后有各家钱铺"将银价骤至大跌，向银一两换钱一千六百文，一被水而跌至一千一二百文，三五日间，愈降愈下，甚至每两只肯换钱六七百文"。李景文、王守忠、李湍波点校：《汴梁水灾纪略》，第12页。

③ 李景文、王守忠、李湍波点校：《汴梁水灾纪略》，第5页。

④ "西门内协聚米店被饥民抢掠一空，双盛酒店酒瓮皆被推倒，土街森茂杂货店及北门大街、曹门内火神庙街铺店，亦多被抢夺，并有向富户撞门强借者。"李景文、王守忠、李湍波点校：《汴梁水灾纪略》，第5页。

约需银八九两。相去悬殊如此，即平时亦难以谋生，而况流离颠沛之避难穷民，何以堪此？"[①] 所谓"倍而又倍"，是针对以银换钱，再以钱买物而言。倘若这时外部货币环境，不是普遍的"银贵钱贱"，而是"银贱钱贵"，那么灾民持银兑钱再买物的负担便还要加重。也正是在钱贵情况下，官绅采买救灾物资，不论数额大小，尽量以钱支付。比如六月二十七日，官府采买"杉木五十余根、蒲包二百五十个、土袋八十七条、麻绳六十斤"，即用去钱八十七千余。[②] 至七月初六日，城工物料、土工器用、薪资伙食实用钱二千二百九十七千零一百六十八文。[③] 如此数额，概用钱计钱支。这一做法一方面是要避免因白银不断贬值而支付更多白银，一方面也是借此向市场投放制钱，平抑钱价。另外，在应对水灾时，往往要兴修大工，所以在灾后较长的一段建设周期内，当地的钱价还会维持高位。[④]

光绪丁戊奇荒。该饥荒从光绪二年年中开始，持续至光绪五年上半年，因以在光绪丁丑（1877）、戊寅年（1878）表现尤烈，故常称"丁戊奇荒""晋豫奇荒"，涉及晋、豫、陕、直、鲁五省，饿死病死者尤多。此时山西的银钱比价表已由韩祥给出，具体可参考其原文论述。[⑤] 从中可以看出，饥荒期间山西钱价普涨，且灾情更重的晋南涨幅要高于晋北。如果我们再配比此时晋南、晋北的粮价数据（如图74所示），则会有更好理解：

---

① 李景文、王守忠、李湍波点校：《汴梁水灾纪略》，第 12 页。
② 李景文、王守忠、李湍波点校：《汴梁水灾纪略》，第 20 页。
③ 李景文、王守忠、李湍波点校：《汴梁水灾纪略》，第 34 页。
④ "惟向来兴举大工，往往银价骤落，钱价骤长"；"南河现兴大工，钱价骤涨，每银一两仅易制钱一千五百余文"。《两江总督陆建瀛奏为兴举大工银价骤落钱价骤长请印票代钱事》，咸丰元年闰八月二十五日，录副奏折，档号：03-4463-016；《张祥晋奏为以钱易银敬陈管见事》，咸丰元年，录副奏折，档号：03-4463-019。
⑤ 韩祥：《晚清灾荒中的银钱比价变动及其影响——以"丁戊奇荒"中的山西为例》，《史学月刊》2014 年第 5 期。

图 74　1866—1888 年山西大同、蒲州的银计粮价

资料来源：清代粮价资料库，http://mhdb.mh.sinica.edu.tw/foodprice/，2020-02-20。

说明：原始数据为大同府、蒲州直隶州银计麦价的各月最高、最低值，本书现求各月平均值，再求年均值，最后按两地年均价格绘图。时间段选择 1866—1888 是因为将灾疫起始时间向前后各延伸了 10 年。

　　可见，在"丁戊奇荒"期间，山西地区粮价普涨，且晋南涨幅大于晋北。粮价上涨表现和钱价一致，说明灾情越严重的地方，钱价和粮价涨幅越大，银钱兑值不断下降。又由于发生灾情的数省钱价皆贵，而周边地区钱价稍低，筹赈钱文多从外地运入，① 所以当时全国的钱价围绕受灾地区呈现由中心向边缘的高—低辐射状态分布。如对比华北地区、江南地区、上海、四川犍为县的比价序列便会更为明显：

---

　　① 《申报》1878 年 5 月 28 日（光绪四年四月二十七日），第 3 版。

　　　　　　　　　　　　　　　　　　　　　　　清代银钱比价波动研究

图 75　1866—1888 年不同区域的银钱比价

资料来源：彭凯翔：《清代以来的粮价：历史学的解释与再解释》，第 168—175 页；罗玉东：《中国厘金史》，第 528—574 页；［日］森时彦：《中国近代棉纺织业史研究》，第 27 页等。

说明：犍为县数据即为林满红数据的一段，中间有错漏的地方已据（民国）《犍为县志》第十二卷《财政志》金融部分修正。江南数据是据罗玉东江苏、安徽、江西三省数据平均出的。

对比图 75，可以发现，在该时期内，北方钱价普遍高于南方。全国（大部分地区）钱价在"丁戊奇荒"期间均有上涨，北方涨幅虽大于南方，但波动性更为趋同。[1] 这说明大范围灾害不仅影响灾害发生地，而且对全国都会产生经济上的辐射作用。[2]

我们再看乾隆早年大小和卓叛乱发生后，平叛必经的甘肃地区的钱价。乾隆十八年（1753），甘肃"河东各属每银一两换钱八百四五十文至九百三四十文，河西各属每银一两换钱八百二三十文至八百七八十文

---

① 四川地区由于地理上较为封闭，所以钱价在短期上涨后又有回落，趋势不完全与江南一致。当然，这也有可能是数据选取地犍为县的特殊情况。

② 韩祥认为，"该时期灾区的银钱比价变动短期内带动了全国性的钱价上涨，这一影响与中国 19 世纪后半期'钱贵银贱'的趋势相交织，成为影响清末经济走势的重要因素之一"。韩祥：《晚清灾荒中的银钱比价变动及其影响——以"丁戊奇荒"中的山西为例》，《史学月刊》2014 年第 5 期。

不等"。① 越向西钱价越贵。到第二年，"河东各属每银一两换钱七百五六十文，河西及近省一带每两仅换六百有奇"。② 对这种现象，傅恒在奏报中予以解释："甘省自军兴以来，肃州为总汇之区。各处兵夫往来商旅云集，以及奉差员役暨发运车辆出口均需易换钱文携带前往，以致日渐昂贵。"此时已经是乾隆二十三年，兰州兑换依然为"每纹银一两仅换制钱七百二三十文"。③ 又如嘉庆晚期至道光初期的回疆战乱，清军用兵西北，"现因军兴，银价顿减，钱价日增。肃州一带每纹银一两只易制钱七百文，口外玉门、安西等处每两只易钱五六百文，兵民均形拮据"。④ 同治"回民起义"时期，兰州府地，粮、钱大贵。⑤ 由此可见，战乱也会导致钱价上涨。⑥ 对此，《平贼纪略》直言，"货值，亦随军情好歹为之贵贱。金银价值最易起伏"。⑦ 即是战乱导致银贱，银贱凸显钱贵，钱贵导致流通中制钱备受重视、更为短缺，再致制钱持续升值。

通过以上几个基本案例可以发现，但凡出现天灾人祸，当地的钱

---

① 《甘肃巡抚鄂乐舜奏复查办通省钱价大势平减事》，乾隆十八年八月初七日，录副奏折，档号：03-0771-059。

② 《署理甘肃布政使史奕昂奏报秋成分数并钱价情形事》，乾隆十九年十一月初九日，录副奏折，档案号：03-0814-022。

③ 《大学士兼管户部事务傅恒题为遵旨察核乾隆二十三年陕省鼓铸钱文用过铜铅点锡并支给炉匠工料等项钱数事》，乾隆二十五年三月十一日，户科题本，档案号：02-01-04-15283-014。

④ 曹振镛等纂修：《平定回疆剿捦逆裔方略》卷二十九，道光年间刻本。

⑤ "北山焚在深秋，乡人卖妇女，即当其时。至初冬，省垣粮尽，虽有妇女，无人买矣。计冬腊两月，每小麦一斗，磨面八十斤，需银八十两。面馍一枚，重三两，需制钱二百四十文。每大豆（即兰花豆）一枚，钱三文。猪肉一斤，钱三千文。每银一两，钱八九百文，或一千一二百文。"王庸：《流民记》，《中国荒政书集成》（第九册），第649页。

⑥ 但战乱的影响不能大到让人以为会改朝换代。比如《阅世编》记载康熙十三、十四年"闻八闽之变，三吴钱价顿减，初犹五六钱一千，后直递减至三钱"。这时候的钱贱，是因为人们担心政局不稳，清代官钱无用。

⑦ 太平天国历史博物馆编：《太平天国史料丛编简辑》第1册，第219页。

价、物价（特别是粮价）就会上涨。① 情况越严重，"银贱钱贵"也越明显；波及范围越大，"银贱钱贵"范围也越大，甚至会波及全国。那么该如何解释这种规律？笔者认为，出现这种现象的直接原因是民间对制钱需求的猛增（在此并不否认银贱导致银计铜价上涨，直接导致钱贵这一路径存在）。在天灾人祸的特殊情况下，民间日用皆须使钱，对于制钱的需求量较之平时大为增加。从具体货币流通看，钱价上涨，银价下降，持有银钱双货币者没有理由优先把升值的制钱花出，反而会将白银尽早兑换为制钱，这也推高对制钱的需求。对于一般商户来说，其通过卖物可以得到银或钱，但白银在不断贬值，故其也会想方设法只收制钱。不独如此，在这个过程中，由于制钱越来越被重视，整个的物品计价体系也转为以钱为核心进行衡量。② 对钱铺来说，其本就要通过比价波动来赚取差价。在钱价上涨时，其更会囤积居奇。对开展货币救济的主体来说，携带银两赈济显然要比运钱、运粮更为方便，但民众拿到赈济银两后同样还得兑换成铜钱使用，故外部白银的输入也会加剧灾疫地的钱贵。

（九）投机及预期

由于钱文价低质重，不宜长途陆路贩运，而一地的钱价又有周期性波动，所以很容易产生相应的投机行为。投机导致的钱价波动和人们的预期交织，持续影响比价波动。

包世臣在《银荒小补说》中曾言，由于按月照市价以钱易银在操

---

① 粮价上涨也可从费雪方程式导出，MV = PT 中，产出 T 下降，而 M 不变，则 P 升高。这在黑死病时期的意大利北部地区谷物价格研究中也可以得到证实（[美] 罗纳德·芬得利、凯文·奥罗克：《强权与富足：第二个千年的贸易、战争和世界经济》，第130—131页）。但在清代，由于是银钱双货币，且钱贵银贱，则银计粮价涨幅要更高，钱计粮价次之。在大灾时，钱价涨幅往往不及粮价。

② 除非是在制钱严重稀缺的地区才会被迫以银作标价。参见韩祥：《晚清灾荒中的银钱比价变动及其影响——以"丁戊奇荒"中的山西为例》，《史学月刊》2014年第5期。

作上过于烦琐，故在他所在的江西，出现了"省城银价总以五月奏限，及岁底兑军之时为极高"的现象。① 这是下面州县为图方便，将钱文集中运抵省城兑银的结果。自然，钱商得以借此抬高银价，赚取比平日更多的差价。咸丰三年，僧格林沁奏呈，"［银钱］仅数日之内价值低昂，大相悬殊。显系奸商因兵饷每月按照二十九日市价数目搭放大钱、官票，故昂银价，有意从中阻挠"②。此中，数日之间，比价低昂起伏，本不符常理，但按兵饷搭放以每月二十九日照市价折算，便可理解钱商是借此时机钻营投机。光绪二十二年，直隶总督王文韶称，"天津贸易日盛，市面银钱日紧。银号因之居奇，钱商籍以射利。遇有大宗款项以银易钱则钱贵，以钱易银则银贵，辗转亏折，公私交困"。③ 由于钱商掌控市面银钱兑换，所以在有大宗款项进出时，市场比价会被操纵，导致钱价短时发生较大波动。这在同年河南巡抚刘树堂的奏报中也能体现。当时河南省城附近州县，将钱漕杂税所收钱文，直接运抵省城兑银，此时省城钱商便通过压低钱价以牟取利益。④ 又如《新闻报》载光绪二十八年宁波情形，"甬市制钱近又短绌，银洋每元只兑九百二十文。

① 包世臣：《银荒小补说》，《齐民四术》。"查各省正供，年额四千万两，除去民欠、报拨之数，每年不过千七八百万两，是外省存留，与起运儿相半也。部饷、甘饷、贵饷等项，万不能不解银。至如本省公项，坛庙祭品、文武俸廉、兵饷役食；私用，则延请幕友、捐摊纸饭、衙门陋规、漕务兑费，斯在受者仍皆以银易钱应用，故出入之利，皆归钱店，使市侩操利权，以上困官而下困民。"

② "窃维近年银价固属昂贵，然系由渐而长，每两纹银不过合京钱四吊文，为日已久，军民相安。惟自二月十五日关闭钱铺下不百余处之后，每两止合京钱三吊三四百文，现时每两换京钱四吊三、四、五、六百文不等，仅数日之内价值低昂，大相悬殊。显系奸商因兵饷每月按照二十九日市价数目搭放大钱、官票，故昂银价，有意从中阻挠。"《钦差大臣参赞大臣僧格林沁奏报京城银价骤昂有碍军民生计并请饬部妥议银钱比价折》，中国第一历史档案馆编：《清政府镇压太平天国档案史料》（第七册），第351页。

③ 《直隶总督王文韶奏陈设立通惠官银钱号事》，光绪二十二年六月十八日，朱批奏折，档号：04-01-35-1374-034。

④ "向来省城附近之陈留、杞县、睢州、通许、鄢陵、尉氏、洧川、中牟、郑州各州县，征收钱漕杂税各项，多来省城易钱，约计六七十万串，第系交易定所，故市侩得操其贵贱。"《续录河南某大令禀稿》，《申报》1896年7月17日第3版。

清代银钱比价波动研究

年关将届，各业售货制钱堆储不肯出兑，皆冀岁底时洋价或可缩至九百以内，坐收其利"。[①] 钱商知晓年关将近，钱价必昂，各商家便提早囤积钱文。此时距年底不足一个月，若洋钱比价数值从 920 "缩" 至 900以下，便是钱价增昂，钱商得以获利。更为极端者，一地钱商集体囤积钱文，以致有钱盘、无钱市，无处买使制钱。[②]

不独商人投机，官员一样投机。咸丰六年（1856），"署玉田县知县范骧，于通行当十大钱，并不出示晓谕。钱粮税务，不收大钱。复私买大钱钞票，解交藩库。且收受当商陋规，任听阻挠钱制，以致物价骤昂"。[③] 此中，官僚投机自有公权私用成分在内，但投机得以成立的前提是咸丰朝混乱的币制。在 1851—1861 年间，京师铸造的铜钱不足货币总发行量十分之一，以致制钱昂贵，而大钱、钞票价贱。[④] 以当十钱实际含铜计算，只当小平钱 3.67 文，虚值大钱的使用会导致物价上涨。[⑤] 彼时，玉田知县不仅不设法疏通圜法，反借此投机。对于钱粮税务，当时清廷准许以一定大钱、钱钞搭交[⑥]，但在玉田县，官方一概不收票钞，就是逼迫小民以昂贵的制钱缴纳。制钱昂贵，大钱、钞票价贱，知县再买入减价大钱、钱钞，用以搭缴藩库，来去间既利用制钱昂

---

① 《钱价又昂》，《新闻报》1901 年 12 月 17 日第 2 版。

② 《本部堂、察院（程璧）出示禁止富商囤积大钱由》，光绪三十一年二月十一日，虞和平主编：《近代史所藏清代名人稿本抄本》（第一辑），第 129 册，程璧档十一，大象出版社 2011 年版，第 76—77 页。

③ 《文宗显皇帝实录》（四），卷二百十，咸丰六年十月，第 320 页。

④ 彭泽益：《十九世纪后半期的中国财政与经济》，第 115 页。

⑤ 当十钱含铜 0.44 两，相当于小平钱 3.67 文；当五十钱含铜 1.20 两，相当于小平钱 10.00文；当百钱含铜 1.40 两，相当于小平钱 11.67 文；当五百钱含铜 1.60 两，相当于小平钱 13.33 文；当千钱含铜 2.00 两，相当于小平钱 16.67 文。当然，由于清廷分散铸币政策，各铸局的大钱实际重量也有差别，使得币值比较更为困难。参见彭泽益编：《中国近代手工业史资料（1840—1949）》（第一卷），第 570 页。

⑥ "地丁、税课等一切交官之项，本准搭收钞票五成。"中国第一历史档案馆编：《清政府镇压太平天国档案史料》（第十五册），第 208 页。

贵赚取利润，又利用官方政策牟取私利。① 该种投机，只能使得制钱供给更为短缺，且大钱、钱钞愈加贬值，是为钱（大钱）贱且钱（制钱）荒。

不仅本国商人、官僚投机，外商也一样针对中国铜钱投机。② 光绪中晚期，铜价高昂，在安徽便出现了外商投机贩运钱文出境的猜测。③ 到光绪二十五年（1899），广东巡抚鹿传霖更称，存在一条将京畿地区制钱外运天津港，再走海运至上海投机的钱文贩运链。④ 宣统二年，杭州将军志锐亦奏称，日本"大收中国制钱，毁成铜块，到华销售"。在天津、上海租界，日商甚至直接私铸铜元，以低于市场零售价（130 枚换一两银）的批发价（150 枚换一两银），卖给国内奸商承销。⑤ 由此可见，外商虽不像本国商人可在直接经营钱币兑换中投机，但依然可以通过国内外铜的差价以及各种钱的差价进行贩卖牟利。

投机行为不仅通过货币数量路径直接影响钱价，还会借助预期效应产生影响。试看一例：

　　乾隆末年，白金价高，腾踊日甚。郡城内天宝钱铺郭某、兴隆

---

① 当然，此种牟利并不意味着所得皆进入知县私人腰包，其也可能是借此弥补地方经费不足。

② 御史王鹏运曾言"光绪十一二年间，越事初定，即有倭人串同内地奸商，以银易钱，装运出口，以致各省钱价陡长"。李宗棠：《李宗棠文集·奏议辑览初编》，卷一《御史王鹏运请通饬开办矿务鼓铸银元折》（光绪二十一年），李兴武校点，黄山书社 2016 年版，第 49 页。

③ "近数日间，市面制钱骤形短少，访问邻近各省，大略相同，非有外来匪徒串通奸商源源运出，销毁转售，借渔厚利，断不至此。缺钱之患，到处皆然，人谓由于洋商暗中收买，或在僻地熔化为铜片，由轮船运往外洋。"中国人民银行总行参事室金融史料组编：《中国近代货币史资料》第一辑（下），第 591 页。

④ "闻上海有洋商专购取中国制钱，熔毁提出金银，所余净铜，仍以重价售之内地。而营私牟利之徒，处处私运制钱出口，售与上海洋商……直隶之吴桥、山东之德州等处奸商，由运河载钱至天津，附轮船售往上海，岁计二三千万串之多。"《广东巡抚鹿传霖奏为严禁制钱出口并请开采四川铜矿事》，光绪二十五年二月十二日，录副奏折，档号：03-9535-016。

⑤ 《杭州将军志锐奏为铜元漏厄过巨速宜补救以揽利权事》，宣统二年十月初十日，录副奏折，档号：03-9541-022。

　　　　　　　　　　　　　　　　　清代银钱比价波动研究

钱铺李某，各赏千金，赴白清河买粮，到彼投某粮店解装，尚未议及粮价若何，郭见窗间置邸报，取来翻阅，有某御史一折，言银钱通壅，轩轾不行，请发帑银，以平时价云云。郭心动，私语李曰："买粮，胜负尚未可知，若帑银一出，银价必致暴缩，何不乘人未觉，将此买粮之银，暂且易钱，十天半月，可获倍益，再来买粮未迟。"李亦然之，乃问粮店某粮某价，聊议低昂，即云不合式，束装急奔省垣。定更时，仅能进城，投金泰钱铺，将二千银随行合钱，批帖过账，酒饭毕，请客安寝，盖钱行生意人最机警，金泰号疑此二人来之有因，命将客房加锁，夜间客若呼唤，切莫应声。即着人载四千银，星夜出城，赴定州探听行情。二人睡至半夜，李唤郭曰："郭五哥，你我作此生意，铺中不知邸报之来，先省后郡，倘有与我同心者，亦到定州，如此办法，铺中被诬，我等此宗生意岂不枉作？"郭曰："是也！必须连夜回铺，以防此虞。"即披衣，拔关启门，而门外倒锁，乃大呼"开门！"呼叫多时，如在无人之境，毫无声息。及天明日出，始有人来开锁，放二人出。问何故加锁，答云："铺中犬恶，客如夜出，被噬奈何？"二人不疑，惟急命驾，金泰号再三款留，皇遽辞出脱，驰而回。到铺，金泰号之人尚未行，两家各买二千金……业已成交，无可挽回。此风一播，银价骤减，一二日内，两家赔钱四五百缗，帑银未出，钱价已平，后亦卒未闻发帑之事。二人弄巧成拙，愧叹而已。此可以喻黄雀贪蜻蛉，而不知弋人之谋己，机心机事，伊于胡底。[1]

此中，"白金价高"即银贵钱贱。天宝、兴隆钱铺郭某、李某，原欲去粮店购粮投机，但因"胜负尚未可知"而面临不确定性风险。但

---

① 王棫华著，朱姗整理：《达亭老人遗稿》，凤凰出版社 2017 年版，第 104—105 页。

两人恰巧在粮店见及邸报，言政府欲发放帑银平价。出于作为钱商的敏感性，他们顿觉"若帑银一出，银价必致暴缩"。对比而言，用银买粮，粮价涨跌多不确定，但既然邸报言政府欲平银价，则接下去银价极有可能骤降，钱价相对上涨。此时将银换成钱，待银价跌落时再以钱换银，又或再买粮，可以来回套利。对此，他们急去省城金泰钱铺将随身携带白银换为钱。但金泰钱铺也是同行，如此大额兑换，必引人警觉。是夜，金泰钱铺也派人往定州探听消息，且借故将郭某、李某困住。次日，郭某、李某急回各自钱铺，但金泰钱铺之人已在他们钱铺将四千两银换成铜钱。如是，在既定事实上，两地已有六千两银放出，而投机商买回对应制钱。市面上白银供给增加，铜钱数量减少。同时，"此风一播"，当大家都知市面白银有增加且政府可能发银时，银价便更为下降。虽然此时银价确有下降，但郭某、李某各自投机本金只一千两，但金泰钱铺却在天宝、兴隆钱铺各兑换了二千两，所以来去间，"两家赔钱四五百缗"。更重要的是，基于这种投机和预期影响，政府最后并未放银，但因市面制钱被天宝、兴隆、金泰钱铺兑走收存而使得"钱价已平"。此外，即便实际货币数量没有变动，预期也同样可以对比价造成影响。乾隆三十五年（1770），云南巡抚彰宝曾忧虑滇铜开采不够旺盛，奏请停止各省采买滇铜，并希望令各地采买专员暂行回任。对此，户部严厉驳斥其"仅为滇省鳏鳏过虑，而致各省鼓铸于不问，岂封疆大臣为国实心经画之道"。之所以如此驳斥，户部给出的理由便与预期相关。[①] 各省采办滇铜专员一旦空手而归，虽对当下货币数量不产生影响，但市侩奸商可借此操纵舆论，让民众产生铸局无法铸钱的预期，进而推高钱

---

① "采办滇铜省分，相沿已久，岂得遽行停止，致使供铸无资？而委员等在滇守候多时，一旦令其素手而归，不特往返徒滋耗费，且使市侩奸商，闻知此信，以为滇铜缺少，势必藉口居奇，顿昂钱价，于钱法甚有关系。"《高宗纯皇帝实录》（一一），卷八五七，乾隆三十五年四月甲戌，第482页。

清代银钱比价波动研究

价。由此可见，对于影响比价波动因素的研究，除传统对货币数量和币材金属价值的关注外，还应扩展视野，从当时货币流通的市场实际出发详加考察。

时至晚清，针对钱文的投机出现新情况。由于新式铜元铸造，海运运费相对陆运低廉，部分华商开始利用海运进行国际投机。光绪二十六年，驻韩大臣称韩国原用常平通宝，其钱甚重，故私销甚多，然韩国于近七八年间开铸当十红铜钱，价值低廉，故有中国商人前往贩运投机。[①] 由于晚清多货币行用的市场情况更复杂，且铜元比咸丰当十钱减重有过之而无不及，机制铜元成本既低，海运运费也低，故出现了这种相隔千里的远距离钱文贩运投机活动。这一新情况对于国内一地银钱比价的影响多为"大宗贩运致使市面震动，钱价涨落不定"。[②] 此外，陆运方面还新出现了铁路运输。在铜贵钱贵时，铁路加快了制钱私销速度，进一步抬高钱价。时人形容为"济急之钱文全归于铁车运至天津等处镕化，[奸商] 售铜得利倍蓰。延至奉天、山东、山西、河南各省银价日低，皆由于铁车销钱之所致也"。[③]

（十）其他因素

除以上常见原因外，尚有一些不易归类的因素。

销钱作武器（有别于私销为民用铜器）。战时由于武器缺少，铜钱也会被熔化铸器。据《钦定剿平粤匪方略》记载，"时 [太平军] 铅弹

---

① "现在韩国每一银洋换红铜二百数十枚，近闻有华商私运韩铸红铜入我烟台、上海、盐城、东台一带，与中国新铸当十红铜搀杂混用，每百枚换洋一元，较之在韩二百数十枚，其利倍蓰有余，势将源源而来。"《外务部咨南洋禁止韩钱入口文》（光绪二十九年十月初四日），上海商务印书馆编译所编纂：《大清新法令 1901—1911》第四卷，第 67 页。

② 《财政处咨外务部严禁铜圆出口文》，光绪三十一年十月二十三日，上海商务印书馆编译所编纂：《大清新法令 1901—1911》第四卷，第 71 页。

③ 《翰林院侍读学士济激奏为钱法积弊亟宜设法补救事》，光绪二十四年十二月二十五日，录副奏折，档号：03-9534-115。但该方面的影响，实际并未如折中所说那么严重。见《顺天府府尹胡燏棻奏为遵议翰林院侍读学士济激请变通钱法章程一折事》，光绪二十三年十二月二十三日，录副奏折，档号：03-6684-025。

稀少，至有用铜钱者"。①将铜钱熔化作为金属武器的原材料，会造成铜钱减少而推高钱价，由于战时本身多为银贱钱贵，销钱作器会导致钱价进一步上涨。甲午后，日本军事工业发展亟需铜材，伴随国际铜价上涨，中国的铜钱同样被日商大量收买运回日本镕毁。②

军事、城工临时需用。乾隆二十四年，甘肃因"连年承办军需，钱价未免昂贵"。③时上谕要求由四川协济制钱。④到乾隆二十六年，经甘肃巡抚明德奏称，彼时甘肃钱文"市价大平"，此项拨运才停止。光绪十三年，黄河在郑州下游决口。为抢修工程，当地政府投入大量人力，合并购买物料需求，导致钱文短缺，"钱价腾贵"。⑤光绪三十四年，湖南巡抚请求加铸铜币，因为铁路开工"夫匠工役实繁有徒，小民日趁佣值，必须付给现钱，尤非大宗铜币不足以济工需"。⑥可见，大军过境、工程度支等因素会在短时间内加剧对制钱的需求，从而导致钱贵。

货币行用结构改变。《翁同爵家书系年考》载："［同治八年四月二十三日］银价每两可换钱二千九百余。钱皆半铜半铁，省外则或搭二成铁钱，或搭四成铁钱，故银价多寡不等也。"⑦彼时陕西银钱比价数值2900余，单看数值本身，或会质疑数据是否可靠。然经"钱皆半铜半铁"解释后便可知晓，此时市场因铜钱缺少，已不得不大量搭用铁钱，或以二成、四成、半数搭放。这种混合行钱，自然导致串钱价值下降。

---

① 《钦定剿平粤匪方略》，咸丰元年六月初一日，周天爵等奏。

② 韩祥：《铜元何以占领农村：清末民初华北小额通货的流通与更替》，《历史研究》2020年第4期。

③ 《高宗纯皇帝实录》（八），卷五八〇，乾隆二十四年二月戊午，第402页。

④ "甘肃钱价昂贵，见在大兵凯旋及一应屯田事务并民间日用钱文，在所必需。着于四川省每岁协济钱十二万串，湖广省每岁协济钱八万串，按数分起解甘济用。"《皇朝文献通考》，卷十七，《钱币考五》。

⑤ 《河南巡抚刘树堂奏为银贱钱贵请设官钱局以平市价而便商民事》，光绪二十二年五月二十九日，朱批奏折，档号：04-01-35-1374-032。

⑥ 《湘抚奏请加铸铜圆》，《申报》1908年4月15日第1张第4版。

⑦ 翁同爵著，李红英辑考：《翁同爵家书系年考》，第397页。

如果单论铜制钱，则其比价数值自然应减小；若单论铁钱，其与白银的比价数值还当升高。又，光绪二十四年，京师钱贵甚于他省。时人认为，"查银价之贱，钱根之贵，尤以京师最，南中各省钱根虽缺，而小银元流通无滞，尚足以扶持银价，补救钱荒"。[①] 彼时京师尚未通行辅币银角，出现钱荒，进而造成钱贵。对比外省，外省有铸小银角者，可补制钱不足，缓和钱贵。光绪三十一年，湖广总督张之洞在请求不要限制湖北铜元铸额的奏折中写道："汉口为通商大埠，每年贸易不下数千万，各帮生意出入，皆用钱盘，不用银盘，故汉镇商务需钱独多。"[②] 其中所述虽为铜元需求，但"钱盘"通指铜币，铜元也以一文为基础单位，[③] 故实际仍然表明货币使用以钱为重，会加大铜钱供给压力。贸易使用钱盘而不用银盘，自然会造成"需钱独多"的局面。

皇帝出巡。此以乾隆南巡最为典型。皇帝出巡时，途经各处往往"商贾云集"，是时对小额日用钱文需求便有所增加。乾隆十五年，江浙两省钱局曾因此得以截留运京滇铜，加炉开铸。[④] 乾隆二十一年，皇帝为次年春南巡作预备，直接上谕沿途各省截留铜斤加铸。[⑤] 乾隆四十四年（1779），直隶方面为预备"明春圣驾南巡"，要求南巡所经"各州县各发制钱一千串，临时出卖，以平市价"。[⑥] 同年，为预备南巡

---

① 《驳刘庆芬等铸铜元议》，总理各国事务大臣奕劻折，光绪二十四年十月初二日，《中国近代货币史资料》第一辑（下），第604页。

② 《请勿限湖北铸额》，湖广总督张之洞折，光绪三十一年十一月二十八日，《中国近代货币史资料》第一辑（下），第953页。

③ "中国旧时通用制钱，以制钱一文为货币之单位，各省所铸铜币，当二、当五、当十、当二十皆由制钱一文起算。"《建议整顿银铜元铸造》，考查铜币大臣程璧片，光绪三十三年五月初八日，《中国近代货币史资料》第一辑（下），第935—936页。

④ 《清朝通典》，卷十，《食货十·钱币》。

⑤ "扈从官兵，以及外省接驾人等，辐辏云集，经过地方，钱米价值恐一时或致腾踊。着将运京铜铅，两省各截留十万斤，添炉鼓铸，减价发卖；并将该二省应运本年漕运，各截留五万石，减价平粜，以裕民间食用。"《高宗纯皇帝实录》（七），卷五二三，乾隆二十一年闰九月庚申，第595页。

⑥ 《直隶总督杨景素奏报搭放冬饷钱文事》，乾隆四十四年十一月初三日，朱批奏折，档号：04-01-35-1307-004。

"扈从官兵人等沿途需用钱文"，宝苏局不仅将历年存备余钱尽数搬出，还"添卯加铸"，并"收买炉匠工料钱文"，以备需用。①

两地价差。相邻两地银钱价值不同，在商贸往来时，便会借此调整本地铜钱供需。光绪三十二年（1906），热河都统廷杰奏报："热河地面，自庚子以来，圜法腐败，官钱缺少，银价奇昂，百物亦异常腾贵，商民交困久矣。推原其故，一由于历年禁运粮石不能出境，而银之来路少；一由于口外银值昂于内地，各商进口置货不以银而以钱，而钱之去路多，银钱两荒。私钱乘虚而入，以致银价物价相率奇昂，市面遂大受其影响。"② 这里仅看制钱流动问题。在口外、内地都钱贵的情况下，口外较内地钱价更低（"银值昂于内地"）。故在商贸往来中，口外商人更愿用钱支付向内地购买的商品（"进口置货不以银而以钱"）。这最终造成"钱之去路多，银钱两荒"。此相邻地域不仅包括国内，也包含国际。如朝鲜国使用叶钱时，其国内也有特定的"银钱比价"。此比价与邻近的中国地方银钱比价存在差异。在高宗李熙革罢清钱以前，以白银套利运输清钱回朝鲜，去除运费，最高可有五六倍利润。这一情况也导致一定量的制钱流入朝鲜。③

经赏赐及贸易流入外国。雍正七年，广东巡抚傅泰曾请旨"暹罗国进贡方物，并请采买京弓、铜钱"是否可行。雍正帝旨意"暹罗国远隔重洋，输诚向化，恭顺修职，历有年所，其所请采买物件，着行令该抚采买赏给，以示朕嘉惠远人之意"。④ 在国内铜钱尚不敷用的情况下，

---

① 《两江总督萨载奏报江苏差务钱文足用无须另行筹备事》，乾隆四十四年九月十五日，朱批奏折，档号：04-01-35-1305-031。

② 《热河都统廷杰奏报整顿钱法并设立官银号事》，光绪三十二年十月二十一日，朱批奏折，档号：04-01-35-1377-060。

③ 王元周：《朝鲜的清钱通用与革罢：宗藩体制下市场的整体性及其局限》，《南国学术》2020年第1期。

④ 《世宗宪皇帝实录》（二），卷八八，雍正七年十一月，《清实录》，中华书局1985年版，第189页。

又有铜钱流出，对当时钱贵或有一定影响。而从考古发现来看，清代铜钱外流出国，最远可达非洲、澳洲。[1] 但因为铜钱不便长途运载，故从此途径流出的钱文数额占国内铜钱总存量的比例不会很大，相应对比价影响也很有限。

窖藏。在铜价上涨时，实值高于面值的制钱一方面会被私销，另一方面也会被窖藏起来保值。虽然相较白银，串钱价格低、重量重，但相对于大钱、铜元等虚币，又有保值功能。特别是农村地区，日用多为制钱，这些地方存在大量制钱窖藏，使得这部分钱文暂时退出流通，一定程度上减少了流通中的制钱数量。据民国时期日本人的调查，在华北农村，窖藏钱文以百万吊计的便不在少数，而在 3 万—20 万吊规模的更是普遍。[2]

第二节　比价形成的市场过程

由以上论述可知，影响银钱比价的因素众多且复杂。外在的有货币制度及政策、宏观金融环境，直接相关的是银钱各自价值变动。影响制钱价值者，不仅包括铸币供需数量，而且包括铸币质量好坏、币材价格（主要是铜价）高低。任一具体影响因素，因所处时间、地点不同，产生的作用大小也不同（有"不可预期的变化"性），故不会因为出现某一因素，就一定导致比价向某方向变动（相关变量不是先天给定的）；

---

① 鲍展斌：《"海上丝绸之路"与中外货币文化交流》，中华书局 2020 年版，第 72—73 页。

② 「支那制錢輸出問題に關する陳情書」（1916 年 6 月 6 日），アジア歴史資料センター，Ref. B10073699100、制錢輸出問題ニ関スル件（B—3—1—6—6_1），第 529 頁。转引自韩祥：《铜元何以占领农村：清末民初华北小额通货的流通与更替》，《历史研究》2020 年第 4 期。

同样，也不能因为比价数值稳定，就逆推影响比价的诸因素没有变化——有可能是相对的作用相互抵消。[①] 各种因素或直接，或间接，甚至相互联系纠缠着影响比价波动，所以一地任一时间点上的银钱（乃至各种货币）比价实际是随机的，只在长期上有一定趋势。

一、市场过程

按字面意理解，银钱比价是在货币交易市场中逐渐形成的，其形成过程，便是动态的市场过程。在奥地利经济学派那里，这一概念被用来反对一般均衡论，他们将市场过程看作是"系统性的、相互协调的一系列计划修正"，而非"产生市场均衡状态的一组相互协调的价格、质量和数量"。[②] 他们亦将该过程描述成一个"没有终结的对来自交换的共同收益机会的企业家发现过程"。[③] 可以想见，在银钱比价的最终市价形成前后，各影响因素不过是趋于动态均衡，在总均衡没有达到前，任何影响因素发生变化，原有预期就会再次被调整。因此，银钱市价并不会形成稳定甚至固定比率（"总有预料不到的事情发生"[④]）。

为更直观地理解，我们可先从制钱供给入手，从制钱铸造的成本

---

① 正如王宏斌所言，"表面的稳定，恰恰是背后的不稳定因素相互作用的结果"。王宏斌：《清代价值尺度：货币比价研究》，第 70 页。

② ［美］伊斯雷尔·科兹纳：《均衡与市场过程》，［美］埃德温·多兰主编：《现代奥地利学派经济学的基础》，王文玉译，浙江大学出版社 2008 年版，第 105 页。

③ 冯兴元：《市场过程与企业家发现的价值——柯兹纳〈市场过程的含义〉译校序》，《民主与科学》2012 年第 5 期；［丹］尼古莱·J. 福斯：《市场过程理论与新制度经济学》、《不同的价格理论：正统的、奥地利学派的与演化的》，《奥地利学派与现代经济学》，朱海就等译，中国社会科学出版社 2013 年版，第 109—164 页。

④ ［德］路德维希·拉赫曼：《论奥地利学派经济学的核心概念：市场过程》，《现代奥地利学派经济学的基础》，第 114 页。

清代银钱比价波动研究

价、批发价和零售价的形成来看铜钱从铸造到流入市场的价格变动规律。①

乾隆十六年，闽浙总督喀尔吉善等称，"本年五月间，省城钱价，库平银每两仅易钱八百一二十文，较常时短至三四十文。将节年积存局钱二万二千余串内，酌拨数千串平价出易。照折中价值，每库平一两，换给局钱八百五十文；发给钱铺，每两扣辛工钱十文，以八百四十文出易，易银归入司库钱本项。"② 此中，官定比价数值为850，发卖钱铺比价840，市场比价815，从官价到批发价再到市价，比价数值逐渐减小。对于这种现象，我们可以理解为是钱文流通过程中成本不断增加、商人零售牟利的结果。乾隆二十六年，江西宝昌局鼓铸题本载："每钱一串合工本银一两二分四厘……内搭放兵饷……每钱一串作银一两……官局兑换……每钱一串易银一两一钱六分二厘零。"③ 此中工本比价977，官卖861，照此计算，官方每铸钱一串发卖即有13.5%（977/861-1）的利润。由于铸局采买滇铜多以官价收购，故以滇铜为主要铜材铸造的制钱，其成本往往较低，并由此形成较高的工本比价数值（即花费一两银成本可以铸出的制钱数量）。又如乾隆三十七年（1772），江西巡抚海明奏报："嗣因市钱价愈平减，每银一两换至九百八九十文。商民因市钱价贱，均兑市钱，以致官钱不能销售……将官钱照市卖价值每银一两换钱九百九十文，较之成本每钱一千需银九钱六分零，尚余银四分有零。"此中，由于钱价平减，市价低于官价，所以官钱一度不能销售。

① 基于第一章的解释，钱价、银价、银钱比价数值可以相互换算，故在此只言钱价，同样可知银钱比价。

② 《高宗纯皇帝实录》(六)，卷三九三，乾隆十六年六月甲子，第167页。

③ 《大学士兼管户部事务傅恒题为遵旨察核江西省宝昌局乾隆二十六年铸钱用过铜铅斤数所获余息等项银两数目事》，乾隆二十九年四月二十五日，户科题本，档号：02-01-04-15656-006。

但是比较成本，官钱即便是减价以市价销售，依然有利润。① 乾隆十七年，云南巡抚爱必达曾言，东川府铸局以工本计算，每银一两可铸钱2097文。若按 1200 比价数值搭放当地兵饷，则其间利润可达 74.8%（2097/1200-1）。② 故爱必达请求，云南铸钱成本当先于币材积存银内借用，而后以所得息银还清借款，再"以息作本"，循环运作。故在官铸钱文正式流入市场以前，钱的价格主要由生产成本决定。如此，理解下面这则材料便更容易：

> ［闽省］应请专办滇铜二十万斤，外白铅一十四万八千斤，黑铅四万斤，点铜一万二千斤，共成四十万斤。除折耗外，约可铸钱四万八千五百三十三千三百余文。现在每银一两只可换钱八百一十文，若办铜鼓铸，每工本一两约可得钱八百八十文有零。将来铸成钱文，或作八六、八七易换，较之时价每银一两已可多换钱五六十文，价值平减，兵民用度自必宽裕……查滇省之广南府与粤西接壤，由粤西水路以至粤东可以直达闽省，较之江浙道路更属捷近。今查滇省附近广南之开化府有者囊一厂，所处铜斤节年俱系发运临局供铸，应请将临局铜斤暂于别厂筹发，闽省所买铜二十万斤即以者囊厂铜卖给，由广南剥隘发运。但查广南一路现有乾隆四年西局铸出京钱三十四万余串，陆续运送尚需一年始得运竣，牛马现在不敷。且闽省原有洋铜可买，并非全资滇铜，闽省所买铜二十万斤应分作两年办运。查自厂至剥隘虽有小路可通，但在万山之中，道路

---

① 该利润高低由铸钱总成本决定，铸钱总成本又与所铸钱文重量、内在含铜量、铜材采买价格、耗损、人工费用等都有关系，即便是同一个铸局同一年内也可能发生变动。

② "每年需工本银十万六千八百两零，共铸出本息钱二十二万四千余串，除去物料、工食之费，余钱搭放铜铅价脚等用，每银一两，照兵饷例，给钱一千二百文，除还工本外，每年可获息银四万三千余两。所需工本，于积存铜锡银内借动，约二年半归还，嗣后以息作本。"《高宗纯皇帝实录》（六），卷四一四，乾隆十七年五月甲子，第 417 页。

崎岖且夏秋烟瘴甚盛，脚户闻风畏避，应由开化广南大路运送……照运京铜事例，每百斤每站给运脚银一钱四分四厘，计铜十万斤该脚银二千五百九十二两，自厂发运，令管厂之文山县承办雇脚运至剥隘，剥隘地方有广南府所设税所，应令广南府查明称收存贮。俟闽省委员将铜价解滇兑收道库，檄行称交办员领运回闽，所有铜价应照卖给各省铜斤之例定价十一两解交。至发运铜斤沿途不无撞磕折耗，应照带运浙省事例每百斤带余铜一斤……倘别省复有援闽省之例请买者，断不能再为筹办。[①]

彼时福建银钱市价数值为 810，按成本估算，工本银一两可铸钱 880 文，即便减价以 860—870 文/两售卖，官方也无亏损，依然可取得铸息，且有助于平抑市价，一举多得。[②] 宝福局之所以能以低成本铸钱的原因即是大量采买滇铜。对比运铜道路便捷程度及运费，由广西水路至广东入闽，比从江浙陆运更有优势。[③] 而且，闽省采买滇铜的价格，并非市场铜价，而是官定 11 两/百斤的例价。这都有利于降低官局铸钱成本，且最后体现在核算上是"每工本一两约可得钱八百八十文有零"，比价数值较市场时价高出 70。但是，铸钱的实际工本计算，非常复杂，需结合铜、铅、锌币材价格，运输费用，折耗，铸局工匠人工费用等综合确定。而仅仅铜材一项，又由滇铜、洋铜、汉（口）铜（也

---

① 《题为遵旨议奏闽省鼓铸钱文奏请采买滇铜事》，乾隆五年九月二十四日，户科题本，档号：02-01-04-13260-004。

② 对于官卖市价几何，官方会有一定计算。如乾隆二十六年十月，针对湖北巡抚冯钤奏请将多铸钱文"于衡州、常德二府，暨长沙府属之湘乡县，设局易换。每钱一串，易银一两一钱六分"一事，高宗皇帝回复"前此加饷，原为兴修城垣而设，今既减价，其于成本有无亏缺？或尚有余利，足敷城垣工程之用与否？且现今市值，较乾隆十一年渐减，通核鼓铸成本，余息尚有若干，该抚现筹分别属易价，该处钱法谅已流通。或将湖南所有余钱，就便从粮艘搭运至京，是否尚可平减市价，以资利用？亦裒多益寡之一法。着传谕冯钤，令其详悉酌筹，一并具奏"。《高宗纯皇帝实录》（九），卷六四七，乾隆二十六年十月己丑，第 242 页。

③ 文中"江浙道路"可能指的只是绕道湘鄂赣。福建采买滇铜的运输路线，详见马琦：《国家资源：清代滇铜黔铅开发研究》，人民出版社 2013 年版，第 333—334、336 页。

叫商铜、市铜）等组成（一个嘉庆年间各铸局不同种类用铜占比可见下图76)①，且铜色复有高低分别。

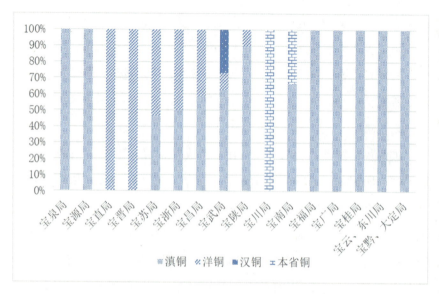

图76　嘉庆年间各铸局用铜种类及占比

商铜自有其自由市场价格，而多数滇铜采办则有官定价格，此例价铜价往往低于正常市价。② 所以，铸钱工本价在各省各年也并无一定，

---

① 诸种铜材间具有可替代性，铸局会根据实际情况调整币材组成，故铸局本身工本也在浮动。比如康熙五十四、五十五年（1715、1716），赴日贸易船只因长期通商照票被没收，导致国内洋铜缺乏，为此京局不得不收买废旧铜器暂行鼓铸。参见刘序枫：《清康熙—乾隆年间洋铜的进口与流通问题》，汤熙勇主编：《中国海洋发展史论文集》第七辑，第111页。图据该文表7数据绘制，见原文第117页。总体上，以乾隆朝为例，户工二局、云贵钱局、广东钱局全用滇铜鼓铸；四川、湖南、广西用本省铜鼓铸；江苏、江西、浙江、福建以洋铜、滇铜配铸；湖北以滇铜、洋铜、汉铜配铸；山西、直隶以洋铜为主。详见王德泰：《清代前期钱币制度形态研究》，第163页。

② 光绪时，宝川局在铸钱时即有此遭遇："官价每铜百斤给银六七八两不等，承平时官价、商价相去不远，军兴后每铜百斤商价加至十八九两，官价仍循旧例。虽迭次请增，尚不及商价之半。"《四川总督刘秉璋奏为宝川局铸钱请敕部免扣平搭票事》，光绪十七年七月二十七日，朱批奏折，档号：04-01-36-0107-050。

　　　　　　　　　　　　　　　　　　　　　　清代银钱比价波动研究

时人谓为"各直省银价贵贱不同，科合铜本，分两不能画一"①。最终体现在银钱比价上便是，官局成本比价或高于市价比价，或低于市价比价。上则材料中，宝福局的估算即低于市价，因此官方愿意铸钱、发卖。若工本过高，则官局会以各种理由奏请停铸，并不再发卖钱文，剩余库存会通过按例价搭放流入市场。

现在，我们来看"市场过程"中的"市场"②一词。由于制钱的铸造由中央及各地铸局完成，而铜材特别是滇铜价格又具管控性质，③所以该阶段的市场其实是一种"国家财政市场"④，经济特性类似希克斯所言的指令型。⑤当制钱铸毕，经各渠道流入民生日用领域，此时的银钱兑价市场才接近一般意义上的自发调节"市场"。又由于具体钱价皆是一地一时间点上的，故最终的钱价市场必然要落实到实体地方市场。⑥地方市场呈现并决定最终在地银钱比价。对于比价在各地方市场上具体如何形成，现还缺乏深入研究。但就已有资料看，牙行经纪、地

---

① 钟大焜：《拟请改铸轻钱议》，盛康辑：《皇朝经世文续编》，卷五十九，《户政三十一·钱币中》。

② 就"市场"含义来说，"它可以是人群聚集的物品或商品的实体或虚拟交易场所，可以是某商品的实际销售地区和人群，还可以是抽象的连接众多交易地点的交易体系。而最为普及的市场概念，则指以价格导向引导资源配置的经济运行方式，即市场经济"。（黄国信：《国家与市场：明清食盐贸易研究》，中华书局2019年版，第35页）本书在论述时，以上几种含义均有出现，需视具体史料、语境而定。其他对"市场"概念和实际运用的解释还可参见邓亦兵：《清代前期政府与北京粮食市场研究》，第11—12页；[英]杰弗里·霍奇森：《资本主义的本质：制度、演化和未来》，张林译，格致出版社／上海三联书店／上海人民出版社2019年版，第118—124页。

③ 从《云南运铜条例》来看，铜矿采买运输更具徭役征发性质。杨端六：《清代货币金融史稿》，第29页。

④ 程念祺：《中国古代经济史中的几个问题》，《国家力量与中国经济的历史变迁》，新星出版社2006年版，第46—47页。

⑤ [英]约翰·希克斯：《经济史理论》，厉以平译，商务印书馆1987年版，第20—23页。当然，根据刘志伟的看法，贡赋体制下的市场运行，也不单纯依靠指令，而是在体制内包含了市场机制。参见刘志伟：《贡赋体制与市场——明清社会经济史论稿》，中华书局2019年版，第4页。

⑥ 进行货币交易的"市场"是作为场地概念存在的，而形成货币价格的市场是作为价格形成体系概念存在的。两种概念对比，参见[日]山口重克主编：《市场经济：历史·思想·现在》，张季风等译，社会科学文献出版社2007年版，第19页。

方行市起到关键作用。① 比如嘉庆十五年（1810），福建的土地交易文书中便已出现牌价：

> 立借约人蔡门赵氏，承关建置有苗田，坐落土名朴仔脚，大小丘数不等，受种子乙斗，东、西四至各明白为界。今因要银使用，自情愿将田为胎，托中引就借过达斋公佛面银捌大员，照牌价的钱伍千玖百四十四文，又找钱五十陆文，即日凭中交完……此系二比甘愿，各无反悔。其银限不拖年数，备钱乙足送还，取出约字，不得刁难。今欲有凭，立借约字乙纸，付批为照。
> 即日实收过约内钱共陆千文，再照。②

这里的"牌价"就是当地行市银钱兑换价。借钱者原借佛银，现按牌价算成钱，实际交易也是用钱。③ 可见一地银钱兑换价格有其行市，且行市价格通行一地，为其他涉及银钱兑换的领域所共用。又如晋西北归化城银钱交易行市，向例在市口进行。每日清晨，钱行商贩集中于特定地区，银钱交易以现行行市，逐日报告官厅备查。这便是当地钱

---

① 此和伦敦金价的决定类似。从 1919 年至今，伦敦金价便由金商聚集于洛希尔公司"黄金屋"，在当地时间上午十点半和下午三点给出开盘、收盘金价。

② 《嘉庆十五年九月蔡门赵氏立借约》（第 434 件），《中国社会经济史研究》1990 年增刊《闽南契约文书综录》，第 127 页。

③ 宁波市场上最早的兑换率也由设在糖行街的大同南货店挂牌确定，以此为标准，各商店执行，钱庄也以此为当日的兑换标准。陈铨亚：《中国本土商业银行的截面：宁波钱庄》，第 106 页。在盛京，则有"水牌"记录时价。如"所出银元随各城银价涨落，如市平银每两值东钱十千，银元合市平跟七四分三，计定价七千三百四十文，仍按照每月初一、十六日银行酌定价值，各该地方官出示晓谕，并传知大小铺户均于铺面悬挂水牌开明价值，半月一换，俾众知有定价，便于行用等情"（《设机器制造等局先铸银元定价行使》，盛京将军依克唐阿折，光绪二十三年，《中国近代货币史资料》第一辑（下），第 688 页）。

市。① 宁波钱业公会在乾隆早中期就已存在，设址滨江庙，每日开市前由大同行钱庄确定货币兑换行情。彼时参与买卖的钱庄互相报价，然后"由司年主持，按钱业规则，确定当日的兑换价"，"其价格确定类似于今天的集合竞价法"。② 湖南长沙钱业公会设于"财神殿"，在乾嘉间便已存在，凡同业买卖，皆在会所商议行市。③ 咸丰四年，官方曾奏准京师银钱兑换以钱市为总汇，言"向来银钱交易均由牙行经纪逐日定价"。④ 还如光绪晚期，"苏属民间应完本年折色漕粮，柜收洋价早经苏抚通饬，照各地典当洋价一律"⑤。涉及官方折色漕粮的银钱兑价，同样采用各地典当行洋价，此兑换比价也由当地当商给出。光绪三十二年，苏州《银楼业安怀公所议定简章十则》记录，"银串涨落，统归一致，随时凭众酌定平价，由公所派单布告，不得歧异"⑥，也说明当地

---

① 参见孔祥毅：《把钱币研究与社会经济史研究结合起来——兼谈沙钱、农民、官府和行会》，《孔祥毅文集》（六），第 222 页。当地钱商行社组织名"宝丰社"。

② "钱庄相互之间进行买卖，需要买入制钱的钱庄，和愿意卖出的钱庄在一起评盘，各自报价和买入卖出数量，然后由司年主持，按钱业规则，确定当日的兑换价。其价格确定类似于今天的集合竞价法。"宁波钱庄由大同行钱庄，小同行钱庄，兑换钱庄，钱摊组成。只有大同行钱庄有定价权，其资本雄厚，业务量大，更可称为是本土商业银行。陈铨亚：《中国本土商业银行的截面：宁波钱庄》，第 57—58、107 页。

③ 行市决定办法可于民初铜元价格商议举例中窥知一二：每日上午九时左右，已入公会各钱庄，即派人赴钱业公会，大都皆为跑同行街者，有时经理亦亲自出席，到后并不举行会议形式，亦不必俟各庄到齐再议，买者卖者即纷纷开始交易，交易最初之步骤为"议数"，"议数"者，货币买卖之数量，由供需两方先自议定之谓，举铜元为例，需买铜元者，当场高呼谓需收买铜元若干串，有愿出卖铜元者即就而商定，某庄卖与若干，某庄亦卖与若干，于是互定买卖之数目，此为议数之手续。数目既定，乃开始"议价"，买卖双方在议数之时，或即已议定价格，或仅说明随行市，预定价格者行市开出后，不得变更，随行市者则仅负随行市交割一定数目之责。"议数""议价"之手续既毕，市场之供需情形，已可概见。乃由某项货币买卖最多者，出而至黑板上写明某项货币本日价格若干，并高呼今日某种行市为若干，如全场默认，此即为最后行市，如有人出而阻止，谓今日之行市不应如此，须仍加减若干，双方即起争执，俟无争执之行市开出，始得为最后行市。《湖南之金融》，曾赛丰、曹友鹏编：《湖南民国经济史料选刊》（一），第 336—338 页。

④ 《清会典事例》（三），卷二百二十《户部六九·钱法》，第 580 页。

⑤ 《华娄青三县洋价漕柜抑勒洋价》，《申报》1906 年 1 月 15 日第 2 版。

⑥ 《银楼业安怀公所议定简章十则》，光绪三十二年，彭泽益选编：《清代工商行业碑文集粹》，中州古籍出版社 1997 年版，第 117 页。

银楼业通行的货币牌价是由行业公所议定并派单布告的。孟天培和甘博对清末民初北京货币市场的调查同样显示，当时铜元价格以前门外珠宝市每日所定行市价格为准，且同一时间，北京各处行市有所不同。[①] 如此看来，下面材料中的行市也可能只是大城市中的其中一种行市（可能为最通行者）：

阜通东号呈报

京师银钱行市：

京平足银每两易铜元一百六十一枚半；洋钱每元一百十七枚。

天津银钱行市：

公砝宝银一两合京平一两零二四，易铜元一百八十一枚；洋钱每元易铜元一百二十八枚。

上海银钱行市：

规银一两合京平五钱八分，易铜元一百五十八枚半；洋钱每元易铜元一百十五枚半。

汉口银钱行市：

估银一两与京平相同，易铜元一百五十九枚半；洋钱每元易铜元一百十三枚。[②]

既然存在行市，则行市价格也必定要被逐日记录。这种记录便是"钱价单""钱市行情"[③]。比如下面的宣统三年七月二十八日天津银钱比价单：

---

① 孟天培、甘博著，李景汉译：《二十五年来北京之物价工资及生活程度》。
② 天津市档案馆等编：《天津商会档案汇编（1903—1911）》，第488页。
③ 可与官方钱粮价单对比，有关两者有何关系、是否存在承袭等问题，尚待研究。

　　　　　　　　　　　　　　　　　　清代银钱比价波动研究

欲由造币厂领钱价

（洋一元）换铜子一百三十个

（洋一元作银）七钱一分一厘七毫五丝

作老钱一千八百二十六文零四八二八六

每两行平银价三千六百五十三文，合津满钱数。

合街市九七六钱，公砝平银价三千七百二十四文。

七月二十八日刘大爷开

洋一元换铜子一百三十个，以公砝平并九七六钱计之，每两得钱盘三千七百二十四文。[①]

明确显示了洋—铜元、洋—银、洋—津钱比价。具体到钱，又有津满钱、街市钱的区别。生银亦有行平、工砝平的平砝区分。而在金融市场发达的地方，甚至可由行市决定日内各时段比价波动的数值，并将此提供给相关商铺参考。比如下面这张行情单（如图77）：

---

① 天津市档案馆等编：《天津商会档案汇编（1903—1911）》，津商会三类 2572 号卷，第 531 页。

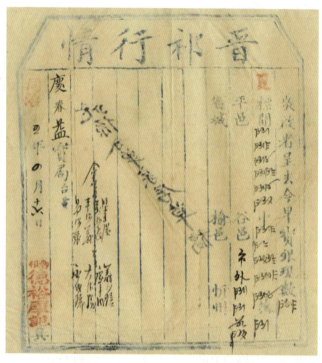

图77　同治五年四月十六日晋祁银钱行情单

资料来源：中国钱币学会常务理事、山西钱币学会秘书长刘建民先生原藏（山西大学历史系孟伟教授提供）。

说明：类似行情单还有很多，但清代的多已散佚或被拆分打乱。更多资料可见刘建民主编：《晋商史料集成》，商务印书馆 2018 年版，第 75 册内相关行情单。此类行情单，曾在曹树基教授所开讨论班及孟伟教授所建讨论组中研究讨论过。

　　此为夏标标期内某日祁县宝银兑钱数额单。[①] 开、中、落银钱兑换数值及市外数值皆在祁县定出，省城、平遥、榆次、太谷、忻州等地行市未填。开市（银钱兑换率）1371，闭市 1371，中间数字如从右往左第二列倒数第二行丨三十〇〇表示价格区间 ［1370，1375］。由此可

---

　　① 标期是晋商商贸往来中货物货款结算的特定时间，按季节划分有春夏秋冬四季季标。在货币收付款、转账清算中，有时需银钱折算，因而出现密集资金流转下的短时银钱兑换率波动行情。相关基本概念详见孔祥毅：《镖局、标期、标利与中国北方社会信用》，《金融研究》2004 年第 1 期。

知，该日银钱兑价数值最高值为 1378，最低值为 1364。由于资料所限，暂不知开、闭市的具体时间及调查记录价格的办法。但显然，同治时期晋中地区已形成发达的货币行市，其高低价及最值计价标识与今天在岸人民币即期汇率行市类似。

从各类银钱比价形成的时间先后、逻辑顺序看，比价的形成，天然勾连着国家管控与一定程度的自由市场两方。如将此价格形成过程前后连贯看待，用包含了生产者和消费者的"市场"机制去表达，则该"市场"便是一根植于传统中国经济社会管理经验、嵌入于清代特定时代背景和社会关系的产物。它反映了市场个体和国家"独特的政治—文化建构方式"，"市场的建立意味着就产权、治理结构、控制观和交易规则等问题所达成的社会解决方案"。[1] 形成银钱比价的"市场"，既不是由国家完全控制的计划市场，也不是纯粹的自由竞争市场，对这种"市场"及其价格表达的理解，必须被放入清代独特的货币制度、货币管理文化观念、货币具体流通过程中体会。而清代，在政府有正常铸币能力下的比价变化过程和制钱流通过程，以及过程涉及的"市场"属性便可用下图（图 78）所示：

① ［美］尼尔·弗雷格斯坦：《市场的结构：21 世纪资本主义社会的经济社会学》，甄志宏译，上海人民出版社 2008 年版，第 92 页。

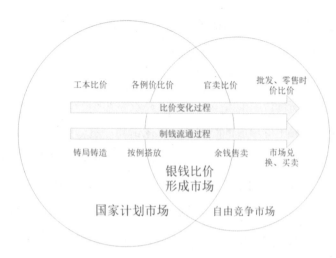

图 78 各 "比价" 形成的市场性质 1

在滇铜开采（滇铜产量见下图 79）、运输通畅，铜政运作良好，其他矿政运行正常的情况下，[①] 铜铸币先在国家计划市场领域被生产出，在成本核算基础上形成 "工本比价"。[②] 在 "工本比价" 之后，紧接着出现的便是 "各例价比价"。依各省、各时段铸局铸币工本不同，具体例价比价也有变化，但总体上是例价比价数值小于工本比价数值，如此方能形成 "余息"（铸币税）。在按例价比价按成搭放兵饷、俸禄、养廉、役食等项，并扣还成本后，官方会在市场钱价高昂时将余钱发卖市场，即所谓 "发商易银，籍资民用"[③] 此时，官卖比价数值往往低于

---

① 严格来说还应该考察一下日本洋铜输入量。但在滇铜开采旺盛后，日本铜占全国鼓铸的份额只有大约百分之十几，输入量也较少，故重要性已经不高。详见刘序枫：《清康熙—乾隆年间洋铜的进口与流通问题》，汤熙勇主编：《中国海洋发展史论文集》第七辑；董英芝：《顺治至乾隆时期的日铜贸易》，硕士学位论文，东北师范大学历史文化学院，2014 年；山协悌二郎『長崎の唐人貿易』，吉川弘文館，1964 年。

② 工本比价和市价之差，主要是铜钱价值与市场价格之差。差价来源是铸币官铜较自由市场铜价低廉。清廷对云南铜矿直接垄断的利润是 "铜息"，而 "铸息" 则是铜矿垄断利润向铸钱利润的转移（王德泰：《清代云南铜矿垄断经营利润的考察》，《清史研究》2012 年第 3 期）。

③ 《德宗景皇帝实录》（四），卷二四一，光绪十三年四月壬戌，第 246 页。

例价比价数值，由此形成二次铸币利润。在制钱流入市场后，其终端在地价便是以往研究最为关注的银钱时价。

以上各类别"比价"形成的过程，与官方铜钱铸造，按例搭放奉饷，工程建设用项，余钱售卖，日常市场兑换、买卖的制钱流通过程相匹配。各类型比价具有内在联系，其形成过程贯穿国家计划市场与一定程度的自由竞争市场两端，但以国家计划市场影响为大。正因如此，国家对银钱市兑价的形成干预、调节才有一定效果。如加入价格形成的价值论、数量论讨论，则更易看出此两者非截然对立。在国家计划市场领域，钱价形成受币材成本影响更大。币材核心为铜，铜材具体成本，要依用铜配比、官收铜价、运脚等不同因素综合考量；而在自由竞争市场领域，钱价受直接的货币供需数量影响更大。王业键教授在论述银元价格问题时曾指出，"各地消费者对于各种银元有不同偏好，它们的交换价值随供需状况而变动，可能和含银量脱离关系"。[1] 以此观照铜钱市价，亦能显示数量论对银钱具体市场兑换价格形成的解释力。[2]

咸丰以后，由于滇铜基本不能再大量提供以铸币，铸币铜、锌多采买自外洋。[3] 国际市场上币材价格波动，既可直接影响国内已铸铜币的内在价值，也可先影响国内铸币数量，再通过铸币供需量影响银钱比价。对比 1888 年以后的进口铜价可以发现，紫铜价格上涨与银钱比价数值总体降低（即银贱钱贵）具有紧密联系。[4] 但该时期银钱比价的形

---

① 王业键：《中国近代货币与银行的演进（1664—1937）》，《清代经济史论文集（一）》，第 215 页。

② 当然，这里也不否定市场铜价波动可以直接影响已铸造铜钱的价值。这是由金属铸币本身的特性决定的。

③ 1870 年后，云南产铜量下降，从此前的每年 1000 万斤下降到 1890 年的 50 万斤，1890 年后又增至每年 100 万斤。而 1875 年后进口铜每年约 100 万斤，1887 年达 600 万斤，19 世纪 90 年代为年均 350 万斤以上。参见管汉晖：《浮动本位兑换、双重汇率与中国经济：1870—1900》，《经济研究》2008 年第 8 期。

④ 王宏斌：《清代价值尺度：货币比价研究》，第 548—555 页。

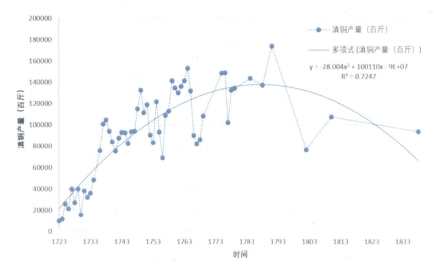

图 79　滇铜产量（1723—1838）

　　说明：此为在滇铜存余奏销清册记录办铜量基础上的滇铜产量估算，相关分析见马琦：《国家资源：清代滇铜黔铅开发研究》，第 116—119 页；马琦、凌永忠、彭洪俊：《东川铜矿开发史》，第 228—241 页。图中数据亦根据此研究得出。虚线为各年份间的连接线，实线为二阶多项式拟合曲线。

成、传导过程，又必须从金银比价说起。自 1882 至 1902 年，国际银价相对于金价下跌了 49.7%。[1] 金贵银贱，导致中国用银进口铜、锌币材的成本增加，铸局因之不能多铸。此即"银贱之故，由于金贵……滇铜不足，多购洋铜，价亦多涨，不能鼓铸"[2]，或谓"银贱钱贵，断由镑价日昂之故"[3]。如此，铜钱供给减少，且伴有私销行为，钱价便不断增昂。如时人记载，"湖北省前因钱少价昂，商民交受其困，经本任督臣张之洞奏明，设局鼓铸制钱以济民困。旋因铜铅价值增高，成本过

　　① 杨端六：《清代货币金融史稿》，第 211 页。
　　②《请铸银元及铸机制钱以救钱荒》，顺天府尹胡燏棻折，光绪二十三年十二月二十三日，《中国近代货币史资料》第一辑（下），第 554 页。
　　③《主事鼓谷孙为钱法日敝拟请变通成法恩请奏闻事呈文》，光绪二十四年八月初五日，录副呈文，档号：03-9534-074。

清代银钱比价波动研究

重，亏耗甚巨，复经奏准，暂停铸造。近来银价愈贱，钱价愈昂，市肆各钱店乘机多出钱票，动辄亏折倒闭，商民受害日深。至官铸之银元本为辅助制钱而设，乃民间持向钱店易钱，又每为奸商所抑勒，以致钱价日涨一日，终不能平"①。"钱价日涨一日"的市场过程表现，即铜贵→铸本过重→停铸→铜钱供不应求→钱贵→投机、发行钱票→实钱更贵、虚票更贱。彼时铜价增昂与钱价上升具有密切联系。一定程度上，由铜价上涨导致的钱价上升可称为成本推动型上涨。同理，如对铜钱的需求持续旺盛，此时的钱价上涨可称为需求拉动型上涨。成本推动与需求引致皆有，则为混合型上涨。不论何种，钱价的上涨都应被放置在货币的市场流通过程中解释。上涨如此，下跌亦是。当然，钱价形成的实际过程要更为复杂。虽然钱价由铸币成本、金属铜的市场变动价、铸币数量综合决定，但人为干预定价同样有影响。光绪二十九年十二月二十八日《申报》载，"自大吏开设裕宁官钱局后，执事者志在渔利，故将铜元价值任意高抬，钱价因之有增无减。虽经前藩司李芗垣方伯禀奉两江总督魏午庄制军出示，定价每洋银一元换钱九百文，不准减少，只准加增。而局中兑换洋银每元仅换铜元八十三四枚，合足制钱八百三四十文。钱业奸侩有所借口，洋银市价遂只换九八制钱八百一二十文"。② 在成本价基础上，裕宁官钱局为渔利而抬高钱价，以致当地钱商也以此为借口，抬高铜钱市价，最终导致银钱比价数值减少。

在滇铜供给不足，铸局铸钱需大量采用洋铜，乃至因铸币总成本过高而停铸时，各类银钱比价形成的市场性质也在发生改变。为方便对比论述，现假设国家已不能依赖滇铜供给铸币，铸局采用洋铜铸币，但因

① 《兼湖督端奏扩充铸造挽回圜法片》，《申报》1903 年 7 月 25 日第 14 版。

② 《请平钱价》，《申报》1904 年 2 月 13 日第 3 版。

成本高昂而亏损，并停铸。[1] 如此，则原有比价种类只剩下政府例价比价和市场时价比价，对应制钱流通过程也只剩少量的府库余钱搭放，主导银钱时价的是民间交易行为、私人货币供给（私铸及信用派生）。相应示意图（图80）如下：

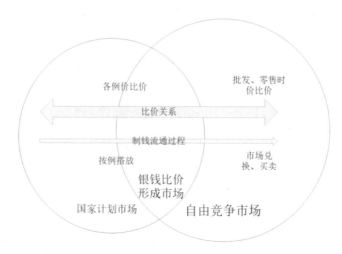

图80　各"比价"形成的市场性质2

在银两大体不为政府掌控，而政府对铜铸币掌控力又减弱的情况下，银钱比价原有的"工本比价→例价比价→官卖比价→批发、零售时价比价"[2] 逐层传递的价格形成路径遭到破坏，各例价比价反多需参照银钱时价而做变更，原有的单向传导过程变为双向影响。由于国家铸币流入市场越来越少，市场便需自我创生私人货币以满足商贸交易需求。

---

① 此即钟大焜言："国初部定铜价银价钱价章程，尚留钱息地步，盖当初采办滇铜，每铜百斤只给民价之半，故尚不至亏折。以后则横渐加增，由八九两至十三四两，浸至难敷工本。故近来各省均行停铸。"钟大焜：《拟请改铸轻钱议》，盛康辑：《皇朝经世文续编》，卷五十九，《户政三十一·钱币中》。

② 当然，这也不是绝对的，混乱情况下会出现时价比价高于工本比价的情况。如"时价每银一两换钱二串八百文不等，而开炉鼓铸每银一两反止铸二串二文，殊亏工本"。倪模：《古今钱略》（上），卷首，第39页。类似情况很少出现，在此不做专门讨论。

职是之故，具体市场时价的形成也变得更为复杂。此时银钱比价形成的市场，以自由竞争市场占主导，意味着国家货币控制权被进一步削弱，比价调节能力亦相应衰减。更为重要的是，铜价波动直接对钱值造成影响，这一影响无需经铸币过程路径即可到达。在国家铸币行为减少时，市场铜价波动与市场对制钱供需数量的主导一起影响钱值，国家干预、调节银钱比价的能力只能更为减弱。这种变化会进一步引发政府财政收入、用款奏销、商业贸易秩序等各方面问题。[①]

综上可见，对于银钱比价形成的研究，以往多关注铸局铸造和实际市兑价整理两方，没有将各种不同类型的比价放置在价格形成的动态过程中考察，更缺少对比价形成的"市场"性质的分析。笔者提出依各类型银钱比价形成的"市场过程"分析问题，不仅解释了为何在考察钱值变动时需同时注重铸币质量与铸币数量，也解释了国家铸币行为与政府对银钱市兑价调控的紧密联系。更为重要的是，通过过程分析，我们可更清楚地看到国家与市场力量对银钱比价形成、变动的影响。与粮食、食盐不同，清代铜铸币原则上只能由国家生产，银钱比价或说当时的货币问题不能简化为依靠国家还是依靠市场的问题。如何看待货币问题中的国家与市场行为，于古于今都还有更多值得思考的地方。

二、路径积分

我们将银钱比价在市场中逐渐形成又不停变化的状态称作"市场过程"，而将影响比价的各因素在市场过程中联结、传导并作用到某时某地某一最终比价点数据时相应的比价数值计算称作"积分"。所谓"路径"，乃是各影响因子通过各种方式左右银钱比价的通路。由于通路为

---

① 相关问题的影响、对影响的应对办法，后续章节会详及，这里不作展开。

数众多，无法穷举，所以将这些"路径"作为自变量，将各传导路径对最终比价的效用叠加，用函数表示其数值，便是"路径积分"。[①]

这里仍以铜价切入。国内商品铜价格昂贵会导致铸钱成本增加（假设铸币需配用商品铜），官方出于节约成本考虑而采取的减铸措施又进一步减少小平钱的供给。如需求量不变而供给量减少，则钱价上升。此为数量论"路径"之一。同时，既然制钱含铜，则如果铸币以外的用铜需求大增，也会导致铜贵，此铜贵无需经铸币数量即可直接体现于铜钱升值。此为金属价值论"路径"之一。"价值论"传导的另一路径是，因为铜贵，铸本增加，但官方又不能全然置民间小额通货需求于不顾，亦会铸造减重制钱。轻钱进入市场，在最终被以良币、劣币形式区别对待定价前，也会对钱价造成影响。历史的复杂性还在于，实际货币流通规律未必会按以上理论路径延伸。如以下这则材料所示：

> 咸丰五年秋，道过清江，闻车声辚辚来，视之，钱也。问："何为?"曰："铸钱。"曰："何为以钱铸钱?"曰："帑金不足，官府费用无所出。今毁制钱为当十大钱，计除工资，十可赢四五，则何为而不铸?"是年冬，再过清江，闻车声辚辚来，视之，大钱也。问："何为?"曰："铸钱。"曰："何为又以大钱铸钱?"曰："大钱不行。报捐者买之，当十只值一二。今毁大钱为制钱，而又小之，和以铅砂，计除工资，一可化三四，则何为而不铸?"[②]

在持续铜贵后，政府采取了铸造虚值大钱的办法来弥补铜钱供给不

---

① 这里仅从字面理解便可，与量子力学的"路径积分"（path integral）概念无甚关联，不需过度解释。

② 黄均宰：《金壶七墨·金壶遁墨》卷二《大钱》，转引自戴建兵：《清代私铸小议》，《中国钱币》1988 年第 3 期，第 6 页。

足。既是虚值，则私铸不免兴起。后因大钱贬值，人们又转将贬值大钱再熔化并掺杂铅砂私铸为小钱，最终导致官钱钱荒与私钱贬值，在货币流通的实际市场过程中表现为混用钱贬值。如此一来，最终市场银钱比价如何，即便不管白银本身价值变化，仅就铜钱一方来说，便还取决于当地用钱时制钱、私钱、大钱甚至票钱的掺搭比例。不独于此，铜贵会导致小平钱私销及官钱钱荒。面对钱荒，民间又有应对，如"吉省制钱久缺，市廛创有凭帖、抹兑、过账等名目"①。官方对此亦将田赋原先征钱处改为征银。② 因之，钱贵情形下的铜钱需求被白银需求替代，"银价因之增昂"。③ 单以铜贵论，钱价应当上涨，但在官方推行以银代钱后，反使银价上涨。④ 再退一步，即便铜贵钱贵时还有官铸钱文流出，但官钱流入市场是有一定中介、步骤的。光绪十三年，部分通商口岸厘局曾将局中积存钱文加价售卖于钱商。这些钱文本应通过钱商经营兑换流入市面，官方亦可借此平抑钱价，但彼时钱商却将钱文大量批发给洋人，"洋人于通商口岸购运制钱，镕化提银"。⑤ 此外，铜贵因何而至？如是单纯由铜材供给不足、用铜需求加增导致，则不关乎白银因素；如因先存在银贵，继而引起银计铜价上涨，则此铜价在传导中，自身就附带白银升值影响。⑥ 由于货币流通具有多通路，不同通路对最终

①《吉林将军希元奏为吉省制钱短绌请将应征钱款改收银款事》，光绪十年十一月二十四日，录副奏折，档号：03-9528-045。

② 钱贵时征钱可增加政府收入，但并非各地都如此。且如果钱荒钱贵到无法征收钱文，也只能以征银代替。

③《吉林将军希元奏为吉省制钱短绌请将应征钱款改收银款事》，光绪十年十一月二十四日，录副奏折，档号：03-9528-045。

④ 银钱各自皆贵，其最终比价如何，当考虑各因素的综合影响。

⑤《德宗景皇帝实录》（四），卷二四六，光绪十三年八月庚子，第306页。

⑥ 银贵导致铜贵，铜贵再导致铸币减少、钱劣，同时银贵还导致铜钱需求减少，最终各效用叠加成"银贵钱贱"的著名研究，可参见林满红：《嘉道钱贱现象产生原因"钱多钱劣论"之商榷——海上发展深入影响近代中国之一事例》，张彬村、刘石吉主编：《中国海洋发展史论文集》第五辑，第358—426页。

银钱比价形成影响不一，或可形成合力，或可作用相抵，故我们更需关注银钱具体流通过程，在市场过程中讨论比价的形成。

再如银贵钱贱时，如有钱劣钱贱原因，则官方除停铸官钱外，还会以收缴小钱方式来应对。收缴小钱可以遏制钱贱，但在实际操作中，反会衍生出收缴小钱→私钱减少→钱贱得以遏制以外的路径。乾隆五十八年（1793），针对郭世勋奏请官收小钱一事，高宗皇帝言："民间呈缴小钱，若不酌给价值，恐愚民贪利见小，私行存留挣用，一时难于净绝。今该抚请将呈缴千文以上者，每斤给与大钱五十文，俾小民不致赔累，自必争先呈缴，所办亦可。但恐奸徒恃有此例，将所给大钱私行镕销，搀和铅锡复铸小钱，赴官缴换，辗转渔利，其弊亦不可不防。"① 给价收钱政策易导致相反效果，原欲禁绝私钱，反可能助长私铸，此不可不察。乾隆五十九年户部议驳孙士毅奏收小钱的奏折更提及尚有官局将制钱偷减改小的情形，"在官既未能杜绝弊源，而徒向民间纷纷收缴，是不清其源而仅遏其流，又安能断绝？"②。由此可见，乾隆朝晚期的银贵钱贱，其内在面向可能十分复杂。

如此可知，史料中出现的市场比价绝大多数是某时某地的点价格数据，作为各传导路径的末端端点而存在。一两条路径，某几种因素，尚不足以完全解释此点数据的形成。本书提出的一个办法是将影响比价的各要素加以网罗，以网络图形式表达（如图81所示）：

---

① 《高宗纯皇帝实录》（一九），卷一四二五，乾隆五十八年三月，第 64 页。
② 《高宗纯皇帝实录》（一九），卷一四四六，乾隆五十九年二月，第 296 页。

　　　　　　　　　　　　　　　清代银钱比价波动研究

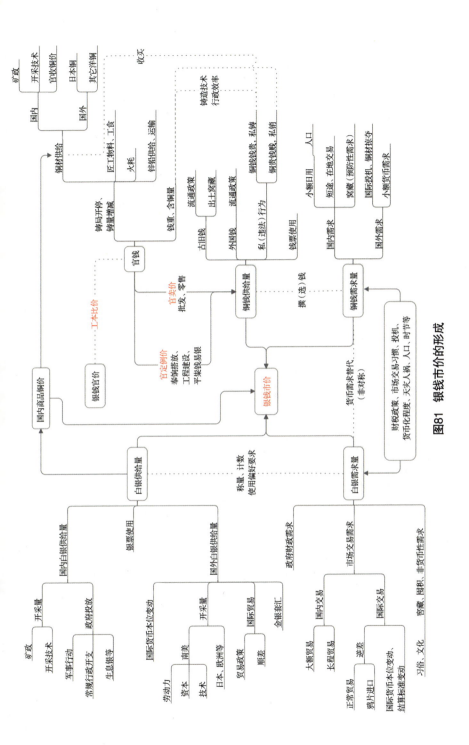

图81 银钱市价的形成

针对该比价形成机制图，有如下几点需作解释说明：

1. 官方例价比价与银钱时价（市价）比价。制钱由官方铸局铸造，政府通过一定例价比价在奉饷搭放中"易银回本"，制钱借此流入市场。类似通路，也有按各例价比价进行的工程建设发钱、平粜钱易银等。同时，铸局还会将所存余钱发卖市场。故官方行为会影响市面铜钱供给量，官方也会借这些项目调节市面铜钱供给。在铸局开停一项上，还存在工本比价。该比价指的是铸局花费一两银，能铸出多少文钱。工本比价数值一般需大于市价比价数值，否则便当停铸。[1] 在官局因成本过重、亏折甚巨而停铸时，官铸铜钱总供给量便会大为下降，因为从"官钱"到"铜钱供给量"这一通路阻塞，即时人所谓"制钱之来路日少"[2]——这里的"路"字便完全可作供给、传导路径解释。

2. 银钱时价（市价）比价由白银价值和铜钱（主要是制钱）价值综合对比决定。单纯白银升值、贬值，铜钱升值、贬值都无法单独决定银钱比价走势。白银为称量贵金属，未经铸币，价值几由市面供需决定。当然，具体用银还受当地市场交易习惯、交易要求影响。铜钱市价，受市面铜钱供需和商品铜价格综合影响。其与白银价值决定的区别在于铜钱是铸币，按律由官方垄断铸造，不允许私自铸造、销毁。在自由铸币条件下，铜价升高会导致铜钱升值，铜贵钱贱会令市场自发销毁铜钱，铜钱数量因之下降。此时，铜贵、钱少、钱贵是等同的，反之亦然。但由于铸、销不自由，故铜贵时，制钱存量未必大量减少（只是铸币增长率会降低）；铜贱时，制钱存量未必大量增加。故铜价可先直接作用于铸币量，再间接作用于钱值，也可直接作用于金属货币自身价值

---

① 如"查从前银贵钱贱，每银一两铸钱不过千余文，而换钱可千数百文，亏折颇多，故皆停铸"。《外人私运制钱出口请广事铸造》，户部侍郎王茂荫片，咸丰七年四月十六日，《中国近代货币史资料》第一辑（下），第698页。

② 《河南道监察御史秦夔扬奏为整顿钱法请将官钱与银圆并铸事》，光绪二十四年十一月二十八日，录副奏折，档号：03-9534-097。

清代银钱比价波动研究

变动。价格传导路径是否通畅，直接关系到铜价、铜钱供给量、银钱比价三者的相关性。

3. 白银价值由市面白银总供需决定。白银总供给，受国内白银供给、国外白银供给、银票使用等因素影响。国内白银供给又受银矿开采、政府投放等因素影响。以政府投放为例，投放方式、数额、渠道不同，影响也不同。白银需求，分货币性需求与非货币性需求。货币性需求主要由市场交易需求（流通手段）、政府财政税收需求（支付手段）、囤积及保有财富需求（贮藏手段）组成，非货币性需求则是其他类别（生活、工业）的用银需要。在市场交易需求中，以国内贸易为例，长程贸易的区域间银两往来、本地大额交易等，还受具体交易结算方式、交易物品生产周期影响。故各因素既影响不同区域内的白银价值，也影响总体意义上的银价。但由于白银为贵金属，方便运输套利，故区域间的白银价差不会很大。以往研究，过于强调美洲、日本白银流入对银钱比价的影响，并试图统计流入量以建立白银供给与银钱比价变动的因果关系。本书则要借助比价形成图说明，美洲、日本白银流入仅为白银总流入之一端，白银流入量又仅为影响白银自身价值之一端（另需考虑流入的白银是否都成为货币、社会经济发展对白银的需求、白银流入地的地区差异等），白银自身价值变动亦仅为影响银钱比价因素之一端。故，统计白银流入量对研究银计物价（如粮价）确有价值，但对于解释银钱比价形成，则需警惕将研究对象简单化的可能。

4. 铜钱价值主要受市面铜钱供需和国内商品铜价格影响。当铜价较低时，铜钱内在金属价值自然低，但若铸币不足、市场对铜钱需求旺盛，则实际的铜钱价值仍可能提高；当铜价较高时，铜钱内在金属价值也会高，但若铸币过多，则实际钱价反会降低。因之，在咸丰当十铜钱铸造时，曾出现过"京中铜当十一文仅抵铜制钱二文，若改铸制钱可得三四文"的情况。① 只以内在金属价值论铸币价值，犯的是将金属铸币完全等同于金属的错误。以铜钱供给论，供给量受各种铜金属铸币供给和钱票使用影响。但铜铸币又以制钱为核心，制钱由铸局铸造，会有钱重、含铜量高低区别。由于是金属铸币，无法无限铸造，政府亦无力大量回笼，② 此币材外部供给的特性，给政府调控比价带来很大困扰。除官钱外，尚有古旧钱、外国钱流通，流通情况视市场需求及政策干预而定。铜钱供给与需求有时是一体两面的关系。所谓供给不足（实为相对供给不足），也可能是需求过剩，如此则不能仅以铸币量一直在增长便断定没有"钱荒"存在。铜钱需求主要为国内小额通货需求，因往往在地使用，由此导致的钱价波动具有地域性，银钱比价因故有地域区别，但在长期走势上，各地是相近的。

5. 铜价。官方铸币涉及成本价。铜为重要币材，而滇铜有官收价，某些省份会使用商品铜和洋铜配铸，故不同地区铸币成本不一，由此传导到各地银钱市价必然不一。影响国内商品铜价格者，除铸币需求外，尚有日用铜器、军需铜材等，故市场铜价必然波动，体现于铸币的内在金属价值便无法固定。此外，白银供给亦对铜价有影响。当白银供给增加但需求未变，银自身价值下跌时，银计铜价会上升，由此可致铸本上升、铸局减铸甚至停铸。结合铜钱市面需用持续增加，可形成银贱钱贵（可参考乾隆朝早期、光绪朝早中期情况）。铜价作为钱价形成的基础，既与非铸币需用有关，也受白银自身价值变动影响，故需特别重视。但因铜材种类极多，除洋铜紫铜外，其他数据的收集较困难，本书在此暂

---

① 如仅以当十铜钱内在价值计算，其应值制钱 3—4 文，但实际在京中仅值制钱 2 文。这里面就有京中当十钱数量过多的原因。《山西道监察御史徐启文奏为钱法流弊请旨饬下顺天府尹直隶总督严禁私销私铸事》，咸丰九年九月初四日，录副奏折，档号：03-9520-059。

② 如"至前铸有库平一钱四字钱文，早已行使分散，无从收回"。《机铸制钱亏折请准改铸每文重八分之新钱》，两广总督李瀚章等折，光绪十六年闰二月二十六日，《中国近代货币史资料》第一辑（下），第 576 页。

清代银钱比价波动研究

无法给出铜价序列。[①]

第三节 对十一期波动分期的解释

现尝试对本书第四章所划分的全国银钱比价长期变动的 11 个阶段，进行分阶段波动原因解释。

（1）第一期银贵钱贱（1644—1673 年）

需要说明的是，该时期的银贵钱贱，并非始于 1644 年，只是由于研究时段限制，笔者将之从 1644 年起算。[②] 由于没有很好的前期数据比对，此第一期银贵钱贱，多是以史料论述"钱贱""银贵"现象存在及比价数值远高于明晚期正常情况认定的。

该时期的银贵钱贱是非常概括性的论述。不同地区，银钱比价绝对数值高低不一，杂乱无序。对这种现象的解释，学者应该首先从货币体系、货币使用情况出发。不同地区比价杂乱的原因首先是各地银钱货币种类不同、使用习惯不一。某些高比价数值，更大程度上是因为使用了古旧钱文、小钱、杂钱。[③] 其次，从铸局奏销题本记录看，这一时期铜铅币材价格较低，且铸币铜材尚有熔化旧钱、废铜等来源，故钱文内在价值较低。[④] 此时银贵钱贱，问题多出自铜钱质量一方，不能先入为主

---

① 清前期部分地区的铜价数据可参见王德泰教授相关研究。另据笔者所知，芝加哥大学历史系高晓宇博士正在从事清代铜价的系统研究，今后有望参考其研究成果。

② 事实上，明末就已出现钱贱现象。将来如能将明中后期的货币比价与清前期数据衔接，则还可拓展研究范围，进一步探究货币白银化趋势下不同地方的货币化程度和范围以及银钱货币的使用结构表现。

③ 实际上，各地间正常银钱比价差别当会有所缩小，且波动具有趋同性。

④ 王德泰：《清代前期钱币制度形态研究》，第 146 页。

认为是白银供不应求所致。有关清初白银净流入的数据极少，但尚无明确材料可以证明此时存在白银供给大量减少的现象。[①] 不过，岸本美绪强调的国家财政紧缩导致国内白银流通量减少，倒是有一定户部库银积存数据予以支持，或可在该意义上一定程度地解释银贵。[②] 此外，由于官方尚未大量铸币，所以此时官方对比价的干预力量也存在不足。各地比价高低不一，一地的货币价格多由本地市场的"自律性"功能来调节。

各地货币使用种类、习惯不同，地区间经济贸易往来不繁盛，铜钱内在价值低，是该期银钱比价数值总体偏高，而各地间比价绝对数值又差别较大的原因。对此，货币数量论的解释（即钱多钱贱）效用有限。

（2）第一期银贱钱贵（1674—1688 年）

这一时期银钱比价数据较之此前显示出银贱钱贵的一面。所谓钱贵，只是相对于此前数据，而不是说各地比价数值都在 1000 以下。

这一时期银贱钱贵的原因可以从以下三方面找寻。首先，由于此阶段数据有相当部分来自《阅世编》，故数值所代表的意义会受制于所依据的史料。因受三藩之乱影响，江南地区的正常银钱流通秩序被打乱，出现了一段时期的银贱钱贵（最初阶段为银贵钱贱），且后期钱贵胜于他地。其次，该时期铸币铜材来源减少，铜价上涨，导致铸币内在价值提高。[③] 此时铜价上涨导致铸局因亏损而停铸，而铸币供给的减少也从货币供应量传导路径上导致钱贵。[④] 最后，清廷开始加强钱法管理，对

---

① 相关综述，可见林满红：《明清的朝代危机与世界经济萧条——十九世纪的经验》，（台湾）《新史学》1990 年第 1 卷第 4 期。

② 据岸本的研究，顺治时，中央政府尚有财政赤字，但康熙六年（1667），户部银库存银已有 250 万两，康熙十二年增加到 2100 万两。［日］岸本美绪：《清代中国的物价与经济波动》，第 229 页。

③ 对这一问题的具体解释，王宏斌已在专著中予以论述，笔者不再重复。

④ 相关论述参见王德泰：《清代前期钱币制度形态研究》，第 228 页。

市面小钱进行收缴，助力官钱流通。在此情况下，各地铜钱货币使用种类逐渐统一于官铸小平钱，推动钱价上涨。同时，由于官铸小平钱不能大量供给，无法满足替换古旧、破小、私铸钱文及经济恢复后地方对铜钱不断增加的需求，也使得钱价上升。总之，该时期银贱钱贵主因在钱贵，钱贵原因需要从币材价格、货币使用种类、货币流通状况上去考察，[①] 数量论解释（即银多银贱）反居其次。

（3）第二期银贵钱贱（1689—1726 年）

康熙二十八年至雍正四年的银贵钱贱，主因在钱贱一侧，钱贱则源于官钱减重和私铸增加。目前尚无足够证据表明该时期国内白银供需发生了重大变化。但钱文一方则有康熙二十三年（1684）开始改铸一钱重钱的原因，私钱因之更为减重。在官钱减重且私钱复起的基础上，再度出现钱贱。康熙四十一年以后开铸一钱四分重钱，乃是清廷对钱轻、钱劣、钱贱问题的应对。

（4）第二期银贱钱贵（1727—1758 年）

雍正五年至乾隆二十三年时段的银贱钱贵，既有钱贵原因，也有银贱原因。

钱贵，首先是由于人口增殖，生产、生活恢复，用铜量增加导致铜贵，进而使得钱值上升。[②] 铜贵于钱，也导致剪边、私销行为的出现；其次是商贸往来恢复，这种恢复以本地市场扩张为先导，对制钱的需求增加；再次是相对于白银支付需称量验色，铜钱可以直接计数，对民生

---

① 万志英将 1660—1690 年间的 "康熙萧条" 解释为对商品需求减少导致的通货紧缩，而非白银进口的下降，"通货紧缩抑制了消费，而货币窖藏导致铜钱的价值与白银同步上升，且上升幅度更大"。万志英：《16—19 世纪拉美白银在中国经济中的重要性变迁》，刘东岩译，《中国钱币》2020 年第 5 期。

② 这里需要区分铸本铜价和铜的市价。铸本铜价偏低是官方垄断经营铜斤的结果。但制钱流通到市面，则依据铜斤市价体现价值。在此意义上，"乾隆时期钱价高昂，正是当时商品市场铜价昂贵的曲折反映"。王德泰：《关于乾隆时期钱值高昂问题的考察》，《故宫博物院院刊》2006 年第 3 期。

日用而言有极大便利，实银单位价值高、使用不便的天生缺陷导致"钱进银退"；最后，长时间钱贵会在社会上普遍形成钱值增长预期，故有窖藏钱文者，① 既减少铜钱供给，也延缓钱文流通速度。铜价、铸币量、银钱使用结构、货币流通速度等综合因素，共同导致钱贵。

银贱缘于海外白银的持续流入，但民众对铜钱的需求胜过白银，导致白银相对供给增加；② 同时，用兵西北导致局部地区白银供给绝对量增长，出现银贱钱贵（这一点在甘肃省的银钱比价图中能得到较好体现）。③ 银贱与钱贵的关联还在于，白银自身价值降低，导致银计铜价升高。故银越贱，钱越贵。

（5）第三期银贵钱贱（1759—1795 年）

乾隆二十四年到乾隆六十年的银贵钱贱现象非常明显，且越到末尾，钱价跌幅越大。这当中既有钱贱的原因，也有银贵的原因。

此时段内早中期的钱贱，首先是因为滇铜开采、洋铜进口，铜材价格涨幅不大。其次是铜钱减重，直接使得钱值有所下降。再次是增长的铜铅币材供给，使得官方铸局有能力大量铸造钱文，制钱供给量随之增加。最后是承平时期对制钱的需求相对减少，在铸钱铸造增长率保持稳定时，出现供给相对过剩。与该阶段末期相比，其早中期内钱贱幅度不大，或能说明同为钱贱，但前后原因有所不同。此阶段末期的钱贱，主要原因在于私铸泛滥，正常交易中也掺和了大量私钱。特别是在有铸币

---

① 乾隆十八年（1753），清廷曾集中讨论此问题。张小也：《十八世纪中期中国各地囤积钱文的状况及其原因》，《清史研究》1998 年第 1 期。

② 杜家骥认为此时制钱供给的增量赶不上白银供给增量（杜家骥：《清中期以前的铸钱量问题——兼析所谓清代"钱荒"现象》，《史学集刊》1999 年第 1 期），笔者则认为制钱供给不及对其需求，白银相对供给过多的解释更为合理。

③ 用兵回准导致的库银减少数量统计及相关分析，可参见史志宏：《清代户部银库收支和库存研究》，第 60、86 页。张建辉还提及了生息银两的供给问题 [张建辉、李刚：《生息银两与乾隆时期的通货膨胀》，《西北大学学报（哲学社会科学版）》2008 年 7 月第 4 期]，但由于缺乏长期连续的统计数据，我们尚不清楚这一时期是否存在生息银两投放高于其他时期的情况，故笔者暂不将此列为形成原因予以讨论。

矿材开采和水路交通便利的省份，钱贱更为明显。另外还需考虑银元对制钱的排挤问题。至乾隆中后期，东南沿海地区已有诸多使用外国银元的记载。在前一阶段银贱钱贵时，白银使用不便造成了"钱进银退"，而乾隆中后期外国银元的流入则弥补了生银的缺陷，造成"洋进钱退"。因此，制钱占领地又有缩减，也可造成制钱需求的减少。

银贵也成为原因的依据，首先可以从银价与米价指数的对比中反映出来（如图82所示）：

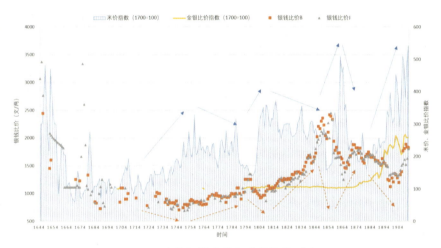

图82　清代银钱比价与米价指数对比

说明：米价指数来源详见彭凯翔（2006）第154—163页附录三，第168—175页表A5.1，数值调整为以1700年为基期的指数表示。国际金银比价亦来源于该表，数值同样调整为以1700年为基期的指数表示。银钱比价B数据为直隶序列，银钱比价J数据为江苏序列。

根据现有粮价研究成果，货币因素可以在很大程度上解释粮价变化。[1] 采用1700年为基期的米价指数变动，对比以直隶（银钱比价B）、

① 详见彭凯翔：《清代以来的粮价：历史学的解释与再解释》；马国英：《清代粮价研究进展与述评》，《中国社会经济史研究》2020年第4期；Hongjun Zhao，"American Silver Inflow and the Price Revolution inQing China"，*Review of Development Economics*，20（1），294−305，2016中相关论述。

江苏（银钱比价 J）为代表的华北、江南地区银钱比价可知，1727—1758 年阶段的米价有明显上涨趋势，此米价为银计指数，对应的便是1727—1758 年的银贱钱贵。反之，1759—1795 年米价指数呈总体下跌趋势，并在 1795 年前后达到峰值，恰好对应的是 1759—1795 年阶段的银贵钱贱。虽然货币并非米价变动的唯一决定因素，但通过对比，完全可以说明此时存在银贵现象。在白银持续内流情况下还是发生实质性的银贵，只能说明白银的供给不能满足其需求。当中原因可以从市场发育、货币化程度加深方面去理解。林满红所认为的在乾隆四十年以后（按：这是基于萧山地区资料得出的结论，故时间节点与本书所论有异），长距离、跨区域的贸易对于白银需求的增加也能在一定程度上解释问题。此外，在政府财政收支体系内，货币化程度也在加深，白银大量累积在银库，而政府重银轻钱的态度一样在推高银价。

（6）第三期银贱钱贵（1796—1805 年）

嘉庆元年至嘉庆十年期间的银贱钱贵，虽然发生时间较短，但银钱比价数值跌幅较大，总体上使得比价跌回到乾隆中期以前的钱贵状态。这一时期的银贱钱贵，主因在银贱。而银贱的原因，与国际贸易关系不大，反而与政府财政行为密切相关。

1796—1804 年的川楚教乱，波及省份众多，迫使清廷投放过亿两白银军费用于平叛。① 这一短时期内白银供给大量增加的情况，使得银价下跌：

---

① 史志宏：《清代户部银库收支和库存研究》，第 87—88 页。

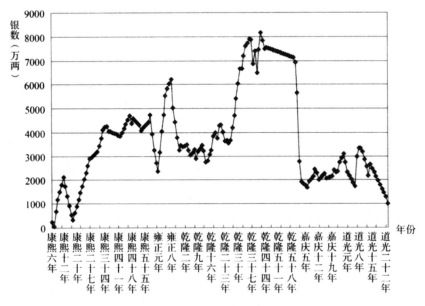

图 83　康熙至道光朝户部银库库存变化

说明：原图见史志宏：《清代户部银库收支和库存研究》，第84页。银库库存数据并非逐年有存留，原作者采取了插补法处理（说明见原书第83页页下注①）。雍正至乾隆朝早期，嘉庆年间，户部银库存银都有大量减少，这与战争消耗有关。大量库存银进入市场，与这两个阶段的银贱时段分期也相符合，这在一定程度上说明市面白银数量增加与银贱有密切联系。

在战乱中，地方上正常的货币流通秩序被打乱，在白银被抛售的同时，对小额通货的需求增加，也导致钱贵。部分省份，如河南，还出现自然灾害，进一步加剧了当地的钱贵形势，以致在现有数据对比条件下，这一省份出现该期比价的最低值。①

（7）第四期银贵钱贱（1806—1853 年）

嘉庆十一年至咸丰三年的银贵钱贱，长达48年，是清代最长的银贵钱贱阶段。越接近该期末尾，银价攀升越快，银钱比价前后数值相差最高可达2.5倍。整个时期的比价变动原因，既有来自白银一方因素，

---

①　详见本书第四章河南省银钱比价图。

也有来自铜钱一方因素。

白银自身升值，依然可以从米价指数变动中得到体现。具体表现为该阶段前期白银升值幅度不大，后期则加速升值。在 1827 年以前，白银升值的主要原因是政府及民间用银需求持续上升，这种需求当略高于海外白银的净流入量。到 1827 年以后阶段，世界性银贵、世界经济不景气导致的中国白银进口减少，以及鸦片贸易导致的白银流出综合效应已经明显显现，[①] 加上对列强战争失败赔款，市面上的白银供给数量已在减少。相对于国内白银需求依然持续上升，白银供给更显不足，是故出现严重银贵现象。[②] 在解释该阶段银贵原因时，国际环境及国内社会预期效应也应该被纳入考量。虽然根据林满红的研究，白银净流出始于1827 年，但是国际金银减产早在此前就已开始（从传导路径来看也确实应该是国际金银减产在先，然后是国际白银价格上涨，其后才是中国的对外贸易及白银外流问题）。而有关"道光萧条"的研究还强调 1815年印度尼西亚坦博拉火山爆发对北半球天气的影响（1816 年因之被称为"无夏之年"）。[③] 国内市面流通白银的减少与萧条存在互动关系，而这又强化了人们对银贵的预期，由此造成的储藏、囤积、投机白银的行为则进一步加剧了银贵。

钱贱原因可以从铜钱自身价值及铜钱流通状态中找寻。根据王宏斌的研究，此时铜价略有降低，官铸铜钱略有减轻，加之私铸增加、小钱泛滥，社会上有重银轻钱的趋势，使得钱贱现象长期存在。虽然彼时诸

---

① 1820—1850 年间为鸦片进口快速增长的时期，数据及图可参看林满红：《银线：19 世纪的世界与中国》，第 79—81 页。

② 笔者在此虽认为鸦片贸易对于国内白银存量减少有作用，但不认为其对银贵钱贱现象起到决定作用。从根本上说，当时的银贵应该是白银供给相对于需求显得不足导致。有关鸦片贸易引起的白银外流究竟影响多大，现在学界还存在不同观点，一个评论可参见［美］罗威廉：《言利：包世臣与 19 世纪的改革》，第 148—150 页。

③ 李伯重则更直接强调了"癸未大水"在松江的表现。详见李伯重：《"道光萧条"与"癸未大水"——经济衰退、气候剧变及 19 世纪的危机在松江》，《社会科学》2007 年第 6 期。

多官方铸局因工本比价数值低于时价比价数值而承受亏损，但并未大规模停铸，这也导致钱文总供给相对总需求要更多。[1] 另外，钱票使用并不对钱贱造成重要影响，原因在于钱票与银票共存，无论是以代用券还是信用货币形式存在，其盈缩当有同步性，断无只增加钱票而不发银票的道理。

（8）第四期银贱钱贵（1854—1865 年）

咸丰四年至同治四年的银贱钱贵，既有银贱，也有钱贵。

银贱即白银购买力降低，可从同期银计米价指数上涨得到证实。但白银购买力降低的原因，除了世界经济复苏，白银流入恢复，还在于1851—1864 年太平天国运动期间长时间、广范围社会动荡导致银贱。伴随大范围灾乱，长距离、大额国内贸易受阻，社会对白银的需求有所减少，加之海外白银通过国际贸易重新流入，白银需求相对供给也在减少。同时，银贱也导致银计铜价上涨，促使制钱直接升值。更为重要的是，滇铜铜运道路受阻，导致铸币数量在减少。以往研究认为咸丰时期京师比价混乱，但笔者经整理数据后发现，此时以制钱衡量的京师银钱比价数值总体在下降，而以大钱、钱票衡量的货币比价数值则在剧烈的货币市场兑换波动中上扬。两相结合，铜贵钱少便可以解释此时的钱贵现象。

---

[1] 不过钱贱一方的影响不能被高估。在某些区域，有证据表明，以钱衡量的米价较为稳定（［日］黑田明伸：《中国货币史上的用银转变：切片、称重、入账的白银》，《中国经济史研究》2020 年第 1 期）。林满红甚至认为当时存在铜钱对银贬值、米对铜钱贬值的情况（林满红：《明清的朝代危机与世界经济萧条——十九世纪的经验》，（台北）《新史学》1990 年第 1 卷第 4 期）。如有更多证据表明如此，则或可更强力证明彼时银钱各自价值皆贵，但银贵甚于钱贵，由此导致银贵钱贱。此外，林满红完全反对钱多钱劣说法，认为最核心的因素是银贵导致铜钱供给增加率减少，且对铜钱的需求减少更多，因此产生钱贱（林满红：《嘉道钱贱现象产生原因 "钱多钱劣论" 之商榷——海上发展深入影响近代中国之一事例》，张彬村、刘石吉主编：《中国海洋发展史论文集》第五辑，第 404 页）。另外，习永凯对银钱比价及制钱购买力的检验分析表明，两者间没有协整关系及格兰杰原因（习永凯：《白银陷阱：近代中国白银核心型货币体系脆弱性根源及影响》，第 161 页），或更能说明并无钱贱原因存在。

（9）第五期银贵钱贱（1866—1873 年）

同治五年至同治十二年的银贵钱贱，既有银贵，也有钱贱。

银贵可以从此时银计米价指数的下降中得到证实。以白银供需数量论述，"同治中兴"可以看成一个社会从战乱中恢复的时期。商贸往来的复苏对白银需求具有推动作用。虽然此时国际贸易中的白银还在内流，但尚不足以满足政府和社会商贸往来对白银的需求。

钱贱主因则在铜价降低。为更好比对，笔者在银钱比价与米价指数的对比基础上，加入了铜价指数（如图 84 所示）：

图 84　清代银钱比价与米价、铜价、金银比价指数对比

说明：铜价数据来源于王宏斌：《清代价值尺度：货币比价研究》，第 547—548 页附表 9、10。1684—1861 年数据来自奏折中的洋铜采购记录，为价脚银两，单位为两/担。1862—1911 年数据为海关报告中的紫铜进口价格，单位为海关两/担。为方便显示总体铜价变动情况，将此两段数据直接连接，并以 1700 年（1700 年数值为 1699、1703 年数值的均值）为基期转化为指数形式，并将各指数点连接。1740 年以前的数据量极少，不能准确显示市场铜价变动情况。银钱比价 B 数据为直隶序列，银钱比价 J 数据为江苏序列。

可以看出，在 1866—1873 年阶段，铜价有部分下落趋势，这可直接导致钱值降低。在此基础上，承平时期政府及社会重银轻钱现象复现，此影响也叠加于钱贱状态上。

（10）第五期银贱钱贵（1874—1903 年）

同治十三年至光绪二十九年的银贱钱贵，持续时间长，波及范围广，影响社会经济运行程度深。产生原因主要在于银贱。但金价、银价、铜价、钱价、粮价间存在价格传导链条。

对比金银比价指数可以看出，此时国际上金贵银贱，[①] 基于金银套利，白银会不断流入中国。而在亚洲贸易结算方面，"由于汇率下降，印度有价证券大量发行，对亚洲的白银汇款减少，加上 1874 年由于恐慌导致的贸易不振，更加剧了白银价格的下跌"[②]。国际银价下跌，又使得国际紫铜价格上涨，间接导致铸币币材价格上涨。由是，金贵导致银贱，银贱导致银计铜价、银计钱价、银计粮价皆上涨。以供需数量论，此时实银供给当有所增加，结合各种银元、银票行用，白银的总供给也当超过需求。而由于铸币成本上升，铸局铸钱有亏工本，故大量铸局停铸制钱，也使得制钱价格上涨。

此外，该时期内并非没有鸦片进口，[③] 也非没有白银外流。但是因

---

① 此时国际上金贵银贱，主要是因为世界性的货币体系本位开始转向金本位，在金本位国家，黄金才是货币，白银被视为普通商品。详见［美］查尔斯·金德尔伯格：《西欧金融史》（第二版），徐子健、何建雄、朱忠译，中国金融出版社 2010 年版，第 79 页；［美］巴里·艾肯格林：《资本全球化——国际货币体系史》（第 2 版），彭兴韵译，上海人民出版社 2009 年版，第 13—18 页。滨下武志对此有更详细的分析，他指出当时银价下跌有七点原因，分别为：（1）1873 年，普鲁士废除了白银货币并大量出售白银（数年间出售超过 6000 万磅）；（2）伦敦大量出售印度有价证券，以及在印度的英国人向本国的汇款增加；（3）加利福尼亚银矿产量的增加；（4）欧美国家对亚洲贸易不振；（5）法国抛出白银吸收黄金以及德国和荷兰停止吸收白银；（6）国际市场金价上升；（7）在 1878 年和 1881 年的国际货币会议上，恢复复本位制的提案未被通过，以及随后美国政府停止收购白银等。［日］滨下武志：《近代亚洲贸易圈中的白银流通——亚洲经济史面貌的一个构想》，王玉茹、吴柏均、刘兰兮编：《经济发展与市场变迁——吴承明先生百年诞辰纪念文集》，第 72 页。

② ［日］滨下武志：《近代亚洲贸易圈中的白银流通——亚洲经济史面貌的一个构想》，王玉茹、吴柏均、刘兰兮编：《经济发展与市场变迁——吴承明先生百年诞辰纪念文集》，第 72 页。

③ 部分年份的鸦片进口量甚至超过道光朝。统计详见林满红：《银线：19 世纪的世界与中国》，第 78—81 页。

国际银价下跌通过金银兑换套利及外贸顺差渠道流入中国的白银，加上巨额侨汇（清末侨汇收入暂难估算，但总量已超 1 亿两)[①]，已经足以抵消白银外流影响。这也是为什么笔者在解释当时国内银价变动时，不单从白银内、外流角度阐述，而是从总供需对比出发的原因。

（11）第六期银贵钱贱（1904—1911 年）

光绪三十年至宣统三年的银贵钱贱，既有白银一方原因，也有铜钱一方原因。

相比于此前阶段金银比价数值猛然拉升，此时的金价已经趋于稳定，甚至有所回落，相应的则是银价上升。在国际贸易方面，此时也产生了大量逆差，出现白银外流现象。为直观理解，可对比下图（图 85）：

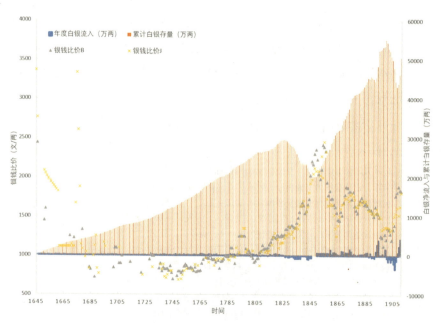

图 85　清代银钱比价与海外白银流入量、海外流入白银累计存量对比

---

① 陈争平：《1895—1936 年中国国际收支研究》，中国社会科学出版社 1996 年版；田牛：《清末通货膨胀问题研究》，第 156—166 页。

说明：海外输入白银由"西方国家与中国在通商口岸进行贸易输入的白银，中国商船前往东南亚进行贸易带回的白银，中日贸易输入中国的白银"三部分构成。李隆生综合整理了清代白银净输入量数据，图中年度白银流入为负值的即是白银外流。详见李隆生：《清代的国际贸易：白银流入、货币危机与晚清工业化》，第119—156页。当然，不用白银存量而用白银流量观测，图形也是较为一致的。白银流量的计算可参见燕红忠：《从货币流通量看清代前期的经济增长与波动》，《清史研究》2008年8月。白银流量据制钱流量与银钱比价换算得到，而制钱数据又是据彭信威和布威纳数据再估算。银钱比价B数据为直隶序列，银钱比价J数据为江苏序列。

可以看出，清代存在两次较长时段、较大规模的白银外流，其对白银总存量的影响体现在1850年前后和1909年前后，白银总存量图形出现明显凹点。这两点，恰好落在银钱比价的银贵钱贱阶段内。此外，社会总体安定的局面，也使得货币体系白银化继续推进。以上因素综合推高了银价。

钱贱其实是相对银贵而言的，银贵导致铜贱，再导致钱贱，此路径确实存在。但笔者在此要强调，由于所依据的史料，有些是铜元折算制钱数据，所以资料本身性质也可导致钱贱程度被高估。因此，在此阶段内，将铜元与制钱比对，还会出现"钱贵元贱"现象。

小结

下面，就本章研究做一小结。

一、铸币数量论与金属价值论综合作用。除货币制度、金融环境等宏观因素影响外，决定银钱比价的是银钱各自价值对比。白银市面供需直接影响白银价值，铜钱价值则受铜钱内在金属价值和市面铜钱供需量影响。特别是铜钱在实际交易中，广泛存在古、今、中、外钱混用现象，不结合使用比例、使用习惯而单以供需数量论其价格，无助于理解史料中的比价数据。在解释比价长期变动趋势时，货币金属价值论解释力更佳，更触及问题本质。在解释具体时间、具体地点的比价数值时，货币数量论更为直观。

二、市场过程。银钱比价形成的市场过程是一动态系统，各影响因子沿各路径传导并相互作用，使该系统处于永久运动中。某一具体因素或在某地、某时对比价有重要影响，但其权重并非一成不变。由于铜钱铸造的特殊性，加之所处时代的历史进程变化等原因，银钱比价的形成便不能以纯粹形式经济学范式为解释框架。[①] 在制钱投入民间市场前，其铸造成本比价、搭放比价与王朝"食货"经济管理模式有密切关联，铸造成本（或简单说，即官收铜材价格）是铜铸币价格的基础；在进入民间市场后，才变由"时价""市价"主导，此供求关系直接影响一地钱价，并与铜价本身波动一起作用于钱值。该比价形成的过程天然将国家与市场紧密勾连，在不同历史时段，国家和市场谁居主导地位，直接关系国家货币经济管理能力强弱。对此进行研究，有助于深刻理解清代国家与市场间关系，并可借以进一步思考"食货"经济传统运行模式的表现及其近代转型。

二、路径积分。史料中的银钱比价数据多是价格传导链条终端单一数值，影响该数值的因素众多，既有沿各自路径传递影响者，也有不同路径交叉叠加影响者。在不能囊括并测度所有影响因素的情况下，将各因素以网络图形式显示，并以"路径积分"概括，或是一种总览解释的方法。虽然路径众多，但有一些关键节点，如白银和铜钱的供需量。

---

① 根据波兰尼的解释，此"形式"主要源于逻辑推演，而"实质"则源于事实。清代传统经济体制下的商品交换市场，不应被完全放置在生产分工及资源配置的逻辑框架下理解（刘志伟：《传统中国的经济史研究需走出形式经济学》，《清史研究》2020 年第 6 期）。类似的，清代货币发行、流通，货币价格形成，也必须考虑国家强制力量介入，通过多重比价掠夺社会财富，推进财政货币化的一面。

在该第一层级节点上展开，如铜钱需求又由国内需求（主）和国外需求（次）构成，铜钱的国内需求便成为第二层级节点。影响铜钱国内需求的因素又可分为小额日用、短途在地市场交易、窖藏等，将短途在地市场交易当作第三层级节点，还可具体析分不同交易规则、交易周期对钱价的影响……此分析框架可持续向外扩展。而回到第一层级节点，除铜钱供需外，铜价也可直接作用于钱值，且铜价可能受银价变动影响。这就又需要沿其他路径进行分析。最后，将各影响因素联系、叠加，便可综合对比解释银钱市价形成、波动。该解释方法的优点在于总括（将国际环境、货币制度、交易习惯、文化观念、银钱数量、货币质量、不可抗力等各方面因素都考虑在内），可延展（始终将比价置于货币流通及价格传导路径中理解）；缺点在于忽视了变量的量化数值和数理模型建构。

四、对本书第四章数据研究结果——十一期分期各阶段波动产生原因的解释。现将各期波动长期趋势产生的原因总结列表（表64）于下：

表64　各期比价长期波动趋势产生原因

状态	开始时间	截止时间	产生原因
银贵钱贱 1.1	1644（顺治元年）	1673（康熙十二年）	银贵：1. 海禁导致白银流入有所减少；2. 财政领域货币白银化导致用银需求增加；3. 国家财政紧缩性质导致白银流通量减少。白银供给相对于需求显现不足导致实质性银贵。 钱贱：1. 古旧钱文、小钱、杂钱使用，铜钱质量低导致铜钱价值低，此钱贱也更凸显相对性银贵；2. 废旧铜材用于铸币，铜价贱、铸本低导致钱贱；3. 制钱流通范围不广，对其需求不够旺盛。

状态	开始时间	截止时间	产生原因
银贱钱贵 2.1	1674（康熙十三年）	1688（康熙二十七年）	银贱：三藩之乱扰乱灾区正常货币流通秩序，窖藏白银流入市面与军费开支一同增加白银总供给量。钱贵：1. 战乱导致对日用小额通货需求增加；2. 清廷加强钱法管理，制钱排斥古旧私小钱文，铜钱质量提高；3. 官铸制钱供给相对不足。
银贵钱贱 1.2	1689（康熙二十八年）	1726（雍正四年）	钱贱：相较此前，制钱质量下降，私铸复起，发生钱贱。
银贱钱贵 2.2	1727（雍正五年）	1758（乾隆二十三年）	银贱：海外白银持续流入，白银供给大于需求。钱贵：1. 社会生产恢复，首先是本地、短途、小额贸易对制钱需求增加；2. 官铸钱文相较实银更便利日用，出现"钱进银退"。
银贵钱贱 1.3	1759（乾隆二十四年）	1795（乾隆六十年）	银贵：物价总水平上升，省际、长程、大额贸易对白银需求增加。钱贱：1. 货币白银化程度加深，银元、银两排挤制钱；2. 滇铜开采旺盛，铸币总量持续增加，铜钱供给相对过多；3. 制钱实际减小、减重，小钱、私钱至该阶段末期泛滥。
银贱钱贵 2.3	1796（嘉庆元年）	1805（嘉庆十年）	银贱：1. 社会动荡导致银贱；2. 政府财政支出增加，增加白银供给。钱贵：川楚教乱及自然灾害导致波及地钱贵。
银贵钱贱 1.4	1806（嘉庆十一年）	1853（咸丰三年）	银贵：1. 世界性白银减产，国际白银购买力提高，国际贸易萎缩，白银外流，国内白银总存量下降；2. 社会经济发展需要，白银化进程推进，导致白银供给相对不足；3. 银贵预期形成，投机、贮藏导致用银需求增加。钱贱：1. 铜价有所下降；2. 私铸、劣钱泛滥；3. 因银贵贮藏白银，对保有铜钱的需求减少。

状态	开始时间	截止时间	产生原因
银贱钱贵 2.4	1854（咸丰四年）	1865（同治四年）	银贱：1. 太平天国时期战乱等导致银贱；2. 政府军费开支增加白银供给；3. 海外白银重新流入，使得白银总供给增加。 钱贵：1. 社会动荡导致对在地小额通货需求增加；2. 滇铜铜运受阻，铜铸币总供给量减少。
银贵钱贱 1.5	1866（同治五年）	1873（同治十二年）	银贵：1. 承平时期社会经济发展对白银需求增加；2. 政府重银轻钱。 钱贱：1. 铜价下落导致铜钱内在价值降低。
银贱钱贵 2.5	1874（同治十三年）	1903（光绪二十九年）	银贱：1. 国际上金贵银贱；2. 白银持续内流。 钱贵：1. 铜价上涨，钱值升高；2. 铸局停铸制钱，制钱总供给量减少。
银贵钱贱 1.6	1904（光绪三十年）	1911（宣统三年）	银贵：对外贸易逆差，国内白银总存量减少。 钱贱：1. 铜价下跌；2. 铜元替代制钱，部分材料依据铜元转换制钱数计算，因而高估钱贱程度；3. 银角、铜辅币、钱文兑换券等对金属制钱排斥。

说明：状态栏银钱贵贱下数字标识为银钱贵贱更替顺序，总计银贵钱贱 6 阶段（1.1—1.6），银贱钱贵 5 阶段（2.1—2.5）。开始及截止时间仅是基于现有数据的模糊划分，具体省份提前或往后几年都有可能，此即林满红所说"迟速之别"。

清代银钱贵贱阶段往复交替，阶段性趋势产生的原因，或为单纯制钱一方因素，或银钱两方皆有。白银贵贱，多数时候与白银总供需对比相关，有时是供给发生巨大变动，有时是需求变动占主导。在解释白银供需变动时，不同时期原因各有不同。以供给论，有时主因在国际贸易、国际货币体系变动，有时主因在国内军事行动、政府财政行为。以需求论，有时是国内正常商贸往来需求占主导，有时还附加窖藏保值、投机升值需求。制钱贵贱，与各种铜钱的流通状况、铸币成本、铸币数量最为相关。铸币成本高低可直接影响钱值，且银计币材价格还与银价相关（亦与币材来源、铸币使用铜材配比结构相关）。铸币成本虽影响铸币量，但因铸币有公共品属性，不是纯粹私人理性经济核算行为，故铸币量增减未必与成本变动同步，由此导致铸币量同样影响钱价。此外，长期的、大范围的社会动荡会同时影响银价和钱价，往往使得银贱且钱贵。政府财政政策、货币收受倾向等也会长期影响银钱比价。在论述以年为基本单位的阶段性比价变动总趋势时，地方货币使用习惯、年内周期因素、小范围突发事件等影响不能被很好体现。在论述具体一时一地比价变动时，需要考虑更多影响因素。人口增减、票据使用等对银两、制钱供需可同时造成影响，除非结合偏好分析，否则对比价的作用可能相抵——表现为虽然这些因素对银钱各自价格起作用，但可能使得银钱价格同升同降，银钱相对价维持平衡甚至保持不变。

总之，白银、制钱总供需数量对比，制钱铸币成本变动，对解释各阶段比价变动宏观趋势形成有重要意义。但这又不是简单、机械的数量/价值决定论，而是要求研究者将此与国内外政治—经济局势变化、货币流通状况、政府行为、市场力量、货币化进程等因素综合考虑，在历史发展进程中动态解释波动的比价形成，而非根据形式经济学逻辑先入为主地做出判定。

第七章　银钱比价波动的影响

　　由于清代社会经济运行的货币化程度大为加深，而货币又为银钱双币，故凡需使用货币处，皆受到比价波动影响。正因为此，本章无法事无巨细、无限铺陈，将所有影响皆纳入研究范围。在此，将择其大要，就现有掌握资料着重论述银钱比价波动对政府财政收支、民众负担和商贸活动的影响。余外，暂付阙如。

第一节　比价波动与财政收支

　　政府财政收支连接官府与民间两方，不可避免要涉及银钱双币使用、核算，故银钱比价波动便对财政收入计算、支出核销产生影响。[①] 对此，以往有观点认为"由于商人货价大多以白银为计算单位，而官府收取各项赋税也是以白银来计算，因此，白银价格上升对商人和地方官府有利，他们在无形中收取了更多的铜钱；反之，若铜钱价格上

[①]　本文仅在政府收支意义上使用"财政"一词。清代早中期传统文献并无财政概念，多用国用、户政、财用、度支等词。大致到光绪末期才有官方使用财政一词。详细概念因与本研究关系不大，不赘。可参考李俊生、王文素：《再论"财政"——"财政"渊源探究》，《财政研究》2014年第6期；赵思渊、申斌：《明清经济史中的"地方财政"》，《中山大学学报（社会科学版）》2018年第1期。

升，人们在购物或缴纳赋税之时可以减少支付的铜钱数目，便会感到物价下跌和税项减少"。[1] 本节将借助银钱比价的官定例价、市价"双轨"体系及财政收支的具体展开"过程"说明：银钱时价贵贱只是影响财政收支的背景，真正对收支起决定作用的是收支各方使用何种货币、是否需要折合、以何种比价折合等因素，撇开官定例价与市价比对、忽略收支具体过程，将无法理解财政收支中的政府行为、经济管理理念。

一、财政收入

广义而言，清廷财政收入来源可分四类：赋税，捐献，租金与利息，官办企业利润。[2] 其中的赋税是维系国家组织运转的血络。[3] 而传统赋税又以田赋为重，谓为"维正之供"。[4] 时人亦称："货币直接影响于财政者，田赋最大，统税次之，盖大宗税款多系用银，零星小货多系用钱，价值无大出入也。惟完纳丁米则银钱折价，均听牧令自由。盖钱粮例定征银，后改征钱，最后改征银毫，而折算之法仍以钱为主位。故必先按每两折钱若干之惯例，再将银毫抑价作钱若干以配合之，而后求得每两征收银毫之确数。此中出入甚大，低昂随地不同。价格之凌乱在此，州县之盈余亦在此。"[5] 故接下去的论述将多以地丁、漕粮为例展开。

（一）银贱钱贵时的影响

银钱并用下，田赋缴纳或可用银，也可折钱。而折钱又有按官定例价折算与按市场时价折算之分。故银钱比价变动时是收银还是收钱，折

---

① 黄永豪：《米谷贸易与货币体制：20 世纪初年湖南的经济衰颓》，第 43 页。
② ［美］王业键：《清代田赋刍论（1750—1911）》，第 10 页。
③ ［美］王业键：《清代田赋刍论（1750—1911）》，第 12 页。
④ 周健：《维正之供：清代田赋与国家财政（1730—1911）》，北京师范大学出版社 2020 年版。
⑤ 《广西全省财政说明书》，陈锋主编：《晚清财政说明书》第 8 卷，第 37 页。

钱征收是按例价还是按时价，便与田赋收入密切相关。对此，试看下面高宗皇帝的一段论述：

> 朕闻永平府属州县，凡征收钱粮，率皆以钱作银，每银一两连扣耗银一钱五分，共折交制钱一千一百五十文。现今该处钱价昂贵，民间交纳钱文，比之完纳银两为费较重。朕思民间完纳钱粮，银数在一钱以下者，向例银钱听其并用，原以便民。若数在一钱以上，又值钱价昂贵之时，亦令交钱，转致多费。是便民而适以累民，殊未妥协。着直隶总督饬行各属，民间完纳钱粮，在一钱以上者，不必勒令交钱。在一钱以下者，仍照旧例，银钱听其自便。①

首先需要理解，缘何永平府各地，"凡征收钱粮，率皆以钱作银"。税户纳税额度低，日常收入多为小额钱文的解释固然有理，但在此更应看到"每银一两连扣耗银……折交制钱一千一百五十文"一句。依官定折价计算，银钱例价比价为 1∶1000。但在市价钱贵时，收入 1000 文钱在兑银解库时显然能换得 1 两以上白银（火耗等不计），此时按例折收钱文便有利于地方政府。职是之故，当银贱钱贵且官定例价高于银钱市价时，地方便多愿按例折收钱文。所以，政府在钱价昂贵时以钱作银征收，也会导致民众觉得"比之完纳银两为费较重"。如仅以政府收益衡量，地方上是不会主动请求变更"以钱作银"例的。不独不会，其还可能借银两平色兑换使用不便，以制钱计数更方便之名给该做法找一个"与民为便"的堂皇理由。乾隆帝在这则材料中扮演的角色是对民众负责的国家管理者，当其发现银贱钱贵时令民交钱会增加民众负担，"是便民而适以累民"时，便要求"直隶总督饬行各属，民间完纳钱

---

① 《高宗纯皇帝实录》（一），卷二九，乾隆元年丙辰十月，第 610 页。

粮，在一钱以上者，不必勒令交钱。在一钱以下者，仍照旧例，银钱听其自便"。以一钱为界限，其上不必"勒令交钱"，是为减轻民众负担；其下银钱听便，则也照顾了官府税收利益。

在此还需注意，官定折征比价并非固定于 1：1000，而是会随时价作一定变更。而所谓银钱贵贱，也并不非得以 1：1000 为标准衡量。这时候田赋征钱，是按官定例价比价还是按银钱时价折征，一样对政府收入有影响，试看一例：

> 皖省各州县征收地丁钱粮，兵燹后经藩司会同善后局司道，按照该州县向办章程，以额征之多寡酌中核定，每正银一两共收库平银一两二钱零至一两四钱不等，应解正耗以及公平余、火耗、解费、纸张等项一切在内，详经前两江督臣曾国藩核准通饬遵办。其零星小户力难完银者，亦有偏僻州县无银可易者，不得不按时作价，银钱并征，以便民间完纳。所收钱文，由官易银批解。盘运脚费既多折耗之虞，其银价翔贵，故完银一两各就地方情形照市作制钱一千六七百文至一千八九百文为止，遵行已三十余年，官民称便。<u>乃自上年（按：光绪二十一年）以米，银价日贱，钱价日涨，而各州征收钱粮仍照前定值折收，则与市价大相悬殊，不足以示体恤而昭平允。</u>[①]

彼时安徽各州县无论是官定例价（1600—1900 文/两）还是时价，数值都超过 1000。材料中，"自上年以来，银价日贱，钱价日涨"，此银贱钱贵显然不是以 1：1000 为标准衡量，而是以"上年"以前和今年

---

① 《安徽巡抚福润奏报各属征收钱粮请核减钱价事》，光绪二十二年十月二十六日，朱批奏折，档号：04-01-35-0111-011。

　　　　　　　　　　　　　　　清代银钱比价波动研究

市价作对比确定。假定原先官收例价为 1750，而此时银钱市价为 1550，则是银贱钱贵且收钱时，例价比价高于时价比价。自然，"银价日贱，折钱照旧"，以此计算，"在官已多盈余"。① 至于文中强调"与市[价]大相悬殊，不足以示体恤而昭平允"，则可能是当地政府考虑到，如民众负担过重反可能因官逼民反进而影响正常征税，故在奏折中请求将例价参照时价进行"酌减"。地方在银贱钱贵时收钱，能增加收入，故导致"国用"取利优先于"民需""民便"，反会阻挠铸钱以平抑钱价。正如光绪二十八年御史关榕柞即反映广西地方，"民间完钱粮，每石向章交钱四千八百文。当[时]钱多银贵，易银不及二两。今钱少银贱，约可易银四两。州县官收钱易银解库，出入之际，大得利益，是以一闻开铸，即多方阻挠"。② 由是可知，铜贵钱贵时，各省铸局多以不敷成本而请求停铸制钱，其间或还掺杂有此类财政利益纠葛。

在简单的时价、例价对比基础上，还会出现更复杂的多重比价对比。比如《陕西财政说明书》载宁羌局厘捐：

> 其私入规费以每两厘银折收制钱二串文，除提二百文个头、依例价一串六百二十文易银另报外，现在市估实一串三百文，计征解正厘一两，约可余银四钱之谱。③

当中银钱时价比价数值 1300，地方规费折收比价数值 2000，按例 1620 易银上缴。如果征收正厘一两，先按规费折价收钱 2000 文，提出个头钱（陋规）200 文，剩余 1800 文按时价 1300 折实银，但按例价

---

① 《丁漕折钱请饬各省查照市价酌定奏明办理》，军机大臣王世铎等折，光绪二十四年十二月十六日，《中国近代货币史资料》第一辑（下），第 586 页。

② 《御史关榕柞奏请饬令广西抚臣设法开炉仿照乾嘉年间所铸钱式铸造钱亦救时急事》，光绪二十八年三月二十五日，录副奏片，档号：03-9536-058。

③ 《陕西财政说明书》，陈锋主编：《晚清财政说明书》第 4 卷，第 138 页。

第七章　银钱比价波动的影响

1620 上解。如此，[200+（1620-1300）]/1300=0.4，即"计征解正厘一两，约可余银四钱之谱"。可想而知，如果易银报解的例价定得过低，又或者银钱时价过高，此"余银"便不可能存在。

所以，比价变动对政府财政收入的影响，最终需通过具体财税政策体现出来。当银贱钱贵时，如收入以银，核算以银，则比价对核算不产生影响（虽然收入的白银的购买力可能会降低）。如收入以钱，核算以银，时价比价低于官定例价，则按官定例价折收钱文，能额外增加财政收入;① 如时价比价高于官定例价，则按时价折钱征收，能增加财政收入。② 如不设立官定折收价而只以时价折收，则在钱贵持续时至少不会亏赔。假若征税官员不精通此道，便可能因误判而减少税收收入，甚至产生亏赔。

（二）银贵钱贱时的影响

在此先看一则政府交给当铺的营运生息银两亏损的案例。乾隆三十

---

① 在该意义上，清代双金属货币体系又是为政府可选择某种升值货币作为财政收入来源提供了便利的。而明代，当白银贬值时，政府也只能收入白银——"In modern terminology, Ming taxes were not indexed for inflation; collecting constant (or slowly increasing) revenues in terms of a money which itself suffered significant decrease in value was bound to spell fiscal trouble", Dennis O. Flynn and Arturo Giraldez, Arbitrage, China, and World Trade in the Early Modern Period, *Journal of the Economic and Social History of the Orient*, Vol. 38, No. 4 (1995), p. 439. 此在一定程度上导致了晚明的财政危机（［美］杰克·A. 戈德斯通：《早期现代世界的革命与反抗——1600 年至 1850 年间英国、法国、奥斯曼土耳其和中国的人口变化与国家崩溃》，章延杰等译，上海人民出版社 2020 年版，第 358 页）。

② 在此不要求官定比价一定是 1000，银贱钱贵判断也不需要以小于比价 1000 为标准。比如，在清前期，如果官定比价为 900，时价比价为 800，则按官定例价 900 折收钱文有利政府；如官定例价 900，时价比价 1100，则按时价 1100 折钱征收有利政府。在清后期，如官定比价为 2400，时价为 1900，则按官定例价 2400 折收有利政府；如官定例价 2400，时价比价 2500，则按时价 2500 折钱征收有利政府。

六年，云南藩司孙士毅称，当地官当虽未有贪污浮冒，但亏损甚多。[①] 既无捏造，也无浮冒，那么该项亏损由何而来？时任云贵总督的李侍尧给出的回答是："此项亏折银两，实由停当时钱价较开当时平贱所致。"[②] 在当铺运营中，初始资本以银计算。然由于钱价下跌，经"存钱易银"后，最终核算回白银时反不敷原额，故成一项亏损。类似的，在普遍的钱粮征收上，如在钱贱时收入钱文，而在兑银交库时钱价更降，则此项亏损也会成为亏空来源。在道光朝银贵钱贱加剧背景下，黄爵滋、包世臣的相关奏陈，[③] 都是针对该种情况论述的。

那么我们再看银贵钱贱时征收钱粮的具体问题：

> 又谕御史王宁焯奏，山东高密县征收钱粮，每银一两，折收制钱一千四百五十文。昌邑县折收一千六百五十文，其余改折之处，尚复不少，请旨严禁等语。州县征收粮赋，原应遵照定例，令粮户封银投柜。间有零星小户听从交钱者，亦便民。<u>若将额定粮银，概行改折钱文，则各州县官以钱无定额，势必任意加增，浮收虐取，朘削小民，伊于何底？</u>着通谕各直省督抚，严饬征粮州县，将以银折钱之弊，永行禁革。并着和宁将现在高密、昌邑二县，折钱滋弊

---

① "据委员云南府知府永慧等查明覆称，滇省各营赏借银两营运生息，始于雍正年间。迨乾隆三十六年奉文陆续撤回归款，想来年份久远，钱价低昂悬殊。查乾隆三十六、七、八等年，各当存钱易银，如督抚两标暨云南城守营、广罗协，每两需钱一千二百八十文；曲寻协、奇兵，每两需钱一千三百文；永北营每两需钱一千四百七十八文；提标暨大理城守营，每两需钱一千四百一十文；开化镇标每两需钱一千二百六十文；永顺镇标每两需钱一千三百六十文，实皆按照各该地市价详明出易，留心体访，其中并无虚估，承办营员亦无侵隐浮冒。"《云贵总督李侍尧奏为查明滇省赏借银两停止营运以钱易银亏折银两事》，乾隆四十二年九月二十二日，录副奏折，档号：03-0508-058。

② 《云贵总督李侍尧奏为查明滇省赏借银两停止营运以钱易银亏折银两事》，乾隆四十二年九月二十二日，录副奏折，档号：03-0508-058。

③ 黄爵滋：《严塞漏卮以培国本疏》，"载钱上省，水脚人工、投批挂号、领库收乡，征官吏薪饭钱、征各友修薪节礼，合需银一两一钱七分零，方敷解正银一两之用，是征正银一两，官实赔钱八十余文"。包世臣：《银荒小补说》，《齐民四术》，"各省州县地丁漕粮，征钱为多，及办奏销，皆以钱易银，折耗太苦。故前此多有盈余，今则无不赔垫"。

之处，秉公确查，如果属实，即指名严参，勿稍徇隐。①

在银贵钱贱时，如官方只收白银且小民只交白银，则政府财政收入不受比价波动影响，甚至可因收入的是升值货币而增收。但实际上，小民交易、收入多为钱文，纳税以银，就容易出现问题。假设前定官方田赋折征中的银钱兑换率为1500，在钱贵时（如银钱市价低于1500且在向1400接近），小民是较市价多交钱，官方是多收银，即黄爵滋称"前此多有盈余"；但在钱贱时（如时价为1600且在向1700接近），则按例以1500文/两折钱缴纳，小民似可少交钱，此时负担被转移到需将钱文兑银交库的地方政府身上。正由于类似情况广泛存在，故银贵钱贱时，地方不会允许小民以低于时价的某种官方折算率折交制钱。地方政府为避免因钱贱而致亏损，会尽量收银或者按银钱时价及高于时价的某些例价折算收钱。在按时价折征时，易出现两方面问题：一是折价过高，被小民认为是"浮折"，过甚者会引发京控、激起民变，进而影响征税效率；二是在将所收钱文集中上兑为银时，兼有钱商把持，钱价更贱，损失加剧。先说第一方面的问题。所谓时价，殊难调查（"零星小户决无现银交纳，仍须折钱，虽曰照市，实难稽考"②），彼时"改折"很可能成为一种"浮折"，故有该材料中"各州县官以钱无定额（按：但银有定额），势必任意加增"一说。并且，由于各地实用银两平、色不同，折成库纹又有折耗，这些问题往往和比价波动纠缠于一体，进而影响政府税收效率。

嘉庆二十三年（1818），山东莱芜县民李瑞鲁京控县书徐应魁等浮收钱粮，认为政府参考时价定拟的官定比价和银钱市价相差太远。但事

---

① 《仁宗睿皇帝实录》（二），卷九八，嘉庆七年五月，第316—317页。
② 《湖南全省财政款目说明书》，陈锋主编：《晚清财政说明书》第6卷，第425页。

　　　　　　　　　　　　　　　清代银钱比价波动研究

后，户部给出的调查结论是："该县征收钱粮向系谕令保长饬催花户兑银亲纳，有零星小户即令银钱两便，相沿已久。其钱数系随银价长落，不能定准。嘉庆二十二年正月间，该参员王朝凤委署莱芜县。时值银价昂贵，每市平潮银一两换制钱一千三百文，再加以市用潮银仅止九三银色，每两应补银七分，又莱邑市平每两较库平轻短四分八厘，又每两应加倾镕火耗一分二厘连一四耗，核计每银一两共需制钱一千六百五十文。"此中，如按市平九三色计，实银兑钱比价为1300，但以库平纹银加耗计则为1650。该种情况下，我们另需计算出库纹兑钱比价。由于是在补平、补色后加火耗，所以库纹兑银比价数值为1650/1.12＝1473，其和市平九三色银折价的差值即是以库纹为标准的补平、补色折钱数，即1473－1300＝（0.07+0.048）×1473。也就是说，如果仅按官方给出的解释看，此算不得是"浮折"。但官方所言市价是否属实，补平、补色是否"浮多"则又成问题，一般小民并不懂其中门道。暂不论官方解释是否有理，由于钱贱且以时价为基础折征造成的官民矛盾都在事实上影响了官方征税效率——因民众反抗而阻碍正常税收进程。再说第二方面问题。由于民间缴纳制钱甚多，而官府又需收兑以银才方便起运，所以每当官府集中兑换时便有钱商抬价，如"江浙漕粮兼收折色，缴钱之地为多，州县以钱易银解兑，每为市贾居奇，须制钱二千三四百文方能易银一两。"[1] 银贵钱贱且只按时价折收钱文，这种财税收兑方式当然会扩大政府亏损。

总之，银贵钱贱时，如收入以银，核算以银，则比价对核算不产生影响且收入白银的购买力会增加。但收入以钱，核算以银，官定例价不及时价，则按官定例价收入钱文会减少财政收入，产生亏赔；如仅按时价收入，随钱贱依旧，亦会产生亏损；如按比时价更高的官定例价收

---

① 《张祥晋奏为以钱易银敬陈管见事》，咸丰元年，录副奏折，档号：03-4463-019。

钱，则至少可以避免部分损失。但在以时价折收、以更高的官定例价折征过程中，都可能被民众认为有"浮折"嫌疑。加之胥吏"勒折"，易激起民变。使用双货币且货币比价不稳定情况下，政府征税的难度于此可见一斑。

如果市场比价由银贱钱贵转为银贵钱贱，则对比转变前后，可更明显看出比价波动对财政收入的影响。对此，亦举一例：

> 江省（按：江西）州县征收丁漕困难情形。光绪三十三年，经前抚瑞良迭疏胪陈，奉准照同治十二年定章，地丁每两折收钱二千六百八十二文，漕米每石折收钱三千四百二十文，其时钱价每千文犹易银六钱之谱。上年秋冬以后，仅易银五钱内外，今年钱价亦无起色，姑按五钱合计。地丁每两收钱二千六百八十二文，合银一两三钱四分一厘。漕米每石收钱三千四百二十文，合银一两七钱一分。而每征地丁一两，应解正耗银一两一钱，提补捐款银一钱，知府公费银五分，钱价平余银七分，学堂经费银四分，练兵经费银四分，共银一两四钱。漕米一石应解正银一两三钱，提补捐款银二钱，粮道公费银二分，知府公费银五分，钱价平余银一钱，学堂经费银四分，练兵经费银五分，共银一两七钱六分。出入相抵，地丁每两已不敷银五分九厘，漕米每石已不敷银五分，而粮书、纸张、饭食、倾镕火耗、水脚等项尚不在内。至捐摊教案各款及本署一切办公费用更属无著。查同治十二年前抚臣刘坤一奏定章程，地丁每两收钱二千六百八十二文，合银一两四钱九分，除解正耗、提补、捐款、知府公费外，尚余银二钱四分。漕米每石收钱三千四百二十文，合银一两九钱，除解部价、提补、捐款、粮道知府公费外，尚余银三钱三分，均留为州县办公及一切火耗解费之需。现非特无此盈余，即解款尚多赔垫，今昔相衡悬绝……共计每年少收银三十一

万余两，均须藩库筹垫。上年系以官银号余利银十余万两挪垫，不敷甚巨。本年经臣加增统税，收数比额十一万余两，亦为凑垫。以上三项之需尚不敷银六七万两，而赔款及练兵、学堂经费皆万不容缓之款，惟有设法腾挪……同治十二年，前抚臣刘坤一奏定丁漕折钱之数原以当日银价为衡，今银价已大涨于往时，而犹株守当日折钱之数，责经征州县以代偿银价之不敷，揆之事理，似失其平，再四筹商似非与时变通。[①]

此中，漕粮折征以钱，但对比同治十二年时银钱比价 1667（1000/0.6），宣统元年比价已为 2000（1000/0.5），以当地情况看是由钱贵转向钱贱。千钱易银，差值虽只有一钱，但最终导致"出入相抵，地丁每两已不敷银五分九厘，漕米每石已不敷银五分"，而这还未计算办公经费及火耗等项。合计江西通省，每年仅因钱贱便"少收银三十一万余两"，此项差额需各处腾挪方可垫补，支绌若此！由于应解正额、提补、捐款等项前后并未变更，所以难以用项加增来解释不敷。那么，材料中提及的"钱价平余"一词便成为理解问题的关键。在钱价高时，收入以钱，核算为银，等于借钱贵银贱之机增收，如此便是钱价"平余"（按：区别于平余银）。[②] 但当钱贱时，收入钱文不加增，折算成银还变少，此"平余"便不再存在，自然赔垫甚多。[③] 这样的现象，在当时其他省份也普遍存在。比如湖南亦奏报："年来市面银价腾涨，每钱一千

① 《江西巡抚冯汝骙奏报州县征收丁漕困难情形请妥筹补救事》，宣统元年九月初六日，朱批奏折，档号：04-01-35-0133-002。

② 又如"从前银价一两，值钱一千二百余文，州县所得平余较多，办公实赖乎此。现在银价每两涨至二千文内外，所收忙价，除去书役饭食，竟有不敷，购银尚须赔贴之处。此州县所以日见亏累，急望改良征收，暨早定公费也"（《江苏财政说明书》，陈锋主编：《晚清财政说明书》第5卷，第97页）。此中"平余"讲的也是银钱比价平余。在福建，又称此为"银余"（《福建全省财政说明书》，陈锋主编：《晚清财政说明书》第9卷，第681页）。

③ 从财政角度解释，基于钱价平余的丁漕盈余并非稳定财源，其是特定货币条件下的产物。参见周健：《维正之供：清代田赋与国家财政（1730—1911）》，第368页。

仅易库平银五钱三分。湘省各州厅县征收钱粮，以钱折征者，照近来银价计之，平余无几。"① 同样是折钱缴纳，但钱贵时折钱和钱贱时以原定例价折钱，在核算为白银时全然不同！时人将此形容为"先时银多，官以收钱渔利。今时钱贱，官以易银赔累"。②

以学理解释，在财政学中有一曲线名"拉弗曲线"，常被用以描绘政府税收收入与税率间关系。③ 结合清代银钱双货币使用情况，我们可以进一步探寻比价变动影响税率进而影响财税收入的路径：

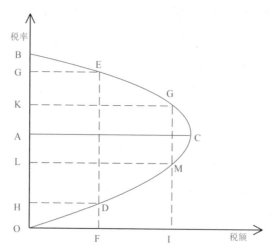

图 86　拉弗曲线与银钱比价变动

① 《湖南巡抚岑春蓂奏陈银价增昂请免提各县平余由》，宣统元年四月八日，军机处档折件，档号：178070。

② 朱嶟：《运钱法以握利权疏》，道光二十六年，盛康辑：《皇朝经世文续编》，卷五十八，《户政三十·钱币上》。又如在食盐销售上，盐栈收钱为主，同样会在银贱钱贵转入银贵钱贱时面临窘境。"余利者，出自北盐。查皖岸江运北盐，先饬海分司垫发成本，捆盐储备，再由司会栈按档分批派委，领运到栈，给商缴价订运。惟所缴牌价系属钱款，而支解各项，钱少银多，如值钱贵银贱之时，以钱易银，除开支外，尚有盈余，即为北盐余利。从前银价昂贵，盈余较多，除由栈开支各款，并奉提解练兵经费、宁属师范学堂等项。近年则钱价日落，不独无余利可收，解支无着，尚恐亏及成本钱粮。"《江苏财政说明书》，陈锋主编：《晚清财政说明书》第 5 卷，第 181 页。

③ 具体关系为：当税率在一定限度以下时，提高税率能增加政府税收收入，但超过这一限度时，再提高税率反会导致政府税收收入减少。

图 86 中横轴为税收收入，纵轴为税率，OCB 线为拉弗曲线。A 为最佳税率点（税率不一定为 50%，因为 OCB 区域可能呈偏态分布），在该税率下，政府税收收入得以最大化。现结合清代情况进行阐释。假若清代只有一种货币（或为银，或为钱），则在 OCA 区域内，随税率提高（如 H→L），财政收入（在此将税收收入简单等同财政收入）增加（F→I）。如果清廷将税率进一步提高（K→G），财政收入反而减少（I→F）——高税率可导致税基减小，繁苛重赋猛于虎。较低税率 L 和较高税率 K（或较低税率 H 和较高税率 G）下的财政收入一样。但清代实际是双货币行用，结合上段江西征收丁漕案例，纳税以钱，上兑为银核算。原"地丁每两收钱二千六百八十二文，合银一两四钱九分，除解正耗、提补、捐款、知府公费外，尚余银二钱四分"，现地丁每两还是收钱二千六百八十二文，但只"合银一两三钱四分一厘"。因为银贵钱贱，财政收入减少。在示意图中即 L 税率下，原财政收入可以达到 I，但现在只能到 F。如果政府要弥补比价变动导致的财政损失，办法之一便是加税（不再"株守当日折钱之数"，而是按时价重定地丁银每两折钱数）。在 L→K 点提升税率的过程中，财政收入相较税率 L 时依然增加（只是 CG 段的效果越来越差）。但在持续钱贱压力下，以缴纳制钱衡量的税率有可能突破 K 点，到达 G，此时财政收入又将降至 F。这时，政府面临的是和低税率 H 时一样的财政收入（但税率高达 G）。如果政府只收白银，则名义税率不变，但平民需卖物换钱，以钱折银上税，对税户而言实际税率依然增加，此即"在国无加赋之名，在民有加赋之实"。[①] 随银贵钱贱到一定程度，政府折征钱文进一步加增，实际税率向 B 点接近，民众不堪重负（民众负担问题下节还将详述）则可能发生暴动。此时就不仅仅是财政收入减少，而是面临政权稳定问题

---

① 陆黻恩：《钱币议》，盛康辑：《皇朝经世文续编》，卷六十，《户政三十二·钱币下》。

了。道光朝持续钱贱与折钱征收下，清廷田赋收入减少及太平天国运动的发生亦可通过该传导路径理解。① 在当时也有士人明确指出此传导路径——"民既日贫，赋益难办，逋欠则年多一年，亏短则任多一任，而地丁之入绌。富商大贾，倒罢一空，凡百贸易，十减五六，而关税之入绌。民穷失业，去为盗贼，枭徒日多……揆厥原本，无非银贵有以致之"②。这当中所说"银贵"实是银贵钱贱，以钱折银需使用更多钱文。

时至清末，国家欲办理财政预算。但银钱比价无定的情况同样影响"预计收入"。《河南财政说明书》对丁漕征收的利弊分析即明言：

> 豫省完纳钱粮，有银庄、钱庄之别。称钱庄者六十处，称银庄者十八处。其余半银半钱，或大粮完银，小粮完钱。然按之实际，民间得钱易于得银，除首要州县银两较易兑换外，此外虽名为银庄，亦大半完钱。何则？民持钱至铺肆换银，与持钱径向柜书完纳，其受亏折一也。自铜元畅行，银价陡涨，钱庄州县遂受亏折，亏在民违租税之原则，亏在官且贻害于吏治，欲救其弊，在划一币制。今豫算既将实行，而币制画一虽经奏定，然新币实施极早当尚在数年以后。际此过程中间，征钱征银仍不能不各因习惯。既不能不因其习惯，则银钱征解之盈亏，向之影响在州县，今则影响及于豫算。现在试办宣统三年豫算，表内于丁、漕二项豫计收入银五百二十四万余两，能否适合或违预计，又不能不听命于宣统三年之银价，是又欲整理而苦于无从者也。③

---

① 王业键：《十九世纪前期物价下落与太平天国革命》，王业键：《清代经济史论文集（二）》，第251—287页。具体情况的发生与当时南方多用银也有关系。亦见林满红：《银线：19世纪的世界与中国》，第24页。

② 冯桂芬：《用钱不废银议》，刘克辉、戴宁淑注说：《校邠庐抗议》，河南大学出版社2017年版，第259页。

③ 《河南财政说明书》，陈锋主编：《晚清财政说明书》第3卷，第563页。

如此可知，银钱比价变动对政府财政收入影响甚大。这种影响需放置在税收的具体过程中理解，与缴纳货币种类、是否有例价与时价区别、比价变动幅度等关系密切。[1] 当银贱钱贵时，政府按最高价（或为时价，或为高于时价的某种例价）收入钱文，会增加财政收入（增收部分可用于补充地方公费），且几乎不会产生亏赔。当银贵钱贱时，政府收入钱文，"收数之暗耗于银价"[2]，本身就面临货币贬值风险。当所定例价不及时价或仅以时价折收时，更是直接产生亏赔。但若所定例价远高于时价，虽不会产生亏赔，却易使民众负担过重，进而激发民变。由于银钱贵贱无定，各地征税过程又有不同，故比价波动对财政收入可能产生无法事先预料的影响。农业税征收本身缺乏弹性，税收收入又因银钱比价波动无定而易遭受市场化风险，这是清代市场经济发展、财政货币化水平提高、货币制度不完善情况下政府需面对的难题。解决的办法，或扩大商税（如厘金）等项收入，或变更、划一币制，这都是清中后期财政、货币领域的变革重心。

二、财政支出

比价变动对财政支出的影响集中体现于以钱合银办理奏销或以银折钱支用。清廷定立官方比价原本是为方便经济管理，在会计上可以统一核算。然一旦官定例价和市价不一致，市价不断波动，则会对支出销算产生影响。康熙五十三年（1714），圣祖皇帝即言："今钱价贵，钱九百二十文值银一两。部内定价每钱千文折银一两，较时价每银一两多出

---

① 宏观税收环境如财政货币化比例、一般物价水平等也同样影响税收，但本书暂假设这些外在条件不变。

② 《安徽财政沿革利弊说明书》，陈锋主编：《晚清财政说明书》第6卷，第77页。

钱八十文。今或照部价给发，或照时价给发之处，并未申明。日后销算钱粮，此即为弊端矣。"① 又因销算例价在各部及各省皆有不一，故银钱时价或高于例价，或低于例价，对银钱并用下的政府财政支出核销影响甚大。② 同样，如所支为钱但实际使用时需以银兑钱，则银钱比价波动自也影响白银对钱的购买力，进而影响政府财政支出效果。

（一）银贱钱贵时的影响

乾隆六年，江南道监察御史苏霖渤上奏，称京师五城羁犯口粮及煮赈米石并栖流所的奏销比价应当改变，原因为"换钱之数则每两系以制钱九百奏销。近年钱价每两仅换八百或八百二三十文不等，照九百文奏销，应赔银一钱上下。"③ 此中，实用以钱，奏销以银，然市场银钱比价为 800，部定奏销比价为 900。即是说，在使用制钱的情况下按市价800 文便可换银一两，待到奏销时却只能作 0.9 两银，于是在以银为标准的官方会计核算中产生"赔银一钱上下"。乾隆七年，署理广西布政使唐绥祖奏称，"狱囚口粮虽有一定之例，钱米时价实有贵贱之殊。查乾隆五、六年，省城米价俱在一两以外，钱价每银一两亦止换制钱八百一二十文不等，是五、六两年之支给匪犯口粮钱米价值已属不敷……现在省城每米一石价银一两四五钱不等，而钱价亦昂，每银一两止换制钱八百文"。④ 当银钱市价为 815（取中值）时，银贱钱贵，按例价 1000

---

① 中国第一历史档案馆整理：《康熙起居注》（第三册），康熙五十三年六月十九日，中华书局 1984 年版，第 2098 页。

② 曾小萍也认为，"奏销制度给地方官员带来的另一个困难是部价问题……当市场价格低于部价时，官员可以从这种购买中净得利润，但是当部价被低估或是价格波动巨大时，官员的负担会是巨大的"（［美］曾小萍：《州县官的银两——18 世纪中国的合理化财政改革》，董建中译，中国人民大学出版社 2005 年版，第 41 页）。银钱比价中官定例价比价与时价的差异，即是部价问题的具体表现。

③ 《理江南道事江南道监察御史苏霖渤奏为敬陈五城羁犯口粮煮赈米石及栖流所银两换钱数目似应酌量变通事》，乾隆六年二月初九日，朱批奏折，档号：04-01-01-0061-048。

④ 《奏为省城监犯口粮钱米定价不敷仍请照时价开销事》，乾隆七年十一月十九日，朱批奏折，档号：04-01-28-0001-006。

销算，是每用钱一千即有22%（1/0.815-1）的亏损。当钱价和粮价进一步增昂时，地方上办理奏销的亏损必然更大。

道光九年（1829），《时齐府君年谱》记录杨遇春曾奏报，"此次回疆军需，经前署督臣鄂山会同钦差大臣卢坤详议章程……彼时钱骤昂，每银一两易钱六七百文不等，造销只按银具报，事前则饷无虚用，事后则例难准销，均系实在情形"[1]。同样说明了"钱骤昂"时，实用以钱，但"按银具报"（按例价合银）造销会造成损失。所以，在钱贵银贱之时，实支钱文但需按例价（例价高于时价）合银报销的一方往往承受损失，故相关人等会一再请求照时价或依时价更定的例价核销。如光绪九年（1883）刘坤一的奏疏所述：

> 江苏省挑练督镇各标新兵等营津贴等项，系奏定章程支发钱款，历届报销案内，除以所收厘金钱文抵支外，其余不敷之款，均系以银易钱支给。计湘平银一两合钱一千六百文。前因市廛钱价加增，银价减落，亏折较多。酌定自光绪十五年起，每钱一千文作湘平银六钱七分六厘造报。经前督臣曾国荃附片奏请，奉朱批"著照所请，户部知道，钦此"，钦遵在案。近年以来，钱荒益甚，银价愈低。自二十三年起，每湘平银一两仅易钱一千二百余文，商情锱铢必较，碍难绳以定价强令亏折。各该兵丁月支津贴系计授要需，又难以酌定钱价核发银两，转令食用不敷，有所借口。溯查历届报销，尚有厘金钱文抵支，亏折已属匪细。现在苏省货厘改归税司代征抵运洋款，此后即无列收厘钱抵支，亏短之数较前更巨，委员实无从赔贴。惟有援案请自二十三年起，凡留防军需项下动用钱款，

① 《时齐府君年谱》，清抄本。赵珍在研究南疆军费奏销时也提及该问题（《清道光朝南疆战事军费奏销考述》，《中国社会经济史研究》2020年第3期），但从清廷决策看，并未直接解决该比价差异导致的问题。

酌中核定每钱一千文作湘平银七钱八分八厘核算造报……俟市价稍
平，再照向章办理，以照核实。①

此项军需，奏定章程以钱款支发，但实际上除能用厘金收入钱文直
接冲抵一部分外，剩余只能"以银易钱支给"。以银易钱需按市价，但
造报需按例价，这便是矛盾所在。在钱贵银贱时，以光绪二十三年市价
计算，湘平银一两易钱 1200 文，然依照光绪十五年更定"每钱一千文
作湘平银六钱七分六厘"例价造报，例价为 1479，每支钱一千便有
23%（1479/1200-1）的亏损。何况后期厘金被"税司代征抵运洋款"，
亏短因之进一步扩大。为此，自光绪二十三年起，造报例价酌中更定为
"每钱一千文作湘平银七钱八分八厘"，此时例价为 1269，相去时价不
多。由于无法预测市场比价，故接下去市价是继续升高还是降低都有可
能。而对于奏销来说，时价高于例价与时价低于例价，完全是不同
情形。

当用项被限定为白银时，如实际支出需兑换为钱，则钱贵时可兑钱
数会因之减少，产生亏损，比如：

伏查河工岁款经前河臣许振祎奏定每年六十万两，当时银价每
两合制钱一千五六百文。自去冬钱漕骤降，至本年二、三月间，仅
易制钱一千二百余文。河工用款事事需钱，统计以银合钱，诚如该
御史所奏，几暗耗钱二十余万串矣。②

---

① 《两江总督刘坤一奏请自光绪二十三年起江苏防营津贴等项暂照每钱一千文作湘平银七钱八
分八厘核算造报事》，光绪二十四年五月二十六日，朱批奏折，档号：04-01-18-0053-121。
② 《申报》1986 年 9 月 6 日，《宫门钞》，《署河东河道总督臣任道镕河南巡抚臣刘树堂跪奏为
河工岁料无缺钱法已设法变通遵旨覆陈恭折仰祈圣鉴事》。又如，"以每年六十万金计之，几少制钱
二十余万串。银价既低，则发款自不能足数"。《京畿道监察御史陈其璋奏为钱价腾昂有碍河工发项
极宜变通钱法事》，光绪二十二年五月二十八日，录副奏折，档号：03-9532-042。

许振祎任河督时曾有控制经费的重要改革，即河工总经费限额 60
万两。该情况下，即便是按银钱时价奏销，也不能超过限额。所以在钱
贵之时，同样白银所能换得钱文会减少。若钱计物料、用工价格不变，
则实际能购买的物料和用工也会相应减少，遑论物价也在上涨。要恢复
至钱贵以前的开支效果，便需另行解决"二十余万串"钱，此多出的
钱文即是由不受控制的银钱比价波动导致，故称"暗耗"。可见，即便
支银核银，但若银贱钱贵，实际支用需以银兑钱，还是会产生耗费。当
然，开支银数固定时，除钱价时价变贵会使用项不敷外，按更贵的例价
折兑为钱，也会导致用项不足：

> 查五城散放贫民棉衣钱文，节经奏准，由内务府生息项下，提
> 银三千六百两发交五城，赶于小雪节前散放。历经遵办在案。嗣于
> 咸丰四年准内务府知照此项银两每两折制钱二千，共七千二百串
> 文。核与时下（按：光绪六年）银价悬殊，实属不敷散放。①

此中，内务府生息银三千六百两，照原官定例价"每两折制钱二
千"发放，当折钱"七千二百串文"。但此时，"核与时下（按：光绪
六年）银价悬殊"，是银贱钱贵，时价比价低于例价比价。如此，三千
六百两银无法折出七千二百串文钱，故产生"不敷散放"。进一步说，
这里面的银贱钱贵，实为官定例价比价较时价比价数值高，按原定例价
折发才是导致不敷的根本原因。

（二）银贵钱贱时的影响

如果还是实用以钱，奏销以银，那么对比钱贵之时，境况会相反。

---

① 《巡视中城御史札拉丰阿奏为贫民棉衣钱文不敷散放请饬内务府照章由生息项下发交实银
事》，光绪六年十月初五日，录副奏折，档号：03-5590-044。

比如在囚粮开支项上，由于是按人按日散给，所以实际开支往往需以钱折银统合。在钱贱（银钱比价数值需大于1000）时按1∶1000例价造销报部，显然有利于动支钱文一方。所以在这种时候，动支方并不会主动要求按时价核销，反是户部在钱贱愈烈时，察觉不能再按以往例价核算，进而规定需以实呈报。比如针对直隶，户部即于道光二十年（1840）十月议复，"直隶省囚犯柴薪银两折内声明以制钱一千合银一两并无专例，应令嗣后按照市价敷算造报，以杜靡费……用过钱文遵照部议按市价合银在于存公银内动支"。①此中，"令嗣后按照市价敷算造报，以杜靡费"指的就是要杜绝动支方借用银钱例价比价与时价比价差异，防止其按低于时价的例价合银（即按更贵的钱价合银），在核销中套利。

但在囚粮奏销中，按时价核算并未推及各省，其间或有被当地抵制的原因存在。如四川省在光绪时长期以"每文一厘合银"奏销，②可想而知，只要银钱时价高于例价，按例价办理奏销便可有所获利。又如（同治）《南城县志》记载，道光十年，"黔省地方离州县稍远处所，往往设炉私铸，成色甚低。又销毁官钱搀入铅砂，并有二黄、三毛等名目，每文重不过四分，每千值银三钱六七分不等。始则搀入官钱，继则公然行使。私钱既多，官钱价值亦不能独昂，病兵而又病民。地方官支放工食、雇备夫役多系发给钱文，则其以银易钱所省甚多，因而听其行使以图自便"③。在钱贱时，用项以银，但折钱发放固定价工食钱文，实是"以银易钱所省甚多"。在此情况下，地方"以图自便"，甚至不愿多管私铸导致的钱贱问题。从中，我们亦可知晓，银钱贵贱由于直涉

① 《户部尚书董恂题为遵察直隶省道光三十年至咸丰四年支给狱囚并递解军流各犯口粮及盐菜等项钱文事》，同治十三年五月初九日，户科题本，档号：02-01-04-21994-029。
② 《护理四川总督文光题报川省各属光绪二十三年支给递解军流并狱囚口粮钱文等项银数事》，光绪二十四年九月二十六日，户科题本，档号：02-01-04-22676-034。
③ 同治《南城县志》卷九，《道光十年十月二十七日内阁奉上谕御史徐培深奏请饬禁私钱一折》。

　　　　　　　　　　　　　　　　清代银钱比价波动研究

财政收支，所以此中利益纠缠甚多，我们不能简单认为地方政府在钱贱时就一定会去设法遏制钱贱。政府在一定程度上，既为市场参与者，也为市场管理者，当发生利益纠葛时，其具体行为逻辑需被详细考察。

钱贱时，用项以银的类似原理也体现于河工开支中，王庆云《正本清源疏》有言：

> 河工之费，嘉庆时只一百余万两，当时值钱一百余万串。尔来增至三百五六十万两，而银价倍加，是七百余万串矣。四十年间，增至五倍……今理财者皆曰银贵钱贱，故地丁盐课，征收不足。然河工岁料，无非用钱，未闻以银贵而减修防之费者，则积习未除故也。[1]

河工用项为银，在实际支出时，部分需兑钱使用。银贵钱贱时，兑钱数额自然更多。但实际是，在兑钱数量增加时，修防之费不请减（这里暂不考虑物价上涨因素），该部分因钱贱而多出的盈余便成利数。

再看由银贱钱贵转入银贵钱贱时，比价波动对财政支出的影响。魏源曾认为道光时江苏漕费有三大弊——明加，暗加，横加。[2] 针对"暗加"，其特别指出，江苏漕费用银并非一直如此，当中原理亦非"货币白银化"一词可以简单概括。其中涉及银钱比价变动时用钱、用银的利益考量，以及形成习惯后的"制度依存"效应。漕费支付，开始用钱不用银，出彼时钱贵银贱，为此，官方设法花费相对贬值的货币"以图

---

① 王庆云：《正本清源疏》，道光三十年，盛康辑：《皇朝经世文续编》，卷十，《治体三·政本上》。

② 魏源：《古微堂外集卷七》，《钱漕更弊议》，《魏源全集》第13册，湖南人民出版社2011年版，第354—355页。其中的暗加之弊指的是："始也帮费用钱不用银，其时洋钱每圆兑钱八百文，故州县先〔兑〕漕每喜舍钱用洋以图节省。其后洋银价日长，而兑费亦因之而长。其用洋银之费已不可挽回。"

节省"。但长此以往，用银（洋元）便成为习惯。待到银贵钱贱时，积习难改，官方又只能承受必须支付相对升值的货币损失。在银贵钱贱时，基于利益盘算形成的支付习惯，当比价形势逆转后，反成为负担。由是可知，比价变动对财政支出影响甚大，其不仅直接通过银钱兑换数作用于财政支出，还会通过支出货币的使用习惯间接影响财政支出。

综上所述。银钱比价变动对财政收支的影响，主要通过财政收支所用货币种类及具体项目中是否有"时价""例价"之别、"时价""例价"谁高谁低体现。对政府财政收入而言，在银贱钱贵时，收入升值货币制钱必然有利；如时价低于例价，单纯从会计角度考虑，则按例价折钱征收会更有利。在银贵钱贱时，收入升值货币白银（"以银完银"[①]）也更有利。但若不得不收入制钱，则持续钱贱可致州县亏累（"地方收款亦暗受亏折"[②]）、盐务疲乏、关税短征。如增加折征钱文，便等同加税，易加剧财政收入的不稳定性。对财政支出言。银贱钱贵时，如需支钱，动支方当按低于官定例价的银钱时价合银奏销，否则于其不利，钱越贵越不利；如为额定白银且需兑钱使用，则钱价愈贵，损失愈多。银贵钱贱时，如需支钱，按低于时价的例价合银销算，有利动支钱文一方，钱越贱越有利；如给定白银且需兑钱使用，则（不考虑物价变动的情况下）钱价愈贱，得利越多。这种银钱并用且比价波动无定的情况给国家财政体系正常运转乃至国家经济治理带来诸多难题，[③] 收支各方在具体收支项上需颇加算计。而作为政府，又不能只顾自身利益，故实际

---

① 《为瑞藩司称银价贵州县赔累不堪请以银完银能否照办事自苏州致端方电报》，光绪三十四年九月初一日，端方档，档号：27-01-002-000183-0002。

② 《户部财政处会奏请限制各省铸造铜元折》，光绪三十一年十月二十日奉旨依议，上海商务印书馆编译所编纂：《大清新法令1901—1911》第四卷，第78页。

③ 当然，原因也有国家财政畸形货币化的一面。货币问题能对财政收支造成影响，其前提就是财政收支的货币化。财政畸形货币化论述，详见周育民：《清代财政的畸形货币化》，《史学月刊》2017年第8期。

行为更具复杂性。银钱比价变动后政府在财政收支领域中的应对行为，将在下章具体分析。

第二节　比价波动与民众负担

本节所论民众负担，主要指向政府缴纳赋税（还以田赋为主要案例）的负担，以及日常生活开销（以工资收入衡量）的负担。

一、赋税负担

（一）银贱钱贵

钱贵时，民众赋税负担加重，主要体现于官方按最高折算率折收铜钱。上节已经提及，钱贵时官方按高折算率（或是时价，或是例价，总之为两者对比下的最高值）收钱，等于增加税收收入，此对民众而言，就是变相加税。如"[乾隆五年]每制钱百文易银一钱二三分不等。今若以钱百文止准作银一钱，即不加火耗，小民已暗折银二三分，况州县收钱之后仍易银起解"[①]，彼时钱贵，市场比价为800，按"以钱百文止准作银一钱"的例价比价折收，则市场上值银一两的800文钱在交税时只作银0.8两，民众负担自然增加。当时官员亦认为，"若每银一两合钱一千文，小民未免过苦"。[②] 但最终赋税负担是否增加还要看民众到底是直接以白银还是制钱形式缴纳，亦要看当时物价水平如何。倘若钱

---

① 《高宗纯皇帝实录》（二），卷一一五，乾隆五年四月，第680页。
② 《陕西道监察御史恩特和穆奏陈八旗官地租银准按银钱比价管见事》（按：标题为今人后拟，原文无"比价"一词），乾隆三年四月十三日，录副奏折，档号：03-0529-004。

贵，且只能交钱，而一般物价水平又低，则民众赋税负担必然增加。以此观之，某些从银贵钱贱、铜钱贬值时民众实际赋税加重反推的"当银价下跌时，银铜比价应该下跌，这对老百姓而言是好事，相当于实际赋税减轻"[①]类似说法，有将问题简单化，将政府视为不能对此作出反应之弱者的理想化缺陷。

（二）银贵钱贱

银贵钱贱时，收钱合银，政府收入往往受到威胁。为减少损失，政府在征税时会要求缴纳白银，或（按时价或例价比价中最高者）折收制钱，等同于把比价波动导致的负担转嫁给民众。如仅征收白银，而小民所得又多为制钱。则小民以钱去商铺易银，商铺抬高银价牟利便不再作用于政府，而是直接作用于为数众多的赋税缴纳者。如政府征收制钱，则不可避免会有官吏借"银贵钱贱"之机进行勒折。对此，可看曾国藩的一段论述：

> 收本色者少，收折色者多。即使漕粮或收本色，而帮费必须折银，地丁必须纳银。<u>小民力田之所得者米也，持米以售钱，则米价苦贱而民怨；持钱以易银，则银价苦昂而民怨。</u>东南（按：指苏、松、常、镇、太）产米之区大率石米买钱三千，自古迄今，不甚悬远。<u>昔日两银换钱一千，则石米得银三两。今日两银换钱两千，则石米仅得银一两五钱。昔日卖米三斗，输一亩之课而有余。今日卖米六斗，输一亩之课而不足。朝廷自守岁取之常，小民暗加一倍之赋。</u>此外如房基，如坟地，均须另纳税课。准以银价，皆倍昔年，无力监追者，不可胜计。州县竭全力以催科，尤恐不给，往往委员

---

① 赵红军、章韬、萧凌波：《气候冲击、海外白银输入与社会动乱——来自清代华北平原的经验证据》，《长安大学学报（社会科学版）》2018 年第 5 期。

佐之，吏役四出昼夜追比，鞭扑满堂，血肉狼藉，岂皆酷吏之为哉。不如是则考成不及七分，有参劾之惧，赔累动以巨万，有子孙之忧。故自道光十五年以前，江苏尚办全漕，自十六年至今，岁岁报歉，年年蠲缓，岂昔皆良而今皆刁。盖银价太昂，不独官民交困，国家亦受其害也。浙江正赋与江苏大略相似，而民愈抗延，官愈穷窘，于是有"截串"之法。"截串"者，上忙而预征下忙之税，今年而预截明年之串。小民不应，则稍减其价，招之使来。预截太多，缺分太亏，后任无可复征，使循吏亦无自全之法，则贪吏愈得借口鱼肉百姓，巧诛横索，悍然不顾。江西、湖广课额稍轻，然白银价昂贵以来，民之完纳愈苦，官之追呼亦愈酷。或本家不能完，则锁拿同族之殷实者而责之代纳。甚者或锁其亲戚，押其邻里。百姓怨愤，则抗拒而激成巨案。如湖广之耒阳、崇阳，江西之贵溪、抚州，此四案者，虽闾阎不无刁悍之风，亦由银价之倍增，官吏之浮收，差役之滥刑，真有日不聊生之势。[1]

　　该论述不仅直接描绘了民众赋税负担加重的现象，而且将前因后果一并联系起来讲述。由于漕粮折征以银，而小民直接生产的是粮米，将米变为银需要承受双重风险：一为米价贱，一为银价高。这种官民使用货币的"非对称"结构导致官方虽无加赋之名，但有加赋之实。[2] 而如果官吏不催科追比，其自身会面临参劾赔累的后果，情势逼迫使得官吏

---

　　① 《礼部右侍郎曾国藩奏为备陈民间疾苦仰副圣主爱民之怀事》，咸丰元年十二月十八日，录副奏折，档号：03-4185-009。

　　② 这也是道光十二年孙兰枝奏呈"江浙两省每年额征地丁银六百三万一千七百七十两零，以嘉庆十年前钱价计之，合制钱六百三万一千七百七十余串，今则需钱八百十四万二千八百八十余串，是民间每年多出钱二百十一万一千一百余串"的体现。《为江浙两省钱贱银昂商民交困宜清积弊而裕财源》，户部给事中孙兰枝折，道光十二年闰九月十一日，中国人民银行总行参事室金融史料组编：《中国近代货币史资料》第一辑（上），第10页。

虽无酷吏之实，但有酷吏之名。为避免持续钱贱造成收入的制钱折银不断减少，甚至有地方以"截串"之法预征赋税，进而激起民变。由此可见，银贵钱贱对民众负担加增有很大影响，且"银价太昂，不独官民交困，国家亦受其害"，官民两方都未得利。

具体就赋税负担这一事物而言，货币比价只对其产生部分影响，此外还涉及物价这一重要因素。王业键正是以此论述了晚清物价上涨与田赋负担减轻的关系。其以田赋为例，认为田赋实际负担 = $\dfrac{\text{田赋征收额（用货币计算）}}{\text{耕地面积×耕地产量×物价}}$。[①] 此中，用货币计算的田赋征收额绝对数值增加，即包含本文前面论述的，钱贱时政府以更高的比价折钱征收，导致民众负担增加。[②] 但若纳入更多因素综合考虑——公式的分母部分，则又有变化。针对全国，王业键认为清末田赋实际负担较低。[③] 可以说，该量化比对结果曾一度颠覆了人们对清代田赋负担的固有印象。

利用该公式，我们同样可以解释一地的田赋负担。现假定一地范围内（如县、府）耕地面积和亩产并未发生质性变化，仅看田赋征收额和物价两项。这里面的物价，更确切地说，其实是田地出产物的总价值，可简化为农民卖粮所得货币。当粮价涨幅高于用货币计算的田赋征收额增长率时，农民的实际负担便有所减轻。然，通货膨胀时普遍物价上涨在宏观上可以成立，但在微观一地小市场中却未必如此——影响赋税缴纳时粮价的因素众多，散户小农缺少定价权便是其一。咸丰二年，

----

① ［美］王业键：《清代田赋刍论》，第 143 页。

② 也即王业键所说实征税率会据比价变动调整（［美］王业键：《清代田赋刍论》，第 152 页）。当用货币计算的田赋折征额加增且物价下跌时，农民负担自然加重。这和前面提到的曾国藩的论述一致。

③ ［美］王业键：《清代田赋刍论》，第 145 页。"粗略地说，在 1750 年到 1910 年间，中国的耕地面积增加了一半，土地产量增加了约 20%，物价增加为三倍。因此，到 1910 年按当年物价计算全国的土地生产总值已增至 1750 年的 5.4 倍。另一方面，同期实际征收的田赋却少于两倍。故我们可以得出结论，清朝末期全国农业部门田赋的实际负担仅为 18 世纪中叶清朝鼎盛时期的 1/3 略多。"

冯桂芬作《用钱不废银议》即说明粟贱、钱贱时，先卖粟得钱，再卖钱换银，农民需受双重盘剥。[1] 此外，银钱比价、物价还都只是具体数值因素，如果我们再考虑货币使用结构（比如农民不全卖钱，被强迫交易以钱票、大钱、铜元，官方只收实银实钱），以及税收结构（额外加派、地丁税和漕粮占比结构、漕粮征派中的大小户问题）等，[2] 则情况还要复杂。但这是财政史研究需细化的地方，本章只论述与银钱比价有关的部分。

时至清末，货币使用更为混乱。在此可看一则银元、制钱、铜元混合使用下，纳税收捐负担的材料：

> 近日，甬上市价，银圆一枚可兑制钱一千零二三十文，若兑铜圆则须一千二百五六十文。而北门卡完纳捐钱时，每银圆作制钱七百六十文至九百文不等，且捐数在制钱四百文以上即责令完纳银圆，而找还之钱又全系铜圆，一出入间，名为完捐四百，实则九百有余。[3]

此中涉及捐收贪腐的另一种情况（非简单浮收），但本质还是利用

---

① 冯桂芬：《用钱不废银议》，刘克辉、戴宁淑注说：《校邠庐抗议》，第 259 页。"夫民间之所出，粟米之属而已。而国家之所取，乃在至少至贵之银。置其所有，征其所无，粟逾益贱，银逾益贵。始以粟易钱，则粟贱而钱贵，向之每石入三千文者，今入一千数百文，是十折而为五六。继以钱易银，则钱贱而银贵，向之每两出一千余文者，今出二千文，是又十折而为五六。以银准粟，昔之一两，今之三两也。是国家之出银也，常以三两而供一两之用，而国家之入银也，直以一两而竭吾民三两之力。如是而民安得不贫？"

② ［美］王业键：《清代田赋刍论》，第 156 页；周健：《维正之供：清代田赋与国家财政（1730—1911）》，第 116 页；［美］王国斌：《转变的中国：历史变迁与欧洲经验的局限》，李伯重、连玲玲译，江苏人民出版社 2010 年版，第 198 页。

③ 《浙江咨议局第一届常年会议事录》，杭州文史研究会、民国浙江史研究中心、浙江图书馆编：《辛亥革命杭州史料辑刊》第六册，国家图书馆出版社 2011 年版，第 133 页。转引自熊昌锟：《近代宁波的洋银流入与货币结构》，《中国经济史研究》2017 年第 6 期。

银钱比价变动做手脚。宣统二年，宁波当地银元每元易钱 1020—1030 文，易铜元 125—126 枚，说明铜元已不按面额行使且发生贬值。在实际完纳捐钱时，对捐数在制钱四百文以上者，胥吏首先"责令完纳银圆"，则纳捐者势必需缴纳整个银元。由于银元为大额货币，使用时往往还需找还零钱。此时，将市价 1020—1030 文/元的银元定价为 760—900 文/元，便可少找零钱。最后，即便是找零，胥吏还按最贱的铜元找还（很可能是按铜元面额计值），是为再度盘剥。来去出入间，"完捐四百，实则九百有余"，纳捐负担变为原先的 225%。

综上，银钱比价变动确会影响民众赋税负担，但这是建立在额征税率不变时，单纯缴纳白银还是制钱，以及按什么比率进行银钱折算的对比基础上的。具体到田赋负担，还需考虑物价因素。宏观上，物价涨幅超过田赋折征额涨幅，会使田赋负担减轻。但在微观地方市场上，则需考察纳税期间粮价是否一定上涨。此外，任何公式模型都有条件限制，当我们纳入货币使用结构、赋税结构等因素测量时，相应计算又当有所变化。若扩及其他各类税收，亦需考虑具体收税过程对民众实际负担的影响。该方面论题尚可继续深化。

二、日常生活负担

清代社会经济运行的货币化程度较前朝大为加深，除少数情况仍支领实物外，工资发放多以货币形式进行。但货币有银、钱、票多种，以何形式发放，发放配比多少，都直接影响到手货币的购买力。因到手工资主要用于日常开销，故实得工资的购买力问题，在一定程度上也可称为"日常生活负担"问题。

当兵所领饷钱，即是一种工资收入。但清代饷钱往往不全以银支，而是按成（按一定比例）搭放制钱，且搭放制钱又有相应例价比价。

此时，影响兵丁生活负担的因素就有饷钱"按定例而支，照市价而用"。① 如果银钱官定比价高于市价比价，那么此时发钱算是一种额外收入，增收部分即是例价与市价比价的差额。比如，"乾隆八年，钱贵之时，部议饷银一两折钱八百八十文……加恩以钱一千作银一两。"② 在市场比价较低时，搭放比价更高，兵丁对折钱领饷自然乐意，此即"加恩"之意。但如果定例比价低于市场比价，则搭放饷钱对于兵丁来说便是一种亏损，且搭放成数越高亏损越多。在此试看一例：

> 滇省给发兵饷向例银七钱三，每两总以一千二百文为率，嗣因省城钱文积贮议请加搭二成，原为便兵起见。但查滇省年来钱价递贱，各处市价每两自一千二三百文至一千五百文不等，若照一千二百文定数搭放，则兵丁转致吃亏。且各标镇协营离局远近不同，如武定营例赴省城领给，普洱各营例赴临安领给，相距较远，该营等遣弁赴局领到钱文必须自雇骡马驮回本营，糜费脚价，未免赔折。应请嗣后市价每两换钱一千二百文以内准照向例搭放，如在一千二百文以外，照数悉给银两，不准搭放钱文。至离局较远各营概令一并给银，如该本营自愿搭给钱文者，出具印领，仍依一千二百之数照例搭放。庶兵丁领饷不致暗中亏折矣。况现在酌议减去钱局炉座另折具奏，则钱文可无壅积之虞，兵饷更无庸加搭。③

以材料中的 1200 文/两为基准，如市场比价低于 1200，则搭放"便兵"。但若市场比价高于 1200，则"兵丁转致吃亏"。在此情况下，

① 《八旗通志》，卷二百二，《人物志八十二》。

② 《署理广西巡抚台布奏为粤西钱贱银贵请将兵饷减搭钱文并酌减炉座以疏钱法事》，嘉庆二年十二月十四日，朱批奏折，档号：04-01-30-0483-002。

③ 那彦成：《阿文成公年谱》，卷十八，乾隆四十二年丁酉六月，《近代中国史料丛刊》第692 册。

官（政府）与兵间存在博弈。在政府财政尚有余力支持的前提下，于1200比价之上皆可全数放银，亦可按照时价放钱，如"赏八旗兵丁一月钱粮。例：每银一两，折钱一千。时钱贱，命户部照时价折给"。[1] 但多数情况下政府还是按例（1：1000）发放，以致兵丁实际到手的铜钱因银钱比价波动一项即亏损近半，如"近时每银一两易制钱一千三百数十文。计领饷钱一千，仅合市价银七钱五六分"[2]；"现在省城银价，自上年迄今，每两易钱一千三百七八十文至一千四百余文，统计各兵丁常年每两少得钱三四百文。……现在每银一两易钱多至一千四百余文，仍照例给钱一千文作银一两似非体恤兵艰之道"[3]。由是，"例价"与"时价"不一致，于领钱、领银者大有关碍，时人亦直陈：

> 官局鼓铸钱文，原为搭放官员养廉、兵丁钱粮之用，定例纹银一两折制钱一千，而时价则纹银一两合制钱一千五六百文不等，是例价不及时价三分之二，照例折钱搭放，官员已不无赔累，穷苦兵丁于生计尤有关系。且制钱之大小有部颁式样，铜铅之轻重有例定分数，遵照鼓铸实不能无赔累……钱法定例之初，纹银一两在时价只合制钱十八百文。是以例价折钱一千，原为优待兵丁起见。今则时价高于例价，所以利于领银而不利于折钱也。[4]

以往时价低于例价，银贱钱贵，以例价折钱乃是"优待兵丁"，折

---

① 《仁宗睿皇帝实录》（一），卷十二，嘉庆元年十二月，第182页。

② 《直隶总督琦善奏为银价尚未平减应请停鼓铸钱文并将兵饷满放银两事》，道光十一年五月二十日，录副奏折，档号：03-9497-081。

③ 《陕西巡抚史谱奏请暂停宝陕局鼓铸钱文及各营兵饷改放银两事》，道光十一年九月十九日，朱批奏折，档号：04-01-35-1363-030。

④ 《浙江道监察御史张修育奏为请重制钱以平银价并仿照普尔钱法量为变通试行事》，道光二十三年十二月初七日，录副奏折，档号：03-9502-029。

钱比例越高，放钱越多，对于兵丁就越是"优待"。此时例价低于时价，银贵钱贱，折钱放钱便成生计负担，故有谓"利于领银而不利于折钱"。当钱法混乱，连发放钱文都不能统一时，按例折算就更是在压迫兵丁。咸丰九年，京师米粮腾贵，时旗营每月应放实银只有五成，剩余应放制钱额，每串竟以"二成铁制钱、八成铜当十钱"配搭放给。[①] 此中铁钱、铜当十钱全按币面价核算，名为一两银折一串钱，实则铁钱、大钱实价不值一串制钱。

推而广之，不仅是兵丁，只要俸饷含有搭放钱文者，都会受钱贱影响。对此，在持续钱贱状态下，官方有时会被迫提高例价，将例价比价提高至1500（如"搭放制钱三成，每两遵照部议作钱一千五百文"[②]；"咸丰四年奏准宝泉局各役领米每石折银一两三钱，每银一两折给制钱一千五百文"[③]），甚至2000（如"咸丰四年……奏准各省兵饷照京师章程以制钱二千抵银一两"[④]；"自咸丰三年十一月起，仿照部议八旗领饷成案，每银一两折给制钱二千文"[⑤]），这在一定程度上可缓和矛盾。但只要有例价存在，便一定与时价有异，或例价高于时价，或时价高于例价。于财政支出和领钱方而言，总有一方吃亏。如官方在银贵钱贱时全数放银，兵丁支领工资便无损失。但当比价情势逆转为银贱钱贵时，则领银又成负担。如在战时边远地区，军饷只能放银，而当地银贱钱贵，士兵需以银兑钱日用，矛盾便又产生。在甲午战争爆发前，清廷曾派兵驻扎朝鲜。时叶志超电称"各军驻扎平壤，以银易钱，库平百两作

① 《文宗显皇帝实录》（五），卷二八九，咸丰九年七月丙申，第244页。

② 《闽浙总督刘韵珂福建巡抚郑祖琛奏为复议银钱并用章程拟请将留支款项酌筹搭放以平银价事》，道光二十六年六月二十八日，宫中档奏折—道光朝，档号：405009204。

③ 《清会典事例》（三），卷二百十四，《户部六三·钱法》，第502页。

④ 《清会典事例》（三），卷二百二十，《户部六三·钱法》，第578页。

⑤ 《河南巡抚英桂奏为豫省银价日形平减官兵应支盐粮马干拟请仍照定例改发实银事》，咸丰七年九月十八日，朱批奏折，档号：04-01-01-0861-092。

九十五两，每两合钱七百五十文。照此价值，官兵一月应领之饷不敷半月之用"。① 李鸿章亦认为"大军前进，百物腾贵，一切食用均须现钱交易，实为最急之需。藩属用兵尤与内地不同，韩钱市价本昂，势难强加抑勒，我军以银易钱，按照减平及时价耗折，几至一倍有余"②。如果官定军饷发钱，则银贱钱贵，影响的是官方奏销。但若官定军饷发银，而兵丁自行以银易钱，损失则由兵丁自己承受。虽然看似在奏销核算上官方无甚损失，但在战时，军心士气为比价变动所挫伤，不能不说是另一种更大的隐患。此外，如果银折钱、钱折银、银再折钱，时价、例价间发生多次折算，则兵丁所领饷钱就更为缩水：

> 各直省之行使钱票，权济一时也。吉林省城一隅则不然，独使抹兑钱帖，立名最巧，其弊最深，实不能以楮券作钱，较宋之交子、会子尤为虚幻……吉林官兵奉饷，向就本地征款列抵，春秋以八成折放，照章已不能满给。今所征烧锅票七厘捐，均系抹兑，<u>其价中钱四千数百文易银一两，以之搭放兵饷，仅照报部章程以中钱三千计算作银一两，已折耗一千数百文之多。各城向不使用省城抹兑，只得照市价易银携回。及回城后再以银易钱，其银价低于省城，又多一层折耗。</u>辗转赔贴，悉归商人中饱。③

此中，假设省城外兵丁领饷原额计 1 两银，但实际到手者为钱。此 1 两银，先是在省城以例价 3000 折算为中钱，较之市价 4000 已然有所损失。而此 3000 中钱，又为抹兑票，不通行各地。为能将钱领回，兵

---

① 刘志坚：《论军粮供给与甲午战争》，《福建论坛（文史哲版）》1990 年第 2 期。

② 《直隶总督李鸿章奏为朝鲜钱价太昂军饷亏折过巨设法运铸事》，光绪二十年八月初五日，录副奏折，档号：03-9531-002。

③ 《吉林将军长顺奏为整顿钱法请准暂由部领饷银划发制钱事》，光绪十四年十一月十九日，朱批奏折，档号：04-01-35-1373-009。

丁需将抹兑票兑换成实银。此时，兑换是在自由市场上进行的，只能按市价折算为 0.75 两银。将 0.75 两银携回各城，还因当地"银价低于省城"（再假设当地银价为 3500 中钱/两），则实兑钱文为 2625 文。如此来去，实际损失高达 34%（2625/4000−1）。可想而知，因例价与市价偏离，而各地市价又多有不一，兵丁在由银折钱领饷的反复过程中，即有 1/3 多损失，生活负担岂能不重？

兵丁、官员工资发放，涉及货币搭配比例及官定银钱例价，有一定特殊性。现再看更为一般的民间工资发放与所得货币工资购买力问题。为便于论述，在此以清末民初四川合江县的商品和劳动力价格为例说明：

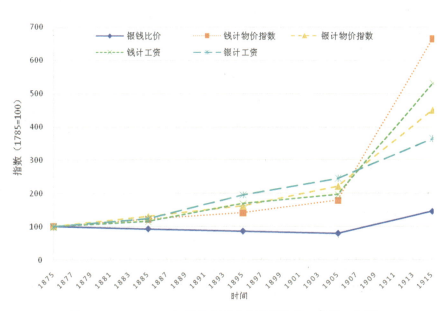

图 87　1875—1915 年四川合江县的银钱比价、物价、工资

表65 1875—1915年四川合江县的银钱比价、物价、工资

时间 价格种类 银钱比价			1875—1915				
			1875年	1885年	1895年	1905年	1915年
			1500（100）	1400（93）	1300（87）	1200（80）	2200（147）
商品价格（物价）	米（市升）	银计	0.031（100）	0.034（110）	0.054（174）	0.058（187）	0.109（352）
		钱计	46（100）	48（104）	70（152）	70（152）	240（522）
	盐（斤）	银计	0.019（100）	0.027（142）	0.032（168）	0.048（253）	0.064（337）
		钱计	28（100）	38（136）	42（150）	58（207）	140（500）
	猪肉（斤）	银计	0.032（100）	0.043（134）	0.055（172）	0.067（209）	0.072（225）
		钱计	48（100）	60（125）	72（150）	80（207）	160（500）
	黄豆（升）	银计	0.028（100）	0.036（129）	0.043（154）	0.053（189）	0.427（1525）
		钱计	42（100）	50（119）	56（133）	64（152）	940（2238）
	菜油（斤）	银计	0.027（100）	0.036（133）	0.042（156）	0.067（248）	0.155（574）
		钱计	40（100）	50（125）	54（135）	80（200）	340（850）
	薪（百斤）	银计	0.027（100）	0.043（159）	0.062（230）	0.083（307）	0.136（504）
		钱计	40（100）	60（150）	80（200）	100（250）	300（750）
	棉布（尺）	银计	0.014（100）	0.016（114）	0.018（129）	0.020（143）	0.028（200）
		钱计	21（100）	22（105）	23（110）	24（114）	62（295）
	缎（尺）	银计	0.42（100）	0.49（117）	0.51（121）	0.53（126）	0.55（131）
		钱计	630（100）	686（109）	663（105）	636（101）	1210（192）
	柱料（株）	银计	0.6（100）	0.9（150）	1.2（200）	2.0（333）	2.6（433）
		钱计	900（100）	1260（140）	1560（173）	2400（267）	5720（636）
	砖（千块）	银计	1.35（100）	1.57（116）	1.59（118）	2.98（221）	2.98（221）
		钱计	2025（100）	2198（109）	2067（102）	3576（177）	6556（324）
平均指数		银计	100	130	162	222	450
		钱计	100	122	141	179	664

时间 价格种类 银钱比价			1875—1915				
			1875 年	1885 年	1895 年	1905 年	1915 年
			1500（100）	1400（93）	1300（87）	1200（80）	2200（147）
劳动力价格（工资）	木、石、泥、葭工	银计	0.027（100）	0.032（119）	0.042（156）	0.053（196）	0.082（304）
		钱计	40（100）	45（113）	55（138）	64（160）	180（450）
	缝工、织工	银计	0.040（100）	0.043（108）	0.069（173）	0.083（208）	0.091（228）
		钱计	60（100）	60（100）	90（150）	100（167）	200（333）
	农佣	银计	0.013（100）	0.017（131）	0.023（177）	0.033（254）	0.055（423）
		钱计	20（100）	24（120）	30（150）	40（200）	120（600）
	店佣	银计	0.060（100）	0.080（133）	0.173（288）	0.192（320）	0.191（318）
		钱计	90（100）	112（124）	225（250）	230（256）	420（467）
	力役	银计	0.033（100）	0.043（130）	0.062（188）	0.083（252）	0.182（552）
		钱计	50（100）	60（120）	80（160）	100（200）	400（800）
平均指数		银计	100	124	196	246	365
		钱计	100	115	170	196	530

说明：1. 原记录为每隔十年记录一次，故时间段向后延伸至 1915 年。2. （ ）内为以 1875 年为基期的指数。3. 钱计货币单位为文，银计货币单位为两。①

从相应图（图 87）表（表 65）可以看出，无论是以钱计还是以银计（银计者是据钱计数值与银钱比价数值换算而得的），合江当地工人平均工资涨幅在 1875—1905 年间都高于物价涨幅。这就意味着银贱钱贵时，如工资收入以钱，且工资涨幅更快，则工人生活条件会得到改善，在该意义上的生活负担有所减轻。但在 1905—1915 年间，由于铜钱（实际很可能为铜元）快速贬值，所以钱计物价上涨迅速。虽然工资在该时段内也在上涨，但与物价相比，还是瞠乎其后，工人生活条件

---

① 全汉昇、王业键：《近代四川合江县物价与工资的变动趋势》，《"中央研究院"历史语言研究所集刊》第三十四本上册，1963 年，第 265—274 页。

又因之趋于恶化。另外，如果工人领取的是固定工资（或工价未及调整），那么这部分工资的购买力同样也跟银钱比价和物价相关。比如，根据日本人调查，1892—1901 年间，宜昌的银钱比价数值自 1575 下降至 1250，制钱升值了 26%，如表 66 所示。但对比物价：

表 66　宜昌 1892 年与 1901 年的物价对比

物品	A 1892 年钱计物价（文）	B 1892 年银计物价（两）	C 1901 年钱计物价（文）	D 1901 年银计物价（两）	(C/A-1) 钱计物价涨幅	(D/B-1) 银计物价涨幅
米	3600	2.29	5200	4.16	44.44%	82.00%
盐	5400	3.43	8000	6.4	48.15%	86.67%
煤油	8000	5.08	10500	8.4	31.25%	65.38%
煤炭	250	0.16	175	0.14	−30.00%	−11.80%
木炭	220	0.14	290	0.23	31.82%	66.09%

资料来源：《清国商业综览》（第四卷），冯天瑜、刘柏林、李少军编：《东亚同文书院中国调查资料选译》（上册），第 399 页。

说明：原始物价为钱计，根据银钱比价换算出银计物价。

可以发现，十年内，物价涨幅总体高于钱价涨幅。故虽然相同数量制钱对白银有所升值，但其购买力实在降低。银贱钱贵时，如物价上涨更快，则固定制钱工资收入者负担亦有增加。此外，类似于田赋负担存在实际的复杂计算问题，如果工人工资有一定货币化比例，加之有是否包含工食、住宿及工种区别（劳动溢价）问题，那么情况还要复杂。[①] 凡此种种，已超出本书单纯银钱比价主题研究范围，有待物价（含劳动力价格）史研究者做进一步探讨。

---

① 此类研究有赖于更为精细的雇工账簿分析。可参见蒋勤、王泽堃：《清代石仓的雇工与工资（1836—1870）》，《中国经济史研究》2020 年第 5 期。

第三节　比价波动与商贸活动

一、比价波动与物价及交易

邓云乡曾言，"在清代约三百年间，银价、钱价、米价，是一切物价的中轴，其它种种物价都是围绕着这个中轴运转的"。[1] 由于是银钱双货币，所以当时"其它种种物价"也各自至少存在两种价格（钱计的与银计的）。银钱比价波动时，物价往往会跟随波动，进而影响正常的商品交易活动。银钱比价在该意义上可以说是物价"中轴"的"中轴"。由于当时的商品交易必须同时考虑货物价格和货币价格，[2] 故当货币比价波动变得剧烈时，物价和商品交易都深受影响。[3]

乾隆七年，正蓝旗汉军都统伊勒慎奏称："康熙年间，银每两兑大制钱九百八九十文，钱贱而一切应用等物亦贱……自康熙五十八九年来钱价渐贵……至今银每两兑大制钱八百文，因钱贵而所用等物亦贵。"[4] 相对于乾隆初年比价 800，康熙年间 985 的比价确属"钱贱"。"钱贱而一切应用等物亦贱""钱贵而所用等物亦贵"，意味着彼时一般物价以钱计算。在物品本身价值不变、钱计物价也未调整时，自是钱贱

---

① 邓云乡：《清代三百年物价述略（续）》，《价格理论与实践》1982 年第 5 期。

② 何汉威：《香港领土型币制的演进——以清末民初港、粤的银辅币角力为中心》，《"中央研究院"历史语言研究所集刊》第八十六本，第一分，2015 年，第 111 页。

③ David Faure, *The Rural Economy of Pre-Liberation China: Trade Increase and Peasant Livelihood in Jiangsu and Guangdong, 1870 to 1937*, Oxford University Press, 1989, p.64.

④ 《正蓝旗汉军都统伊勒慎奏请禁乱使戥头搅乱银色而平钱价事》，乾隆七年五月初八日，录副奏折，档号：03-0769-045。

导致"一切应用等物亦贱"①;同理,钱贵时,如物品本身价值不变、钱计物价也未调整,则"所用等物亦贵"。由是,银钱比价变动后,钱计、银计物价是否跟随调整,调整是否到位便十分重要。在此试看一例:

> 至该地(按:河南陕州直隶州)盐价,康熙五十三年以前每斤止银八厘,嗣因引壅停运为议招商,每斤定价银一分,彼时钱价平贱,每银一分,约可换钱十文,商人相沿盐价一分,收钱十文。迨后钱价逐渐昂贵,而灵邑钱文又每银一两,止换钱七百六七十文不等,小民零买食盐不过一斤半斤,只可用钱,难以用银,自应照钱价之低昂准钱文之多寡,今仍以银一分收钱十文,是名为每斤定价一分,实系一分二三厘,近虽因闹减去一文,当合银一分一厘有零,银钱准价不平,商则暗享其利,民已阴受其亏,以致屡控哄闹。②

在这则材料里,原定盐价每斤一分银,又因当时银钱比价数值约为1000,所以盐价每斤也为十文钱。现在钱价增昂,虽然用银买盐依然是每斤一分,但小民买盐系用钱散头,如是则钱计盐价应当酌减,这即是材料中说的"自应照钱价之低昂准钱文之多寡"。此时仍照过往比价折算,以银计盐价1分/斤折收制钱10文,对于小民而言实是折收了"一

---

① 如果物品根据货币贬值幅度调价,则会出现"钱价愈贱物价倍增"(《户部财政处会奏请限制各省铸造铜元折》,光绪三十一年十月二十日奉旨依议,上海商务印书馆译所编纂:《大清新法令1901—1911》第四卷,第78页),"钱日贱而物日贵"(《请变通钱法疏》,咸丰四年,沈葆桢,盛康辑:《皇朝经世文续编》,卷五十九,《户政三十一·钱币中》)的情况。

② 《山西巡抚阿里衮奏报河南灵宝县盐价昂贵民人聚众哄闹情由事》,乾隆八年六月二十九日,朱批奏折,档号:04-01-35-0448-017。

清代银钱比价波动研究

分二三厘"，是"钱价昂贵则物价不昂而自昂"。^① 如此则钱贵时，钱计盐价当减不减，"民已阴受其亏"，"屡控哄闹"。^② 由钱价转贵引起的商民纠纷还可再看一例：

> ［乾隆］三十一、五十七等年，节经户部咨令，浙省开报成本价值经原任盐政熊学鹏、全德等以浙盐引地成本远近不同，课则高低互异，每罄视产盐多寡情形按本定价。现在各属价值每斤自一分六厘四毫至二分二厘不等，悉照本核定……［乾隆］六十年，前任盐运使秦震钧详明，前任盐政岳谦将<u>原定盐价银数核照时值钱价画一行销</u>，每斤制钱二十四至三十二三文不等。现在张江梅所控之锡、金二县，原定价银二分，按照彼时钱价卖钱三十文；苏州长、元、吴三县原定价银一分八厘八毫，按照钱价卖钱二十八文，此浙省盐价参差不齐及核银卖钱之旧定章程也。嘉庆六年五月间，张江梅赴苏探亲，见伊戚王勇义向裕生盐店买盐百斤价钱二千四百文，取有该店发票存据。因与常属盐价不符，随携票回至金匮县，向陈恒茂铺买盐每斤索价三十文，复向同春铺买盐五十斤，每斤价钱二十九文。张江梅以苏、常接壤，价值悬殊，并以<u>从前所定银数核之目前钱价更有浮多</u>，随以醝狯剥民等词先后赴县府具呈，详经运使张映玑以常属详定价钱三十文核计商配成本并未浮多，批府饬县销案。张江梅复先后赴巡抚藩司及两江总督衙门呈告……提取锡、金二县商人成本底账逐细销算，以一引而论，如柴卤煎工牵算三千四

---

① 《山东按察使李渭奏请截留京铜设局开炉鼓铸钱文事》，乾隆十三年闰七月十二日，朱批奏折，档号：04-01-35-1239-008。

② 特别说明，本节所论盐价，皆指衡量食盐价格的货币币值变动所导致的名义价格波动，与供需、成本、商政关系等所致的实际盐价变动不同。后一方面的新近研究可参见韩燕仪：《清代盐价制定中的政商关系——基于雍正初年湖广盐务风波和官员受贿案的考察》，《中国社会经济史研究》2020年第1期。

百文，其杂支等项牵算四百九十文，捆运等项牵算二百三十余文，掣配等项牵算七百五十余文，开运等项牵算三百五十余文，加以完纳钱粮并办巡辛工伙食等项，随时而计，每斤成本约需二十余文。商人终岁营运，将本牟利，原期稍沾余润，若大加裁剪，转可藉口堕引误课，于鹾务大有关系……将锡、金原定每斤三十文之数减去二文，每斤卖钱二十八文，则于商不亏，于民不病，彼此俱可相安。①

该案件发生在嘉庆初年钱价较乾隆末年转昂的大背景下。由于认为"从前所定银数核之目前钱价更有浮多"等，张江梅一路从县府告至两江总督。但盐商不减钱计盐价的原因却很复杂，作为商人要谋取利润，自是原因之一；但同时也要注意到，在钱价上涨时，商人的成本（按：以钱计算）也在加增，② 成本不易降，而盐价多降，则商人入不敷出，此"于鹾务大有关系"。在该意义上，比价波动不仅引起商民矛盾，而且牵扯进盐课鹾政。政府既不能不顾民意，又不能使商人利益实际受损，所以只能寄希望于稍减价钱，"将锡、金原定每斤三十文之数减去二文，每斤卖钱二十八文，于商不亏，丁民不病，彼此俱可相安"。③

又如乾隆十三年，山东巡抚阿里衮奏称，"农民粜米，银少钱多，商铺收粮，以钱价合银计算，康熙年间，每银一两易钱一千，少亦九百

---

① 《奏为遵旨查审江苏从九品张江梅京控盐商汪丙太等浮价按律定拟事》，嘉庆八年三月十九日，朱批奏折，档号：04-01-01-0492-030。奏为遵旨查藩具奏事，江苏金匮县民捐纳从九品张江梅呈控盐商汪丙太等浮价病民、盐运使张映玑庇商不准核减一案。

② 盐商分场商、运商、水商，这里所讲的成本主要是指运商课税、水商零卖运送的成本。对食盐运销成本、利润的研究可参考陈锋：《清代食盐运销的成本、利润及相关问题》，《中山大学学报（社会科学版）》2020年第5期。

③ 即清廷要在食盐交易银钱并用，银钱比价不断变化的条件下，同时平衡盐课收入、盐斤价钱、盐商利益、民众用盐需求等多主体关系。

清代银钱比价波动研究

余文，今止易七百余文，是米价已暗加二三钱"。① 此时银钱比价数值下降，钱价增昂，又是农民卖米，商人买米。商人在钱贵时以钱收米，而钱计米价未有下降，故"以钱价合银计算"，原先 1000 文值银 1 两，此时 1000 文却值银 1.25 两（比价取中值 800 计算），这当然是"米价已暗加二三钱"。这时候，亏本的可是商人！农民在钱贵时卖米，同样不减钱计米价。可见，在钱贵之时，凡是以钱计价且不降价（按币值变动相应调整物价）的，都是利用了银钱比价波动获利。② 获利者可以是商人，也可以是农民。③

银贱钱贵对商贸活动的负面影响，张之洞曾有一综合论述：

> 中国民间日用，向以钱为大宗，钱缺价昂，商民皆病，其最苦累者，以三项为尤甚：兵勇之领饷，以银数计钱，过贵则饷项明不减而暗减；商贾之完厘捐，以钱数计钱，过贵则捐名不加而实加；至于盐务为尤甚，运商行销外省，以银数计，运商订场商之盐、场商收灶之盐，皆以钱数计，钱价过贵则运商赢不补亏，势将停运，尤以大局有关。至于银价日低，则定货凝沮，百货壅滞，行旅苦

---

① 《高宗纯皇帝实录》（五），卷三二三，乾隆十三年八月，第 338 页。

② 当然，在论述钱贵银贱对物价影响时，是先假定商品供需未发生改变的。如果供需发生变动，再配合银钱比价波动，情况会更为复杂。如贝思福在 1898 年对中国进行考察时曾提问"粮食价格和工资，是否随着铜钱价格的上涨而降低？"其言："铜钱对白银的比值一直在上涨，我们自然希望看到，铜钱对粮食和工资的比值，也能有类似的上涨。换句话说，我们期望看到日用品价格的降低。"但实际上他发现的是："当同样数量的铜钱，能比以前购买更多的白银时，它能购买的日用品反而少了。铜钱的购买力，在白银方面增加了，在日常用品方面减少了。"这里面就有粮食供给减少的重要原因。即"中国的人口大幅增长，对各种产品的需求也随之增加；然而，白银兑黄金比值下降，刺激了白银的出口，因此就缩减了国内白银的流通量。流通领域内大量的假币，促使物价上涨。一些地方农作物歉收，一些地方大量种植鸦片，这是粮食价格上涨的主要原因。据说，许多山东农民移民到了西西伯利亚，导致当地农村劳动力成本上升；四川人对粮食歉收、鸦片种植和粮食出口有怨言"。［英］查尔斯·贝思福：《贝思福考察记》，第 318—320 页。

③ 在此不考虑买方、卖方市场及议价权问题。

累，一切商务民生均多窒碍。①

该段话优先以受钱贵影响的消费群体切入论述。领饷兵丁，"以银数计钱"，指的是饷金原以银计，但实际发钱。不论是搭放制钱还是全放制钱，由于钱贵，按时价所得钱文较之原先都会减少，故"饷项明不减而暗减"。商贾缴纳厘金"以钱数计钱"，钱越贵，负担越重，是"捐名不加而实加"。运商订盐以钱，行销外省以银，支出升值货币而收入贬值货币，亦"赢不补亏"。在这些群体的购买力都受损的情况下，终要导致"百货壅滞"。

我们再来看银贵钱贱对食盐交易的影响：

> 据三省（按：河南、山西、陕西）行盐各州县开具印折申覆，现在每银一两易钱九百数十文及一千数十文不等。查从前每银一两易钱七百数十文及八百文不等，是从前卖钱千文已值银一两二三钱，今卖钱千文仅值银九钱三四分及一两七八分不等。在民间零星买盐俱用钱文，而商人完课必须易换库纹，今昔相较每引亏银一两二钱有零。②

对于盐商来说，民间零星买盐，收入多为钱文，但完纳课税又要交银。在银钱一进一出的过程中，如果钱价转贱，则其最终所换银两必定减少，故为一种损失。该情况出现的时间与乾隆朝中期钱价开始转贱的

---

① 《光绪二十九年二月十三日创设官钱局折》，《申报》1903 年 5 月 12 日。亦见《宁苏两处设官银钱局发行官钱票》，光绪二十九年二月十三日，《中国近代货币史资料》第一辑（下），第 988—989 页。

② 《山西巡抚三宝奏为增复盐价期满请展限三年删减盐价二厘事》，乾隆三十七年十月初九日，朱批奏折，档号：04-01-35-0467-022。

时间大致相同，且到乾隆晚期更为加重。时人记录为"行盐三省钱价日贱，银价日增，民间零星买食盐斤俱用钱文，商人纳课必须易换库纹，辗转赔折，积少成多，以致日形支绌"[①]，"至［乾隆］五十八、九年至嘉庆元、二等年，易换库平纹银一两，需制钱一千二三百文不等，各商赔折，至于力不能支"[②]。那么对于盐商，钱贱时是否可将钱计盐价提高呢？[③] 道光十二年（1832），给事中孙兰枝在论述江浙盐务大坏时，认为"半由于钱价之贱"。彼时两淮盐运口岸价定价以银，而民间向铺商买盐多以钱，商铺因之亏折。[④] 但此时若提高钱计盐价，最大的问题是不能与私盐竞争市场份额。[⑤] 即"价贱则不敷进本，价贵则不能敌

---

① 《课归地丁全案》，卷一，《升任两江总督书麟在京奏稿》，乾隆刻本。

② 黄掌纶等撰，刘洪升点校：《长芦盐法志》，卷十六《奏疏下》，第 328 页。

③ 同样，在食盐买卖中更改货币也需经过官方批准。乾隆五十九年十一月十七日，内阁奉上谕："户部议覆长芦盐政征瑞等奏芦东盐价改为卖银一折，内称现在市集钱价较贱，若如该盐政等所奏，照依市价随时核算，则较之长芦现行盐价，每斤约多卖钱二三文及五六文不等，统计长芦每年额销引张，可多卖银一百数十万两。即谓芦东鹾务，目前量宜变通，亦应核明该商等每年约赔数目，量出为入，两得其平，未可稍存偏重之见，或致累及闾阎，徒饱商橐。请饬下各该督抚会同盐政，切实详查，秉公酌议具奏，再行核办等语。此事前据征瑞等奏称，芦东商人以卖盐钱文易银交课多有赔折，且河南省行销四省引盐，惟芦东专卖钱文，商情不无偏绌，请一体改为卖银，以纾商力等语。朕以所奏系为调剂鹾务，似有所见，因交该部核议。至其中如何合算增减，一切委折细数，朕岂能析及锱铢。今据部臣核奏，则称若如该盐政等所奏，每年额销引张竟多卖银一百数十万两。征瑞等即为调剂商情起见，计其每年赔折不过四五十万，亦应酌其赔折之数量为变通，何得专事恤商，致令倍蓰得利？此语更近理。朕岂肯因恤商困而令商受利令民受困乎？"（中国第一历史档案馆编：《乾隆朝上谕档》第十八册，广西师范大学出版社 2008 年版，第 328—329 页）。在不改变钱计盐价的情况下，改变交易货币也能取得同样效果，但为求"商民两便"，高宗皇帝还是否决了该提议。

④ 两淮是进货以银，零售以钱；浙江是进货以钱，纳税以银。凡经此银钱转换，盐商均有亏折。见《为江浙两省钱贱银昂商民交困宜清积弊而裕财源》，户部给事中孙兰枝奏，道光十二年闰九月十一日，中国人民银行总行参事室金融史料组：《中国近代货币史资料》第一辑（上），第 10 页。

⑤ 实际上，适度加价是存在的。以嘉庆十四年（1809）为界，此前加价是为弥补银贵钱贱给商人造成的损失，此后加价则是用作补偿财政经费不足。陈锋：《清代户部的盐政职能》，《中国财政经济史论》，武汉大学出版社 2013 年版，第 240 页。

私，以致官引滞销，运本日绌，而亏累终归于两淮"。① 随钱贱持续，食盐零售价又不能随时得到调整，最终情形便是盐务疲乏、课税减少。②

当然，对于一般交易而言，钱贱时卖方还是可以提高钱计物价销售。比如：

> 向来江、浙所产米麦，不敷民食，全藉湖广、江西、四川各省及福建之台湾络绎接济。而各处所来米麦，俱系售银。即以中等价论，从前计米一石，照市价纹银二两，合江、浙市平制钱一千九百二十文；今亦计米一石，价银二两，需制钱二千六百文。同一银数，而钱价悬殊。③

此时虽说以银计价，但实际销售则用制钱成交，制钱标价必然随银价增昂而增加。此时提高钱计粮食价格，商人可避免损失，但用钱买粮的平民需承受压力。若长此以往，持钱者不堪重负，最终会阻碍商业循

---

① 《为江浙两省钱贱银昂商民交困宜清积弊而裕财源》，户部给事中孙兰枝折，道光十二年闰九月十一日，中国人民银行总行参事室金融史料组编：《中国近代货币史资料》第一辑（上），第10页。此前他人使用该材料者亦见段艳：《鸦片战争前后中国"银荒"传染路径》，《广东金融学院学报》2012年第6期。

② 道光十八年，林则徐即感慨"商人完课买盐发给运脚，皆须用银，而市上盐斤无非卖钱。从前银价贱时，以千作两，照奏案梁盐每包价银三钱科算，不过卖钱三百文，近因银贵钱贱，三钱库银即合钱四百二十三文。纵使市上盐价较前有增，而以钱合银，实已暗减，岸商、水贩皆惟利是图，岂甘宁本，则招徕愈难"。《整顿楚省醝务折》，道光十八年二月，《林则徐全集》第二册《奏折卷》，第1063页。

③ 《为江浙两省钱贱银昂商民交困宜清积弊而裕财源》，户部给事中孙兰枝折，道光十二年闰九月十一日，中国人民银行总行参事室金融史料组编：《中国近代货币史资料》第一辑（上），第11页。此前使用过该材料者有如谢杭生：《鸦片战争前银钱比价的波动及其原因》，《中国经济史研究》1993年第2期，但论述方向、意图与本文有异。

环。^① 具体发展过程为：商人进货以银，零售以钱→钱贱→钱计物价不调整则亏本，重调物价则难于销售→价格不变但降低商品质量→交易萎缩、商民交困。类似情况还有，如"市集钱贱，在以银易钱之家自属有益，而贸易商客所买钱文势须易换银两，往来兴贩未免本重价昂，诸物昂贵未必不由于此。是商民阳受钱价平贱之名而阴受物价增昂之实"^②；"民间各种贸易，往往顿置论银，而零卖论钱，银贵以来，论银者不加而暗加，论钱者明加而实减，以是商贾利薄，裹足不前"^③；"商则进货银洋，出货钱码，银洋合钱，势必货物昂贵，卖买因之窒碍，生意清而营业虚"。^④ 这种时候，如政府不对银贵钱贱现状做出干预，则可能于"商民均无裨益"，最终影响正常商贸往来乃至税收取得。

包世臣曾记录银贵钱贱对江南布业影响——"今年蚕收亦丰，而叶价至每石钱五千。木棉梭布东南杼轴之利甲天下，松、太钱漕不误，全仗棉布。今则洋布盛行，价当梭布而宽则三倍，是以布市销减。蚕棉得丰岁而皆不偿本，商贾不行，生计路绌。推原其由，皆由银贵，银贵由于银少，不二三年，恐当由少入无，则钱漕两奏，势必贻误"^⑤。当中原理过程便为：银少→银贵钱贱→钱计叶价高涨→蚕棉丰岁但不偿本→商贾不行。最终结果不仅是商贾不行，还间接导致钱漕两误。

<small>① 徐鼒撰，刘荣喜、张玉亮校注：《未灰斋诗文集》，卷第三，《务本论罄辨篇第九》，巴蜀书社 2009 年版，第 82 页。"日用必需之物，以钱计值，有常价也。商人以钱易银，寘置货物。银贵而钱贱，仍其旧值，则价不雠；骤加其值，则货难售。于是贬货就价，以薄劣之物行其欺。农人以难得之钱，而受易败之货。商人又以其不售之货，耗其居积之银。展转牵引而泉货两滞，商民交困矣。"

② 《江苏巡抚长麟奏为调剂市集钱价请以存贮局钱搭放兵饷及收买小钱事》，乾隆五十六年十月初四日，朱批奏折，档号：04-01-35-1334-016。

③ 冯桂芬：《用钱不废银议》，刘克辉、戴宁淑注说：《校邠庐抗议》，第 259 页。此前利用该材料进行过类似论述者有如方行：《清代商人对农民产品的预买》，《中国农史》1998 年第 1 期。

④ 《罗店分会提议解决铜元充斥办法致苏南总会函》，光绪三十四年五月二十三日（1908 年 6 月 21 日），华中师范大学历史研究所、苏州市档案馆编：《苏州商会档案丛编》第一辑，华中师范大学出版社 1991 年版，第 1178 页。

⑤ 包世臣：《致前大司马许太常书》，《齐民四术》。</small>

咸丰六年，京师银钱比价波动剧烈，"京中银价昂贵，京外价值悬殊"①，商贩因故亏折资本，乃至间有歇业。这不仅使正常商贸活动萎缩，且导致政府税课收入减少。反之，如是银贱钱贵，亦会出现交易萎缩。光绪二十四年，给事中国秀等奏京师银贱钱贵情形："银价既有减无增，物价遂有长无落，居民日用向需六七十金者，今增至百金犹形支绌，市面萧条，民生困苦"。②此中"银价"即"钱计银价""银钱比价"，银价有减无增，即比价数值减小，是"银贱钱贵"。在此情况下，商人将银计物价向上调整（"物价遂有长无落"），致使居民需用更多白银购买一样的物品。此中虽未提及钱计物价是否调整，但从商人逐利特性看，在卖方市场商人主动下调钱计物价的可能较小。值此钱贵钱荒之时，或有论者问何以不开钱票解决？时人对此亦有解答——"若令钱铺多开钱票，虽可济一时之急，而票多钱少，终必纷纷倒闭"。在金属货币制度下，钱票仅为取钱凭据或暂时代钱行用，与现钱终有区别。因故在此情况下，依旧出现交易凋敝、民生困苦。

倘若银钱比价有所变动而物价、租金不及调整，又或者其中一方出于自身利益考虑而不遵守约定，则该比价变动也会导致法律纠纷，进而影响正常商业秩序。比如：

> ……本年正月里，方阿房向小的店里取了番银三十圆。那时钱价每圆换钱六百三十文。方阿房陆续还过小的钱一十八千六百文，尚欠三百文。四月十四日，小的到他店里讨取，方阿强不在店里。方阿房说现在时价每圆换钱六百二十文，已经交清，不肯找给。小

---

① 《管理左翼税务肃顺奏为关税一年期满共征收正余银两各数目并短征盈余银两照数补足赔交事》，咸丰六年二月十五日，录副奏折，档号：03-4379-004。

② 《给事中国秀等为京师现钱缺乏请令广东加铸小银元事奏折》，光绪二十四年正月二十六日，中国第一历史档案馆丁进军辑：《晚清各省铸造银元史料续编（上）》，《历史档案》2003年第3期。

的说你借番银时，每圆换钱六百三十文，应照那时算还，怎么照得现在的价。……①

此为乾隆三十二年发生在广东普宁县的一桩命案的供词一部分。在借债时，由于只是口头协议，故未形成规范契约。当借银还钱且非一次还清，一段时间后银钱比价发生变动，如此就产生还款纠纷。彼时正月番银三十元，按时价 630 文/圆折算，当还钱 18900 文，借方先还 18600文，欠债主 300 文。待到三个月后，银圆价格变为 620 文/圆，按时价算，620×30＝18600 文，变为"已经交清"。显然，欠款方是借比价波动故意混淆概念，将原本应该按约定比价 630 折算的钱款变为按当下时价折算，以期逃避债务，如此则产生纠纷。又如：

具禀职员刘大蟪　年六十一岁　代质子刘恩治

禀为任意添盖罩棚，租价翻改前议，恳恩传集评议，以昭公允而防不测事：窃职有坐落估衣街铺房一处，于光绪二十七年租与元隆绸缎庄居住，每年租价津钱三千四百吊。取租价时，非交制钱好帖，洋钱按一吊八百文作价，忽于上年取租时，伊翻改前议，即以大价铜元交付，职实吃亏不起，与之理论，伊一昧豪横，不容分辩。

……

（反驳文）：伊禀职等到季交租用大价铜元翻改前议等情。查职等号于光绪二十三年赁住该房后院，于二十六年因房被烧，于二十七年措钱起盖，并续租门面，同中言明津钱三千四百吊，立有租

---

① 《两广总督李侍尧题为审理广东普宁县民方阿集因索欠纠纷伤毙方阿强案依律拟绞监候请旨事》，乾隆三十二年十月初八日，刑科题本，档号：02-01-07-06250-003。

札为凭。论租价为合街极大房租，庚子年前取租不论，自二十七年至今已七八年，到季取租，每洋由一吊六七至二吊四五，均按时价作洋，毫无异说。并去年冬季到期仍按时价，彼时每洋合铜子一百四十八个，买洋五百六十一元一角，该洋已存在永利钱铺。乃伊不凭租札，或称交制钱，或称按一吊八百作洋，空口捏造，系伊不遵前议，有心翻改，反控职等翻改前议，此系诬控例应科罚者一也。……伏思刘大蟪家有阔房产数十处，为津郡著名富户，但为富不仁，时有倚仗业主刁难租户情事。职等自租伊房以来种种被伊欺压，笔难罄述。兹明明系伊自私自利，竟捏出伪词，用此声东击西之法。岂知津郡住家铺户全局所关，租业两家近来以谕旨停铸铜元，督宪严拿充斥，银价渐平，战端日息。若因伊空口无凭，遽欲委曲求全稍为变通，不以铜元为津钱，不按时价作？但有意破坏圉法，且业主纷纷效尤，援此为例，使合郡众租户唾骂。①

彼时天津制钱、铜元价格皆上涨（但制钱涨幅更大）。对于承租方元隆号绸缎庄来说，以"每洋由一吊六七至二吊四五，均按时价作洋"支付，显然比"一吊八百作洋"有利。为此，业主刘大蟪父子即觉吃亏，于是要求承租方改为以制钱或按"一吊八百作洋"固定价支付租金。由是纠纷产生。这种纠纷的本质是已有商业约定与货币时价变动所致盈亏间的冲突。在货币价格多元且不稳定的情况下，交易双方都会找寻有利于自己的证据进行辩驳。② 于是，比价波动便在此意义上造成纠纷，进而可能影响商业秩序。影响商业秩序更明显者，是针对比价波动

---

① 《房产主刘大蟪父子禀控元隆号绸缎庄以铜元纳租房主亏赔不起及元隆号反驳文》，光绪三十四年三月十四日、二十三日，宋美云主编：《天津商民房地契约与调判案例选编（1686—1949）》，天津古籍出版社 2006 年版，第 184—185 页。

② 由于无法见到档案原件且转录文无后续结果全文，所以详细案情分析只能付之阙如。

进行投机。部分钱庄、钱铺无法预测短时比价波动，导致投机失败，从而发生关店逃匿现象。此类现象集中爆发会引起金融恐慌，这也会导致商贸活动萎靡、市面萧条。

二、比价波动与进出口贸易

在单本位币制国家，本币贬值有利于出口，本币升值有利于进口。但清代市面银钱并用，且本无本位、主辅乃至法定市场比价之说。由是，以白银为线条，对外有金银比价，对内有银钱比价，连接世界的"银线"将国内外贸易联系起来。

白银对黄金贬值，铜钱对白银升值，在进出口贸易涉及双货币时所产生的问题可由 1895 年汉口英国领事馆报告中的一段描写窥及，"1894年，银价虽然大幅跌落，但进口贸易仍然繁盛，各河港进口了很多棉织品，除了 1893 年存货较少这个理由以外，我们所得知的一个解释是：零售商们开始觉察到他们的商品卖出后，所换回来的既是铜钱，铜钱又对银两升值，银两对金币的贬值即不会造成所预期的严重后果"[1]。后来，郑友揆的研究指出，银贱钱贵时，"银价下跌在中国贸易中的作用，大部分为钱贵的作用抵消了"。[2] 管汉晖在此基础上进一步说明了当中原理。[3] 林满红等人的研究也表明，银贵银贱对出口的影响尚需结合银

---

① British Parliamentary Paper, *Commercial Reports, China*, Dublin: Irish University Press, 1971, vol. 19, p. 376.引自林满红、梁启源、郑睿合：《银价贬值与清末中国的国际贸易收支（1874—1911年）》，第 120 页。

② 郑友揆：《十九世纪后期银价、钱价的变动与我国物价及对外贸易的关系》，《中国经济史研究》1986 年 02 期。

③ 管汉晖：《浮动本位兑换、双重汇率与中国经济：1870—1900》，《经济研究》2008 年第 8 期。"对当时的中国而言，对外汇率贬值并不是阻碍进口贸易的主要因素，还要看对内汇率即银钱比价的关系，进口商品价格折合成钱价后与内地物价比较，才是决定进口贸易是否增长的关键。"

第七章 银钱比价波动的影响 - 611 -

钱比价情况起作用。①

在此，我们以当时金银比价、银钱比价、棉纺织业新旧土布价格的对比（如表67所示）来说明问题：

表67　金银比、银钱比对新旧土布价格的影响（1874—1904）

项目 年份	紫铜进口价格 （海关两/担）	金银比	银钱比	新土布价格 （文/尺）	旧土布价格 （文/尺）
1874	16.21	16.16	1805.00	33.35	23.50
1875	16.61	16.64	1778.00	34.50	26.30
1876	16.66	17.75	1722.00	27.85	23.00
1877	16.65	17.20	1655.00	26.15	23.80
1878	17.00	17.92	1598.00	24.00	23.50
1879	14.97	18.39	1620.00	24.15	23.50
1880	15.24	18.05	1653.00	25.70	24.00
1881	14.27	18.25	1690.00	26.70	24.50
1882	15.00	18.20	1685.00	26.55	23.80
1883	15.00	18.64	1685.00	25.00	26.80
1884	15.03	18.61	1651.00	22.75	27.50
1885	13.47	19.41	1650.00	21.60	27.80
1886	12.12	20.78	1648.00	21.75	26.30
1887	9.61	21.10	1557.00	21.25	22.00
1888	14.00	22.00	1580.00	20.05	25.30
1889	14.00	22.10	1585.00	19.55	23.00
1890	14.00	19.25	1488.00	17.20	21.50
1891	16.13	20.92	1496.00	16.65	23.50
1892	16.00	23.72	1552.00	17.00	22.50
1893	21.99	26.49	1552.00	18.20	24.00
1894	20.01	32.56	1508.00	17.85	21.50

---

① 林满红、梁启源、郑睿合：《银价贬值与清末中国的国际贸易收支（1874—1911年）》，第127页。"银币对金币贬值对进出口量的影响尚需透过银币与铜钱的关系而运作。"

项目 年份	紫铜进口价格 （海关两/担）	金银比	银钱比	新土布价格 （文/尺）	旧土布价格 （文/尺）
1895	23. 11	31. 60	1465. 00	17. 65	26. 50
1896	18. 82	30. 59	1378. 00	17. 50	24. 00
1897	24. 65	34. 20	1378. 00	19. 35	30. 00
1898	22. 25	35. 03	1305. 00	16. 80	21. 80
1899	31. 00	34. 36	1325. 00	17. 00	25. 00
1900	32. 30	33. 33	1328. 00	17. 35	26. 80
1901	30. 02	34. 68	1305. 00	18. 05	30. 80
1902	36. 05	39. 15	1345. 00	19. 20	33. 30
1903	27. 97	38. 10	1278. 00	20. 05	32. 50
1904	28. 15	35. 70	1225. 00	20. 40	36. 00

资料来源：紫铜价格来自海关报告，数据引自王宏斌：《清代价值尺度：货币比价研究》，第 548 页，附表 10；金银比同引自该书第 546—547 页，为江海关所定汇兑比值。银钱比为张家骧《中华货币史》第五编海关两数据，引自［日］森时彦：《中国近代棉纺织业史研究》，第 29—30 页，图表 1-10；新土布为进口机纱所织，旧土布为本土棉花所织，价格推算同采用森时彦该表推算的数据，唯新土布价格在本表中取了原表均值。

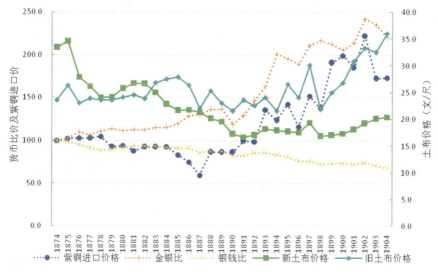

图 88　双重汇率与新旧土布价格（1874—1904）

数据来源：来源于上表。紫铜进口价格、金银比、银钱比采用了以 1974 年为基期的指数表示。

在该阶段内，国内铸币大量采用进口铜材，而铜材进口以银支付。同时期，西方大多数贸易国采用了金本位制度，[①] 国际银价下跌（对应图 88 中金银比上升），这导致紫铜进口价格随银价下跌而上涨，推高铸币成本，进而抬升钱价。钱贵与银贱共同构成"银贱钱贵"（对应图 88 中银钱比数值下降）。从金贵银贱来看，这本不利于机纱进口，而有利于旧土布与新土布竞争。[②] 但因为在土布制造—运销上，进口机纱以银，销售至城乡以钱，钱贵实际导致了进口机纱（钱计）价格下降。由此，在 19 世纪 80 年代，旧土布价格反而超过新土布，竞争力也不及新土布（在其他约束条件未变情况下）。根据森时彦的研究，这种情况的逆转要到 1904 年后铜贱再度贬值，此时土纱价格才比机纱便宜。[③] 由是我们也可以发现，该阶段内世界银价虽然下跌了 55%，但国内钱价则上涨了 32%，双重汇率叠加使得钱计进口货物比本土产货物更具竞争力。反映到一般外贸上，便是"银价下跌对出口贸易的促进作用，很大一部分为铜钱价格上升所抵消，出现汇率贬值进口反而超过出口的现象"[④]。

---

① 英国于 1816 年最早采用金本位，19 世纪 70 年代采用金本位的主要国家有德国、瑞典、比利时、意大利、西班牙、奥地利等，19 世纪 80 年代采用金本位的主要国家有埃及、俄国、智利、日本、印度等。参见林满红、梁启源、郑睿合：《银价贬值与清末中国的国际贸易收支（1874—1911年）》，表 2《世界各国采用金本位或停铸银币的时间》，第 106 页。

② 除去货币原因，就当时广大进口商品而言，工艺及技术进步也可使其价格下跌。参见严中平主编：《中国近代经济史（1840—1894）》（下册），人民出版社 2001 年版，第 1207—1208 页。

③ ［日］森时彦：《中国近代棉纺织业史研究》，第 31 页。

④ 管汉晖：《浮动本位兑换、双重汇率与中国经济：1870—1900》，《经济研究》2008 年第8 期。

小结

现就银钱比价波动对政府财政收支、民众负担及商贸活动的主要影响做一总结。

一、比价波动对政府财政收支的影响，与收支使用的具体货币种类、是否存在例价、例价与时价有多大差别、按何者折算密切相关。就收入言，银贱钱贵时收入以钱，按时价与例价对比的最高折算率征收，多能增加财政收入。银贵钱贱时，收入以银最为稳妥。如需收钱折银，则必须按比时价更高的折算率折收，否则容易出现亏赔。就支出言，银贱钱贵，如额支为银，需兑钱使用，则实际购买力减弱；如动支为钱，需合银奏销，则时价低于例价，对动支方奏销不利。银贵钱贱，如额支为银，可兑钱使用，则实际购买力加强；如动支钱文，需合银奏销，则以低于时价的例价核算，有利动支方。

二、比价波动对民众负担影响亦与使用货币的种类及物价有关。银贱钱贵且官方以高于时价的例价收钱，则民众负担加重；银贵钱贱且官方以高于时价的例价收钱或直接收银，民众负担亦加重。具体到田赋，还需考虑勒折、浮收、物价水平等因素影响，吏治败坏可致人为增加以银折钱数，物价总水平提升则有利于民众减轻负担。对于支领固定工钱者，应考虑其到手货币的相对贵贱。银贱钱贵，领钱有利；银贵钱贱，领银有利。但支领何种货币，以何形式支领，则更多体现社会权力关系。对于工资浮动变化者，则要结合物价考虑到手货币的实际购买力。即便收入的是升值货币，但若收入增长不及物价（同以该升值货币计）

涨幅，其负担也会增加。如收入的是贬值货币，则物价上涨时，货币工资收入者会遭受双重损失。

三、双重物价条件下，银贵钱贱，则钱计物价应向上调整，但在如食盐之类特殊商品中提价不可随意进行，因故影响盐商利益。银贱钱贵时，理论上的钱计物价也当下调，但在具体实践中由于商人把持，商品价格往往不会下调，此易引起商民纠纷。在银钱约定价与时价比价偏差较大时，商业纠纷转多，亦增加交易成本。在研究银钱比价波动对市场交易影响时，需更多关注交易主体间的关系，货币的使用种类、使用规则、行用过程，过程性因素的改变完全可使相同银钱贵贱状态下出现的结果相反。

四、白银货币沟通中外贸易，对外有金银比价，对内有银钱比价。金银比价下跌本有利出口，但该有利影响可被银钱比价上涨所抵消。反映在外国商品与本国商品竞争上为机纱进口价格高于土纱，但旧土布价格超过新土布价格，银贱钱贵反削弱旧土布竞争力。类似情况在丝、茶等贸易中同样存在，但针对于此的更为细致的研究还待展开。

第八章　对银钱比价波动的应对

银钱比价波动导致的问题如此之多，受影响各方自得设法应对。本章将应对之法分为官、民两部分论述。由于官方有维系圜法、稳定比价的责任，[①] 故官方应对又可分为对比价波动的直接调节及对波动造成财政税收问题的应对。而民间应对，则多出于方便经济生活考量或基于私利做出抉择。官民双方在应对比价波动问题上，并不全然独立、分离，其间或有相互支持、依赖处。[②] 它们在应对货币比价波动过程中产生的想法、观念及践行的措施，也可能孕育出新的经济思想，诱生出新的货币制度变革。

---

① "夫厘定币制所以崇国体、便民生，去从前之积弊，谋大利于将来，固非如市侩之徒，探赢奇而逐什一。"《会议政务处会奏遵议画一币制折》，光绪三十四年九月十一日奉旨，上海商务印书馆编译所编纂：《大清新法令1901—1911》第四卷，第105页。

② 如官方为应对银贱钱贵，向市场投放制钱，但投放的钱文需经钱桌、钱店易换流入市场。"其一钱以下应收制钱，令三日内分给钱桌，平价易银。"《高宗纯皇帝实录》（七），卷四九五，乾隆二十年八月辛未，第223页。

第一节 官方应对

一、稳定比价的应对

影响银钱比价的诸要素，但凡能被政府干预，便都能被用来应对比价波动。[①] 当然，此中最重要的还是从货币，特别是铜钱的供应量入手调节。回归历史语境，官方对"银贵钱贱"调整目标的表述多是使钱价"加增""增昂"，对"银贱钱贵"调整目标的表述多是使钱价"平减""贱"，希望达到的最终均衡状态为银钱价"平"[②]。

（一）平抑钱价、遏制银贱

1. 增加铜钱供给

清廷增加铜钱供给的办法很多，但从原理上说，不外乎增加铜钱供给数量和加快钱文流通速度。[③]

---

① 所以在行文时，有些案例被放置于第六章解释影响银钱比价的因素，有些则被用来解释政府对波动的应对。那些有提议但实际未曾实行的办法也不纳入。比如为应对道光朝钱贱，刘良驹曾提议"部价既定，各处市价一体遵照出纳，每银钱交易不得过例价百文，违者没入所易银钱，仍按违制拟罪"（《江南道监察御史刘良驹奏为银价日昂公私交困请饬定画一章程等事》，道光二十五年十一月初七日，录副，档号：03-3385-075）。这种还是希望以法令约束市价与官价一律的办法，在清前期的货币管理实践中早被证明不可行。

② 如"市价平至八百文，即停止"（《高宗纯皇帝实录》（六），卷三八一，乾隆十六年正月，第 20 页）。此处"平"为 800 文的目标表述，达到该目的即可停止干预。

③ 铜元运动原理亦是。由于本文不论述铜元比价，铜元短缺时处理办法的研究可参见韩祥：《清末小额通货更替与灾赈货币流通转型——以光绪三十二年江北赈案为例》，《清史研究》2020 年第 4 期。

开铸及发卖钱文。① 比如康熙六十一年（1722），官方即在大兴、宛平二县设立官牙平价卖钱，② 同时还将粜米所收制钱于京师五城发卖。③ 乾隆五年，浙江巡抚卢焯奏报，"将铸出钱文委官监视，零星售给小民，照从前部定铜价合计工本，原定每银一两换钱九百文。缘市上钱价每库平纹银一两向仅换钱七百七十文，自开铸以来钱价稍减，可以换钱八百文。是官钱比市价多换钱一百文，民情趋利若鹜，远近争买。……半月一期，将新铸钱文量行遁减，以八百五十文售换。"④ 官局开铸后，为平抑钱价，开始时以接近工本比价的900文/两开卖，随后，当市场比价高于800文/两时，官钱便抬高售卖比价到850文/两。如此，通过官局零星售卖，银钱市价渐平，钱局也有余利。乾隆九年，陕西巡抚陈宏谋直言，"陕省河山四塞，舟楫鲜通"，在钱文流入少、钱少价昂时，唯有"开采铜斤，鼓铸接济"。⑤ 乾隆十三年，清廷发满洲兵平叛金川，途经直隶时兵、商、民聚集，钱价增昂。为此，直隶总督以宝直局鼓铸所存余钱，于良乡、清苑、正定、临洺关等处，"每处发制钱八百串，委员经理，以平市价。使纹银一两，易制钱八百文"⑥。彼时，不独钱价增昂，粮价也会上涨，故放钱、放粮应对措施内含原理一致，这也是清人对钱价波动与粮价波动解释有相似处的原因。

采买及调拨钱文。既然有钱贱省份外销制钱，那么就有钱贵省份采

① 正文仅论述到直接铸钱。但根据第六章的系谱图，影响铸钱的因素很多，如增加铜材供给一项，又有开矿、收铜、铜禁等，增加开矿的又有提高铜斤收购价格等，这些措施已经不属于调节比价的直接措施，故正文不再旁及。

② 《大清会典则例》，卷四十四《户部·钱价》。

③ 《清文献通考》，卷十四《钱币考》。

④ 《浙江巡抚卢焯奏报开炉鼓铸钱文分厂售卖事》，乾隆五年闰六月初八日，朱批奏折，档号：04-01-35-1231-007。

⑤ 《高宗纯皇帝实录》（三），卷二二五，乾隆九年九月癸卯，第917页。

⑥ 《高宗纯皇帝实录》（五），卷三二七，乾隆十三年十月下，第412页。

买制钱。① 比如雍正五年（1727），江西钱文不敷民用，于是当地政府便委员从汉口采买由滇运楚的铜钱。② 雍正十年，陕西钱价高昂，应云南巡抚张允随奏请，东川府设炉二十八座，铸钱发运陕西。③ 乾隆十一年，宝川局三十座局炉岁铸钱半数拨运陕西，用以搭放兵丁月饷。④ 又如乾隆二十四年，甘肃因军需急用也向四川采买制钱。时上谕：

> 甘省连年承办军需，钱价未免昂贵。西安鼓铸炉座无多，从前已屡次协拨，现存无几。四川为产铜之区，添炉鼓铸，钱文必多。若由水路运至略阳，转送甘省，即增添运费，较之甘省现在钱价，尚当减省。着传谕开泰，查明该省存局余钱，尽其所得，拨出数万串，委员陆续运至略阳，交陕省委转运甘肃一带。视钱文之多寡，酌定成数，搭放兵饷，以每银一两，折钱八百文为率。如有赢余，即设局减价兑换。并计其兑换银数报部，于拨解甘省协饷时，照数扣除，改拨川省抵饷，以省往返运送之烦。并传谕明德知之。寻据开泰覆奏，以钱八百文折银一两，每串计可多出二百文，足敷陆路运费。至川铸钱文，除搭放兵饷，及发交地方官出易外，局存有限，钱价本不甚昂，应将出易之钱暂停。并将搭放饷钱，暂借数月拨运，不致久需时日。⑤

该钱文调拨不仅计算进运费成本，且与协饷联系。协饷原需银两，

---

① 采买铜元以济钱荒亦然。如光绪三十一年，"锡良移节督滇，查悉云南钱荒情形，始由四川运来铜元数千百驮，抵当制钱通用，市面颇形活跃"。《新纂云南通志》（七），卷一百五十八《币制考》。转引自杨涛编著：《清末官银钱号史料辑注》，中国社会科学出版社 2019 年版，第 352 页。

② 倪模：《古今钱略》（上），卷首《国朝钱制》，第 61 页。采买按 1000 例价核算。

③ 《清朝通典》，卷十，《食货十·钱币》。

④ 《清朝通典》，卷十，《食货十·钱币》。

⑤ 《高宗纯皇帝实录》（八），卷五八〇，乾隆二十四年二月上，第 402 页。

但此情况下可将运钱数折银扣除。① 虽然一地在钱贵时可请求从外地调拨、采买制钱，但此行为是受约束的。在此看一例：

> 据西安按察使杨秘奏称"陕省黄铜甚少，不敷鼓铸，是以钱价昂贵，每银一两仅兑钱八百一二十文，一应薪蔬俱皆增价，似应借邻省之钱通融行使。查湖广水路可抵陕属商州之龙驹寨，由此以至西安，仅有旱路四百余里，约计水陆运每钱千文共需银一钱有零。再将京城户工二部制钱由粮艘带至楚省，从楚运陕，为军需采办物件之用，则陕省钱文日多，价值自平"等语。从来市买物件钱数之多寡，原合银数计算，钱价即昂则物价应当酌减。此在地方大吏善于经理，务期便民利用。至于京师制钱，只可供京师之用，岂能远运陕西？湖广虽开鼓铸，今因铜斤不敷，暂且停炉，亦难分及邻省。杨所请，皆必不可行者。但陕省钱价既昂，又值军兴之际，亦应筹画通融之策。朕思滇省鼓铸钱文较易于他省，若每年多铸钱十万串，着陕省督抚差员赴滇领取，由湖广水路运至陕省商州之龙驹寨，再从龙驹寨陆运至西安府，如此似于陕省有益。②

时陕省钱少价昂，比价数值为815。为缓解钱贵，西安按察使杨秘提议从湖广水路运送楚钱接济，并从运河及长江运送京师钱文入楚济陕。然该两项提议随即被否，原因之一为湖广鼓铸无多，"难分及邻省"；之二为"京师制钱，只可供京师之用"。在应对钱贵的政策上，既要"地方大吏善于经理"，又要考虑他省情况，则一省的货币政策只

---

① 当然，严格来说在钱贵处实价折银抵扣，数额肯定会变小，对于协拨省份而言有一定的损失。

② 允禄辑：《上谕内阁》，雍正十年闰五月，清雍正九年内府刻乾隆六年武英殿续刻本，第5—6页。

有部分独立性。

调整俸饷搭放成数。钱文经铸局铸出后，会通过俸饷搭放及余钱售卖途径进入市场，所以政府对搭放数额进行调整也可干预比价。康熙六十一年，京师钱价昂贵，为平抑钱价，官方除令五城将粜米所收钱文平价易银外，还将八旗给发月饷"暂以银钱各半搭放"。① 乾隆二年秋冬，京师钱贵。当时调查认为是前夏雨泽过多，民间缺乏食物，争相购买官方粜米，致使钱文向官府府库聚集，市面钱文更形短少。为此，官方以"增发兵饷钱文以平市价"办法额外于兵饷发放时多搭一成钱文，同时严查囤积居奇，以平市价。② 乾隆十八年冬季，直隶省城钱贵。为此，总督方观承请求将通省各营饷银以钱一成搭放，如此便等于向市场投放了更多钱文，兵民两相受益。③ 在发生灾害时，钱价上涨，官方也可通过该方法向市场投放制钱。④ 由以上事例易知，兵饷搭放虽各地有成例，但在需要借搭放调整货币比价时，其例也可临时调试变更。

暂允古旧小钱及外国钱文行使。在短期铜材供给有限，鼓铸不足，制钱无法大量增加供给情况下，政府只能暂时允许非官方钱文流通。乾隆十年，清廷便议准，湖北地方行钱，除剪边钱依然严禁外，"砂板、锤边、铅钱、古钱"皆可于制钱充裕前继续使用。⑤ 乾隆五十五年（1790），在全国查禁私钱的大背景下四川却提出异议，其给出的理由

---

① 《清文献通考》，卷十四《钱币考》。

② 《巡视南城御史王文璇奏为钱价日昂兵食不敷请增发兵饷钱文事》，乾隆二年闰九月初一日，朱批奏折，档号：04-01-01-0018-058

③ 《直隶总督方观承奏报兵饷搭放钱文钱价平减事》，乾隆十八年十一月二十日，录副奏折，档号：03-0771-076。

④ 庆桂等：《钦定辛酉工赈纪事》，《中国荒政书集成》（四），第 2342 页。比如在嘉庆六年辛酉京师水灾中，即有临时上谕："近日京师钱价飙昂，兼值雨水连绵，食物甚贵。因思每月兵饷，现系搭放制钱三成，著加恩搭放六成，俾兵丁等多得钱文，日用较臻宽裕，而民间钱币流通，市价亦可渐平。该衙门遵谕速行。"该做法不仅能使钱文供给增加，同时也给兵丁以实惠，可谓一举多得。

⑤ 《清会典事例》（三），卷二百二十《户部六九·钱法》，第 589 页。

是当地钱文供不应求，需"暂准通融"。① 此"暂准通融"即乾隆帝言"于禁止之中稍寓变通之道"，与清廷不允许私钱流通的货币制度并不违背。并且，官方实际上将不同重量的小钱区分定价，这也可在一定程度上避免全数按面额行使导致"劣币驱逐良币"。

禁止囤积钱文。哪种货币升值便将哪种货币囤积以保存购买力，这是正常的理性经济人思维。但若短时内人皆如此，极易导致钱价居高不下甚至暴涨。政府出行晓谕禁止囤积，能在短时内迫使市场主体释放出被囤钱文，增加市面货币供给。② 乾隆十七年（1752），直隶奏报："近日钱价每银一两换钱俱在八百文以上，至保定省城每两向换七百九十文，今于数日之内较前多增一十文，盖缘民间自奉晓谕之后皆知积钱有禁。"③ 数日之内钱价即降，便与政府发布禁囤令有关。待到次年，直隶方面再报，"今每银一两仍换钱八百四十文，实因钱价大势平减之故"，其时据方观承称："现在行使钱文……其上多有斑绿，可知出自埋藏。"④ 连埋藏的旧钱都已取出，足见禁止囤积于应对钱贵有所成效。在此过程中，由于囤积储存被严查，故增加市面供给量的同时也提升了钱文流通速度，使得短时钱文总流通量提升。乾隆二十三年，直隶总督通饬，"民间务将家中囤积余钱，早为出易，量加奖赏。如仍积至百串以上，以二分入官，其余照兵饷例，以一千文作银一两，官价易换，并

---

① 《高宗纯皇帝实录》（十八），卷一三五一，乾隆五十五年三月辛丑，第81页。"其宝川局每年应易之钱，尚不敷省城一月之用。若将小钱概加禁绝，实多窒碍。应暂准通融，酌定每钱一千重六斤者，作银六钱六分零；五斤左右者，作五钱；余小碎者，不准行使，仍用局钱收买，易银归款。并分饬各属，严拿私铸。"

② 禁囤向有例禁，但未规定数额。到乾隆七年，廷臣才酌议，"除当铺外，各项铺户所买大制钱积至五十千文以上者，即令赴市售卖。如敢囤积勒价，或经查出，或被人首告，即将一半赏给查出首告之人，一半入官"。《皇朝文献通考》，卷三十二，《市籴考一》。

③ 倪模：《古今钱略》（上），第192页。

④ 倪模：《古今钱略》（上），第154页。"自上年秋冬以来，京城及直隶地方囤积钱文陆续呈交，钱价日见平减，民间颇为称便……目下各处市集每银一两换钱八百三十文至七十文不等，通州船舫通乃向来钱贵之时，今每银一两仍换钱八百四十文，实因钱价大势平减之故。"

照违制律治罪"[1]。从中可知，禁令不只是简单罚没，而是也有正向激励。在钱贵（比价低于1000）时，如囤积被查，"二分入官"外皆按"一千文作银一两"折算，对囤钱者自是损失。从利益计算角度，该饬令也可促使囤积者主动卖出钱文。

铸大钱，发钱钞、官钱票，使用银行纸币。当币材供给不足，鼓铸难行时，增铸小平钱的方法便失效，而减重和降低含铜量的方法又不可持续使用，故最后只能着眼于提升钱文面值，以一当多。如咸丰时期的大钱铸发过程如下：

> 咸丰三年，军旅数起，饷需支绌，东南道路梗阻，滇铜不至，刑部尚书周祖培、大理寺卿恒春、御史蔡绍洛先后条陈钱法，请改铸大钱以充度支。朝廷下其议于户部。时寿阳祁寯藻权尚书，力赞成之。五月，先铸当十钱一种，文曰咸丰重宝，重六钱，与制钱相辅而行。八月，增铸当五十钱一种，重一两八钱。十一月，因巡防王大臣之请，又增铸当百、当五百、当千三种，当千者重二两，当五百者重一两六钱，铜色紫；当百者重一两四钱，铜色黄……文曰咸丰元宝；而减当五十者为一两二钱，当十者为四钱四分，又减为三钱五分，再减为二钱六分。四年正月，源局铸当五钱一种，重二钱二分。三月，铸铁当十钱。六月，铸铅制钱。[2]

铜钱短缺若此，铸发大钱可谓是不得已而为之。然此风一开，在金属铸币时代不易发生通货膨胀的普通规律便不再起作用。同时，官票宝钞亦可同理发行，此遂成清代币制一大变革。但这里我们先看铸发大钱

---

① 佚名：《钱谷指南·行使制钱》，郭成伟、田涛点校整理：《明清秘本公牍五种》（第二版），中国政法大学出版社 2013 年版，第 385 页。

② 缪荃孙：（光绪）《顺天府志》，第五十九卷，《经政志六·钱法》，第 2 页。

的应对办法是否可行：第一，"饷需支绌""滇铜不至"，出于财政及民用需求考虑，铸造大钱势在必行；第二，初铸当十重六钱，当五十重一两八钱……与小平钱相比，大钱确在减重（或言同等重量下面值增加），且面额越大，减重越多；第三，如果说铜钱减重尚且还有一定铜金属重量做保障，则对于铁钱、铅钱，就干脆连币材限制也放开了。可想而知，铁、铅如可用，则纸又如何不能用？从朝廷一方看，大钱铸发确实增加了市面制钱总面额，但此面额却没有相应铜金属保证，名不副实，所以最后亏损的是按面额收入大钱的人，比如领饷兵丁。铸发大钱原为弥补铜钱短缺、平抑钱价，实际上当时钱价也确有下降，但数值下降只是一方面，我们还需看结构、质量一面。即下降最多的是大钱价格，其次才是一般钱文，且这种钱价下降往往还伴随私铸充斥。总之，铸发大钱之策确有不得已的一面，对遏制钱贵钱荒或有些许效用，但利弊相较，实是弊大于利。弊端最大处即在扰乱正常钱价，使得货币比价换算更为复杂。[①] 此"权宜之计"看似增加了钱文供给，但实际上扰乱了原有计价标准，大钱被市场重新定价，一度造成计价与实付的偏离、混乱。发钞的逻辑和结果也是类似。发钞能增加制钱供给的前提是钞能保证兑换、能纳税，[②] 而钞若不能随时兑换、抵缴赋税，则看似增加了

---

① 在当时的京师，即有人形容："京师始铸当十大钱，为一时权宜之计，乃历久弊生，私铸充斥，银价与物价递增。昔用制钱换银一两，不过京钱三千。今当十钱换银一两，竟至京钱二十千。斗米值京钱五六百者，今不止京钱五六千，其他诸物皆然。名为以一当十，几至以十当一。当十钱行不及百里外，而受累者不知几千万家，是公私交病也。"清代钞档，光绪四年三月初一日，马相如奏。转引自彭泽益编：《中国近代手工业史资料（1840—1949）》（第一卷），第583页。

② 一个地方官钱局发放官钱票可行的案例发生在光绪二十八年（1902），"江西近年制钱缺乏，专恃钱票流通，市价则任意低昂，股东则居心叵测，商民完纳官款又复挑剔多方，奸商从中把持，官民并受其累。亦经臣上年于藩司任内详明制造官钱票一百万张，每张足钱一千文，钤盖司印，发交牙厘局行用，准其完粮纳厘。民皆称便，争相购买"。《护理江西巡抚柯大中丞奏仿照泰西银行章程试办官银号并行用官钱票片》，《申报》1902年10月23日。

制钱供给，实则钞也要被重新定价。① 当中根本性的问题是"国家纸币"与"信用纸币"的区别。而清末发行的银行纸钞、官银号钱票，因有《大清银行则例》《银行通行则例》《通用银钱票暂行章程》《兑换纸币则例》等予以规制，背后有一套现代货币发行准备制度，故与咸丰时发钞情形迥异。此时发行的纸币确有一定信用，可兑换，也可用以交税，能增加钱文供给。只是当时货币问题的重点已经转移到货币制度变革上，银钱比价调控不再是核心关键点。也因为建立银行、发行纸币并非专为应对比价波动而行，故在此不再详述。

利用市场机制、价格导向调剂余缺。因银铜市价在不断波动，故银钱市场比价也不能一律，这个道理清政府很早就已知晓。既然各地市价不一，则价差的存在会使得邻近地区制钱余缺可借市场力量调节。光绪二十四年，编修彭述针对京师钱贵即有此类提议。② 在京师使用当十钱，而外地使用制钱时，由于区域内计值货币不一，③ 两地货币无法直接互换，故出现商人贩运制钱出京城，"卖与盗铸之人，改铸当十私钱"，④ 再运回京城贩卖的情况。此时的商人被定义为"奸商"。但在两地都用制钱时，京师钱价较天津更贵，政府可借助商人投机补充京师所

---

① 《胜保奏请敕部速筹现银解赴军营等情片》，咸丰四年二月二十日，中国第一历史档案馆编：《清政府镇压太平天国档案史料》（第十二册），第 571—572 页。"然使钞票果可易钱，则所绌所多，尚可搭放，兵丁等亦无不愿领。无如所得钞票，不能易钱，附近各府州县亦无收钞之处。兵丁等所得饷糈借以糊口，如必至京方可易钱，实属远莫能致，不得已以贱价出售，至有以二千之钞易钱一千者。"

② "闻天津等处每银一两现合制钱一千二百文不等，是银较京城贵、钱较京城贱。一闻京城制钱通行，彼将以钱来此易银，即此亦可渐广招，固不似专用当十钱之时制钱但有去而无来也。"《当十钱跌价制钱价贵》，光绪二十四年十二月十九日，中国人民银行总行参事室金融史料组编：《中国近代货币史资料》第一辑（下），第 556 页。

③ "京市以大钱计值，外省皆以制钱计值。"《当十大钱价贱银昂请复制钱》，通政使于凌辰折，光绪二年十月初六日，中国人民银行总行参事室金融史料组编：《中国近代货币史资料》第一辑（下），第 515 页。

④ 《请严查钱局私收制钱及私铸私运》，御史安维峻折，光绪十九年十一月十八日，中国人民银行总行参事室金融史料组编：《中国近代货币史资料》第一辑（下），第 551 页。

缺制钱，遏制钱贵，此时商人便不再被直接定性为"奸商"。可见，清廷在调整银钱比价时已注意到市场力量存在，且会借助、运用市场力量。但面对市场，其自身还是存在恐惧——会综合考虑商人只顾私利、风险不可控、存在不确定性等因素。清廷既需依赖市场又惧怕市场，此为当时政府利用市场调控货币供需的关键纠结点。

总之，清廷直接增加制钱供给的方法有虚实之分。"实"的是以足量铜材铸造足重制钱，或采买，或调拨，甚至允许古旧钱文补充行用。"虚"的是减轻钱重，铸造不足值大钱，乃至发行不能保证兑换的钱票。"实"的办法配合调整货币流通速度，可真正增加制钱供给。"虚"的办法由于"以虚作实，似实而虚"[1]，不被市场认可，无人愿意保留虚钱，虚钱流通速度自然增加，结果反是制钱名义供给量增加，实值金属货币并未增多，虚钱更贱、实钱更贵，"通胀"（名义铜币总面额衡量）与"通缩"（实用小额铜币衡量）并存。因而，"虚"法是"实"法不能落实而钱价依然昂贵时被迫采用的办法，同时也是实钱价格进一步高昂的原因，因果循环导致政府因应失措。

2. 遏制制钱外流

钱为"通宝"，本应流转通行。当两地钱价存在价差且价差大于运输费用时，商人出于投机盈利目的便会贩运钱文。但当各地皆钱贵时，为了防止本地钱文流向相对钱价更贵的地区，便会出现禁运。乾隆九年，为应对京师钱贵，官方即以"钱法八条"对奸商利用运河兴贩钱文现象予以规制。[2] 乾隆十年，贵州总督张广泗也因"黔地界连川楚粤

---

① 《户部右侍郎王茂荫奏陈大钱利弊事》，咸丰三年十一月二十一日，朱批奏折，档号：04-01-35-1369-032。

② "奸商将钱装载出京，于价贵处兴贩射利。再闽广商船，由海洋直达天津，回空时概用钱文压载，运至本地货卖。又各省漕船回空，亦多载钱文，兴贩获利。"《高宗纯皇帝实录》（三），卷二二六，乾隆九年十月上，第 926 页。

西，商贾络绎，而各处钱价俱昂，恐客商因此贩钱射利，以致本处钱价增长"①，而饬令关隘税口严查钱文出境。光绪二十二年，湖广总督张之洞奏称，各地钱文皆贵，以致各省禁止钱文出境，"彼此不能流通"②。禁止出境当然不可能避免所有偷漏，但因为制钱价低量重，大量运输须借助水路及通衢大道，故只要在重要地点设卡查核便可防止主要的偷漏。光绪二十三年，天津制钱短绌，为落实禁运令，官方"派出差弁带勇分巡东西码头暨东西沽各河路，且移会官车、槽船等局，一体严密搜查"③。该措施一定程度上可缓解本地钱贵。但"钱法本无善策，自古已然"，晚清政治社会状况复杂，清廷无法有效管辖洋人海运制钱出洋。光绪时，御史陈其璋即言，"洋人在沪，往往运钱出洋，炼作白铜，以制器皿。私毁而出于彼族，则又非国法所能禁者矣"④。可见遏制制钱外流一项，诸法也有力有不逮处。

又因钱由铜铸，故严禁铜材外流也可被视为遏制制钱外流措施的延伸，此时铜材外流主要是针对出口而言。乾隆十四年全国普遍钱贵时，官方颁布禁令，"洋船有将红黄铜器私贩出口图利者，百斤以下，为首杖一百，徒三年，百斤以上，发边卫充军。为从及船户各减一等。货物及铜皆入官"⑤。类似措施，多少能堵住一些偷漏外洋的漏洞。

3. 减少私销

由于私销会导致铜钱供给减少，故禁止私销可起到遏制钱贵的作用。

---

① 《高宗纯皇帝实录》（四），卷二四五，乾隆十年七月己亥，第173页。

② "近年以来，制钱缺乏，市价日增，湖北宝武局自光绪十三年奏明鼓铸一年以后，旋即停止。钱无来源，又兼邻近各省钱价俱贵，纷纷禁钱出境，彼此不能流通。"《皇朝政典类纂》卷六十四《钱币七》。

③ 《钱禁重申》，光绪二十三年六月二十日，《申报》1897年7月19日，第8712号，第2版。

④ 《御史陈其璋请饬户部添铸铜元折》，李宗棠：《李宗棠文集·奏议辑览初编》，卷六，219页。

⑤ 《清会典事例》（三），卷二百二十《户部六九·钱法》，第589页。

禁止私销分为两种。一种是直接查禁，但因为私销较之私铸往往更为隐蔽，不易察觉，所以该方法多治标不治本。另一种办法是从源头入手，即不准用铜，或使得私销之铜不能复用。由于私销是铜价高昂的结果，但政府又不能直接控制铜价，故清廷只好采取禁止用铜的办法，此即"欲杜私毁制钱之弊，必先于铜禁加严"[1]，"若不禁止铜器，则钱价究不能平"[2]，"铜之去路不禁，而徒严盗铸之条，非拔本塞源之计也"[3]。由于销毁的铜钱可直接打造成铜器，"毁钱十文，制成烟袋一具，辄值百文有余"，[4] 这种情况下如不禁止用铜，则私销不可能禁绝。雍正铜禁即在此背景下展开。但是铜禁造成民用不便，以及州县偏僻处"地方官员有司不行禁约，上司置若罔闻"[5] 又显而易见。为此，便有人想到改变制钱成分，使私销后的铜不能复用于锻造器皿。乾隆五年，浙江布政使张若震便言，"配合铜铅，参入点锡，铸成青钱，则销者无利"[6]。然此法虽可因"镕为铜，锤击即碎"[7] 而阻止直接熔化制钱打造铜器，却不能防止奸民加入新铜提高铜含量后再行打造铜器。此即陈宏谋言，"近来改铸青铜制钱似乎可免销毁，殊不知青铜质燥，就此销毁，虽止能打造响器，获利有限。若另入少许净铜熔化，则其质自润，打造器皿获利仍多"。[8]

---

① 《世宗宪皇帝实录》（一），卷四〇，雍正四年正月，第 599 页。

② 《世宗宪皇帝实录》（一），卷四八，雍正四年九月，第 720 页。

③ 梁章钜撰，吴蒙校点：《收铜器议》，《浪迹丛谈 续谈 三谈》，上海古籍出版社 2012 年版，第 345 页。

④ 《世宗宪皇帝实录》（一），卷四〇，雍正四年正月，第 599 页。

⑤ 《世宗宪皇帝实录》（一），卷六一，雍正五年九月，第 939 页。

⑥ 《清史稿》，卷一百二十四，《志九十九·食货五》，第 3644 页。

⑦ 王庆云：《石渠馀纪》，纪制钱品式，第 206 页。根据周卫荣研究，铜 50%，锌 41.5%，铅6.5%，锡 2%的合金配比，"由于铅含量已超过了 3%的技术限量，锡含量也在技术限量的边缘，且再熔炼以后随着锌成分的流失锡的相对含量还会升高，因而能有效地阻止民间毁钱作器（打制）"。参见周卫荣：《中国古代钱币合金成分研究》，第 456 页。

⑧ 《江西巡抚陈宏谋奏请推广铜厂之利杜绝销毁青钱之源事》，乾隆七年二月二十一日，朱批奏折，档号：04-01-35-1232-017。

在不能长期进行铜禁且铸青钱功效不大的情况下，[①] 政府又会以减轻铜钱重量、降低铜钱内在铜含量的办法使得私销无利可图。比如"民间铜器日增，铜价益昂，奸民毁钱制器，是以铸局加添，而钱不充裕。请将钱文再减轻二分，每年余铜不少，钱价渐减"[②]。显然，钱文越重，单位铜斤所能铸成钱文便越少；钱文含铜越多，单位铜斤所能铸钱也越少。如是，减轻钱重、降低含铜量，有利于直接减少私销、间接增加铜钱供给。对此，康熙朝的陈廷敬已有说明。其曾明确指出："欲除毁钱之弊，求制钱之多，莫若鼓铸稍轻之钱。"[③] 减轻钱重，直接可去"毁钱之弊"，间接可"求制钱之多"。其中，求制钱之多又细可分为两点：一为以同等重量币材铸造更多轻钱，增加制钱总供给量；一为减少私销，保证既有制钱存量。但减轻后的钱文如不能按铜价始终保持面值与实值一致，则私铸又易起。如是，私铸私销与应对私铸私销循环往复，市面大小轻重钱文不断出现，最终又导致比价、币制更为混乱。另外，

<hr />

[①] 王显国：《浅论乾隆五年（1740）铸"青钱"政策效果》，《中国钱币》2008 年第 4 期。

[②] 《高宗纯皇帝实录》（五），卷三二三，乾隆十三年八月下，第 339 页。

[③] "夫国家岁岁制钱，宜乎钱日多而贱，今乃日少而贵者，盖因奸究不法毁钱作铜以牟厚利之所致耳。夫销毁制钱，着之律令，其罪至重，然而不能禁止者，厚利之所在故也。今铜价每斤值银一钱四五分，计银一两仅买铜七斤有余，而毁钱一千得铜八斤十二两。即以今日极贵之钱，用银一两换钱八九百文，毁之为铜，可得七斤七八两，尚浮于买铜之所得，何况钱价贱时，用银一两所换之钱可毁铜至十余斤者乎。铜价既贵，奸人争毁制钱以为射利之捷径。鼓铸之数有限，销毁之途无穷，安得不日少而日贵乎。苟不因时变通，其弊将无所底止矣，若欲除毁钱之弊，求制钱之多，莫若鼓铸稍轻之钱。"陈廷敬：《制钱销毁滋弊疏》，《皇朝经世文编》卷五十三。

清代银钱比价波动研究

在减轻钱重以求多铸钱、防止私销的过程中，还需考虑经济以外的因素。[①] 制钱减重，牵一发而动全身，虽可在一定程度上防止私销，但对直接接受并使用制钱者影响更大。如光绪朝银贱钱贵早期，各地督抚为减轻铸钱成本、防止私销，将钱重由一钱多请旨减至一钱，而后再降到一钱以内。体现在钱文实物上是当时的制钱变小、变薄。本书第五章曾引顾栋高言"凡系太平有道之世，钱俱不甚相远"，说明钱文长期保持一钱重量、一定大小背后有政治文化意蕴。此时制钱如此变化，除实际易引起私铸外，也会给人以非"太平有道之世"观感。这种普遍、内隐的负面用钱感觉，相较减轻钱重以求降低钱价的益处而言，恐是弊大于利。

4. 防止投机

由于银钱兑换多在钱铺进行，故商人往往得以操其权。光绪二十三年正月，张之洞的一则奏折反映，湖北钱少价昂，民间有持银向钱店易钱者，多为奸商抑勒。查其原因，乃是"从前各州县解缴丁漕钱文皆在各钱店易银上兑，于是制钱专归钱店，该号遂得以抬价居奇"[②]。为此，

---

① 如贝思福在 1898 年针对北京的铸币情况表述："现在，一两白银购买的黄铜，可以铸造 388 枚北京大铜钱，或者是 7.8 吊铜钱（1 吊等于 50 枚大铜钱或 1000 枚小铜钱）。北京的士兵和官员领取薪水，还是按照以前的兑换比率——1 两白银兑 14 吊铜钱。虽然铸造铜钱的范围很小，不过户部一直在承担这份损失。最近，有人向皇帝请愿，要求减少铜钱的重量，遭到了皇太后的反对，她担心激起士兵们的不满。"［英］查尔斯·贝思福：《贝思福考察记》，第 316 页。其中，388 这个数值是根据外国人当时对制钱的化验分析得出的。"从这个表格（按：表见原书 322 页）可以看出，两家造币厂的铜钱，在分量和成分上差别很小。如果我们取这两者的平均值，那么大铜钱 50 枚 = 1 吊，每枚重 430.08 克 = 11.526 库两（1 库两或 1 两 = 37.31256 克 = 575.82 格令）；铜的含量占 52.59%，重 6.062 库两；锌的含量占 38.55%，重 4.443 库两。如果我们按每担（1 担 = 1600 两）铜钱中含铜 28 两，锌 8.25 两来计算，省略其他成分——50 枚铜钱中含 0.1289 两。因此，1 两白银所能购买的铜和锌，只能铸造 388 个或者 7.8 吊大铜钱"。（［英］查尔斯·贝思福：《贝思福考察记》，第 322—323 页）

② 张之洞：《设立官钱局片》，光绪二十三年正月十二日。中国第一历史档案馆丁进军编：《光绪年间在日本印制湖北官钱局新式钱票银票的史料》，《江苏钱币》2014 年第 2 期。

地方设立官钱局专司银钱上兑，[①] 可在一定程度上将货币兑换权收归政府，进而遏制奸商"抬价居奇"。而在清前期，牙行、官当也兼有此防止货币兑换权全为私商个体所掌控的功能。[②]

另外，官方虽知不能强令市价与官定例价一致，但也未曾真正放弃政府定价干预手段。光绪二十八年（1902），《申报》载："迩来鄂省制钱缺乏，以致孔方兄声价日高，负贩小民殊形困苦。官钱局总办高太守闻而忧之，特于本月某日面禀兼署湖广总督端午帅，请酌平市价。午帅许之，太守爰即出示严禁。略谓钱价至高不得过每一钱兑八钱四分之外，违即送县严办。"[③] 虽不知铜钱市价是否真未超过限额，但从稳定民心角度看，该禁令或多或少能抚慰民众情绪。

5. 以银济钱

在官局铸造不及，减少私销政策不足以完全解决问题时，官方还会以推广用银、以银济钱、禁使钱文等手段来减少民众对制钱依赖，降低社会用钱需求。

乾隆八年，闽省钱贵。巡抚周学健即议定章程，"凡买卖交易，一两以下者，准银钱兼用；一两以上，止许用银。典当出入银钱，亦照此例"。[④] 这就是在钱贵时人为划定用银用钱数量范围，以推广使用白银来降低对铜钱的需求。更进一步，乾隆帝曾言，"今之言禁（按：铜禁）者，亦第补偏救弊，非能正本清源也。物之定直以银不以钱，而官民乃皆便钱不便银，趋利之徒，以使低昂为得计，何轻重之倒置也？嗣

---

① "凡州县丁漕向来以钱赴省易银者，概令由官钱局易银上兑，即以此钱供民间持现银及官票来局换钱之需。民间来局换钱者，概照市价。"中国第一历史档案馆丁进军编：《光绪年间在日本印制湖北官钱局新式钱票银票的史料》，《江苏钱币》2014 年第 2 期。

② 此前"禁止囤积钱文"的办法也可放置于此论述。因禁囤既能防止投机，也能增加铜钱供给，故本书只选择一处放置论述。

③ 《示平钱价》，光绪二十八年十二月二十四日，《申报》1903 年 1 月 22 日，第 10693 号，第 2 版。

④ 《高宗纯皇帝实录》（三），卷一九九，乾隆八年八月己卯，第 559 页。

是宜重用银，凡直省官修工程，民间总置货物，皆以银"。① 又，"凡各省修理城垣仓库领出帑银，除雇觅匠夫给发工钱外，一应买办物料，毋许以银易钱，其民间各店铺零星买卖，准其用钱。至总置货物，仍令用银交易，使商民皆知以银为重，不得专使钱文"。② 这都是意图通过推广或要求使用白银来降低对铜钱的依赖。更甚者如乾隆九年京师颁布的"钱法八条"，为应对钱贵，政府直接命令京城粮店在收买杂粮时禁使钱文。③

到光绪时，钱贵问题再起。时"铜价已过于钱价，再加铸费，尤为耗折"，故制钱铸造多已停滞。为应对危机，多有人皆提议"莫若鼓铸小银圆稍补制钱之不足"④；"非分铸小角不足以济钱法而便商民"。⑤ 故开铸银元，特别是小洋、银毫等银辅币一时风行。虽然铸造银元主辅币不是纯粹为解决制钱不足，但其确实在客观上以"以银济钱"举措降低了钱价。如光绪二十二年，浙江因铸钱成本过昂，停铸数年，市面制钱短绌，巡抚廖寿丰便拨款令有司至粤、鄂采买大小银元抵浙发商行使。⑥ 光绪二十三年，黑龙江将军衙门更是以布告形式——"照得制钱缺少，银价又复日贱。百物因之昂贵，市井坐看萧然。深悯军民交困，爰筹拯济时艰。奏将官兵协饷，解鄂附铸银钱。此款不日解到，即当散布市廛。饷项一律搭放，藉此周转钱圜。合行出示晓谕，各色人等观瞻。市商所出钱帖，暂可搭付银圆。倘敢故违搅扰，重惩定不容宽。阖

---

① 《清史稿》，卷一百二十四，《志九十九·食货五》，第3644页。

② 《清朝通典》，卷十，《食货十·钱币》。

③ 《高宗纯皇帝实录》（三），卷二二六，乾隆九年十月壬子，第925页。

④ 吴汝纶著，宋开玉整理：《桐城吴先生日记》（上），河北教育出版社1999年版，第362页。

⑤ 《江南设立银元局著有成效不能停铸》，两江总督刘坤一折，光绪二十五年五月三十日，中国人民银行总行参事室金融史料组编：《中国近代货币史资料》第一辑（下），第799页。

⑥ 《浙江巡抚廖寿丰奏为制钱缺乏开炉试铸恭呈钱样并暂设官钱局事》，光绪二十二年五月二十二日，录副奏折，档号：03-9532-047。

境军民遵照，毋谓告试（诫）不先"[①]——晓谕市面，既告知社会可以银济钱，也降低民众对钱贵持续的预期。

综上，为平抑钱价、遏制银贱，清廷采用了诸多措施，其中大多是从疏通钱法出发的。在没有进行制度变革的情况下，诸法多只是"补偏救弊"之法，且行于一地者未必能行于他地。对此，光绪二十二年河南巡抚刘树堂的一段论述可作为总结：

> 夫上下交困时，事已属可危。变故猝乘，国事更可想见，此犹不可不虑者也。其补偏救弊之方奈何，或曰是出示定价也；是宜禁之出境也；是宜查究镕铸私钱，且应添用钱票也；是宜开炉鼓铸，抑或仿造银元，禁用青黄铜，以清其源也。各省纷然行之，或未见其效，先受其弊；或即无弊而亦未见其效，并有施之各省，而未必能施之河南者。如江宁示价而罢市者，再扬州、镇江、九江、杭州先后示运钱而毫无起色。湖北拨库钱十万串，交局出票十万张，每易钱五千，予以鄂洋二元，给票三张，设局专司其事。江苏筹银十八万两采办铜铅，往广东附铸制钱二十万串，又汇款交湖北代铸大小银元。浙江示行广东、湖北小银元，准令纳粮完税，更在报恩寺鼓铸制钱。江南悬示禁青铜器皿，奏请通行。比更奉文开矿以裕利源。凡若此，其施之而立绌者，无论矣！即开炉鼓铸一事，河南苦于力有未逮。仿照银元一事，河南又苦目所未经。若查究私铸、镕销，禁用青黄铜以及出境诸策，事属可行，苦于迂远而未必遂济。[②]

---

① 《将军衙门为布告严禁偷运制钱出境以维持钱法事札》，光绪二十三年十二月十九日〔到〕，中国第一历史档案馆满文部、黑龙江省档案馆、黑龙江省社会科学院历史研究所编：《黑龙江将军衙门档案》，黑龙江人民出版社 2017 年版，第 1738 页。

② 《河南巡抚刘树堂续录河南某大令禀稿》，《申报》1896 年 7 月 17 日。

在银贱钱贵时，从钱的方面出发，或有禁止钱文外流出境，或有严查私销，或有使用钱票，或有增加鼓铸，或有采用铜禁政策的提议；从银的方面出发，则有铸造银元，以银济钱的提议。这些措施在江苏、湖北、广东、浙江等地都因时因地或多或少采用过。然而此般措施皆无法从根本上解决问题，且行一事即另生一弊，无弊者也可能"未见其效"，有效者又未必适用本地。如此可知，即便是官方应对，其成效如何也当置于具体地域、具体政策施行过程中讨论。

（二）平抑银价、遏制钱贱

1. 减少制钱供给

停铸。早在康熙朝，全国基本处于钱贵时，云南却是相对钱贱，时"每银一两换钱二串八百文不等"。此时停铸有两个好处：一是减少铸局工本，避免亏损；二是直接减少投放进市场的钱文数量，防止钱贱加剧。康熙三十三年（1694），云南巡抚奏称，当时滇省铸局积存钱文多达 14 万串，如不停铸，则新、旧钱文都会壅滞。以成本核算，"开炉鼓铸每银一两反止铸二串二文"，较之时价要亏本 1/3 以上。[①] 对此，户部专门准许云南于三年后再行正常鼓铸。当然，在越来越多地方处于钱贱且官方铸本不能降低时，会出现大范围停铸。如乾隆三十五年，云南"钱值过贱"，清廷遂将"东川新设炉二十五座，大理、广西各十五座，临安顺宁各八座，均行裁减"。[②] 隔年，山西也请求将此前加增的五炉减去，江西请求自壬辰年始减炉四座，贵州请求减炉五座……[③]光绪三十三年，江南地区亦因"钱价跌落，官民交困"而停止鼓铸。[④] 停铸，既可以是钱贱的结果，也可以是防止钱贱继续的手段。

---

① 倪模：《古今钱略》（上），第 39 页。
② 《清朝通典》，卷十，《食货十·钱币》。
③ 《皇朝文献通考》，卷十八，《钱币考六》。
④ 《为钱价跌落请停铸事自北京致端方电报》，光绪三十三年六月十一日，端方档，档号：27-01-002-000033-0046。

外运外销。雍正三年（1725），云南钱贱，时市场比价数值为1150—1160，而官方发卖比价却至1120—1130，官钱无法销售，遂而壅滞。由是，督抚高其倬与杨名时商议，将云南壅积钱文运往两湖地区销售。由于地区价差存在，即便是在云南卖不出钱的官价，到了楚地也要比当地市价低，当然"云省钱文可不虑多积矣"。但此"裒多益寡"①之法并非各地都可采用，其使用前提是两地比价差要高于所需运费。对于云南这样的钱多钱贱之地，就连外运运费也可直接用钱给付，即"其脚价，云省市钱价贱，应竟换市钱运往，一则可消民间积钱，再则即以所多之钱作为脚价，可省倭铅节省之银"。②雍正四年，云南布政使奏报云南钱贱仍旧，各钱局铸钱，每月反亏成本银一千三百九十五两。为进一步节省运费，其提议由水路将钱文运往钱价更贵的广东销售，以"使国课无亏，商民乐利"。③这便考虑到了运销目的地钱价高、运费便宜两项因素。乾隆三十九年（1774），湖南巡抚觉罗敦福称宝南局钱文堆积壅滞，而开卖官价又高于市价，无人承买，故余息无归。为此，其要求趁巴陵县兴修城工之际，直接外运钱文至巴陵使用，如此"数年壅滞钱文可销去十分之三"。④

阻止输入。若两地皆钱贱，则地方上会有阻止输入的政令。比如：

> 皖抚为九江关扣留铜元，电致赣抚云南昌抚台鉴：顷接据芜湖官银钱号电称，有商民携带敝省铜元千枚经过九江关，被阻扣留，请电达贵省，询及近今如何办法，以便遵行。查敝省前经通咨各

---

① 《高宗纯皇帝实录》（九），卷六四七，乾隆二十六年十月己丑，第242页。

② 《云南总督高其倬奏闻钱文运楚销售折》，雍正三年五月二十六日，中国第一历史档案馆编：《雍正朝汉文朱批奏折汇编》第5册，第158页。

③ 南炳文、白新良主编，乔治忠撰：《清史纪事本末·第四卷·雍正朝》，《整顿钱法》，上海大学出版社2006年版，第1157页。

④ 《皇朝文献通考》，卷十八，《钱币考六》。

省，凡铜元携带出省不得在二千枚以上，今贵省以一千枚不准通用，敝省万难遵循，务祈核盼复。（安徽巡抚诚）勋印。江抚覆电云：安徽抚台鉴：来电敬悉。敝省近因银价日高，铜价渐跌，较邻省尤甚，拟定外省进来铜元在千枚以上，准其扣留。九江关并无故意抑阻情弊，今贵省以二千枚方在禁例，自当饬司通饬九江关照办，一体遵行。此复。①

查是年钱价，江西、安徽皆钱贱，但江西较安徽钱更贱，故赣省有"外省进来铜元在千枚以上，准其扣留"令。由于运输大量铜元走水路更为经济，故在九江关设卡查扣自是可行。可见，设立关卡审查钱文输入输出确有调节本省比价的作用。

调整俸饷搭放钱文比例。乾隆三十六年，清廷曾酌减贵州搭放兵饷钱例。当时安笼、威远等镇远离省城且钱价较贱，此情况下，由省城携钱回原地搭放不仅运费高昂，而且所得俸饷也少。为此，经督抚奏请，该地俸工伙食所搭钱文减半。此举不仅优惠兵弁，而且有利于遏制当地钱贱持续。②

2. 防止私铸

私铸现象在中国货币史上长期存在。只要私铸钱文的内在价值小于其市用面值，该行为便有利可图，故在钱贱时依然会存在私铸。为减少私铸，官方一般从严刑峻法和规范钱文铸造质量及钱重入手。

顺治时，"直省局钱不精"导致私铸乘机而起，官方的解决办法是

---

① 《九江关扣留银元往来电文（九江）》，《申报》1906 年 4 月 6 日。
② 《清朝通典》，卷十，《食货十·钱币》。当地钱贱，有可能为需求不足导致。

直令各省罢铸；① 在各地市场，地方政府同样对行用小钱行为进行整饬。② 除出示严禁外，还定期派遣差役核查，甚至分初犯、再犯、三犯逐级增加惩罚。③ 可以说，在不变更货币制度（包括放开铸币权）前提下，政府所能实行的也就只有这些办法。所谓严刑峻法，其施行万分依赖政府掌控力，④ 如奸民与胥吏勾结分肥，则私铸万难禁绝。并且，有铸（生产）便有贩（销售），私钱只有进入市场流通才会影响比价，在货币流通中勾结分肥现象一样存在。⑤ 如此，基于清代小政府格局及对基层胥吏把控能力不足，以严刑峻法应对私铸便无法彻底。同理，由于是分散铸币，各省铸局工匠技艺本有差别，加之类同民私，局私也有利益勾结。想要规范钱文铸造质量，多成一纸空文。最后，釜底抽薪之计只能是使钱文重量加增，加大官钱与私钱的区分度——若私钱不加重，

---

① 并"专任宝泉、宝源，精造一钱四分重钱"，且"更定私铸律，为首及匠人罪斩决，财产没官"。《清史稿》，卷一百二十四，《志九十九·食货五》，第 3642 页。

② 如示谕"倘有奸徒以私钱夹带使用，一经查出，或被告发，定即从严究办。乡约地保如敢得贿包庇，或以查钱为名扰累无辜，差役人等，借词撞索滋事者，查出重惩，决不宽待"。《冕宁县关于严禁行使外来奸商私铸小钱告示》，道光二十四年三月二十一日，《中国少数民族社会历史调查资料丛刊》修订编辑委员会四川省编辑组编：《四川彝族历史调查资料、档案资料选编》，民族出版社 2009 年版，第 327 页。

③ "委派廉捕及官人率领差役，复谕绅士、行头协同检查，五日一次，初犯一罚十，再犯一罚百，三犯送官惩办，务断根株。"《禁使小钱碑记》，光绪二十三年，保德县，山西省政协《晋商史料全览》编辑委员会编：《晋商史料全览·金融卷》，山西人民出版社 2007 年版，第 359 页。

④ 时人有言："奸民私铸多在荒村僻壤，虽踪迹诡秘，然地保胥役无有不知。但以利所在，坐地分肥，代为耳目，以此破案甚稀"。《为江浙两省钱贱银昂商民交困宜清积弊而裕财源》，户部给事中孙兰枝折，道光十二年闰九月十一日，中国人民银行总行参事室金融史料组编：《中国近代货币史资料》第一辑（上），第 12 页。

⑤ "私铸流通，其弊尤在私贩。江、浙私贩惟宁波、上海两处最多，或附漕船沿途变卖，或船装载驶往各处销售。每过关口，有一定使费，任意往来，目无法纪。"《为江浙两省钱贱银昂商民交困宜清积弊而裕财源》，户部给事中孙兰枝折，道光十二年闰九月十一日，中国人民银行总行参事室金融史料组编：《中国近代货币史资料》第一辑（上），第 12 页。

便会因与官钱差别明显而被市场重新定价，失去劣币驱逐良币的机会；① 若私钱加重，则不敷私铸成本，私铸自会停止。然此又易导致官局铸本加增且私销续起……②可以说，官钱重量不能随铜价变动调整，导致增减重量措施只能在一定程度上起作用，且因之产生的大小轻重不同官钱同时流通的负面影响更大。

此外，对已流入市场的私钱，官方或查禁，或收买销毁，皆非从源头着手应对之法。但在此过程中，我们依然可发现官方应对思维由"禁"到"控"的变化：

> 小钱之弊，宜援照旧例，设局收买销毁，不宜委员查禁也。向例查禁小钱，外省藩臬道府檄委佐杂人员赴各州县稽查，不过通同地保向各铺户需索陋规，含混禀覆。在上司原为调剂属员起见，明知虚应故事，而不知铺户多此一查，即每年多此一费。况此种陋规有增无减，其为骚扰不问可知。大抵铺户之有小钱，由于地棍衙蠹恃强挽用，积习相沿，已非一日。<u>设委员挨户搜索，非但势有不能，抑且遂其讹诈骚扰之习</u>。溯查乾隆年间曾有设局销毁之例，现宜遵照旧章，令地方官设局收买，陆续倾镕。每小钱一斤，折中定价，酌给制钱若干文。先行出示晓谕，定以年限，令各铺户将所有

---

① "彼私铸者原冀以小混大，以一抵一，方可牟利，迨见小钱与大钱价值迥殊，莫可挽混，则本利俱亏，虽至愚不肯犯法之。"《会奏银昂钱贱除弊便民事宜折》，两江总督陶澍、江苏巡抚林则徐折，道光十三年四月初六日，中国人民银行总行参事室金融史料组编：《中国近代货币史资料》第一辑（上），第 17 页。

② 康熙七年清廷为应对钱贱曾试铸二钱八分重钱，然因钱重加倍，铸本加倍，"行使亏本钱十万二千六百两"，最后只能作罢。参见王德泰：《康熙初户部宝泉局试铸二钱八分重铜钱考》，《中国钱币》2005 年第 1 期。

小钱赴局缴换。^①

此类似于官方不强定银钱市价固定不变，而以供需数量调节左右。强行禁用私钱，无视当中利益，与市场直接抗衡，必不能达成目的。若承认市场定价客观现实，以折算兑换激励铺户民众缴纳私小钱文，反能达到目的。在清廷应对比价波动的诸多措施实践中，时人越来越明白市场力量所在，亦知"君实制之"界限所在。此种经验累积和思想转变，与后来遵从市场现实，依靠国家力量推行币制改革不无关系。

3. 以钱代银

在银荒时以钱代银，此类想法自清初便有。然当时以钱代银往往与厌恶白银、要求废除白银货币地位的思想联系，不曾得到实际政策支撑。^② 在清代银钱并行货币体制运行长久后，废银思想渐少。彼时银荒再现，出现的是不废银，同时主张以钱替银的思想。^③ 在道光朝银贵背景下，江南道监察御史刘良驹认为，当时银贵的原因在"用银太重，用钱太轻"，故提议银钱并重。^④ 此时，以钱代银，也即贵钱贱银。通过政府干预，抬升制钱在财政收支中的地位，可在一定程度上减少对白银的需求，进而平抑银价。在部分领域采用该法，确可以"货币替代"分担一部分白银需求。但银钱毕竟相辅而行，不能完全相互替代。如

---

① 《为江浙两省钱贱银昂商民交困宜清积弊而裕财源》，户部给事中孙兰枝折，道光十二年闰九月十一日，中国人民银行总行参事室金融史料组编：《中国近代货币史资料》第一辑（上），第12页。

② 参见赵靖主编：《中国经济思想通史（修订本）》（北京大学出版社2002年版）第4卷第1859—1967页明清之际经济思想家的相关货币论述；何平：《"白银时代"的多维透视与明末的"废银论"》，《中国钱币》2020年第4期。

③ 林则徐即曾言："银钱相辅而行利散于民，而权操自上，果能广用钱之路，自足持银价之平。"林则徐：《筹议银钱出纳陕省碍难改易折》，《政书》丙集，《陕甘奏稿》卷一。

④ "国家制用不外出纳二端，银钱皆所以权，不宜偏有低昂，应请嗣后定为银钱兼用之制。"《江南道监察御史刘良驹奏为银价日昂公私交困请饬定画一章程等事》，道光二十五年十一月初七日，录副奏折，档号：03-3385-075。

此，在社会普遍用银情况下，该方法不能解决银少的根本问题。

以钱代银之策，不仅针对小平钱，亦有梁章钜、贺长龄、吴嘉宾等提出铸大钱以代银的办法。[1] 该类观点需与咸丰时铸大钱解决财政问题作区分。因类似提议未真正作为货币政策施行，故在此不详细论述。

4. 遏制白银外流

整体上看，白银流出中国主要通过货币投机和对外贸易逆差达成。其中，贸易逆差又涉及正常贸易入超和走私两方面。

对于投机，清廷曾要求严查纹银换洋。[2] 彼时民间喜用洋钱是真，但洋钱作价甚高，只可能是在国内交易中银元对交易地实银有升水。由于一国铸币在离开本国后便只能依其内在价值行使，故直以银元套利纹银说法并不可信。当时两广总督李鸿宾亦言，"内地商贾交易，洋钱与纹银价各不同，皆按色扣算。如完纳钱漕，皆补成足色，将洋钱镕销，倾作纹银，始准上库，亦非以洋钱抵算纹银"[3]。所以单就纹银换洋一项导致的白银外流影响甚小，重点还在对外贸易入超。对于正常贸易，清廷曾希望靠以物易物模式禁止白银出洋，此即"用货物收买转贸，不准用银"。此法虽可阻止白银外流，但也会导致贸易受阻，减少白银内

---

① 观点论述见杨端六：《清代货币金融史稿》，第 201—202 页。

② 道光二年上谕："御史黄中模奏请严禁海洋偷漏银两一折，所奏是。定例：洋商与夷人交易，用货物收买转贸，不准用银。立法甚周备。近因民间喜用洋钱，洋商用银向其收买，与江、浙等省茶客交易，作价甚高。并或用收买洋货，实属例病民，不可不严行查禁。着广东督抚、海关监督，派委员弁，认具巡查出口洋船，不准偷漏银两。仍不时查察，如有纵放之员，行参革治罪。"《上谕：禁止纹银出口》，道光二年二月十五日，中国人民银行总行参事室金融史料组编：《中国近代货币史资料》第一辑（上），第 2 页。

③ 《会议查禁白银偷漏鸦片分销各弊章程》，两广总督李鸿宾等折，道光十年五月初十日，中国人民银行总行参事室金融史料组编：《中国近代货币史资料》第一辑（上），第 7 页。前人引用见石坚平：《近代广府侨乡契约文书中的货币表达方式研究》，《历史教学（下半月刊）》2011 年第 1 期。

流，故该法在实际上并未取得预期效果。[1] 道光时，非正常贸易或走私多与鸦片相关，鸦片被时人认为是造成白银外流的主要原因。[2] 加之鸦片产生众多社会危害，故查禁势在必行。查禁鸦片确有一定遏制白银外流的作用，但治标不治本。不在国际贸易及国际货币体系变革中占据有利地位，没有强大综合国力做支撑，清廷最后便是连查禁鸦片也遭遇极大阻碍。

5. 增加白银供给

为应对银贵钱贱，从白银一方入手，除遏制外流外，自应设法增加白银供给。当时增加白银供给的最终渠道有二：一是国内开采，一是对外贸易顺差。对此，在康熙年间银贵时慕天颜便已察觉，"银两之所由生，其途二焉：一则矿砾之银也，一则番舶之银也。自开采既停，而坑冶不当复问矣；自迁海既严，而片帆不许出洋矣。生银之两途并绝"[3]。光绪时，马建忠也说，"各国皆通商，而进出口货不能两盈，故开矿以取天地自然之利，以补进出口货之亏"[4]。然银矿开发，受制于国内既有可采银矿存量多少及当时白银提炼技术水平高低（以及开矿引起的社会问题），而所谓外贸也只是在有持续顺差时白银才会流入中国。相关办法实际很难把控、操作。既不能通过贸易途径增加白银供给，又无法通过开采增获，如此便是逼迫政府发行银票。但因发钞发票有前车之鉴，所以在清前期政府并未做出实质举措，仅有一些思想家对此提出意

---

① 道光十三年另有上谕："嗣后地民人赴粤贸易，准以货易货，或以洋银易货，不准以纹银易货；外洋夷人在粤贸易，亦只准以货易货，或以纹银易货，不准以洋银易货。"逻辑类同，不赘。中国人民银行总行参事室金融史料组编：《中国近代货币史资料》第一辑（上），第20页。

② 时人谓之"鸦片烟由洋进口，潜换内地纹银。此尤大弊之源，较之以洋钱易纹银，其害尤烈"。《两江总督陶澍、江苏巡抚林则徐折》，道光十三年四月初六日，中国人民银行总行参事室金融史料组编：《中国近代货币史资料》第一辑（上），第16页。

③ 慕天颜：《请开海禁疏》，《皇朝经世文全编》卷二十六。前引如庄国土：《清初（1683—1727）的海上贸易政策和南洋禁航令》，《海交史研究》1987年第1期。

④ 马建忠：《适可斋记言》，卷一《富民说》，中华书局1960年版，第1页。

清代银钱比价波动研究

见。比如陆世仪曾提出可借唐代飞钱和当时民间通行的会票方法，由官方发行银券。[①] 到咸丰时，官方被迫发行银票。此阶段，一些思想家对此也是赞成的。如包世臣便言当中原理为"富民见行钞之便，知银价必日减，藏镪必出。镪出益多，而用银处益少，银价必骤减"。[②] 但该法前提为"州县征解钱粮、关榷征收皆收钞，非钞不行"。[③] 如官方自觉钞虚银实，且在赋税征收中重银轻钞，则该法不仅无法扩张信用、增加白银供给，反会使民众对政府失去信心，并令往后钞币改革遭遇更多困难。待到清末，各种白银兑换券的发行确实是可增加白银供给弹性，有利于银价调节，但是彼时政府面对的是建立新的货币、财政制度的问题。既然不再打算维系旧有银钱并行货币体系，那么白银兑换券的发行，即便是可借之调控比价，也不能因此"舍本逐末"。在这个意义上，我们也可发现，晚清时人在论述纸币问题时已经很少将之与调控银钱比价问题相联系。

在地方上，短时内增加白银供给也可平抑银价。道光八年，苏州银价昂贵，经陶澍奏请，清廷准其以府库存银易钱应对。[④] 配合暂停鼓铸措施，当年苏州银贵趋势得以缓和。道光二十年，浙江也有类似举措，[⑤] 但因白银非政府所产，增加市面供给一分，便是减少政府府库库

---

① "今人家多有移重赍至京师者，以道路不便，委钱于京师富商之家，取票至京师取值，谓之会票，此即飞钱之遗意。宜于各处布政司或大府去处，设立银券司，朝廷发官本造号券，令客商往来者纳银取券，合券取银，出入之间，量取路费微息。"陆世仪：《论钱币》，《皇朝经世文全编》卷五十二。

② 包世臣著，王毓瑚点校：《郡县农政》，《再答王亮生书》，农业出版社1962年版，第60页。

③ 包世臣著，王毓瑚点校：《郡县农政》，《答王亮生书》，第57页。

④ "苏州省城，因近来商货未能流通，又多汇票往来，银价顿增，现值上忙开征，民间易银纳赋，较之往时多寡悬殊。商民均多未便，自属实在情形。著准其于司库现存钱价银内，借拨银二千万两，由苏州府督同长元吴三县，陆续具领发换制钱，解局收贮。"《清宣宗圣训》，道光八年戊子四月癸巳，赵之恒等编：《大清十朝圣训》第12册，第7388页。

⑤ 《浙江巡抚乌尔恭额奏为钱贱银贵请暂停鼓铸钱文并发换钱本存银事》，道光二十年五月初四日，朱批奏折，档号：04-01-35-1366-046。

存一分，终是不能持久。

与应对银贱钱贵的办法一样，清廷在应对银贵钱贱时虽有诸多措施，但都无法从根本上解决问题。且相对于铜铸币，白银不为政府生产，故平抑银价的办法会比平抑钱价措施遭遇更多阻碍。一方面，我们应看到并承认清政府在调控银钱比价上做出的努力和取得的成效；但另一方面，我们也应反思其无法彻底解决问题的原因为何。研究清政府调控银钱比价的措施问题，更重要的当是探寻时人对货币、市场、经济运行规律问题思考方式的转变。如无内在思维变化，纯粹依靠外力，币制改革不可能在晚清得到士人的广泛认同。

二、对波动影响的应对

即便政府有诸多办法干预比价波动，但要完全固定住银钱比价还是不可达成。只要比价不固定，哪怕是有小幅波动，银钱双货币行用也会产生诸多负面影响。为将负面影响降低，政府另需对比价波动所产生的影响加以应对。

（一）明确并规定折算标准

如不可避免要银钱兼用，则官方会在相应章程中明确银钱折算方式及比例。

比如《乾隆五十一年原议并续议回赎民典旗地例》中曾明确写明，"地价内有钱文者，每制钱一千，折银一两扣"[①]。此规定对买卖双方是否公允暂且不论，但此做法于政府而言，好处即在可避免因无相应章程而使土地回赎交易纠纷产生。又如《乾隆二十九年钦差查勘旗地酌复租银例内条款》内载《征收解支》款下，"每岁纳粮……小户，每银一钱

---

① 朱澍：《灾蠲杂款》，《中国荒政书集成》《第五册》，第 3536 页。

完大制钱一百文，银一厘完大制钱一文……搭放兵饷钱粮，仍照定例，每银一两给钱一千文。自乾隆甲子年为始。八年上谕"。[①] 材料中一再援引成例、上谕，即是要规定具体事项中银钱折算比例，以便政府管理。再如江西吉安府《义仓全案》载，当地义仓创办后首次劝捐，"共集钱七万三千吊，捐谷千石。仍照旧章，以钱一千、谷一石作银一两核算"[②]。在诸多时候，为方便计算，钱一千、谷一石、银一两互可等同。此即"朝廷度支，有司报销，则银一两与千钱同，与米一石亦同，赢绌可以相抵"。[③] 这也部分影响了后人对清代早中期银钱比价与粮价关系的固化认识。

明确折算标准的优势是针对没有标准而言的，但折算价是否合理则要看银钱市价波动是否剧烈。如既有规定长期不加修改，则会产生折算标准（例价）与时价的偏离，此时又需更定规则。比如《钦定户部漕运全书》记载：

> 大通桥霉变米石责令经纪按照时价赔补。旋据郑亲王等查明，现在时价减于例价（粳米例价每石折银一两四钱，五城呈报老米时价每石一千四百文，现在每银一两约换制钱二千五百文，是每石例价应合制钱三千五百文上下，每石时价只合制钱二千四百文，时价与例价比较，少至制钱一千余文）。若照时价折银赔缴太觉轻减，奏经户部议令，凡仓场衙门赔补米石之案，应查明每石时价若干，如时价轻于例价则按例价核算，如例价轻于时价则按时价核算，总须按照价重之数责令赔交，庶不致避重就轻……[④]

① 朱澍：《灾蠲杂款》，《中国荒政书集成》《第五册》，第 3542 页。
② 鹿泽长：《义仓全案》，《中国荒政书集成》，《第五册》，第 3465 页。
③ 彭蕴章：《归朴龛丛稿》卷四，清同治刻《彭文敬公全集》本。
④ 《钦定户部漕运全书》，卷六十七，《京通粮储》，清光绪刻本。

此为咸丰四年"京通粮储"赔补规定。时粳米例价 1.4 两/石，银钱比价数值 2500。按照 1.4 两/石例价折钱，粳米例价当为 3500 文/石，相比时价 2400 文/石可称"时价与例价比较，少至制钱一千余文"。此时如按时价折银，则 2400 文/石仅等于 0.96 两/石，对比原先例价 1.4 两/石，自是"赔缴太觉轻减"。故在仓场衙门赔补米石（可能是逾额挚欠）一项上，为避免有人利用银钱比价波动投机，官府特别规定：当"时价轻于例价"时，不得按较低的时价折银；而"例价轻于时价"时，也不得按较低的例价折银。总之，赔补一项，只能多缴（补足），而不能借比价波动偷漏。不过以该则材料举例时，尚需注意当中所说"例价""时价"并不直接指银钱例价、时价，而是经过银钱比价换算的米石例价、时价。此中粮食价格变动，不仅涉及由供需确定的粮价自身价值，也涉及衡量粮价的货币价格变动。但不论如何，这可以间接说明官方明确知道银钱比价变动会导致财政收支盈亏，也知道时人会利用比价投机，所以要想方设法维护自身利益，对例价和时价在具体事项上做使用规定。另一时价与既往例价折算偏离的例子为宣统二年"银贵钱贱"下，地方要求对加捐钱数重新定价：

现在银价奇贵，每银一两需钱一千九百及二千文不等。虽收钱仍如前数，而合银仅止二十一二万两，实已骤减十成之三。且筹识公所常年解拨之项均系银数辗转，受此暗耗势实难支，若不设法变通，则进款日亏，深恐贻误大局。惟现值官民交困，倘必照前钱价每串作银八钱或七钱有奇，民力亦有未逮。现经督饬该公所熟察情形，折中酌定，拟将各属地丁加捐自宣统二年上忙起，漕粮加捐自宣统二年冬漕起，每银一两、每米一石向来捐钱三百文者改收库平银一钱八分，以钱百文合银六分，每年就四十万串之数计之，每串得银六钱，岁可收银二十四万余两。核之目前市价，虽已稍有所增而较之原定时市价仍属从减，且市价无常，异日纵有低昂，此数不复再改。①

由于"解拨之项均系银数辗转"，而入项又为钱文，则银钱比价波动必然影响货币进出核算。在钱贵时收钱，地方不会有此抱怨，但当钱贱时便出现"暗耗势实难支""进款日亏"问题。为此，只能重新定立银钱折算价格，"以钱百文合银六分"。"此数不复再改"之词，确有因时价高低无常，扯算均平固定以方便操作之理，但若钱贱持续，则恐地方又要再找理由更定兑换标准。一个数次改定银钱兑换标准的例子可见于福建省在乾隆三十五年定立的《钱价报销易银章程》。时闽省各属平粜米谷收入以钱，造报核销以银。在乾隆二十九年（1764），有司曾定以每银一两易钱九百文，后因各地钱价平减，遂于乾隆三十三、三十四年分别更定为九百五十文、九百八十文易银一两。但到乾隆三十五年，据各属闰五月呈报钱价，② 虽各属情形不同，但比价数值总在 950—1050 间，或有高于 980 定例者，或有低于 980 定例者。由是，政府认为"如令其仍照原议九八易银，不无赔累。若听其按时出易，又不免于谎报滋弊"，遂于章程中规定依时价、例价所构成区间分段规定银钱折算标准。"每银一两易钱在九八以下者，照旧听其各按时价值银易换。其每银一两易钱一千文以上者，准照搭放兵饷之例，每钱一千易银一两。

---

① 《清续文献通考》，卷五，《田赋考五》。

② 《钱价报销易银章程》，《福建省例》（十一），《平粜例》，台湾省文献委员会：《福建省例》，大通书局有限公司 1997 年版，第 384—385 页。"福防厅、闽县、侯官、连江、罗源、闽清、莆田、尤溪、霞浦、福安、宁德、福鼎、寿宁、德化"等县为"每两易钱自一千零一十文至一千零五十文不等"；"长乐、古田、屏南、永福、仙游、晋江、惠安、同安、安溪、龙溪、平和、招安、南平、顺昌、将乐、建安、欧宁、建阳、崇安、松溪、政和、邵军厅、邵武、光泽、建宁、泰宁、宁化、清流、永定、大田、永春州、仁寿县"等地为"每两易钱九百八十文至一千文不等"；"漳浦、蒲城、长汀、上杭、漳平"等县为"每两易钱自九百五十文至九百七十文不等"。

至每银一两易钱九八以上至一千文者，仍照上年议定成例，统以九八为率，画一造报。"① 在该新章程中，对时价低于980例者，按时价折算，政府可多收银两；对时价在980—1000之间者，通按980折算，政府虽有一定赔累，但即便按最大数额1000计算，每千钱按例造报也不过赔累2%［（1000-980）/980］；超过1000文时价的，按兵饷搭放例折算，如最大数为1050，赔累比例达到4.8%［（1050-1000）/1050］。从福建粜米钱易银报销例亦可看出，有时时价与例价即便差距只有2%，但在地方看来也算是波动剧烈，因此便要重新更定银钱折算标准。基层政府在"散收统解"上对比价波动造成的影响十分敏感，具体在地货币折合计算标准也需照时更定。

当然，总在例价与时价对比间做抉择也非长远之计。如加以调和，使银钱例价与时价相差无多，且例价能随时价做弹性变动，则两相公允，属上策。早在咸丰元年，曾国藩即有类似提议。② 而在同治年间江苏的"钱漕改章"中，当地确实采用了类似做法。该改革被周健称为"第二次耗羡归公"，具体过程本文不再详及，只是单论其中的银钱比价问题。③ 在改革中拟定的《征收条漕永远章程》曾明确写明，地丁银两折价需随银价涨落照时增减。丁日昌当时奏疏亦指明：

---

① 《钱价报销易银章程》，《福建省例》（十一），《平粜例》，第385页。

② "部定时价，每年一换也。凡民间银钱之贵贱、时价之涨落，早晚不同，远近亦异。若官收、官放而不定一确凿之价，则民间无法适从，胥吏因而舞弊……应请部颁定酌，每年一换。如现在时价换一千九百有奇，部改为一千八百，则耳目不至乎大骇，而官民皆得以相安。明年时价稍平，则部价亦从而稍减。令各省每年奏报银价，九月奏到户部，酌定明年之价，于十月奏闻，求皇上明降谕旨：明年每银一两抵制钱若干文。收之民者不许加分毫，放之兵者不许加分毫，穷乡僻壤，誊黄遍谕，凡一切粮串、田单、契尾、监照、捐照等件，概将本年银价列入，海内皆知，妇孺共晓，坚如金石，信如四时，庶民不致生怨，胥吏不能舞弊也。其与官项全无交涉，市肆涨落与部价不符，仍置不问。至现在八旗搭放兵饷，每两抵钱一千文，外省搭放兵饷，每两抵钱数千百文不等，不足以昭划一。应俟新章定后，概从每年所定部价，以免参差。"曾国藩：《平银价疏》，咸丰元年十二月十九日，《曾国藩全集·奏稿一》，岳麓书社1987年版，第32—33页。

③ 周健：《维正之供：清代田赋与国家财政（1730—1911）》，第255—290页。亦见周健：《第二次耗羡归公：同治年间江苏的钱漕改章》，《近代史研究》2019年第1期。

查同治四年征收条银奏定银价之时，每两易钱一千四百文，加收公费六百文，足敷办公。本年银价大昂，每两须易钱一千七百文，办公愈形支绌，自应遵照奏案"银米翔贵"、"与时变通"。现据各州县援案禀请酌加，如照现在银价，须加钱三百文。惟念民困未苏，深恐力有未逮，酌中定值，拟请从七年上忙为始，每两折收钱二千二百文，以昭平允。如银价再长，仍须酌增，稍落即须核减。嗣后总就市价为低昂，使官民两无亏累。①

此中，"加钱三百文"后"每两折收钱二千二百文"，既包含银钱比价波动后的调价，也包含办公经费，是为"与时变通""酌中定值"。所谓"如银价再长，仍须酌增，稍落即须核减"，在同治、光绪朝也做到了随银价上涨最多折至 2400 文，随银价下落最低折至 2000 文。② 这种漕粮折征中的弹性定价，一方面考虑了银钱比价及物价变动导致的农民负担问题，另一方面也兼顾了政府税收，有一定"两相公允"性。③ 而"公允"的核心即在"以市肆银价之涨落，定忙银折价之增减，历届办法，无非为官民两剂其平"。求"平"的观念，不仅体现在政府直接调控银钱比价上，也贯彻至钱粮赋税征缴中。

---

① 《酌定上忙银价片》，同治七年三月十六日，赵春晨编：《丁日昌集》（上），卷一《抚吴奏稿一》，上海古籍出版社 2010 年版，第 16 页。

② "据苏州、松江、常州、镇江、太仓等府州会详：伏查苏省自同治四年裁除浮收案内，奏明每银一两，连公费折收钱二千文。其时银价每两易钱一千四百文，声明银价较贱，不能遵为成例。至七年银价昂贵，两易钱一千七百文，即改为折收钱二千二百文。十年银价更涨，每两易钱一千八百文，又改为折收钱二千四百文。光绪三年银价骤减，每两减收钱二百文。至二十二年银价更减，每两又减收二百文，仍复每两二百文之旧。近年来银价无甚上下，折价亦无增加。"《署理两江总督周馥奏为苏省征收三十二年上忙银价仍请酌加凑抵赔款事》，光绪三十二年闰四月十七日，录副奏折，档号：03-6702-091。

③ 当然，这里面依然存在实际交银然换算为钱时的"短价"问题，但较之毫无规定的浮收、勒折已是有所改善。

但该方法的风险为地方政府是否一定会有一明确的银钱折算标准且能照时增减例价，另外，折价与否还受政府收银收钱偏好影响。比如在四川，由于道路险阻、运费高昂，故其地偏好收银。① 民间实缴以钱，官厅收入以银，银钱折算价格"操于官商"。② 可以想见，在此情况下缴纳赋税时的银钱折算数值必定会偏高，如此方成"利薮"。

将浮动例价标准再向前推及，则是官方完全按市价折算银钱。比如乾隆二十九年，在永定河河工平粜中，官方即规定"每米一石，粜银一两七钱，照时价折收钱文"。③ 光绪三十四年，端方也认为赋税征银折钱，需以当地钱业市价为准，如此可避免短折、勒逼。④ 清末河南清理财政局亦在丁漕征收意见中表明，"丁、漕各项散收统解，难保无浮报钱价之弊。假令每银一两浮报钱价数十文，统计已不下十余万串。若是，则州县仍隐留其平余，公家转显受其巨损矣。现值币制未实行，国家分银行未遍设之时，惟有责令各州县十日五日一报银钱价，一面令就

---

① "川省地丁虽名曰钱粮，而实以银为本位。《皇朝通典》载：康熙九年，四川巡抚张德地疏言，西蜀僻处边地，州县本无存留钱粮，而陆路有栈道之艰，水路有川江之险，若令银钱兼征，则起解脚费恐致累民。此言川省州县钱粮悉数解司、征钱不如征银之费省也。虽为胥停鼓铸而发，亦足以见川库概行收银实始于此。名为征银，其实散户纳粮均以钱投柜，凭吏司折算，其故由于民间习惯以用钱为本位，其银价则操于官商，在官商出纳则以银两为本位，在人民交易，则以钱文为本位。官商则以银钱折算为利薮"。宋育仁等纂：《四川通志》，卷二十八至二十九《官政志之三·财政·赋法建设沿革源流考》，民国初年四川通志馆钞稿本。引自鲁子键：《清代四川财政史料》（上），四川省社会科学院出版社1984年版，第253页。

② 这个官定折价并不是完全按市场机制形成的。比如民国《南川县志》卷四《食货》，第3页载："其〔田赋〕征收法，民间无银，许以钱合价。每年春初，知县召集大绅议价〔其初，随粮带征之费较轻，而合价特高。当时市价一两不过一千数百，而粮银全至七千余，官绅吏皆有分润，张映南等因此上控。自定案七分五后，不许抬价，明增暗减，人民便之。然每两犹三千一二百，以备贴补亏累〕，示出开征。户房设柜，以待派差按里甲分催。夏季扫解，赴藩库交纳。民间多输不及时，户吏挪银垫解，以后加息，陆续收入，名曰'包解'，又曰'拾垫'。"

③ 佚名：《钱谷指南·河工平粜》，郭成伟、田涛点校整理：《明清秘本公牍五种》（第二版），第473页。

④ 《两江总督端方为征银解银应按该处钱业市价事致苏州江苏巡抚陈启泰电报》，光绪三十四年九月初一日，端方档，档号：27-01-001-000137-0006。

地商会或自治会比较参报，庶少绝浮报之弊"①。但即便是按时价比价，也需对交易过程有一规制。比如在发放俸饷加搭官票中江西官银钱号曾有规定：

> 各营署局处所馆堂及得票之人，持赴本总号，如愿换九五官钱票及铜元现钱，即按照本日市价如数兑付，以资应用。倘愿换银票及银元官票，亦照其原领平色，按本日行情申平、申色扣算换给，即不必由钱价绕算。或有愿照原领平色，开票者均听其便。又后叙九江、赣州分号条下，亦应改为印票到号之日，或愿换九五官钱票及铜元现钱，或换银票及银元官票，均按各本地、本日市价行情，照省总号章程一律办理，庶使人人易解，不致误会。②

银钱兑换按本地、本日市价行情，官商一致在一定程度上可免除例价、时价对比烦扰。而规定一种银票换为另一种银票，可直接按平色开兑，无须"由钱价绕算"，可在一定程度上避免因白银"绕算"兑换加大银钱比价波动，亦可防止商号借多次"绕算"兑换牟利。又如安徽官钱局规定：

> 各处解现钱到局，总以制钱足数为准。凡州县投解上下忙钱漕，或有本局钱条交柜，当按市价易银上兑。逐日钱价，随市涨落。派上市司事赴钱业公所与钱商会议，凡有往来兑换存条铜圆，十二点钟以前照先一日行市，十二点钟以后即照本日行市作价，以

---

① 《河南财政说明书》，陈锋主编：《晚清财政说明书》第3卷，第565页。
② 《拨放薪饷准搭官票（九江）》，光绪三十四年二月初五日，《申报》1908年3月7日，第12607号，第12版。

昭公允。①

制钱以足数计，不可短折，钱兑银随行就市，且午前、午后行市不同。这都是明确了银钱兑换的标准，可保证交易有序进行。再如福建官钱局在各项进出银钱核算上规定：

> 盈绌宜随时查核也。查闽省银钱稀少，兑换早晚不同。其各铺所行钱票，自数百文开始，至数千串止，亦复多寡不等。今开设官银钱局，原为济民方便起见，自应一律照办，以广招来。惟市肆价值，既属时有高低，出入乘除，不免倍形繁琐，势不能拘牵文义，范以成规，转致难收实效。是造册各报，只宜总计盈亏，未便苛求琐屑。应请责成各委员，按日核准，每届一月，核结总数，开其清折，通报一次。俟届一年，汇开出入支用总册，呈请复核明确，咨部察核。②

由于银钱兑价一直波动，每次计算"倍形繁琐"。故官方意图不"拘牵文义，范以成规"，而代以按日核准，按月造报，按年清总。相较民商银钱簿记以草流形式记录每笔银钱进出，官局只求"总计盈亏"，确实是降低成本。但即便如此，据笔者目力所及，现今还未发现官钱局该种账簿的实物，所以暂不知"按日核准"究竟是以何方式、据何比价标准计算，最后是否贯彻执行，以及成效如何也暂不知晓。

综上可知，无论是出于政府财政收支管理需求还是从社会治理角度考虑，在传统银钱双货币制度下，官方皆需对银钱比价的具体使用做一

---

① 冯煦主修，陈师礼纂：《皖政辑要》，《度支科·卷三十六·币制》，第382页。
② 《署理闽浙总督王懿德呈闽省开设官银钱局筹议章程清单》，咸丰三年七月二十四日，录副奏折，档号：03-9507-030。

清代银钱比价波动研究

规定。有规定，强过无章法；有可供选择的规定，强过单一固定规定；有可依时价变动调整的弹性规定，则更是上策。但就诸如江苏钱漕改章中的弹性规定来说，真正如此实行的也只有江南数地，此既与主管官员能力、背景有关，也与弹性定价需考虑行政成本有关。越灵活可行的措施越考验清廷的国家治理能力，否则便会如四川一样，有折算但标准混乱，以致"官商则以银钱折算为利薮"[①]。但无论如何，这些措施并不能从根本上解决银钱比价不断波动带来的困扰，其至多只是对比价波动影响暂时加以应付，要真正解决问题，还需从货币制度改革入手。

（二）明确使用货币的标准

既然比价波动会导致用银用钱间存在矛盾，且政府无法固定银钱市价，那么只选用一种货币便可在一定程度上避免麻烦。

比如在兵饷发放中，有一定钱文搭放成数。此既有利于铸局收回铸本，也是政府在钱贵时的体恤兵丁之举，另还有利于政府借此调控银钱市价。然当钱价过贱时，诸有利条件便不再存在。乾隆四十二年（1777），云南钱价平贱，兵丁搭钱领饷暗中亏折。为此，督抚李侍尧奏请，"如钱价在一千二百文以内照例搭放，如在一千二百文以外，悉给银两"[②]。至乾隆五十九年，由于各省普遍钱贱，故中央议准各直省兵饷均停止搭钱，[③] 且定下"若钱贵于银，即长年亦应加成搭放，若银贵于钱，即冬季亦应满支银两"[④] 标准。道光四年夏，因银贵钱贱，福建兵饷再次停搭饷钱，"统以银两全支"[⑤]。道光九年，直隶省城钱价过贱，即便是按照成例搭放一成制钱，但"每银一两照例给制钱一千文"

① 宋育仁等纂：《四川通志》，卷二十八至二十九《官政志之三·财政·赋法建设沿革源流考》，民国初年四川通志馆钞稿本。引自鲁子键：《清代四川财政史料》（上），第253页。
② 《皇朝文献通考》，卷十八，《钱币考六》。
③ 《清会典事例》（三），卷二百二十，《户部六九·钱法》，第576页。
④ 《高宗纯皇帝实录》（十九），卷一四五八，乾隆五十九年八月甲子，第460页。
⑤ 《宣宗成皇帝实录》（二），卷六五，道光四年二月辛酉，第33页。

后，按银钱时价"仅换银七钱五分"。此时总督那彦成也提议暂停鼓铸并在搭放中"满放银两"。① 既是全数支银，② 则自然不存在银钱选择困扰，在官方有此银两储备的情况下不失为一种解决问题的办法。道光十八年，贵州银贵钱贱，每银七钱即可易换宝黔局制钱一千，"兵民颇形苦累，不愿承买局钱"。为此，当局除停炉外，一并将"官弁奉廉、兵饷、役食全发银两，免其搭钱"。③ 咸丰七年九月，河南银价有所减落，"每银一两不过易钱一千五六百文，附近军营之处，银价更低，每银一两仅能易钱一千三四百文"。但当时的饷钱拨发过程为，由粮台将解送银两照市价易钱，再按咸丰三年更定的领饷折算例以二千文折银一两给发。如此"一出一入，折耗滋多"，为此河南巡抚英桂上奏请求不必再来回折算，而是直接以实银支发。倘若将来银价"复涨至二千文以上"，再另行改折。④ 照此发放过程，如原先银钱市价比价数值在 2000 以上，按市价以银易钱，再按例价 2000 折银给发兵饷，官方便有一定盈余。若银钱市价比价数值为 2000 以下，则官方亏损。为避免亏损发生，英桂才请求直接放银。

又如漕粮完纳一项。江苏漕务，雍正七年曾议定民众完纳漕粮一石，随交漕费八分。但计费以银不等于实缴以银，在钱贵时，官吏多愿

① 《直隶总督那彦成奏为钱价日贱请准宝直局暂停鼓铸并暂将搭放兵饷钱文改为满放银两事》，道光九年十二月十三日，录副奏折，档号：03-9497-060。至道光十一年，依然请求不拘年限满放，事见《直隶总督琦善奏为银价尚未平减应请停鼓铸钱文并将兵饷满放银两事》，道光十一年五月二十日，朱批奏折，档号：04-01-35-1363-027。

② 当然，实际操作需看各省情况。如道光四年湖南兵饷便未全以银支，而是减成搭放，将七成钱降为二成。《宣宗成皇帝实录》（二），卷七四，道光四年十月丙子，第 192 页。咸丰三年八旗兵丁搭放则不是改变发放货币，而是将银钱折价定为"按制钱两串，折银一两给发"。《文宗显皇帝实录》（二），卷一〇四，咸丰三年八月丙申，第 557 页。

③ 贺长龄：《银价未平请将钱局暂缓开铸折》，《耐庵奏议存稿卷八》，贺长龄、贺熙龄撰，雷树德校点：《贺长龄集·贺熙龄集》，第 194 页。

④ 《河南巡抚英桂奏为豫省银价日形平减官兵应支盐粮马干拟请仍照定例改发实银事》，咸丰七年九月十八日，朱批奏折，档号：04-01-01-0861-092。

收钱文，反会因钱贵而增加民众负担。由是，在尹继善的漕粮改革中就明确规定自雍正八年（1730）起漕费只收制钱，定价 54 文。[1] 此举可以说是以严格规定具体货币支付种类、数额来避免无规定导致官吏借比价波动行勒索浮收。反之，钱贱时，政府收钱会有赔累，故其也会设法只收白银。同治元年（1862），江西丁漕因"钱价大落，州县收钱易银，不敷解支"，经藩司、督抚厘定，"一律改收银两"。[2] 清末安徽田赋征收中，同样出现"近因铜元充斥、银贵钱贱，与前此适成反比例，征不敷解，公费无着，于是用洋"现象。是时"州县有本洋、英洋、龙元之折合，专藉洋余以弥钱价之亏"[3]。光绪三十二年（1906），陕西白河局在厘金征收中同样面临比价变动导致的损失。此前当地旧例，"厘银一两折征铜钱一串七百五十文，除提个头钱二百，按每两一串五百五十文合银另报外，向在河口买银，每千钱可易市平银九钱或一两，市平每两较库平小四分七厘，以所有一串五百五十文就中兑足正厘一两外，下余约三四钱悉润局员，以是号称优差，非资望深者不易得"。待到光绪三十二年湖北铜元盛行后，"钱价跌落，每千易银仅得七钱二三分，加以补平、脚费等等，计解银一两委员须用钱一串五百文，盈余无几，窒碍殊多"。为避免继续收入贬值的钱文产生损失，当地便更改收

---

① 周健：《维正之供：清代田赋与国家财政（1730—1911）》，第 70—71 页。

② 《江西巡抚刘秉璋奏为遵旨查江西丁漕系遵部议定数征收并非洒派节寿陋规事》，光绪四年二月二十八日，录副奏折，档号：03-6300-031。

③ 《安徽财政沿革利弊说明书》，陈锋主编：《晚清财政说明书》第 6 卷，第 9 页。对该情况的进一步解释是："定章收银，因平色而有倾耗，因无货币流通而多解费（每千两约六七十两不等）固已坐无货币之弊，且解于上以银为主，征于下以钱为便，其继也。钱价一定，盈亏靡常。当银贱钱贵之时，每两但收二千文，已可敷解，故光绪二十三年、二十六年两次酌提平余，皆钱余也。及银贵钱贱，以一两四钱计，应合钱二千八九百文，各属平均每两照定章约短三四百文，若灵璧、凤阳几短千文，公费且绌，何有钱余？其实也，不得不藉洋余柜价以资补苴。然州县以为利绅，民以为弊，国家又因其弊中之利而酌提之，利弊之界说不明，皆币制之本位未定也。近因铜元充斥，洋价大落，公费拮据，提款无着，故近来各属所欠杂款至二十万。向以为利者，今皆受其病，病官病民，而卒至病国，无非币制未定之流弊也"。（《安徽财政沿革利弊说明书》，第10页）

入货币种类，"议照向来折收之钱改为每串收银八钱"①。

接下去再看一则买地执照说明：

买契执照

直隶布政使司布政使曹　为发给执照事，今据　州县厅　村人
袁如金　卖于州县厅　村人袁兆吉地一段，共　顷三亩三分，东
至　南至　西至　北至　。买价大钱五十七吊五百文整。税　平
钱　整随交上手累落红契张，白契　张，合行发给执照须志执照者
中人：

代笔：

契内添注

字涂改　字

右给业户收执

字买契投税简章列后

凡置买田房以银立契者每价一两收税九分以银缴纳，不得照折
征地粮银价数目折钱征收，其以钱立契者，则以钱投税。如买价制
钱一千则纳制钱九十文，不得再照制钱千作银一两折算。……②

此中特别说明，以银立契，收税九分，以银缴纳，税率9%，不得
折钱征收。同样，以钱立契，也按9%税率以钱缴纳，不能将钱按
1∶1000比例折银。那么为何要如此？其实名义税率9%是恒定的，但若
掺杂进银钱比价因素，就会因比价这种类似汇率的介质将9%比例放大

　　①　《陕西财政说明书》，陈锋主编：《晚清财政说明书》第4卷，第136页。
　　②　张兰普整理：《1837—1957年的一组土地、房产、租税契据》，《历史档案》2001年第4期；
亦见《民国元年袁兆吉买地契及买契执照》，戴建兵等著：《河北近代土地契约研究》，附录一《私
藏地契资料》，中国农业出版社2010年版，第179页。

或缩小，造成不公。所以为了各方公平，官方规定纳银者不能折钱，纳钱者也不能折银，如此可避免因比价变动而导致的投机、纠纷。

还如四川蜀通官钱局推广钱票章程载，"盐店代销之票，任便民间调换，均须以银换票，按照九七平合算。不得以钱易票，以免清数之烦"①，即是限制银钱折算。以银换票仅涉平色换算，兑值计算不会随时浮动。但若以钱易（银）票，则有计算"清数之烦"。对此"盐店代销之票"，由定章直接禁止银钱互易，也是政府加强监管，防止盐店盘剥小民。

将定银、定钱标准再向前推及，便会触及根本性的货币制度改革问题。如确定本位币制，严格实行主辅币制度，便无需纠结于因时变更使用货币的种类。清末，江西省在编写地丁征银财政说明时便表示：

> 查江西额征地丁银一百八十余万两，除随漕、坐支、缓征各项外，实应起运地丁银一百五十余万两。近年实征实解之数比较照额应解之数，约年短二三十万或三四十万不等。一因民间欠完，征不足额；二因银贵钱贱，州县征钱解银，折耗颇巨，以致交代之亏短日多，经制之入款日少。现在征收，系照同治十二年定章，每地丁一两，征银一两四钱九分，折收钱二千六百八十二文。当时市价每库平银一两，仅兑钱一千八百文，以钱易银，数适相符。各属于一两四钱九分内扣存办公经费银二钱四分，除提补捐款外，别无他项提解摊捐之款。故实征实解之外，尚能绰有余裕。今则库平银一两兑钱至二千一百文上下，是一两四钱九分，应折收钱三千一百余文始敷。易银起解之数，乃仍照二千六百余文折收，遂至征不敷解，州县得以借口。今欲挽回，惟及早推行国币，将所征银两，一律折

---

① 《行钞告示》，《申报》1896 年 10 月 4 日。

收国币，始可纾官困而裕库帑。①

所谓"国币"，背后乃是一套现代货币本位制度。在法律规定范围内，以主币配合辅币缴纳地丁钱粮，于民于官都可避免双"本位"货币情况下的折算麻烦。

另外，使用货币涉及货币的发放—接收程序、行用途径等情况更复杂，需注意过程性因素。在此，可看一个乾隆三十八年（1773）宝泉局改易匠役工食银的案例：

> 宝泉局各厂匠役工食，原定每卯给制钱一千二百四十串有奇，交炉头易银开发。嗣于乾隆四年议准改给银两，由部支领给发。其时因钱价昂贵……复经定议……净给钱一千一百七十三串八百文，改令炉头照市价易银开发。迨至二十八、九年以来，钱价日就平减，匠役等但知按例索银，不问钱价贵贱。每年实不敷银一万三千三百两有奇，俱系炉头等设措添补。现在钱价更属有减无增……自不如仍旧改给库银。谨公同筹议，酌中定价……由本局出具印领，令炉头赴银库按季支领，存贮局库，按月给发。②

宝泉局匠役工食原系以钱交炉头易银支发，后于乾隆四年改给银两。到乾隆六年钱价昂贵，又改钱（已降低数额）支给，依然由炉头将钱照市价易银开发。③钱贵时，固定钱数下炉头可多向市场易换银两，匠工也多"按例索银"。但到乾隆中期钱价平减乃至趋贱后，固定

---

① 《江西各项财政说明书》，陈锋主编：《晚清财政说明书》第6卷，第113—114页。
② 《皇朝文献通考》，卷十七，《钱币考六》。亦见杨端六：《关于清朝银钱比价变动的问题（上篇）》，《武汉大学人文科学学报》1956年11月。
③ 参见《清会典事例》（三），第495页。

钱数（一千一百七十三串八百文）照市价易银便大为减少。然"匠役等但知按例索银，不问钱价贵贱"，遂引发纠纷。为此，政府又重新改定按月支发银两。

总之，如政府不方便随时变更规定银钱折算例价，则明确单独使用某种货币也不失为一种办法。相较于变更折算标准，变更使用货币种类更简单。倘若银贵钱贱或钱贵银贱持续，则折算标准需随时调整。但以货币种类论，对政府而言，只要盯住收入升值的货币而开销以贬值货币即可。

综上，为应对比价波动所造成的影响，无论是在财政收支还是在法律规范上，政府都有应对之策。有对策但不能从根本上解决问题，与有没有对策是两回事。以往有研究者言清廷未将货币币值与物价变动列入赋税政策制定考虑范围，"在赋税征收上从未对货币币值的变动进行过妥善处理"[1]，"没有考虑白银购买力变动对农民所得及赋税的影响"[2]，类似说法尚有商讨余地。

第二节　民间应对

普通商民无须负责比价波动管理与经济调控，故针对比价波动，他

---

[1] 何平：《清代赋税政策研究：1644—1840 年》，第 82、85 页。但是清廷未将物价即土地产出物的价格变动考虑进赋税政策调整是有一定道理的，也是因为此，在物价普遍上涨时农民有可能因此减轻赋税负担。

[2] 习永凯：《白银陷阱：近代中国白银核心型货币体系脆弱性根源及影响》，第 199 页。

们只需要想出应对办法。① 应对办法可分消极与积极两类：消极办法多为顺应现状、尽量减少自身损失，积极办法则是有能力者主动参与比价波动的市场过程，通过投机获利。下面将从民众对银钱货币流通手段、支付手段、价值尺度等方面职能的利用入手，分析民间对比价波动的应对。

一、如实交易、记录以各项比价、各种货币

既然存在多种货币、多种比价，且比价一直波动，则最消极的应对便是因之顺之，随行就市按浮动时价交易，如实记录各项交易中的比价。

多数情况下，买卖是即时达成的。此时，银钱兑换多依时价进行，于交易双方也更便利。为求遵守，更有就此制定规约以为约束者。比如道光七年（1827），上海县船行曾集议规约，"银串照市划一，不许申上就下，致有两相退傀唇舌。倘不照议，查出，罚船号经手者神戏各一台"。② 当中规定，银两钱串皆照市价折算。如不遵守，行会便对商户有相应惩罚——需酬神、演戏。③ 而在江苏吴江，则是由县令勒石警示布业及印花坊主、染匠悉知"银洋查照钱业公所市面作价"，④ 不许

---

① 此处重点强调对银钱比价变动的应对。至于应对货币本身短缺，如制钱短缺，则有抹兑、过账等方法。不赘。记载如《吉林将军希元奏为吉省制钱短绌请将应征钱款改收银款事》，光绪十年十一月二十四日，录副奏折，档号：03-9528-045 等。在某些地方还发展出更高级的货币流通应对办法，如寿阳克钱。参见孔祥毅：《寿阳克钱与晋商拨兑》，《孔祥毅文集》（七），第59—64页。类似非本为解决银钱比价问题而形成者，本书也不再论述。

② 《上海县西帮商行集议规条碑》，道光七年，彭泽益选编：《清代工商行业碑文集粹》，第99页。

③ 从中或可想见，戏曲繁荣与商业发展、商业规约践行或有一定联系。

④ 《吴县谕禁布号发染印花布匹务须随时交货酒资亦照旧章结算银洋查照钱业公所市面作价不准再有停领停交挟制把持勒加酒资抑短洋价情事碑记》，光绪三十三年八月初九日，彭泽益选编：《清代工商行业碑文集粹》，第109页。

抑短。

有交易便有记账，为此苏州码在民间记录银钱比价数值时被广为运用。以苏州码记录银钱折价，在以往对徽商、晋商商号账簿的研究中多有涉及，在此不作重复。唯进出银钱各项在账本中具体如何按比价记录，尚待深入研究。如典商，其作价有名"升垫法"。不论银本、钱本，在实际经营中均有钱合银、银合钱出入销算。[①] 为方便记账比较、核算，不同行业甚至同行不同商号都有自己的计算标准。又如在银钱收支跨期核算中出现货币购买力损失，有的账簿便专列"耗钱数银"以表示。[②] 这虽不能直接减小损失，但可使商人明确知道此项耗损占比，为其今后规避损失、采用新的入账策略提供参考信息。再如逐年累加的"总合账"，因需体现跨期经营收益总和，故在合计时也会涉及比价计算。在李锦彰先生辑录的《晋商老账》中，有一本《吉亨泰账局清抄总合账》。当中，道光十年至道光十二年（1830—1832）的合账按 1400比价折银，道光十年至道光十七年（1830—1837）按 1400 比价折银，道光十年至道光十八年（1830—1838）则按 1500 比价折银。[③] 这种总

---

① "凡作钱价，或原以六合钱，今要下为五钱几分；或原以五合钱，今要下为四钱几分，总要明递坐之法。如系银本，将旧管所列借外钱，先以原钱价合银，再以今钱价合银，从原钱价所合之项下，除讫今钱价所合之项，名为应升。将新收所列各钱款，亦照前算，下余之项名为应升。将开除所列各钱款，亦照前算，下余之项名为应垫。将实存所列各钱款，亦照前算，下余之项亦为应垫。打上应垫若干，除讫应升若干，净应垫钱价银若干。若是钱本，则将旧管所列借外银若干，即以今坐钱价若干合钱，再以原钱价合钱，从今坐钱价所合之项，除讫原钱价所合之项，名为应垫。将新收所列各银款，亦照前算，下余之项亦为应垫将开除所列各银款，亦照前算，下余之项名为应升。将实存所列各银款，亦照前算，下余之项亦为应升。打上应垫若干，除讫应升若干，净应垫钱价银若干。其项或从所得钱价利内暗扣，或从开除末撇除，均是通法。至出入银钱换账，要算钱价盈亏，其法将共入钱若干，共出银若干，共入银若干，共出钱若干，除出净入银若干，除入净出钱若干，一一算清。如系银本，将此净出之钱，照本铺钱价合银，将净入银对除。若是钱本，将此净入之银，照本铺钱价合钱，以净出钱对除，入多出少为盈，出多入少为亏。"刘建民先生藏：《精选杂信录·立账簿头绪》，刘秋根编：《中国典当史资料集（前 475—1911）》，第 187 页。

② 参见《大生当万倍财源账》道光十四年"耗钱数银"的记录，该项耗损占当年亏损额的64.67%。李锦彰：《晋商老账》，第 28—29 页。

③ 李锦彰：《晋商老账》，第 39 页。

合账只是作会计核算用，为方便作盈亏比较，一段时间内的所有银钱均照统一比价计数。道光十年至十七年合账用 1400 比价数值计算，道光十年至十八年却按 1500 计算，即说明道光十八年是年该地铜钱价格下跌速度非常快。

除大中型商号外，一般民间日用账同样会以苏州码记录各项比价。比如在浙南石仓的家计簿中，"十二月十一，去人洋弍元，〡三δ"这种记录，[1] 其苏州码数值便是 1350，这也是银钱比价数值。为方便记录比价数值且有识别度，具体苏州码表示还涉及大小写汉字混用、数位省略、断行格式等，合并各账簿记录方式及俗字运用不同，已使其成为一种相当有特点的数字书写体系。[2] 针对银钱比价的记录，在该书写体系形成中曾起到重要推进作用。[3] 因货币比价变动，以不同货币计量的物价亦会变动。对此，民间做法也是同时标记出用不同货币支付的物品价格。比如道光十二年，在苏州城内外，"凡买卖食物，如论斤者，插标每斤大钱若干文，新钱若干文，新钱较大钱豹〔报〕以八折作算"。[4] 当新钱、大钱自身价格再变动时，插标物价亦会调整。

如实记录的另一种方式是分列各类货币。在无汇总核算必要的情况下，收支以银便记银，收支以钱便记钱，这样就可在账目记录上不受比价波动影响。比如下面这则材料：

同治四年至光绪二年收进付出大总清册

① 曹树基、蒋勤、阙龙兴编：《石仓契约》（第五辑），第六册，浙江大学出版社 2018 年版，第 353 页。

② 蒋勤、曹树基：《清代石仓农家账簿中数字的释读》，《社会科学辑刊》2016 年第 5 期。

③ 胡岳峰、蒋勤：《清代民间账簿中货币记录的释读——以石仓文书为例》，《原生态民族文化学刊》2020 年第 4 期。

④ 大钱即正铸好钱，新钱为苏局局私。《为江浙两省钱贱银昂商民交困宜清积弊而裕财源》，户部给事中孙兰枝折，道光十二年闰九月十一日，中国人民银行总行参事室金融史料组编：《中国近代货币史资料》第一辑（上册），第 11 页。

自同治四年乙丑起至光绪二年丙子终止，前后共计一十二年收进付出大总清册全集

收募捐，洋三百九十二元九角五分、钱一百二千三百六文；

收堆金，钱一千八百九十一千五百十八文；

收江明德、黄信义经募茶捐，洋一千二百六十五元四角六分五厘；

收春源典卖包抽捐，洋四元、钱一百七十八千八百二十三文；

收公义典卖包抽捐，洋六元、钱七十四千七十二文；

收裕亨典卖包抽捐，钱九十五千七百六十二文；共八十二主

……

付账：

付十二年分兑，出钱八十二千八百六十文；

付割草、挑地基，钱四十二千三百五十文；

付请告示，洋四元、钱二千四百二十文；

付上户钱粮、漕米，钱二千九百七十八文；

付安葬、修坟、加土，洋八十三元、钱八十一千一百五十文；

……

付收捐俸金，钱一百七十八千文；

付守堂工食，钱七十九千五百文；

付存吴立成处生息，洋六十元；

付置市产地基，押洋三百元，经手江明德、吴星斋、程云溪、吴立成。

以上十二则，共收洋一千九百五十四元零一分五厘、钱二千五百四十千一百八文。

以上二十则，共付洋一千五百七十一元一角五厘、钱二千五百

三十七千七文。滚存现洋八十二元九角一分、钱三千一百一文。①

当中进出项目或洋或钱，收入多少洋，支付多少洋，收入多少钱，支付多少钱，都分别记录。不统一核算为单种货币，自然无需考虑比价变动对会计核算的影响。该方法亦在商铺经济运作中被广泛使用（如下图89某账本账目所示）：

图89　光绪二十一年立某钱店银钱老账

　　① 《新安怀仁堂征信录》，李琳琦、梁仁志整理：《徽商会馆公所征信录汇编》（上），第326—327页。

资料来源：刘建民主编：《晋商史料集成》第 37 册，商务印书馆 2018 年版，第 243 页。
说明：现存银钱分列，逐日再按收钱、收银、出钱、出银加减，统合至后一日"现存"。

二、变更交易、支付货币的种类

既然银钱比价容易波动，那么只使用一种货币是否可在一定程度上避免损失？我们来看乾隆十六年（1751）云南开化府当铺的一个例子：

开化设有生息当铺二处，因原定以钱一千一百文作银一两，出入之数与市价高低不一，恐有亏折，概不当钱。兵民不乐赴当，遂至生息不敷。现搭换制钱二千余串，银出银入，钱当钱赎。[1]

此中，当铺原定银钱折价数值为 1100，但时价不断波动，故"出入之数与市价高低不一"，此差值会导致当赎纠纷。何为"恐有亏折，概不当钱"？我们假设典当人以 1 两银等于 1100 文钱进行典当，典当物品后取走钱 1100 文，约定事后回赎以钱 1100 文或银 1 两均可。但如果在一定时期内，银价跌至 900 文/两，典当者此时只要以 1100 文中的 900 文换银 1 两去回赎便可，该过程类似于向当铺套利。那如何能让交易公允呢？为避免比价波动带来损失，此时对交易双方都公平的办法便是"银出银入，钱当钱赎"。只要交易双方都使用同一种货币而不再做折算，就可避免有人利用时价波动进行投机。类似地，光绪二十一年（1895）安徽宿松县典业榜规规定："当货应制钱银洋各从其便，钱当钱赎，银当银赎。银钱出入概以曹〔漕〕平足色，制钱足百为准。当

---

[1] 《高宗纯皇帝实录》（六），卷三九九，乾隆十六年辛未九月，第 259 页。该当铺是官当，但因其按民间商业规则运行，所以归入民间应对例子。

钱当银，悉听当户之便，不得稍有抑勒，以免争较。"① 光绪二十七年（1901），奕劻等在拟奏的整顿当商章程中亦强调，"一律无论用银、用钱、用大小银元，均以满足数目计算，不得有九八扣名目。当银以银赎，当钱以钱赎，当银元以银元赎，毋得折抵，两有吃亏"。② 类似规定都强调了单一货币进出的好处。

在过往研究中，研究者多认为比价波动（特别是钱价日低）对劳动人民损害较大，对豪门大户反可能有利。③ 实则不然，无论小民、绅商，对比价波动影响皆有一定主观能动反应。当时价发生变化时，用钱用银、收钱收银便有讲究。民众不可能一味承受比价波动损失，支出、收入货币种类也不会一成不变。对此，可看下面这则材料：

馆规录

原议章程

……

一、常年用司事一人，照应收租、修理房屋等事，每月支钱六千文作薪水。……

光绪二十一年新立规条　公禀江宁府存案

……

一、试馆司事每月饭食、薪火英洋六元，以专责成。逢考七、八两月，丁役五名，每名饭食钱四千文。考生外赏五人均派，不得争论。……

---

① 《光绪二十一年宿松县下仓埠同昌典榜规》，刘秋根编：《中国典当史资料集（前475—1911）》，第366页。

② 甘韩辑：《皇朝经世文新编续集》，卷十《商政》，《庆王等拟奏整顿当商章程》，光绪乙未石印本。

③ 邓云乡：《清代三百年物价述略》，《价格理论与实践》1982年第4期；［美］李明珠：《华北的饥荒：国家、市场与环境退化（1690—1949）》，第183页。

光绪三十年重订章程

一、司事一人，向章月给薪资钱六千文，嗣因不敷应用，改为月支洋六元。当时每洋一元易钱一千二百文上下，故可敷用，现在每龙洋仅易钱八百十文，遂形支绌。兹仍照原议月支钱六千文，以示体恤。……①

这是安徽歙县人在南京所建试馆的馆规。因需司事常年照料（收租、修理房屋等），试馆最初规定以月薪6000文支付司事工资。到光绪二十一年，改为饭食、薪火支付以洋六元。对于为何作此变更，该馆《光绪三十年重订章程》有明白记录，乃是钱贱银（洋）贵，司事觉得"不敷应用"。以当时洋价"每洋一元易钱一千二百文上下"计算，原定6000文钱工资仅能换洋5元，相较以往6000文钱可换6元洋的月薪，实际工资减少16.7%。为此，试馆将司事月薪更改为用洋发放，"故可敷用"。但到光绪三十年，钱贵银（洋）贱，工资又"支绌"不敷，如是再将月薪改回以钱6000文支发，按当时比价可换洋7.4元。从中我们可以看到，虽然三次规定价格都是6000文、6元、6000文，但试馆司事到手工资的实际购买力因为比价波动变得不一样（暂不考虑物价因素）。如此，则民间主雇双方对此便当有一议价，依时价变动改换发放工资的货币种类以求公允。光绪三十三年冬，京师"银价日涨，粮米昂贵"，当地糖饼行工人所得工资不敷糊口。起初，工匠"再四与各号掌案、东家、掌柜筹商不易"，后经中人梁鉴甫请出二十二家各宝号掌柜说合，才将工价支付货币更改并立碑记录"钱庄改换银庄，工价

---

① 《歙县馆录·馆规录》，李琳琦、梁仁志整理：《徽商会馆公所征信录汇编》（下），第953页。

市平松江"。① 这也是在比价变动时雇工为维护自身利益，与雇主商讨更改支付货币种类的例证。类似现象当然不为清后期所独有，早在乾隆三十三年（1768），宝直局工匠在领取工资时就出现过因钱价较贱，"但愿领银不肯领钱"的问题。② 而裴丹青对清代省友（常驻省城照料州县事务者）收支的研究同样表明，省友与州县间收支款项以银核算，用钱支付。在银贱钱贵时，省友也会请求支付以钱。③ 按何物更保值就持有何物的原则，也易想见在粮食更贵时（参考第六章第一节相关论述），省友可能会要求支付粮食；在银更贵时，省友也会要求支付白银。所以，只要主雇双方有所协商，则变更支付货币种类可在一定程度上抵消银钱比价波动的负面影响。此外，如此时民间与官方在货币兑换上有联系，则民间依然会采用对其更有利的办法应对。如乾隆四十九年（1784），京师平粜麦石钱文由户部行令招商领钱易银，但众铺户却不肯承领。原因是"从前原曾有领换钱文之事，该商人等，不过因钱价昂贵，即希图承领获利。现在钱数较多，未免银昂钱贱，该商等即不肯领销"④。彼时官方易换例价 1∶1000，钱贵时招商承领，商人可从例价与时价差异中牟利，也可从钱文市价不断增高中获利；但若钱贱，则商人领钱1000需给政府白银一两，自是吃亏。因之，如钱贱时国家按例价支付较贱的货币给商人，商人图利，自然"不肯承领"。

在实际支付中，如果货币提供/收受某一方可以决定支付货币种类，

---

① 《马神庙糖饼行碑记》，光绪三十四年新正月十八日合行公议吉立，首都图书馆宣南文化资料分馆、北京市宣武区档案馆、北京市宣武区图书馆编：《北京会馆资料集成》（上），学苑出版社2007年版，第168页。

② 《高宗纯皇帝实录》（十），卷八〇四，乾隆三十三年二月辛未，第864页。

③ 裴丹青：《清代"省友"初探》，《"中央研究院"近代史研究所集刊》第88期，2015年，第75—76页。

④ 《高宗纯皇帝实录》（十六），卷一二一四，乾隆四十九年九月丁卯，第286页。前人引用见张建辉、李刚：《生息银两与乾隆时期的通货膨胀》，《西北大学学报（哲学社会科学版）》2008年第4期。

一样可避免自身损失，甚至可借此牟利。为此，可看下面一则材料：

照得城乡开设典当，原以便民间之缓急，近日雨水过多，钱米奸牙预张声势，米价腾贵，银价顿贱，大属病民，业经本署司密拿究办，一面出示谕禁在案。兹又访闻，城乡各典当，凡遇民间典当衣饰、什物，值此钱贵银贱之时，只肯当银，不肯当钱，以图将来回赎之日银贵钱贱，一出一入，暗中渔利，贫民饮恨吞声。①

"雨水过多"为自然灾害之一。灾害易致灾区内钱贵银贱，相关原理在本书第六章已有阐述。典当交易在此属卖方市场，当铺有权决定当赎以何种货币。银贱钱贵时出银，银贵钱贱时收银，便是当铺利用比价波动牟利。② 即便不从牟利角度考虑，以规避风险来说，在钱贱时收银也是应对办法。如此便可反观一则顺治十三年（1656）银贵钱贱时的规约：

常熟县给帖勒石永禁借端衅扰典铺碑（顺治十三年）
……近七月，乘海寇猖獗，希图劫虏，将低贱小钱一文，只还一文，倚强索取。切计原钱一千，□本五钱。今钱一千，时价三钱十分，已亏本四分（按：此处点校有误，当为"今钱一千，时价三钱，十分已亏四分"。意为钱一千文，原值银五钱，现值银三钱，

---

① 李璋煜：《视已成事斋官书》卷五《禁抑勒典当示》，《古代榜文告示汇》第九册，社会科学文献出版社 2006 年版。转引自刘秋根编：《中国典当史资料集（前 475—1911）》，第 186 页。

② 该点至民国时期依然存在。如"狡猾当商，遂利用此种抵制货币价格之法，如收当时无论当钱多少，必以银两计数，书于当票之上，再以极低银价折成银元或铜钱，付与物主。及取赎时，又以最高银价折合银元或铜元，令物主取赎。故当商对于货币复杂时，亦有利益可图也。自改元废两以后，此弊始息"。《北京典当业之概况》第三章《北京典当业兴衰及现状》，中国联合准备银行 1940 年。转引自刘秋根编：《中国典当史资料集（前 475—1911）》，第 407 页。

银贵钱贱下，钱贬值40%，即"十分已亏四分"）……何物愚民，乃以贱价之钱，坚执如前之数。则典商不惟无利，而反亏本矣。……自后当钱出入，务于出票时照依时值，议定银数，填明当票。日后取赎，不论或银或钱，悉照票上银数，照例算还。[1]

典商开具当票，原先填写钱数。在银贵钱贱时，小民利用贬值后的铜钱按当票票面钱数赎回物品，是将银贵钱贱损失加诸当商。因此，为避免类似情况一再发生以致起衅，常熟当地官员勒石刻碑写明，以后开具当票一律填写银数，取赎时或给银，或按票面银数折钱。这在钱贱持续时，可有效维护当商利益。[2] 类似地，光绪三十四年因铜元充斥，浙省铜元贬值，当十铜元"折作当九、当八者"甚多，"钱价亏耗，商家力难持久"。[3] 作为应对办法，商家遂"改作洋码"，将物品标价为银，收入以银，以期保值。宣统元年，因浙西盐务由商人承办，其课项加价向用银洋分别解缴，惟盐斤售价以钱合计。在银贵钱贱时，商人收入以钱，缴纳课项以银，持续钱贱导致损失需自己承担。此时转嫁损失的方法有二，一为调高钱计盐价，一为改换支付货币。调价一法，对盐务来说不如一般货物调价方便——"盐法志载商人计本经营，价贵则有累于民，价贱则有病于商"，且调价尚受官方制约，故商人在此不若"概照现今售价，暂行一律改用洋码"。[4] 该方法并未直接调高盐价，可使盐商、政府在明面上不遭骂名，也可同时使盐商在零售盐斤时避免损失。而如果不及改变收入货币的种类，那么尽快将贬值货币兑换为升值货币

---

① 苏州博物馆等合编：《明清苏州工商业碑刻集》，江苏人民出版社1981年版，第184—185页。

② 但若比价情势逆转，变为银贱钱贵，则当票填银，以银合钱，又会产生问题。当然，由于没有后续资料，在此仅能做此假想。

③ 《商会补救铜元之策（浙江）》，《申报》1908年6月22日。

④ 《浙江巡抚增韫奏报浙西苏省五属盐斤照现今售价暂行改用洋码事》，宣统元年三月十六日，朱批奏折，档号：04-01-35-0541-020。

也是此法的延伸。光绪三十四年天津地埠因有铜元断使及折扣传言，导致铜元不断贬值，故"商家遇有铜元进款，并每日所收铜元不敢存留，竟以大价兑换银元，市价愈抬愈高"。① 显然，商家不收铜元只收银元是最佳办法，但小额日用交易不可能断绝，故其只能在铜元变得更贱之前将所收铜元全数兑为银元。此外，商人在银贵时收银、钱贵时收钱的做法，在一定程度上也可解释某些官方行为。乾隆初，直隶银贱钱贵时，高宗皇帝曾有疑问："直隶兴修水利城工，坐粮厅赴东采买布匹，所领帑金数万，皆欲易钱运往。其他官项，大率类此。夫所领帑项，原系银两，即报销亦以银数核算，自应以银给发，何必兑换钱文应用？"② 兴修水利城工，帑项为银，报销为银，但实际使用时官员皆欲换钱。除钱文更适合于民间市场小额交易外，钱贵时民间买卖多得以钱支付也当是原因之一。当官方开销必须与民间市场连接时，银钱市价波动、商民交易支付货币变更便会对官方采买行为产生影响。

三、变更交易、支付货币的价格

如定要使用两种货币，则也可预先就届时使用到的货币定价。在借贷中，定价办法之一是"抬价"，抬价是为了应对无可预期的比价变动。在湖南新化县，该交易习惯为：

---

① 《天津银号详复遵请探访局禀请准令商家来津购买铜元出境文并批（1908）》，《北洋公牍类纂续编》卷九《币制》，引自杨涛编著：《清末官银钱号史料辑注》，第336页。

② "购买什物器用，其价值之多寡，原以银为定准，初不在钱价之低昂。今不探其本，惟以钱为适用，其应用银者，皆以钱代。而趋利之徒，又复巧诈百出，使钱价高昂以为得计。是轻重倒置，不揣其本，而惟末是务也。不但商民情形如此，即官员办公，亦有沿习时弊者。如直隶兴修水利城工，坐粮厅赴东采买布匹，所领帑金数万，皆欲易钱运往。其他官项，大率类此。夫所领帑项，原系银两，即报销亦以银数核算，自应以银给发，何必兑换钱文应用。若以领银之人，得受钱文为便，不知所发银两，即少至分厘，亦可按数分予，与行使钱文何异？况未必至分厘乎！"《高宗纯皇帝实录》（四），卷二三六，乾隆十年三月甲申，第44页。

借银还钱，乃预将银价高抬。譬如每银一两，当时仅换钱一千九百文。债权人预定偿还时，须还钱二千三四百文。借约上只书预定之钱额而不能写银数。借钱还银，则预将钱价高抬。譬如每钱一串当时值银五钱三分，债权人预定偿还时，须值银六钱。约内只书预定之银数而不能写钱额。①

由于是借贷，所以放贷者（债权人）可能更具议价权，能订立出有利于自己的规约。在清偿债务时，如借贷者（债务人）借银还银、借钱还钱，自不涉及比价问题。但还款方如以另一种货币偿还债务，交易便受不可预期的短时比价波动影响。为此，以高于借债时银钱市价的比价写明还款折算货币数，此方法可大概率保证不论比价作何波动，债权人都不会损失本金，且可能获得更多收益。但预先定价也会面临比价波动剧烈时无法"预先"的困境。该情况下，交易双方往往各执一词，甚至酿成长久官司：

考我行自前清咸丰年间，当十大钱流通市面，银价日昂，因之，缝、五尚、切、圈、排五行工人，每年借此增价，则各月号受其累者固已久矣。后经高君瑛约会同行人等，设立靴鞋行财神会，为行中会议公事之所。当时在会者二十余家，不在会者约有百家。然缝、尚者每增价时，必先要求在会者，如不允则罢工；其不在会者，做活如故。至在会者，恐生意之停滞，不得不俯允其增；而不在会者，随亦一律增之。缝、尚者既如此，而切、圈、排三行之工

① 施沛生编：《中国民事习惯大全》，第一编《债权》，上海书店出版社 2002 年版，第 30 页。据编纂者记录，这些都是民初时候的习惯，显然，就形成来说其在清末至少已经存在。

　　　　　　　　　　　　　　清代银钱比价波动研究

价，亦遂因此而增焉。所以后开之新号，皆不欲入会也。至光绪八年，缝、尚工人又有齐行罢工之举。本行绅商傅君养园，见此情形，不忍坐视，以为屡受工人之挟制，不能不设法维持。因与会中各号商议，分为四路，外东、外西、内东、内西，即分往不在会之各号，婉言劝导，以明利害相关之故。且言愿入会者，请于二十八日，在天福堂面商一切。至日，各号毕集，幸皆踊跃从公；其不在会者，由是而尽入会矣。前后共计一百二十家之数。至于议论增价之事，公同商酌，务筹以对待之方。遂议定由四月初一日，新入会者概不发活。且公推外东隆庆郝君恭谨、外西大安鲁君国兴、内东天兴韩君清麟、内西三顺王君清泉等四人，联名在中城司控告合美会。夫合美会者，即缝、尚工人所立之会也。旋蒙批准，差传到案。两造各执一词，一求增价，一求减价。奉城宪当堂公断不增不减，俱照原价开工做活，合美会人不遵本司官口派，准各号另觅工人做活。且又出示晓谕，各号另觅工人，不许合美会人拦阻。乃合美会人不服堂断，又在提督衙门及顺天府大、宛两县等衙门控告，犹冀推翻前案，以遂其贪利之心。而各署均不受理，俱将案卷送交中城察院归案讯办，则合美会首事之人，至此方无可如何矣。①

咸丰初，银贵钱贱。在工资本身不变的情况下，如工资给钱不给银，工人会因钱贱遭受损失。由于彼时"当十大钱流通市面"，各种钱掺杂使用，比价变动剧烈，靴鞋工人是否"每年借此增价"而有渔利不得而知，且实际应"增价"多少也无法预先知晓。到光绪时，绅商傅养园召集各号，与由工人组成的合美会对峙公堂，"两造各执一词，

---

① 《靴鞋行财神会碑文》，中华民国三年五月，首都图书馆宣南文化资料分馆、北京市宣武区档案馆、北京市宣武区图书馆编：《北京会馆资料集成》（上），第183页。

一求增价，一求减价"。虽经有司断为"不增不减"，官府有和稀泥、行懒政之嫌，但考虑到光绪时钱价已有回升，故就公平而言，官方做法有一定实质意义。在本案中，我们更关心案件缘起于比价波动。在比价波动剧烈时，雇主不以更贵、更稳定的货币支付工资，则工人会用罢工应对，以求更定发放工资的货币种类或（按较贵货币折算较贱货币的时价）重新定价。如此后比价又有波动，在钱贵时，钱计工资呈向下刚性，[①] 则靴鞋行会各商家反有损失。如此，则我们知道，比价波动的不确定性会使得交易各方不断协商、抗争。所谓民间应对，很多时候充满着类似矛盾纠纷，并非能和平处置。比价因时因地不同，交易者在具体交易中为减少损失甚至借机牟利，各方极易产生矛盾，诸矛盾自然会导致交易成本增加（在材料中表现为"各号另觅工人"，但"合美会人拦阻"）。

对于预先定价的货币，按预定价折算，对于没有预先定价而临时需以另一种货币交易的，便只能按时价计算。比如在福建闽清县，当地民事习惯记录：

> 闽清旧时典契，多载典价银两若干，注明每两八百文或七百五十文。如无注明，取赎时应照银两实价计算。[②]

该"注明每两八百文或七百五十文"即"清钱"用法，是一种固定银钱折算价（可参考本书第三章图33原始契约）。暂不管该做法缘

---

① 即工资涨价容易降价难。如同治九年四月二十八日《苏州哔布染司同业章程碑》附录章程记录"众司工俸，准加不准减"（彭泽益选编：《清代工商行业碑文集粹》，第108页）即是一例证。彭凯翔对 Gamble 记录的近代北京瓦木匠工资研究，Munro 对西欧中世纪晚期工资的研究也有类似结论［彭凯翔：《近代北京价格与工资的变迁：19世纪初至20世纪初》，《河北大学学报（哲学社会科学版）》2013年第2期］。

② 施沛生编：《中国民事习惯大全》，第二编《物权》，第20页。

由何在，在此仅对比有注明与无注明区别，即可明了。在民间交易习惯中，不明确写明折算却又需要用另一种货币支付的，不论比价如何波动，买方卖方谁因此盈利或亏损，都应该按照时价比价换算。

在使用双货币时，如不变更支付货币种类，则变更原支付货币的价格（折算为另一种货币的数量）也是应对比价波动的办法。以上预先定价和按时价折合的办法都是变更支付货币价格的具体方法，但更多时候民间无法预先定价或按时价随时折合，而是在事后商定出新的折价方案。

同治元年六月立《精忠庙鲁班殿碑》曾记录，"年迈会首，持行公议，挣铜制钱工饭四百五十文。时在咸丰五年，阖行公议，挣铜制钱工饭五百文。业经挣妥为例，决无更改。兹自以后，各样大钱绞乱，钱法不通，与铜制钱不符。行中公议，难定章程。工饭挣项，与铜制钱，相符为事"①。咸丰时，京师"大钱绞乱，钱法不通"，银钱比价因故混乱。此时工食钱即便按涨价后的五百文发放，工资增加速度也可能赶不上货币贬值速度。为此，经行会公议决定，由于无法确定接下去的比价会如何变化，到底应该随大钱贬值而增加多少工资以弥补比价变动导致的损失（"难定章程"），故以后工资一律只锚定制钱（专指小平钱）计算。工资随比价波动而变更消长，当总"与铜制钱，相符为事"。② 进一步，将类似情况对比官员奉饷、兵弁兵饷发放，可以发现，在饷额固定时用双货币配比支发，较贱货币占比越大，收受者损失越大。此情况下，想要减少损失，或应全数支发较贵货币，或应照时价折合支发较贱货币。但多数情况下特别是政府财政支绌时，一般官员、兵

---

① 《精忠庙鲁班殿碑》，同治元年六月初三日立，彭泽益选编：《清代工商行业碑文集粹》，第7页。

② 这里暂不考虑食物价格变动。如工资仅以货币形式发放，货币贬值则工资应该得到调整。但如果工资以货币和实物（含饭钱等）形式发放，且实物占相当比重，则物价增长时货币工资调整幅度或较小（甚至可能不作调整）。

丁无法随意要求更改搭放货币种类或照时折支。而在民间，交易者除可要求变更支付货币种类外，也可要求变更支付数额。故在相同的银钱贵贱状况下，有议价的工资给发，货币收受方福利减损程度当较领取固定工资者为小。变更支付货币数额，不仅直接表现为以较贱货币折算数额的变动，也间接体现于以较贱货币标记的物价变更中。在此可看光绪三十四年顺天府府尹会同邮传部尚书陈璧发布的一则白话告示：

外城巡警总厅为晓谕商民平物价事告示

照得京城市面，前两个月，因为银盘太高，钱盘太低，所有买卖各物一概长价，小本经纪人狠受亏累，<u>现在银价已经落了，你们各铺买卖还是不落价</u>，都说是现在卖的货，还是从前一两银子换十七八吊钱的时候买了来的，所以要多卖些钱才能够本。殊不知你们买卖铺，<u>向来买货都是用的银子，零卖都是现钱</u>。譬如这们〔么〕说罢，你们有一两银子货，在那一两银子换十七八吊钱的时候，自然要多卖些钱，才够原来的本银，到了一两银子换十四五吊钱的时候，就是少卖三四吊钱，也还合得上一两的数呀！<u>这们〔么〕替你们一合计，落价原不吃亏</u>，所以总厅出示晓谕，你们不得借那买贵卖贵的话高抬市价。倘敢故意不遵，总厅要访出一两个刁坏的人重重罚办，给大家做个榜样呢！此示。①

在两个月前银贵钱贱（"银盘太高，钱盘太低"）时，商人进货以银，零售以钱，故必须调高钱计物价才能在零售中不吃亏。银贵钱贱时，商贩调高钱计物价，即是要求消费者变更用于支付的较贱货币的数

---

① 《外城巡警总厅为发布晓谕商民平物价告示事致民政部申文》，光绪三十四年一月二十六日，中国第一历史档案馆丁进军编选：《光绪末年清廷整饬京畿银钱比价史料》，《历史档案》1988 年第 1 期。

清代银钱比价波动研究

量（如果消费者以银支付，则商家更乐意，这等于是变更了支付货币的种类）。然后来，银价下跌，商贩用钱标记的物品"还是不落价"，且借口"买贵卖贵的话高抬市价"。由此，才衍生出官方介入干预的这则告示。

综上，变更交易、支付货币的种类或数额，最少可以减小比价波动带来的负面影响，多则可借此投机牟利。然何时变更、由谁决定，则需视具体经济环境分析。比价波动嵌入时人经济生活各方面，民间对此的应对亦需被放置于当时当地具体交易过程中理解。民间如此应对办法，与官方规定使用货币种类、规定银钱折算标准的做法相似。但对于不同主体，其都想用类似办法维护自身利益，则主—雇、贷—偿、官—民、地方—中央之间，又有数不清的矛盾。要彻底解决问题，势必得废除当时特殊的双货币制度。但货币制度问题，"破""立"皆难，如何保持币值稳定、解决小额通货问题、疏通市场交易……还将长久考验政府对市场经济的应变能力。

四、变更记账货币体系及修改账目

由于银钱是相对独立的货币，故两者间比价自会不断波动。此波动对单次交易或无重大影响，但若有多笔交易，则对银钱进出核算、按时总清会造成不便。此时，如全以单一本位币计价，以主辅币固定进制核算，便可免去双货币比价换算之劳累。[①] 所以在清中晚期，随银元流通日广，记账也有诸多转为银元者。对此，《徽宁思恭堂征信录》曾记录：

---

① 这里特指不同种属（如银两、银元、制钱）货币的比价换算。同种货币，如银元、银角，因其含银量不同，有足值、不足值区别，所以还是存在一定内部比价换算问题。

敬启者：伏查道光三十年增刻简章第二条，载有逐年定于夏季刊刻征信录，通送备查等语，系征信录一年一刻之明征也。后改三年一刻，不知始自何时，惟体例简略，殊难稽考。然其中尤以钱码为根据、为最烦琐，此皆因时制宜之故。岁辛亥，轮值绩邑司总、休邑司年提议改良，嗣经公议仍照道光年间章程；每年以清明节后由老总邀集大众将账目核算明白，分条列表于前、总结收支于后，分门别类，醒眉目而便稽查，然后抄成样本移交新总，刷印分送等因。公同议决，亟宜实行，敝司理等责无旁贷，只得勉为其难。幸赖在事人员谨慎从事，虽不敢谓条分缕晰足为模范，<u>然向之以钱码为标准者，今则银洋钱角，各收各支，既无钱串之短长，又免扯折之烦扰</u>，纲举目张，头绪清晰，且与前辈办事之意旨亦极相同，愿后来诸君子逐年照办，永垂勿替，则无任馨香祷祝焉（民国元年三月吉日）。①

昔日以钱码记账，有钱串短长、银钱扯折诸多问题，在改用银洋钱角后，"纲举目张，头绪清晰"，也说明时人对银钱比价波动的认识已经上升到和货币制度挂钩的层次，更愿意采用一种稳定的货币制度，用单一本位币记账。但当然，由于传统观念对货币的定值多以其内在金属价值为基础，且官方又在实际上对辅币铸造不加限制，所以即便是银元体系下所谓"主辅币"间，在实际使用和记账上也未必完全按十进制

---

① 《徽宁思恭堂征信录·己未三月中至庚申三月中止收支大总》，李琳琦、梁仁志整理：《徽商会馆公所征信录汇编》（下），第 1310 页。

　　　　　　　　　　　　　　　清代银钱比价波动研究

折算。^① 但这较之银两平色、制钱短折及两者间换算扯兑，已有进步。将记账货币与实用货币完全统一，且脱离内在金属含量记值，尚待国家统一行用有信用的纸币来解决。

此外，既然实际比价波动不能控制，那么在该波动导致账目问题时直接通过做账抹平，则也会存在。在此看一则材料：

> 具禀……所捐谷石，每石以银一两计算等因，当经生等将劝捐谷一万一千零五十五石，作为劝捐银一万一千零五十五两，报明案下，转报在案。惟现在时价，每谷一石，只易钱一千二百五十文及一千一百五十文不等。查生等勘买义田……<u>按现在时价，只须纹银六千八百四十余两</u>。是报明银数较多，实用银数较少。生等公同集议，应请将实用钱一万一千四百四十千有零，作为实用银一万一千四百四十两零八钱二分，俯赐转报庶生等劝捐谷石，既归于实用实销，而绅士商民人等所捐谷石，仍可以每谷一石抵银一两，仰邀议叙。……
>
> 计连清单一纸：
>
> 一、收劝捐谷一万一千零五十五石，除拨入修建府文庙谷一千二百五十二石外，净有谷九千八百零三石。内初次劝捐谷五千四百五十五石，每石照时价折钱一千二百五十文，共折收钱六千八百一十八千七百五十文；二次劝捐谷四千三百四十八石，每石照时价折钱一千一百五十文，共折收钱五千千零零二百文。

---

① 这个过程还待详细分析。元、角、分、厘概念最初形成，是以银元用块计、每块十角、每角十分为依托进行切割使用、记账的（张宁：《论我国现代货币单位"元、角、分"体系的确立》，《史学月刊》2005 年第 2 期）。此时元、角、分币成色一致，并无单独辅币。但到清末，定大清国币单位为圆，十析为角，百析为分时，角币、分币成色与主币并不一致。如果不限制铸造和进行有限法偿，则民间还是会根据其实际成色予以定价（金德平：《论我国主币单位"圆（元）"之由来——兼说辅币单位"角"、"分"》，《中国钱币》1995 年第 1 期）。

一、收宪台捐发纹银一千两，合元银一千零六十六两六钱六分六厘七毫。除提出发商生息并置买铺店等项银六百一十四两一钱八分外，尚有元银四百五十二两四钱八分六厘七毫，每两照时价易钱一千五百文，共易钱六百七十八千七百三十文。

以上共收钱一万二千四百九十七千六百八十文。

一、支置买义田钱九千四百七十五千一百文。

一、支修建义仓钱一千九百六十五千七百二十文。

一、支拨入修建府文庙钱一千零五十六千八百六十文。

以上共支钱一万二千四百九十七千六百八十文。

道光二十五年六月二十七日具①

按彼时劝捐例议叙上报，谷为 1 两/石，故 11055 石谷当为 11055 两银。但湖南辰州地方士绅并未真全数捐谷，而是通过勘买义田、修建义仓实际花费 11440820 文钱。但按照当时银钱市价，这些钱只值银 6845 两，是为"报明银数较多，实用银数较少"。如此，则实用实销不能达到"每谷一石抵银一两"的原定 11055 两数额。为此，当地士绅商议"将实用钱一万一千四百四十千有零，作为实用银一万一千四百四十两零八钱二分"，相当于以钱一串作银一两。由于银钱时价是既存事实，不能直接删改，故需将账目做清。材料后附"清单一纸"即是做账明细。原劝捐谷 11055 石，扣除"拨入修建府文庙谷" 1252 石，剩余9803 石，按当时谷价"易钱一千二百五十文及一千一百五十文"分两次记账。一次按 1250 文/石记账 6818750 文（5455×1250），一次按1150 文/石记账 5000200 文（4348×1150）。另有"宪台捐发纹银一千

---

① 雷振初：《辰州府义田总记》，李文海、夏明方、朱浒主编：《中国荒政书集成》（第六册），第 3664 页。

两"，除发商生息外，余下元银 452.4867 两，以 1500 比价合为钱 678730 文。综合以上，共收钱 12497680 文（678730 + 5000200 + 6818750）。再以置买义田 9475100 文，修建义仓 1965720 文，修建府文庙 1056860 文开销扣划（12497680−9475100−1965720−1056860＝0）。如此则进出两清，"劝捐谷石，既归于实用实销，而绅士商民人等所捐谷石，仍可以每谷一石抵银一两，仰邀议叙"。这种做账虽有造假、投机嫌疑，但对地方来说，与其买入一堆易霉烂于仓内的谷子（且不保证买谷过程无猫腻），[①] 且不如答应士绅出钱勘买义田、修建义仓。如此，士绅捐输可得议叙，地方事务也易办理。至于银钱比价账目一项，本就是存在于会计核算上的，通过做账抹平，对地方实务并不产生危害。

在账目上做手脚，有的只是为抹平账目，有的则是借机牟利。比如在钱房账簿上：

> 银洋之行情，每半日为一市，日有二市（各地之例不同，或有三市者，余述金陵之事，故照金陵之例而言），名之曰早市、晚市。两句钟以前便照早市行情兑换，以后便照晚市行情兑换（名为两市实即一市，今日之早市即昨日之晚市）。晚市与早市之行情必稍有涨落，而各钱铺之兑换进出，临时皆不转账（钱铺将兑换之数登记账册曰转账），必积至十元或数十元，方行转账。大钱铺则不然，除同行交易外，每日只转账二次。初下晚市时将上市之胀一并转清，至晚间扎账时再转一次（每晚将各零账归并一总数名曰札

---

① 存谷易霉变，最后还需易换钱文。如"树兰等接收之后，查看谷石，年久霉变，即遵藩宪面谕，陆续变价。计售得钱一万一千五百六十九千九百二文，发交德泰、正德质当、和记钱铺匀派领存，六厘生息，听候买谷提用，取具领状，并开呈细教清折，酌议善后章程送核。"［徐树兰：《绍郡义仓征信录》，李文海、夏明方、朱浒主编：《中国荒政书集成》（第十册），第 7000 页］与其如此，不如直接收钱，或收入不易变质的其他资源。

账)。① 转账、札账均归钱房一人独掌，而弊端即由而生。例如早市大洋一元可兑钱一千三百六十文，晚市跌落，每元只兑钱一千三百五十五文。该钱房即将早市兑出之钱多转数十元，在晚市兑出之钱数内减少数十元。或将早市兑进之钱数增多，晚市兑进之钱数减少，或将早市兑进之钱少转，晚市兑进之钱多转。如遇晚市较早市涨高，则将早市兑进之钱数增多，晚市兑进之钱数减少，或将早市兑出之钱数减少，晚市兑出之钱数增多。如斯，每日兑换之数虽不见少去，而两市进出之钱数相比，较实可另余钱一二百文。彼即将此项下之另余取之以入私囊。②

由于有的钱商不是每笔银钱进出皆单独记录，而是每日按早晚市价格统一扎账清算，于是店中钱房管账者便可借此牟利。虽然账目计数皆按银元，但不同时间段的银元兑钱数目不一。既有兑价涨落，则实际每笔兑换所得钱数与扎账清算数便会不同。如此，钱房管账者便可利用这点将"余钱"纳入私囊。

总之，为应对比价波动，变更记账货币体系是最佳办法，但前提是既有货币制度发生变革。而修改账目也有消极应对和积极应对的区分。消极应对只是为避免受损，积极应对则是通过做账手段牟取私利。在此也可想及，如比价问题不再存在，则做账牟利也会消失。故于币制改革而言，其在民间也会遇到相当阻力。

---

① 原文如此，"札账"即"扎账"。

② 王钝根编纂：《百弊丛书》（二），卷二十四《钱庄百弊》，"钱房之弊"条，张研、孙燕京主编：《民国史料丛刊》726，大象出版社 2009 年版，第 180—181 页。据该书民国八年序言所述，书中记载尚有清末民初事，故将此材料用于论述清代比价问题。

小结

现对本章所论官民两方对银钱比价波动的应对做一总结。

一、官方应对。由于有"银钱兼权"的货币管理要求和维持经济秩序稳定的责任，清廷在面对银钱比价波动时最先想到的就是干预货币价格、抑制波动。银贵钱贱时，政府从银贵一方入手，可设法遏制白银外流，增加市场白银供给；从钱贱一方入手，可通过关停铸局、外销外运、调整奉饷银钱搭放比例等办法减少制钱供给，亦可通过加强价格管控，严查私铸，推广以钱代银行用等手段抑制钱贱。银贱钱贵时，政府从银贱一方入手，可采取推广用银、以银代钱手段；从钱贵一方入手，可通过增铸、调拨、采买、暂允古旧私钱流通甚至发行钱票等办法增加铜钱供给，亦可通过禁止钱贵过甚区域钱文外流，严查私销等措施减少当地钱文损耗。但受制于银钱金属货币特殊属性及既有货币管理体系内在矛盾，白银未经铸币，金属货币无法无限增加供给、难以快速回收，虚值大钱乃至银钱票钞不足以完全取信于人，外国银元、钱钞流通不受清廷控制，使得政府在调控比价上的能力愈加减弱。在不能完全平抑波动时，政府为尽量减小损失，采用了规定并调整银钱折算标准，明确使用货币种类等办法应对。原则为在银贱钱贵时，尽量收入以钱，开支以银。在银贵钱贱时，尽量收入以银，开支以钱。如必须银钱折换，则在折收中按最高比价（或为例价，或为时价）折算对政府最有利；但若兼顾民生，则按时价调整例价或完全按变动的时价折收更好。

二、民间应对。银钱比价波动对正常商贸秩序维系影响甚深，商民对此并非一味承受，其也会设法应对。当无折换必要时，民间交易尽量以单种货币进行交易，或将各类货币单独汇总结算。当需折换时，或按时价据实记录，或事先约定比价形成惯例，或协商调整使用货币种类、数额。原则为尽量减少自身损失，降低交易成本，通过定立规约、形成固定商业习惯等办法抵消不可预测的比价波动负面影响。除以上为减少交易损失而采取的应对外，亦有不少商人利用比价波动频繁、货币价格信息不透明、市价传递有时差等因素牟利。

三、复杂面向。以官民两方对银钱比价波动负面影响的应对而言，各种办法皆治标不治本。双方总体上有就统一货币、推动币制改革、采用主辅币制度以消除比价问题达成一致意见的可能。但在其内部，官方有中央、地方间就货币发行权、辅币铸发额争定的博弈，民间有货币兑换从业者对币制改革侵夺其既有利益的抵制。[1] 且币制改革又不仅仅是为解决银钱比价问题而行，其另涉财政、银行、法律、中外关系等因素。[2] 故银钱比价问题于逊清后还在很长一段历史时间内存在，后续官民两方对此的应对也还有更多待研究之处。

---

[1] 其实官方也有借双货币比价牟利者。比如江西省在官厅收入财政说明里曾言牌价收入——"各属惟余干县学堂收入内有此一项。所谓牌价者，系因该县商务向以洋钱交易，是以完纳丁漕二款，亦以洋钱。惟该县向系收钱县分，而民间又须交纳洋钱，则必须由官牌示，查照市价，每钱若干，兑银若干，俾民间一望而知，庶不至受书吏讹索，并不至被市侩诈骗。现查余干洋钱牌价，约比市价稍低。其盈余钱文，即拨归学堂经费，在民间所出无几，而公款受益良多。但国币通行以后，此项须归无着也"（《江西各项财政说明书》，陈锋主编：《晚清财政说明书》（第六卷），第203页）。如行币制改革，则官方便会少去一项财政收入。由此也可知，币制改革于官于民都会触动某些既得利益。

[2] Austin Dean, "A Coin for China? The Monetary Standards Debate at the End of the Qing Dynasty, 1900–1912", *Modern China*, 2018, Vol. 44(6): 591–619.

结　语

本书依照银钱比价的分地区数据整理、分析，银钱比价形成和波动原因探寻，银钱比价波动的影响，官方及民间对波动及波动影响的应对这一思考问题的逻辑顺序，对清代银钱比价波动进行了研究。现将研究结论归纳为如下几点：

（一）钱价、银价、银钱比价，三者间既有区别又有联系。区别为它们各自的概念、单位不同，联系为具体数值可相互换算。

钱价相对于银而言，为"银计钱价"省称，常用计价单位为两/串（千文）。钱的价格是钱的价值的白银货币表现。不同面额、重量、含铜量，不同种类，不同行用方式的钱的价格自然有别。研究钱价，既要考虑钱的静态物理属性（重量、含铜量），也要考虑钱的动态流通属性（供需数量、行用习惯）。

银价相对于钱而言，为"钱计银价"省称，常用计价单位为文/两。银元与生银为两大白银货币类别。生银计价，需称重、验色，并由此形成复杂称呼、兑换关系。

银钱比价即银钱相对价格。因生银称重，铜钱计数，故比价依然存在单位，常用单位为文/两。为方便研究，可默认银钱比价为此生银与制钱相对价格，并省略相应单位，只保留数值。T 时间点数值较 T-1 时间点数值升高，即发生银贵钱贱，反之则为银贱钱贵。此银钱贵贱定义较单纯以 1∶1000 为标准判断更具科学性，且能用之对比价长期波动形势进行分期。

（二）银钱比价是一种"双轨—多轨"价格体系（如图 90 所示）。

银钱比价非某一单一价格种类，而为一价格体系：

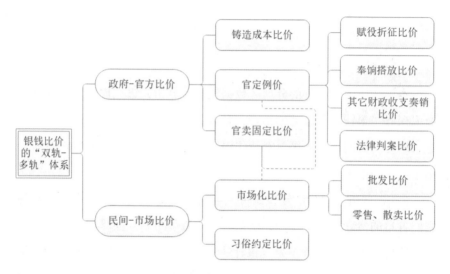

图 90　银钱比价的体系

说明：官定例价、官卖（钱文）固定比价与市场化比价间有虚线连接，表示相互间有关联。官定例价、官卖固定比价有时会根据市价进行调整。

此体系包含官方比价与市场时价比价两大方面。官价包含铸局铸造成本比价（即投入一两白银可以生产出多少制钱），奉饷搭放例价比价，奏销核算例价比价，官局售卖钱文固定比价等。不同时间、地域、类别的例价比价各有不同，有的长期不变，有的则会随市场时价变化调整变更。时价比价即市场比价（批发比价、零售比价），具备相对开放、竞争、多变特性。因银钱货币具有价值尺度职能，可作记账货币，故银钱比价在某些领域仅作会计核算用，不发生实际货币兑换。故作为价格体系，依然称"比价"，但在实际发生兑换时，可称"兑价"。

（三）银钱比价数据的收集和整理需更为科学化。

既有银钱比价数据的收集、整理成果已然很多，但不同学者的数据来源、提取方法、统计方式、整合手段各有不同。为此，当今学者在进行研究时，需注意注明涉及货币的种类、使用方式，不同比价类别。同时需对数据处理方式加以说明。

本书分省银钱比价数据的资料来源主要是经核对的前人研究成果，官方档案，契约文书，日记、笔记、文集等。以嘉庆《重修大清一统志》中的"统部"直接对应基本地理单元至省。对比价类别做简单标注，主要用于区分官定不变例价、随时价调整的官价和市价。将各原始数据格式化、标准化为单一时价数值。在此基础上进行一定的数据核验，以剔除奇异值，用拼接法对不同时段数据进行衔接，由此得出十八省省均年均银钱比价序列。因更关注宏观层面的长期趋势、波动阶段分期、省层面波动异同，故对数据统计口径完全一致和精细度要求不很高。如后续研究者想研究比价的波动周期、府际市场整合测度，则需相应找寻更恰当的原始资料重新提取数据。

（四）清代银钱比价长期变动形态有前后两种，细分可划为 11 个阶段。

以 1853 年（咸丰三年）为界，此前银钱比价波动总体呈底部较宽的 U 型态势分布，此后为一向右后方倾斜的 W 型状态。1644—1911 年，清代共有 6 次较明显的银贵钱贱阶段，5 次较明显的银贱钱贵阶段：1644 年（顺治元年）—1673 年（康熙十二年）为第一期银贵钱贱；1674 年（康熙十三年）—1688 年（康熙二十七年）为第一期银贱钱贵阶段；1689 年（康熙二十八年）—1726 年（雍正四年）为第二期银贵钱贱阶段；1727 年（雍正五年）—1758 年（乾隆二十三年）为第二期银贱钱贵阶段；1759 年（乾隆二十四年）—1795 年（乾隆六十年）为第三期银贵钱贱阶段；1796年（嘉庆元年）—1805年（嘉庆十年）为第三期银贱钱贵阶段；1806年（嘉庆十一年）—1853年（咸丰三年）为第四期银贵钱贱阶段；1854年（咸丰四年）—1865年（同治四年）为第四期银贱钱贵阶段；1866年（同治五年）—1873年（同治十二年）为第五期银贵钱贱阶段；1874年（同治十三年）—1903年（光绪二十九年）为第五期银贱钱贵阶段；1904年（光绪三十年）—1911年（宣统三年）为第六期银贵钱贱阶段。

本书进一步证实：杨端六、林满红此前的阶段划分，过于简略；陈锋教授14期分法，失之繁复；王宏斌的11期划分较为恰当。除因依据数据不同导致部分时段起止年份有别，总体上，本研究赞同王宏斌教授的波动阶段划分方法及结果。

（五）有清一代自始至终存在一个全国性的货币市场。所谓比价地区差异，只是在银钱比价全国总变动态势一致下，不同地区间存在基数或平均数高低、波幅大小、贵贱转变发生迟速的细小差别。

从现有分省数据对比来看，清代自始至终存在一个全国性的货币市场，此全国市场不是有和无的问题，只是内部各区域整合程度高与低的问题。以往有学者认为有些区域存在独立甚至彼此相反的银钱比价走势，这只是其基于少量数据或较短时段观测产生的偏误。在全国性货币市场内部，华北（直隶、河南、山东、山西）和江南（江苏、浙江、安徽、江西）地区数据质量最优，又以直隶和江苏两省尤佳。对比（乾隆朝及以降）华北和江南而言，总体上江南地区诸省的比价变动同步性程度高于华北内部诸省，此或可说明江南地区的银钱比价市场整合度高于华北。其余则是两湖、两广、陕甘的银钱比价货币市场整合程度较好，福建和四川各有一定程度的独立特点。云南数据虽整体偏高，但走势并不独立。

（六）银钱比价波动产生原因探究当首先关注货币制度、经济结构因素的影响。清政府银钱货币管理，既有制度因袭、路径依赖，又有制度创新，为一演化博弈过程。

"银钱并用"是"白银时代"降临后社会经济发展和国家货币管理的必然选择。既为两种货币并用，则自然形成比价。白银货币的"非国家化"与制钱铸币的"国家化"结合，始终给清代银钱货币管理及比价稳定调控带来矛盾。咸丰时，太平天国运动及"云南回变"导致滇铜运输中断，国家通过控制制钱铸造、投放调节市场比价的办法也遭遇挑战。由此，大钱铸发、国家纸币发行成为清代币制一大变革，对银钱比价及既有财政、金融体系产生冲击。如将货币体系白银化视为银本位币制变迁的诱致性因素，则规复制钱的失败及清末货币危机可被视为强制性制度变迁因素。但因货币主导权长期缺失，金属货币外部供给性强（就币材来源而言），信用纸币发行困难等因素存在，清末货币制度变革为一复杂演化博弈过程，其或与西方国家甚至同时代日本国单本位币制的改革实践存在较大差别。① 对中西货币金融"大分流"原因的探寻，需回归各自历史语境，在货币体系、货币制度形成—发展的演化博弈路径上做出解释。

（七）银钱比价形成及波动，本质在于银与钱各自价值变动。白银价值变动与白银货币供需数量、货币流通速度、白银货币化程度、国家财税及货币政策相关；制钱价值变动与铸币供需数量，币材来源和组成，铸币金属价格变动密切相关。而所有相关因素，又当被嵌入于特定的经济结构、财税体制、货币制度、货币行用结构中解释。

因影响比价的因素众多，在不同时间段、时间点，不同地域内，各

---

① 对比研究详见李红梅：《清代和日本江户时代货币政策比较试析》，《河北师范大学学报（哲学社会科学版）》2015 年第 6 期；仲伟民、邱永志：《十六至十九世纪中日货币流通制度演进路径的分流》，《中国社会科学》2020 年第 10 期；［日］三上隆三：《日元的诞生：近代货币制度的形成》，汪丽影、彭曦译，南京大学出版社 2017 年版。

因素作用大小、影响程度也不一样，故本书提出"路径积分"概念形容之，并用比价形成系谱图和"市场过程"描述不同类型的比价关系及市场时价形成机制。制钱由官方铸造，在铸局铸造时形成工本比价；经俸饷搭放、城工建设度支、官局余钱售卖等方式流入市场，在此阶段形成搭放例价比价、官方售卖比价；最后在较有自由竞争意义的民间市场内形成时价比价。比价形成及管理，需放置在银钱流通的过程中解释。当国家（政府）力量强大，白银价值变化小，官铸制钱能大量供给时，比价波动当更稳定；当官方铸币衰落时，各种货币供需更多由自由市场调节，且官定例价反而多参考时价作变更。影响比价的银钱价值对比背后，是货币国家化、非国家化历史实践的拉锯，也是政府管控与自由市场力量的博弈。

（八）如将海外白银流入及其产生的影响视为"银线"，则传统中国长期使用的铜钱，及因使用铜钱所产生的问题便堪称"钱线"。银钱比价波动，正是"银线"与"钱线"纠缠的结果。此波动与财政收支、民众负担等问题关系密切。使用何种货币、依何种比价折算，货币行用方式为何，物价是否随货币价值变动做相应调整，都影响具体问题的分析、解释。货币价格变动、比价波动对不同交易主体、不同市场层级交易者的影响并不均衡、对称、中性，货币亦非"面纱"。银钱比价波动所造成的影响，必须在追寻比价形成、传导路径的过程中被重新审视。

对政府财政收入言，银贵钱贱时收银最优，以高于时价的例价折征钱文次优；银贱钱贵时，则以高于时价的例价折钱征收为佳。对财政支出言，银入银出、钱入钱出自然不易产生矛盾，如若银钱并用而核银统计，则会出现时价与例价对比的矛盾。在赋税负担衡量中，除交税使用货币种类、按时价还是官定例价缴纳外，还需考察物价变动等因素的影响。对固定工资收入者来说，应考虑到手货币的相对贵贱。银贱钱贵，领钱有利；银贵钱贱，领银有利。对可议价工资收入者来说，其或可通过协商支领货币种类、折算价格来避免损失。但支领何种货币，以何形式支取，则更多体现社会权力关系。

（九）官民双方各自为应对银钱比价变动及变动的负面影响做出过努力。特别是民间，其并非一味被动承受比价波动影响，而是积极采取了对策。由此，产生了各地"乱中有序"（货币使用混乱但不失序）的货币使用规则。这也尽可能降低了交易成本，推动经济发展。

为维系比价稳定，在平抑钱价、遏制银贱方面，官方采用了增加铜钱供给，遏制制钱外流，减少私销，防止铜钱投机，以银济钱等措施；在平抑银价、遏制钱贱方面，官方采用了减少制钱供给，防止私铸，以钱代银，遏制白银外流，增加白银供给等措施。这些措施在嘉道以前对稳定比价起到了很好作用，但自嘉道以降，国内外局势变化日趋复杂，官方措施治标不治本，无法再起到稳定比价作用。官方对比价波动影响的应对，主要集中于财政收支领域。为保证财政收入，减少因货币比价变动导致的耗损，官方通过明确规定使用货币种类和相互间折算标准来维系利益。民间也同样在交易中，通过按照时价公平交易，使用单种货币或约定比价进行交易，变更支付货币种类及价格，修改账目等手段应对比价变动。交易各方博弈的过程，是民间经济活力的体现，也是商业秩序形成的表现。

在以上几点结论基础上，本文最后再稍加探讨两个问题：

（一）"格雷欣法则"（劣币驱逐良币）的表现

如果说近些年来，经济史学界有哪些概念是走向社会，成为热门关键词，且大众对其存有诸多误读的，那么除了"内卷"①，"劣币驱逐良币"也当是其中之一。一般而言，论述双金属货币制度，脱离不了对格

---

① 黄宗智：《小农经济理论与"内卷化"及"去内卷化"》，《开放时代》2020 年第 4 期；黄宗智：《再论内卷化，兼论去内卷化》，《开放时代》2021 年第 1 期。

雷欣法则（Gresham's Law）的探讨。货币研究意义上的格雷欣法则，是指如果政府以法律条款形式对自身价值各不相同的两到三种流通中介形式规定相同的名义价值，那么只要有可能，支付将总是以那种生产成本最低的中介进行，而且比较贵重的中介将从流通中消失。①

在以往一些研究中，曾有研究者以此论述白银驱逐铜钱，将铜钱简单等同为劣币，或是将乾隆朝早中期"钱进银退"下的行钱区域变广，认为是良劣货币间的驱逐，实是对该法则运行原理存在误解。在此之外，有部分学者并不认为清代存在严格意义上的"劣币驱逐良币"。② 其中原因或如黑田明伸强调银钱货币具有不对称性，各有其流通、使用范围；也有如彭凯翔强调在没有人为干预，抬高劣币价格的情况下，银钱当均按其内在金属价值对比定价、流通。

而在本研究看来，"格雷欣法则"的发生和表现，还与该规则存在的具体领域有关。一般意义上，官定例价比价和时价比价有所割裂，特别是在实际市场交易中，几乎不存在按照官定比价进行的交易。因故，可以说严格的"劣币驱逐良币"现象不会在自由竞争市场上长期存在，甚至会因劣币被重新定价，挑拣优质钱文成本增加，而出现"良币驱逐劣币"。但在官定例价和时价会发生交集的领域，比如按例搭放俸饷再按时价折银开销，按时价比价购买物资而按例价比价进行报销，由于存在两种有联系的比价，必然使得短时间内某种货币被高估或低估。但因为例价与时价分属不同领域，所以实际不会发生货币间相互驱逐，但会衍生出各种基于比价价差的套利行为。对政府财政收支而言，这不能不说是一种损耗。而既然说到财政问题，那么银钱比价波动，也同样牵扯

---

① 亦见［英］约翰·伊特韦尔等编：《新帕尔格雷夫经济学大辞典》，《第二卷：E—J》，经济科学出版社1996年版，第608—609页。

② 张五常、周其仁等学者在理论逻辑推演上也怀疑劣币驱逐良币定理的可靠性，何平教授对此有反驳说明。因与清代无关，本文不赘述。详见何平：《西汉贾谊的"奸钱论"与格雷欣法则》，《中国钱币》2019年第3期。

到下面这个更大的论域。

（二）银钱并行货币制度与大分流，清代财政国家、国家治理能力问题

以往"大分流"问题的探讨，多涉及 GDP（国内生产总值）、工资及生活水平、识字率等项目的对比。货币和金融问题直到近些年才被重点关注。[①] 另一方面，欧洲近代财政—军事国家的建立，也与货币信用、债务机制产生紧密关系。[②] 此两者共同将问题聚焦到货币金融一项，且在其中强调国家的作用。[③]

清代银钱并行货币体系形成，有其特定历史背景。简言之，可认为是一种国家与市场合作，为应对巨量海外白银输入，货币体系严重依赖白银而产生危机的，以恢复、稳定、平衡、发展社会经济为目的的自救行为。但该货币体系的建立，并无先天顶层设计引导，而是一个为应对危机不断演化的结果。[④] 若以后见之明做中西比较，该货币体系自然存在先天缺陷。银钱并用而比价无定，导致财政收支具有不稳定性。大量

---

① 参见张宇燕、高程：《海外白银、初始制度条件与东方世界的停滞——关于晚明中国何以"错过"经济起飞历史机遇的猜想》，《经济学（季刊）》2005 年第 4 卷第 2 期；[美] 威廉·N. 戈兹曼：《千年金融史：金融如何塑造文明，从 5000 年前到 21 世纪》，张亚光、熊金武译，中信出版社 2017 年版，第 146 页；燕红忠：《财政转变、金融发展与经济转型——兼论中西方长期金融发展中的"分流"与"合流"》，《浙江社会科学》2017 年第 12 期；[以] 荷尼夫：《走向世界的人民币：全球视野下的中国货币史》，李守旗译，鹭江出版社 2018 年版；[美] 王国斌、罗森塔尔：《大分流之外：中国和欧洲经济变迁的政治》，周琳译，江苏人民出版社 2018 年版，第 138—178 页；[荷] 皮尔·弗里斯：《国家、经济与大分流：17 世纪 80 年代到 19 世纪 50 年代的英国和中国》，郭金兴译，中信出版社 2018 年版，第 203—246 页；燕红忠：《本位与信用：近代中国白银货币制度及其变革》，《中国经济史研究》2019 年第 6 期；邱永志、张国坤：《基准转移、结构嵌入与信用离散——近世货币变迁中的白银问题》，《中国经济史研究》2020 年第 1 期；马德斌：《中国经济史的大分流与现代化：一种跨国比较视野》，徐毅、袁为鹏、乔士容译，浙江大学出版社 2020 年版等。

② 综述详见何平：《传统中国的货币与财政》，第 33—47 页；和文凯：《通向现代财政国家的路径：英国、日本和中国》，汪精玲译，香港中文大学出版社 2020 年版。

③ 刘昶：《回归国家：重新思考大分流》，《探索与争鸣》2019 年第 9 期。

④ 魏斐德认为清初政治经济恢复是对明末大灾祸的"伪解决"（魏斐德：《中国与 17 世纪危机》，唐博译，董建中译校，国家清史编纂委员会编译组：《清史译丛》第十一辑，《中国与十七世纪危机》，商务印书馆 2013 年版，第 73 页），从货币视角看，本书认同这一观点。

使用金属货币，具有天然的通缩倾向。无论是从稳定银钱比价，还是从对抗通缩而言，信用货币的发行都是题中应有之义。当然，由于清代前中期没有强大的外在军事压力，建立在农业税基础上的财政体制与小政府格局匹配，也使得清廷没有相应的财政行为近代化动力。[①] 这种均衡匹配及求稳心理，体现在银钱比价上也是政府力求比价固定或平稳。政府对民间商业、金融发展则更持不随便干预的听任态度。由于白银货币自始便有"非国家化"倾向，而为应对太平天国运动导致的货币、财政危机，清廷又以发行不兑现国家纸币摧毁其自身信用基础。这就使得中国的货币信用体系呈现出一种微妙的"离散"对比状态：国家迟迟不能发行信用纸币，无法统一货币，尽早进行币制改革；民间则形成相当繁荣、先进的金融市场。在此意义上，中国的货币信用体系既有先进性，又有落后性。言其先进，乃是在应对金属铸币不足，应对国家滥发非兑现纸币及虚值大钱，融通交易方面，民间有各种应对办法。言其落后，则是国家层面在需要集中力量进行币制改革，建立现代国家财政、中央银行系统时，既不具备相应的历史文化资源凭借，也无相应集权能力。

在该议题上，本书无意过度强调单独的银钱比价研究对理解如此宏大的问题有何显要意义，也无必要过多涉及该复杂问题的讨论。只是在书末借此表达，研究清代银钱比价，研究银钱并用的货币体系、货币流通状态、货币信用产生，还可将视野进一步拓宽。而这，或也是本领域今后研究的某一着力方向。

---

① 李怀印对此形容为是存在地缘政治、财政构造、政治关系上的"三重均衡陷阱"。Huaiyin Li, "The Formation of the Qing State in Global Perspective: A Geopolitical and Fiscal Analysis", *Front. Hist. China*, 2018, 13(4)：437–472；李怀印：《"三重均衡陷阱"与晚清中国的国家转型》，清华历史讲堂讲座，2021年3月13日。

参考文献

一、资料类

1. ［日］曾根俊虎：《北中国纪行　清国漫游志》，范建明译，中华书局2007年版。

2. ［英］查尔斯·贝思福：《贝思福考察记》，韩成才译，中国文史出版社2018年版。

3.《〈钱币刍言〉整理与研究》，王鎏原著，马陵合校注，东华大学出版社2010年版。

4.《包世臣全集》，李星、刘长桂点校，黄山书社2014年版。

5.《曾国藩全集》，岳麓书社2011年版。

6.《陈宏谋集》，广西师范大学出版社2015年版。

7.《筹办夷务始末》，中华书局2008年版。

8.《丁日昌集》，赵春晨编，上海古籍出版社2010年版。

9.《顾炎武全集》，华东师范大学古籍研究所整理，上海古籍出版社2011年版。

10.《广陵通典　扬州十日记　咸同广陵史稿》，广陵书社2004年版。

11.《贺长龄集　贺熙龄集》，雷树德校点，岳麓书社2010年版。

12.《皇朝政典类纂》，席裕福、沈师徐辑，沈云龙主编：《近代中国史料丛刊续编》第89辑，影印上海图书集成局刊本，文海出版社1969年版。

13. 《皇清奏议》，罗振玉辑，张小也、苏亦工等点校，凤凰出版社 2018 年版。

14. 《李鸿章全集》，顾廷龙、戴逸编，安徽教育出版社 2007 年版。

15. 《梁启超全集》，汤志钧、汤仁泽编，中国人民大学出版社 2018 年版。

16. 《林则徐全集》，林则徐全集编辑委员会编，海峡文艺出版社 2002 年版。

17. 《刘锦棠奏稿　李续宾奏疏》，杨云辉校点，岳麓书社 2013 年版。

18. 《清朝通典》，浙江古籍出版社 2000 年版。

19. 《清朝通志》，浙江古籍出版社 2000 年版。

20. 《清朝文献通考》，浙江古籍出版社 1988 年版。

21. 《清朝续文献通考》，浙江古籍出版社 2000 年版。

22. 《清代日记汇抄》，上海人民出版社 1982 年版。

23. 《清会典事例》，中华书局 2012 年版。

24. 《清嘉庆朝刑科题本社会史料辑刊》，杜家骥编，天津古籍出版社 2008 年版。

25. 《清实录》，中华书局影印版。

26. 《清史稿》，点校本，中华书局 1977 年版。

27. 李竹溪、曾德久、黄为虎编：《近代四川物价史料》，四川科学技术出版社 1987 年版。

28. 《陶澍全集》，陈蒲清注解，岳麓书社 2010 年版。

29. 《张之洞全集》，赵德馨主编，武汉出版社 2008 年版。

30. 《郑观应集·盛世危言》，夏东元编，中华书局 2013 年版。

31. 柏桦编纂：《清代律例汇编通考》，人民出版社 2018 年版。

32. 曹树基、蒋勤、阙龙兴编：《石仓契约》（第五辑），浙江大学出版社 2018 年版。

33. 《陈宝箴集》，汪叔子、张求会编，中华书局 2003 年版。

34. 陈锋主编：《晚清财政说明书》，湖北人民出版社 2015 年版。

35. 戴鞍钢、黄苇主编：《中国地方志经济资料汇编》，汉语大词典出版社1999年版。

36. 段光清：《镜湖自撰年谱》，中华书局1960年版。

37. 段洪刚编：《中国铜元谱》（修订本），中华书局2017年版。

38. 施沛生编：《中国民事习惯大全》，上海书店出版社2002年版。

39. 冯桂芬：《校邠庐抗议》，刘克辉、戴宁淑注说，河南大学出版社2017年版。

40. 冯天瑜、刘柏林、李少军编：《东亚同文书院中国调查资料选译》，李少军等译，社会科学文献出版社2012年版。

41. 冯煦主修，陈师礼纂：《皖政辑要》，黄山书社2005年版。

42. 福建师范大学历史系编：《明清福建经济契约文书选辑》，人民出版社1997年版。

43. 傅谨主编：《京剧历史文献汇编·清代卷》，凤凰出版社2011年版。

44. 广东省社会科学院历史研究所中国古代史研究室等编：《明清佛山碑刻文献经济资料》，广东人民出版社1987年版。

45. 洪焕椿编：《明清苏州农村经济资料》，江苏古籍出版社1988年版。

46. 华中师范大学历史研究所、苏州市档案馆合编：《苏州商会档案丛编》，华中师范大学出版社1991年版。

47. 黄掌纶等撰，刘洪升点校：《长芦盐法志》，科学出版社2009年版。

48. 景茂礼、刘秋根编著：《灵石碑刻全集》，河北大学出版社2014年版。

49. 柯悟迟撰，祁龙威校注：《漏网喁鱼集》，中华书局1959年版。

50. 李春龙、牛鸿斌点校：《新纂云南通志》，云南人民出版社2009年版。

51. 李锦彰：《晋商老账》，中华书局2012年版。

52. 李景汉编著：《定县社会概况调查》，上海人民出版社2005年版。

53. 李景文、王守忠、李湍波点校：《汴梁水灾纪略》，河南大学出版社2006年版。

54. 李琳琦、梁仁志整理：《徽商会馆公所征信录汇编》，人民出版社2016

年版。

55. 罗志欢、李龙潜主编：《清代广东土地契约文书汇编》，齐鲁书社 2014 年版。

56. 李少军编：《晚清日本驻华领事报告编译》（第六卷），李少军等译，社会科学文献出版社 2016 年版。

57. 李文海、夏明方、朱浒主编：《中国荒政书集成》，天津古籍出版社 2010 年版。

58. 李星沅：《李星沅日记》，袁英光、童浩整理，中华书局 1987 年版。

59. 李宗棠：《李宗棠文集·奏议辑览初编》，李兴武校点，黄山书社 2016 年版。

60. 梁章钜：《浪迹丛谈 续谈 三谈》，吴蒙校点，上海古籍出版社 2012 年版。

61. 郭成伟、田涛点校整理：《明清秘本公牍五种》（第二版），中国政法大学出版社 2013 年版。

62. 岭南文库编委会、广东中华民族文化促进会合编：《明清广东稀见笔记七种》，李龙潜等点校，广东人民出版社 2010 年版。

63. 刘大鹏：《退想斋日记》，乔志强标注，北京师范大学出版社 2020 年版。

64. 刘建民主编：《晋商史料集成》，商务印书馆 2018 年版。

65. 刘坤一：《刘坤一奏疏》，陈代湘等校点，岳麓书社 2013 年版。

66. 刘秋根编：《中国典当史资料集（前 475—1911）》，河北大学出版社 2016 年版。

67. 刘汝骥编撰：《陶甓公牍》，梁仁志校注，安徽师范大学出版社 2018 年版。

68. 鲁子键：《清代四川财政史料》，四川省社会科学院出版社 1984 年版。

69. 罗养儒：《纪我所知集——云南掌故全本》，李春龙整理，云南人民出版社 2015 年版。

70. 马定祥、马传德：《太平天国钱币》，上海人民出版社 1983 年版。

71. 倪模：《古今钱略》，上海古籍出版社 1992 年版。

72. 倪蜕：《滇云历年传》，李埏校点，云南大学出版社 1992 年版。

73. 宁波市档案馆编：《〈申报〉宁波史料集》，宁波出版社 2013 年版。

74. 彭泽益选编：《清代工商行业碑文集粹》，中州古籍出版社 1997 年版。

75. 彭泽益主编：《中国工商行会史料集》，中华书局 1995 年版。

76. 齐宗佑编著：《咸丰钱的版式系列》（增订本），中华书局 2013 年版。

77. 日本东亚同文书院编：《中国经济全书》，线装书局 2016 年版。

78. 沙月编著：《清叶氏汉口竹枝词解读》，崇文书局 2012 年版。

79. 山西晋商文化基金会编：《商人要录　贸易须知》，中华书局、三晋出版社 2014 年版。

80. 山西省政协《晋商史料全览》编辑委员会编：《晋商史料全览·金融卷》，山西人民出版社 2007 年版。

81. 上海博物馆图书资料室编：《上海碑刻资料选辑》，上海人民出版社 1980 年版。

82. 上海商务印书馆编译所编纂：《大清新法令 1901—1911》，华东政法大学法律史研究中心点校，商务印书馆 2011 年版。

83. 上海市档案馆编：《清代上海房地契档案汇编》，上海古籍出版社 1999 年版。

84. 沈世培校注：《〈芜湖关华洋贸易情形论略〉校注》，安徽师范大学出版社 2015 年版。

85. 沈之奇：《大清律辑注》，怀效锋、李俊点校，法律出版社 2000 年版。

86. 贺长龄、盛康编：《清朝经世文正续编》，广陵书社 2011 年版。

87. 石长友编：《清代地方私帖图录》，中华书局 2006 年版。

88. 史若民、牛白琳编著：《平、祁、太经济社会史料与研究》，山西古籍出版社 2002 年版。

89. 首都图书馆宣南文化资料分馆、北京市宣武区档案馆、北京市宣武区图书馆编：《北京会馆资料集成》，学苑出版社 2007 年版。

90. 四川大学历史系、四川省档案馆主编：《清代乾嘉道巴县档案选编》，四川大学出版社 1996 年版。

91. 松筠（穆齐贤）：《闲窗梦录译编》，赵令志、关康译，中央民族大学出版社 2011 年版。

92. 宋美云主编：《天津商民房地契约与调判案例选编（1686—1949）》，天津古籍出版社 2006 年版。

93. 苏州博物馆等合编：《明清苏州工商业碑刻集》，江苏人民出版社 1981 年版。

94. 台北故宫博物院，清代宫中档奏折及军机处档折件。

95. 台北故宫博物院：《宫中档乾隆朝奏折》，台北故宫博物院 1982 年版。

96. 台湾省文献委员会：《福建省例》，大通书局有限公司 1997 年版。

97. 太平天国历史博物馆编：《吴煦档案选编》，江苏人民出版社 1983 年版。

98. 汤国彦主编：《云南历史货币》，云南人民出版社 1989 年版。

99. 汤国彦主编：《中国历史银锭》，云南人民出版社 1993 年版。

100. 天津市档案馆等编：《天津商会档案汇编（1903—1911）》，天津人民出版社 1987 年版。

101. 佟昱：《顺治通宝钱谱》，中华书局 2006 年版。

102. 汪辉祖、蒯德模：《病榻梦痕录 双节堂庸训 吴中判牍》，梁文生、李雅旺校注，江西人民出版社 2012 年版。

103. 王茂荫：《王侍郎奏议》，张新旭、张成权、殷君伯点校，黄山书社 2014 年版。

104. 王棨华：《达亭老人遗稿》，朱姗整理，凤凰出版社 2017 年版。

105. 王庆云：《石渠馀纪》，北京出版社 2015 年版。

106. 王汝丰点校：《北京会馆碑刻文录》，北京燕山出版社 2017 年版。

107. 王文素等注：《十通财经文献注释》，中国社会科学出版社 2015 年版。

108. 王雪农、刘建民：《中国山西民间票帖》，中华书局 2001 年版。

109. 王锺霖：《王锺霖日记》，周生杰、周恬羽整理，凤凰出版社 2017 版。

110. 魏源：《魏源全集》，湖南人民出版社 2011 年版.

111. 温州市图书馆编：《符璋日记》，陈光熙点校，中华书局 2018 年版。

112. 翁同龢：《翁同龢日记》，翁万戈编，翁以钧校订，上海中西书局 2012 年版。

113. 翁同爵：《翁同爵家书系年考》，李红英辑考，凤凰出版社 2015 年版。

114. 武汉金融志编写委员会办公室、中国人民银行武汉市分行金融研究室编：《武汉近代货币史料》，武汉地方志编纂委员会办公室 1982 年版。

115. 武汉市汉阳地方志办公室编：《新辑汉阳识略校注》，武汉出版社 2012 年版。

116. 徐鼒：《未灰斋诗文集》，刘荣喜、张玉亮校注，巴蜀书社 2009 年版。

117. 徐润：《徐愚斋自叙年谱》，梁文生校注，江西人民出版社 2012 年版。

118. 贺葆真：《贺葆真日记》，徐雁平整理，凤凰出版社 2014 年版。

119. 徐兆玮：《徐兆玮日记》，李向东等标点，黄山书社 2013 年版。

120. 许瀚：《许瀚日记》，崔巍整理，河北教育出版社 2001 年版。

121. 许檀编：《清代河南、山东等省商人会馆碑刻资料选辑》，天津古籍出版社 2013 年版。

122. 严中平等编：《中国近代经济史统计资料选辑》，中国社会科学出版社 2012 年版。

123. 杨葆光：《订顽日程》，严文儒等校点，上海古籍出版社 2010 年版。

124. 杨涛编著：《清末官银钱号史料辑注》，中国社会科学出版社 2019 年版。

125. 姚贤镐编：《中国近代对外贸易史资料（1840—1895）》，中华书局 1962 年版。

126. 姚莹：《康輶纪行》，欧阳跃峰整理，中华书局 2014 年版。

127. 叶梦珠：《阅世编》，来新夏点校，中华书局 2007 年版。

128. 张惠信：《中国银锭》，齐格飞出版社 1988 年版。

129. 张祥河：《张祥河奏折》，许隽超、王晓辉整理，凤凰出版社 2015 年版。

130. 贵州大学等合编：《天柱文书》（第一辑），江苏人民出版社 2014 年版。

131. 张正明、科大卫、王勇红主编：《明清山西碑刻资料选（续一）》，山西古籍出版社 2007 年版。

132. 张忠发主编：《福建省少数民族古籍丛书·畲族卷·文书契约》，海风出版社 2012 年版。

133. 章国庆编著：《天一阁明州碑林集录》，上海古籍出版社 2008 年版。

134. 郑光祖：《一斑录》，中国书店 1990 年版。

135. 中国第二历史档案馆、中国海关总署办公厅等编：《中国旧海关史料（1859—1948）》，京华出版社 2001 年版。

136. 中国第一历史档案馆，朱批奏折、录副奏折、户科题本、刑科题本等。

137. 中国第一历史档案馆编：《康熙朝汉文朱批奏折汇编》，档案出版社 1984 年版。

138. 中国第一历史档案馆整理：《康熙起居注》，中华书局 1984 年版。

139. 中国第一历史档案馆编：《乾隆朝上谕档》，广西师范大学出版社 2008 年版.

140. 中国第一历史档案馆编：《清代档案史料丛编》第七辑，中华书局 1981 年版。

141. 中国第一历史档案馆译编：《雍正朝满文朱批奏折全译》，黄山书社 1998 年版。

142. 中国人民大学清史研究所、中国人民大学档案系中国政治制度史教研室合编：《康雍乾时期城乡人民反抗斗争资料》，中华书局 1979 年版。

143. 中国人民大学清史研究所、中国人民大学档案系中国政治制度史教研室合编:《清代的矿业》,中华书局 1983 年版。

144. 中国人民银行山西省分行、山西财经学院《山西票号史料》编写组、黄鉴晖编:《山西票号史料》(增订本),山西经济出版社 2002 年版。

145. 中国人民银行总行参事室金融史料组编:《中国近代货币史资料》(第一辑),中华书局 1964 年版。

146. 中国社会科学院近代史研究所编:《近代史资料专刊——义和团史料(上)》,知识产权出版社 2013 年版。

147. 中国社会科学院历史研究所清史研究室编:《清史资料》第一辑,中华书局 1980 年版。

148. 周沁园、李平文编著:《中国机制铜元目录》,上海科学技术出版社 2012 年版。

149. 自贡市档案馆、北京经济学院、四川大学合编:《自贡盐业契约档案选辑(1732—1949)》,中国社会科学出版社 1985 年版。

150. 邹建达、唐丽娟主编:《清前期云南督抚边疆事务奏疏汇编》,社会科学文献出版社 2015 年版。

二、专著类

151. [奥地利] 路德维希·冯·米塞斯:《货币和信用理论》,樊林洲译,商务印书馆 2015 年版。

152. [奥地利] 路德维希·冯·米塞斯:《货币、方法与市场过程》,戴忠玉、刘亚平译,新星出版社 2007 年版。

153. [奥地利] 路德维希·冯·米塞斯:《人的行为》,夏道平译,上海社会科学院出版社 2015 年版。

154. [法] 格鲁贤编著:《中国通典》,张放、张丹彤译,大象出版社 2019 年版。

155. [韩] 韩国银行:《韩国货币史》,李思萌、马达译,中国金融出版社

2018 年版。

156. ［荷］皮尔·弗里斯：《国家、经济与大分流：17 世纪 80 年代到 19 世纪 50 年代的英国和中国》，郭金兴译，中信出版社 2018 年版。

157. ［美］W. 理查德·斯科特：《制度与组织：思想观念、利益偏好与身份认同》（第 4 版），姚伟等译，中国人民大学出版社 2020 年版。

158. ［美］巴里·艾肯格林：《资本全球化——国际货币体系史》（第 2 版），彭兴韵译，上海人民出版社 2009 年版。

159. ［美］保罗·R. 克鲁格曼、茅瑞斯·奥伯斯法尔德：《国际经济学：理论与政策（第八版）》（下册：国际金融部分），黄卫平等译，中国人民大学出版社 2011 年版。

160. ［美］彼得·L. 伯恩斯坦：《黄金简史》（第三版），黄磊译，上海财经大学出版社 2013 年版。

161. ［美］曾小萍：《州县官的银两——18 世纪中国的合理化财政改革》，董建中译，中国人民大学出版社 2005 年版.

162. ［美］查尔斯·金德尔伯格：《西欧金融史》（第二版），徐子健、何建雄、朱忠译，中国金融出版社 2010 年版。

163. ［美］戴维·莫斯：《别无他法——作为终极风险管理者的政府》，何平译，人民出版社 2014 年版。

164. ［美］戈德斯通：《为什么是欧洲？世界史视角下的西方崛起（1500—1850）》，关永强译，浙江大学出版社 2010 年版。

165. ［美］李明珠：《华北的饥荒：国家、市场与环境退化（1690—1949）》，石涛、李军、马国英译，人民出版社 2016 年版。

166. ［美］罗纳德·芬得利、凯文·奥罗克：《强权与富足：第二个千年的贸易、战争和世界经济》，华建光译，中信出版社 2012 年版。

167. ［美］罗威廉：《言利：包世臣与 19 世纪的改革》，许存健译，社会科学出版社 2019 年版。

168. ［加］蒙代尔：《蒙代尔经济学文集》（第六卷），《国际货币：过去、现在和未来》，向松祚译，中国金融出版社 2003 年版。

169. ［加］蒙代尔：《蒙代尔经济学文集》（第四卷），《宏观经济学与国际货币史》，向松祚译，中国金融出版社 2003 年版。

170. ［美］尼尔·弗雷格斯坦：《市场的结构：21 世纪资本主义社会的经济社会学》，甄志宏译，上海人民出版社 2008 年版。

171. ［美］彭慕兰：《腹地的构建：华北内地的国家、社会和经济（1853—1937）》，马俊亚译，社会科学文献出版社 2005 年版。

172. ［美］托马斯·J. 萨金特、弗朗索瓦·R. 威尔德：《小零钱　大问题》，沈国华译，上海财经大学出版社 2015 年版。

173. ［美］王国斌、罗森塔尔：《大分流之外：中国和欧洲经济变迁的政治》，周琳译，江苏人民出版社 2018 年版。

174. ［美］王国斌：《转变的中国：历史变迁与欧洲经验的局限》，李伯重、连玲玲译，江苏人民出版社 2010 年版

175. ［美］威廉·戈兹曼：《千年金融史：金融如何塑造文明，从 5000 年前到 21 世纪》，张亚光、熊金武译，中信出版社 2017 年版。

176. ［日］岸本美绪：《清代中国的物价与经济波动》，刘迪瑞译，社会科学文献出版社 2010 年版。

177. ［日］滨下武志：《近代中国的国际契机：朝贡贸易体系与近代亚洲经济圈》，朱荫贵、欧阳菲译，中国社会科学出版社 1999 年版。

178. ［日］滨下武志：《中国近代经济史研究：清末海关财政与通商口岸市场圈》，高淑娟、孙彬译，江苏人民出版社 2006 年版。

179. ［日］滨下武志：《中国、东亚与全球经济——区域和历史的视角》，王玉茹等译，社会科学出版社 2009 年版。

180. ［日］黑田明伸：《货币制度的世界史：解读"非对称性"》，何平译，中国人民大学出版社 2007 年版。

181. ［日］森时彦：《中国近代棉纺织业史研究》，袁广泉译，社会科学文献出版社 2010 年版。

182. ［日］山口重克主编：《市场经济：历史·思想·现在》，张季风等译，社会科学文献出版社 2007 年版。

183. ［日］小竹文夫：《近世中国经济研究》，东京弘文堂 1942 年版。

184. ［日］岩井茂树：《中国近代财政史研究》，付勇译，社会科学文献出版社 2011 年版。

185. ［瑞士］罗曼·施图德：《大分流重探：欧洲、印度与全球经济强权的兴起》，王文剑译、赖建诚校，格致出版社、上海人民出版社 2020 年版。

186. ［匈牙利］卡尔·波兰尼：《巨变——当代政治与经济的起源》，黄树民译，社会科学文献出版社 2013 年版。

187. ［以］荷尼夫：《走向世界的人民币：全球视野下的中国货币史》，李守旗译，鹭江出版社 2018 年版。

188. ［英］哈耶克：《货币的非国家化》，姚中秋译，新星出版社 2007 年版。

189. ［英］杰弗里·霍奇森：《资本主义的本质：制度、演化和未来》，格致出版社、上海三联书店、上海人民出版社 2019 年版。

190. ［英］劳伦斯·S. 科普兰：《汇率与国际金融》（原书第 5 版），刘思跃、叶永刚等译，机械工业出版社 2011 年版。

191. ［英］维克托·迈尔-舍恩伯格、肯尼思·库克耶：《大数据时代：生活、工作与思维的大变革》，盛杨燕、周涛译，浙江人民出版社 2012 年版。

192. ［英］威廉·斯坦利·杰文斯：《货币与交换机制》，佟宪国译，商务印书馆 2020 年版。

193. ［英］约翰·F. 乔恩：《货币史：从公元 800 年起》，李广乾译，商务印书馆 2002 年版。

194. ［英］约翰·希克斯：《经济史理论》，厉以平译，商务印书馆 1987 年版。

195. David Faure, *The Rural Economy of Pre-Liberation China: Trade Increase and Peasant Livelihood in Jiangsu and Guangdong, 1870 to 1937*, Oxford University Press,

1989, p.64.

196. E. P. Wilkinson, *Studies in Chinese Price History*, New York: Garland Publishing Inc., 1980.

197. Frank H. H. King, Catherine E. King, David J. S. King, *The History of the Hongkong and Shanghai Banking Corporation. Vol. i: The Hongkong Bank in Late Imperial China, 1864–1902*, New York: Cambridge University Press, 1987.

198. Frank H.H. King, *Money and Monetary Policy in China, 1845–1895*, Harvard University Press, 1965.

199. Hans Ulrich Vogel, *Monies, Markets, and Finance in East Asia, 1600–1900*, Brill, 2018.

200. Ma D., "Chinese Money and Monetary System, 1800–2000", *Handbook of Key Global Financial Markets, Institutions, and Infrastructure*, Vol. 1, 57–64. Oxford, UK: Elsevier Inc.

201. Meng, T. P. and Gamble, S. D., *Prices, wages, and the standard of living in Peking, 1900–1924*, Peking Express Press, 1926.

202. Niv Horesh, *Chinese Money in Global Context: Historic Junctures Between 600 BCE and 2012*, Stanford, Calif.: Stanford University Press, 2014.

203. Richard von Glahn, *Fountain of Fortune: Money and Monetary Policy in China, 1000–1700*, Berkeley: University of California Press, 1996.

204. ［美］白凯：《长江下游地区的地租、赋税与农民的反抗斗争：1840—1950》，林枫译，上海书店出版社 2005 年版。

205. 白秦川：《中国钱币学》，河南大学出版社 2018 年版。

206. 陈锋：《清代财政政策与货币政策研究》（第二版），武汉大学出版社 2013 年版。

207. 陈锋：《中国财政经济史论》，武汉大学出版社 2013 年版.

208. 陈其人：《货币理论与物价理论研究》（第二版），上海人民出版社 2013 年版。

209. 陈铨亚：《中国本土商业银行的截面：宁波钱庄》，浙江大学出版社2010年版。

210. 陈彦良：《币制兴衰四百年——魏晋南北朝的通货膨胀与紧缩》，格致出版社、上海人民出版社2019年版。

211. 陈争平：《1895—1936年中国国际收支研究》，中国社会科学出版社1996年版。

212. 陈昭南：《雍正乾隆年间的银钱比价变动（一七二三—九五）》，中国学术著作奖助委员会1966年版。

213. 程念祺：《国家力量与中国经济的历史变迁》，新星出版社2006年版。

214. 戴建兵：《中国货币文化史》，山东画报出版社2011年版。

215. 戴建兵：《中国近代货币史研究——白银核心型的货币体系》，中国社会科学出版社2017年版。

216. 戴建兵：《中国近代银两史》，中国社会科学出版社2007年版。

217. 戴建兵等著：《河北近代土地契约研究》，中国农业出版社2010年版。

218. 邓亦兵：《清代前期政府与北京粮食市场研究》，社会科学文献出版社2019年版。

219. 邓云乡：《燕京乡土记》，中华书局2015年版。

220. 段艳：《1830—1949年中国货币危机与币制改革》，广西民族出版社2016年版。

221. 福建省钱币学会编著：《福建货币史略》，中华书局2001年版。

222. 傅林祥、林涓等著：《中国行政区划通史（清代卷）》，复旦大学出版社2017年版。

223. 谷春帆：《银价变迁与中国》，山西人民出版社2014年版。

224. 郭道扬编著：《中国会计史稿》（下册），中国财政经济出版社1988年版。

225. 郝延平：《中国近代商业革命》，上海人民出版社1991年版。

226. 何平：《传统中国的货币与财政》，人民出版社2019年版。

227. 何平：《清代赋税政策研究：1644—1840 年》，故宫出版社 2012 年版。

228. 和文凯：《通向现代财政国家的路径：英国、日本和中国》，汪精玲译，香港中文大学出版社 2020 年版。

229. 侯厚培：《中国货币沿革史》，山西人民出版社 2014 年版。

230. 胡寄窗：《中国经济思想史》，上海财经大学出版社 1998 年版。

231. 胡庆康主编：《现代货币银行学教程》（第五版），复旦大学出版社 2014 年版。

232. 胡震：《清代省级地方立法——以〈省例〉为中心》，社会科学出版社 2019 年版.

233. 黄阿明：《明代货币白银化与国家制度变革研究》，广陵书社 2016 年版。

234. 黄国信：《国家与市场：明清食盐贸易研究》，中华书局 2019 年版。

235. 黄亨俊：《清代官银钱号发行史》，历史博物馆出版社 2001 年版。

236. 黄永豪：《米谷贸易与货币体制：20 世纪初年湖南的经济衰颓》，广西师范大学出版社 2012 年版。

237. 霍晓荣：《晚清货币政策思想变迁研究（1840—1911）》，经济科学出版社 2016 年版。

238. 姜宏业主编：《中国地方银行史》，湖南出版社 1991 年版。

239. 孔祥毅：《孔祥毅文集》（六），经济管理出版社 2016 年版。

240. 李芳：《中国币制统一论》，商务印书馆 1908 年版。

241. 李隆生：《清代的国际贸易：白银流入、货币危机与晚清工业化》，秀威资讯科技股份有限公司 2010 年版。

242. 李隆生：《晚明海外贸易数量研究——兼论江南丝绸产业与白银流入的影响》，秀威资讯科技股份有限公司 2006 年版。

243. 李强：《金融视角下的"康乾盛世"——以制钱体系为核心》，黄山书社 2008 年版。

244. 李中清：《中国西南边疆的社会经济：1250—1850》，林文勋、秦树才译，人民出版社 2012 年版。

245. 林满红：《银线：19 世纪的世界与中国》，詹庆华、林满红等译，江苏人民出版社 2011 年版。

246. 刘朝辉：《嘉庆道光年间制钱问题研究》，文物出版社 2012 年版。

247. 刘成：《信用创造》，生活·读书·新知三联书店 2017 年版。

248. 刘佛丁主编：《中国近代经济发展史》，高等教育出版社 1999 年版。

249. 刘秋根：《江西商人长途贩运研究——〈江西商人经营信范〉解读》，河北大学出版社 2017 年版。

250. 刘志伟：《贡赋体制与市场——明清社会经济史论稿》，中华书局 2019 年版。

251. 罗尔纲：《绿营兵志》，商务印书馆 2011 年版。

252. 罗玉东：《中国厘金史》，商务印书馆 2010 年版。

253. 马德斌：《中国经济史的大分流与现代化——一种跨国比较视野》，徐毅、袁为鹏、乔士容译，浙江大学出版社 2020 年版。

254. 马琦、凌永忠、彭洪俊：《东川铜矿开发史》，云南大学出版社 2017 年版。

255. 马琦：《国家资源：清代滇铜黔铅开发研究》，人民出版社 2013 年版。

256. 马寅初：《通货新论》，商务印书馆 2010 年版。

257. 马勇虎：《近代徽州布商研究——以商业账簿为中心》，安徽师范大学出版社 2017 年版。

258. 倪玉平：《清朝嘉道财政与社会》，商务印书馆 2013 年版。

259. 潘连贵：《上海货币史》（第二版），上海人民出版社 2015 年版。

260. 彭凯翔：《从交易到市场：传统中国民间经济脉络试探》，浙江大学出版社 2015 年版。

261. 彭凯翔：《清代以来的粮价：历史学的解释与再解释》，上海人民出版社 2006 年版。

262. 彭信威：《中国货币史》，上海人民出版社 2007 年版。

263. 彭泽益：《十九世纪后半期的中国财政与经济》，中国人民大学出版社2010年版。

264. 千家驹、郭彦刚：《中国货币演变史》，上海人民出版社2005年版。

265. 邱永志：《"白银时代"的落地：明代货币白银化与银钱并行格局的形成》，社会科学文献出版社2018年版。

266. 全汉昇：《中国近代经济史论丛》，中华书局2011年版。

267. 邵义：《过去的钱值多少钱——细读19世纪北京人、巴黎人、伦敦人的经济生活》，上海人民出版社2011年版。

268. 申学锋：《晚清财政支出政策研究》，中国人民大学出版社2006年版。

269. 石毓符：《中国货币金融史略》，南开大学出版社2019年版。

270. 史志宏：《清代户部银库收支和库存研究》，社会科学文献出版社2014年版。

271. 史志宏：《清代农业的发展和不发展（1661—1911）》，社会科学文献出版社2017年版。

272. 唐智燕：《近代民间契约文书词汇研究》，中国社会科学出版社2019年版。

273. 田牛：《清末通货膨胀问题研究》，经济管理出版社2017年版。

274. 王德泰：《清代前期钱币制度形态研究》，中国社会科学出版社2013年版。

275. 王宏斌：《清代价值尺度：货币比价研究》，生活·读书·新知三联书店2015年版。

276. 王业键：《清代经济史论文集（二）》，稻乡出版社2003年版。

277. 王业键：《清代经济史论文集（一）》，稻乡出版社2003年版，

278. ［美］王业键：《清代田赋刍论（1750—1911）》，高风等译，人民出版社2008年版。

279. 王玉茹：《近代中国价格结构研究》，陕西人民出版社1997年版。

280. 韦庆远、叶显恩主编：《清代全史（第五卷）》，方志出版社2007

年版。

281. 韦庆远:《明清史新析》,中国社会科学出版社 1995 年版。

282. 魏光奇:《有法与无法——清代的州县制度及其运作》,商务印书馆 2010 年版。

283. 魏建猷:《秘密结社与社会经济》,上海书店出版社 2007 年版。

284. 吴秉坤:《清至民国徽州民间借贷利率资料汇编及研究》,上海交通大学出版社 2015 年版。

285. 吴承明:《经济史理论与实证:吴承明文集》,刘兰兮整理,浙江大学出版社 2012 年版。

286. 吴琦等著:《清代漕粮征派与地方社会秩序》,中国社会科学出版社 2017 年版。

287. 习永凯:《白银陷阱:近代中国白银核心型货币体系脆弱性根源及影响》,中国社会科学出版社 2020 年版。

288. 萧公权:《中国乡村——论 19 世纪的帝国控制》,张皓、张升译,联经出版公司 2014 年版。

289. 谢美娥:《清代台湾米价研究》,稻乡出版社 2008 年版。

290. 严中平主编:《中国近代经济史(1840—1894)》,人民出版社 2001 年版。

291. 燕红忠:《中国的货币金融体系(1600—1949)——基于经济运行与经济近代化的研究》,中国人民大学出版社 2012 年版。

292. 燕红忠主编:《中国金融史》,上海财经大学出版社 2020 年版。

293. 杨端六:《清代货币金融史稿》,武汉大学出版社 2007 年版。

294. 杨国桢:《明清土地契约文书研究(修订版)》,中国人民大学出版社 2009 年版。

295. 杨继瑞主编:《价格理论与实践》,四川大学出版社 2006 年版。

296. 姚朔民主编:《中国货币通史》,湖南人民出版社 2018 年版。

297. 叶世昌、李金宝、钟祥财:《中国货币理论史》,厦门大学出版社 2003

年版。

298. 叶世昌：《近代中国经济思想史》，上海财经大学出版社 2017 年版。

299. 易刚、吴有昌：《货币银行学》，格致出版社、上海人民出版社 2014
年版。

300. 余耀华：《中国价格史（先秦—清朝）》，中国物价出版社 2000 年版。

301. 张海英：《走向大众的"计然之术"——明清时期的商书研究》，中华
书局 2019 年版。

302. 张宏杰：《给曾国藩算算账：一个清代高官的收与支（京官时期）》，
中华书局 2015 年版。

303. 张宏杰：《给曾国藩算算账：一个清代高官的收与支（湘军暨总督时
期）》，中华书局 2015 年版。

304. 张家骧：《中华币制史》，知识产权出版社 2013 年版。

305. 张宁：《15—19 世纪中国货币流通变革研究》，中国社会科学出版社
2018 年版。

306. 张宁：《中国近代货币史论》，湖北人民出版社 2007 年版。

307. 张应强：《木材之流动：清代清水江下游地区的市场、权力与社会》，
生活·读书·新知三联书店 2006 年版。

308. 章宗元、徐沧水：《中国货币史研究二种》，知识产权出版社 2013
年版。

309. 赵靖主编：《中国经济思想通史（修订本）》（第四卷），北京大学出
版社 2002 年版。

310. 郑瑾：《中国古代伪币研究》，浙江大学出版社 2007 年版。

311. 郑起东：《转型期的华北农村社会》，上海书店出版社 2004 年版。

312. 郑永昌：《明末清初的银贵钱贱现象与相关政治经济思想》，台湾师范
大学历史研究所 1994 年版。

313. 周健：《维正之供：清代田赋与国家财政（1730—1911）》，北京师范
大学出版社 2020 年版。

314. 周卫荣：《中国古代钱币合金成分研究》，中华书局 2004 年版。

315. 周卫荣等著：《中国古代银锭科学研究》，科学出版社 2016 年版。

316. 周育民、侯鹏编：《晚清国家与社会关系论例》，上海社会科学院出版社 2014 年版。

317. 周育民：《晚清财政与社会变迁》，上海人民出版社 2000 年版。

318. 朱嘉明：《从自由到垄断：中国货币经济两千年》，远流出版事业股份有限公司 2012 年版。

三、论文类

319. ［日］岸本美绪：《晚明的白银北流问题》，《中国经济史研究》2020 年第 1 期。

320. ［日］百濑弘：《清代西班牙银元的流通》，载刘俊文主编：《日本学者研究中国史论著选译》（第六卷），中华书局 1993 年版。

321. ［日］黑田明伸：《中国货币史上的用银转变：切片、称重、入账的白银》，《中国经济史研究》2020 年第 1 期。

322. 党武彦「乾隆初期の通貨政策——直隷省を中心として」，『九州大学東洋史論集』，1990 年，第 18 号。

323. 党武彦「乾隆九年京師銭法八条の成立過程およびその結末——乾隆初年における政策決定過程の一側面」，『九州大学東洋史論集』，1995 年，第 23 号。

324. 党武彦「乾隆末年における小銭問題について」，『九州大学東洋史論集』，2003 年，第 31 号。

325. 佐伯富「清代雍正朝における通貨問題」，『東洋史研究』，1959 年，第 18 巻（3）。

326. Austin Dean, "A Coin for China? The Monetary Standards Debate at the End of the Qing Dynasty, 1900-1912", *Modern China*, 2018, Vol. 44(6): 591-619.

327.Bo Chen, "Currency Issues and Financial Crises: The Excessive Issuance of Banknotes and Price Fluctuations during the 'New Policies' Period in the Late Qing", *Front. Hist. China*, 2018, 13(4): 558–576.

328.Chen, C. N., "Flexible Bimetallic Exchange Rates In China, 1650–1850: A Historical Example of Optimum Currency Areas", *Journal of Money, Credit and Banking*, Vol.7, No.3, Aug., 1975.

329.Dennis O. Flynn and Arturo Giráldez, "Cyclesof Silver: Global Economic Unity through the Mid–Eighteenth Century", *Journal of World History*, Vol. 13, No. 2 (Fall, 2002).

330.Dennis O. Flynn and Arturo Giráldez, "Born with a 'Silver Spoon': The Origin of World Trade in 1571", *Journal of World History*, Vol. 6, No. 2 (Fall, 1995).

331. Hailian Chen, George Bryan Souza, "China's emerging demand and development of a key base metal: Zinc in the Ming and early Qing, c. 1400–1680s", *Journal of Material Culture*, 2017, Vol. 22(2): 173–193.

332.Hans Ulrich Vogel and Sabine Hieronymus, "Cowry Trade and Its Role in the Economy of Yünnan: From the Ninth to the Mid–Seventeenth Century. Part I", *Journal of the Economic and Social History of the Orient*, Vol. 36, No. 3 (1993), pp. 211–252.

333.Hans Ulrich Vogel and Sabine Hieronymus, "Cowry Trade and Its Role in the Economy of Yünnan: From the Ninth to the Mid–Seventeenth Century. Part II", *Journal of the Economic and Social History of the Orient*, Vol. 36, No. 4 (1993), pp. 309–353.

334.Hans Ulrich Vogel, "Chinese Central Monetary Policy, 1644–1800", *Late Imperial China*, Dec 1, 1987; 8, 2.

335.Helen Dunstan, "Safely Supping with the Devil: The Qing State and Its Merchant Suppliers of Copper", *Late Imperial China*, Vol.13, No. 2 (Dec., 1992): 42–81.

336.Hongjun Zhao, "American Silver Inflow and the Price Revolution in Qing China", *Review of Development Economics*, 2016, 20(1): 294–305.

337.Hongzhong Yan, Zhijian Qiao, Chen Xu, "A Multi–Layer System and Its Features: Reconceptualizing the Monetary Regime of Late Qing and Modern China", *Front. Econ. China*, 2018, 13(3): 436–457.

338. Huaiyin Li, "The Formation of the Qing State in Global Perspective: A Geopolitical and Fiscal Analysis", *Front. Hist. China*, 2018, 13(4): 437–472.

339. Jack A. Goldstone, "East and West in the Seventeenth Century: Political Crises in Stuart England, Ottoman Turkey, and Ming China", *Comparative Studies in Society and History*, Vol. 30, No. 1 (Jan., 1988), pp. 103–142.

340. Mio Kishimoto–Nakayama, "The Kangxi Depression and Early Qing Local Markets", *Modern China*, Vol.10, No.2 (Apr., 1984), pp. 227–256.

341. Richard Von Glahn, "Foreign Silver Coins in the Market Culture of Nineteenth Century China", *International Journal of Asian Studies*, 4, 1(2007).

342. Rodney Edvinsson, "Early modern copper money: multiple currencies and trimetallism in Sweden 1624–1776", *European Review of Economic History*, Vol. 16, No. 4, Nov., 2012.

343. Sheng Qian, Lemin Wu, "Who Defended Monetary Stability in a Specie Regime? Evidence from the Chinese History", *Front. Econ. China*, 2018, 13(3): 397–435.

344. Talcott Williams, "Silver in China: And Its Relation to Chinese Copper Coinage", *Annals of the American Academy of Political and Social Science*, 9, 1897.

345. William S. Atwell, "Some Observations on the "Seventeenth–Century Crisis" in China and Japan", *Journal of Asian Studies*, 1986, 45(2): 223–244.

346. 蔡金殿:《银价波动与晚清货币演变》, 硕士学位论文, 上海师范大学历史系, 2009 年。

347. 陈春声、刘志伟:《贡赋、市场与物质生活——试论十八世纪美洲白银输入与中国社会变迁之关系》,《清华大学学报(哲学社会科学版)》2010 年第 5 期。

348. 陈春声:《清代广东银钱比价》,《中山大学学报(社会科学版)》1986 年第 1 期。

349. 陈锋、范卫红等：《清代银钱比价波动及其对社会生活的影响》，《中国钱币》2020 年第 4 期。

350. 陈锋：《明清时代的"统计银两化"与"银钱兼权"》，《中国经济史研究》2019 年第 6 期。

351. 陈锋：《清代食盐运销的成本、利润及相关问题》，《中山大学学报（社会科学版）》2020 年第 5 期。

352. 陈新余：《晚清机铸制钱的问世与消亡》，《中国钱币》2013 年第 6 期。

353. 陈志武、彭凯翔、袁为鹏：《清初至二十世纪前期中国利率史初探——基于中国利率史数据库（1660—2000）的考察》，《清史研究》2016 年第 4 期。

354. 崔志海：《精琪访华与清末币制改革》，《历史研究》2017 年第 6 期。

355. 戴建兵、习永凯：《全球视角下嘉道银贵钱贱问题研究》，《近代史研究》2012 年第 6 期。

356. 戴建兵：《中国近代的白银核心型货币体系（1890—1935）》，《中国社会科学》2012 年第 9 期。

357. 邓绍辉：《论甲午战后清政府币制改革及失败原因》，《四川师范大学学报（社会科学版）》1999 年第 2 期。

358. 邓亦兵：《清代前期政府的货币政策——以京师为中心》，《北京社会科学》2001 年第 2 期。

359. 邓云乡：《清代三百年物价述略》，《价格理论与实践》1982 年第 4 期。

360. 丁冠淇：《论清末双重汇率变动对中国纺织业投资的影响》，《财经问题研究》2018 年 1 月第 1 期。

361. 杜家骥：《清中期以前的铸钱量问题——兼析所谓清代"钱荒"现象》，《史学集刊》1999 年第 1 期。

362. 杜恂诚、李晋：《白银进出口与明清货币制度演变》，《中国经济史研究》2017年第3期。

363. 公一兵：《试论清代福建的白银货币结构》，刘秋根、［英］马德斌主编：《中国工商业、金融史的传统与变迁：十至二十世纪中国工商业、金融史国际学术研讨会论文集》，河北大学出版社2009年版。

364. 龚胜生：《从米价长期变化看清代两湖农业经济的发展》，《中国经济史研究》1996年第2期。

365. 管汉晖：《浮动本位兑换、双重汇率与中国经济：1870—1900》，《经济研究》2008年第8期。

366. 桂强：《社会变迁与经济理性：清末民初平湖社会经济中的鼎丰酱园》，硕士学位论文，华东师范大学历史学系，2018年。

367. 郭卫东：《"本洋"与"鹰洋"：近代流通中国主要外币的替换》，《福建论坛（人文社会科学版）》2019年第7期。

368. 郭永钦：《明清以来赋税史料中"算位"问题研究》，《中国经济史研究》2020年第4期。

369. 韩祥：《被遮蔽的"钱赈"：清代灾赈中的货币流通初探》，《清史研究》2017年第1期。

370. 韩祥：《庚子之后制钱铸造体系的规复与解体》，《近代史研究》2020年第3期。

371. 韩祥：《晚清灾荒中的银钱比价变动及其影响——以"丁戊奇荒"中的山西为例》，《史学月刊》2014年第5期。

372. 韩燕仪：《清代盐价制定中的政商关系——基于雍正初年湖广盐务风波和官员受贿案的考察》，《中国社会经济史研究》2020年第1期。

373. 郝平、周亚：《"丁戊奇荒"时期的山西粮价》，《史林》2008年第5期。

374. 何汉威：《从银贱钱荒到铜元泛滥——清末新货币的发行及其影响》，《"中央研究院"历史语言研究所集刊》第六十二本，第三分，1993年。

375. 何汉威：《香港领土型币制的演进——以清末民初港、粤的银辅币角力为中心》，《"中央研究院"历史语言研究所集刊》第八十六本，第一分，2015年。

376. 何平、林琳：《中国古代铜铸币流通领域"短陌"现象的起源及其性质研究》，《中国经济史研究》2013年第1期。

377. 何平：《"白银时代"的多维透视与明末的"废银论"》，《中国钱币》2020年第4期。

378. 何平：《清代前期多元复合货币结构下的困惑与对策》，《清史研究》2016年第8期。

379. 和文凯：《乾隆朝铜钱管理的政策讨论及实践——兼与18世纪英国小额货币管理的比较》，《中国经济史研究》2016年第1期。

380. 贺水金：《不和谐音：货币紊乱与近代中国经济、社会民生》，《社会科学》2008年第5期。

381. 胡岳峰、蒋勤：《清代民间账簿中货币记录的释读——以石仓文书为例》，《原生态民族文化学刊》2020年第4期。

382. 胡岳峰：《"银钱平行"与"银铜并行"：清前期货币制度的理念与实践（1644—1795）》，硕士学位论文，华东师范大学思勉人文高等研究院，2015年。

383. 胡岳峰：《灾疫与钱价——货币史视角下的清代灾疫救助》，《历史教学问题》2021年第1期。

384. 黄阿明：《明代货币比价变动与套利经济》，《苏州科技学院学报（社会科学版）》2010年第3期。

385. 黄敏：《晚清私钱研究（1875—1900）》，硕士学位论文，苏州大学，2006年。

386. 黄玉玺：《清代直隶地区粮价波动及其应对研究》，博士学位论文，中国农业大学经济管理学院，2018年。

387. 黄宗智：《中国经济史中的悖论现象与当前的规范认识危机》，《史学理论研究》1993年第1期。

388. 霍晓荣：《嘉庆道光年间的银贵钱贱与政府的货币政策》，《北京社会科学》2014 年第 1 期。

389. 贾允河：《对鸦片战争前银钱比价问题的一点思考》，《西北民族学院学报（哲学社会科学版）》1998 年第 1 期。

390. 蒋立场：《清末银价变动研究（1901—1911）》，硕士学位论文，苏州大学，2004 年。

391. 蒋立场：《清末银钱比价波动与地方官府赋税征解（1901—1911）》，《安徽史学》2007 年 01 期。

392. 蒋立文：《甲午战争赔款数额问题再探讨》，《历史研究》2010 年第 3 期。

393. 蒋勤、曹树基：《清代石仓农家账簿中数字的释读》，《社会科学辑刊》2016 年第 5 期。

394. 蒋勤、王泽堃：《清代石仓的雇工与工资（1836—1870）》，《中国经济史研究》2020 年第 5 期。

395. 金德平：《论我国主币单位"圆（元）"之由来——兼说辅币单位"角"、"分"》，《中国钱币》1995 年第 1 期。

396. 李伯重：《大数据与中国历史研究》，收入付海晏、徐剑主编：《大数据与中国历史研究》第 1 辑，社会科学文献出版社 2017 年版。

397. 李伯重：《中国全国市场的形成，1500—1840》，《清华大学学报（哲学社会科学版）》1999 年第 4 期。

398. 李红梅：《从土地文书看清代货币使用的地域差异》，《江苏钱币》2013 年第 2 期。

399. 李红梅「清代における福建省の貨幣使用実態——土地売券類を中心として」，『松山大学論集』第 18 巻第 3 号，2006 年 8 月。

400. 李红梅：《清代和日本江户时代货币政策比较试析》，《河北师范大学学报（哲学社会科学版）》2015 年第 6 期。

401. 李强：《论雍正时期的铜禁政策》，《学术界》2004 年第 1 期。

402. 李强：《浅谈清代铸钱体系中的"卯"》，《中国钱币》2007 年第 3 期。

403. 李强：《清乾隆年间制钱的流通与政府应对》，《学术探索》2004 年第 5 期。

404. 李强：《清政府制钱管制政策透视》，《社会科学辑刊》2007 年第 4 期。

405. 梁辰：《铜元问题研究（1900—1935）》，博士学位论文，南开大学经济学院，2010 年。

406. 梁辰：《铜元研究状况述评》，《天津商业大学学报》2012 年第 1 期。

407. 林满红、梁启源、郑睿合：《银价贬值与清末中国的国际贸易收支（1874—1911）》，收入复旦大学历史地理研究中心、哈佛大学哈佛燕京学社编：《国家视野下的地方》，上海人民出版社 2014 年版。

408. 林满红：《嘉道年间货币危机争议中的社会理论》，《"中央研究院"近代史研究所集刊》第 23 期，1994 年。

409. 林满红：《嘉道钱贱现象产生原因"钱多钱劣论"之商榷——海上发展深入影响近代中国之一事例》，张彬村、刘石吉主编：《中国海洋发展史论文集》第五辑，"中央研究院"中山人文社会科学研究所 1993 年版。

410. 林满红：《两千年间的"佛"与"国"：传统中国对西方货币领袖头像的认知》，《中国经济史研究》2018 年第 2 期。

411. 林满红：《明清的朝代危机与世界经济萧条——十九世纪的经验》，（台湾）《新史学》1990 年一卷四期。

412. 林满红：《银与鸦片的流通及银贵钱贱现象的区域分布（1808—1854）——世界经济对近代中国空间方面之一影响》，《"中央研究院"近代史研究所集刊》1993 年第 22 期，上。

413. 林满红：《与岸本教授论清乾隆年间的经济》，《"中央研究院"近代史研究所集刊》第 28 册，1997 年。

414. 林满红：《中国的白银外流与世界金银减产（1814—1850）》，吴剑雄主编：《中国海洋发展史论文集》第四辑，"中央研究院"中山人文社会科学研究所 1991 年版。

415. 刘巍、郝雁：《一种有害的货币供给机制：不可控外生性——对近代中国 1910—1935 年的研究》，《江苏社会科学》2009 年第 5 期。

416. 刘舜强：《明末清初的折银钱体系》，《明清论丛》2015 年第 1 期。

417. 刘志伟：《传统中国的经济史研究需走出形式经济学》，《清史研究》2020 年第 6 期。

418. 刘志伟：《从"纳粮当差"到"完纳钱粮"——明清王朝国家转型之一大关键》，《史学月刊》2014 年第 7 期。

419. 龙泽江：《从清水江文书看清代贵州苗侗地区货币流通中的几个问题》，《贵州大学学报（社会科学版）》2013 年第 2 期。

420. 罗畅：《两套清代粮价数据资料的比较与使用》，《近代史研究》2012 年第 5 期。

421. 马国英：《1736—1911 年间山西粮价变动趋势研究——以货币为中心的考察》，《中国经济史研究》2015 年第 3 期。

422. 马文静：《小的却是全面的：一个普通山西商号的账册分析（1893—1935 年）》，硕士学位论文，山西大学历史文化学院，2006 年。

423. 马勇虎：《乱世中的商业经营——咸丰年间徽商志成号商业账簿研究》，《近代史研究》2010 年第 5 期。

424. 马勇虎：《咸丰年间货币流通的民间形态——徽商志成号商业账簿研究》，《安徽史学》2011 年第 2 期。

425. 穆渊：《清代新疆货币的特点、发展阶段及有关问题》，《新疆大学学报（哲学社会科学版）》1993 年第 1 期。

426. 裴丹青：《清代"省友"初探》，《"中央研究院"近代史研究所集刊》第 88 期，2015 年。

427. 彭凯翔：《"京钱"考》，《江苏钱币》2013 年第 2 期。

428. 彭凯翔：《货币化与多元化：白银挑动下的明清货币"复调"》，《中国经济史研究》2019 年第 6 期。

429. 彭凯翔：《近代北京货币行用与价格变化管窥——兼读火神会账本（1835—1926）》，《中国经济史研究》2010 年第 3 期。

430. 彭凯翔：《近代北京价格与工资的变迁：19 世纪初至 20 世纪初》，《河北大学学报（哲学社会科学版）》2013 年第 2 期。

431. 彭泽益：《清代宝泉宝源局与铸钱工业》，《中国社会科学院经济研究所集刊》1983 年 2 月。

432. 彭泽益：《鸦片战后十年间银贵钱贱波动下的中国经济与阶级关系》，《历史研究》1961 年第 6 期。

433. 秦慧颖：《康熙时的制钱生产与流通》，《中国钱币》2015 年第 5 期。

434. 丘凡真：《精琪的币制改革方案与晚清币制问题》，《近代史研究》2005 年第 3 期。

435. 邱永志、张国坤：《明清铜钱流通体制的式微与重整》，《重庆大学学报（社会科学版）》2021 年第 1 期。

436. 任吉东：《近代太原地区的粮价动向与粮食市场——以〈退想斋日记〉为中心》，《中国农史》2003 年 4 月。

437. 任玉雪、武洋：《论清代奉天地区的市钱》，《清史研究》2014 年第 4 期。

438. 岁有生：《清末的银贵钱贱与州县财政》，《平顶山学院学报》2016 年第 6 期。

439. 孙建国：《道光二十一年黄河水灾开封城"银贱钱贵"研究》，《中国经济史研究》2017 年第 5 期。

440. 太平山人：《道光朝银荒问题》，《中和月刊》1940 年第 1 卷第 8 期。

441. 汤象龙：《道光时期的银贵问题》，《社会科学杂志》1930 年第 1 卷第 3 期。

442. 汤象龙：《咸丰朝的货币》，《中国近代经济史研究集刊》1933 年第 1 卷第 2 期。

443. 唐智燕：《清至民国年间福建民间文书货币名称解读》，《中国农史》2014 年第 6 期。

444. 汪敬虞：《关于鸦片战后 10 年间银贵钱贱影响下中国对外贸易问题的商榷》，《中国经济史研究》2006 年第 1 期。

445. 王德泰、强文学：《雍正朝货币制度改革的背景、内容和意义》，《中国钱币》2006 年 4 月。

446. 王德泰：《关于鸦片战争前银贵钱贱变化的探索》，《西北师大学报（社会科学版）》1995 年第 4 期。

447. 王德泰：《康熙初户部宝泉局试铸二钱八分重铜钱考》，《中国钱币》2005 年第 1 期。

448. 王德泰：《乾隆时期的铸钱成本与钱价增昂问题》，《西北民族学院学报（哲学社会科学版）》2003 年第 2 期。

449. 王德泰：《清代云南铜矿垄断经营利润的考察》，《清史研究》2012 年第 3 期。

450. 王德泰：《试论白银外流与鸦片战争前的银贵钱贱问题》，《中国经济史研究》2000 年第 4 期。

451. 王光越：《乾隆初年钱价增昂问题初探》，《历史档案》1984 年 7 月。

452. 王宏斌：《论光绪间期银价下落与币制改革》，《史学月刊》1988 年第 5 期。

453. 王宏斌：《略论同治中期银价增昂问题》，《河南大学学报（哲学社会科学版）》1988 年第 1 期。

454. 王宏斌：《清代社会动荡时期银钱比价变化规律之探析》，《河北师范大学学报（哲学社会科学版）》2014 年第 1 期。

455. 王文成：《法元、卢比的流入与清末云南币制变迁》，《云南社会科学》2007 年第 4 期。

456. 王显国、李延祥：《清末铜元余利及其影响》，《中国科技史杂志》2016 年第 37 卷第 3 期。

457. 王显国：《乾隆五年改铸"青钱"原因初探》，《中国钱币》2006 年 4 月。

458. 王显国：《浅论乾隆五年（1740）铸"青钱"政策效果》，《中国钱币》2008 年 4 月。

459. 王显国：《清末铜元研究》，博士学位论文，北京科技大学科技史与文化遗产研究院，2019 年。

460. 王显国：《清前期（1644—1734）制钱重量波动原因初探》，《首都博物馆论丛》2007 年总第 21 期。

461. 王元周：《朝鲜的清钱通用与革罢：宗藩体制下市场的整体性及其局限》，《南国学术》2020 年第 1 期。

462. 韦森：《货币、货币哲学与货币数量论》，《中国社会科学》2004 年第 4 期。

463. 卫挺生：《清季中国流行之货币及其沿革》，《清华学报》1924 年第 1 卷第 2 期。

464. 吴秉坤：《清代徽州银洋价格问题》，《黄山学院学报》2010 年第 1 期。

465. 吴超、霍红霞：《道光至光绪朝归化城土默特地区的粮价探究——以归化城土默特粮价细册为中心》，《社会科学论坛》2018 年第 1 期。

466. 吴承明：《利用粮价变动研究清代的市场整合》，《中国经济史研究》1996 年第 2 期。

467. 武沐：《清代河州度量衡制钱地亩计算单位及方法》，《西北民族大学学报（哲学社会科学版）》2004 年第 3 期。

468. 谢杭生：《鸦片战争前银钱比价的波动及其原因》，《中国经济史研究》1993 年第 2 期。

469. 熊昌锟：《近代宁波的洋银流入与货币结构》，《中国经济史研究》2017 年第 6 期。

470. 许晨、燕红忠：《近代中国的二元货币与二元经济研究》，《浙江社会科学》2018 年第 8 期。

471. 许可：《浅析晚清滇省铜运问题——以同治至宣统年间为中心》，硕士学位论文，河北师范大学历史系，2007 年。

472. 许立新：《略论鸦片战争前后银贵钱贱的原因》，《故宫博物院院刊》2003 年 05 期。

473. 燕红忠：《从货币流通量看清代前期的经济增长与波动》，《清史研究》2008 年第 3 期。

474. 燕红忠：《货币供给量、货币结构与中国经济趋势：1650～1936》，《金融研究》2011 年第 7 期。

475. 杨敬敏：《中国近代棉纺织进口替代工业的发展及其空间分布研究（1867—1936）》，博士学位论文，复旦大学中国历史地理研究所，2014 年。

476. 杨煜达：《滇铜、汉铜与清代中期的汉口铜市场》，《清史研究》2013 年第 2 期。

477. 张建辉、李刚：《生息银两与乾隆时期的通货膨胀》，《西北大学学报（哲学社会科学版）》2008 年 7 月第 4 期。

478. 张林峰：《清代升平署档案的经济史料价值》，《历史档案》2018 年第 4 期。

479. 张宁：《论我国现代货币单位"元、角、分"体系的确立》，《史学月刊》2005 年第 2 期。

480. 张宁：《墨西哥银元在中国的流通》，《中国钱币》2003 年第 4 期。

481. 张小也：《十八世纪中期中国各地囤积钱文的状况及其原因》，《清史研究》1998 年第 1 期。

482. 张翼、蒋晓宇：《1550—1830 年中国白银流入及其影响》，中国人民银行工作论文 No. 2020/11。

483. 赵红军、陆佳杭、汪竹：《美洲白银输入是否抬升了江南的米价？——来自清代松江府的经验证据》，《中国经济史研究》2017 年第 4 期。

484. 赵红军、章韬、萧凌波：《气候冲击、海外白银输入与社会动乱——

来自清代华北平原的经验证据》，《长安大学学报（社会科学版）》2018 年第
5 期。

485. 赵留彦：《银点套利与清末民国的货币市场整合——沪津洋厘市场的
证据》，《经济学（季刊）》2015 年 7 月。

486. 赵士第、康健：《清代滦州地价变动因素及“滦钱”性质探讨——以
新见滦州孟氏契约文书为中心》，《西华师范大学学报（哲学社会科学版）》
2019 年第 1 期。

487. 赵士第、邱永志：《清代“东钱”问题再探》，《中国经济史研究》
2019 年第 6 期。

488. 赵思渊、申斌：《明清经济史中的“地方财政”》，《中山大学学报
（社会科学版）》2018 年第 1 期。

489. 郑雪巍：《明以来徽州土地买卖价格研究——以〈徽州文书〉为中
心》，硕士学位论文，安徽大学，2018 年。

490. 郑永昌：《清代乾隆年间的私钱流通与官方因应政策之分析——以私
钱收买政策为中心》，《台湾师范大学历史学报》第 25 期，1997 年。

491. 郑永昌：《清代乾隆年间铜钱之区域流通——货币政策与时空环境之
变化分析》，收入陈捷先、成崇德、李纪祥主编：《清史论集》（下），人民出版
社 2006 年版。

492. 郑友揆：《十九世纪后期银价、钱价的变动与我国物价及对外贸易的
关系》，《中国经济史研究》1986 年第 2 期。

493. 仲伟民、邱永志：《十六至十九世纪中日货币流通制度演进路径的分
流》，《中国社会科学》2020 年第 10 期。

494. 周健：《第二次耗羡归公：同治年间江苏的钱漕改章》，《近代史研究》
2019 年第 1 期。

495. 周雪光：《从“黄宗羲定律”到帝国的逻辑：中国国家治理逻辑的历
史线索》，《开放时代》2014 年第 4 期。

496. 周育民：《1840—1849 年的清朝财政》，《山西财经学院学报》1982 年

02 期。

497. 周育民：《清代财政的畸形货币化》，《史学月刊》2017 年第 8 期。

498. 周育民：《银贵钱贱对中国外贸的影响》，《上海师范大学学报（哲学社会科学版）》1980 年第 2 期。

499. 朱浤源：《近代广西货币的变革（1662—1937）》，《"中央研究院"近代史研究所集刊》1990 年总第 19 期。

500. 邹晓昇：《银元主币流通与上海洋厘行市的更替》，《史学月刊》2006 年第 8 期。

图表索引

第二章　既有银钱比价研究数据的分析与评价

第七章 银钱比价波动的影响

第八章 对银钱比价波动的应对

结语

附一：
中国货币史杂想录

一、货币史相关杂思杂想见解

1. 清代前中期的货币体系是怎么样的，制度是怎么规定的，实际的运作呢？

2. 在哪些地方是用钱用银的（铸币成本耗费用银支付），这样的比例和类属有没有变化？

3. 变化的基本表现？反格雷欣法则？变化的原因是什么？哪些因素影响到货币数量（国外白银输入、国内矿业生产、民间流通，费雪方程式）？占多大比例？货币数量说 vs 货币价值说！银钱并行是最适合清前期中国的。

4. 货币和物价的关系，货币是如何影响物价的，白银购买力问题。政府控制能力如何？为何不能有效控制？如此的结果是什么？

5. 当时的知识分子和官僚对此是什么反应，如何看待钱、财、货、银 vs 重商主义？（政策 vs 制度辨析）提出了何种货币思想和衍生出何种货币哲学？（废银论——黄宗羲、顾炎武、任源祥、李塨、唐甄；钞法论——唐梦赉；银输入论——靳辅、慕天颜；反储藏论——魏世傚）（银价平物力实人心定——林则徐）（利用传统思想为自己辨证，但提出新的阐释）同时期的西方是如何发展的？对比？区别在哪里？类似思想背后的逻辑和文化支撑是否一样，其影响将会如何？经世微言大义只是制度改变缓慢，但并非停滞不前，只是随着帝国崩塌这些思想也随之埋于地下。

6. 这种区别是否影响到中国近代的货币体系及思想？是否是最优选择？如何评价其历史地位？

7. 从物价到思想，论清代社会经济史研究的交叉融合与新经济史的拓展。

8. 周官八政，食货为先，《周礼》又注，金玉为货。货币在传统经济中往往与贵金属相关联，其亦是商品经济扩大发展所必需。

9. 要论述清代前中期的货币问题，首先，需要弄清的就是这时期的货币体制是怎么样的。但制度毕竟是制度，典章制度是死的，制度的实际运行则可能是不断变化的。由此，我们对于清代货币体制的考察和论述就有必要分两个方面进行。

其次，经济史研究本身的活水源泉还是史料，回到历史脉络，理清史实是第一要义。由此，我们需要从典章制度中去寻找清人是如何定义其货币制度的，这与西方规范化的本位制度有哪些异同点。

再次，典章制度只是文字制度，制度的实践必然是活的历史。特别是清代的银钱制度在民间的具体实行，则可能又是另一回事，其具有的金融学规范定位又与典章制度所揭示的不一致。

将以上三点结合起来，才是一个完整的清前中期货币制度的定义。而其中最有意义的就是制度内涵的复杂性，运作的复杂性，这是直接关系到万千经济实体的，而这些延伸触角则影响着政府运行、百姓日常生活的方方面面。

10. 清代政府的货币政策认识：仅仅是银两和制钱体系下，供需平衡尚可通过基本银钱兑价判断，国家尚可调节货币供应量。当多种货币同时形成多种兑价时，加之市场运行的外部性干扰增强，多种兑价波动频繁，此时国家也没有办法预计波动走势并通过调节货币供给来完成价格稳定的目标。

11. 银钱兑换率稳定，货币的自由流通，人主操其权是不可能三角。清代货币经济问题的不可能三角模型。

12. 清代货币理论认识：哈耶克的货币的非国家化在清代是有相当程度的历史依据的，在当时，确实是分层的货币流通使得国家无法通过货币集权对民众进行隐性剥削。但是当时的社会背景要求的可是国家需要集权。中国在货币非国家化这条路上走得太超前了，换言之，在世界环境要求集权的时候，他在分权，而后来当世界环境要求民主自治的时候，他在集权……这个国内历史发展路径和国际形势的交错悖离颇可玩味。中国在当时首先追求的应该是国强，其次才是民富，以国强而求民富尚可求得；但欲先走分权自治，则国不仅不能强，民亦不能富。

13. 货币的本质功用在于实现价值的跨时空流动。但如果这个跨时空流动没有适当的外在金融条件支持，那么这种流动性的增加等同于风险增加。这就又是一种早熟而不成熟的货币化。

14. 银钱比价稳定是当时货币政策的首要目标。其前提为国内市场发育不变，人口不变，国际贸易形势不变。然而清代在这三个方面恰恰是大变。完全违背。

二、预拟的研究选题

1. "寓称重于计数"——中国古代铜铸币的兑换、流通及价格问题
2. 1916 年京津地区"京钞风潮"研究
3. 1919 年上海统一洋厘行市研究
4. ××××——论雍正一朝的货币改革

5. 北周一朝统一货币的尝试及其历史影响

6. 商号跨地域经营与银钱资本核算——以徽商汪左淇家族盘查道光年苏浙典铺年账为中心（刊发于《史林》2025 年第 2 期）

7. 近 20 年来清代银钱比价研究的回顾与展望

8. 康熙朝的钱法变化与民间货币流通

9. 明末清初的折钱与权银钱

10. 明清及近代中国的螃蟹食用

11. 清代福建契约中的约定银钱折价现象研究（刊发于《中国经济史研究》2024 年第 3 期）

12. 清代民间账簿中货币记录的释读——以石仓文书为例（刊发于《原生态民族文化学刊》2020 年第 4 期）

13. 清前期国家货币管理体系的内在矛盾及其影响（1644—1795）（刊发于《史林》2022 年第 3 期）

14. 清代钱价奏报研究——兼与粮价奏报比对

15. 清代陕西的"对半钱"

16. 清代银钱比价"银一钱千"定例研究

17. 清代银钱比价的记录形式及其数据质量研究——以官方中央档案为中心的考察

18. 清代银钱比价的政府奏报及其数据质量——兼论货币的"数目字管理"问题

19. 清代至民国归化城土默特契约中所见货币行用问题

20. 清代铸大钱的提议与实施

21. 清季浙省货币流通与民间认知——以《张槿日记》为中心

22. 人地关系视角下的清代山西虎豹问题研究

23. 宋初江南币制整顿与铜钱货币区的形成

24. 同光之际的币制变动及其影响

清代银钱比价的"双轨—多元"价格体系对国家货币经济管理影响研究[①]

　　吴承明先生曾言"清代货币方面有两大问题：银钱比价问题和白银的流入流出"（吴承明，1999）。狭义的银钱比价，即白银银两与铜钱的兑换价格比（兑换比率）。该比值即是银钱货币价格的体现（类于今之外汇汇率），既有价格史研究也将之纳入相对价格的研究范围（王玉茹，1997；余耀华，2013）。同时，政府对银钱比价的管理、干预，也属于清王朝国家经济治理的研究范围（和文凯，2016；陈锋等，2020；胡岳峰，2022）。

　　学界对清代银钱比价问题的既有研究，多涉及银钱比价数据的收集、整理（章宗元，1915；Gamble，1926；罗玉东，1936；严中平，1955；陈昭南，1966；郑永昌1997；郑友揆，1986；陈春声，1986；彭凯翔，2006；王宏斌，2015；胡岳峰，2021），银钱比价长期变动趋势的呈现及阶段划分（杨端六，1956、1957；林满红，1993；王宏斌，2015；陈锋等，2020），银钱比价波动导致的影响（彭泽益，1961；周

[①]　本附录系研究设计构想。标题中的"双轨—多元"价格体系在本书正文中称作"双轨—多轨"价格体系，仅此说明。

育民, 2000; 王业键, 2008; 管汉晖, 2008; 徐泓, 2011; 岩井茂树, 2011; 韩祥, 2014; 孙建国, 2017) 及各方对策 (陈锋, 1999; 林满红, 2011), 但对 "比价" 自身属性的认知和研究尚显不足, 甚至长期简单认为清代银钱比价的官定比例 (例价) 为 1: 1000, 而市场交易中的实际比价则不断波动。既有银钱比价研究 "重" 资料收集、"轻" 数据性质分析的 "倒挂" 状态, 已不利于该研究继续深化。若对比粮价研究——针对粮价资料的来源、奏报制度、记录方式、数据属性, 学界已有大量研究成果 (王道瑞, 1987; 王业键, 2003; 陈春声, 2010; 王玉茹、罗畅, 2013; 余开亮, 2014; 马国英, 2020; 朱琳, 2021), 银钱货币价格既有研究的缺陷要更明显——现较少能见及有关银钱比价奏报记录、自身价格属性的分析。

从已有涉及历史时期货币比价不同属性及相应影响的研究看, 李金闯在对宋代货币比价的研究中曾指出, 官定货币兑换价与市场兑价同时存在, 会催生出利用政策漏洞攫取利益的畸形牟利方式 (李金闯, 2020)。黄阿明对明代货币比价波动与套利的研究指出, 当时存在银钱比价官价与市价两个不同的市场, 这是货币金融领域内产生套利的基础 (黄阿明, 2010)。周育民、王宏斌等对清代银钱比价波动与官吏贪污关系的研究指出, 官吏会对比官定银钱例价与银钱市价, 选择有利于己的方式敛财 (周育民, 2000; 王宏斌, 2015)。王德泰认为, 在政府军费支出上, 清廷为求铸钱有利, 会刻意在钱贱时以低于市场比价的官定例价搭放兵饷 (王德泰, 2013)。陈锋指出, 在赋税征收上, 征钱、征银抑或并征, 报解核销中是否全数易银的政府决策, 也与银钱官价与市价对比有关 (陈锋, 2019)。显然, 以清代更为丰富的档案 (朱批及录副奏折、户科题本) 和其他文献资料 (契约文书、地方志) 做支撑, 相应银钱比价的不同价格种类及其影响研究当可更为系统化、深入化。

在经济学界, 对商品价格 "双轨制" 的集中研究凸显于 1984 年莫干山会议后，价格双轨制被视为中国经济体制转轨时期渐进式改革的创新（田伟，2009；华生等，2020）。邓亦兵曾借用该概念，指出清前期京城的住房和粮食市场也存在价格双轨制，并以之探究清政府与市场的关系（邓亦兵，2017）。显然，清代银钱比价也可借该概念进行研究，将银钱比价视为一种"双轨制"货币价格体系，进而研究其具体表现、形成原因、造成影响和对完善当今社会主义市场经济体系的启示。就清代历史的特殊性而言，用以表示一般商品价格的货币自身若还存在"双轨"价格，其对国家货币经济管理的影响也会更大。

伴随着清宫档案大量开放、民间契约文书和账簿大量被挖掘，也有研究者注意到清代的官定银钱例价并非长期、大体维持在1∶1000，而是在不同部门、不同时段、不同地域有完全不一样的呈现（米华健，2017；胡岳峰，2021）。如在司法领域，1∶1000的计赃折价在光绪朝以前几乎不变（徐春峰，2021）；但如江苏同治年间开始的钱粮征价改革，则官定银钱折价随银钱市价变动有年际调整（周健，2019）。因此，对清代官定银钱例价，在不同部门、不同地域、不同时段有哪些变化，有多少不同例价种类，尚需做系统研究。此与清王朝超大规模国家的货币经济治理关系密切。

在民间市场，一般认为银钱比价（也称银钱时价、市价）是不断变动的。但其实，这当中也有固定住银钱比价的货币使用、市场交易形式。如岸本美绪、张景瑞对清代"七折钱"惯例的研究即表明，在一定区域内形成固定银钱比价的市场交易惯例，或可减少因银钱时价波动造成的经济纠纷（岸本美绪，2010；张景瑞，2022）。

故而，在银钱比价的国家官定与市场价各自领域内，还存在不同种类的比价，这就需要用银钱比价的"双轨—多元"价格体系来形容（"双轨"为政府定价轨和市场轨，"多元"是在政府轨和市场轨各自内部，还存在不同种类的比价）。该价格体系的形成，与清王朝超大规模

　　　　　　　　　　　　　　清代银钱比价波动研究

国家经济治理的历史实践密不可分，同时也反作用于清王朝的经济管理实践。但对该终清一代始终存在的银钱货币价格体系的具体表现、形成原因、变动过程、造成影响，学界至今未有系统性的研究，更未从清王朝超大规模国家经济管理的视角予以剖析。

在研究价值上，本课题对货币史、市场史、价格史研究的意义在于：（1）拓宽研究视野。从银钱比价的货币（相对）价格属性出发，将比价作为价格体系研究，比单独关注官定比价和市场时价要更为系统、全面。（2）还原历史实情。大量利用朱批奏折、录副奏折、户科题本、刑科题本及民间契约文书资料，复原清代银钱比价的多重相对价格表现实情，更有利于学界认清清代银钱并用货币体系的特殊性及其与清代超大规模国家货币经济管理的联系。（3）展现清代货币价格形成的动态过程。将工本比价、各例价比价、官卖钱文比价、批发零售比价等不同种类的银钱比价，置于铸局铸造→按例搭放→余钱售卖→市场兑换的货币流通过程中解释，相比单纯做数据收集、整理研究要更深入进银钱比价的价格形成机制中。（4）深挖清代货币管理体系中的矛盾、缺陷。从超大规模国家的货币管理角度探求缘何清代会存在"双轨—多元"银钱比价，政府为何不能固定住银钱比价，使官定例价与市场时价一致，以及此种价格体系对清政府的货币经济管理造成了何种影响。

本课题对财税史、商业史、社会生活史等有关方向研究的意义在于：（1）从多元比价角度阐释了财政收支及核销中政府的货币使用种类及货币定价选择问题，总结当中规律，有利于学界深入了解清政府的经济决策过程。（2）从民间市场降低交易成本角度出发，解释了缘何民间也有使用固定不变比价的情况，指出民众并非一味被动承受比价波动负面影响，而是会发挥其主观能动性。指出当解决问题的国家主体"缺位"时，地方市场也会发挥其"自律性"能力。

本课题对当今社会主义市场经济建设的历史启示意义在于：（1）

从清代货币领域中的国家与市场关系角度阐明，政府必须懂得且尊重经济规律，同时又不能将公共品完全交由自由市场调控。政府的"有为"不是乱作为，市场的"有效"需协调、理顺其与政府的关系。（2）从清代超大规模国家货币管理中货币比价多重性的历史实践及负面影响角度说明，国家必须牢固掌握货币主权，必须稳定货币币值。否则，国内市场的整合、全国性统一市场的发展便受掣肘。这对我们今天形成国内国际双循环经济发展格局、推进国内统一大市场建设也有借鉴意义。

本研究以清代银钱比价的"双轨—多元"价格体系对国家货币经济管理所造成的影响及其历史启示作为研究对象。按逻辑步骤优先阐释何为银钱比价的"双轨—多元"价格体系，并从清代超大规模国家货币经济管理的角度解释为何会形成此价格体系，再将论述重点落脚于此价格体系的存在对政府货币经济管理造成了什么影响、政府有何因应措施，其留给我们的历史启示是什么。

本研究遵循"提出概念—展现历史表现—分析成因—论述影响—评析因应办法—阐发历史借鉴意义"的基本思路如图1所示。以史实为基础，从银钱比价的"双轨—多元"价格体系概念阐释出发，在清代超大规模国家经济治理的视角下解释此价格体系的形成原因，进而分析其对国家货币经济管理所造成的影响，并评析国家为应对负面影响所采取的办法。最终是要从货币公共品的供给角度说明国家既要有能力控制货币，同时又要尊重市场规律，理顺国家与市场的关系，以达到经济管理的"善治"状态。

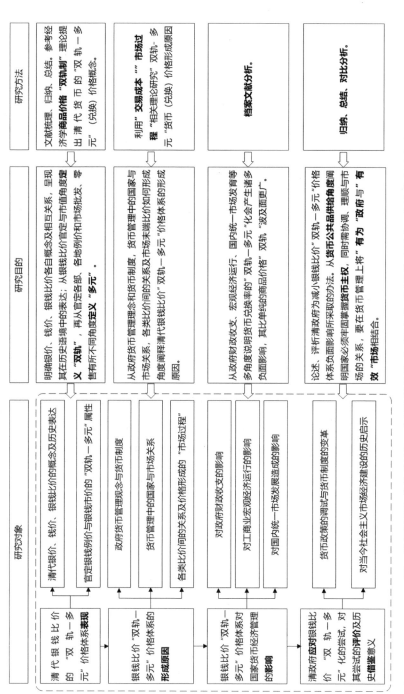

图1 清代银钱比价的"双轨—多元"价格体系对国家货币经济管理研究的基本思路图

研究重点：（1）详细阐明清代银钱比价的"双轨—多元"货币价格体系包含哪些内容，并从清代超大规模国家经济治理和市场同时参与货币的供给角度出发，分析该货币价格体系的产生原因。（2）就银钱官定例价与市场时价同时存在对政府货币经济管理造成的影响进行分析。（3）评析清政府的因应对策并阐发当中的历史镜鉴意义。

研究难点：（1）时间跨度大，资料来源零散。银钱比价的"双轨—多元"价格体系终清一代始终存在，且有时间先后上的变化，对此，需有历时性的梳理对比。清代缺乏专门的货币金融资料门类，已有钱法类资料不足以包含银钱货币管理问题全部，故还需大量爬梳资料。（2）需对清代货币管理体系（管理观念、管理制度、管理政策）有深入理解，并具备跨学科理论知识。对多重比价存在所造成的政府财政收支损失、人民赋税负担变化、市场套利等问题，需结合经济学理论进行分析。

本研究不单独论述清代的白银或铜钱货币使用问题，而是以银钱比价勾连两者，将此比价视为一种"价格体系"，就其表现、成因，对政府货币经济管理造成的影响，政府的因应及在超大规模国家货币管理上的历史镜鉴做出研究。这对以往学界更多关注银钱比价数据的收集、整理，关注清代货币制度演变和货币政策的梳理来说是一种突破。

（1）提出银钱比价并非某单一价格种类，而是一个"双轨—多元"价格体系（见下图2）：

清代银钱比价波动研究

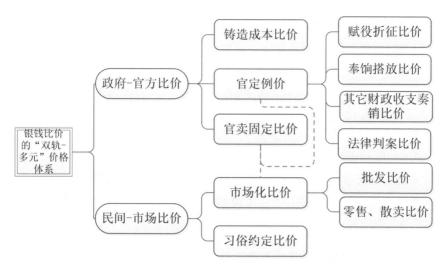

图 2　银钱比价的"双轨—多元"价格体系图

利用"市场过程"概念和银钱比价形成的网络机制图解释不同比价间的关系（见下图3）：

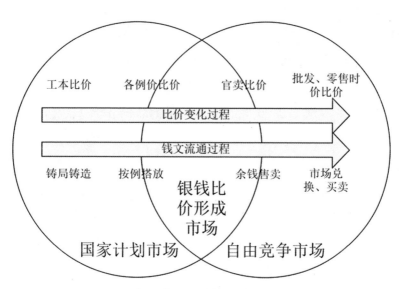

图 3　"市场过程"概念下的银钱比价关系

并对货币价格的形成机制做深入研究。指出作为货币价格体系存在的银钱比价系统，对清代物价、财政收支、商贸往来、民生日用会产生广泛影响。

　　（2）提出政府及相应市场主体在开展、参与经济活动时，会充分考虑官定例价与市场时价同时存在的情况，并做出有利自己的"理性"决策。指出对政府财政收入而言，银贵钱贱时收银最优，以高于时价的例价折征钱文次优；银贱钱贵时，以高于时价的例价折钱征收为佳。对财政支出而言，银入银出、钱入钱出最优；如若银钱并用且核银统计，则会出现依时价与例价核计各统计结果不一的矛盾。在赋税负担研究中，当重视对纳税所用货币种类，以及是以时价还是官定折价交收、运解的分析。

　　（3）从清代超大规模国家货币经济治理的角度对该价格体系的形成和影响做深入研究，揭橥货币问题上的"国家—市场"关系，提出清廷在传统货币制度建构和完善上存在严重缺陷，市场又不能完全解决货币这一公共品的保障供给和稳定价值问题。这可为当今政府理顺国家与市场关系，建设"有为政府"和"有效市场"提供历史镜鉴。

　　（4）提出衡量一般物价水平的货币自身出现价格多元化，对国家货币经济管理及国内统一市场形成会造成诸多负面影响。较之一般商品价格"双轨"（典型如 20 世纪 80 年代的商品价格"双轨制"改革），货币价格多元化的危害更大。为此，国家必须重视货币安全，牢固掌握货币主权并由中央统一管理货币。

　　在文献研究上，本课题会大量利用朱批奏折和户科题本档案，同时使用商业账簿、土地契约等民间文书，兼顾官、私资料，旧有、新见资料。在跨学科研究上，本课题借用经济学"双轨制"概念提出问题，又从历史学角度扩展概念本身并做系统化论述。在研究中，还会使用"市场过程"分析方法，并辅以流程图、网络机制图以解释问题。

参考文献：

（1）中国第一历史档案馆馆藏朱批奏折、录副奏折、户科题本、刑科题本等。

（2）台北故宫博物院藏清代宫中档奏折及军机处档折件。

（3）刘建民主编：《晋商史料集成》，商务印书馆 2018 年版。

（4）彭信威：《中国货币史》，上海人民出版社 2007 年版。

（5）王宏斌：《清代价值尺度：货币比价研究》，生活·读书·新知三联书店 2015 年版。

（6）林满红：《银线：19 世纪的世界与中国》，江苏人民出版社 2011 年版。

（7）陈锋：《清代财政政策与货币政策研究》（第二版），武汉大学出版社 2013 年版。

（8）杨端六：《清代货币金融史稿》，武汉大学出版社 2007 年版。

（9）王业键：《清代经济史论文集（二）》，稻乡出版社 2003 年版。

（10）习永凯：《白银陷阱：近代中国白银核心型货币体系脆弱性根源及影响》，中国社会科学出版社 2020 年版。

（11）张宁：《15—19 世纪中国货币流通变革研究》，中国社会科学出版社 2018 年版。

（12）彭泽益：《十九世纪后半期的中国财政与经济》，中国人民大学出版社 2010 年版。

（13）彭凯翔：《从交易到市场——传统中国民间经济脉络试探》，浙江大学出版社 2015 年版。

（14）吴承明、陈争平主编：《中国市场通史：三卷本》，东方出版中心 2021 年版。

（15）上田裕之『清朝支配と貨幣政策——清代前期における制錢供給政策の展開』，汲古書院，2009 年。

（16）C.N.Chen, "Flexible Bimetallic Exchange Rates In China, 1650－1850: A Historical Example of Optimum Currency Areas", *Journal of Money, Credit and Banking*, Vol.7, No.3, Aug., 1975.

（17）E.P. Wilkinson, *Studies in Chinese price history*, New York: Garland Publishing Inc., 1980.

（18）Frank H. H. King, *Money and Monetary Policy in China*, 1845－1895, Harvard University Press, 1965.

（19）Hans Ulrich Vogel, "Chinese Central Monetary Policy, 1644－1800", *Late Imperial China*, Dec 1, 1987: 8, 2.

（20）Richard von Glahn, *Fountain of Fortune: Money and Monetary Policy in China, 1000－1700*, Berkeley: University of California Press, 1996.

清代银钱比价波动研究

胡岳峰学术履迹（2021—2023）

2021 年 11 月 6 日

参加由上海史学会、上海社会科学院历史研究所共同举办的"上海史学会第八届青年论坛"，并合作撰写论坛纪要。

2022 年 11 月 27 日

参加由《探索与争鸣》编辑部和上海交通大学人文学院共同举办的全国青年学人年度论坛分论坛"术道之间：'数目字管理'与政治理性"，作题为《清代银钱比价的政府奏报及其数据质量——兼论货币的"数目字管理"问题》的学术报告。

2023 年 3 月 31 日

参加由历史研究所青年中心主办的第十场午餐会，作题为《货币史研究的理论与实践——以清代铜钱问题为核心》的学术报告。

2023 年 4 月 21 日

应浙江师范大学人文学院邀请，作《"寓称量于计数"——中国古代铜铸币的计量问题》的讲座。

2023 年 9 月 9 日

参加由上海社会科学院历史所古代史研究室主办的"传统时代的江南与上海学术研讨会",作题为《家族商号跨地域经营与银钱资本核算——以徽商汪左淇家族盘查道光二十五年年账为中心》的学术报告。

2023 年 11 月 18 日

参加在曲阜师范大学举办的第六届地方档案与文献研究学术研讨会,作题为《清代福建契约中的约定银钱折价现象研究》的学术报告。

2023 年 12 月 29 日

应安徽大学徽学研究中心邀请,以《"寓称重于计数"——中国古代铜铸币的兑换、流通及其价格》为题作第三十期"问津沙龙"学术报告。

大学问，广西师范大学出版社学术图书出版品牌，以"始于问而终于明"为理念，以"守望学术的视界"为宗旨，致力于以文史哲为主体的学术图书出版，倡导以问题意识为核心，弘扬学术情怀与人文精神。品牌名取自王阳明的作品《〈大学〉问》，亦以展现学术研究与大学出版社的初心使命。我们希望：以学术出版推进学术研究，关怀历史与现实；以营销宣传推广学术研究，沟通中国与世界。

截至目前，大学问品牌已推出《现代中国的形成（1600—1949）》《中华帝国晚期的性、法律与社会》等 100 余种图书，涵盖思想、文化、历史、政治、法学、社会、经济等人文社会科学领域的学术作品，力图在普及大众的同时，保证其文化内蕴。

"大学问"品牌书目

大学问·学术名家作品系列

朱孝远　《学史之道》

朱孝远　《宗教改革与德国近代化道路》

池田知久　《问道：〈老子〉思想细读》

赵冬梅　《大宋之变，1063—1086》

黄宗智　《中国的新型正义体系：实践与理论》

黄宗智　《中国的新型小农经济：实践与理论》

黄宗智　《中国的新型非正规经济：实践与理论》

夏明方　《文明的"双相"：灾害与历史的缠绕》

王向远　《宏观比较文学 19 讲》

张闻玉　《铜器历日研究》

张闻玉　《西周王年论稿》

谢天佑　《专制主义统治下的臣民心理》

王向远　《比较文学系谱学》

王向远　《比较文学构造论》

刘彦君　廖奔　《中外戏剧史（第三版）》

干春松　《儒学的近代转型》

王瑞来　《士人走向民间：宋元变革与社会转型》

罗家祥　《朋党之争与北宋政治》

萧　瀚　《熙丰残照：北宋中期的改革》

大学问·国文名师课系列

龚鹏程　《文心雕龙讲记》

张闻玉　《古代天文历法讲座》

刘　强　《四书通讲》

刘　强　《论语新识》

王兆鹏　《唐宋词小讲》

徐晋如　《国文课：中国文脉十五讲》
胡大雷　《岁月忽已晚：古诗十九首里的东汉世情》
龚　斌　《魏晋清谈史》

大学问·明清以来文史研究系列

周绚隆　《易代：侯岐曾和他的亲友们（修订本）》
巫仁恕　《劫后"天堂"：抗战沦陷后的苏州城市生活》
台静农　《亡明讲史》
张艺曦　《结社的艺术：16—18世纪东亚世界的文人社集》
何冠彪　《生与死：明季士大夫的抉择》
李孝悌　《恋恋红尘：明清江南的城市、欲望和生活》
李孝悌　《琐言赘语：明清以来的文化、城市与启蒙》
孙竞昊　《经营地方：明清时期济宁的士绅与社会》
范金民　《明清江南商业的发展》
方志远　《明代国家权力结构及运行机制》
严志雄　《钱谦益的诗文、生命与身后名》
严志雄　《钱谦益〈病榻消寒杂咏〉论释》
全汉昇　《明清经济史讲稿》
陈宝良　《清承明制：明清国家治理与社会变迁》
王庆成　《太平天国的历史和思想》
冯贤亮　《明清江南的环境变动与社会控制》
郭松义　《伦理与生活：清代的婚姻与社会》
胡岳峰　《清代银钱比价波动研究》

大学问·哲思系列

罗伯特·S.韦斯特曼　《哥白尼问题：占星预言、怀疑主义与天体秩序》
罗伯特·斯特恩　《黑格尔的〈精神现象学〉》
A. D.史密斯　《胡塞尔与〈笛卡尔式的沉思〉》
约翰·利皮特　《克尔凯郭尔的〈恐惧与颤栗〉》
迈克尔·莫里斯　《维特根斯坦与〈逻辑哲学论〉》
M.麦金　《维特根斯坦的〈哲学研究〉》
G·哈特费尔德　《笛卡尔的〈第一哲学的沉思〉》
罗杰·F.库克　《后电影视觉：运动影像媒介与观众的共同进化》
苏珊·沃尔夫　《生活中的意义》
王　浩　《从数学到哲学》
布鲁诺·拉图尔　尼古拉·张　《栖居于大地之上》
何　涛　《西方认识论史》
罗伯特·凯恩　《当代自由意志导论》

维克多·库马尔　里奇蒙·坎贝尔　《超越猿类：人类道德心理进化史》
许　煜　《在机器的边界思考》
A. 马尔霍尔　《海德格尔的〈存在与时间〉》
提摩太·C. 坎贝尔　《生命的尺度：从海德格尔到阿甘本的技术和生命政治》

大学问·名人传记与思想系列
孙德鹏　《乡下人：沈从文与近代中国（1902—1947）》
黄克武　《笔醒山河：中国近代启蒙人严复》
黄克武　《文字奇功：梁启超与中国学术思想的现代诠释》
王　锐　《革命儒生：章太炎传》
保罗·约翰逊　《苏格拉底：我们的同时代人》
方志远　《何处不归鸿：苏轼传》
章开沅　《凡人琐事：我的回忆》
区志坚　《昌明国粹：柳诒徵及其弟子之学术》

大学问·实践社会科学系列
胡宗绮　《意欲何为：清代以来刑事法律中的意图谱系》
黄宗智　《实践社会科学研究指南》
黄宗智　《国家与社会的二元合一》
黄宗智　《华北的小农经济与社会变迁》
黄宗智　《长江三角洲的小农家庭与乡村发展》
白德瑞　《爪牙：清代县衙的书吏与差役》
赵刘洋　《妇女、家庭与法律实践：清代以来的法律社会史》
李怀印　《现代中国的形成（1600—1949）》
苏成捷　《中华帝国晚期的性、法律与社会》
黄宗智　《实践社会科学的方法、理论与前瞻》
黄宗智　周黎安　《黄宗智对话周黎安：实践社会科学》
黄宗智　《实践与理论：中国社会经济史与法律史研究》
黄宗智　《经验与理论：中国社会经济与法律的实践历史研究》
黄宗智　《清代的法律、社会与文化：民法的表达与实践》
黄宗智　《法典、习俗与司法实践：清代与民国的比较》
黄宗智　《过去和现在：中国民事法律实践的探索》
黄宗智　《超越左右：实践历史与中国农村的发展》
白　凯　《中国的妇女与财产（960—1949）》
陈美凤　《法庭上的妇女：晚清民国的婚姻与一夫一妻制》

大学问·法律史系列
田　雷　《继往以为序章：中国宪法的制度展开》

北鬼三郎　《大清宪法案》
寺田浩明　《清代传统法秩序》
蔡　斐　《1903：上海苏报案与清末司法转型》
秦　涛　《洞穴公案：中华法系的思想实验》
柯　岚　《命若朝霜：〈红楼梦〉里的法律、社会与女性》

大学问·桂子山史学丛书

张固也　《先秦诸子与简帛研究》
田　彤　《生产关系、社会结构与阶级：民国时期劳资关系研究》
承红磊　《"社会"的发现：晚清民初"社会"概念研究》
宋亦箫　《古史中的神话：夏商周祖先神话溯源》

大学问·中国女性史研究系列

游鉴明　《运动场内外：近代江南的女子体育（1895—1937）》

其他重点单品

郑荣华　《城市的兴衰：基于经济、社会、制度的逻辑》
郑荣华　《经济的兴衰：基于地缘经济、城市增长、产业转型的研究》
拉里·西登托普　《发明个体：人在古典时代与中世纪的地位》
玛吉·伯格等　《慢教授》
菲利普·范·帕里斯等　《全民基本收入：实现自由社会与健全经济的方案》
王　锐　《中国现代思想史十讲》
王　锐　《韶响难追：近代的思想、学术与社会》
简·赫斯菲尔德　《十扇窗：伟大的诗歌如何改变世界》
屈小玲　《晚清西南社会与近代变迁：法国人来华考察笔记研究（1892—1910）》
徐鼎鼎　《春秋时期齐、卫、晋、秦交通路线考论》
苏俊林　《身份与秩序：走马楼吴简中的孙吴基层社会》
周玉波　《庶民之声：近现代民歌与社会文化嬗递》
蔡万进等　《里耶秦简编年考证（第一卷）》
张　城　《文明与革命：中国道路的内生性逻辑》
洪朝辉　《适度经济学导论》
李克恒　《爱有差等：先秦儒家与华夏制度文明的构建》
傅　正　《从东方到中亚——19世纪的英俄"冷战"（1821—1907）》
俞　江　《〈周官〉与周制：东亚早期的疆域国家》
马嘉鸿　《批判的武器：罗莎·卢森堡与同时代思想者的论争》
李怀印　《中国的现代化：1850年以来的历史轨迹》
葛希芝　《中国"马达"："小资本主义"一千年（960—1949）》